GUILLAUME CANNAT

LE GUIDE DU CIEL

de juin **2023** à juin **2024**

amds ○ édition

Création éditoriale

amds édition
www.amds-edition.com

21, chemin des Oliviers
34730 Prades-le-Lez | France
<contact@amds-edition.com>

Direction éditoriale
amds

Relectures et corrections
Atelier Dazibao
<spizzo@free.fr>

Maquette, montage PAO et couverture
A.M.G. sarl
<michelganne@wanadoo.fr>

Textes, cartes et schémas
Guillaume Cannat
<gc@leguideduciel.net>

Erratum

Malgré toute notre vigilance, il arrive parfois qu'une coquille, une inversion, un oubli ou une erreur s'invite dans le Guide du Ciel *; vous trouverez en page 347 les corrigenda de l'édition 2022-2023 et vous pourrez consulter l'erratum de la présente édition sur le site www.leguideduciel.net/guide/erratum.htm.*

Le site du* Guide du Ciel *vous propose tout au long de l'année des informations complémentaires :
www.leguideduciel.net

Pour découvrir les dernières nouvelles de l'Univers et suivre l'actualité de l'observation du ciel, lisez *Autour du Ciel*, le blog de Guillaume Cannat sur le site lemonde.fr, et suivez-le sur les réseaux sociaux.

www.lemonde.fr/blog/autourduciel/

L'actualité du ciel
@GuillaumeCannat

Vingt-neuvième année de parution
ISSN 2261-902X

ISBN : 979-10-90238-39-8

Les spectacles du ciel

« Au printemps, les cerisiers sont beaux et en été, on peut se baigner.
À l'automne, on mange plein de bonnes choses, et l'hiver,
le calme règne et les étoiles sont magnifiques.
Moi, je suis une gourmande incapable de choisir.
Printemps, été, automne et hiver, j'aime toutes les saisons. »

OGAWA ITO, *La Papeterie Tsubaki* (Éditions Philippe Picquier, 2018)

Le *Guide du Ciel* rythme mes années et je le concocte de l'automne au printemps afin qu'il vous tienne compagnie durant toute une année. Si vous le découvrez, je vous suggère de lire attentivement les pages d'explications en tête d'ouvrage : elles donnent les clés d'une utilisation efficace. Et le mois de juin doit également retenir particulièrement votre attention, car tous les graphiques et les schémas récurrents y sont expliqués en détail.

Je conçois le *Guide du Ciel* comme une caisse à outils pour les astronomes, quel que soit leur niveau de connaissances et de pratique. Il y a des outils que vous utilisez très régulièrement – les phases lunaires, les grandes conjonctions, les positions des planètes –, d'autres dont l'usage est plus occasionnel – les éclipses ou le passage d'une belle comète – et certains que vous n'avez encore jamais utilisés, mais que vous êtes heureux de posséder au cas où, comme ces possibles occultations d'étoiles par des astéroïdes ou, plus extraordinaire encore, les heures précises des transits de quelques exoplanètes devant leur étoile !

Le *Guide du Ciel* propose ainsi chaque année plusieurs centaines de rendez-vous astronomiques et vous aide à préparer au mieux vos observations. Il est parfois rédigé dans un langage concis pour donner un maximum d'informations dans un minimum de place, mais vous disposez, grâce au lexique placé en fin d'ouvrage, du vocabulaire de base pour l'apprécier.

Merci encore de votre fidélité, bonne lecture et belles observations !

Guillaume Cannat

Table des matières

Quelques explications pour bien profiter du Guide du Ciel

7 Les cartes mensuelles
Du ciel aux cartes
Latitude et longitude
Le méridien de Greenwich
Des cartes pour toute la nuit
Bien orienter les cartes
Taille des étoiles et magnitudes
Magnitudes et crépuscules
Combien voyez-vous d'étoiles ?
Absorption de l'atmosphère
Méridien, écliptique, équateur céleste
Horizon vrai et horizon personnel
Région antisolaire, gegenschein

9 Choix d'une carte mensuelle

10 Les constellations zodiacales
Signes astrologiques du zodiaque
Constellations du zodiaque

11 Les satellites galiléens et la grande tache rouge de Jupiter

11 Les phénomènes astronomiques au jour le jour

12 Éphémérides du Soleil et des planètes
Tableau Soleil-planètes
Ascension droite et déclinaison
Constellation
Magnitude
Diamètre apparent
Élongation
Équation du temps
Distance
Distance lumière
Fraction éclairée
Lever, méridien, hauteur, coucher

13 Éphémérides de la Lune
Diamètre apparent de la Lune
Parallaxe horizontale
Fraction éclairée
Libration et angle de position

14 Utiliser le *Guide du Ciel* avec des élèves ou du public

Les phénomènes astronomiques mois par mois

	J	J	A	S	O	N	D	J	F	M	A	M
Carte du ciel	64	92	114	136	158	182	206	228	248	268	288	310
Carte du ciel à l'aube	65	93	115	137	159	183	207	229	249	269	289	311
Visibilité des planètes	66	94	116	138	160	184	208	230	250	270	290	312
Positions héliocentriques des planètes	68	95	117	139	161	185	209	231	251	271	291	313
Diamètres apparents des planètes	67	95	117	139	161	185	209	231	251	271	291	313
Projection écliptique du système solaire	68	96	118	140	162	186	210	232	252	272	292	314
Calendrier des phases lunaires	70	96	118	140	162	186	210	232	252	272	292	314
Longitude du terminateur lunaire	70	96	118	140	162	186	210	232	252	272	292	314
Hauteur au méridien des phases lunaires	71	97	119	141	163	187	211	233	253	273	293	315
Courbes des satellites de Jupiter	72	98	120	142	164	188	212	234	254	274		
Passages de la tache rouge au méridien	72	98	120	142	164	188	212	234	254	274		
Phénomènes des satellites de Jupiter	72	98	120	142	164	188	212	234	254	274		
Courbes des satellites de Saturne	73	99	121	143	165	189	213	235			294	316
Données sur les satellites de Saturne	73	99	121		165	1891	213	235			294	316
Élongations de Titan	73	99	121	143	165	189	213	235			294	316
Satellites d'Uranus						202						
Satellite de Neptune				143								
Phénomènes au jour le jour	74	100	122	144	166	190	214	236	255	275	295	317
Les nuits noires	75	101	123	145	167	191	215	237	256	276	296	318
Tableaux d'éphémérides : Soleil, planètes, Lune	90	112	134	156	180	204	226	246	266	286	308	336
Librations lunaires	91	113	135	157	181	205	227	247	267	287	309	337
Phases et distances lunaires	91	113	135	157	181	205	227	247	267	287	309	337

La Lune se couche sur un paysage enneigé et le ciel expose ses étoiles au sommet du mont Aigoual (Réserve internationale de ciel étoilé du parc national des Cévennes).

Tour d'horizon

16 Données de base
Symboles et abréviations
Des chiffres et des lettres
Signaler une découverte

18 Le Soleil
Vers le minimum solaire
Activité solaire au quotidien
Les taches solaires
Les cycles solaires
Le cycle actuel
L'équation du temps
Élongation des planètes
Les crépuscules
Le crépuscule selon votre latitude
L'observation du Soleil
Classification des éruptions solaires
Longitudes héliocentriques et géocentriques

24 Les aurores polaires
Du Soleil à la Terre

26 Jeux de lumières
Arcs-en-ciel
Halos et parhélies
Couronnes
Gloire et spectre du Brocken

28 La Terre
La Terre dans l'espace
Les saisons

31 La Lune
Où et quand l'observer
Quelques chiffres lunaires
Hauteur moyenne des phases lunaires
La Lune au fil des mois
Les fins croissants
Librations
Longitude du terminateur
La carte de la Lune

40 Les planètes
Diamètres apparents et magnitudes des planètes
Levers et couchers des planètes

42 Mercure
Observer Mercure
Élongations

44 Vénus
Observer Vénus
Les phases de Vénus
Le cycle de 8 ans de Vénus

47 Mars
Observer Mars
Les oppositions

48 Jupiter
Observer Jupiter
Les différentes zones joviennes
Trajectoire annuelle

50 Saturne
Observer Saturne
Trajectoire annuelle
Inclinaison des anneaux
Orbites des satellites

52 Uranus
Observer Uranus
Trajectoire annuelle

53 Neptune
Observer Neptune
Trajectoire annuelle

54 Cérès
Observer Cérès
Trajectoire annuelle

55 Pluton
Observer Pluton
Trajectoire annuelle

56 Petites planètes
Trajectoires annuelles

58 Comètes
Les types de comètes
L'observation des comètes
Découvrir une comète
Éléments des comètes

60 Étoiles filantes
Observer les étoiles filantes
Les principaux essaims

62 Occultations

63 Étoiles variables

Bon à voir, bon à savoir !

75 Le graphique des nuits noires
83 Choix d'un site d'observation
87 Les images de *SOHO*
89 Les transits d'exoplanètes
127 Les Perséides
129 Filtrez pour mieux voir !
130 Apprenez à observer
145 Algol
169 Filtrez la Lune et les planètes
173 Par où commencer ?
174 La lumière zodiacale
179 L'éclipse annulaire de Soleil du 14 octobre 2023
201 Sirius B
202 Orbites des lunes d'Uranus
203 Occultation de Vénus par la Lune le 9 novembre 2023
239 Carte de pollution lumineuse
279 Le marathon de Messier
307 L'éclipse totale de Soleil du 8 avril 2024
323 Durée des crépuscules
324 La tache rouge de Jupiter
327 La comète C/2023 A3 Tsuchinshan-ATLAS
333 Les prochaines éclipses de Lune
334 Les prochaines éclipses de Soleil
338 Les constellations

Des objets célestes et des formations lunaires à voir

Astéroïdes
2 Pallas 320
3 Junon 263
4 Vesta 223, 240, 278
6 Hébé 304
7 Iris 305, 317
8 Flora 83, 144
15 Eunomia 103, 106, 217
173 Ino 129, 154
176 Iduna 111
18 Melpomène 178
433 Éros 126, 299
598 Octavia 149
712 Boliviana 297
1023 Thomana 285
1143 Odysseus 199
1212 Francette 132
15440 Eioneus 277

Comètes
2P Encke 172, 175
12P Pons-Brooks 299, 300
13P Olbers 332
62P Tsuchinshan 224
103P Hartley 154, 172
144P Kushida 244, 245
185P Petriew 105
C/2021 S3 PANSTARRS 260
C/2021 T4 Lemmon 107, 111
C/2022 E3 ZTF 225
C/2022 L2 ATLAS 280

Divers
Arc de triomphe 123, 321
Aurores polaires 276
Bissextile 265
Cosmique (lever) 125
Galiléennes (lunes) 105, 155
Gegenschein 171
Héliaque (lever) 128
Heure (changement) 285
Julien (jour) 74
Messier (marathon de) 279
Nouvel An chinois 258
Pâques 285
Ramadan 279
Signes astrologiques 108
Vendredi 13 172
Zodiacale (lumière) 218

Étoiles
Aldébaran 201
Algol 145
Antarès 200
Bételgeuse 221
Capella 218
Deneb 75
Fomalhaut 147
Mira 87
Polaire 320
Procyon 244
Rigel 239
Sirius 125, 128
Sirius B 201
Spica 301, 304
Variable (étoile) 103
Véga 304

Formations lunaires
Albatros 259
Alpes (vallée des) 109, 152
Archimedes 104
Aristoteles 103
Babbage 303
Barrow 86
Bonpland 302
Campanus 110
Cartes (Lune) 36
Casatus 154
Catharina 79
Clausius 88
Clavius 81, 126
Cleomedes 259
Copernicus 153
Curtius 169
Endymion 102, 168
Fernelius 285
Hall 280
Hesiodus 110
Hind 130
Hipparchus 242
Iris (golfe des) 88
Julius Caesar 79
Kies 87
Lade 80
Lamé 284
Lilius 237
Longomontanus 222
Lubiniezky 87
Maskelyne 305
Mercator 175
Meton 197
Pallas 281
Parry 198
Pitatus 109
Plato 109
Posidonius 108
Ptolemaeus 317
Reinhold 198
Sacrobosco 197
Schiller 283
Stiborius 124
Torricelli 86
Ukert 86
V lunaire 86, 221
X de Werner 86

Renseignements pratiques

340 Corrections horaires pour la latitude
341 Corrections horaires pour la longitude
342 Données sur les planètes
343 Données sur les satellites naturels
344 Longitude du terminateur
346 Différence d'éclat
346 Conversions inches/centimètres
346 Alphabet grec
347 Corrigenda
348 Lexique
352 Sources et remerciements

Quelques explications pour bien profiter du *Guide du Ciel*

Les cartes mensuelles

Du ciel aux cartes

Comme leurs confrères géographes, les astronomes sont confrontés au problème de la représentation sur un plan (feuille de papier ou écran d'ordinateur) des éléments caractéristiques de la surface d'une sphère. Si l'on reproduit des petites zones, le résultat est parfait. En revanche, dès que l'on souhaite cartographier l'ensemble de l'hémisphère céleste visible d'un point de la Terre à un moment donné, il n'existe aucune solution entièrement satisfaisante.

La technique utilisée pour la réalisation des cartes circulaires de ce guide est la projection stéréographique. Cette méthode engendre une légère compression des éléments situés au centre de la carte et une dilatation de ceux proches de la périphérie, mais elle permet de reproduire au mieux les proportions respectives des constellations et donc l'aspect réel du ciel.

Latitude et longitude

Sauf indications contraire, toutes les cartes ont été tracées pour la latitude 45° nord et la longitude 0, celle du méridien origine, qui passe par Greenwich, en Angleterre, mais aussi par Le Havre, Poitiers et Tarbes en France. Si vous habitez plus au sud, vous verrez les astres du côté sud plus haut dans le ciel et ceux du côté nord plus bas (et inversement si vous habitez plus au nord).

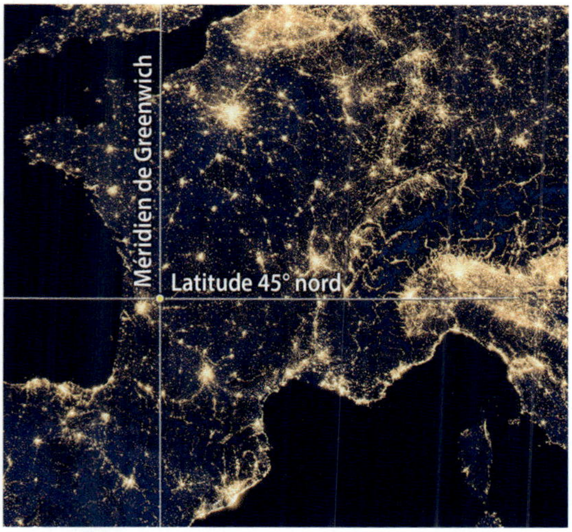

Le méridien de Greenwich

Ces cartes restent relativement précises dans une bande de latitude allant de 38° à 52° nord tout autour de la Terre, c'est-à-dire incluant tous les pays d'Europe, une grande partie de la Russie d'Asie, le Canada et le nord du Japon et des États-Unis. Vous pouvez les utiliser sans aucun changement quelle que soit votre longitude.

Des cartes pour toute la nuit

Les cartes circulaires représentent le ciel visible chaque mois à 22 h en temps universel pendant la première quinzaine et à 21 h pendant la seconde, et à l'orée de l'aube. Il s'agit bien sûr d'une heure indicative : si vous contemplez le ciel le 8 à 21 h 45 m, il sera pratiquement identique à celui de la carte ! N'oubliez pas d'ajouter ou d'enlever une ou plusieurs heures selon la saison et le pays pour faire coïncider l'heure TU avec celle de votre montre (heure légale).

En raison de la rotation de la Terre autour du Soleil, l'aspect du ciel à une date donnée est le même que le mois précédent deux heures plus tard ou que le mois suivant deux heures plus tôt. Exemple : l'aspect du ciel le 30 octobre à 22 h est identique à celui du 30 septembre à 0 h ou à celui du 30 novembre à 20 h. Ainsi, vous pouvez connaître en réalité l'aspect du ciel à n'importe quelle heure de la nuit (ou du jour) en utilisant les cartes des autres mois : les équivalences des heures de la nuit et des mois sont indiquées en haut de chaque carte ; mais vous pouvez aussi consulter le tableau de la page 10 pour déterminer rapidement la carte qui vous intéresse selon l'heure et le mois auxquels vous souhaitez observer.
Ces changements de cartes ne sont bien sûr valables que pour les étoiles. Les positions des planètes sont, quant à elles, indiquées pour un jour précis.

Bien orienter les cartes

Le principe consiste à toujours tenir la carte devant vous, de sorte que le nom de la direction dans laquelle vous observez soit écrit à l'endroit. Les constellations et les étoiles que vous pouvez retrouver dans le ciel qui est face à vous sont toutes celles dont le nom est lisible ; si vous devez pencher fortement la tête pour déchiffrer un nom, c'est que l'astre ou la figure en question n'est pas exactement en face de vous.

Si vous prenez par exemple la carte du mois d'avril et que vous vous placez le 10 à 22 h face à l'ouest, vous devrez faire tourner votre guide d'un quart de tour et vous pourrez lire les noms du Petit Chien, de Procyon, des Gémeaux, du Lynx, de Bételgeuse et du Cocher sans aucun problème. Pour le Lion et Céphée, en revanche, vous devrez incliner la tête à droite ou à gauche, car ces deux constellations se trouvent pour la première plus vers le sud et pour la seconde plus vers le nord.

En règle générale, afin d'éviter toute fatigue inutile, ne tenez pas la carte au-dessus de votre tête pour comparer les astres que vous voyez avec ceux qui sont imprimés sur le papier. Seule la région zénithale oblige à de telles acrobaties ; pour le reste du ciel, placez simplement la carte devant vous.

Le centre de chaque carte représentant le zénith, vous pouvez retrouver les différentes figures du ciel en réalisant des alignements par rapport à lui. Par exemple, si vous vous tenez face à l'horizon est en milieu de soirée au mois d'avril, vous repérerez aisément, à un peu plus du tiers d'une ligne imaginaire allant de l'horizon au zénith, une étoile particulièrement brillante : Arcturus, l'astre principal de la constellation du Bouvier.

Enfin, gardez présent à l'esprit que les constellations vous sembleront toujours beaucoup plus étendues sur le ciel que sur une carte. Si vous avez l'impression d'embrasser toute la voûte céleste en regardant la carte, vous constaterez vite que votre champ visuel sur le « ciel réel » est beaucoup plus réduit. Essayez ainsi, au début du mois de juin, de voir simultanément Régulus du Lion et Altaïr de l'Aigle...

Taille des étoiles et magnitudes

Les astres sont classés selon leur éclat sur une échelle dite de magnitude. Cette échelle a la particularité suivante : plus l'objet est brillant, plus sa magnitude est petite, voire négative, et il y a un rapport d'environ 2,5 entre chaque magnitude. Ainsi, une étoile de magnitude 0 sera 2,5 fois plus brillante qu'une étoile de magnitude 1 et 2,5 fois moins brillante qu'une autre étoile de magnitude - 1. À l'œil nu et dans un site excellent, il est possible de distinguer les étoiles jusqu'à la magnitude 6,5.

Afin de ne pas surcharger les cartes mensuelles, seules les étoiles visibles à l'œil nu dans des conditions moyennes d'observation, c'est-à-dire à proximité d'une ville, ont été reproduites (magnitude 4,5 environ). Quelques astres plus faibles, nécessaires pour compléter le dessin de certaines constellations (Petite Ourse, par exemple), ont cependant été ajoutés.

Le diamètre des étoiles est indicatif de leur éclat ; cependant, celui des plus brillantes a été accentué afin de les mettre en valeur, car c'est par elles que s'ouvrent les portes du ciel.

Combien voyez-vous d'étoiles ?

Les catalogues stellaires recensent environ 7 700 étoiles jusqu'à la magnitude 6,5. Il s'agit là de l'ensemble des astres potentiellement visibles à l'œil nu depuis les deux hémisphères. Vous devez donc, en première approximation, diviser ce nombre par deux, soit 3 850 étoiles visibles par hémisphère. En fait, deux facteurs se combinent pour réduire ce nombre : l'absorption atmosphérique et la pollution lumineuse.

À l'horizon, la lumière d'un astre doit traverser une « épaisseur » d'atmosphère presque 8 fois supérieure à celle qui nous surplombe au zénith. L'absorption qui en résulte fait disparaître toutes les étoiles plus faibles que la magnitude 3.

Hauteur du Soleil	Minutes*	Astres visibles à l'œil nu
+ 5°	- 30	Vénus, Jupiter, Mars à l'opposition, lorsqu'on sait exactement où les trouver
0	0	Sirius et les étoiles de magnitude 0 (Véga, Capella, Arcturus), lorsqu'on sait exactement où les trouver
- 1°	5	Vénus, Jupiter, Mars à l'opposition, sans difficulté
- 3°	15	Mercure, Saturne, étoiles de magnitude 1 (Rigel, Procyon, Bételgeuse, Altaïr, Aldébaran, Antarès, Spica)
- 4°	20	Mars, étoiles de magnitude 2 (Deneb, Régulus, Bellatrix, Saiph, Polaire, étoiles du Chariot dans la Grande Ourse)
- 5°	30	Étoiles de magnitude 3
- 6°	35	Fin du crépuscule civil
- 7°	40	La clarté n'est plus suffisante pour lire ce livre dehors sans allumer une lampe
- 8°	45	Étoiles de magnitude 4
- 11°	65	Étoiles de magnitude 5
- 12°	70	Fin du crépuscule nautique
- 16°	95	Fin de l'illumination des nuages noctiluques. Étoiles de magnitude 5,5 à 6
- 18°	110	Fin du crépuscule astronomique. Magnitude maximale visible à l'œil nu au zénith dans un ciel parfait : 6,5 à 7,5

* Valeurs moyennes pour 45° de latitude nord en hiver. En été, le crépuscule astronomique se termine environ 150 minutes après le coucher du Soleil.

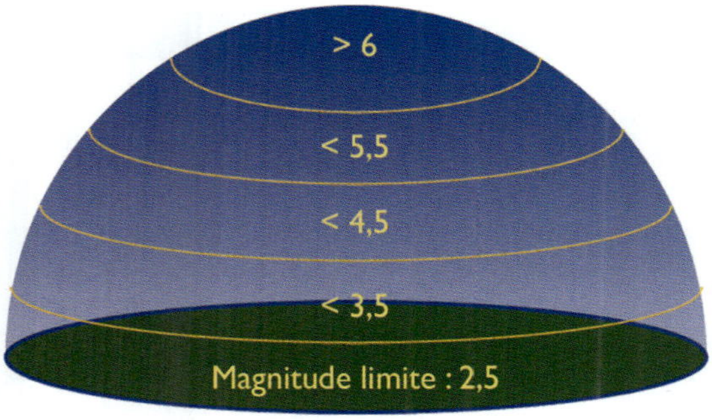

Absorption de l'atmosphère

Il est possible ensuite de délimiter une série de bandes d'absorption décroissante jusqu'à la région du zénith, où vous pourrez distinguer les astres les plus faibles. En intégrant ces différentes absorptions, on voit fondre comme une peau de chagrin le nombre total d'étoiles visibles annuellement à l'œil nu dans un site excellent : il culmine dans le meilleur des cas à 1 800.

Mais ce n'est malheureusement pas encore la réalité. Vous verrez ces 1 800 étoiles en une année si vous observez depuis une région préservée de toute pollution lumineuse. Si vous habitez dans ou à proximité d'une grande ville, la perte sera radicale : votre ciel ne contiendra qu'une centaine d'étoiles au mieux, et votre magnitude visuelle limite au zénith sera de l'ordre de 3,5. Quant à la bande d'une vingtaine de degrés qui fait le tour de l'horizon, même les astres les plus brillants comme Véga, Arcturus, Capella ou Antarès auront du mal à s'y faire une petite place.

Les cartes circulaires mensuelles de ce guide intègrent de 200 à 300 étoiles.

Méridien, écliptique, équateur céleste

Le méridien est une ligne imaginaire qui joint le nord au sud en passant par le zénith. Quand une étoile se trouve au niveau du méridien, on parle de passage au méridien. Elle est alors au point le plus haut de sa trajectoire apparente dans le ciel – on dit aussi que l'étoile culmine –, c'est donc le meilleur moment pour l'observer. Cette règle ne vaut naturellement que pour les étoiles qui coupent la portion de méridien qui va du pôle Nord céleste à l'horizon sud.

L'écliptique est une ligne très intéressante, car les planètes, la Lune et le Soleil le suivent tout au long de l'année. Pourquoi ? Simplement parce que les corps du Système solaire tournent tous autour de leur étoile à peu près dans le même plan, un peu comme des billes roulant sur une table, et que la ligne écliptique est la projection de ce plan sur la voûte céleste. Les astronomes lui ont donné ce nom car, lorsque la Terre, la Lune et le Soleil se retrouvent alignés dans ce plan, il se produit une éclipse.

L'équateur céleste est la projection sur la sphère céleste de l'équateur terrestre. L'axe de rotation de notre planète étant incliné par rapport au plan de l'écliptique, l'équateur céleste et l'écliptique ne sont pas confondus et présentent deux points d'intersection. Le premier se situe dans la constellation des Poissons : il est appelé point vernal ou point gamma. Le passage du Soleil en ce point, lors de sa course apparente annuelle tout au long de l'écliptique, marque l'équinoxe de mars. Diamétralement opposé, le point équinoxial de septembre se trouve dans la constellation de la Vierge. Le point vernal est fondamental en astronomie, car il sert de référence dans les systèmes de coordonnées stellaires (voir un peu plus loin dans ce chapitre).

Le cercle centré sur l'étoile Polaire représenté sur les cartes mensuelles a un rayon de 45°. Il coupe donc le méridien à l'horizon nord et au zénith.

Horizon vrai et horizon personnel

Pour leur donner un aspect plus réaliste, les cartes mensuelles circulaires ont été dessinées avec un horizon naturel. En effet, seuls les marins ou quelques rares nomades des vastes étendues des régions désertiques peuvent prétendre voir le ciel dans son entier.

En réalité, il y a toujours une maison, un arbre, une colline… qui cache tout ou partie de l'horizon. Vous pouvez éventuellement reproduire votre horizon personnel à l'échelle sur un transparent, ce qui vous permettra d'avoir des cartes tout à fait adaptées à vos conditions d'observation.

Région antisolaire, *gegenschein*

Le petit cercle en pointillés gris indique la région du ciel située exactement à l'opposé du Soleil par rapport à la Terre, la région antisolaire, le 15 du mois ; il se déplace de près de 1° par jour vers l'est de l'écliptique. C'est la direction vers laquelle pointe le cône d'ombre de la Terre, la Pleine Lune se situe donc là lors de ses éclipses. C'est également la région où apparaît le *gegenschein*, une zone très faiblement lumineuse particulièrement délicate à repérer à l'œil nu, qui provient de la diffusion de la lumière solaire par les particules microscopiques présentes dans l'anneau zodiacal. Dans les meilleurs sites, suffisamment protégés de la pollution lumineuse, son diamètre apparent peut atteindre quelques degrés et il faut utiliser la vision décalée pour le distinguer. Avec une pose photographique, le *gegenschein* peut s'étendre sur plusieurs dizaines de degrés le long de l'écliptique.

Choix d'une carte mensuelle

Les heures de ce tableau (page suivante) sont données en temps universel ; pensez à ajouter ou à enlever une ou plusieurs heures pour obtenir l'heure légale en cours dans votre pays.

Les mois marqués en italique n'ont qu'une valeur indicative, puisque le Soleil, encore présent dans le ciel ou tout juste couché, empêche de voir les étoiles dans les tranches horaires correspondantes.

Mois	17 h / 18 h	19 h / 20 h	21 h / 22 h	23 h / 0 h	1 h / 2 h	3 h / 4 h	5 h / 6 h
Janvier	Novembre	Décembre	Janvier	Février	Mars	Avril	Mai
Février	Décembre	Janvier	Février	Mars	Avril	Mai	Juin
Mars	Janvier	Février	Mars	Avril	Mai	Juin	Juillet
Avril	Février	Mars	Avril	Mai	Juin	Juillet	Août
Mai	Mars	Avril	Mai	Juin	Juillet	Août	Septembre
Juin	Avril	Mai	Juin	Juillet	Août	Septembre	Octobre
Juillet	Mai	Juin	Juillet	Août	Septembre	Octobre	Novembre
Août	Juin	Juillet	Août	Septembre	Octobre	Novembre	Décembre
Septembre	Juillet	Août	Septembre	Octobre	Novembre	Décembre	Janvier
Octobre	Août	Septembre	Octobre	Novembre	Décembre	Janvier	Février
Novembre	Septembre	Octobre	Novembre	Décembre	Janvier	Février	Mars
Décembre	Octobre	Novembre	Décembre	Janvier	Février	Mars	Avril

Les constellations zodiacales

Les constellations zodiacales ont été arbitrairement dessinées dans le passé à partir des étoiles qui se situent dans une bande de 17° de large centrée sur l'écliptique. Cette bande contient les trajectoires apparentes de tous les astres mobiles connus par les astronomes des temps anciens : Soleil, Lune, Mercure, Vénus, Mars, Jupiter et Saturne.

Vous noterez qu'il y a treize constellations zodiacales, et non douze comme le prétendent les tenants de l'astrologie : la treizième est la grande constellation d'Ophiuchus, qui s'intercale entre le Scorpion et le Sagittaire. Les douze signes zodiacaux astrologiques se répartissent, eux, sur l'écliptique tous les 30°, à partir du point vernal et dans le sens direct (inverse des aiguilles d'une montre).

La précession des équinoxes décale inexorablement les limites réelles des constellations zodiacales par rapport aux limites antiques dont usent encore les astrologues. Ainsi, à raison de 1° toutes les 71,6 années, on peut montrer que, il y a un peu plus de 2 150 ans, la limite entre le Taureau et les Gémeaux se trouvait à la longitude 60°, alors qu'elle se trouve aujourd'hui proche de 90°.

Le décalage entre la position réelle du Soleil ou d'une planète et sa position astrologique est en moyenne d'une constellation, mais elle peut atteindre deux constellations à certains moments de l'année.

Les limites de certaines constellations non zodiacales passent parfois tellement près de l'écliptique qu'une planète peut très bien y faire une petite incursion. En plus des treize constellations zodiacales, les cinq planètes visibles à l'œil nu et la Lune peuvent ainsi fréquenter les constellations suivantes : Baleine,

Signes astrologiques du zodiaque

	En 2023-2024, le Soleil est dans ce signe	Longitude sur l'écliptique
Gémeaux	du 21 mai à 7 h au 21 juin à 14 h	60°-90°
Cancer	du 21 juin à 14 h au 23 juillet à 1 h	90°-120°
Lion	du 23 juillet à 1 h au 23 août à 9 h	120°-150°
Vierge	du 23 août à 9 h au 23 septembre à 6 h	150°-180°
Balance	du 23 septembre à 6 h au 23 octobre à 16 h	180°-210°
Scorpion	du 23 octobre à 16 h au 22 novembre à 14 h	210°-240°
Sagittaire	du 22 novembre à 14 h au 22 décembre à 3 h	240°-270°
Capricorne	du 22 décembre à 3 h au 20 janvier à 14 h	270°-300°
Verseau	du 20 janvier à 14 h au 19 février à 4 h	300°-330°
Poissons	du 19 février à 4 h au 20 mars à 3 h	330°-0°
Bélier	du 20 mars à 3 h au 19 avril à 13 h	0°-30°
Taureau	du 19 avril à 13 h au 20 mai à 13 h	30°-60°
Gémeaux	du 20 mai à 13 h au 20 juin à 20 h	60°-90°

Constellations du zodiaque

	En 2023-2024, le Soleil est dans cette constellation	Longitude sur l'écliptique
Taureau	du 14 mai à 19 h au 22 juin à 2 h	53,7°-90,5°
Gémeaux	du 22 juin à 2 h au 21 juillet à 7 h	90,5°-118,3°
Cancer	du 21 juillet à 7 h au 11 août à 6 h	118,3°-138,4°
Lion	du 11 août à 6 h au 17 septembre à 7 h	138,4°-174,2°
Vierge	du 17 septembre à 7 h au 31 octobre à 19 h	174,2°-218,1°
Balance	du 31 octobre à 19 h au 23 novembre à 22 h	218,1°-241,4°
Scorpion	du 23 novembre à 22 h au 30 novembre à 10 h	241,4°-248°
Ophiuchus	du 30 novembre à 10 h au 18 décembre à 18 h	248°-266,6°
Sagittaire	du 18 décembre à 18 h au 20 janvier à 13 h	266,6°-300°
Capricorne	du 20 janvier à 13 h au 17 février à 0 h	300°-327,8°
Verseau	du 17 février à 0 h au 12 mars à 1 h	327,8°-352°
Poissons	du 12 mars à 1 h au 18 avril à 13 h	352°-29°
Bélier	du 18 avril à 13 h au 14 mai à 1 h	29°-53,7°
Taureau	du 14 mai à 1 h au 21 juin à 8 h	53,7°-90,5°

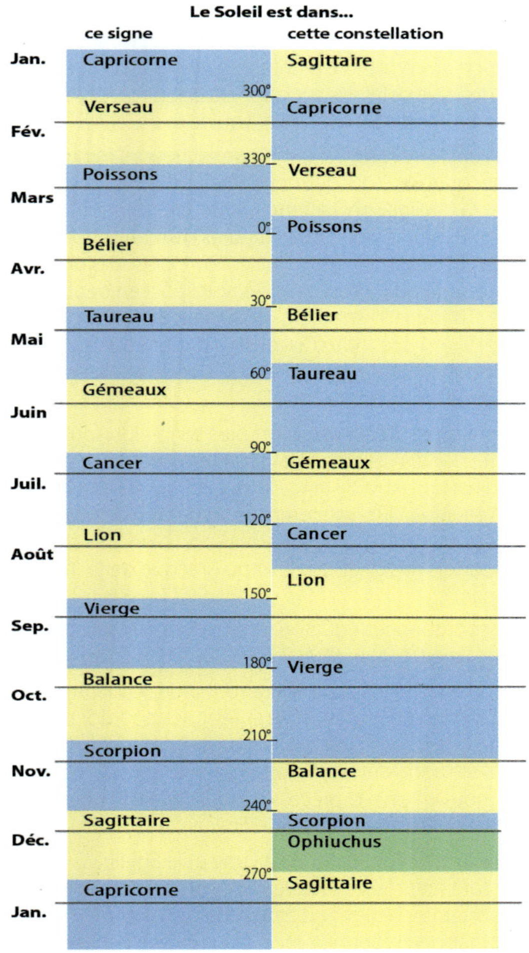

Cocher, Corbeau, Coupe, Écu, Hydre, Orion, Pégase, Petit Chien, Serpent, Sextant.

Les satellites galiléens et la grande tache rouge de Jupiter

La ronde des quatre principaux satellites de Jupiter est très facile à observer avec de bonnes jumelles ou un instrument de diamètre modeste, et celle des principaux satellites de Saturne est également observable dans la majorité des instruments d'amateur.

Les courbes reproduites mensuellement dans ce guide montrent en continu les mouvements de ces satellites. Les traits horizontaux correspondent à 0 h en temps universel pour chaque date.
Les élongations des satellites sont à la même échelle que le diamètre apparent du disque de la planète, représenté par le trait épais vertical. Toutes les courbes sont orientées avec l'est à droite et le nord en bas, ce qui correspond à ce que l'on peut voir dans une lunette astronomique qui inverse les images.

Dans le sens ouest-est (gauche-droite), les satellites passent derrière la planète.

Vous pouvez sans difficulté déterminer les positions relatives de ces satellites à n'importe quelle date ou heure. Il suffit de placer une règle à l'heure de votre observation et de relever les points occupés par chaque satellite à cet instant donné.

La tache rouge de Jupiter est l'une des plus belles formations à observer sur le disque jovien.
Un instrument d'au moins 100 mm de diamètre est indispensable pour l'admirer, mais son aspect et son contraste peuvent varier grandement d'un mois à l'autre.

Jupiter tournant sur elle-même en 9 heures 56 minutes à la latitude de la tache rouge, il est possible de calculer les heures de ses passages successifs au méridien central, la ligne imaginaire qui joint les deux pôles en passant par le point central du disque apparent de Jupiter.

Les horaires indiqués (toujours en temps universel) sont fondés sur la position estimée pour chaque mois du centre de la tache rouge (système jovien II).
Il peut arriver que cette longitude change légèrement au cours de l'année : chaque degré en plus retarde le passage au méridien central de 1,7 minute ; chaque degré en moins l'avance de la même valeur.
La tache rouge étant bien placée pour l'observation pendant environ une heure avant et après ce passage, ce décalage éventuel de quelques minutes n'a pas une grande incidence.

Les phénomènes astronomiques au jour le jour

Il se passe toujours quelque chose dans le ciel et il n'est pas possible de tout recenser. Vous découvrirez chaque mois un certain nombre de phénomènes remarquables tant pour leur intérêt d'observation (conjonctions, éclipses, occultations, étoiles filantes) que pour leur importance astronomique (solstices, équinoxes, aphélies ou périhélies).

L'emploi de quelques termes spécialisés était inévitable ; ils sont tous définis au fil des mois ou dans le lexique disponible en fin d'ouvrage.

Tous les horaires sont indiqués en temps universel. Vous devez donc penser à ajouter ou à enlever une ou plusieurs heures selon le mois ou le pays pour obtenir votre heure légale.

L'heure donnée en début de ligne correspond à celle durant laquelle le phénomène va se produire ; seule l'indication « 00 » signale dans la plupart des cas que le phénomène se déroulera dans les vingt-quatre heures qui suivent.

En règle générale, et si aucune précision supplémentaire n'est apportée dans le texte, vous pouvez toujours observer quelques heures avant ou après. Une conjonction a lieu à un moment précis (en plein jour, par exemple), mais les astres concernés restent proches les uns des autres pendant de longues heures avant et après cet instant. En revanche, une éclipse ou une occultation doivent impérativement être regardées à l'heure précisée.

Attention ! Si vous utilisez ce guide hors d'Europe, au Québec par exemple, certains phénomènes peuvent ne pas être observables ou, s'ils le sont, leurs horaires peuvent être très différents ; c'est le cas notamment des occultations d'étoiles et de planètes.

Éphémérides du Soleil et des planètes

Tableau Soleil-planètes

Les informations des sept premières colonnes pour le Soleil et des huit premières pour les planètes ont été calculées à 0 h en temps universel pour chaque date et sont valables quel que soit votre site d'observation sur Terre.

Les données sur le lever, le passage au méridien et le coucher sont exactes à 45° de latitude nord et 0° de longitude.

Avec les indications contenues dans les tableaux de corrections horaires que vous trouverez dans la dernière partie de ce guide, vous adapterez facilement les heures de passage au méridien des planètes en fonction de votre longitude, et les heures de lever, de passage au méridien et de coucher du Soleil en fonction de la date, de la latitude et de la longitude de votre lieu d'observation (dans la limite de 40° à 52° de latitude nord).

Ascension droite et déclinaison

Repérer un astre sur la sphère céleste n'est malheureusement pas aussi simple que sur la Terre. Sur cette dernière, la latitude et la longitude d'un point quelconque suffisent à le positionner rigoureusement. Mais le ciel tourne ! Les astronomes ne peuvent donc pas se contenter de projeter sur le ciel le système de coordonnées terrestres ; ils sont contraints d'utiliser un système de repérage original, dans lequel chaque étoile possède des coordonnées invariables. Le plan fondamental de ce système est le plan de l'équateur céleste, que l'on obtient en prolongeant vers les étoiles le plan de l'équateur terrestre. Comme l'axe de rotation de notre planète est incliné par rapport à l'écliptique – le plan de son orbite autour du Soleil –, le plan de l'équateur céleste est lui-même incliné sur l'écliptique de 23° 26′.

L'orbite de la Terre coupe donc le plan de l'équateur céleste deux fois par an : à l'équinoxe de mars – c'est le passage au point vernal – et à l'équinoxe de septembre. C'est le point vernal qui sert d'origine dans le système de coordonnées astronomiques équatoriales.

Dans ce système, les astres sont repérés par leur ascension droite et leur déclinaison. L'ascension droite est comparable à la longitude, mais elle ne peut avoir pour origine le méridien de Greenwich comme cette dernière, car celui-ci est sans cesse en mouvement par rapport aux étoiles. Le point d'origine de l'ascension droite est donc un point fixe sur la sphère céleste : le point vernal (point où se trouve le Soleil à l'équinoxe de mars).

L'ascension droite est exprimée en heures, minutes et secondes, ce qui permet de ne pas la confondre avec la déclinaison. La Terre faisant une rotation sur elle-même (360°) en 24 heures d'ascension droite, on en déduit facilement que 1 heure d'ascension droite représente 360° divisés par 24, soit 15°. Il en découle que 1 minute d'ascension droite vaut 60 fois moins, soit 15′, et 1 seconde d'ascension droite équivaut à 15″. L'ascension droite est souvent désignée par la lettre grecque alpha (α) ou par AD.

La notion de ***déclinaison*** est plus simple puisqu'elle correspond à celle de la latitude terrestre : la déclinaison est la distance angulaire qui sépare l'astre de l'équateur. Elle est comptée en degrés, de 0° à + 90° vers le nord, de 0° à - 90° vers le sud. La déclinaison est parfois désignée par la lettre grecque delta (δ) ou par D.

Les coordonnées équatoriales du point vernal sont donc : $\alpha = 0$ h 00 m 00 s et $\delta = 0° \, 00' \, 00''$.

Comme tant alpha que delta sont indépendantes du mouvement de rotation de la Terre, les coordonnées équatoriales des étoiles ne changent pas ; en fait, elles se modifient extrêmement lentement du fait du mouvement de précession, qui décale le point vernal de 0,013 965° ou 50,27″ par an.

En revanche, les planètes, la Lune et le Soleil, qui sont animés de mouvements propres apparents importants, changent d'ascension droite et de déclinaison en permanence, d'où l'intérêt des tableaux d'éphémérides, qui précisent pour chaque date la position du corps. Il s'agit ici de la position apparente géocentrique, c'est-à-dire de la position qu'aurait l'astre sur la sphère céleste si on le voyait du centre de la Terre.

Constellation

Il s'agit de la constellation dans laquelle se trouve l'astre en question à la date donnée à 0 h.

Magnitude

Voir plus haut dans ce chapitre la définition de la magnitude stellaire, qui s'applique aussi aux planètes, à la Lune et au Soleil. Le Soleil a un éclat stable qui correspond à une magnitude de - 26,74, c'est-à-dire qu'il est environ 1 500 millions de fois plus lumineux que la planète Vénus, par exemple.

Diamètre apparent

Le diamètre apparent d'une planète, de la Lune ou du Soleil est l'angle qu'il sous-tend vu de la Terre. Plus cet angle est grand, plus il sera facile de voir des détails de petite taille sur son disque. Cependant, pour les planètes intérieures Mercure et Vénus, plus le diamètre apparent est grand, plus ces deux astres se présentent sous l'aspect de croissants difficilement observables. Comparez le diamètre apparent de ces deux corps avec leur fraction éclairée : celle-ci diminue lorsque le diamètre apparent croît, et inversement.

Élongation

L'élongation est la distance apparente qui sépare un astre du Soleil sur la voûte céleste.
Elle est comptée de 0° à 180° vers l'est ou vers l'ouest du Soleil. Lorsqu'un astre a une élongation de 180°, il passe à l'opposition, c'est-à-dire que le Soleil, la Terre et lui sont alignés. Pendant la période où il passe à l'opposition, l'astre se lève au moment du coucher du Soleil, et vous pouvez l'observer toute la nuit.

Au contraire, quand l'élongation tend vers 0, la faible distance apparente entre l'astre et le Soleil condamne toute observation. Cela se passe très régulièrement pour Mercure et Vénus, car ces planètes sont plus proches du Soleil que la Terre. L'élongation maximale de Mercure est de 28°, celle de Vénus atteint 48°.

On peut estimer que, lorsque l'élongation d'un astre est inférieure à 40° vers l'est, il est observable le soir au crépuscule ; si elle est inférieure à 40° vers l'ouest, il est visible le matin à l'aube. Si son élongation est supérieure à ces deux valeurs, l'astre est visible en pleine nuit.

Équation du temps

Pour le Soleil, la colonne « élongation » est remplacée par l'indication de la valeur de l'équation du temps vrai à 0 h TU, qui est la différence entre le temps solaire moyen et le temps solaire vrai. Elle peut vous servir à corriger l'heure lue sur un cadran solaire.

L'équation du temps varie lentement d'un jour à l'autre et se répète presque à l'identique d'une année à l'autre. Elle résulte essentiellement de deux causes différentes : d'une part, la vitesse orbitale de la Terre autour du Soleil est variable en raison de l'excentricité de son orbite ; d'autre part, l'axe de rotation de notre planète est incliné par rapport à l'écliptique, ce qui induit une trajectoire apparente du Soleil qui n'est pas confondue avec l'équateur céleste.

Les valeurs extrêmes des variations engendrées par l'excentricité de l'orbite terrestre peuvent atteindre + ou - 7,66 minutes. Quant à celles dues à l'obliquité de l'axe de rotation, elles atteignent + ou - 9,87 minutes. C'est l'addition de ces deux causes qui donne la courbe annuelle de l'équation du temps vrai (voir page 19).

L'équation du temps est égale à 0 quatre fois par an. Elle connaît deux maxima, environ + 14 m 15 s vers la mi-février et + 6 m 30 s à la fin de juillet, et deux minima, environ - 3 m 40 s à la mi-mai et - 16 m 25 s début novembre (d'après Denis Savoie et Jean Meeus, *L'Astronomie*, juin 1995).

Distance

Les distances indiquées correspondent à l'éloignement entre la Terre et l'astre en question ; elles sont données en unités astronomiques. 1 ua = 149 597 871 km

Distance lumière

La distance qui nous sépare du Soleil est indiquée à la seconde près à 0 h TU. La lumière se déplace à 299 792,458 km/s dans le vide. 1 ua = 8 m 19 s

Fraction éclairée

Il s'agit du rapport de la surface éclairée à la surface totale. Un rapport de 50 % indique un Premier ou un Dernier Quartier, 100 % correspondent à un disque plein, et une valeur inférieure à 10 % représente un croissant extrêmement fin, difficile voire impossible à observer dans de bonnes conditions.

Lever, méridien, hauteur, coucher

Ces données sont calculées en temps universel pour 45° de latitude nord et 0° de longitude.

Les heures de lever et de coucher correspondent à l'apparition et à la disparition du bord supérieur du corps, en tenant compte d'une réfraction horizontale moyenne de 34'.

Notez que l'heure de lever ou de coucher observée peut varier jusqu'à une minute en fonction des conditions atmosphériques et géographiques propres à votre situation.

La hauteur est indiquée pour le centre de l'astre lorsque celui-ci passe au méridien sud.

Éphémérides de la Lune

Les informations des colonnes « Ascension droite » à « Distance » ont été calculées à 0 h en temps universel pour chaque date et sont valables quel que soit votre site d'observation sur Terre.

Les données sur le lever, le passage au méridien, la hauteur au méridien et le coucher sont exactes à 45° de latitude nord et 0° de longitude. Le jour de la semaine ainsi que le numéro du jour dans l'année sont indiqués pour chaque date.

Diamètre apparent de la Lune

L'orbite du satellite naturel de la Terre étant une ellipse, la distance et donc le diamètre apparent de notre voisine varient énormément en une révolution sidérale (27,32 jours) :

distance minimale = 356 410 km

distance moyenne = 384 400 km

distance maximale = 406 740 km

Parallaxe horizontale

La Lune étant très proche de la Terre, les coordonnées géocentriques apparentes indiquées d'une manière générale dans les éphémérides peuvent différer

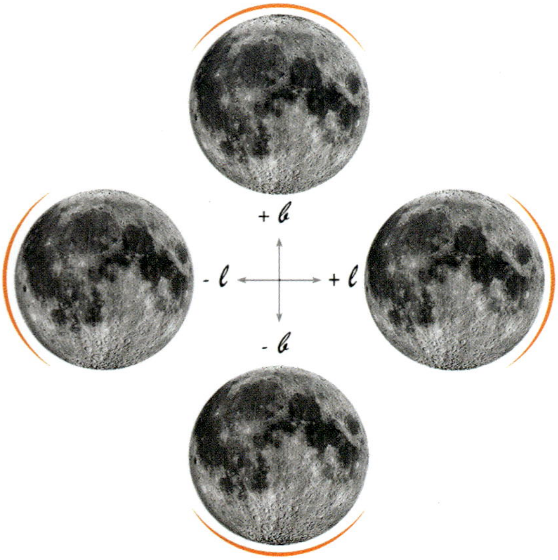

Zones de librations

des coordonnées topocentriques, c'est-à-dire correspondant à un lieu précis sur la surface du globe.

Si vous avez besoin de connaître très précisément la position de notre satellite dans le ciel de votre site d'observation, la valeur de la parallaxe horizontale vous permet d'obtenir les coordonnées topocentriques de la Lune à partir des coordonnées géocentriques apparentes et de votre latitude/longitude. Les détails de ce calcul sont un peu longs pour être exposés ici, mais les amateurs intéressés les retrouveront dans les livres spécialisés (voir les remerciements et les sources à la fin de ce guide).

À noter : la plupart des logiciels de cartographie céleste vous permettent de choisir d'afficher la position de la Lune en coordonnées géocentriques ou topocentriques.

Fraction éclairée

Il s'agit du rapport de la surface éclairée à la surface totale. Un rapport de 0 % indique une Nouvelle Lune, 50 % correspondent à un Premier ou à un Dernier Quartier, 100 % à la Pleine Lune. Dans les meilleures conditions d'observation, il est parfois possible de repérer à l'œil nu des croissants lunaires montrant une fraction éclairée à peine supérieure à 1 %.

Libration et angle de position

Un petit tableau mensuel donne la libration en longitude (l) et en latitude (b), et les angles de position de l'extrémité nord de l'axe de rotation de la Lune (axe) et du milieu de la partie éclairée du limbe lunaire (phase), comptés positivement vers l'est à partir du point nord du disque lunaire, le tout pour un observateur imaginaire situé au centre de la Terre, chaque jour à 0 h.
Voir également les information sur les zones de librations en page 34.

Utiliser le *Guide du Ciel* avec des élèves ou du public

Loin de moi l'idée de mettre le *Guide du Ciel* entre les mains de chaque élève, même si cela me permettrait certainement de m'offrir de belles vacances ! En revanche, je suis persuadé que toutes les personnes qui sont régulièrement en contact avec les enfants ou avec le public – professeurs, animateurs, médiateurs scientifiques, etc. – peuvent trouver dans ces pages de quoi alimenter leur discours.

Nous vivons en effet à une époque où les connaissances scientifiques, qui façonnent pourtant nos sociétés et nos modes de vie, sont trop souvent négligées, voire franchement rejetées, par les jeunes et le grand public.

Des notions de base telles que la compréhension des saisons, des phases de la Lune, des distances entre les corps du Système solaire sont dans la plupart des cas ignorées ou, pire, comprises de travers par nombre de nos concitoyens. Et je ne parle évidemment que de notions astronomiques, mais il serait possible de faire le même constat pour tous les autres domaines scientifiques.

Le moins que l'on puisse dire est que cette méconnaissance ne favorise pas la compréhension et la juste interprétation des grands débats scientifiques qui se développent aujourd'hui et qui auront des conséquences majeures sur la façon dont nous pourrons vivre demain sur notre planète. Sans pouvoir ni vouloir régler tous les problèmes à lui seul, ce livre tente néanmoins de vous apporter quelques éléments fiables qui devraient vous aider à mieux faire comprendre et aimer notre environnement cosmique.

L'essentiel du *Guide du Ciel* est consacré à l'annonce et à l'observation des phénomènes astronomiques à venir, mais voici un rapide tour d'horizon des pages où vous trouverez les informations de base qui vous seront très utiles lors de vos activités avec des scolaires ou lors d'animations publiques.

Sur le Soleil

Même s'il convient de prendre toutes les précautions adéquates, il s'agit de l'astre le plus facile à observer avec des élèves car cela peut se faire durant les horaires scolaires et il n'est donc pas forcément nécessaire d'obtenir des autorisations administratives pour des sorties ou des activités hors du temps scolaire. Les pages 18 à 23 de ce guide synthétisent les informations utiles pour pratiquer l'observation du Soleil en toute sécurité. Elles vous apportent également les bases nécessaires à la compréhension du fonctionnement de notre étoile et vous informent sur l'évolution de son activité. C'est également là que vous trouverez des renseignements sur les différents crépuscules (civil, nautique, astronomique) et sur leur importance en fonction de votre latitude.

Notez que vous trouverez dans mon livre *Les Instruments & le Guide de l'astronomie de loisir* (même éditeur) un bilan complet des instruments utilisables pour observer le Soleil en toute sécurité.

Les aurores polaires, l'une des conséquences directes d'une activité solaire plus intense, bénéficient d'une double page de présentation (pages 24-25) avec des conseils pour leur observation. Enfin, les principaux météores atmosphériques engendrés par l'interaction des rayons solaires et des gouttelettes d'eau ou des cristaux de glace en suspension dans l'atmosphère (arcs-en-ciel, halos, couronnes, gloires) sont présentés en pages 26 et 27.

Sur la Terre

Depuis quelques années, j'ai décidé de consacrer trois pages à la Terre (pages 28 à 30), à ses mouvements et à l'origine des saisons, un point trop souvent mal compris. Un schéma, suggéré par Marc Buonomo, que je remercie au passage, vient compléter cette section.

Sur la Lune

L'astre le plus facile à observer, celui qui vient immédiatement à l'esprit des enfants lorsqu'on leur parle du ciel. La section consacrée à la Lune (pages 31 à 35) contient toutes les informations pour apprendre à retrouver notre satellite dans le ciel, de jour comme de nuit, en fonction de sa phase et de la période de l'année. C'est également là que vous trouverez des éléments chiffrés, des graphiques et des explications sur l'observation de ses plus fins croissants. Enfin, si vous avez la possibilité d'utiliser un instrument (jumelles, lunette ou télescope), une grande carte extrêmement détaillée (pages 36 à 39) vous permet d'identifier plus de 400 formations lunaires (mers, cratères, montagnes, vallées, lacs).

Sur les planètes

Outre les innombrables informations sur l'observation des planètes distillées au fil des jours et des mois tout au long de ce guide, vous trouverez des données de base actualisées sur chaque planète et sur les principales planètes naines et certains astéroïdes dans la partie « Tour d'horizon » (pages 40 à 57).

Sur les comètes et les étoiles filantes

Les éléments orbitaux des principales comètes devant passer au plus près du Soleil durant la période couverte par cette édition du *Guide du Ciel* sont récapitulés dans un tableau page 59. Ils sont accompagnés de commentaires sur l'observation et la recherche des comètes. Si vous pensez avoir découvert une comète, reportez-vous à la page 17 pour connaître la procédure permettant de la signaler aux astronomes du monde entier.

Les essaims d'étoiles filantes sont toujours présentés dans les phénomènes au jour le jour avec des indications sur leur découverte, des prévisions sur leur activité et des conseils pour leur observation. Ils sont à présent également rassemblés dans un schéma et un tableau (pages 60 et 61) qui permettent d'avoir une vision synthétique de l'activité annuelle.

Sur les étoiles

Qu'elles soient simples, doubles, variables, colorées, les étoiles sont les compagnes nocturnes des observateurs. Les cartes circulaires mensuelles vous permettent de repérer les constellations. Un tableau (pages 338-339) liste les 88 figures célestes avec leur nom latin, leur abréviation, leur meilleure période de visibilité, leur superficie et leur origine.

Données de base

SYMBOLES ET ABRÉVIATIONS

Dans cet ouvrage, l'abréviation de « minute » quand il s'agit d'une durée, qui devrait en toute rigueur être « min », est généralement réduite à la simple lettre « m », sauf lorsqu'il peut y avoir une ambiguïté avec l'unité de longueur.

L'ascension droite des astres est indiquée en heure (h), minute (m), seconde (s). 1 heure d'ascension droite représente un arc de 15 degrés (15°) sur la sphère céleste ; 1 minute d'ascension droite vaut 15 minutes d'arc (15′) ; 1 seconde d'ascension droite vaut 15 secondes d'arc (15″).

La déclinaison des astres est indiquée en degré (°), minute d'arc (′) et seconde d'arc (″).

Tous les termes astronomiques utilisés sont définis et expliqués dans la première partie (pages 7 à 15) et dans le lexique (pages 348 à 351).

DES CHIFFRES ET DES LETTRES

Vitesse de la lumière dans le vide

C = 299 792,458 km/s = 1 079 252 849 km/h

Unité astronomique (ua)

Distance moyenne de la Terre au Soleil.
1 ua = 149 597 871 km
1 ua = 499,005 secondes-lumière, soit environ 8 minutes et 19 secondes

Année-lumière (al)

Distance parcourue par la lumière en une année grégorienne moyenne, soit en 365,242 5 jours.
1 année-lumière = 9 460 536 millions de kilomètres = 63 239,8 ua
1 jour-lumière = 25 902 068 371 km = 173,14 ua
1 heure-lumière = 1 079 252 849 km = 7,21 ua
1 minute-lumière = 17 987 547 km = 0,12 ua

Parsec (pc)

Distance d'un astre dont la parallaxe annuelle serait de 1″ exactement.
1 pc = 3,261 631 al
1 pc = 206 264,8 ua
1 pc = 30 856 775 millions de kilomètres

Distance Terre-Lune

Distance minimale = 356 410 km
(diamètre apparent de 33,5′)

Distance moyenne = 384 400 km
(diamètre apparent de 31,08′)

Distance maximale = 406 740 km
(diamètre apparent de 29,3′)

Unités de temps

1 seconde = 9 192 631 770 périodes de la radiation correspondant à la transition entre les deux niveaux hyperfins de l'état fondamental de l'atome de césium 133 au niveau de la mer.
1 jour = 86 400 s
1 jour sidéral moyen = 86 164,1 s
1 année grégorienne moyenne = 365,242 5 jours
1 année julienne moyenne = 365,25 jours

Terre

Masse = 5,972 x 10^{24} kg

Âge ≈ 4,6 milliards d'années

Température centrale : entre 5 000 K et 6 000 K

Rayon équatorial = 6 378,14 km

Rayon polaire = 6 356,75 km

Parallaxe du Soleil = 8,794 143″

Distance de l'horizon en mer pour une hauteur h en mètres au-dessus du niveau de la mer = 3,9 x $h^{1/2}$ km environ pour h < 2 000 m

Valeur moyenne de la réfraction atmosphérique (pression de 1 atm ; température de 10 °C) = 90° : 0′ ; 44° : 1′ ; 26° : 2′ ; 18° : 3′ ; 11° : 5′ ; 6° : 8′ ; 4° : 12′ ; 2° : 18′ ; 0° : 34′

Vitesse du son dans l'atmosphère = 331 m/s environ

Pôles magnétiques (2023) = 86,1° N et 146,8° E ; 63,9° S et 135,4° E

Déclinaison magnétique à 45° N et 0° E = 1,1° E (mars 2023) ; décalage annuel : 10′ vers l'est

Vitesse orbitale moyenne = 29,786 km/s

Soleil

Masse = 1,9891 x 10^{30} kg

Rayon = 696 265 km

Période de rotation à l'équateur = 25,38 jours sidéraux

Vitesse moyenne du vent solaire au niveau de la Terre = 450 km/s

Vitesse du Soleil en direction de l'apex (18,07 h ; 30°) = 19,4 km/s

Position dans la Galaxie : 27 000 années-lumière du centre ; 50 années-lumière au nord du plan galactique ; bordure intérieure du bras d'Orion

Galaxie

Diamètre ≈ 300 000 années-lumière

Masse ≈ 10^{12} masses solaires

Vitesse de rotation au niveau du Soleil ≈ 230 km/s (200 millions d'années pour un tour environ)

Position du centre (2000.0) = 17 h 45,7 m ; - 29° 00′

Pôle Nord galactique (2000.0) = 12 h 51 m ; 27° 08′

Inclinaison du plan de l'écliptique sur le plan galactique ≈ 60°

Déplacement à près de 400 km/s vers 14 h/- 30°

Domaine de longueur d'onde de la lumière visible par l'œil humain

Vision de pleine lumière ≈ 400 à 750 nanomètres (nm)

Vision adaptée à l'obscurité ≈ 400 à 620 nm

Maximum de sensibilité (vision diurne) ≈ 555 nm

Maximum de sensibilité (vision nocturne) ≈ 507 nm

Longueur d'onde caractéristique des couleurs

Violet : 420 nm ; bleu : 470 nm ; vert : 530 nm ; jaune : 580 nm ; orange : 610 nm ; rouge : 660 nm

Quelques longueurs d'onde utiles

H Lyman alpha : 121,6 nm ; Ca (K solaire) : 393,4 nm ; Ca (H solaire) : 396,8 nm ; Hg violet : 404,7 nm ;
H delta (h solaire) : 410,2 nm ; H gamma (g solaire) : 434,0 nm ; Hg bleu foncé : 435,8 nm ; N2 bleu : 465,2 nm ; H bêta (F solaire) : 486,1 nm ; O++ vert : 495,9 nm et 500,7 nm ; Hg vert : 546,1 nm ; O jaune-vert : 557,7 nm ; Hg jaune : 577,0 nm et 579,1 nm ;
Na (D2 solaire) : 589,0 nm ; Na (D1 solaire) : 589,6 nm ; O rouge : 630,0 nm ; He-Ne laser : 632,8 nm ; O rouge : 636,4 nm ; H alpha (C solaire) : 656,3 nm

TSMG (temps sidéral moyen de Greenwich)

Le TSMG à 0 h TU est donné le jour 0 du mois, c'est-à-dire le dernier jour du mois précédent, en heures décimales.

Juin 2023 = 16,5492	Jan. 2024 = 6,6111
Juil. 2023 = 18,5205	Fév. 2024 = 8,481
Août 2023 = 20,5575	Mars 2024 = 10,5537
Sep. 2023 = 22,5945	Avr. 2024 = 12,5907
Oct. 2023 = 0,5658	Mai 2024 = 14,5620
Nov. 2023 = 2,6028	Juin 2024 = 16,5990
Déc. 2023 = 4,5741	Juil. 2024 = 18,5703

Le TSMG pour n'importe quel moment d'un mois est donné par la relation :
TSMG à 0 h TU le jour 0 du mois + 0,06571 j + 1,002738 h avec j = jour ; h = heure décimale.
Le temps sidéral moyen local d'un site d'observation est donné par la relation :
TSML = TSMG - longitude ouest (ou + longitude est), en comptant 4 minutes par degré de longitude.
L'heure à laquelle un astre passe au méridien sud dans un site donné est approximativement égale à l'ascension droite de cet astre moins le temps sidéral moyen local du site pour le lendemain à 0 h TU.

SIGNALER UNE DÉCOUVERTE

Si vous êtes convaincu d'avoir découvert quelque chose dans le ciel, vous avez plusieurs solutions pour avertir la communauté astronomique. Mais attention, si vous n'avez pas encore fait vos preuves en tant que « découvreur expérimenté », il est fortement recommandé de soumettre vos observations à des astronomes amateurs ou professionnels capables de les vérifier. En France, vous pouvez par exemple demander une confirmation par l'intermédiaire d'une liste électronique réunissant des observateurs chevronnés comme Aude-L ; vous pouvez également communiquer vos résultats à l'Institut de mécanique céleste et de calcul des éphémérides (77, avenue Denfert-Rochereau, 75014 Paris, www.imcce.fr).

S'il se confirme que vous avez toutes les chances d'avoir réellement découvert une comète, un astéroïde ou encore une supernova, le moyen le plus rapide pour l'annoncer officiellement est d'adresser un courrier électronique à l'Union astronomique internationale (UAI, cbatiau@eps.harvard.edu).

Si vos observations concernent plutôt les étoiles filantes ou un bolide (magnitude au moins égale à celle de Vénus), vous pouvez contacter le Réseau français d'observation de météores (www.reforme-meteor.net) ou l'International Meteor Organization (idac@imo.net).

Dans tous les cas, un rapport de découverte ne peut être pris au sérieux s'il ne contient au minimum les indications suivantes : le nom de l'observateur, le moyen de le contacter rapidement (courriel, téléphone), la méthode d'observation (œil nu, caméra), le type d'instrument utilisé (diamètre, focale, grossissement), la technique de prise de vue, les lieux, dates et heures décimales (TU) des observations, la position ou les positions successives en ascension droite et en déclinaison de l'objet (en précisant l'équinoxe), le mouvement propre en ascension droite et en déclinaison le cas échéant, la magnitude estimée, une description physique.

S'il s'agit d'une découverte avec un capteur électronique, une seconde image de contrôle, au moins, doit être réalisée pour s'assurer qu'il ne s'agit pas d'un artefact. Il faut en outre indiquer la nature de l'appareil ou de la caméra, le temps de pose, la taille du champ et la magnitude limite.

Si vous n'avez jamais envoyé de compte rendu d'observation, vous devez également présenter votre expérience en quelques lignes et indiquer par quels moyens (logiciels, web, atlas) vous avez tenté de confirmer votre découverte avant d'en informer l'UAI.

Dans tous les cas, vous devez adresser votre message électronique en format texte, sans aucun caractère accentué ni code html, sans quoi il sera détruit immédiatement par le logiciel antivirus de l'UAI.

Consultez le site de l'UAI (www.cbat.eps.harvard.edu) pour connaître les procédures d'annonce d'une découverte spécifique pour chaque type d'objet.

Le Soleil

UN 25e CYCLE TOUJOURS PLUS INTENSE

En janvier 2023, une vingtaine de mois avant le maximum d'activité prévisionnel du 25e cycle solaire, le nombre mensuel de taches solaires était pratiquement équivalent à celui du maximum du cycle précédent (février 2014). En fait, depuis octobre 2020, ce nombre a dépassé chaque mois le nombre de taches prévu, confirmant le dynamisme inattendu de ce nouveau cycle. L'augmentation du nombre et de l'intensité des éruptions solaires a été particulièrement marquée en février et en mars 2023, avec comme conséquences les plus visibles des observations d'aurores boréales en France métropolitaine et jusqu'à la latitude de la Floride aux États-Unis. Cela confirme que le 25e cycle est bien plus dynamique que ce qui avait été annoncé en 2019 et qu'il pourrait culminer en juillet 2025 à un niveau d'activité comparable à celui du 23e cycle, donc largement supérieur à celui du 24e. L'année 2022 a connu seulement 1 jour sans aucune tache observable, contre 64 jours en 2021, 208 jours en 2020 et 281 jours en 2019. La dernière période de minimum a été l'une des plus basses depuis plus d'un siècle, avec près de 870 jours sans tache, et elle faisait suite à un double maximum (2003, 2005) peu intense. Lors du minimum précédent (2008-2009), notre étoile avait accumulé 817 jours sans tache contre seulement 309 pour celui d'avant (1996). Nombre de taches observées : 30 en 2008 et en 2009, 100 en 2010, 250 en 2011, 258 en 2012, 300 en 2013, 311 en 2014, 220 en 2015, 148 en 2016, 71 en 2017, 38 en 2018, 24 en 2019, 41 en 2020, 125 en 2021 et 260 en 2022. Les premières taches du 25e cycle, qui présentent une polarité inversée par rapport à celles du 24e cycle, sont apparues fin 2019 et début 2020. Vous pouvez suivre l'évolution mensuelle de ce cycle sur le site www.swpc.noaa.gov/products/solar-cycle-progression.

L'activité solaire est essentiellement liée à des phénomènes magnétiques engendrés par les mouvements de convection et de rotation différentielle qui brassent la matière surchauffée de notre étoile. Toutes les manifestations visibles en surface ou sur le limbe avec les instruments qui sont à la disposition des observateurs – taches solaires, éruptions, facules, grains de riz, protubérances – sont des conséquences des perturbations locales plus ou moins intenses du champ magnétique. Le nombre de taches visibles est un bon reflet de l'évolution des perturbations magnétiques qui agitent la photosphère solaire. Même si Galilée et certains de ses contemporains ont observé et dessiné des taches solaires au début du XVIIe siècle, et si des écrits bien plus anciens rapportent des observations faites à l'œil nu de taches sur le Soleil lors de son lever/coucher ou derrière un voile nuageux, les premiers relevés systématiques remontent au milieu du XVIIIe siècle (1749) et l'on numérote les cycles solaires depuis lors (voir ci-contre).

Il s'écoule en moyenne 11 années entre deux pics de l'activité solaire, mais on a déjà observé un cycle de moins de 7 ans et un autre de 17 ans ! Le minimum s'étire en général sur 1 à 2 ans, puis l'activité reprend à un rythme plus ou moins soutenu pendant les années suivantes, jusqu'au pic du maximum, qui intervient en moyenne 4 à 5 ans après le minimum.

Moyenne mensuelle du nombre de taches solaires (version 2.0)

	2010	2011	2012	2013	2014	2015	2016	2017	2018	2019	2020	2021	2022	2023
Janvier	19,5	27,3	94,4	96,1	117	93,0	57,0	26,1	6,8	7,7	6,2	10,4	55,3	143,6
Février	28,5	48,3	47,8	60,9	146,1	66,7	56,4	26,4	10,7	0,8	0,2	8,2	60,9	110,9
Mars	24,0	78,6	86,6	78,3	128,7	54,5	54,1	17,7	2,5	9,4	1,5	17,2	78,6	122,6
Avril	10,4	76,1	85,9	107,3	112,5	75,3	37,9	32,3	8,9	9,1	5,2	24,5	84,0	
Mai	13,9	58,2	96,5	120,2	112,5	88,8	51,5	18,9	13,1	9,9	0,2	21,2	96,5	
Juin	18,8	56,1	92,0	76,7	102,9	66,5	20,5	19,2	15,6	1,2	5,8	25,0	70,3	
Juillet	25,2	64,5	100,1	86,2	100,2	65,8	32,4	17,8	1,6	0,9	6,1	34,3	91,4	
Août	29,6	65,8	94,8	91,8	106,9	64,4	50,2	32,6	8,7	0,5	7,5	22,0	74,6	
Septembre	36,4	120,1	93,7	54,5	130,0	78,6	44,6	43,7	3,3	1,1	0,6	51,3	96,0	
Octobre	33,6	125,7	76,5	114,4	90,0	63,6	33,4	13,2	4,9	0,4	14,6	37,4	95,4	
Novembre	34,4	139,1	87,6	113,9	103,6	62,2	21,4	5,7	4,9	0,5	34,5	34,8	77,6	
Décembre	24,5	109,3	56,8	124,2	112,9	58,0	18,5	8,2	3,1	1,5	23,1	67,5	113,1	

Source : WDC-SILSO, Royal Observatory of Belgium, Brussels.

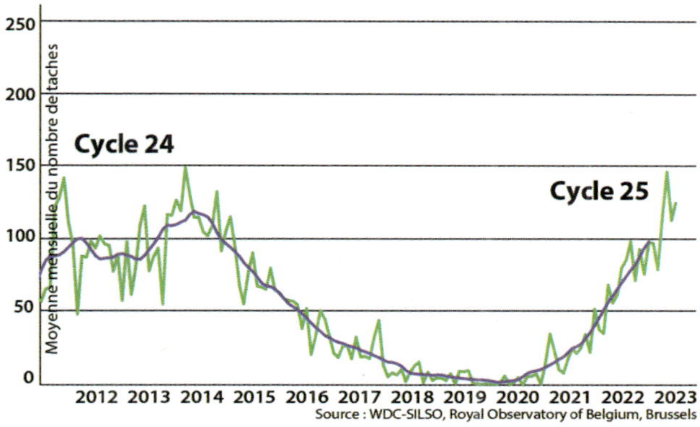

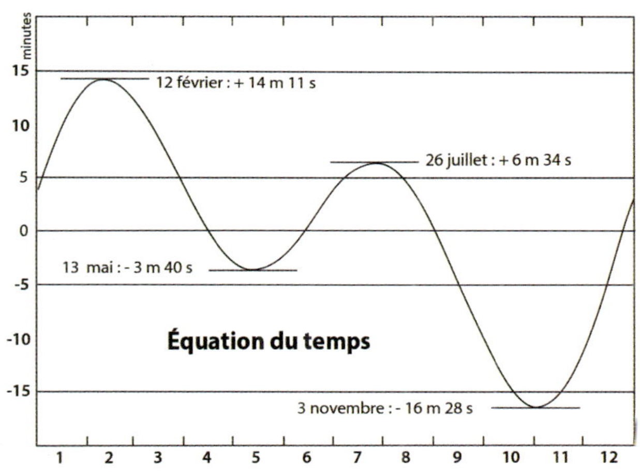

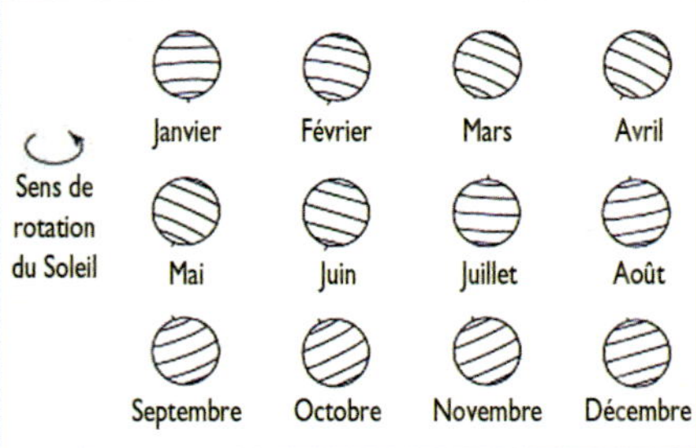

Le pôle Nord du Soleil atteint son inclinaison maximale vers la Terre (7,25°) au début du mois de septembre ; l'inclinaison maximale du pôle Sud se produit, elle, au début du mois de mars.

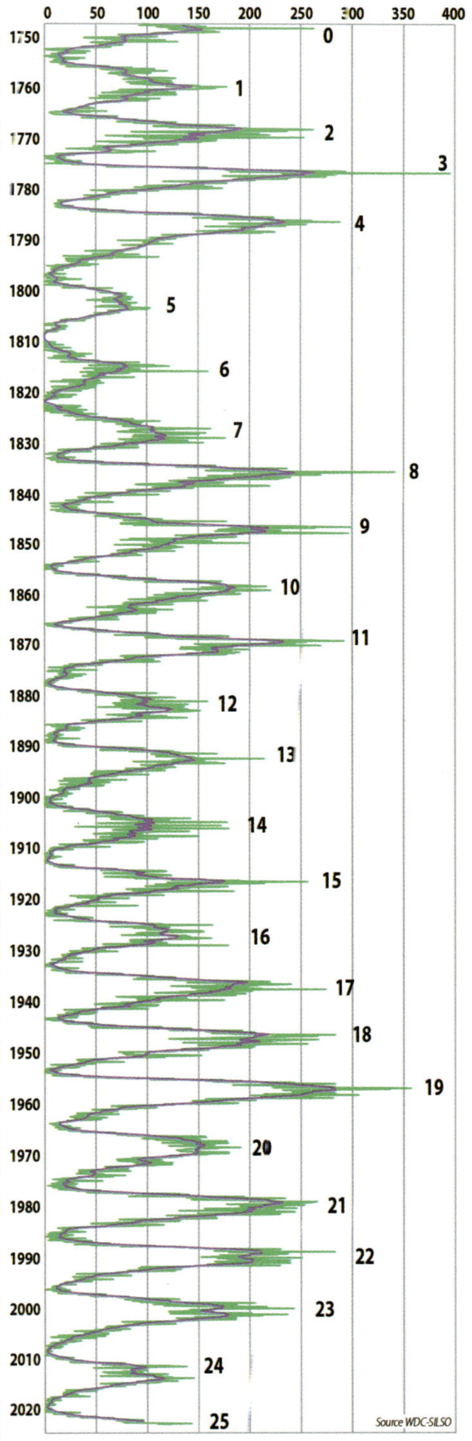

Activité solaire au quotidien

Nombre de sites web permettent de suivre l'activité quotidienne et l'aspect de notre étoile dans toutes les longueurs d'onde. Solar Influences Data Center et SpaceWeather sont deux excellents points de départ pour vos recherches dans ce domaine : sidc.be/silso et www.spaceweather.com.

Pour voir des images de notre étoile et de son environnement immédiat, consultez les sites des observatoires solaires spatiaux *SOHO* et *SDO* : sohowww.nascom.nasa.gov et sdo.gsfc.nasa.gov.

Le Soleil

LES CRÉPUSCULES

Le crépuscule est la période intermédiaire entre le jour et la nuit durant laquelle la luminosité décroît au fur et à mesure de l'enfoncement du disque solaire sous l'horizon ; le processus est inversé le matin. On peut parler de crépuscule du soir et du matin, mais, dans cet ouvrage, je préfère employer les termes « crépuscule » pour le soir et « aube » pour le matin, afin qu'il n'y ait pas d'ambiguïté quant à la période d'observation des phénomènes évoqués.

On distingue habituellement trois étapes crépusculaires. **Le crépuscule civil**, qui s'étend du coucher du Soleil à l'instant où le centre du disque de notre étoile se situe à 6° sous l'horizon ; seules les planètes les plus brillantes et les étoiles de première magnitude sont alors visibles. **Le crépuscule nautique**, qui se prolonge jusqu'à ce que le centre du disque solaire arrive à 12° sous l'horizon ; les étoiles de deuxième magnitude apparaissent et la ligne d'horizon est encore visible, ce qui permet de réaliser des mesures de positions au sextant. **Le crépuscule astronomique**, qui s'achève lorsque le centre du disque solaire atteint 18° sous l'horizon ; les astres les moins lumineux perceptibles à l'œil nu deviennent accessibles.

La durée du crépuscule change en fonction de la position géographique et de la saison. Lorsque la somme de la latitude du lieu et de la déclinaison du Soleil est supérieure ou égale à 72° en valeur absolue, l'astre du jour ne s'abaisse pas en dessous de 18° sous l'horizon et il ne fait pas totalement nuit. C'est le cas dans le nord de la France métropolitaine et en Belgique autour du solstice d'été.

Heure de début (le matin) et de fin (le soir) du crépuscule astronomique

		20° S		0°		20° N		40° N		45° N		50° N		55° N		60° N	
		Matin	Soir	Matin	Soir	Matin	Soir	Matin	Soir	Matin	Soir	Matin	Soir	Matin	Soir	Matin	Soir
2023																	
Juin	1	5 h 10	18 h 46	4 h 40	19 h 16	3 h 57	19 h 59	2 h 35	21 h 22	1 h 53	22 h 03	0 h 04	-	-	-	-	-
Juin	11	5 h 13	18 h 46	4 h 41	19 h 18	3 h 56	20 h 03	2 h 29	21 h 31	1 h 43	22 h 17	-	-	-	-	-	-
Juin	21	5 h 15	18 h 48	4 h 43	19 h 21	3 h 57	20 h 06	2 h 28	21 h 36	1 h 40	22 h 24	-	-	-	-	-	-
Juillet	1	5 h 17	18 h 51	4 h 45	19 h 22	4 h 00	20 h 07	2 h 32	21 h 35	1 h 46	22 h 21	-	-	-	-	-	-
Juillet	11	5 h 18	18 h 53	4 h 48	19 h 23	4 h 05	20 h 06	2 h 42	21 h 29	1 h 59	22 h 10	-	-	-	-	-	-
Juillet	21	5 h 17	18 h 56	4 h 49	19 h 23	4 h 10	20 h 03	2 h 54	21 h 18	2 h 17	21 h 54	1 h 11	22 h 58	-	-	-	-
Juillet	31	5 h 14	18 h 59	4 h 50	19 h 22	4 h 15	19 h 57	3 h 08	21 h 04	2 h 37	21 h 34	1 h 49	22 h 21	-	-	-	-
Juin	1	5 h 10	18 h 46	4 h 40	19 h 16	3 h 57	19 h 59	2 h 35	21 h 22	1 h 53	22 h 03	0 h 04	-	-	-	-	-
Juin	11	5 h 13	18 h 46	4 h 41	19 h 18	3 h 56	20 h 03	2 h 29	21 h 31	1 h 43	22 h 17	-	-	-	-	-	-
Juin	21	5 h 15	18 h 48	4 h 43	19 h 21	3 h 57	20 h 06	2 h 28	21 h 36	1 h 40	22 h 24	-	-	-	-	-	-
Juillet	1	5 h 17	18 h 51	4 h 45	19 h 22	4 h 00	20 h 07	2 h 32	21 h 35	1 h 46	22 h 21	-	-	-	-	-	-
Juillet	11	5 h 18	18 h 53	4 h 48	19 h 23	4 h 05	20 h 06	2 h 42	21 h 29	1 h 59	22 h 10	-	-	-	-	-	-
Juillet	21	5 h 17	18 h 56	4 h 49	19 h 23	4 h 10	20 h 03	2 h 54	21 h 18	2 h 17	21 h 54	1 h 11	22 h 58	-	-	-	-
Juillet	31	5 h 14	18 h 59	4 h 50	19 h 22	4 h 15	19 h 57	3 h 08	21 h 04	2 h 37	21 h 34	1 h 49	22 h 21	-	-	-	-
Août	10	5 h 10	19 h 01	4 h 51	19 h 20	4 h 20	19 h 50	3 h 22	20 h 48	2 h 57	21 h 13	2 h 20	21 h 49	1 h 10	22 h 55	-	-
Août	20	5 h 04	19 h 03	4 h 50	19 h 17	4 h 25	19 h 42	3 h 36	20 h 30	3 h 15	20 h 50	2 h 46	21 h 18	2 h 02	22 h 02	-	-
Août	30	4 h 57	19 h 05	4 h 48	19 h 14	4 h 29	19 h 32	3 h 49	20 h 11	3 h 33	20 h 28	3 h 10	20 h 50	2 h 38	21 h 21	1 h 42	22 h 14
Septembre	9	4 h 49	19 h 06	4 h 45	19 h 10	4 h 32	19 h 23	4 h 02	19 h 52	3 h 48	20 h 05	3 h 31	20 h 22	3 h 07	20 h 46	2 h 30	21 h 21
Septembre	19	4 h 40	19 h 08	4 h 42	19 h 06	4 h 35	19 h 13	4 h 13	19 h 34	4 h 03	19 h 43	3 h 50	19 h 56	3 h 33	20 h 13	3 h 07	20 h 38
Septembre	29	4 h 30	19 h 11	4 h 38	19 h 02	4 h 37	19 h 03	4 h 24	19 h 16	4 h 17	19 h 23	4 h 08	19 h 32	3 h 55	19 h 44	3 h 37	20 h 01
Octobre	9	4 h 21	19 h 14	4 h 35	19 h 00	4 h 40	18 h 55	4 h 34	19 h 00	4 h 30	19 h 04	4 h 24	19 h 09	4 h 16	19 h 17	4 h 04	19 h 29
Octobre	19	4 h 11	19 h 19	4 h 32	18 h 58	4 h 42	18 h 47	4 h 44	18 h 45	4 h 43	18 h 47	4 h 40	18 h 49	4 h 36	18 h 53	4 h 29	18 h 59
Octobre	29	4 h 03	19 h 25	4 h 30	18 h 58	4 h 45	18 h 42	4 h 54	18 h 33	4 h 55	18 h 32	4 h 55	18 h 32	4 h 54	18 h 32	4 h 52	18 h 34
Novembre	8	3 h 57	19 h 31	4 h 29	18 h 59	4 h 49	18 h 38	5 h 04	18 h 23	5 h 07	18 h 20	5 h 10	18 h 17	5 h 12	18 h 15	5 h 13	18 h 13
Novembre	18	3 h 52	19 h 39	4 h 29	19 h 02	4 h 54	18 h 36	5 h 14	18 h 16	5 h 19	18 h 11	5 h 23	18 h 06	5 h 28	18 h 01	5 h 33	17 h 56
Novembre	28	3 h 49	19 h 47	4 h 30	19 h 05	4 h 59	18 h 37	5 h 23	18 h 12	5 h 29	18 h 06	5 h 36	17 h 59	5 h 43	17 h 53	5 h 50	17 h 45
Décembre	8	3 h 49	19 h 54	4 h 33	19 h 10	5 h 04	18 h 39	5 h 32	18 h 12	5 h 39	18 h 04	5 h 46	17 h 57	5 h 55	17 h 49	6 h 04	17 h 39
Décembre	18	3 h 52	20 h 01	4 h 38	19 h 15	5 h 10	18 h 43	5 h 39	18 h 14	5 h 46	18 h 07	5 h 54	17 h 58	6 h 03	17 h 50	6 h 14	17 h 39
Décembre	28	3 h 57	20 h 05	4 h 43	19 h 20	5 h 15	18 h 48	5 h 43	18 h 19	5 h 51	18 h 12	5 h 59	18 h 04	6 h 08	17 h 55	6 h 18	17 h 45
2024																	
Janvier	7	4 h 04	20 h 08	4 h 48	19 h 24	5 h 19	18 h 54	5 h 45	18 h 27	5 h 52	18 h 20	6 h 00	18 h 13	6 h 07	18 h 05	6 h 17	17 h 56
Janvier	17	4 h 12	20 h 07	4 h 53	19 h 27	5 h 21	18 h 59	5 h 44	18 h 36	5 h 50	18 h 30	5 h 56	18 h 24	6 h 02	18 h 18	6 h 09	18 h 11
Janvier	27	4 h 21	20 h 04	4 h 56	19 h 29	5 h 21	19 h 05	5 h 40	18 h 46	5 h 44	18 h 42	5 h 48	18 h 38	5 h 52	18 h 34	5 h 57	18 h 30
Février	6	4 h 28	19 h 59	4 h 59	19 h 29	5 h 19	19 h 10	5 h 32	18 h 57	5 h 34	18 h 54	5 h 36	18 h 52	5 h 38	18 h 51	5 h 39	18 h 50
Février	16	4 h 35	19 h 52	5 h 00	19 h 28	5 h 15	19 h 14	5 h 22	19 h 07	5 h 22	19 h 07	5 h 21	19 h 08	5 h 20	19 h 10	5 h 16	19 h 13
Février	26	4 h 41	19 h 44	5 h 00	19 h 26	5 h 09	19 h 17	5 h 09	19 h 18	5 h 07	19 h 20	5 h 03	19 h 24	4 h 58	19 h 29	4 h 50	19 h 37
Mars	7	4 h 46	19 h 35	4 h 59	19 h 23	5 h 02	19 h 20	4 h 54	19 h 29	4 h 49	19 h 34	4 h 43	19 h 40	4 h 33	19 h 50	4 h 20	20 h 04
Mars	17	4 h 50	19 h 26	4 h 56	19 h 20	4 h 53	19 h 23	4 h 37	19 h 40	4 h 30	19 h 48	4 h 20	19 h 58	4 h 06	20 h 12	3 h 46	20 h 33
Mars	27	4 h 53	19 h 17	4 h 53	19 h 17	4 h 44	19 h 27	4 h 20	19 h 52	4 h 09	20 h 03	3 h 55	20 h 17	3 h 35	20 h 37	3 h 07	21 h 06
Avril	6	4 h 55	19 h 09	4 h 50	19 h 15	4 h 35	19 h 30	4 h 01	20 h 04	3 h 47	20 h 19	3 h 29	20 h 38	3 h 02	21 h 05	2 h 21	21 h 47
Avril	16	4 h 58	19 h 02	4 h 47	19 h 13	4 h 25	19 h 34	3 h 43	20 h 17	3 h 25	20 h 36	3 h 01	21 h 01	2 h 25	21 h 37	1 h 19	22 h 48
Avril	26	5 h 00	18 h 55	4 h 44	19 h 12	4 h 17	19 h 39	3 h 25	20 h 32	3 h 02	20 h 55	2 h 31	21 h 26	1 h 41	22 h 19	-	-
Mai	6	5 h 02	18 h 51	4 h 41	19 h 12	4 h 09	19 h 45	3 h 08	20 h 47	2 h 41	21 h 14	2 h 00	21 h 56	0 h 31	23 h 38	-	-
Mai	16	5 h 05	18 h 47	4 h 40	19 h 13	4 h 03	19 h 50	2 h 52	21 h 01	2 h 20	21 h 35	1 h 27	22 h 29	-	-	-	-
Mai	26	5 h 08	18 h 46	4 h 40	19 h 15	3 h 59	19 h 56	2 h 40	21 h 15	2 h 01	21 h 54	0 h 46	23 h 13	-	-	-	-

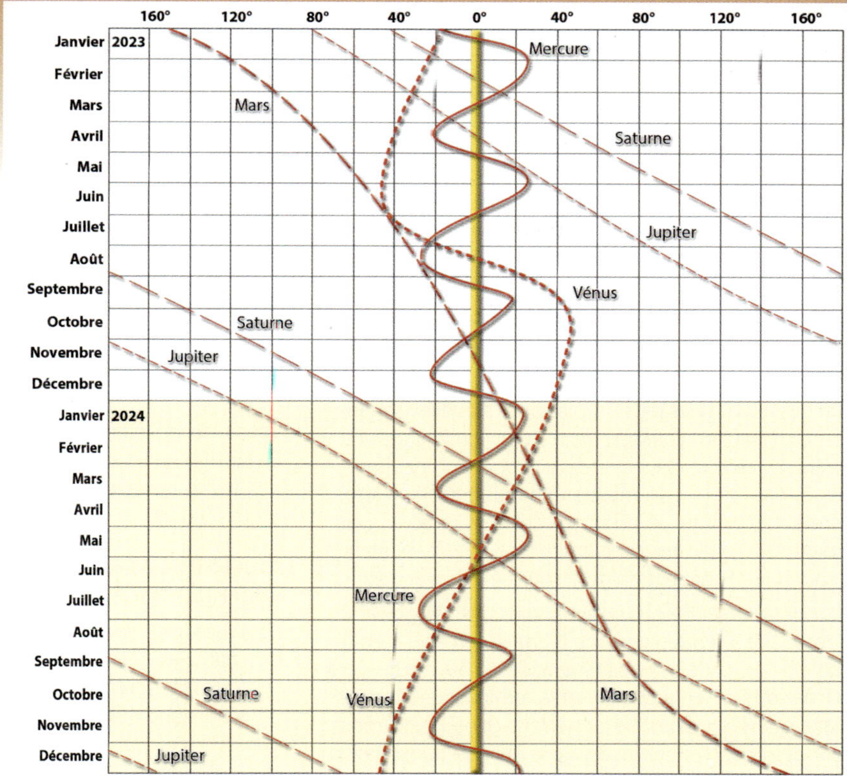

Élongation solaire des planètes visibles à l'œil nu de janvier 2023 à décembre 2024.

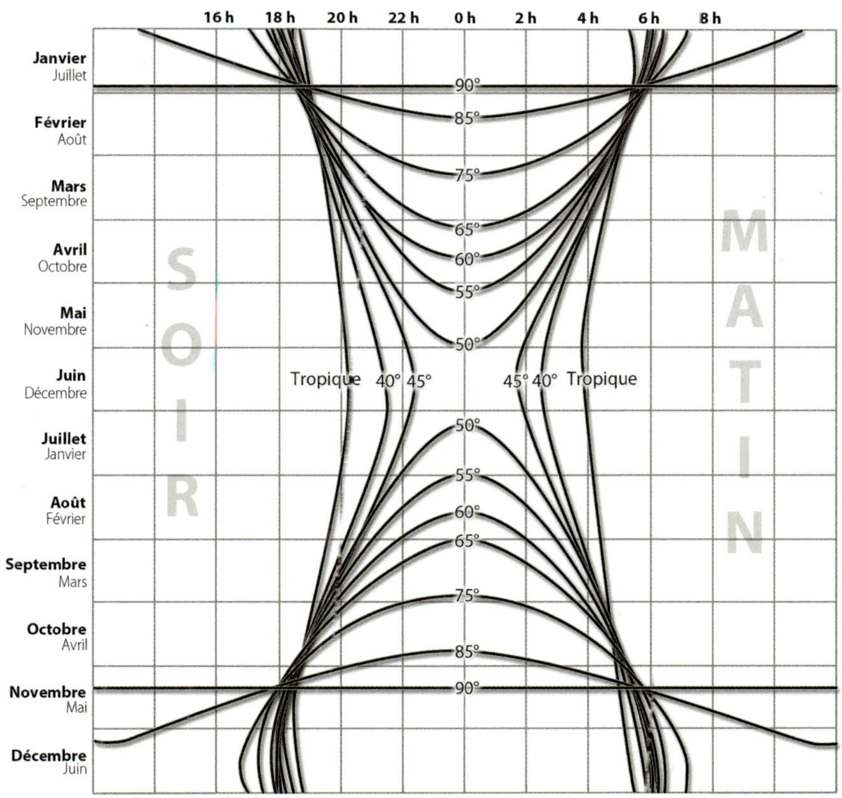

Ce graphique vous permet de déterminer l'heure de début et de fin du crépuscule astronomique tout au long de l'année pour différentes latitudes du tropique au pôle. Les mois sont indiqués en gras pour l'hémisphère Nord et en maigre pour l'hémisphère Sud.

Le Soleil

L'OBSERVATION DU SOLEIL

Vous trouverez dans l'édition 2011-2012, pages 56 à 63, un dossier complet sur l'observation du Soleil en toute sécurité, écrit par Patrick Pelletier, spécialiste de l'observation et de la photographie solaires. Voici un bref rappel des points essentiels.

Le Soleil est le seul astre dont l'observation peut s'avérer dangereuse si l'on ne respecte pas certaines règles de sécurité.

L'un des moyens les plus simples pour surveiller sereinement l'activité du Soleil est de projeter son image sur un écran, par exemple avec un Solarscope. Cet instrument peu onéreux, qui ressemble à une maquette en carton, permet de pointer le tube objectif vers le Soleil pour projeter son image sur l'écran intégré et voir les taches sombres sur la projection du disque solaire.

Pour détailler les taches solaires, vous pouvez placer un filtre solaire à l'entrée du tube d'une lunette ou d'un télescope : on parle alors de filtre à pleine ouverture. Cela permet d'éliminer la chaleur et la luminosité excessives avant que les rayons ne pénètrent dans l'instrument. Pour des observations visuelles, le taux de transmission de ce filtre solaire doit être de 1/100 000e (filtre de densité 5), ce qui signifie que seulement 1/100 000e de la lumière du Soleil atteint la rétine de l'observateur. Avec un taux de transmission aussi bas, les séances d'observation peuvent durer plusieurs heures sans aucune élévation de température dans le tube de l'instrument et dans le flux lumineux émergent, que l'on peut ainsi étudier longuement avec différents accessoires. Tous les filtres solaires à pleine ouverture offrent une excellente protection contre le rayonnement ultraviolet et infrarouge. Ils peuvent aussi être utilisés pour réaliser des images du disque du Soleil avec des vitesses de l'ordre de 1/125e pour une sensibilité de 100 ISO et un instrument ouvert à F/D : 10. Pour des applications photographiques plus spécialisées, il faut choisir un filtre à pleine ouverture spécial imagerie solaire avec une transmission de 1/10 000e, ce qui permet d'utiliser des vitesses d'obturation beaucoup plus rapides. Attention : un filtre solaire photographique ne doit surtout pas être utilisé pour l'observation visuelle. Il existe des filtres solaires de qualité en verre, en polymère, en Mylar ou en Astrosolar.

Il est également possible d'observer le Soleil dans le domaine du visible à l'aide d'un hélioscope de Herschel, un accessoire avec lequel il n'est pas nécessaire d'avoir un filtre pleine ouverture à l'entrée de l'instrument.

Pour observer la chromosphère et les protubérances, et guetter les éruptions autour des taches, il faut utiliser un filtre spécial qui isole la raie H-Alpha. Autrefois réservés à une élite, les filtres et les instruments « H-Alpha » se sont démocratisés depuis quelques années et plusieurs fabricants en proposent désormais à des prix de plus en plus attractifs (Coronado, Lunt, Solar Spectrum Baader, DayStar).

Certains fabricants d'instruments solaires ont également développé des filtres qui isolent les raies H (396,9 nm) et K (393,4 nm) du calcium. Elles sont proches de l'ultraviolet et l'œil décèle très difficilement les images produites par ces instruments, qui sont donc essentiellement utilisés pour photographier les zones profondes de la chromosphère solaire.

Vous trouverez dans mon livre *Les Instruments & le Guide de l'astronomie de loisir* (même éditeur) un panorama des instruments utilisables pour observer le Soleil en toute sécurité.

CLASSIFICATION DES ÉRUPTIONS SOLAIRES

Les éruptions solaires se produisent lorsque l'énergie piégée dans les champs magnétiques associés aux taches solaires est brutalement libérée. Les éruptions engendrent des émissions électromagnétiques dans toutes les longueurs d'onde, des ondes radio aux rayons X et gamma, et propulsent des particules à haute énergie dans l'espace, lesquelles peuvent mettre de 2 à 4 jours pour parvenir au niveau de l'orbite de la Terre. Le nombre d'éruptions de forte intensité augmente en période de maximum solaire, il est donc actuellement en pleine recrudescence.

Les astronomes classent les éruptions solaires en fonction de leur intensité en watts par mètre carré dans le domaine des rayons X compris entre 0,1 et 0,8 nm. Il existe cinq catégories, affublées des lettres A, B, C, M et X. Chaque catégorie correspond à une éruption d'une intensité 10 fois plus forte que la précédente : une éruption de catégorie X est 10 fois plus puissante qu'une de catégorie M et 100 fois plus qu'une de catégorie C. Chaque catégorie est subdivisée en neuf degrés.

Les éruptions des catégories A, B et C sont de trop faible intensité pour affecter notre environnement planétaire ; en fait, les éruptions de catégorie A se confondent pratiquement avec le bruit de fond de l'activité solaire. Les éruptions de la catégorie M peuvent provoquer des perturbations du champ magnétique terrestre qui se traduisent par des coupures de certaines communications radio dans les régions polaires, et elles émettent des particules dont l'arrivée à proximité de la Terre ne met pas en danger les astronautes. Les éruptions les plus puissantes appartiennent à la catégorie X et peuvent avoir des impacts très importants sur le champ magnétique terrestre, interrompre les communications radio, perturber les satellites (en décembre 2006, la précision du réseau GPS a été altérée durant plusieurs heures par une éruption solaire), provoquer des défaillances des réseaux de transport d'électricité et émettre des particules hautement énergétiques pouvant nuire à la santé des astronautes, voire des passagers des vols en haute altitude.

Il faut préciser que la catégorie X est ouverte. Ainsi, même s'il n'existe pas de lettres pour caractériser des éruptions 10, 100 ou 1 000 fois plus puissantes, de telles éruptions ont déjà été enregistrées : elles portent alors des numéros pouvant aller bien au-delà de X9. La plus puissante éruption enregistrée à ce jour a saturé les capteurs au-delà de X28 (en avril 2003), soit plusieurs catégories au-dessus de X. Elle a vraisemblablement été bien plus intense, même si elle n'a pas surpassé par ses effets l'éruption historique d'août 1859, observée par l'astronome anglais Richard Carrington, qui a engendré des aurores polaires exceptionnelles visibles sur l'ensemble du globe et provoqué des pannes et des destructions importantes dans les quelques réseaux électriques et télégraphiques de l'époque ! On peine à imaginer les conséquences d'une éruption d'une telle puissance sur une société mondialisée comme la nôtre, tellement dépendante des réseaux électriques et des connexions informatiques.

Quelle que soit l'intensité de l'éruption, son impact sur la Terre dépend de la position de la zone éruptive par rapport à notre planète ou, plus précisément, de la position de la Terre par rapport à la zone de son orbite qui sera concernée par l'arrivée des particules éjectées par le Soleil. Une éruption de classe X1 sur la face opposée du Soleil aura ainsi bien moins d'effet sur notre planète qu'une éruption de classe M8 la frappant de plein fouet.

En tenant compte de la catégorie d'une éruption solaire et de sa position, les scientifiques peuvent à présent prévoir avec une relative précision quel sera son impact et ils émettent alors des bulletins de prévisions du niveau de perturbation du champ magnétique terrestre et des émissions radio, ainsi que des risques liés au rayonnement solaire en haute altitude et dans l'espace. Vous pouvez consulter les échelles utilisées pour ces prévisions sur le site de la NOAA (www.swpc.noaa.gov/noaa-scales-explanation), et les bulletins sont diffusés au gré des éruptions sur le site SpaceWeather de la Nasa (www.spaceweather.com).

Longitudes héliocentriques et géocentriques du Soleil et des planètes

		Soleil géo	Mercure hélio	Mercure géo	Vénus hélio	Vénus géo	Terre hélio	Mars hélio	Mars géo	Jupiter hélio	Jupiter géo	Saturne hélio	Saturne géo	Uranus hélio	Uranus géo	Neptune hélio	Neptune géo	Pluton hélio	Pluton géo	Cérès hélio	Cérès géo
2023		°	°	°	°	°	°	°	°	°	°	°	°	°	°	°	°	°	°	°	°
Juin	1	70,3	307,8	45,8	203,4	115,6	250,0	156,6	126,5	26,0	33,4	330,7	337,0	48,9	50,2	355,3	357,4	298,6	300,2	197,9	175,9
Juin	10	78,9	341,2	57,7	217,8	124,1	258,6	160,6	131,8	26,8	35,3	331,0	337,2	49,0	50,7	355,3	357,6	298,6	300,0	200,1	177,4
Juin	20	88,5	30,1	75,4	233,8	132,8	268,1	164,9	137,7	27,8	37,3	331,3	337,2	49,1	51,2	355,4	357,7	298,6	299,8	202,5	179,6
Juillet	1	98,9	97,6	98,7	251,3	140,8	278,6	169,8	144,3	28,8	39,3	331,7	337,1	49,2	51,7	355,5	357,7	298,7	299,6	205,1	182,5
Juillet	10	107,5	148,7	117,7	265,6	145,6	287,2	173,7	149,7	29,6	40,8	332,0	336,8	49,3	52,1	355,5	357,7	298,7	299,4	207,3	185,1
Juillet	20	117,1	191,5	136,2	281,5	148,4	296,7	178,1	155,8	30,5	42,2	332,3	336,4	49,4	52,4	355,6	357,6	298,8	299,2	209,7	188,3
Août	1	128,5	230,0	154,2	300,4	147,0	308,2	183,5	163,2	31,6	43,7	332,7	335,7	49,6	52,7	355,6	357,4	298,8	298,9	212,5	192,4
Août	10	137,1	255,2	164,5	314,7	142,6	316,8	187,5	168,9	32,4	44,5	333,0	335,1	49,7	52,9	355,7	357,3	298,9	298,7	214,6	195,7
Août	20	146,7	283,2	171,2	330,5	136,6	326,4	192,0	175,2	33,3	45,2	333,3	334,4	49,8	53,0	355,8	357,1	298,9	298,5	216,9	199,4
Sep.	1	158,3	321,8	168,6	349,5	132,4	338,0	197,5	182,9	34,4	45,6	333,7	333,5	49,9	53,1	355,8	356,8	299,0	298,3	219,7	204,1
Sep.	10	167,0	359,2	160,5	3,8	132,9	346,7	201,6	188,7	35,2	45,5	333,9	332,8	50,0	53,0	355,9	356,5	299,0	298,1	221,8	207,7
Sep.	20	176,3	53,9	159,4	19,8	136,6	356,5	206,3	195,2	36,2	45,2	334,3	332,1	50,1	52,9	355,9	356,3	299,1	298,0	224,0	211,8
Oct.	1	187,6	121,8	173,1	37,3	143,6	7,2	211,5	202,5	37,2	44,4	334,6	331,5	50,2	52,6	356,0	356,0	299,1	297,9	226,5	216,4
Oct.	10	196,4	167,6	188,8	51,8	150,8	16,1	215,8	208,5	38,0	43,6	334,9	331,0	50,3	52,4	356,1	355,7	299,2	297,9	228,5	220,2
Oct.	20	206,3	205,5	206,2	67,8	160,0	26,0	220,7	215,3	38,9	42,4	335,2	330,7	50,4	52,0	356,1	355,5	299,2	297,9	230,8	224,5
Nov.	1	218,3	241,5	225,7	87,2	172,1	38,0	226,6	223,6	40,0	40,8	335,6	330,5	50,6	51,6	356,2	355,2	299,3	298,0	233,4	229,6
Nov.	10	227,3	266,3	239,6	101,7	181,8	47,0	231,1	229,8	40,8	39,6	335,9	330,5	50,7	51,2	356,3	355,1	299,3	298,1	235,4	233,5
Nov.	20	237,4	295,2	254,4	117,9	192,9	57,1	236,2	236,9	41,7	38,3	336,2	330,7	50,8	50,8	356,3	355,0	299,4	298,3	237,6	237,8
Déc.	1	243,5	333,3	269,3	135,8	205,6	68,2	241,9	244,7	42,7	37,1	336,6	331,1	50,9	50,4	356,4	354,9	299,4	298,5	240,0	242,5
Déc.	10	257,6	14,2	277,6	150,4	216,2	77,3	246,6	251,2	43,5	36,3	336,3	331,6	51,0	50,0	356,4	354,9	299,5	298,7	241,9	246,3
Déc.	20	267,8	72,8	274,3	166,7	228,1	87,5	252,0	258,5	44,4	35,8	337,2	332,3	51,1	49,7	356,5	354,9	299,5	299,0	244,0	250,5
2024																					
Janvier	1	280,0	143,9	262,3	186,1	242,6	99,7	258,6	267,3	45,5	35,6	337,6	333,2	51,3	49,4	356,6	355,1	299,6	299,4	246,6	255,4
Janvier	10	289,2	184,2	266,0	200,6	253,6	108,9	263,6	274,0	46,3	35,8	337,8	334,1	51,4	49,2	356,6	355,2	299,6	299,6	248,5	259,1
Janvier	20	299,4	218,3	277,0	216,7	265,9	119,1	269,2	281,5	47,2	36,3	338,2	335,1	51,5	49,1	356,7	355,4	299,7	300,0	250,6	263,0
Février	1	311,6	252,6	293,6	235,9	280,6	131,3	276,2	290,6	48,3	37,3	338,6	336,4	51,6	49,1	356,8	355,8	299,7	300,4	253,1	267,6
Février	10	320,7	277,6	307,5	250,2	291,8	140,4	281,4	297,5	49,1	38,3	338,8	337,5	51,7	49,2	356,8	356,0	299,8	300,6	254,9	270,9
Février	20	330,8	308,1	324,2	266,1	304,1	150,5	287,4	305,2	50,0	39,7	339,2	338,7	51,8	49,3	356,9	356,4	299,8	300,9	257,0	274,4
Mars	1	340,9	345,9	342,3	281,9	316,5	160,6	293,4	312,9	50,9	41,3	339,5	339,9	51,9	49,6	356,9	356,7	299,8	301,2	259,0	277,7
Mars	10	349,9	30,6	359,7	296,2	327,6	169,6	298,9	319,9	51,7	42,9	339,8	341,0	52,0	49,9	357,0	357,1	299,9	301,4	260,9	280,5
Mars	20	359,9	91,9	17,3	312,0	340,0	179,5	305,0	327,7	52,6	44,9	340,1	342,2	52,2	50,2	357,0	357,5	299,9	301,7	262,9	283,3
Avril	1	11,8	158,8	27,2	331,0	354,9	191,4	312,5	337,0	53,7	47,4	340,5	343,6	52,3	50,8	357,1	357,9	300,0	301,9	265,3	286,2
Avril	10	20,6	195,4	24,0	345,2	6,0	200,3	318,2	344,0	54,5	49,3	340,8	344,6	52,4	51,2	357,2	358,2	300,0	302,0	267,1	288,1
Avril	20	30,4	227,4	17,2	1,1	18,3	210,1	324,5	351,8	55,4	51,6	341,1	345,6	52,5	51,8	357,2	358,6	300,1	302,1	269,1	289,7
Mai	1	41,1	258,2	17,2	18,6	31,9	220,8	331,5	0,3	56,4	54,1	341,5	346,6	52,6	52,4	357,3	358,9	300,1	302,1	271,2	290,9
Mai	10	49,8	283,4	23,6	33,0	43,0	229,5	337,2	7,2	57,2	56,2	341,7	347,4	52,7	52,9	357,4	359,2	300,2	302,1	273,0	291,5
Mai	20	59,5	315,0	35,7	49,0	55,3	239,1	343,5	14,8	58,1	58,6	342,1	348,1	52,8	53,5	357,4	359,4	300,2	302,0	275,0	291,5
Juin	1	71,0	4,4	55,5	68,3	70,0	250,7	351,1	23,9	59,2	61,4	342,5	348,7	53,0	54,2	357,5	359,7	300,3	301,9	277,3	290,7
Juin	10	79,6	54,4	73,8	82,8	81,1	259,3	356,8	30,6	60,0	63,5	342,7	349,1	53,1	54,7	357,5	359,8	300,3	301,8	279,1	289,6
Juin	20	89,2	116,5	95,7	99,0	93,4	268,8	3,0	38,0	60,8	65,8	343,1	349,3	53,2	55,2	357,6	359,9	300,4	301,6	281,0	287,8

Les aurores polaires

DU SOLEIL À LA TERRE

Qu'il soit en période d'activité minimale ou maximale, le Soleil émet en permanence un puissant flux de particules chargées électriquement (essentiellement des électrons et des protons) qui mettent jusqu'à quatre jours pour atteindre l'orbite terrestre. Ce flux porte le nom poétique et évocateur de vent solaire et il s'éloigne du Soleil à la vitesse moyenne de 400 kilomètres-seconde pour baigner l'intégralité du Système solaire en suivant les lignes du champ magnétique de notre étoile. L'intensité et la vitesse du vent solaire fluctuent continuellement et les éruptions qui animent notre étoile peuvent lui procurer un surcroît d'énergie considérable.

La Terre est soumise aux fluctuations du vent solaire, qui engendrent des perturbations importantes de l'intensité et de la direction de son champ magnétique lors d'épisodes appelés orages magnétiques. Certaines communications radio peuvent alors être altérées ou interrompues à des échelles plus ou moins importantes autour des pôles magnétiques. De plus, piégés et canalisés par le champ magnétique terrestre, les électrons solaires et, dans une moindre mesure, les protons peuvent entrer en collision à plusieurs dizaines de milliers de kilomètres par seconde avec les constituants des hautes couches de l'atmosphère et donner naissance à des phénomènes lumineux, les aurores polaires ; on parle d'aurores boréales dans l'hémisphère Nord et d'aurores australes dans l'hémisphère Sud.

À plus de 100 km d'altitude, l'atmosphère de notre planète est principalement constituée de gaz neutres et d'atomes d'oxygène qui sont excités par l'énergie qu'ils récupèrent lors de ces collisions. Au bout d'un laps de temps variable, de quelques millièmes de seconde à plusieurs minutes, les atomes ou les molécules concernés restituent cette énergie en émettant une faible lueur dans une longueur d'onde caractéristique. Multipliées des milliards de fois, ces infimes émissions finissent par donner naissance aux lueurs aurorales. Ce processus est tout à fait comparable à celui qui se déroule dans les lampes qui éclairent la plupart des autoroutes : l'énergie électrique apportée à la vapeur de sodium enfermée dans le tube lui permet d'irradier de la lumière d'une couleur orange caractéristique.

Si l'énergie des électrons solaires est suffisante, ils peuvent atteindre des couches plus denses de l'atmosphère et exciter un plus grand nombre de molécules et d'atomes d'azote et d'oxygène. L'émission lumineuse sera alors beaucoup plus intense et colorée : du bleu et du pourpre pour l'azote moléculaire ; du bleu et du rouge pour l'atome d'azote ; du rouge vif pour l'oxygène moléculaire ; du vert pour l'atome d'oxygène. Il faut toutefois rappeler que la vision nocturne humaine est peu sensible aux couleurs, si bien que, la plupart du temps, les aurores polaires apparaissent grises ou blanches à l'œil nu. Néanmoins, lorsque l'intensité de l'aurore est suffisante, les couleurs mises en évidence photographiquement commencent à être perçues visuellement, avec un net avantage pour le vert, auquel la vision nocturne est bien plus sensible.

En temps normal, on a beaucoup plus de chances de voir des aurores boréales aux abords des pôles que sous les tropiques. En fait, les manifestations aurorales se concentrent dans deux anneaux qui entourent les pôles magnétiques Nord et Sud, de 65° à 75° de latitude. Dans l'hémisphère boréal, l'anneau auroral recouvre donc toute l'année une partie de l'Alaska, du Canada, du Groenland, de l'Islande, de la Norvège, de la Finlande et la frange septentrionale de la Russie. Dans l'hémisphère austral, seul l'immense Antarctique est habituellement concerné par les aurores. En période de maximum solaire, il n'est pas rare de constater un étalement considérable des anneaux auroraux, qui peuvent alors toucher les latitudes moyennes. En mars 1989, l'anneau auroral boréal s'est développé jusqu'aux Caraïbes et en février-mars 2023, lors du 25e cycle solaire, des aurores boréales ont pu être observées et photographiées en France métropolitaine et jusqu'en Floride.

Si l'activité solaire en période de minimum est suffisante pour que des aurores polaires se développent, la recrudescence d'éruptions dans la phase ascendante du cycle de notre étoile favorise le développement d'aurores de plus en plus lumineuses et nombreuses, et il n'est alors pas rare d'assister à plusieurs « bouffées » d'aurores chaque nuit. Plus les nuits sont longues et noires, plus les chances de voir une aurore augmentent, mais les aurores les plus intenses seront également bien visibles en ville ou dans un ciel illuminé par l'éclat lunaire.

Les observateurs d'aurores bénéficient de la surveillance constante de notre étoile mise en place pour prévenir les risques technologiques et biologiques liés aux très fortes éruptions solaires. Une véritable flottille de satellites scrute notre étoile et son environnement en continu et de nombreux sites web diffusent à présent des bulletins de prévision de « météo solaire » avec des fourchettes de plus en plus précises pour l'apparition probable des aurores. Le site www.spaceweather.com est l'un de ceux-là. Il relaie, pratiquement en temps réel, les informations collectées par les satellites et les observatoires terrestres et vous permet ainsi de connaître en un clin d'œil la vitesse et la densité du vent solaire, le nombre et la position des taches solaires, le niveau des dernières éruptions, la forme de l'anneau auroral et les prévisions d'orages magnétiques pour les 48 heures à venir. C'est également là que vous pourrez lire les comptes rendus d'observations des amateurs du monde entier, admirer les plus belles images des phénomènes en cours et, pourquoi pas, déposer les vôtres !

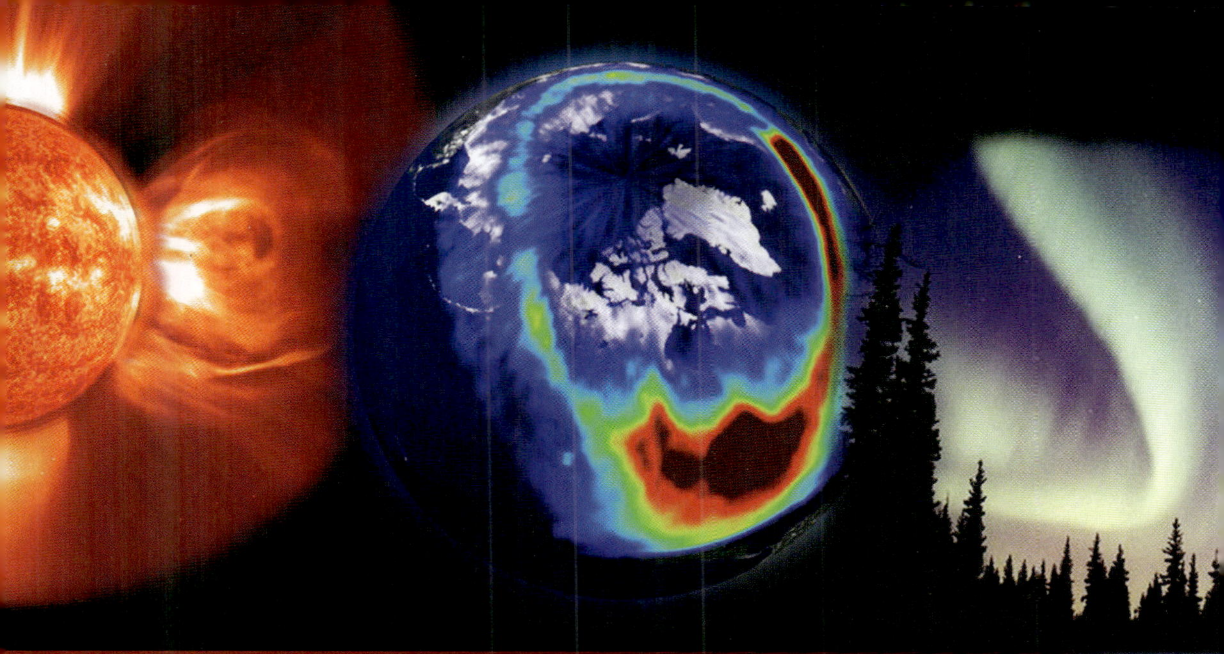

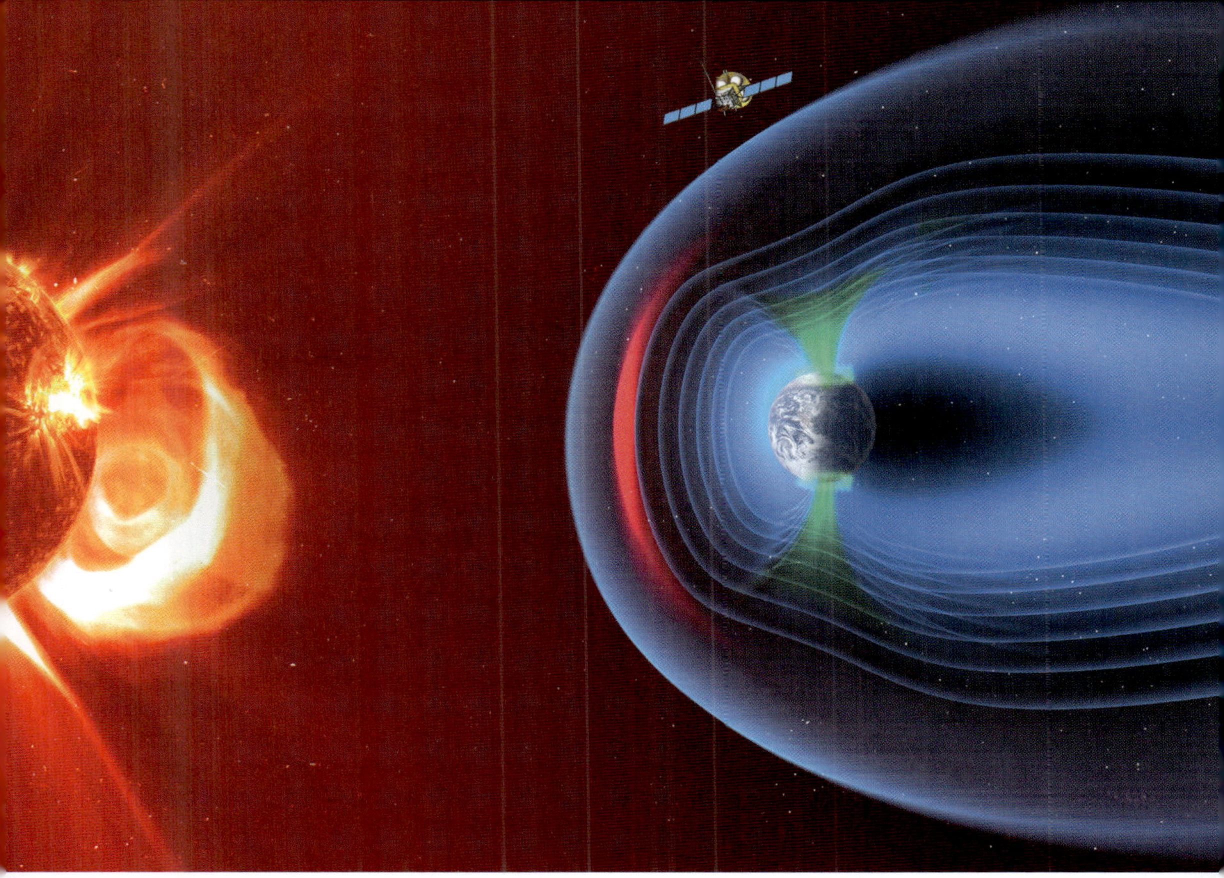

La distance Soleil-Terre n'est pas respectée et la Terre n'est pas à l'échelle, mais cette illustration permet de synthétiser l'action du vent solaire sur le champ magnétique terrestre. Celui-ci est aplati dans la direction qui fait face au Soleil et il s'étire comme une immense queue de cheval à l'opposé. Les électrons et les protons solaires happés par les lignes de force du champ magnétique terrestre peuvent entrer en collision avec les atomes et les molécules de la haute atmosphère et donner naissance à des aurores polaires plus ou moins intenses.
© SOHO/LASCO/EIT/ESA/NASA/Steele Hill

Jeux de lumières

ARCS-EN-CIEL

Lumière solaire, gouttes d'eau et cristaux de glace, tels sont les composants nécessaires à la formation de météores atmosphériques somptueux. L'arc-en-ciel est évidemment le plus connu d'entre eux. Il apparaît toujours à l'opposé du Soleil et se développe autour de l'ombre de la tête de l'observateur. Pour le voir apparaître, il faut donc tourner le dos au Soleil et avoir une averse devant soi. Plus les gouttes en seront grosses – pluie d'orage par exemple –, plus les couleurs seront vives. Un arc-en-ciel se dessine parfois grâce à une pluie fine ou à un banc de brouillard, mais il est alors très pâle, voire uniformément blanc.

Le rayon du cercle tracé par les couleurs de cette arche est d'environ 42° ; il n'est donc pas possible d'observer un arc-en-ciel tant que le Soleil est à plus de 42° de hauteur dans le ciel – à moins d'être en avion, au sommet d'une montagne ou au-dessus d'une chute d'eau. L'épaisseur d'un arc-en-ciel ne dépasse pas 1,5°, soit 3 fois environ le diamètre apparent de la Pleine Lune. Les couleurs se répartissent du violet à l'intérieur de l'arc au rouge à l'extérieur, et le nombre de teintes perçues entre ces extrêmes dépend largement du spectateur lui-même : un peintre décrira des dizaines de nuances, tandis qu'un observateur à l'acuité visuelle moindre en relèvera cinq ou six tout au plus. Lorsque les conditions atmosphériques s'y prêtent, un second arc-en-ciel apparaît parfois – on l'appelle le second ordre –, sur un cercle de 51° de rayon environ. Plus pâle, il diffère également du premier par une inversion de la répartition des couleurs – rouge à l'intérieur et violet à l'extérieur – et une épaisseur jusqu'à 2 fois plus importante. Lorsque les circonstances s'y prêtent, l'éclat de la Pleine Lune est suffisant pour donner naissance à un arc-en-ciel. Celui-ci apparaît généralement uniformément blanc à l'œil nu. Photographiquement, en revanche, il est possible de mettre des couleurs en évidence.

HALOS ET PARHÉLIES

Si l'arc-en-ciel est engendré par des gouttes d'eau, les halos et les parhélies ont besoin de cristaux de glace pour naître. Les nuages qui abritent ces cristaux en abondance sont de la famille des cirrus. Ils se forment entre 6 000 et 9 000 m d'altitude et s'étalent comme de longs filaments ou des voiles. Lorsque leur densité est forte, le ciel devient laiteux et les chances de bénéficier de ces phénomènes augmentent singulièrement. Le plus commun – le petit halo – ressemble à un arc-en-ciel circulaire centré sur le Soleil. Son rayon est de 22°, soit environ la distance qui sépare le bout du pouce de l'auriculaire lorsque, bras tendu devant vous, vous écartez les doigts au maximum. Lorsque le halo est bien contrasté, il se colore en rouge sur sa bordure intérieure

et en bleu à l'extérieur. Selon la taille et la répartition des cristaux dans la couche nuageuse, et en fonction aussi de l'extension de cette dernière, le halo sera plus ou moins intense et complet. On assiste également parfois, mais plus rarement, au développement d'un grand halo de 51° de rayon.

Les plus beaux halos sont créés par des cristaux en forme de petites colonnes de section hexagonale, comme une section d'un crayon à papier.

Les halos lunaires sont souvent plus faciles à voir que les halos solaires car ils apparaissent sur un fond de ciel sombre et offrent donc un contraste bien plus important. Comme pour le Soleil, la dimension du halo est telle qu'il faut que la Lune soit suffisamment loin de l'horizon pour qu'on puisse le contempler intégralement.

Lorsque les cristaux présents dans la couche nuageuse sont pratiquement plats, on peut observer, avec ou sans la présence d'un halo, la formation de parhélies. Il s'agit de deux taches lumineuses situées à 22° de chaque côté du Soleil ou de la Lune et à la même hauteur ; un seul parhélie apparaît parfois, en fonction de la densité de la couverture nuageuse. Chaque tache a la forme d'un losange, rouge vers l'astre, bleu et souvent étiré en pointe à l'opposé. L'éclat des parhélies solaires peut être aussi intense que celui du Soleil, ce qui leur a valu le surnom de « faux soleils ». La luminosité des parhélies lunaires ou parasélènes est, au contraire, plus faible que celle de la Lune, ce qui ne facilite pas leur repérage à l'œil nu ; une photographie posée quelques secondes permet cependant de confirmer ou d'infirmer leur présence lorsque l'on a un doute.

COURONNES

Tout comme le Soleil, la Lune joue avec les gouttes d'eau et les cristaux de glace des nuages et des brumes pour nous offrir des météores réjouissants. Surtout visibles en période de Pleine Lune, quand l'éclat solaire réfléchi par notre satellite est maximal, les couronnes et les halos lunaires apparaissent aussi parfois autour d'un quartier ou d'un gros croissant pour peu que les conditions atmosphériques s'y prêtent. Lorsque la Lune, par exemple, se glisse derrière l'écran d'un altocumulus rempli de gouttelettes d'eau, elle arbore une couronne plus ou moins intense. Si l'on perçoit bien ses couleurs, on peut noter qu'elles vont, à partir du centre, du blanc pur au rouge sombre en passant par le bleu, le vert et le jaune. La couronne est toujours collée au bord lunaire et peut s'étendre sur plusieurs degrés, avant de prendre une teinte orangée ou rouille plus ou moins profonde. Des couronnes peuvent naturellement se développer autour du Soleil, mais leur observation est bien plus périlleuse et il faut prendre soin d'occulter le disque solaire cruellement éblouissant avant de chercher à les voir. Ces couronnes solaires n'ont rien à voir avec la couronne solaire visible uniquement durant la phase totale des éclipses de Soleil.

Les couronnes naissent de la diffraction de la lumière par les gouttes d'eau ou les cristaux de glace, mais elles peuvent aussi être engendrées par des grains de pollen en suspension ou par de fines particules d'origine volcanique ; dans ce dernier cas, les couronnes peuvent être beaucoup plus étendues, jusqu'à une trentaine de degrés de rayon, et on les appelle des anneaux de Bishop – du nom du révérend Sereno Bishop, qui a le premier noté leur apparition dans le ciel d'Honolulu peu après l'explosion du Krakatoa en 1883.

Les plus belles couronnes lunaires ou solaires, celles où les couleurs sont franches et bien séparées, se produisent lorsque les gouttes, les cristaux ou les grains de pollen ou de poussière ont pratiquement tous le même diamètre. Lorsqu'ils sont de tailles différentes, une couronne apparaît, mais ses teintes sont diluées, brouillées. Les couronnes pouvant être très étendues, il est fréquent de n'en voir que des fragments si les conditions ne sont pas homogènes sur l'ensemble du ciel. Notez enfin qu'il est également possible de voir des couronnes autour des planètes très brillantes comme Vénus et Jupiter. Il faut pour cela utiliser des jumelles ou un instrument plus puissant, ou réaliser des poses photographiques de quelques secondes qui les mettront bien en évidence.

GLOIRE ET SPECTRE DU BROCKEN

La gloire est un phénomène comparable aux couronnes, mais il se produit autour du point antisolaire. Tout comme les couronnes, la dimension angulaire de la gloire est liée à la taille des gouttes, mais elle reste limitée à quelques degrés. Il est assez courant de voir une gloire sur une couche nuageuse lorsqu'on la survole ou qu'on la traverse en avion. Si l'on est assez près, on peut alors distinguer l'ombre de l'appareil au centre du petit anneau plus ou moins coloré de la gloire. Une telle observation est également possible en montagne lorsque l'on regarde une couche nuageuse en contrebas avec le Soleil dans le dos. La gloire se développe alors autour de l'ombre étirée de l'observateur, que l'on appelle le spectre du Brocken, en référence à une montagne du nord de l'Allemagne où les conditions météorologiques font que ce phénomène est régulièrement visible ; on parle aussi d'arc du Brocken pour qualifier ce type de gloire. Dans certains cas, il est possible de voir une gloire juste en face de soi lorsque l'on traverse un banc de brouillard et qu'une source lumineuse puissante, le Soleil, un lampadaire ou des phares, se situe dans notre dos.

Images : Guillaume Cannat

La Terre

LA TERRE DANS L'ESPACE

Notre planète effectue une révolution autour du Soleil en une année à la distance d'une unité astronomique. Le plan de son orbite est appelé plan de l'écliptique et la projection de ce plan sur la sphère céleste est appelée écliptique. Voilà pour une première approximation. En fait, l'unité astronomique – 149 597 871 km – est la distance moyenne entre la Terre et le Soleil car l'orbite terrestre n'est pas un cercle parfait : c'est une ellipse dont l'excentricité est de 0,016 706. Au début du mois de janvier, lorsque la Terre passe au plus près du Soleil – périhélie –, elle est plus proche de près de 5 millions de kilomètres que lorsqu'elle passe à l'aphélie, au début du mois de juillet. La Terre se situe à exactement une unité astronomique du Soleil au début des mois d'avril et d'octobre.

La Terre tourne sur elle-même en une journée. Son axe de rotation est incliné de 23,4° par rapport à la perpendiculaire au plan de l'écliptique. Autrement dit, son plan équatorial est incliné de 23,4° par rapport au plan de l'écliptique. Cette fois encore, il convient de préciser cette information : l'angle entre ces deux plans oscille entre 22,1° et 24,5° sur une période de 42 000 années environ. Actuellement, il diminue de 0,013° par siècle et sa valeur est proche de 23° 26′ 21″.

Cette valeur définit différentes lignes sur le globe terrestre : les tropiques du Cancer et du Capricorne, les cercles polaires arctique et antarctique. Les tropiques sont des cercles parallèles à l'équateur et distants de 23,4° en latitude, vers le nord pour le tropique du Cancer et vers le sud pour le tropique du Capricorne ; ils délimitent les régions dans lesquelles le Soleil peut passer au zénith au cours de l'année. Les cercles polaires sont centrés sur les pôles géographiques et ils ont un rayon de 23,4° ; ils passent donc par les latitudes 66,6° nord et sud, et délimitent les régions dans lesquelles le Soleil peut ne pas se lever ou ne pas se coucher aux solstices. Naturellement, l'inclinaison variant avec le temps, les positions rigoureuses de ces lignes varient de la même manière.

LES SAISONS

On pourrait penser que ce sont les changements de distance entre notre planète et le Soleil qui engendrent les changements saisonniers, mais cette hypothèse ne résiste pas à la confrontation avec la réalité, notamment avec le fait que l'hiver se produit dans l'hémisphère Nord lorsque la Terre est au plus près du feu solaire, et inversement pour l'été. Le moteur des saisons est l'angle selon lequel les rayons solaires frappent le sol terrestre. Plus cet angle est important, plus la quantité d'énergie solaire reçue par unité de surface est grande. L'atmosphère accentue l'importance de l'angle d'incidence des rayons solaires en les filtrant d'autant plus que le Soleil est proche de l'horizon. Ainsi, plus le Soleil monte haut dans le ciel d'un lieu donné, plus l'énergie reçue par le sol et la végétation est grande et peut stimuler les processus saisonniers.

Ce qui commande la variation de hauteur de l'astre du jour est l'inclinaison de l'axe de rotation de la Terre. L'axe terrestre pointe en effet toujours dans la même direction durant l'année – l'évolution de son inclinaison se produit sur des millénaires – et l'angle d'arrivée de la manne solaire sur les différentes portions du globe terrestre évolue en fonction de la position de notre planète sur son orbite.

Crédits : Eumetsat/ESA

La Terre vue du Soleil

Solstice de juin

21 juin 2023 à 14 h 57 m
20 juin 2024 à 20 h 51 m

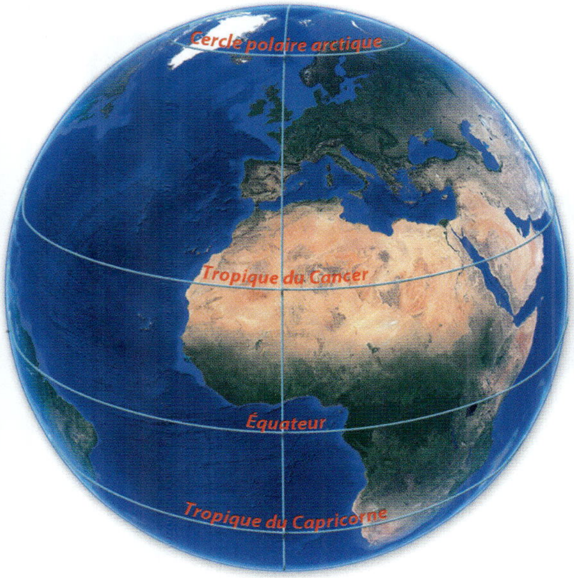

Équinoxe de septembre

23 septembre 2023 à 6 h 49 m
22 septembre 2024 à 12 h 43 m

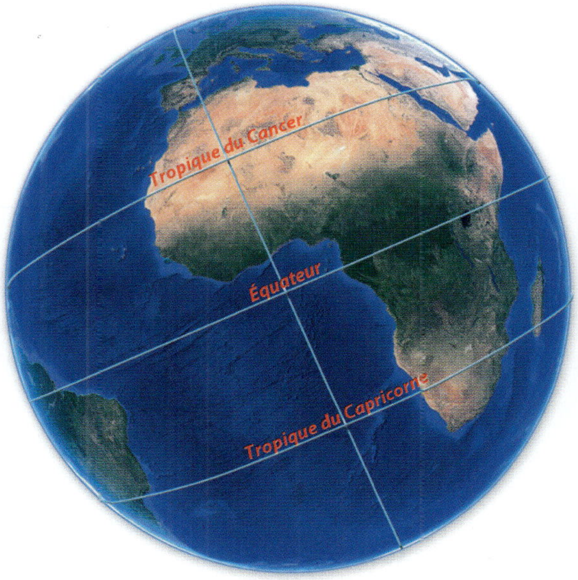

Solstice de décembre

22 décembre 2023 à 3 h 27 m
21 décembre 2024 à 9 h 20 m

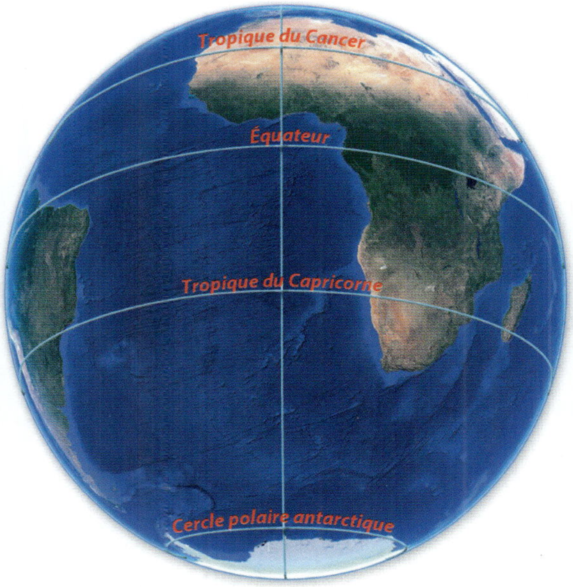

Équinoxe de mars

20 mars 2024 à 3 h 06 m
20 mars 2025 à 9 h 01 m

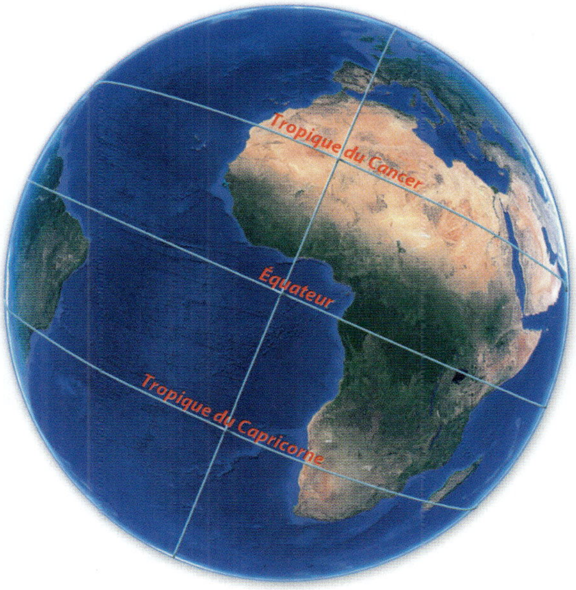

La Terre

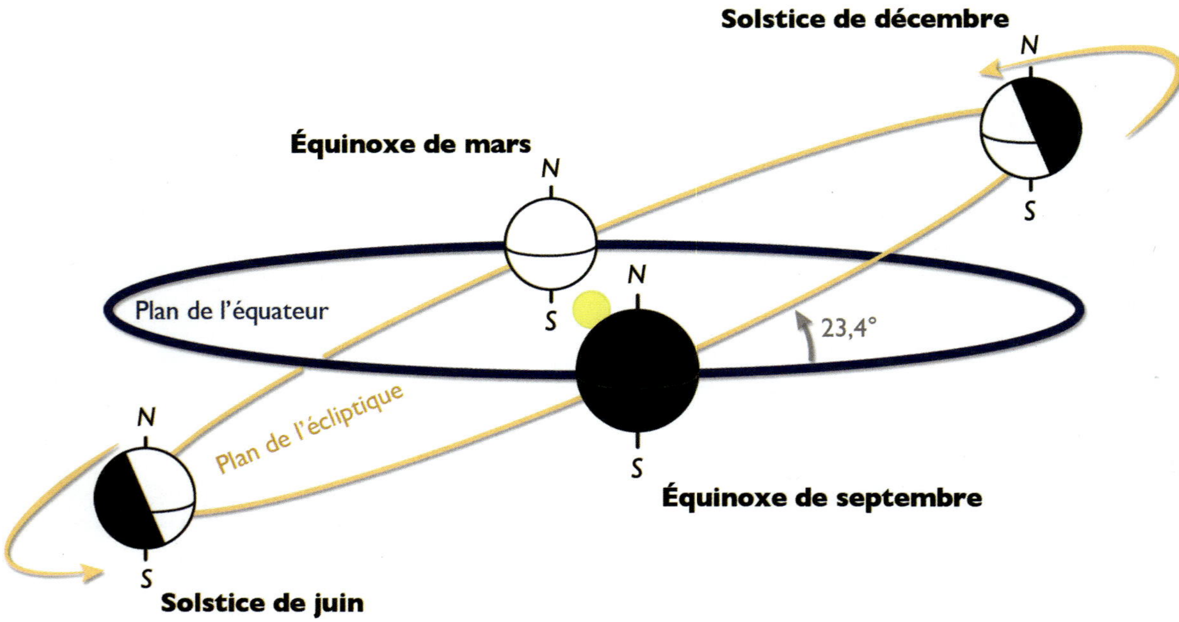

Au solstice de juin – début de l'été pour l'hémisphère Nord et de l'hiver pour l'hémisphère Sud –, les régions polaires arctiques et l'hémisphère boréal sont penchés vers le Soleil et les rayons solaires frappent la surface sous un angle bien plus important que dans l'hémisphère Sud. Un observateur placé près du Soleil verrait alors la calotte polaire Nord alors que l'Antarctique resterait caché dans la nuit. La situation est inversée lors du solstice de décembre. Aux équinoxes de mars et de septembre, notre planète se présente parfaitement de profil au rayonnement solaire et notre observateur pourrait contempler toute la géographie de notre belle planète bleue. Naturellement, les changements de saisons sont graduels, ils n'interviennent pas brusquement aux dates des solstices et des équinoxes, même si celles-ci correspondent à des instants bien précis de la course annuelle de la Terre. Les équinoxes sont les points d'intersection – en astronomie, on parle des nœuds – du plan de l'écliptique et du plan de l'équateur ; les solstices sont les dates d'éloignement maximum entre ces deux plans. En 2023-2024, ces quatre instants se produisent le 21 juin 2023 à 14 h 57 m (en temps universel), le 23 septembre à 6 h 49 m, le 22 décembre à 3 h 27 m et le 20 mars 2024 à 3 h 06 m.

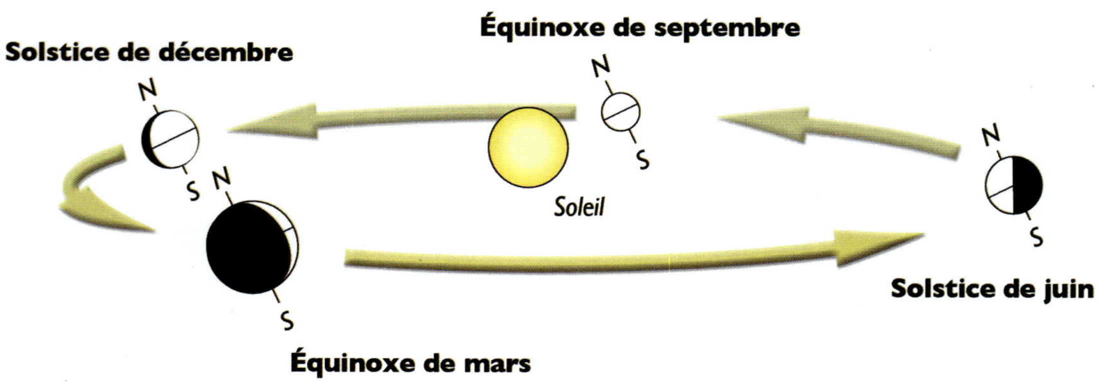

La Lune

OÙ ET QUAND OBSERVER LA LUNE ?

Exception faite des quelques jours qui entourent la Nouvelle Lune, notre voisine est toujours visible à un moment ou à un autre de la journée ou de la nuit. Le tableau ci-dessous vous indique où la chercher en fonction de sa phase. Il est utilisable quel que soit votre lieu d'observation sur la Terre, mais, dans l'hémisphère boréal, Séléné franchit le méridien au-dessus de l'horizon sud, alors que dans l'hémisphère austral elle le coupe au-dessus de l'horizon nord. En outre, selon votre position géographique et le moment de l'année, la Lune sera plus ou moins haute dans le ciel. Notre satellite suit en effet approximativement la trajectoire du Soleil et la hauteur de ses différentes phases change en fonction de la saison, comme je l'indique dans le second tableau. Celui-ci ne tient pas compte de l'inclinaison de l'orbite lunaire, il convient donc parfois d'ajouter ou de retirer jusqu'à près de 5° aux valeurs données.

Si vous possédez un instrument et que vous souhaitez observer la Lune, il est évident que les meilleures périodes changent selon la phase. Plus notre satellite se situe haut dans le ciel, moins l'épaisseur de l'atmosphère est importante et plus les images ont une chance d'être stables et de bonne qualité. En simplifiant, on peut dire que, aux latitudes européennes, la fin de l'hiver et le début du printemps sont favorables à l'observation du Premier Quartier, et que le Dernier Quartier est mieux placé de la fin de l'été au début de l'automne. Mais que ces indications ne vous empêchent pas d'observer la Lune, quelle que soit sa hauteur, lorsqu'une belle nuit se présente !

Quelques chiffres lunaires

Diamètre équatorial	3 476 km (0,27 diamètre terrestre) 10 930 km de circonférence
Diamètre apparent moyen	31′05″ (0,518 1°)
Masse	$7,35 \times 10^{22}$ kg (1/81,301^{e} de la masse terrestre)
Densité moyenne	3,34 (3/5e de la densité terrestre). Eau = 1
Pesanteur à l'équateur	1,62 m/s^{2} (1/6e de la Terre)
Vitesse de libération	2,38 km/s (Terre : 11,2 km/s)
Distance moyenne de la Terre à la Lune	384 400 km ou 60,27 rayons terrestres ou 0,002 570 ua
Position moyenne du barycentre du système Terre-Lune	4 728 km du centre de la Terre (1 650 km sous la surface terrestre)
Vitesse orbitale	1,02 km/s (Terre : 29,786 km/s en moyenne)
Augmentation moyenne de la distance Terre-Lune	environ 3,8 cm par an
Inclinaison moyenne de l'orbite sur l'écliptique	5° 08′43″ (oscillation de + ou – 9′ tous les 173 jours)
Hauteur maximale au-dessus ou en dessous de l'écliptique	37 000 km (11 diamètres lunaires)
Inclinaison de l'équateur lunaire par rapport à l'écliptique	1° 32′33″
Inclinaison de l'équateur lunaire sur l'orbite	6° 41′
Déplacement apparent moyen dans le ciel	33′ par heure
Période de rotation dans le ciel	27,321 662 jours ou 27 jours 7 heures 43 minutes 1,5 secondes
Révolution synodique (entre 2 Nouvelles Lunes)	29,530 589 jours ou 29 jours 12 heures 44 minutes 2,8 secondes
Révolution anomalistique (entre 2 périgées ou 2 apogées)	27,554 550 jours ou 27 jours 13 heures 18 minutes 33,2 secondes
Révolution draconitique (entre 2 nœuds identiques)	27,212 221 jours ou 27 jours 5 heures 5 minutes 35,8 secondes
Révolution tropicale (entre 2 entrées dans le Bélier)	27,321 582 jours ou 27 jours 7 heures 43 minutes 4,7 secondes
Régression de la ligne des nœuds	19,538° par an
Albédo	De 0,05 à 0,24 (Terre : 0,3)

Hauteur moyenne des phases lunaires au-dessus de l'horizon sud en France

	Février-Mars-Avril	Mai-Juin-Juillet	Août-Septembre-Octobre	Novembre-Décembre-Janvier
Premier Quartier	70°	45°	22°	45°
Pleine Lune	45°	22°	45°	70°
Dernier Quartier	22°	45°	70°	45°

Phase de la Lune	Elle se lève	Elle est dans la partie est du ciel	Elle est au plus haut de sa trajectoire	Elle est dans la partie ouest du ciel	Elle se couche
Croissants du soir	juste après le lever du Soleil	le matin	juste après midi	l'après-midi	juste après le coucher du Soleil
Premier Quartier	à midi	l'après-midi	au coucher du Soleil	au début de la nuit	en milieu de nuit
Gibbeuse croissante	l'après-midi	au coucher du Soleil	au debut de la nuit	en milieu de nuit	en fin de nuit
Pleine Lune	au coucher du Soleil	au début de la nuit	en milieu de nuit	en fin de nuit	au lever du Soleil
Gibbeuse décroissante	au début de la nuit	en milieu de nuit	en fin de nuit	au lever du Soleil	le matin
Dernier Quartier	en milieu de nuit	en fin de nuit	au lever du Soleil	le matin	à midi
Croissants du matin	juste avant le lever du Soleil	le matin	juste avant midi	l'après-midi	juste avant le coucher du Soleil

LA LUNE AU FIL DES MOIS

La Lune parcourant une orbite elliptique autour de la Terre, sa distance change en permanence. Ce graphique montre la variation de cette donnée sur douze mois par rapport à la distance moyenne Terre-Lune, qui est de 384 400 kilomètres (60,269 fois le rayon terrestre à l'équateur).

L'orbite de la Lune est légèrement inclinée par rapport au plan de l'écliptique ; cette inclinaison varie de 4,995° à 5,295° sur une période de six mois environ. Vue de la Terre, la Lune se situe donc toujours à proximité du plan de l'écliptique, qu'elle traverse deux fois par lunaison ; on dit qu'elle passe au nœud ascendant de son orbite (lettre Ω avec une flèche vers le haut sur le schéma voisin) lorsqu'elle franchit l'écliptique du sud vers le nord et au nœud descendant (Ω avec une flèche vers le bas) dans le cas contraire.

Les éclipses de Lune et de Soleil se déroulent respectivement lorsque la Pleine Lune ou la Nouvelle Lune se produisent à proximité d'un nœud. Le plan de l'orbite lunaire étant animé d'un lent mouvement de rotation par rapport au plan de l'écliptique – mouvement de précession –, la ligne qui joint les nœuds ascendants et descendants pivote de 19° environ par an, soit 360° en près de 18,61 années.

Pleine Lune (PL) et Nouvelle Lune (NL) sont représentées, mettant ainsi clairement en évidence la relation qui existe entre la révolution synodique de notre satellite naturel, c'est-à-dire le temps qui sépare deux phases identiques (29,53 jours), et sa révolution anomalistique, soit le temps qui sépare deux passages de cet astre au périgée (27,55 jours). Tous les six mois et demi, la Nouvelle Lune se produit au périgée et la Pleine Lune à l'apogée et, six mois et demi après, la situation s'est inversée.

Enfin, les plus grandes marées interviennent lorsque la Nouvelle Lune ou la Pleine Lune sont au plus près de la Terre (périgée) ; elles sont signalées au fil des « Phénomènes astronomiques au jour le jour ».

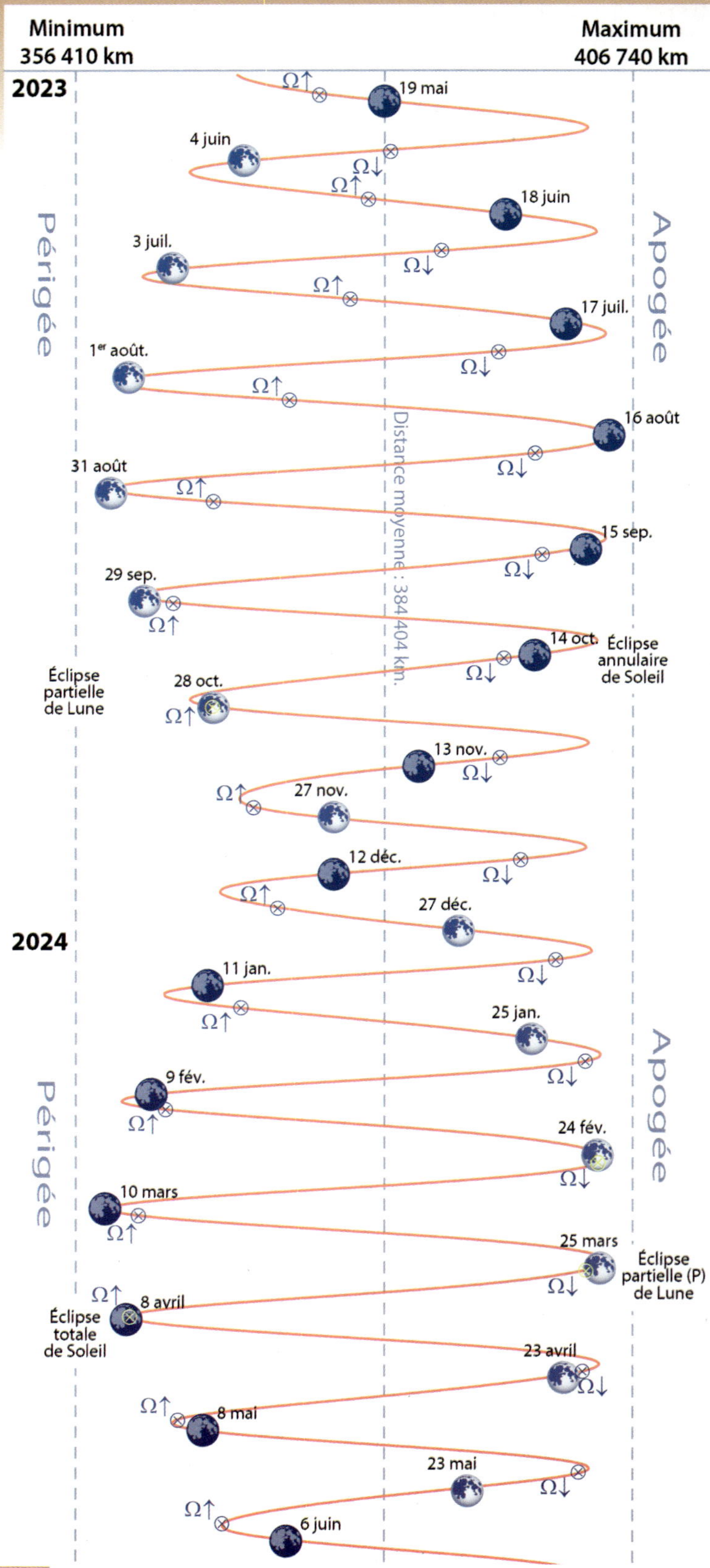

La Lune

LES FINS CROISSANTS

Tous les vingt-neuf jours et demi, la Lune est nouvelle, ce qui signifie qu'elle est en conjonction avec le Soleil, qu'elle a la même longitude écliptique géocentrique que lui. Nous ne pouvons pas la voir à l'œil nu parce qu'elle n'émet aucune lumière par elle-même et qu'elle est noyée dans l'éblouissement de l'éclat solaire ; en fait, l'unique moyen de voir la Nouvelle Lune sans instrument est d'observer une éclipse de Soleil. Juste avant ou juste après cette phase, notre satellite naturel se présente sous l'aspect d'un infime croissant visible dans le ciel de l'aube ou du crépuscule. Dans les années 1930, l'astronome français André Danjon a calculé qu'il était impossible d'apercevoir le fin croissant tant que la distance angulaire apparente entre la Lune et le Soleil était inférieure à 7°. En deçà, l'éclat du croissant est inférieur à l'éclat du fond de ciel. Selon les lunaisons, il faut entre dix et douze heures pour que notre satellite acquière cette séparation minimale et qu'il devienne envisageable de le rechercher. Mais de nombreux paramètres entrent en jeu pour rendre l'observation des très jeunes ou des très vieux croissants fort délicate, voire le plus souvent impossible.

L'un des éléments majeurs de la réussite est la hauteur du croissant sur l'horizon. Selon l'inclinaison de la ligne qui joint la Lune au Soleil par rapport à l'horizon, la hauteur de notre satellite sera plus ou moins grande pour une même séparation. En première approximation, on peut considérer que les meilleures périodes de l'année sont l'automne pour la Lune du matin et le printemps pour la Lune du soir. À ces périodes, l'écliptique, à proximité duquel se situe toujours la Lune, fait un angle maximal – jusqu'à 64° – avec l'horizon à la latitude de l'Europe. Il convient cependant de pondérer cette première approximation. L'inclinaison du plan de l'orbite lunaire peut en effet entraîner la Lune jusqu'à 5° environ au sud ou au nord de l'écliptique. On peut en conclure que l'observation des croissants du soir ou du matin, à 45° de latitude nord, est toujours facilitée lorsque la Lune se trouve au nord de l'écliptique.

Un autre élément peut jouer un rôle important dans cette quête : la distance qui nous sépare de notre satellite au moment de la Nouvelle Lune. L'orbite de la Lune étant une ellipse, sa distance, son diamètre apparent et sa vitesse varient en continu. Les meilleures conditions sont réunies lorsque la Nouvelle Lune a lieu au moment du périgée : son diamètre apparent est alors maximal, augmentant d'autant la surface du croissant, et son élongation lunaire décroît ou croît rapidement, dégageant le croissant des lueurs crépusculaires.

Lorsque tous les paramètres astronomiques sont réunis, le facteur décisif reste la transparence de l'atmosphère : un rien d'humidité, une trop forte pollution industrielle ou une légère brume à l'horizon et votre recherche sera presque à coup sûr infructueuse. Je précise, même si cela ressemble à une lapalissade, que les observateurs expérimentés ont beaucoup plus de chances de trouver un fin croissant dans des conditions atmosphériques médiocres que les débutants, car ils savent ce qu'ils cherchent !

Il faut dire qu'un très fin croissant n'a pas grand-chose à voir avec les beaux clairs de Lune que l'on peut admirer trente à quarante heures avant ou après la Nouvelle Lune. Tout le monde peut aisément distinguer une Lune d'un jour à une quinzaine de degrés du Soleil. Mais un croissant de 18 heures peut se situer à moins de 11° d'élongation et voguer sur un ciel très clair. Et découvrir à l'œil nu un croissant encore plus fin est un réel défi que bien peu d'observateurs ont relevé avec succès. L'aspect de notre satellite peut devenir déroutant puisque sa dimension se réduit à seulement quelques dizaines de degrés de l'arc lunaire. En outre, cette fraction d'arc semble souvent brisée, car certaines régions sélènes réfléchissent moins l'éclat solaire et se fondent dans le ciel.

La technique pour repérer ces infimes croissants consiste à balayer très lentement la zone indiquée dans les phénomènes au jour le jour avec des jumelles montées sur un pied photographique ; servez-vous d'une boussole pour pointer le bon azimut. Dans le cas d'un repérage réussi, tentez de faire de même à l'œil nu en regardant le champ alternativement avec et sans les jumelles. Naturellement, si vous possédez un instrument installé sur une monture automatisée, vous n'aurez pas de mal à pointer la zone où se situera le croissant, mais pensez à utiliser le grossissement le plus faible possible pour couvrir le plus grand champ et à faire la mise au point sur l'infini avant de chercher la Lune.

La Lune

LIBRATIONS

Comme la Lune fait une révolution autour de la Terre rigoureusement dans le même temps qu'elle effectue une rotation sur elle-même (27,32 jours), elle nous présente toujours la même face. Toutefois, trois éléments majeurs se conjuguent pour compliquer un peu ce mouvement apparemment parfait. D'une part, l'orbite lunaire est une ellipse que la Lune parcourt à vitesse variable ; d'autre part, cette ellipse est inclinée par rapport à l'écliptique (5° 08') ; enfin, l'axe de rotation de la Lune est lui aussi incliné par rapport à la perpendiculaire au plan de l'orbite (6° 41'). Il résulte de tout cela un phénomène que les astronomes appellent la libration en latitude ou en longitude, qui se traduit par la possibilité de voir théoriquement 59 % de la surface sélène. En fait, les zones de libration extrême sont presque impossibles à observer correctement, et la conséquence pratique d'une libration positive ou négative en longitude est de faciliter l'observation des formations sur le limbe est ou ouest ; de même, une libration positive ou négative en latitude facilite la vision du limbe septentrional ou austral. Dans les phénomènes mois par mois, j'indique systématiquement les périodes de libration maximale et, dans le calendrier lunaire mensuel, un point rouge signale les régions lunaires favorisées par l'action des librations en latitude et en longitude.

La mer des Crises est la figure dominante du bord lunaire est, visible durant toute la première partie de la lunaison. Le limbe nord est occupé par la mer du Froid. Attention : en 1961, l'Union astronomique internationale a adopté une orientation est-ouest de la surface lunaire inversée par rapport aux mêmes directions sur la sphère céleste. Cette nouvelle orientation correspondait à celle utilisée en astronautique, qui veut qu'un observateur posé sur une planète voie le Soleil se lever à l'est et se coucher à l'ouest. Les cartes les plus récentes de la Lune sont orientées de cette manière, c'est-à-dire que la mer des Crises indique la direction est lunaire et le bassin de Grimaldi la direction ouest lunaire.

LA CARTE DE LA LUNE

Durant deux semaines, au mois de décembre 2010, la sonde américaine *Lunar Reconnaissance Orbiter* a survolé l'ensemble de la Lune en passant au zénith de chaque formation avec un angle d'incidence des rayons solaires compris entre 69° et 82°. La caméra à grand angle (WAC) de cette sonde a réalisé près de 1 300 images avec une résolution proche de 150 m par pixel ; c'est-à-dire que le plus petit détail visible mesure 150 m environ. Ces images ont été assemblées avec précision pour créer une mosaïque globale de la face visible de notre satellite qui dépasse en résolution toutes les mosaïques précédentes. D'autres vues globales à haute résolution ont été réalisées dans les semaines suivantes et il est possible de les parcourir en ligne ou de les télécharger sur le site de la mission (lroc.sese.asu.edu).

Je me suis appuyé sur cette mosaïque pour vous proposer un mini-atlas de la Lune sur les quatre pages suivantes. L'orientation correspond à celle que l'on voit à l'œil nu, dans des jumelles ou dans une lunette équipée d'un redresseur terrestre aux latitudes moyennes de l'hémisphère Nord. Selon la position de la Lune dans le ciel, il faut parfois faire légèrement pivoter la carte pour que son orientation corresponde parfaitement à ce que vous observez.

Chaque carte montre un quart de notre satellite, plus une petite zone de recouvrement avec les trois autres quarts :
– la carte 1 montre le quart nord-est ;
– la carte 2 montre le quart sud-est ;
– la carte 3 montre le quart nord-ouest ;
– la carte 4 montre le quart sud-ouest.

J'ai repéré et numéroté plus de 400 formations visibles dans les instruments d'amateur et à l'œil nu. Sur chaque quart, la numérotation va du haut vers le bas et de gauche à droite. Les chiffres sont généralement placés en haut à droite de chaque formation, sauf pour les plus grandes, où ils sont placés au centre, et pour les régions un peu trop denses, où ils sont placés au mieux pour ne pas cacher les formations voisines intéressantes. J'ai aussi indiqué les sites d'alunissage des missions *Apollo*.

Le nom et la nature des formations de chaque quart sont listés sur la même page. La lettre capitale à droite du nom indique le type de formation :

Ca	pour cap	**M**	pour montagne ou chaîne de montagnes
C	pour cratère	**P**	pour marais
D	pour dôme	**R**	pour rainure
F	pour faille	**V**	pour vallée
L	pour lac		

Le chiffre indiqué à côté du type de formation est le diamètre en kilomètres pour les cratères, les dômes, les lacs et les marais ou la longueur en kilomètres pour les chaînes de montagnes, les failles, les rainures et les vallées ; pour les caps et les montagnes isolées, le chiffre indique la hauteur en kilomètres avec une décimale.

Exemples :
Chacornac C 51 est un cratère de 51 km de diamètre.
Pico, Mons M 2,4 est une montagne de 2 400 m d'altitude.

Tout au long du livre, les formations lunaires évoquées sont situées sur ces cartes avec un code qui reprend le numéro du quart et de la formation : 1-78 correspond ainsi au cratère Triesnecker visible sur le quart 1.

Liste des formations qui ne sont pas listées à côté des cartes

Lacus Excellentiae	Lac de la Perfection	(4)
Lacus Somniorum	Lac des Songes	(1)
Lacus Spei	Lac de l'Espérance	(1)
Mare Anguis	Mer du Serpent	(1)
Mare Australe	Mer Australe	(2)
Mare Cognitum	Mer de la Connaissance	(4)
Mare Crisium	Mer des Crises	(1)
Mare Fecunditatis	Mer de la Fécondité	(1)
Mare Frigoris	Mer du Froid	(1)
Mare Humboldtianum	Mer de Humboldt	(1)
Mare Humorum	Mer des Humeurs	(4)
Mare Imbrium	Mer des Pluies	(3)
Mare Insularum	Mer des Îles	(3)
Mare Marginis	Mer Marginale	(1)
Mare Nectaris	Mer du Nectar	(2)
Mare Nubium	Mer des Nuées	(4)
Mare Orientale	Mer Orientale	(4)
Mare Serenitatis	Mer de la Sérénité	(1)
Mare Smythii	Mer de Smyth	(1)
Mare Spumans	Mer Écumante	(1)
Mare Tranquillitatis	Mer de la Tranquillité	(1)
Mare Undarum	Mer des Ondes	(1)
Mare Vaporum	Mer des Vapeurs	(1)
Oceanus Procellarum	Océan des Tempêtes	(3)
Sinus Aestuum	Golfe Torride	(3)
Sinus Asperitatis	Golfe des Aspérités	(1)
Sinus Iridum	Golfe des Iris	(3)
Sinus Medii	Golfe Central	(1)
Sinus Roris	Golfe de la Rosée	(3)

ALTITUDES

Grâce aux mesures altimétriques réalisées par les instruments de la sonde *Lunar Reconnaissance Orbiter*, la NASA a mis en ligne sur le site quickmap.lroc.asu.edu une carte altimétrique à très haute résolution de la Lune. Elle vous donne une indication précise sur les différences d'altitude à la surface de notre satellite naturel, de 9 150 mètres en dessous du niveau de référence à 10 760 mètres au-dessus ; le niveau de référence est le rayon moyen de la Lune, soit 1 737,4 kilomètres. Ce site vous permet également d'obtenir des coupes altimétriques des formations ou des régions qui vous intéressent en utilisant l'outil « Path » et en cliquant sur la carte.

LONGITUDE DU TERMINATEUR

À la suite d'une discussion avec mon ex-collègue et néanmoins ami Serge Brunier, j'ai ajouté la valeur quotidienne à 0 h de la longitude du terminateur lunaire pour le Soleil levant ou couchant : retrouvez ces informations chaque mois à côté du calendrier lunaire graphique.

Le terminateur est la ligne qui sépare le jour de la nuit : le Soleil se lève sur les formations lunaires jusqu'à la Pleine Lune, puis il se couche jusqu'à la Nouvelle Lune. Les formations sont d'autant plus belles à observer que le terminateur est proche et que l'éclairage rasant fait naître des ombres immenses qui révèlent les moindres reliefs. Plus une formation est éloignée du terminateur, moins son ombre est développée car le Soleil est haut dans son ciel, le contraste visuel est donc bien plus faible. Selon la dimension de la formation et l'intérêt de son environnement immédiat, les conditions d'observation sont idéales jusqu'à deux jours avant et après le passage du terminateur.

La longitude du terminateur est comptée vers l'ouest à partir du méridien central, elle atteint la valeur 90° à la Pleine Lune, 180° au Dernier Quartier et 270° à la Nouvelle Lune. Lorsque le Soleil se lève sur la face visible de notre satellite, entre la Nouvelle Lune et la Pleine Lune, la longitude du terminateur progresse donc de 270° à 359° et de 0° à 90°. Une valeur comprise entre 90° et 270° indique que le Soleil se couche sur les formations balayées par le terminateur. La longitude du terminateur progresse de 12,2° par jour et de 0,51° par heure environ, ce qui vous permet d'évaluer la position du terminateur à l'heure de vos observations. Vous pouvez également calculer cette valeur pour un instant précis avec les logiciels Coel x Apex ou Atlas virtuel de la Lune.

Le tableau des pages 344 et 345 vous indique la longitude (levant/couchant) du centre de toutes les formations identifiées sur les cartes des pages suivantes. Vous pouvez télécharger cette liste dans l'ordre alphabétique des formations sur le site web du Guide.

Principe d'utilisation : soit vous choisissez une formation sur l'une des cartes, vous regardez à quelle longitude le terminateur passe dessus au lever ou au coucher du Soleil et vous cherchez dans les éphémérides du mois à quel jour cela correspond ; soit vous regardez la valeur de la longitude du terminateur pour un jour donné et vous utilisez la carte pour repérer sur quelles formations passe alors le terminateur.

Une version plastifiée et indéchirable de cette carte de la Lune (format A3) est disponible sur le site www.amds-edition.com.

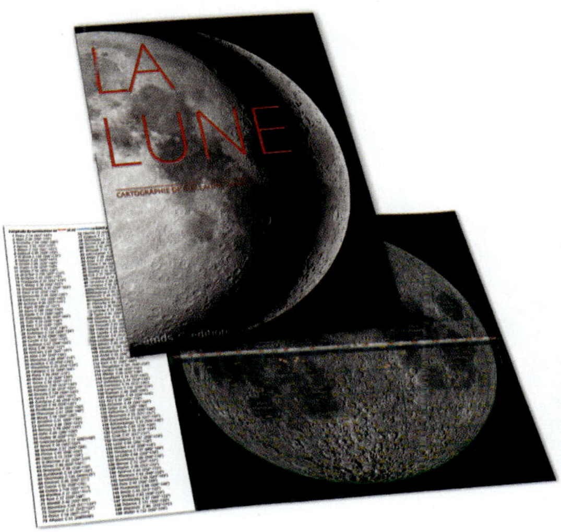

© NASA/GSFC/LRO/WAC/DLR/Arizona State University

La carte de la Lune

1 Peary *C 74*
2 Main et Challis *C 46/56*
3 Scoresby *C 56*
4 Barrow *C 93*
5 Meton *C 122*
6 Baillaud *C 90*
7 W. Bond *C 158*
8 Nelson *C 53*
9 Arnold *C 95*
10 Thales *C 32*
11 Strabo *C 55*
12 de la Rue *C 136*
13 Archytas *C 31*
14 Protagoras *C 22*
15 C. Mayer *C 38*
16 Sheepshanks *C 25*
17 Kane *C 55*
18 Democrite *C 40*
19 Gärtner *C 103*
20 Archytas, Rima *R 90*
21 Alpes, Montes *M 280*
22 Alpes, Vallis *V 180*
23 Egede *C 37*
24 Aristoteles *C 88*
25 Galle *C 22*
26 Baily *C 27*
27 Keldysh *C 33*
28 Endymion *C 125*
29 Blanc, Mons *M 3,6*
30 Cassini *C 57*
31 Eudoxus *C 67*
32 Bürg *C 40*
33 Hercules *C 69*
34 Atlas *C 87*
35 Mercurius *C 68*
36 Aristillus *C 35*
37 Theaetetus *C 25*
38 Calippus *C 33*
39 Plana *C 44*
40 Mason *C 33*
41 Grove *C 28*
42 Cepheus *C 40*
43 Franklin *C 56*
44 Messala *C 124*
45 Gauss *C 177*
46 Autolycus *C 40*
47 Daniell *C 30*
48 Posidonius *C 95*
49 Chacornac *C 51*
50 Maury *C 18*
51 Berzelius *C 51*
52 Geminus *C 86*
53 Berosus *C 74*
54 Hahn *C 84*
55 Hadley, Mons *M*
56 Sulpicius Gallus *C 12*
57 Bessel *C 16*
58 Menelaus *C 27*
59 Plinius *C 43*
60 Dawes *C 18*
61 le Monnier *C 61*
62 Römer *C 40*
63 Newcomb *C 39*
64 Burckhardt *C 58*
65 Cleomedes *C 126*
66 Eimmart *C 46*
67 Conon *C 22*
68 Doloris, Lacus *L 110*
69 Manilius *C 27*
70 Ross *C 27*
71 Maraldi *C 40*
72 Macrobius *C 64*
73 Tisserand *C 37*
74 Peirce *C 18*
75 Alhazen *C 33*
76 Ukert *C 23*
77 Hyginus *C 11*
78 Triesnecker *C 26*
79 Tempel *C 48*
80 Godin *C 35*
81 Whewell et Cayley *C 14/14*
82 Julius Caesar *C 90*
83 Arago *C 26*
84 Ritter *C 31*
85 Sabine *C 30*
86 Maskelyne *C 24*
87 Cauchy *C 12*
88 Lick *C 31*
89 Condorcet *C 74*
90 Taruntius *C 56*
91 Firmicus *C 56*
92 Apollonius *C 53*
93 Rhaeticus *C 50*
94 Secchi *C 24*
95 Hipparchus *C 150*

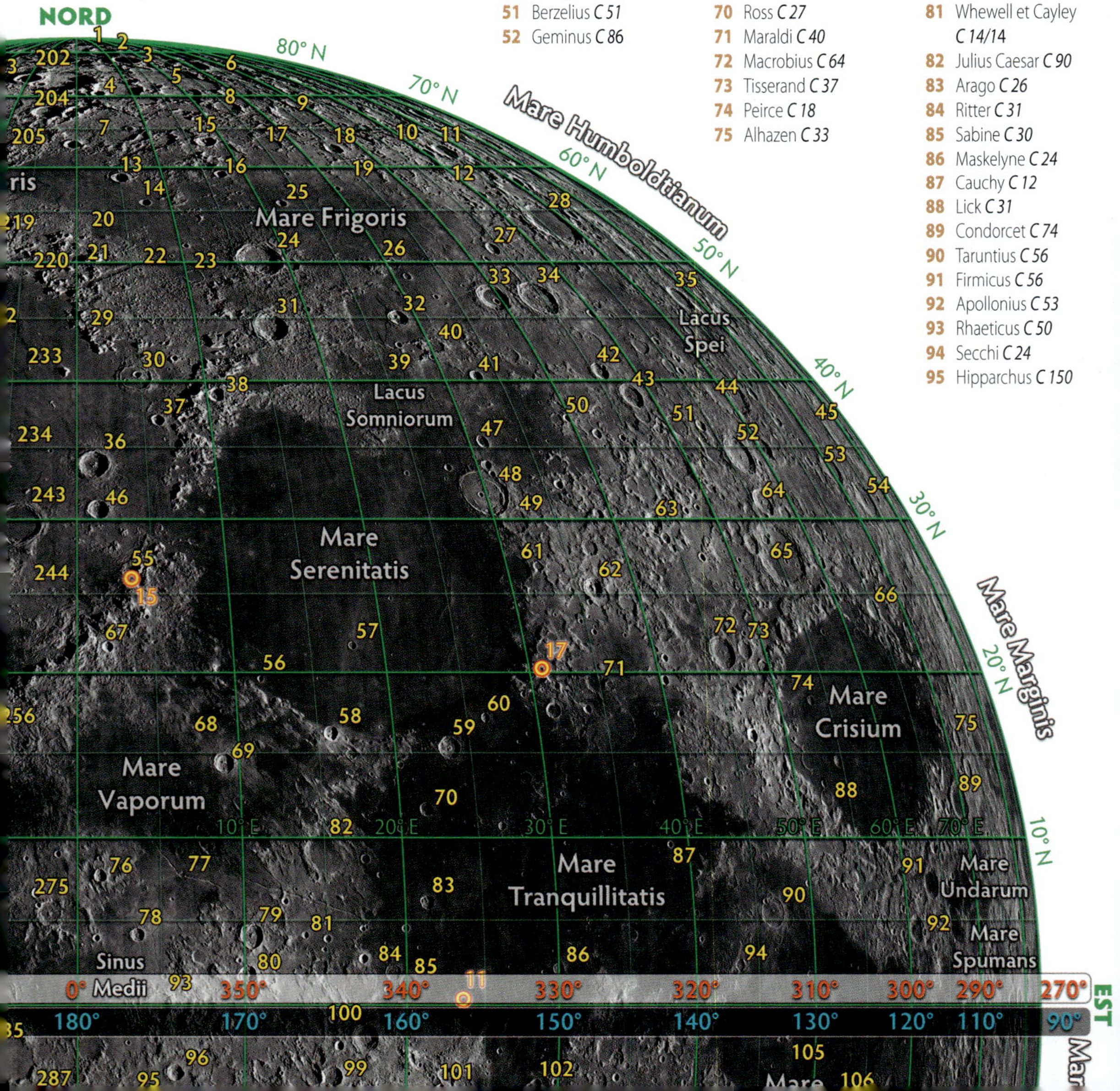

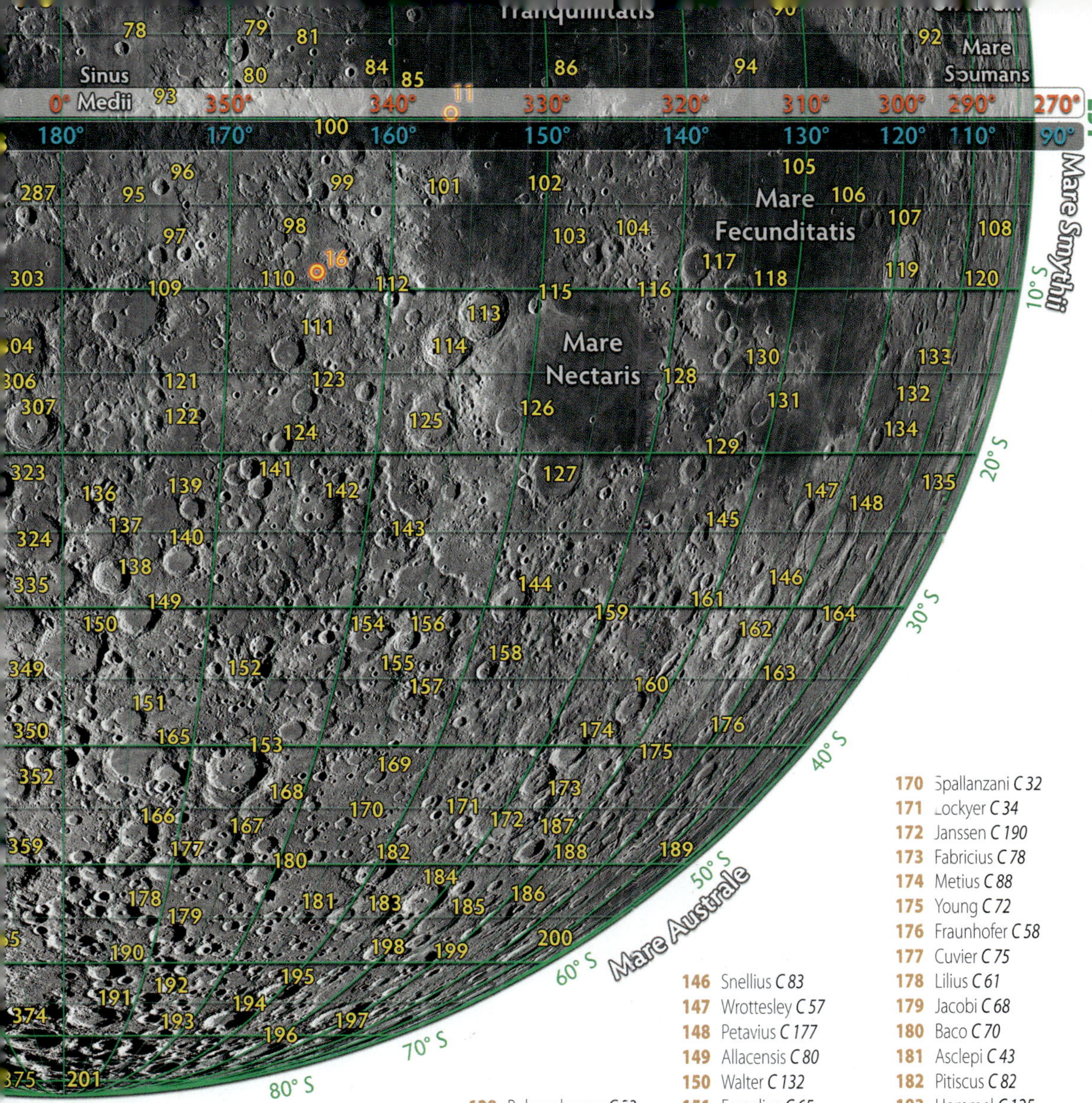

SUD

96 Horrocks *C 30*
97 Halley et Hind *C 36/29*
98 Lindsay *C 32*
99 Taylor *C 41*
100 Delambre *C 52*
101 Hypatia *C 41*
102 Torricelli *C 23*
103 Isidorus *C 42*
104 Capella *C 49*
105 Messier *C 9*
106 Lindbergh *C 13*
107 Bilharz et Atwood *C 43/29*
108 Kästner *C 105*
109 Albategnius *C 136*
110 Andel *C 35*
111 Abulfeda *C 62*
112 Kant *C 31*
113 Theophilus *C 101*
114 Cyrillus *C 98*
115 Mädler *C 28*
116 Gaudibert *C 33*
117 Gutenberg *C 74*
118 Goclenius *C 74*
119 Langrenus *C 132*
120 Kapteyn *C 49*
121 Argelander *C 34*
122 Airy *C 37*
123 Almanon *C 49*
124 Geber *C 45*
125 Catharina *C 100*
126 Beaumont *C 53*
127 Fracastorius *C 124*
128 Bohnenberger *C 33*
129 Santbech *C 65*
130 Colombo *C 76*
131 Cook *C 47*
132 Vendelinus *C 147*
133 Lamé *C 84*
134 Holden *C 47*
135 Hecataeus *C 127*
136 La Caille *C 68*
137 Blanchinus *C 68*
138 Werner *C 70*
139 Playfair *C 48*
140 Apianus *C 63*
141 Abenezra et Azophi *C 42/48*
142 Sacrobosco *C 98*
143 Pons *C 44*
144 Piccolomini *C 88*
145 Borda *C 44*
146 Snellius *C 83*
147 Wrottesley *C 57*
148 Petavius *C 177*
149 Allacensis *C 80*
150 Walter *C 132*
151 Fernelius *C 65*
152 Gemma Frisius *C 88*
153 Maurolycus *C 114*
154 Zagut *C 85*
155 Rabbi Levi *C 81*
156 Lindenau *C 53*
157 Riccius *C 71*
158 Stiborius *C 45*
159 Neander *C 50*
160 Rheita *C 70*
161 Reichenbach *C 71*
162 Stevinus *C 75*
163 Furnerius *C 126*
164 Adams *C 66*
165 Stöfler *C 126*
166 Licetus *C 75*
167 Clairaut *C 75*
168 Barocius *C 82*
169 Nicolai *C 42/48*
170 Spallanzani *C 32*
171 Lockyer *C 34*
172 Janssen *C 190*
173 Fabricius *C 78*
174 Metius *C 88*
175 Young *C 72*
176 Fraunhofer *C 58*
177 Cuvier *C 75*
178 Lilius *C 61*
179 Jacobi *C 68*
180 Baco *C 70*
181 Asclepi *C 43*
182 Pitiscus *C 82*
183 Hommel *C 125*
184 Vlacq *C 89*
185 Rosenberger *C 96*
186 Biela *C 76*
187 Steinheil *C 67*
188 Watt *C 66*
189 Lyot *C 141*
190 Zach *C 71*
191 Curtius *C 96*
192 Pentland *C 56*
193 Simpelius *C 70*
194 Manzinus *C 98*
195 Mutus *C 78*
196 Boguslawsky *C 97*
197 Boussingault *C 131*
198 Nearch *C 76*
199 Hageclus *C 76*
200 Pontécoulant *C 91*
201 Malapert *C 69*

La carte de la Lune

202 Goldschmidt *C 121*
203 Anaxagoras *C 51*
204 Epigenes *C 55*
205 Birmingham *C 93*
206 Philolaus *C 71*
207 Anaximenes *C 80*
208 Carpenter *C 60*
209 Pythagoras *C 129*
210 Anaximander *C 68*
211 J. Herschel *C 156*
212 Fontenelle *C 38*
213 Babbage *C 144*
214 Markov *C 41*
215 Harpalus *C 40*
216 Foucault *C 23*
217 Bouguer *C 23*
218 la Condamine *C 36*
219 Plato *C 101*
220 Plato, Rimae *R*
221 Harding *C 23*
222 Bunsen C 53
223 Rümker, Mons *D 70*
224 Sharp *C 40*
225 Mairan *C 40*
226 Heraclides, Pro *Ca 1,7*
227 Laplace, Pro *Ca 2,6*
228 Bianchini *C 38*
229 Helicon et le Verrier *C 25/20*
230 Recti, Montes *M 1,8*
231 Teneriffe, Montes *M 1,4*
232 Pico, Mons *M 2,4*
233 Piton, Mons *M 2,2*
234 Spitzbergen, Mons *M 1,4*
235 Lichtenberg *C 20*
236 Nielsen *C 10*
237 Gruithuisen *C 17*
238 Delisle *C 25/20*
239 C. Herschel *C 131*
240 La Hire, Mons *M 1,7*
241 Lambert *C 30*
242 Timocharis *C 35*
243 Archimedes *C 83*
244 Putredinis, Palus *Pa 180*
245 Briggs *C 36*
246 Eddington *C 134*
247 Seleucus *C 43*
248 Schiaparelli *C 25/20*
249 Herodotus *C 35*
250 Aristarchus *C 40*
251 Schröteri, Vallis *V 160*
252 Vinogradov, Mons *M*
253 Euler *C 28*
254 Pytheas *C 20*
255 Wallace *C 27*
256 Apenninus, Montes *M 600*
257 Krafft *C 51*
258 Cardanus *C 50*
259 Marius *C 41*
260 Tobias Mayer *C 33*
261 Draper *C 9*
262 Carpatus, Montes *M 280*
263 Eratosthenes *C 58*
264 Olbers *C 75*
265 Cavalerius *C 58*
266 Reiner Gamma *C 40*
267 Kepler *C 31*
268 Encke *C 30*
269 Hortensius *C 15*
270 Copernicus *C 93*
271 Reinhold *C 48*
272 Stadius *C 70*
273 Gambart *C 25*
274 Schröter *C 35*
275 Pallas *C 50*
276 Hevelius *C 106*

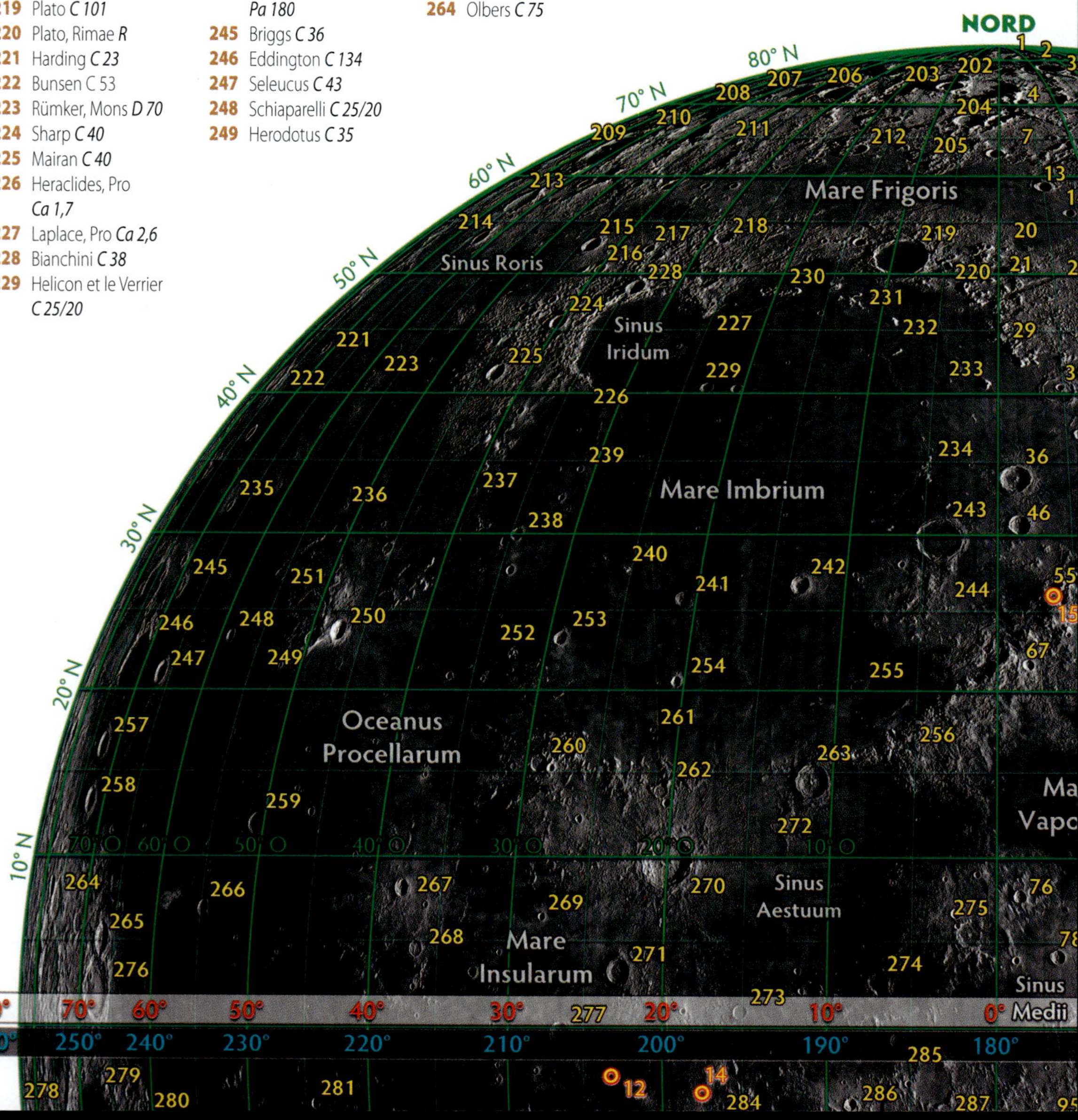

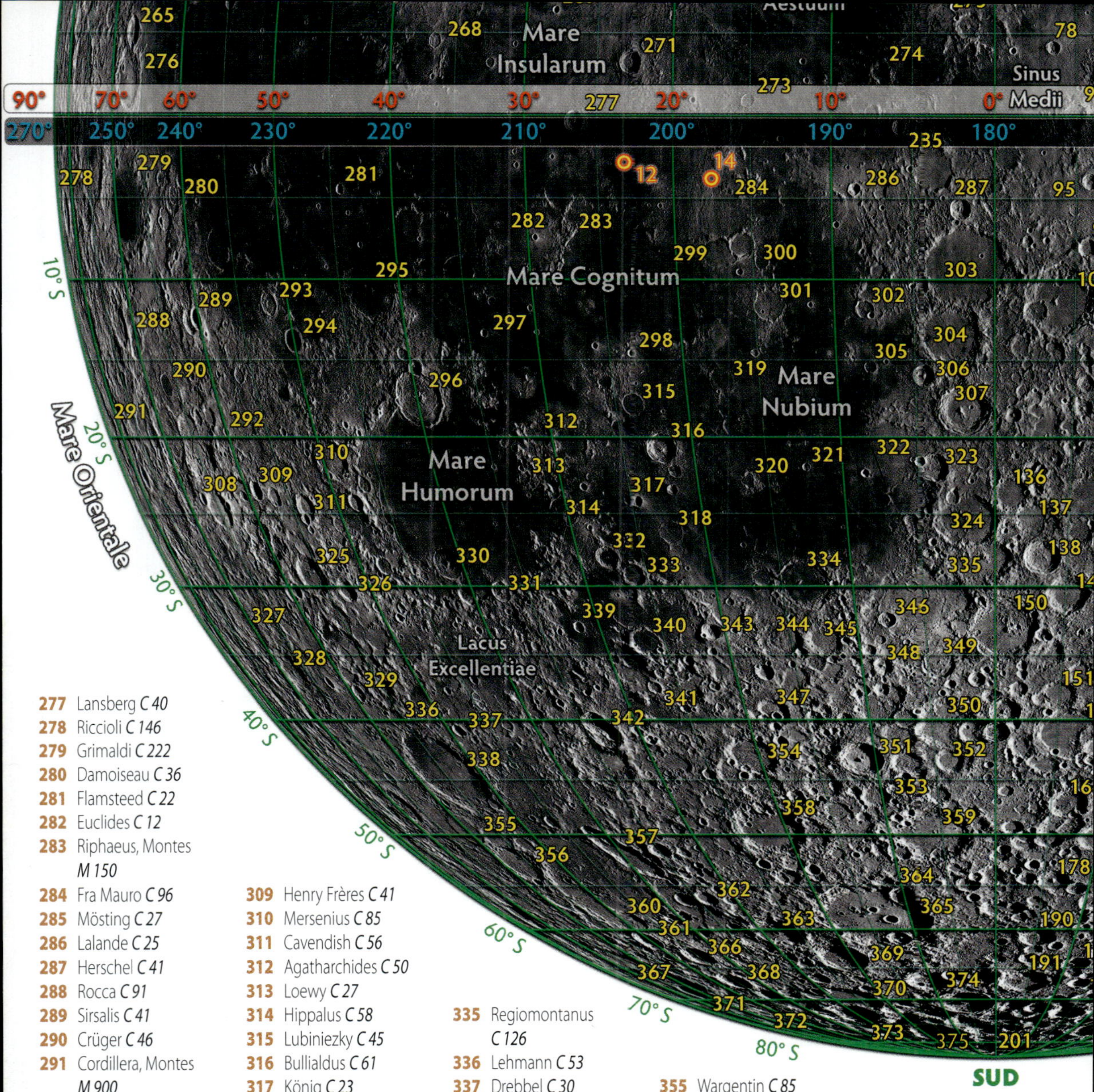

277 Lansberg *C 40*
278 Riccioli *C 146*
279 Grimaldi *C 222*
280 Damoiseau *C 36*
281 Flamsteed *C 22*
282 Euclides *C 12*
283 Riphaeus, Montes *M 150*
284 Fra Mauro *C 96*
285 Mösting *C 27*
286 Lalande *C 25*
287 Herschel *C 41*
288 Rocca *C 91*
289 Sirsalis *C 41*
290 Crüger *C 46*
291 Cordillera, Montes *M 900*
292 de Vico *C 20*
293 Hansteen *C 45*
294 Billy *C 46*
295 Letronne *C 119*
296 Gassendi *C 111*
297 Herigonius *C 15*
298 Darney *C 15*
299 Bonpland *C 60*
300 Parry *C 48*
301 Guericke *C 58*
302 Davy *C 35*
303 Ptolemaeus *C 154*
304 Alphonsus *C 118*
305 Lassell *C 23*
306 Alpetragius *C 40*
307 Arzachel *C 98*
308 Byrgius *C 88*
309 Henry Frères *C 41*
310 Mersenius *C 85*
311 Cavendish *C 56*
312 Agatharchides *C 50*
313 Loewy *C 27*
314 Hippalus *C 58*
315 Lubiniezky *C 45*
316 Bullialdus *C 61*
317 König *C 23*
318 Kies *C 45*
319 Opelt *C 50*
320 Wolf *C 25*
321 Nicollet *C 15*
322 Recta, Rupes *F 110*
323 Thebit *C 58*
324 Purbach *C 118*
325 Vieta *C 88*
326 Fourier *C 53*
327 Lagrange *C 161*
328 Piazzi *C 101*
329 Lacroix *C 38*
330 Doppelmayer *C 65*
331 Vitello *C 41*
332 Campanus *C 48*
333 Mercator *C 48*
334 Pitatus *C 98*
335 Regiomontanus *C 126*
336 Lehmann *C 53*
337 Drebbel *C 30*
338 Schickard *C 227*
339 Ramsden *C 25*
340 Capuanus *C 60*
341 Timoris, Lacus *L 131*
342 Hainzel *C 70*
343 Cichus *C 41*
344 Wurzelbauer *C 88*
345 Gauricus *C 80*
346 Hell *C 33*
347 Heinsius *C 65*
348 Ball *C 41*
349 Lexell *C 63*
350 Orontius *C 123*
351 Tycho *C 86*
352 Saussure *C 55*
353 Street *C 58*
354 Wilhelm *C 108*
355 Wargentin *C 85*
356 Phocylides *C 114*
357 Schiller *C 179*
358 Longomontanus *C 146*
359 Maginus *C 164*
360 Segner *C 68*
361 Zucchius *C 65*
362 Rost *C 50*
363 Scheiner *C 111*
364 Porter *C 53*
365 Clavius *C 225*
366 Bettinus *C 71*
367 Bailly *C 303*
368 Kircher *C 73*
369 Blancanus *C 106*
370 Klaproth *C 118*
371 le Gentil *C 113*
372 Drygalski *C 164*
373 Casatus *C 111*
374 Moretus *C 114*
375 Cabeus *C 98*

Les planètes

DIAMÈTRES APPARENTS DES PLANÈTES

Ce graphique représente les variations du diamètre apparent des planètes visibles à l'œil nu. Les graduations vont de 5 à 60". Pour Jupiter et Saturne, il s'agit du diamètre apparent équatorial ; le diamètre apparent polaire est plus petit étant donné l'aplatissement important de ces planètes géantes gazeuses. Dans le cas de Saturne, le diamètre apparent des anneaux est près de 2 fois supérieur à celui du disque.

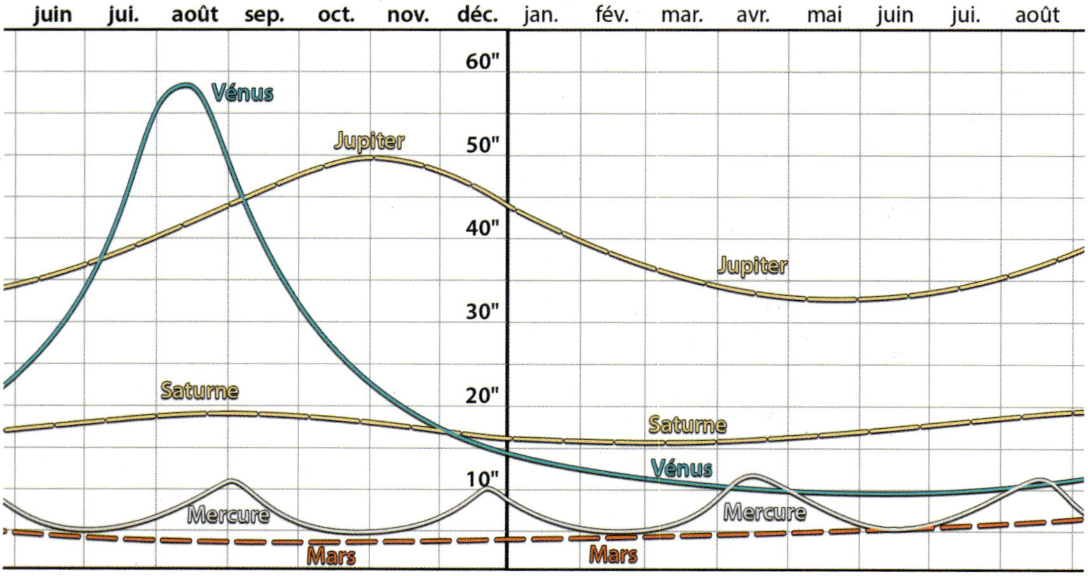

MAGNITUDES DES PLANÈTES

Ce graphique représente les variations de magnitude des planètes visibles à l'œil nu. Un changement d'une magnitude équivaut à une différence d'éclat de 2,5 fois. La magnitude de Vénus est maximale quelques semaines avant et après sa conjonction inférieure ; lors de celle-ci, son diamètre apparent est très grand, mais sa fraction éclairée est trop petite pour qu'elle maintienne sa luminosité.

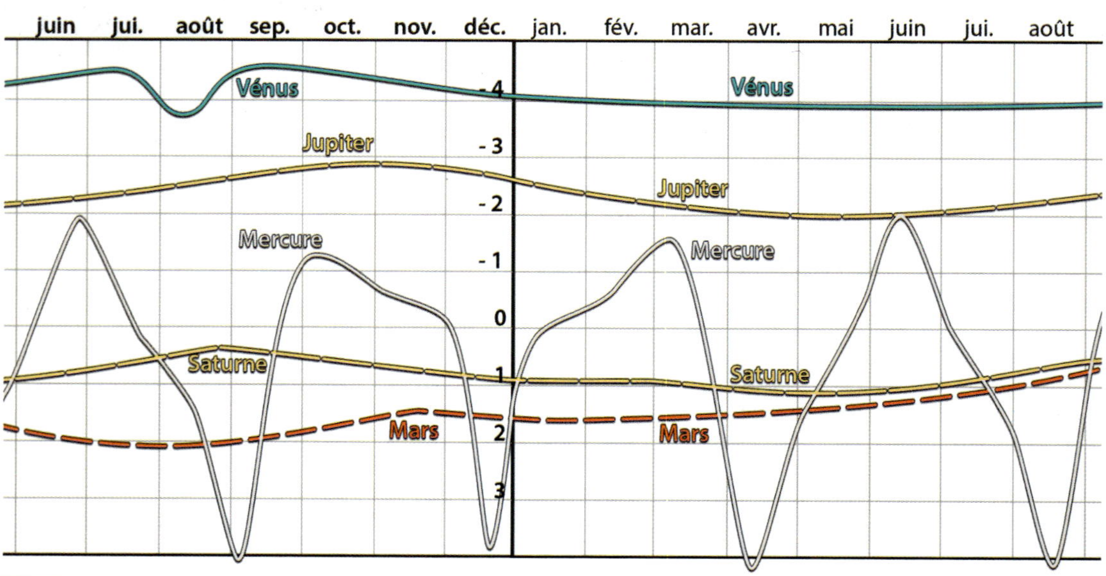

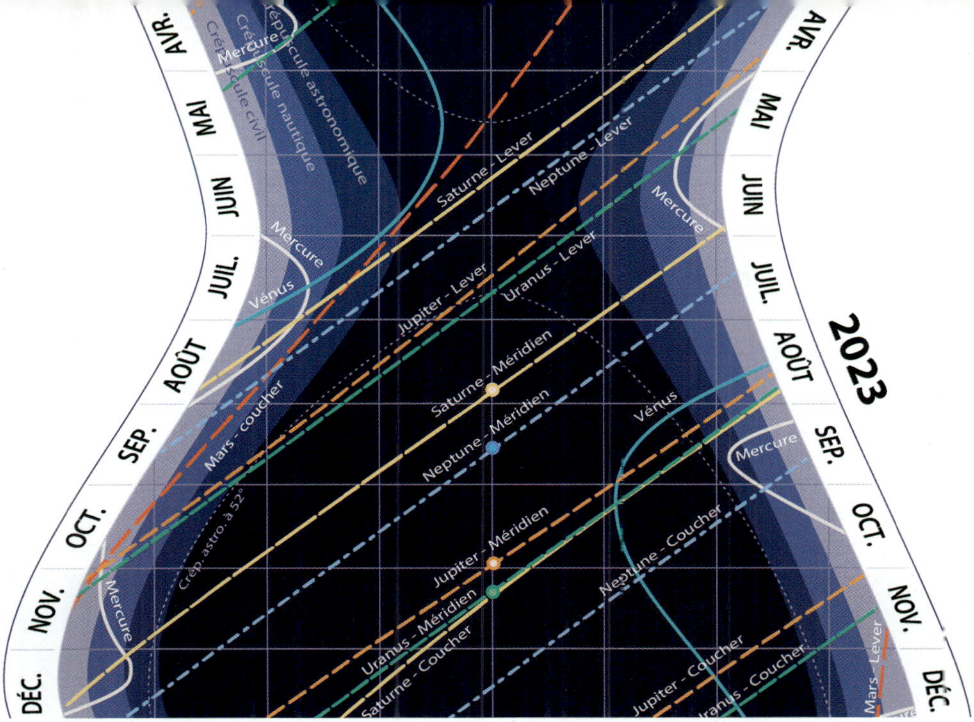

LEVERS ET COUCHERS DES PLANÈTES

Ces courbes permettent de juger d'un bref coup d'œil quelles seront les meilleures périodes de l'année pour observer telle ou telle planète à 45° de latitude nord et 0° de longitude ; elles diffèrent légèrement pour les autres longitudes et de façon bien plus significative pour d'autres latitudes. La zone sombre représente la nuit ; ses marges de plus en plus claires sont les crépuscules astronomique, nautique et civil. Une ligne pointillée bleue signale les limites du crépuscule astronomique pour la latitude 52° nord ; entre la fin mai et la fin juillet, à cette latitude, le Soleil ne s'abaisse à aucun moment de 18° sous l'horizon ; la nuit n'est donc jamais franchement noire pendant toute cette période. Il suffit de tracer une ligne horizontale à une date donnée et de la parcourir de gauche à droite – du coucher au lever du Soleil – pour vérifier la visibilité d'une planète et savoir si elle sera sur le point de se lever, de passer au méridien ou de se coucher. Les points colorés sur les lignes de passage au méridien des planètes plus éloignées du Soleil que la Terre – les planètes externes – indiquent le moment de l'opposition, soit celui où la Terre et la planète ont la même longitude écliptique héliocentrique (alignement Soleil-Terre-planète). C'est à l'opposition que ces astres sont les mieux placés pour être observés puisqu'ils culminent dans le ciel en milieu de nuit. Lorsque les lignes de lever, de passage au méridien ou de coucher de deux planètes se coupent, ces deux corps apparaissent très proches l'un de l'autre dans le ciel.

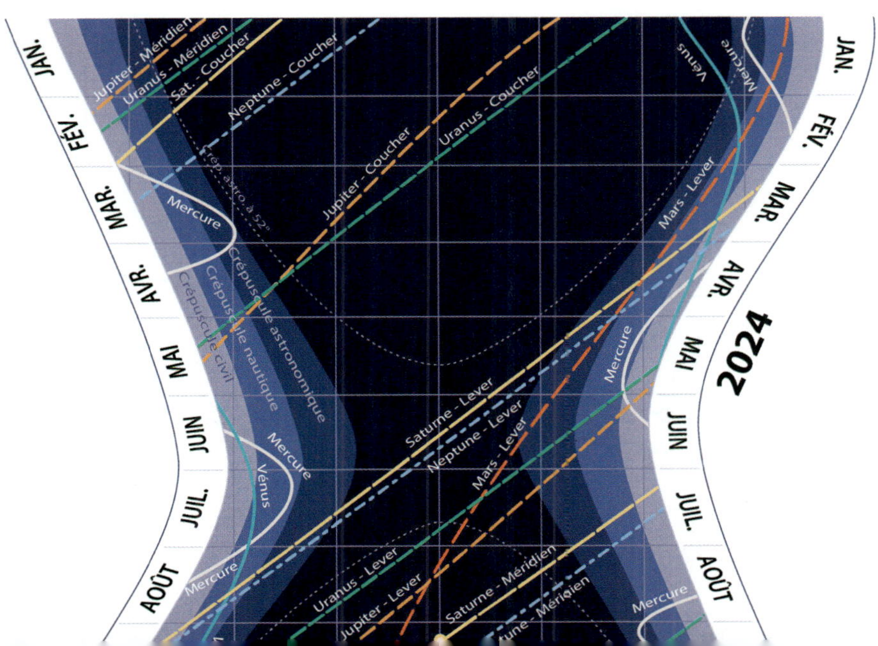

Mercure

OBSERVER MERCURE

Les schémas du bas de cette page et de la suivante présentent les positions quotidiennes de Mercure au moment du lever et du coucher du Soleil à 45° de latitude nord et 0° de longitude. Mercure ne peut être repérée aisément à l'œil nu que lorsque le fond du ciel est suffisamment sombre, c'est-à-dire lorsque le Soleil est au moins à 6° sous l'horizon. En plaçant mentalement l'horizon à cette hauteur, vous le reproduirez tel qu'il se présente trente à quarante minutes avant le lever du Soleil ou après son coucher. La longitude de votre site d'observation ne modifiera pas sensiblement la position apparente de Mercure. En revanche, un écart de latitude engendrera rapidement une différence notable. Si vous vous trouvez plus au nord que les 45° retenus pour ces représentations, vous devez imaginer que votre horizon pivote, c'est-à-dire que la hauteur de votre horizon sud est supérieure à celle de ces dessins ; si vous êtes plus au sud, imaginez que l'horizon pivote dans l'autre sens, votre horizon méridional est donc plus bas que sur les schémas et le nord plus haut. Le pivot de ce mouvement est le Soleil ; vous pouvez estimer la position de notre étoile juste sous la ligne d'horizon en fonction de l'orientation de la trajectoire de Mercure.

Aux latitudes européennes, Mercure est toujours visible dans un ciel crépusculaire. Elle est visible ici juste à côté de Mars qui est à peine moins brillante.
© Guillaume Cannat

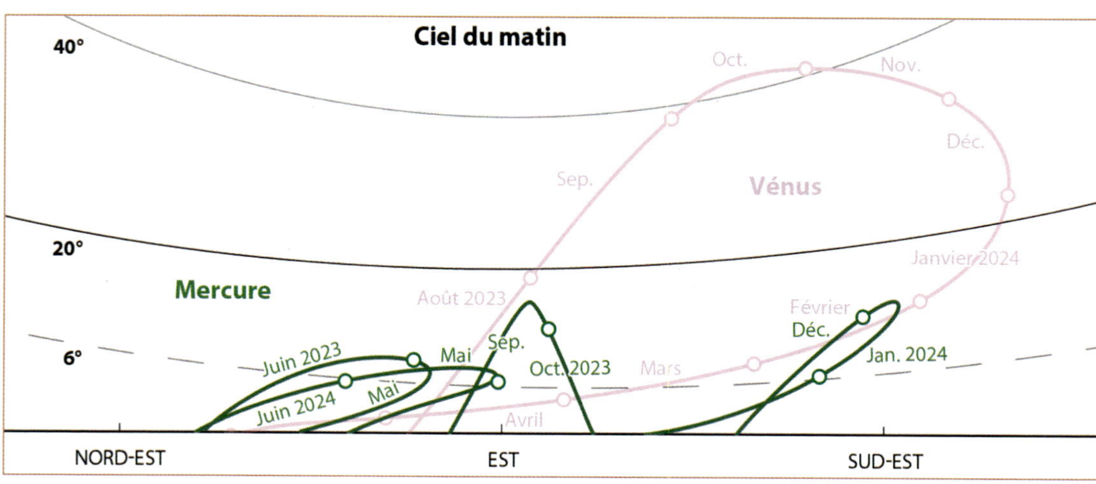

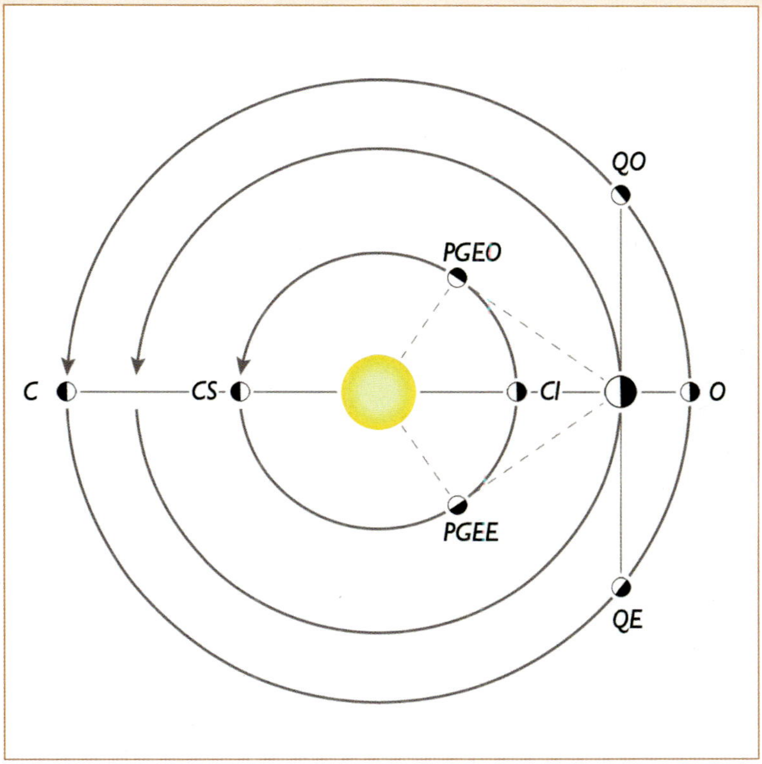

Cette représentation simplifiée du Système solaire permet de définir une série de configurations particulières fréquemment citées dans les pages de ce livre. Seules sont dessinées les orbites de la Terre, d'une planète interne – plus proche du Soleil – et d'une planète externe. Les positions significatives d'une planète interne – Mercure ou Vénus – sont : la plus grande élongation à l'est du Soleil (PGEE) ; la conjonction inférieure (CI) ; la plus grande élongation à l'ouest (PGEO) ; la conjonction supérieure (CS). Dans le cas d'une planète externe – Mars, Jupiter, Saturne, Uranus, Neptune –, les positions significatives sont : la quadrature à l'est du Soleil (QE) ; l'opposition (O) ; la quadrature à l'ouest (QO) ; la conjonction (C).

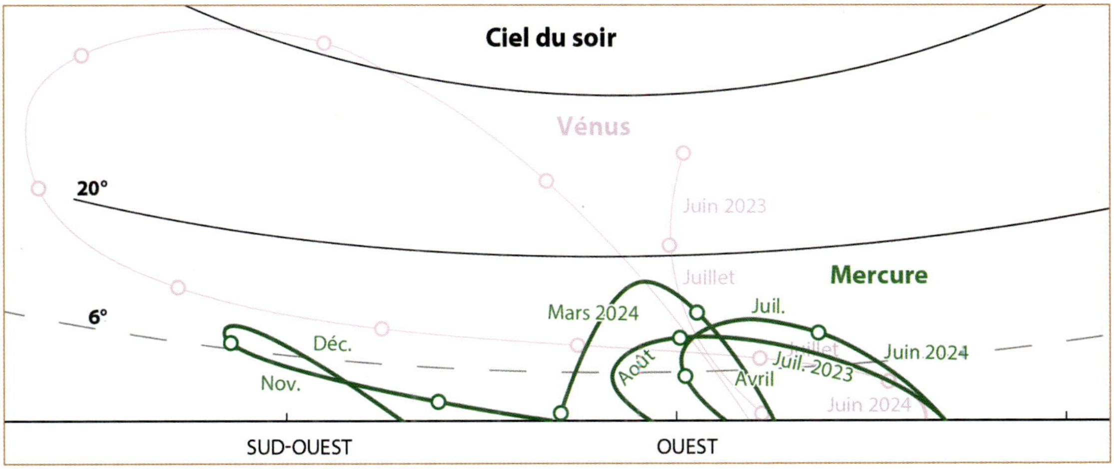

Vénus

OBSERVER VÉNUS

Les schémas du bas de cette page et de la suivante présentent les positions quotidiennes de Vénus au moment du lever et du coucher du Soleil à 45° de latitude nord et 0° de longitude. Vénus est si brillante qu'il est généralement possible de l'observer en plein jour. En plaçant mentalement l'horizon à 6° de hauteur, vous reproduirez l'horizon tel qu'il se présente trente à quarante minutes avant le lever du Soleil ou après son coucher. Une longitude différente de votre site d'observation ne modifiera pas sensiblement la position apparente de Vénus. En revanche, un écart de latitude engendrera rapidement une différence notable. Si vous vous trouvez plus au nord que les 45° retenus pour ces représentations, vous devez imaginer que votre horizon pivote, c'est-à-dire que la hauteur de votre horizon sud est supérieure à celle de ces dessins ; si vous êtes plus au sud, imaginez que l'horizon pivote dans l'autre sens, votre horizon méridional est donc plus bas que sur les schémas et le nord plus haut. Le pivot de ce mouvement est le Soleil ; vous pouvez estimer la position de notre étoile juste sous la ligne d'horizon en fonction de l'orientation de la trajectoire de Vénus.

Avant et après sa conjonction inférieure, Vénus est visible sous la forme d'un croissant qui peut dépasser 1′ de diamètre apparent. Sur cette image, le croissant vénusien est 30 fois plus petit que le croissant lunaire.
© Guillaume Cannat

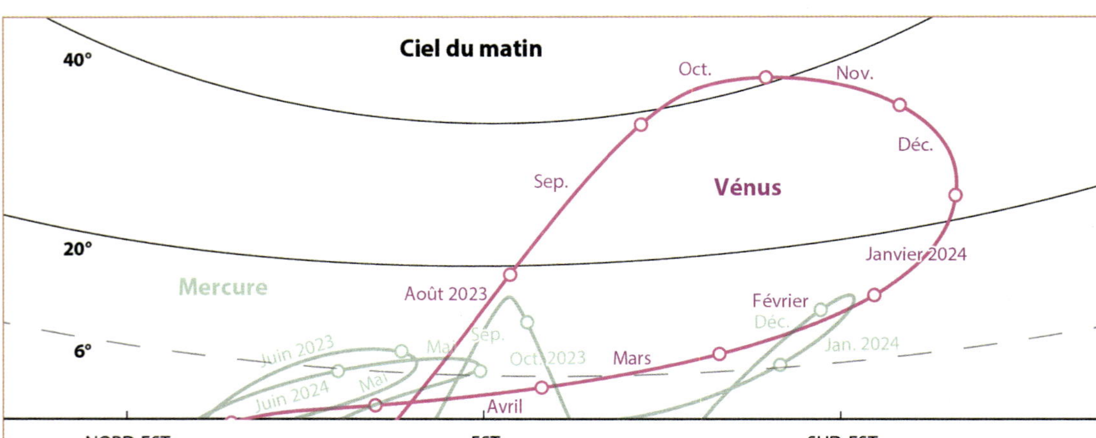

Vénus est la planète qui connaît la plus grande variation de diamètre apparent. Sa dimension peut varier de 9″ durant les semaines qui entourent sa conjonction supérieure à plus de 1′, ce qui correspond à peu près au trentième du diamètre apparent de la Pleine Lune, durant les deux semaines qui entourent sa conjonction inférieure. L'observation du petit disque de la Pleine Vénus ne présente pas beaucoup d'intérêt. Celle des plus fins croissants est très spectaculaire, même dans les plus petits instruments, voire sur l'écran d'un appareil photographique numérique fixé sur un pied en zoomant au maximum. La période la plus intéressante pour tenter de distinguer des nuances d'albédo dans l'atmosphère vénusienne est celle où notre voisine est en quartier ou légèrement gibbeuse. Un filtre violet (voir page 169) accroît significativement le contraste.

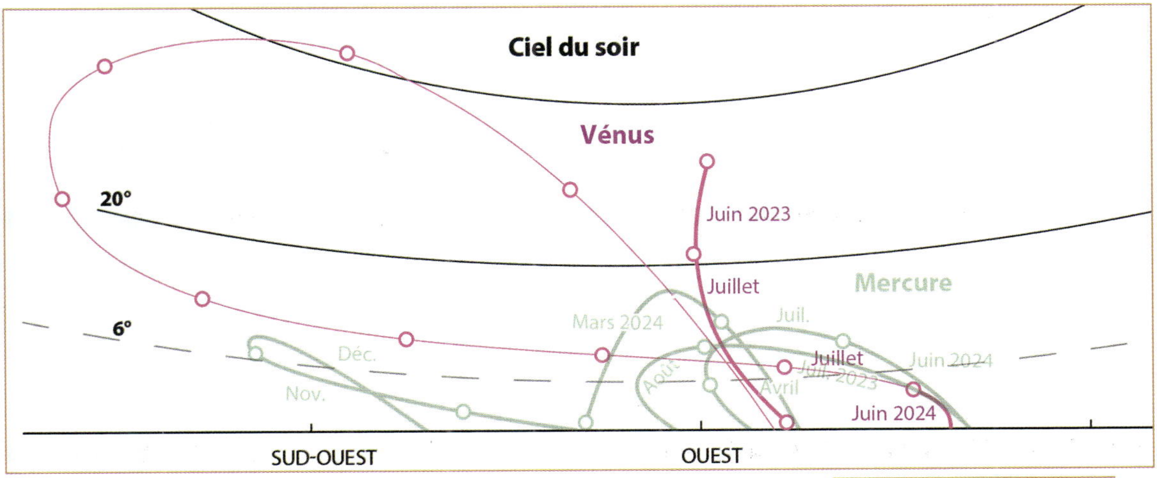

Vénus

LE CYCLE DE 8 ANS DE VÉNUS

Tous les 8 ans, Vénus revient pratiquement à la même place dans le ciel : ces phénomènes héliocentriques, comme le passage au périhélie ou aux nœuds de son orbite, se reproduisent un jour plus tôt environ, et ses phénomènes géocentriques, comme les élongations ou les conjonctions avec le Soleil, se reproduisent deux jours plus tôt environ. Cela vient du fait que Vénus décrit 13 orbites autour du Soleil en 8 années moins un peu moins d'un jour. Dans ce laps de temps, chaque événement héliocentrique se produit 13 fois et chaque événement géocentrique se produit 5 fois. Pour l'observateur du ciel, cela signifie que la trajectoire de Vénus se reproduit à l'identique tous les 8 ans et que l'on peut mettre en évidence 5 trajectoires types au-dessus de l'horizon ouest pour le soir et autant pour le matin au-dessus de l'horizon est. L'aspect de ces trajectoires dépend de la latitude de l'observateur, mais, pour une latitude donnée, Vénus revient sur ses traces pratiquement aux mêmes dates tous les 8 ans.

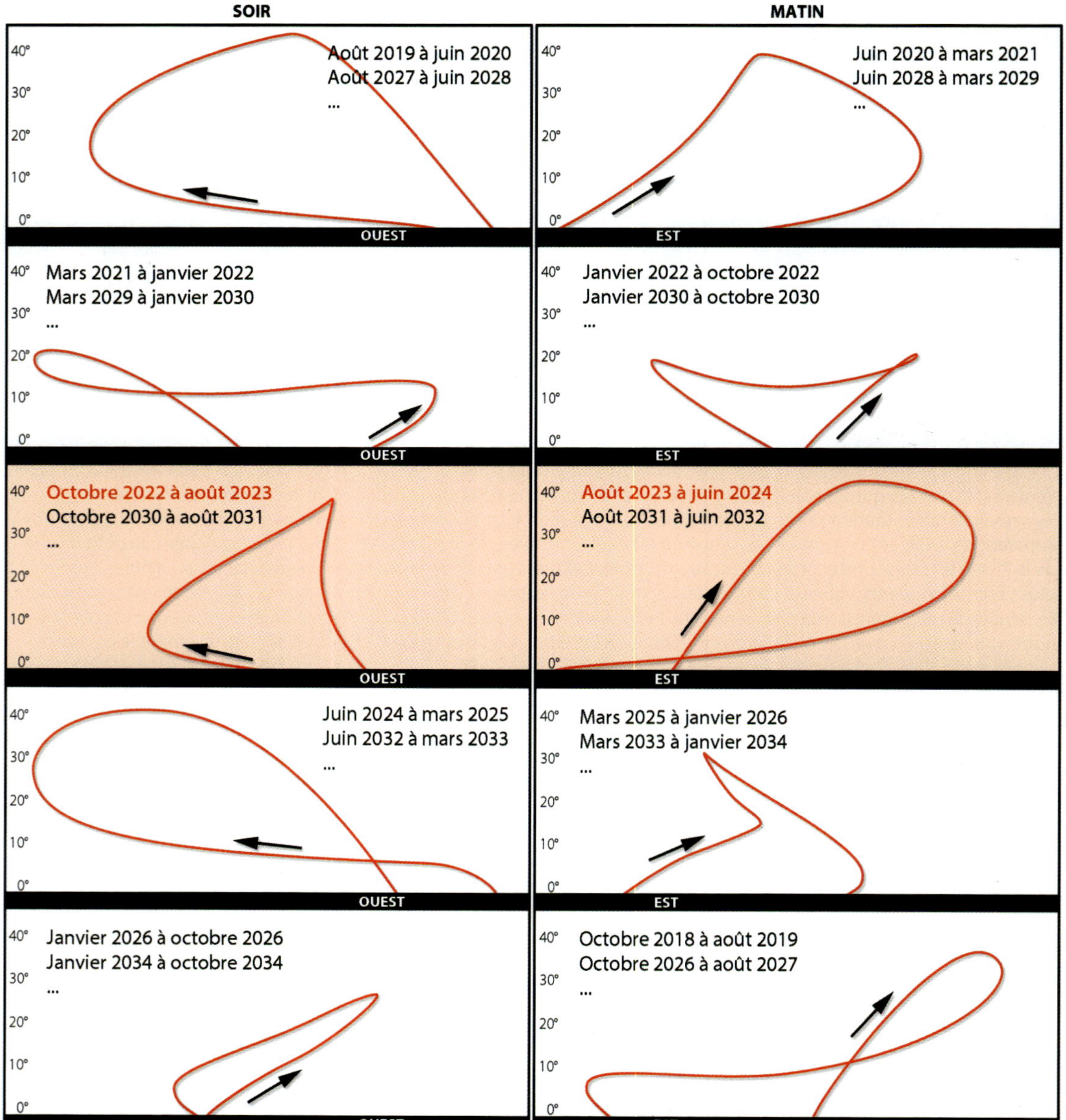

Mars

OBSERVER MARS

Située 1,5 fois plus loin du Soleil que la Terre, Mars met 1,88 fois plus de temps pour parcourir son orbite et il s'écoule 2,13 années entre deux oppositions ; les prochains alignements Soleil-Terre-Mars se produiront le 16 janvier 2025 et le 19 février 2027. Solstice d'été pour l'hémisphère Nord martien le 12 juillet 2023 ; équinoxe d'automne le 12 janvier 2024. La magnitude de Mars reste proche de 2 durant toute l'année 2023 et son diamètre apparent passe sous 4" ; cette planète est en conjonction avec le Soleil le 18 novembre dans la Balance. En 2024, Mars s'élève lentement dans le ciel de l'aube et redevient une cible intéressante durant l'été. Lors de l'opposition de janvier 2025, l'éclat martien atteindra - 1,4 pour 14,6" de diamètre apparent ; Mars brillera alors dans les Gémeaux et coupera le méridien à plus de 70° de hauteur.

Ce schéma simule la vision du système solaire interne qu'aurait un observateur situé à 4,5 unités astronomiques environ au-dessus du plan de l'écliptique et à près de 11 ua du Soleil, dans la direction des étoiles qui forment la tête de la constellation du Serpent. Les orbites de la Terre et de Mars sont représentées à l'échelle. Le plan de l'orbite martienne étant incliné de 1,8° par rapport au plan de l'écliptique, la portion de l'orbite se situant au-dessus de l'écliptique est dessinée en trait plein, et celle qui passe en dessous est en pointillé. Vu depuis le pôle Nord de l'écliptique, Mars et la Terre tournent autour du Soleil dans le sens inverse des aiguilles d'une montre. Les mois indiqués à l'intérieur de l'orbite terrestre indiquent uniquement la position de notre planète dans l'année. Les points les plus proches (périhélie) et les plus éloignés (aphélie) du Soleil sont précisés sur chaque orbite, ainsi que les points de passage au nœud ascendant et au nœud descendant pour Mars. Les flèches marquent les positions de la Terre et de Mars lors de leurs oppositions : la date est mentionnée, ainsi que la distance minimale entre les deux planètes (en millions de kilomètres) et le diamètre apparent maximal de Mars (en secondes d'arc), qui sont atteints au maximum 8,2 jours avant ou après chaque opposition.

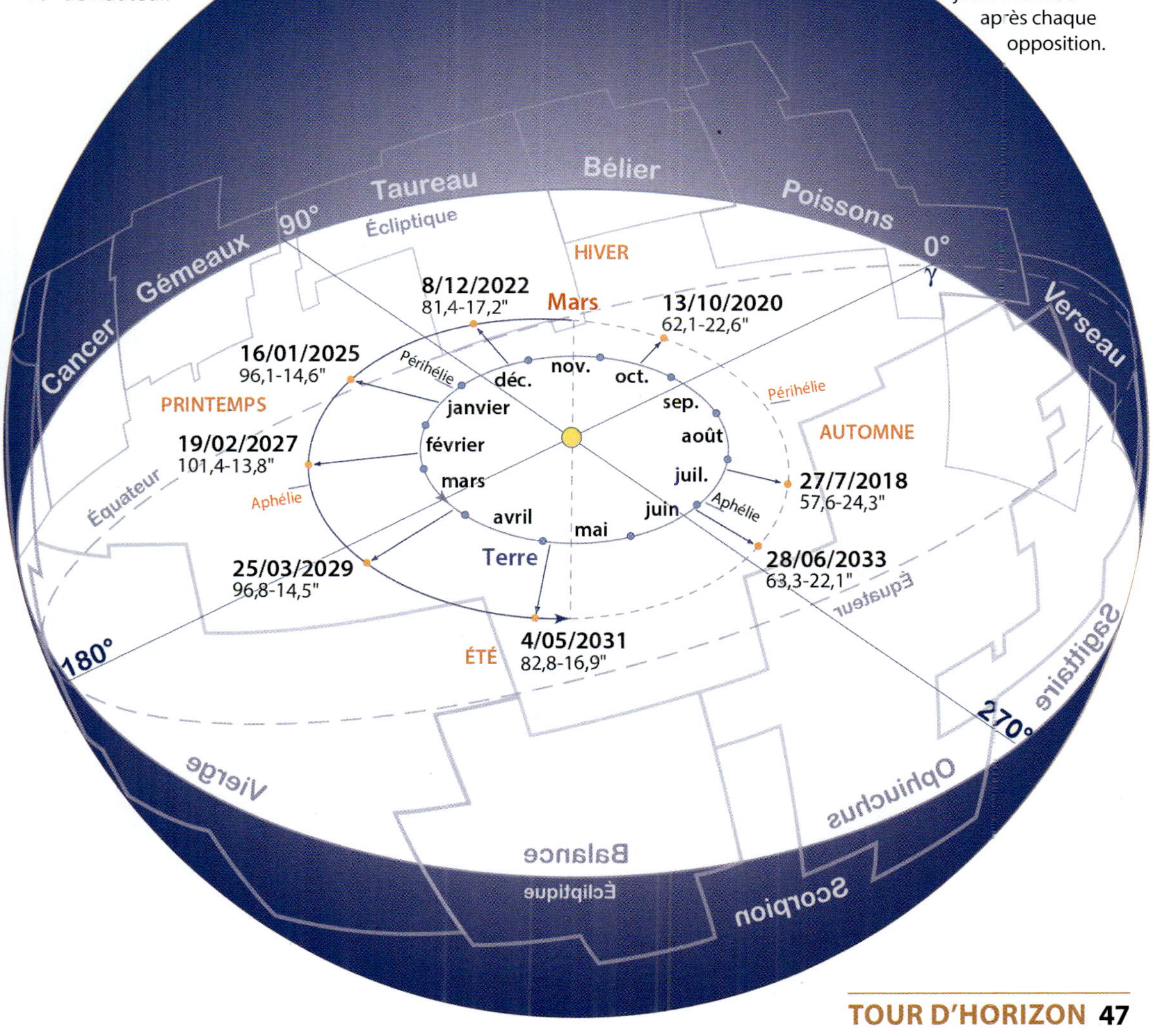

Jupiter

OBSERVER JUPITER

Jupiter circule dans le Bélier jusqu'au 28 avril 2024, puis dans le Taureau jusqu'au mois de mai 2025. Elle y effectue intégralement sa boucle de rétrogradation entre le 4 septembre et le 31 décembre 2023, passant à l'opposition le 3 novembre. Elle franchit alors le méridien à près de 60° de hauteur et les conditions d'observation sont donc excellentes en Europe puisqu'elle est très loin des zones les plus turbulentes proches de l'horizon, et les images devraient être très stables dans les instruments. Jupiter passe au plus près de la Terre le 1er novembre 2023 à 596 millions de kilomètres, seulement 5 millions de kilomètres plus loin qu'en 2022, et son diamètre apparent est proche de 49,5" ; elle est au plus loin de la Terre le 21 mai 2024, à un peu plus de 900 millions de kilomètres. Passée au nœud descendant de son orbite le 26 février 2020, Jupiter franchira le nœud ascendant le 19 septembre 2025. Tournant en presque douze années autour du Soleil (11,86 années), cette planète se déplace en moyenne d'une constellation zodiacale par an, mais il ne s'agit pas d'une règle absolue, l'emprise sur l'écliptique des différentes constellations du zodiaque étant variable : 23° pour la Balance et près de 44° pour la Vierge. Jupiter peut parfois ainsi glisser sur deux figures lors d'un même millésime. En outre, selon sa position sur son orbite légèrement excentrique (e = 0,049), la géante se meut plus ou moins vite et décrit annuellement entre 27,6° et 33,5° de longitude héliocentrique ; elle parcourt 33,3° en 2023 et 32,4° en 2024. Notre Terre, qui fait le tour du Soleil en douze mois, a donc besoin d'un mois supplémentaire environ pour rattraper Jupiter, et les oppositions joviennes se répètent en moyenne tous les treize mois. Il se produit ainsi régulièrement une année sans opposition, comme en 2013 ou en 2025.

Jupiter, la plus volumineuse planète du Système solaire, est aussi celle qui tourne le plus vite sur elle-même : 9 heures 50 dans les régions équatoriales et 9 heures 55 aux pôles. Cette rotation véloce déforme son atmosphère, qui présente un aplatissement polaire observable même dans les petits instruments. Les systèmes nuageux forment des ceintures de différentes teintes ; une lunette de 50 mm permet déjà de distinguer les deux bandes plus sombres qui marquent ses tropiques. Dans les instruments de diamètres supérieurs, ces bandes révèlent des détails et acquièrent une coloration brune ou saumonée de toute beauté.

La tache rouge de Jupiter est un tourbillon nuageux qui s'étale sur une vingtaine de degrés de longitude et dans lequel on pourrait loger deux fois la Terre. Il semble que son emprise en longitude régresse de 0,19° par an depuis quelques décennies. Aujourd'hui, il faut disposer au minimum d'une lunette de 90 à 100 mm pour distinguer visuellement cette formation.

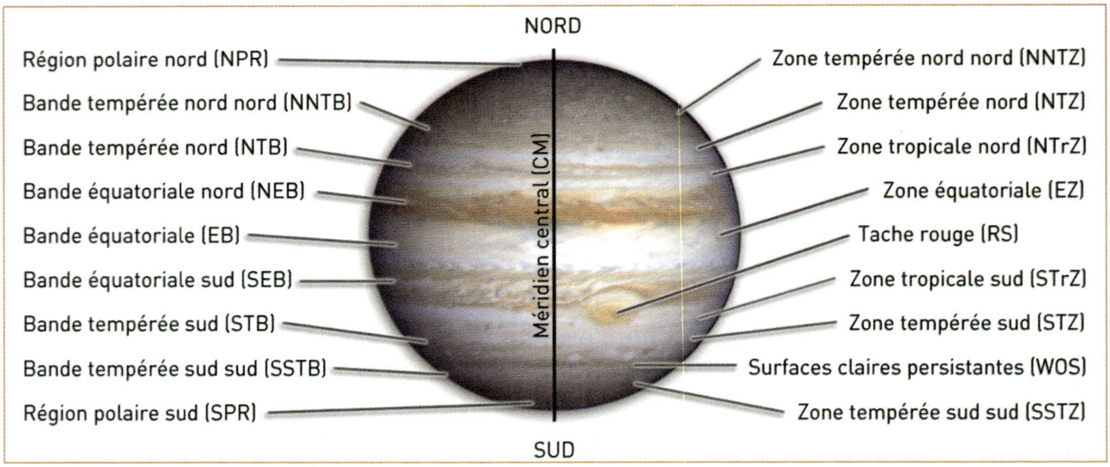

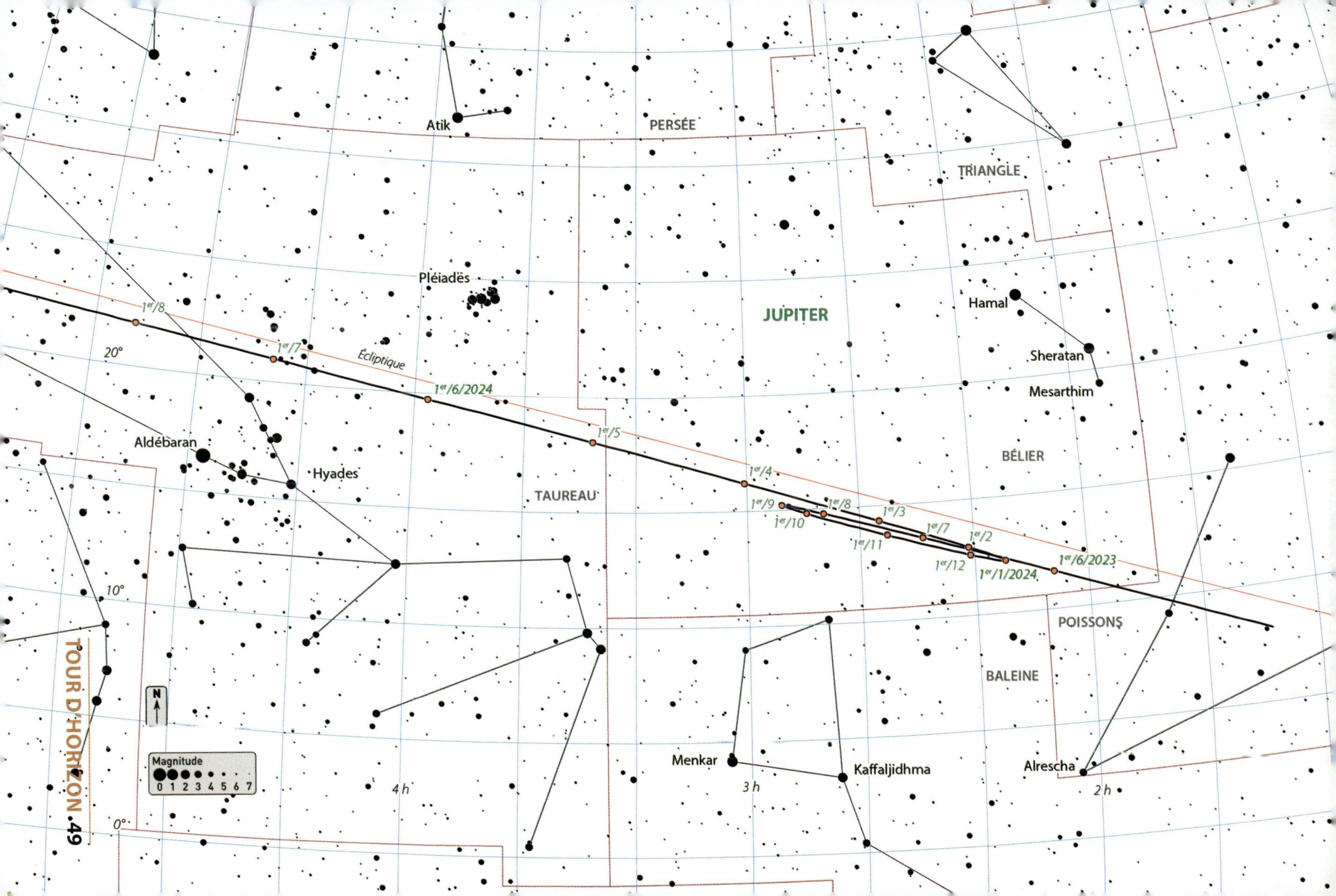
PERSÉE
Atik
TRIANGLE
Pléiades
JUPITER
Hamal
Sheratan
Mesarthim
BÉLIER
Écliptique
1er/8
1er/7
1er/6/2024
1er/5
1er/4
1er/9
1er/10
1er/8
1er/3
1er/11
1er/7
1er/2
1er/12
1er/1/2024
1er/6/2023
20°
10°
0°
Aldébaran
Hyades
TAUREAU
POISSONS
BALEINE
Menkar
Kaffaljidhma
Alrescha
4 h
3 h
2 h
N
Magnitude
0 1 2 3 4 5 6 7

Saturne

OBSERVER SATURNE

Le 27 août 2023, Saturne est à l'opposition dans le Verseau, où elle rétrograde entre le 17 juin et le 4 novembre ; elle passe toute l'année 2024 dans cette constellation, effectuant sa rétrogradation entre le 29 juin et le 15 novembre (opposition le 8 septembre 2024). La planète aux anneaux est au plus près de la Terre le 27 août 2023, à 8,76 ua, soit près de 1,311 milliard de kilomètres ; elle est en conjonction supérieure et au plus loin de la Terre le 28 février 2024, à 10,711 ua, soit 1,602 milliard de kilomètres. Elle était à l'aphélie le 17 avril 2018 à 10,065 ua du Soleil et est passée au nœud descendant de son orbite le 13 février 2020. Saturne tourne en près de trente années autour du Soleil (29,47 ans) et reste en général deux ans et demi dans chaque constellation du zodiaque. La planète aux anneaux parcourt en moyenne une douzaine de degrés de longitude héliocentrique par an (11,5° en 2023), tant et si bien qu'il faut près de 12,4 mois à la Terre pour la rattraper et que ses oppositions se renouvellent avec un retard moyen de treize jours.

Saturne tourne sur elle-même en près de 10 heures 40. Dans les petits instruments, son atmosphère montre nettement moins de structures que celle de Jupiter, mais les gros télescopes d'amateur révèlent de nombreuses bandes d'une coloration ocre ou crémeuse. Les anneaux qui l'entourent affichent près de 275 000 km de diamètre et sont visibles dans une lunette de 50 mm avec un grossissement d'une trentaine de fois. Ils sont scindés en apparence par plusieurs divisions sombres ; celle de Cassini – la plus large – apparaît dans les petits instruments lorsque l'ouverture des anneaux est assez forte, ce qui est le cas actuellement. L'inclinaison du plan des anneaux par rapport à notre ligne de visée a culminé à 27° en mars et en avril 2003 ; elle était nulle le 4 septembre 2009 lorsque notre planète est passée dans ce plan et elle culmine à 27° en octobre 2017. La ligne ondulée rouge sur le schéma représente la variation de cette inclinaison par rapport à notre ligne de vision et la ligne régulière bleue illustre quant à elle l'inclinaison de Saturne par rapport au Soleil. Depuis le dernier passage de la Terre dans le plan des anneaux, le 4 septembre 2009, nous observons leur face nord, qui est également celle que le Soleil éclaire depuis le 10 août 2009. Le prochain passage de la Terre dans le plan des anneaux se produira le 23 mars 2025, juste avant le passage du Soleil du 6 mai 2025.

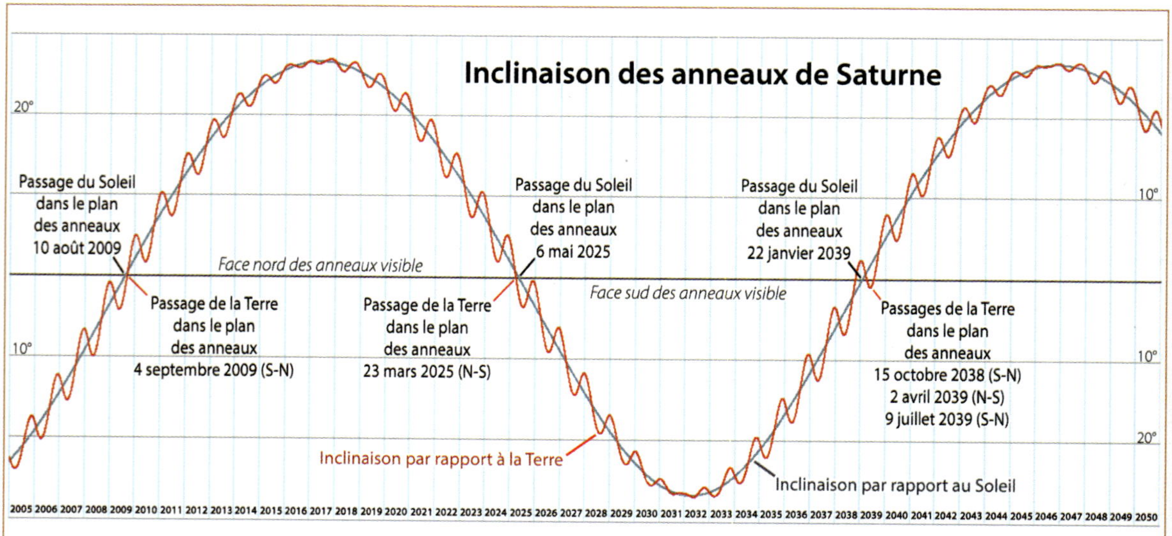

Depuis le dernier passage de la Terre dans le plan des anneaux, le 4 septembre 2009, nous observons leur face nord, qui est également celle que le Soleil éclaire depuis le 10 août 2009. Le prochain passage de la Terre dans le plan des anneaux se produira le 23 mars 2025, juste avant le passage du Soleil du 6 mai 2025. Durant la période couverte par cette édition, l'inclinaison apparente des anneaux de Saturne passe d'un peu plus de 7° à près de 2°.
Crédits : NASA/JPL/Space Science Institute

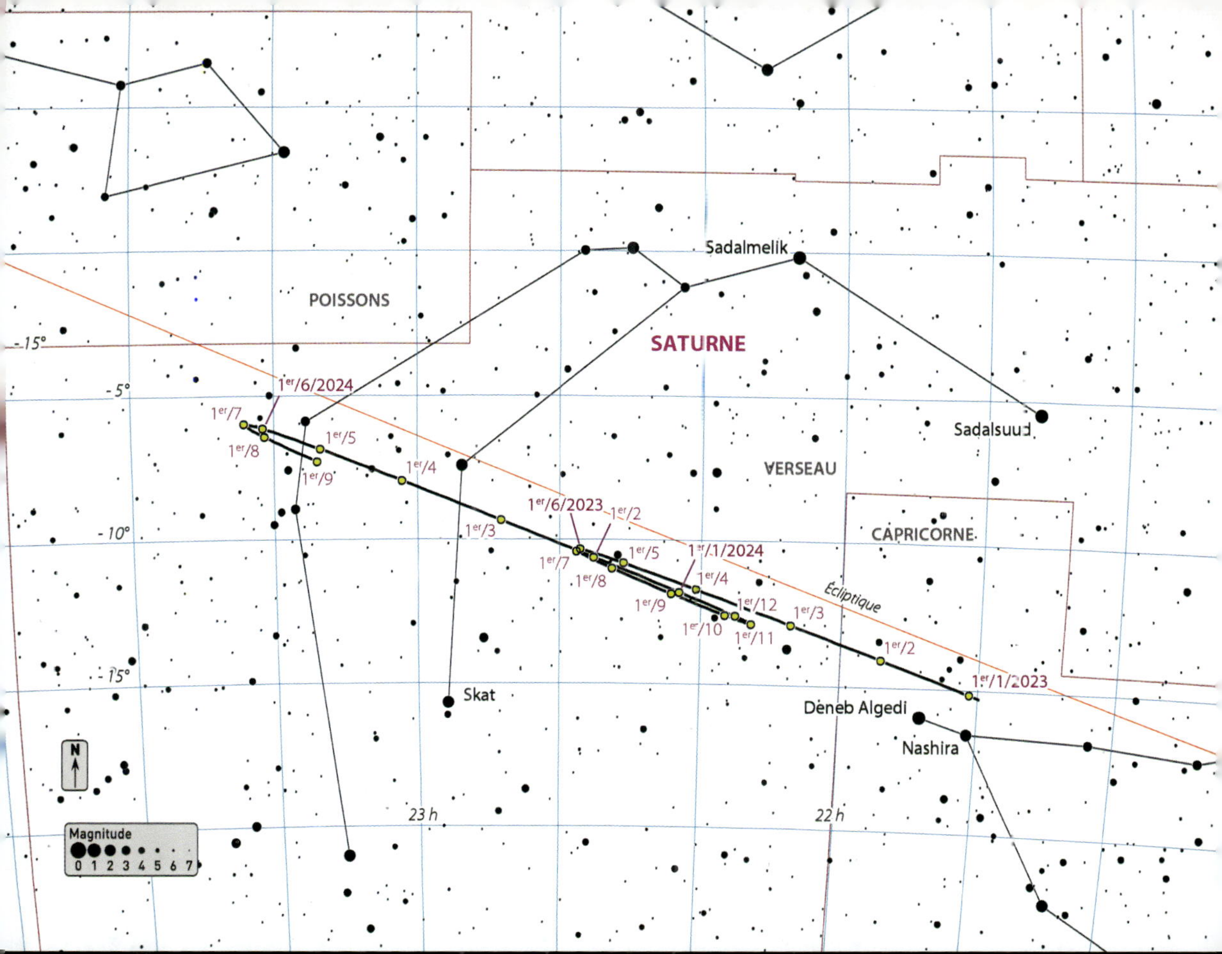
POISSONS
SATURNE
Sadalmelik
Sadalsuud
VERSEAU
CAPRICORNE
Écliptique
Skat
Deneb Algedi
Nashira
1er/6/2024
1er/7
1er/8
1er/9
1er/5
1er/4
1er/3
1er/6/2023
1er/2
1er/7
1er/8
1er/5
1er/1/2024
1er/4
1er/9
1er/10
1er/11
1er/12
1er/3
1er/2
1er/1/2023
- 5°
- 10°
- 15°
23 h
22 h
N
Magnitude
0 1 2 3 4 5 6 7

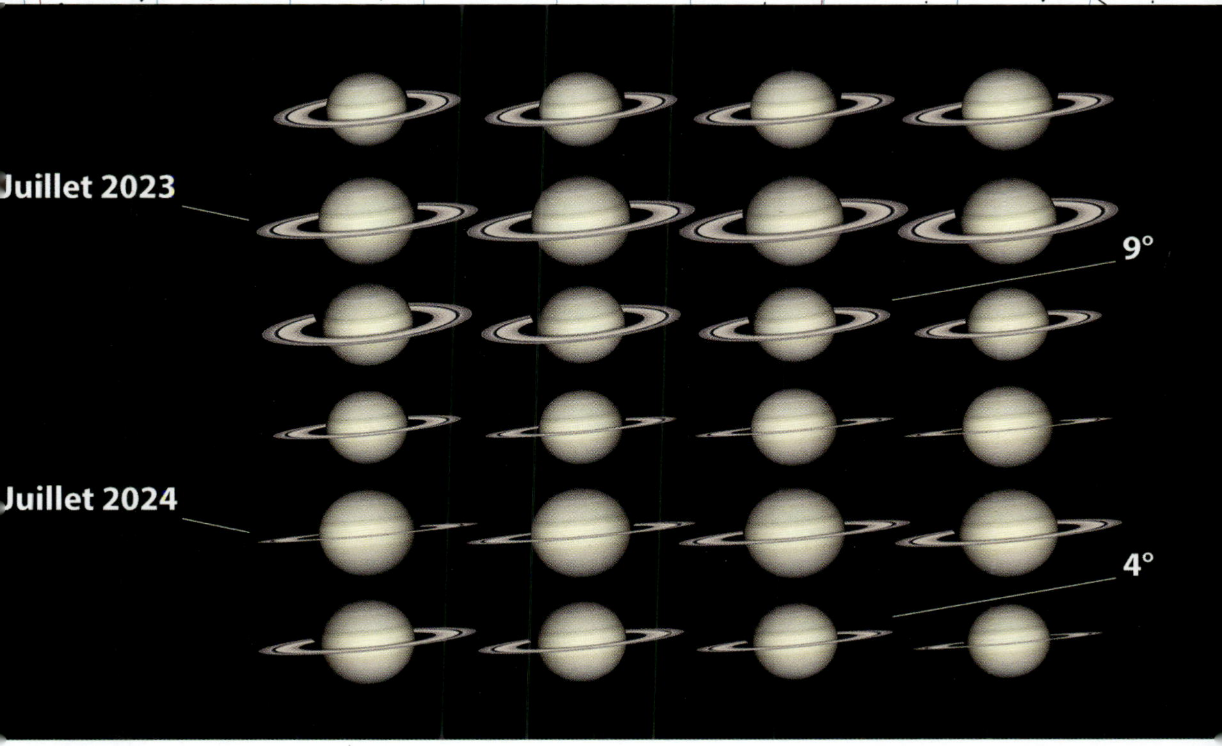
Juillet 2023
9°
Juillet 2024
4°

Uranus

OBSERVER URANUS

Uranus est dans la constellation du Bélier depuis le 6 février 2019 et elle y cheminera jusqu'au 23 mai 2024, le temps de terminer sa cinquième boucle de rétrogradation avant d'entrer dans le Taureau. Elle est en conjonction supérieure le 9 mai 2023 et le 13 mai 2024. Uranus est au plus loin de la Terre le 13 mai 2024, à plus de 20,60 ua, soit 3,08 milliards de kilomètres de la Terre. Le déplacement apparent annuel d'Uranus est seulement de 4°, si bien qu'il faut à peine plus de douze mois à la Terre pour la rattraper et que les oppositions de cette planète gazeuse se renouvellent avec un retard moyen de quatre à cinq jours : 13 novembre 2023, 17 novembre 2024, 21 novembre 2025, 25 novembre 2026, 30 novembre 2027… Depuis le 28 janvier 2012, Uranus est au nord de l'équateur céleste et elle restera dans l'hémisphère céleste boréal durant quarante-deux ans.

Uranus est une planète gazeuse qui mesure 51 120 km de diamètre équatorial et sa distance moyenne au Soleil est de 19,2 ua ; elle tourne autour de lui en 84,4 années. Elle a été découverte le 13 mars 1781 par Sir William Herschel à Bath, au Royaume-Uni, avec un télescope de 160 mm. Sa magnitude actuelle est proche de 5,7 à l'opposition, si bien que cette lointaine planète est visible à l'œil nu dans un ciel bien noir, exempt de pollution lumineuse. Dans un instrument optique, son disque infime – moins de 4″ – offre une coloration turquoise plus ou moins soutenue selon les observateurs. Uranus est passée à l'aphélie le 27 février 2009, mais, d'ici une quarantaine d'années – le 17 août 2050 –, elle atteindra son périhélie et sa magnitude pourrait atteindre 5,3 lors de ses oppositions. Uranus est inclinée de 82° par rapport à son orbite, laquelle est pratiquement confondue avec le plan de l'écliptique ; cette planète semble ainsi rouler sur son orbite. Nous sommes passés dans son plan équatorial, qui est également celui des orbites de ses principales lunes et de ses anneaux, en décembre 2007, et ce plan s'ouvrira par rapport à notre ligne de vision jusqu'en 2030.

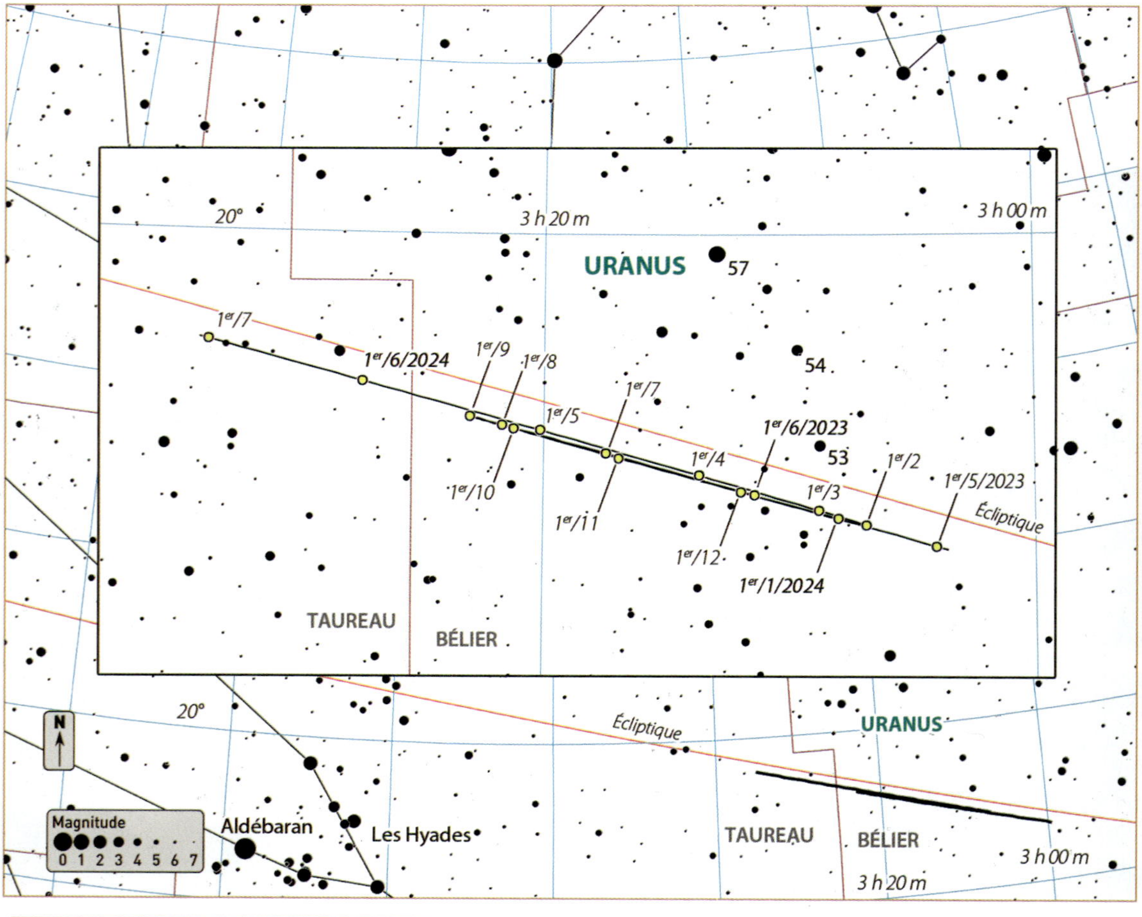

Neptune

OBSERVER NEPTUNE

Neptune quitte les Poissons pour le Verseau du 27 novembre au 11 décembre 2023. En 2023, elle effectue sa boucle de rétrogradation en ascension droite entre le 30 juin et le 6 décembre et passe à l'opposition le 19 septembre. En 2024, elle est en conjonction supérieure le 17 mars, entame sa boucle de rétrogradation le 2 juillet et l'achève le 7 décembre ; elle est en opposition le 21 septembre. Le déplacement apparent annuel de Neptune est proche de 2,2°, si bien qu'il faut à peine plus de douze mois à la Terre pour la rattraper et que ses oppositions se renouvellent avec un retard moyen d'à peine plus de deux jours : 19 septembre 2023, 21 septembre 2024, 23 septembre 2025, 26 septembre 2026…

Neptune est une planète gazeuse qui mesure 49 530 km de diamètre équatorial et sa distance moyenne au Soleil est de 30 ua ; elle tourne autour de lui en 165,8 années. Elle a été découverte le 23 septembre 1846 par l'astronome allemand Johann Galle grâce aux calculs du Français Urbain Le Verrier. Le 12 juillet 2011, Neptune atteint la longitude écliptique héliocentrique qui était la sienne le 23 septembre 1846 : 329,1°. Elle boucle ainsi sa première orbite depuis sa découverte. Vue de la Terre, Neptune est passée au plus près de sa position de découverte le 11 février 2011, juste à l'est de la limite entre le Verseau et le Capricorne. Neptune est passée au sud du plan de l'écliptique en 2003 et elle sera à sa position la plus australe par rapport à ce plan en 2045. Sa magnitude oscille entre 7,8 et 8 au fil des mois, elle est donc totalement invisible à l'œil nu, mais les instruments d'amateur, même de petit diamètre, peuvent révéler son petit point légèrement bleuté. Cette planète est passée à l'aphélie le 13 juillet 1959 et son prochain périhélie se produira le 5 septembre 2042 dans le Bélier ; sa magnitude atteindra alors 7,7. Neptune est inclinée de 28,3° sur le plan de son orbite, laquelle est pratiquement confondue avec le plan de l'écliptique. Triton, le plus gros satellite de cette planète, mesure 2 700 km de diamètre et sa magnitude est voisine de 14 lors des oppositions neptuniennes.

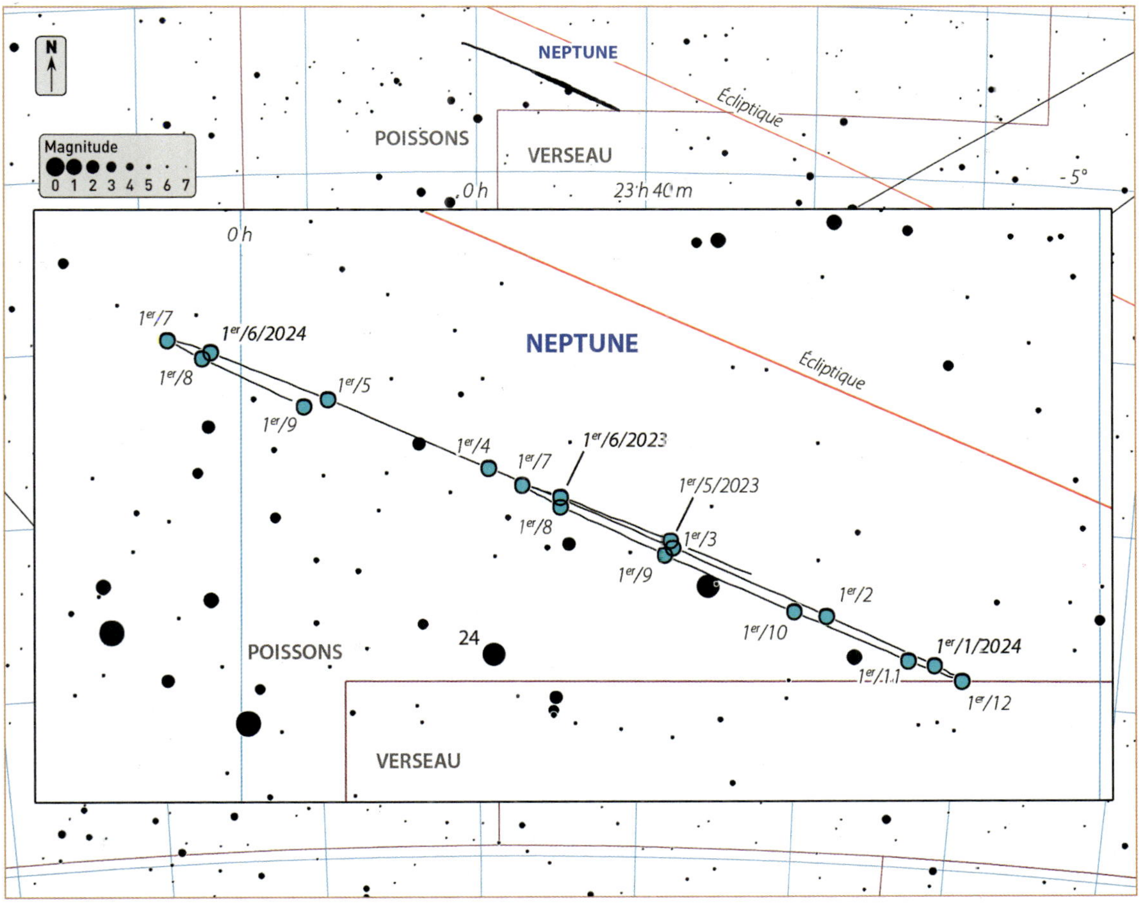

Cérès

OBSERVER CÉRÈS

Circulant à l'extrémité ouest de la Vierge au début de la période couverte par cette édition, la planète naine Cérès entre dans la Balance le 1er octobre 2023, dans le Scorpion le 30 novembre, dans Ophiuchus le 16 décembre et dans le Sagittaire le 29 janvier 2024. Elle s'y trouve encore le 5 juillet 2024 pour son opposition à 1,9 ua (magnitude 7,3) et elle effectue une grande partie de sa rétrogradation dans l'astérisme de la Théière. Sa prochaine opposition se produira le 2 octobre 2025 dans la Baleine. Cérès a été découverte le 1er janvier 1801 par l'astronome italien Giuseppe Piazzi à l'observatoire de Palerme. Son diamètre est proche de 975 kilomètres et les images envoyées de février 2015 à octobre 2018 par la sonde américaine *Dawn* nous ont révélé un petit monde d'aspect lunaire. Cérès parcourt son orbite en 4,6 années, c'est-à-dire que cinq de ses révolutions durent 23 ans ; ainsi, sa trajectoire dans le ciel de 2023-2024 reprend celle de la période 2000-2001 avec un décalage de seulement 1,5 jour et moins de 1,5°.

Date	Ascension droite h m s	Déclinaison ° ′ ″	Distance ua	Magnitude
2023				
15 juin	12 10 55	9 59 09	2,322	8,6
15 juillet	12 37 25	4 46 48	2,710	8,7
2024				
15 avril	19 23 04	- 23 42 41	2,548	8,7
15 mai	19 35 30	- 25 00 27	2,185	8,3
15 juin	19 24 35	- 27 29 14	1,933	7,7
15 juillet	18 57 21	- 29 52 01	1,904	7,4

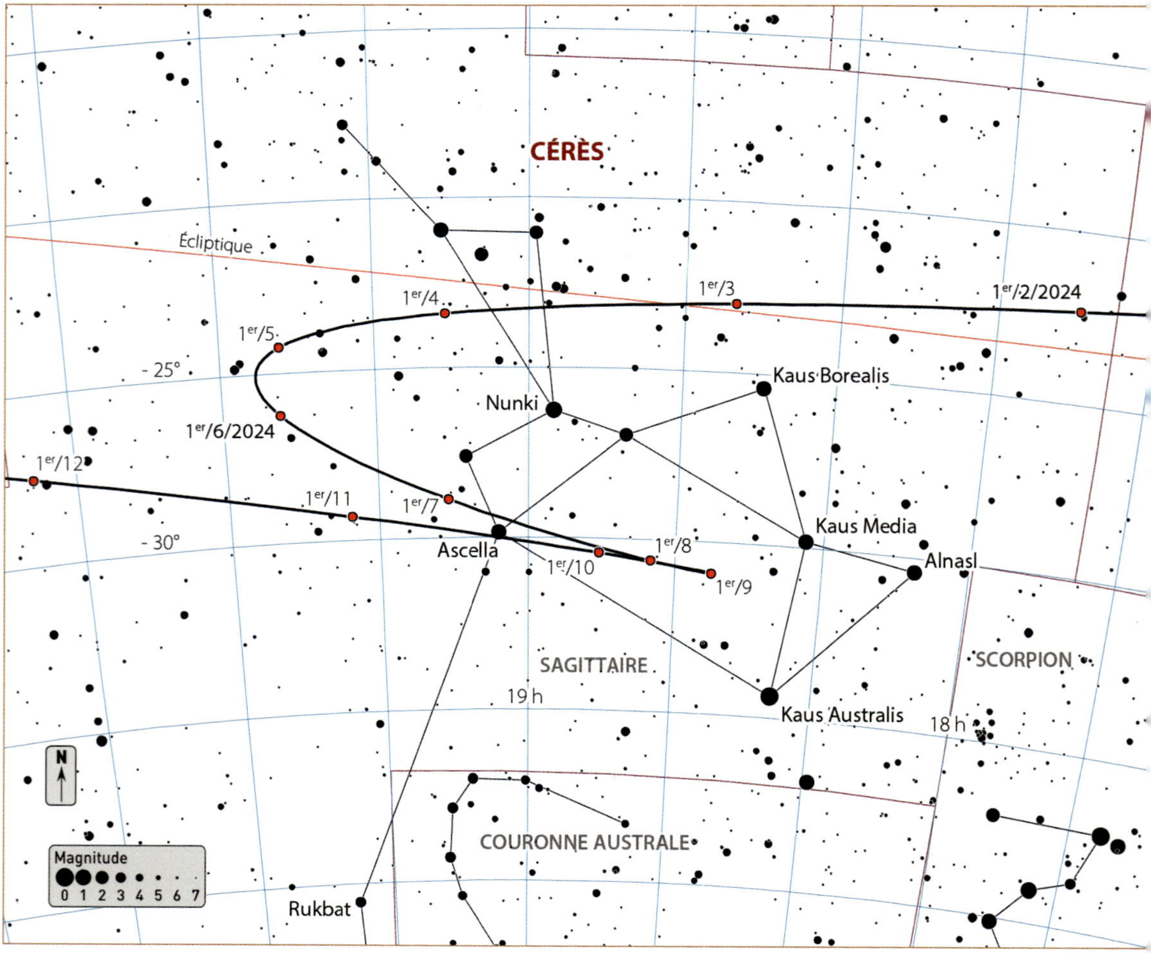

Pluton

OBSERVER PLUTON

À l'ouest du Capricorne depuis le 1er mars 2023, Pluton fait une dernière petite incursion dans le Sagittaire entre le 8 juillet 2023 et le 4 janvier 2024 avant de revenir dans le Capricorne, où elle circulera jusqu'au 15 mars 2039. En 2023, sa rétrogradation se produit du 1er mai au 11 octobre et cette planète naine est à l'opposition le 22 juillet. En 2024, elle est en conjonction supérieure le 20 janvier, rétrograde du 2 mai au 12 octobre et passe à l'opposition le 23 juillet. Pluton circule toujours dans une région très dense de la Voie lactée et son repérage est délicat. Elle ne mesure que 2 374 kilomètres de diamètre et se situe en moyenne à 39,4 ua du Soleil, autour duquel elle tourne en quelque 252 années. Elle est donc encore loin d'avoir effectué une révolution depuis sa découverte par l'astronome amateur americain Clyde Tombaugh le 18 février 1930. Sa magnitude moyenne est de 14, ce qui la place hors de portée de la plupart des instruments d'amateur. Elle possède cinq lunes ; Charon, la plus grosse – 1 212 kilomètres de diamètre –, tourne autour d'elle en 6,4 jours.

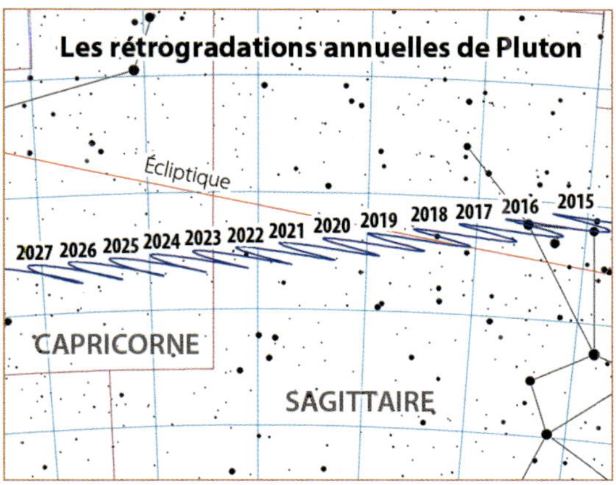

Date	Ascension droite h m s	Déclinaison ° ′ ″	Distance ua	Magnitude
2023				
15 juin	20 10 52	- 22 43 01	33,955	14,4
15 juillet	20 08 12	- 22 54 41	33,800	14,3
15 août	20 05 11	- 23 06 02	33,898	14,3
15 sep.	20 02 58	- 23 13 42	34,248	14,4
2024				
15 mai	20 20 17	- 22 41 13	34,614	14,4
15 juin	20 18 48	- 22 51 06	34,223	14,4
15 juillet	20 16 11	- 23 03 14	34,051	14,4
15 août	20 13 12	- 23 14 59	34,[illegible]40	14,4
15 sep.	20 10 56	- 23 22 49	34,482	14,4

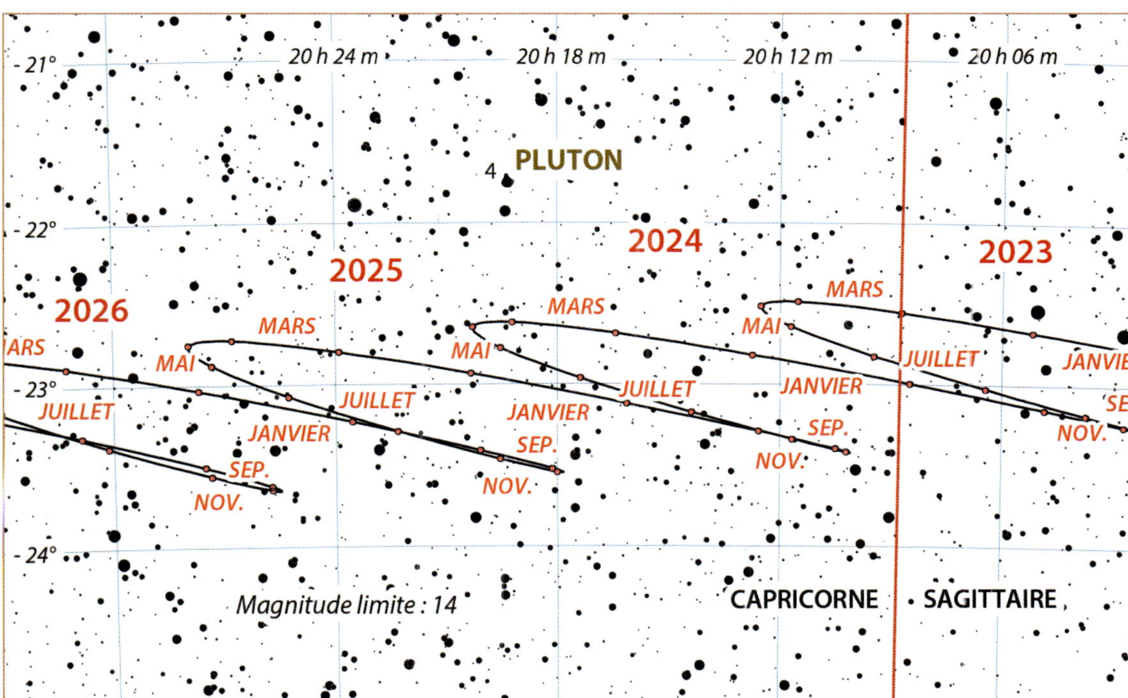

Petites planètes

OBSERVER LES PETITES PLANÈTES

15 Eunomia passe à l'opposition le 7 juillet 2023 dans le Sagittaire à 1,7 ua de la Terre ; sa magnitude est alors proche de 8,7. Prochaine opposition le 14 décembre 2024.

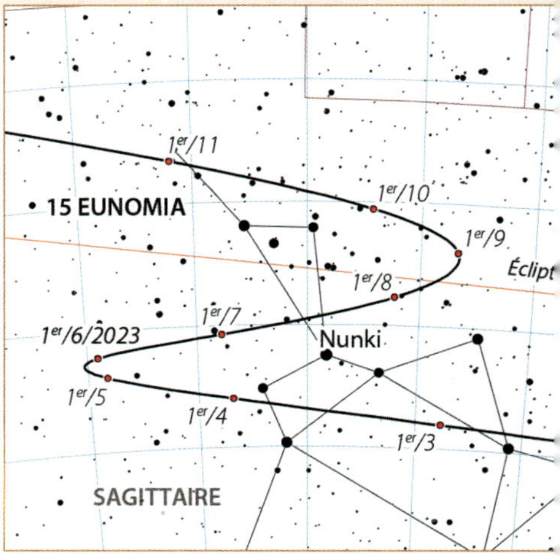

Date	Ascension droite h m s	Déclinaison ° ′ ″	Distance ua	Magnitude	Constellation
2023					
15 juin	19 30 11	- 25 49 41	1,793	9,4	Sgr
15 juillet	19 00 43	- 24 48 06	1,672	9	Sgr
15 août	18 36 10	- 23 00 51	1,792	9,5	Sgr
15 sep.	18 37 46	- 21 11 33	2,077	10	Sgr

8 Flora passe à l'opposition le 27 août 2023 dans le Verseau à 0,9 ua de la Terre ; sa magnitude est alors proche de 8,3. Prochaine opposition le 12 mars 2025.

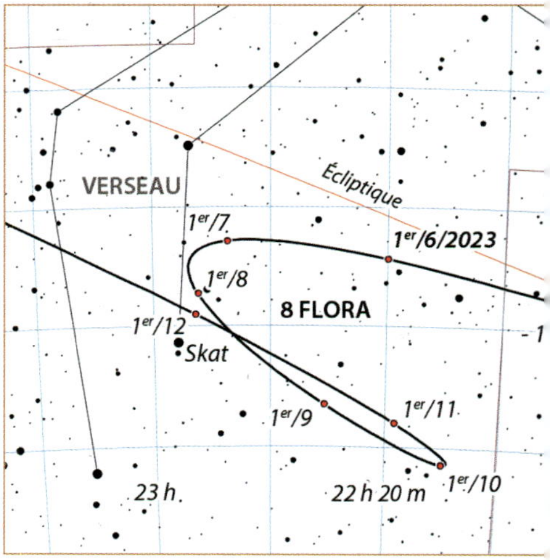

Date	Ascension droite h m s	Déclinaison ° ′ ″	Distance ua	Magnitude	Constellation
2023					
15 juin	22 34 56	- 11 33 14	1,594	10,2	Aqr
15 juillet	22 53 12	- 12 00 36	1,255	9,5	Aqr
15 août	22 45 04	- 15 40 49	1,032	8,6	Aqr
15 sep.	22 18 28	- 19 55 05	1,013	8,6	Aqr

18 Melpomène passe à l'opposition le 6 novembre 2023 dans Éridan à 0,8 ua de la Terre ; sa magnitude est alors proche de 8,1. Prochaine opposition le 24 mars 2025.

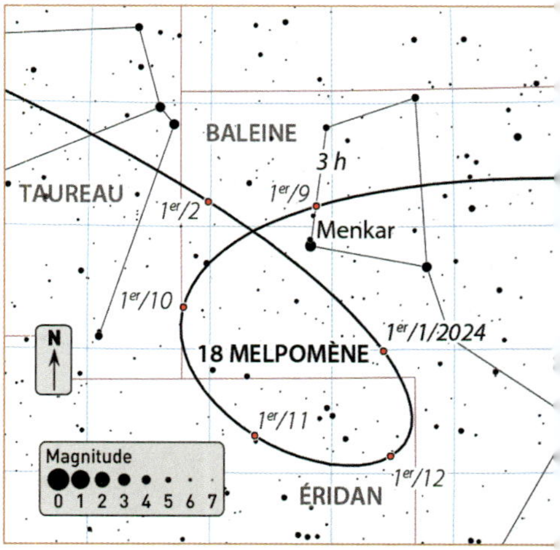

Date	Ascension droite h m s	Déclinaison ° ′ ″	Distance ua	Magnitude	Constellation
2023					
15 sep.	3 16 39	4 13 55	1,035	8,9	Cet
15 oct.	3 23 04	- 0 50 52	0,881	8,3	Cet
15 nov.	3 01 05	- 4 36 42	0,884	8,2	Eri
15 déc.	2 47 05	- 2 50 57	1,065	9	Eri

4 Vesta passe à l'opposition le 21 décembre 2023 dans l'extrême nord d'Orion à 1,6 ua de la Terre ; sa magnitude est alors proche de 6,4. Prochaine opposition le 2 mai 2025.

Date	Ascension droite h m s	Déclinaison ° ′ ″	Distance ua	Magnitude	Constellation
2023					
15 oct.	6 26 32	18 59 06	2,127	8,1	Gem
15 nov.	6 29 34	19 14 10	1,773	7,6	Gem
15 déc.	6 06 06	20 15 07	1,590	6,8	Ori
2024					
5 janvier	5 34 04	21 36 00	1,661	7,2	Tau

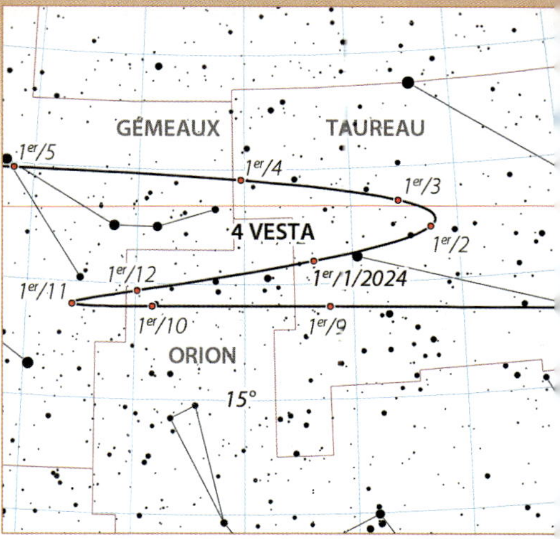

3 Junon passe à l'opposition le 3 mars 2024 dans le Lion à la frontière avec le Sextant à 1,7 ua de la Terre ; sa magnitude est alors proche de 8,7. Prochaine opposition le 14 mai 2025.

Date	Ascension droite h m s	Déclinaison ° ′ ″	Distance ua	Magnitude	Constellation
2024					
15 janvier	11 21 42	- 1 41 12	1,879	9,6	Leo
15 février	11 10 05	1 20 40	1,690	9,1	Leo
15 mars	10 47 17	6 04 50	1,732	9,1	Sex
15 avril	10 33 52	9 44 34	2,026	9,9	Leo

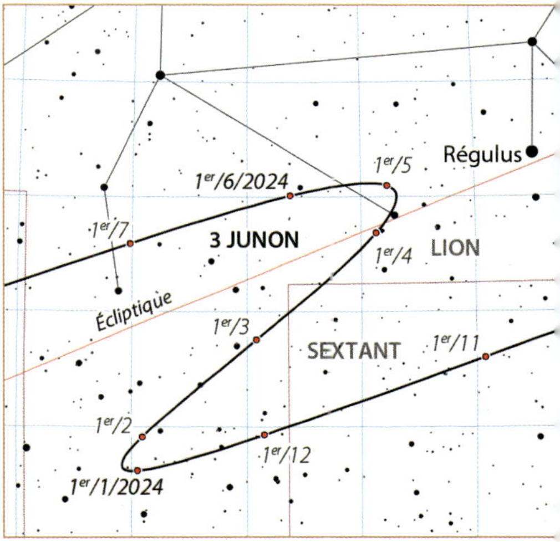

2 Pallas passe à l'opposition le 19 mai 2024 dans Hercule à 2,1 ua de la Terre ; sa magnitude est alors proche de 8,9. Prochaine opposition le 7 août 2025.

Date	Ascension droite h m s	Déclinaison ° ′ ″	Distance ua	Magnitude	Constellation
2024					
15 mars	16 45 33	12 19 13	2,392	9,2	Her
15 avril	16 49 36	19 56 40	2,198	9,0	Her
15 mai	16 32 12	25 31 32	2,159	8,9	Her
15 juin	16 06 53	26 26 10	2,298	9,2	CrB

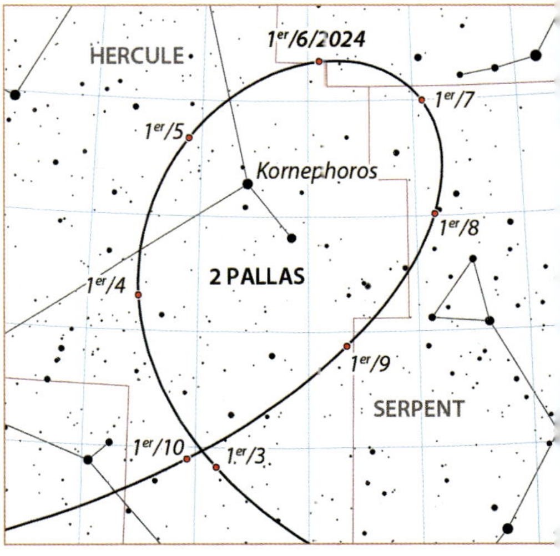

Comètes

LES TYPES DE COMÈTES

Il existe deux grands groupes de comètes : les périodiques, qui parcourent une orbite elliptique plus ou moins allongée et reviennent se frotter au Soleil régulièrement, et les autres, qui ne s'approchent qu'une seule fois du Soleil, soit qu'elles s'écrasent dessus, soit qu'elles décrivent une orbite parabolique qui les éloigne à jamais de l'astre du jour, soit qu'elles possèdent une période tellement longue que les astronomes ne les ont observées qu'une seule fois. La comète périodique la plus connue est sans conteste 1P Halley (le P signifie « périodique » dans la nomenclature cométaire internationale ; voir en bas de la page voisine). D'une périodicité de 76 années environ, les retours de la comète de Halley ont ponctué l'histoire humaine depuis l'Antiquité : prochain rendez-vous en 2061.

Il existe bien sûr des comètes à la période beaucoup plus courte, comme 2P Encke, qui revient toutes les 3,3 années, ou 45P Honda-Mrkos-Pajdusakova, dont la période est d'environ 5,3 années. Toutes les comètes périodiques sont annoncées de longs mois à l'avance (voir le tableau de la page voisine) et, en règle générale, les astronomes les connaissent suffisamment bien pour prévoir leur éclat à quelques magnitudes près. Mais cela n'exclut pas les sursauts exceptionnels, comme celui connu par la comète 17P Holmes à l'automne 2007 : sa magnitude est passée de 16,8 à 2,5 en quelques jours, soit une augmentation d'éclat d'un facteur 500 000 ! Les comètes que l'on ne voit qu'une seule fois sont souvent les plus spectaculaires, surtout lorsque les lois de la mécanique céleste les placent à une faible distance de la Terre et à une bonne élongation solaire lors de leur maximum d'éclat. En juillet 2020, la comète C/2020 F3 NEOWISE a ainsi offert un spectacle fantastique dans le ciel de l'hémisphère Nord avec deux queues magnifiques et un éclat qui a permis des observations à l'œil nu durant plusieurs semaines.

L'OBSERVATION DES COMÈTES

Dans la mesure où l'éclat des comètes est généralement faible et qu'elles ressemblent à des nébuleuses diffuses ou à des galaxies, vous devez absolument trouver un site d'observation de bonne qualité pour en profiter pleinement. Il est illusoire de vouloir observer des comètes faibles visuellement en ville. Outre l'éclairage urbain, d'autres éléments nuisent à de bonnes observations cométaires : la brume à l'horizon, un voile de cirrus, le vent qui accroît la turbulence, et enfin la Lune.

En choisissant votre site, pensez à privilégier les lieux d'où les horizons est et ouest sont parfaitement dégagés, puisque les comètes sont généralement plus brillantes aux abords du Soleil et s'affichent donc souvent sur un fond crépusculaire.

Il n'y a pas de règle absolue pour le choix d'un instrument d'observation car il est évident qu'une comète de magnitude 12 ne sera pas observée de la même manière qu'une autre de magnitude 2. Il est délicat de déterminer une magnitude cométaire limite en fonction du diamètre de l'instrument car plus une comète est diffuse, plus elle est difficile à trouver, même si son éclat global est relativement important. Pratiquement, avec un télescope de 150 mm sous un ciel bien noir, il est possible de voir une comète de magnitude 9, avec un 200 mm, il faut tabler sur la magnitude 11, enfin, un 400 mm devrait vous permettre d'observer une comète de magnitude 14.

DÉCOUVRIR UNE COMÈTE

On ne s'improvise pas chasseur de comètes du jour au lendemain. Une connaissance parfaite du ciel, et surtout de l'aspect des nombreux objets célestes nébuleux susceptibles d'être confondus avec les astres chevelus, est indispensable. L'expérience montre que les comètes découvertes visuellement se situent entre 50° et 90° du Soleil. D'après l'astronome amateur David H. Levy, qui a découvert ou co-découvert plus de vingt comètes, les meilleures zones à prospecter sont la partie ouest du ciel une heure et demie après le coucher du Soleil durant la semaine qui suit la Pleine Lune, et la partie est du ciel jusqu'à une heure et demie avant le lever du Soleil en période de Nouvelle Lune. Une bonne méthode consiste à procéder à un balayage systématique. Choisissez un oculaire à grand champ très lumineux et explorez consciencieusement toute la zone crépusculaire parallèlement à l'horizon. Lorsque vous avez observé une bande, revenez à votre champ de départ, décalez-vous vers le haut d'un demi-champ et recommencez. Même si certains observateurs ont eu la chance de tomber sur leur première comète après quelques jours de recherches, la règle est plutôt dans l'observation régulière et patiente du ciel. David H. Levy confie avoir observé plus de 900 heures avant d'apercevoir sa première comète. Quant à Don Machholz, un autre grand découvreur de comètes américain, il a observé 1 700 heures pour chacune de ses deux premières découvertes !

Équinoxe moyen 2000.0. a = demi grand axe de l'orbite (distance moyenne au Soleil) ; q = distance comète-Soleil au périhélie en ua ; e = excentricité de l'orbite de la comète (pour un cercle, e = 0) ; P = période en années ; ω (petit oméga) = argument du périhélie, c'est-à-dire l'angle entre le nœud ascendant et le périhélie ; Ω (grand oméga) = longitude du nœud ascendant, c'est-à-dire l'angle entre le point vernal et le nœud ascendant de l'orbite de la comète ; i = inclinaison du plan de l'orbite de la comète par rapport au plan de l'écliptique. La valeur (Ω + ω) donne la longitude du périhélie.

Éléments de comètes connues devant passer au périhélie avant juillet 2024

Comète	Date du périhélie		a ua	q ua	e	Période années	ω °	Ω °	i °
2023									
C72P Denning-Fujikawa	Juin	15,84	4,31	0,7810	0,8187	8,9	346,73	26,70	10,95
126P IRAS	Juil.	5,30	5,64	1,7105	0,6965	13,4	356,59	357,87	45,88
185P Petriew	**Juil.**	**12,91**	**3,10**	**0,9303**	**0,6997**	**5,5**	**181,89**	**214,11**	**14,01**
C/2021 T4 Lemmon	**Juil.**	**31,51**		**1,4833**	**1,0001**		**329,80**	**257,87**	**160,78**
225P LINEAR	Août	8,05	3,65	1,3188	0,6386	7,0	3,91	14,20	21,37
322P SOHO	Août	21,09	2,51	0,0501	0,9800	4,0	56,82	351,62	11,47
339P Gibbs	Août	30,94	3,70	1,3483	0,6357	7,1	27,46	172,72	5,73
79P du Toit-Hartley	Sep.	30,36	2,94	1,1210	0,6192	5,1	281,79	280,52	3,15
103P Hartley	**Oct.**	**12,52**	**3,48**	**1,0641**	**0,6938**	**6,5**	**181,30**	**219,75**	**13,61**
2P Encke	Oct.	22,52	2,22	0,3396	0,8469	3,3	187,29	334,02	11,34
321P SOHO	Oct.	26,60	2,42	0,0458	0,9811	3,8	172,60	165,14	20,09
P/2007 T2 Kowalski	Nov.	15,74	3,04	0,6528	0,7855	5,3	359,67	3,38	9,76
333P LINEAR	Nov.	29,30	4,22	1,1129	0,7363	8,7	26,02	115,71	132,02
3D-A Biela	Déc.	5,91	3,48	0,7864	0,774[illegible]		273,68	192,63	8,03
62P Tsuchinshan	**Déc.**	**25,12**	**3,37**	**1,2649**	**0,6245**	**6,2**	**47,29**	**68,68**	**4,74**
26P Grigg-Skjellerup	Déc.	25,34	3,02	1,0839	0,6406	5,2	2,15	211,54	22,43
D/1819 W1 Blanpain	Déc.	26,92	2,98	0,9335	0,6865		6,81	70,83	6,75
2024									
144P Kushida	**Jan.**	**25,62**	**3,83**	**1,3989**	**0,6349**	**7,5**	**216,33**	**242,92**	**3,93**
207P NEAT	Jan.	31,81	3,88	0,9382	0,7584	7,7	272,98	198,16	10,20
C/2021 S3 PANSTARRS	**Fév.**	**14,73**		**1,3199**	**1,0001**		**6,87**	**215,62**	**58,53**
P/2001 Q6 NEAT	Fév.	28,86	7,97	1,4058	0,8237	22,5	42,92	22,19	56,91
P/2011 NO1 Elenin	Mars	5,95	5,58	1,2454	0,7767	13,2	263,63	295,83	15,31
125P Spacewatch	Mars	7,30	3,13	1,5267	0,5121	5,5	87,14	153,15	9,98
227P Catalina-LINEAR	Mars	8,25	3,44	1,6236	0,5274	6,4	105,57	36,81	7,51
309P LINEAR	Mars	28,99	4,38	1,6697	0,6185	9,2	49,91	10,14	17,02
355P LINEAR-NEAT	Avril	1,51	3,47	1,7068	0,5081	6,5	336,34	51,43	11,05
12P Pons-Brooks	**Avril**	**21,04**	**17,19**	**0,7808**	**0,9546**	**71,2**	**198,98**	**255,86**	**74,19**
267P LONEOS	Avril	24,83	3,21	1,2380	0,6142	5,8	114,27	228,56	6,14
212P NEAT	Avril	25,09	3,90	1,6125	0,5857	7,7	14,02	97,98	22,15
222P LINEAR	Mai	12,89	2,90	0,8267	0,7147	4,9	346,30	6,77	5,10
46P Wirtanen	Mai	19,24	3,09	1,0548	0,6588	5,4	356,32	82,16	11,75
192P Shoemaker-Levy	Mai	24,38	6,46	1,4645	0,7733	16,4	313,09	51,61	24,59
13P Olbers	**Juin**	**30,46**	**16,87**	**1,1755**	**0,9303**	**69,3**	**64,41**	**85,85**	**44,67**
C/2023 A3 Tsuchinshan-ATLAS	**Sep.**	**27,67**		**0,3912**	**1,0002**		**308,49**	**21,56**	**139,12**

Une liste complète et mise à jour est disponible sur le site jcometobs.web.fc2.com.

Équinoxe moyen 2000.0. a = demi grand axe de l'orbite (distance moyenne au Soleil) ; q = distance comète-Soleil au périhélie en ua ; e = excentricité de l'orbite de la comète (pour un cercle, e = 0) ; P = période en années ; ω (petit oméga) = argument du périhélie, c'est-à-dire l'angle entre le nœud ascendant et le périhélie ; Ω (grand oméga) = longitude du nœud ascendant, c'est-à-dire l'angle entre le point vernal et le nœud ascendant de l'orbite de la comète ; i = inclinaison du plan de l'orbite de la comète par rapport au plan de l'écliptique. La valeur (Ω + ω) donne la longitude du périhélie.
Vous pouvez utiliser ces éléments pour calculer les éphémérides de ces comètes et tracer leur trajectoire avec un logiciel de cartographie. Vous pouvez également télécharger sur le site de l'UAI des fichiers de paramètres aux formats des principaux logiciels : minorplanetcenter.org/iau/Ephemerides/Comets/index.html.
Dans le nom d'une comète, le P indique une période inférieure à 200 ans ; le C indique une période supérieure à 200 ans, voire une orbite parabolique ; le D concerne les comètes périodiques qui n'ont pas été réobservées après un ou plusieurs passages. Les comètes périodiques connues et déjà repassées plusieurs fois près du Soleil sont numérotées 1P, 2P, etc. ; il y en avait 456 début 2023, la première étant 1P Halley. Les comètes sont classées en fonction de l'ordre chronologique des découvertes dans l'année. La première quinzaine de janvier porte la lettre A, la deuxième la lettre B et ainsi de suite jusqu'à la fin de l'année. La lettre I n'est pas utilisée pour qu'il n'y ait pas de confusion possible avec le chiffre romain I ; la première quinzaine de mai porte donc la lettre J et la dernière de décembre la lettre Y. Vient ensuite un chiffre qui indique l'ordre de découverte dans la quinzaine, et le nom du ou des découvreurs (deux au maximum).

Étoiles filantes

OBSERVER LES ÉTOILES FILANTES

Le Système solaire grouille de petites particules de la taille d'un grain de sable ou d'un gravillon en orbite autour du Soleil. Dans sa course annuelle autour de notre étoile, la Terre heurte régulièrement de telles particules – on les appelle des météoroïdes lorsqu'elles sont dans l'espace – qui se vaporisent en s'échauffant par friction sur la haute atmosphère (entre 120 et 80 km d'altitude). Le phénomène lumineux provoqué par l'ionisation des molécules de la haute atmosphère par les atomes des météoroïdes vaporisés s'appelle un météore ou une étoile filante. Certains cailloux plus massifs résistent à leur traversée atmosphérique et parviennent jusqu'au sol, on parle alors de météorites, mais la plupart des restes d'étoiles filantes et des objets trop petits même pour engendrer des météores se déposent lentement sur Terre sous la forme de micrométéorites. Les estimations sont délicates à faire et les totaux proposés sont sujets à caution, mais on suppose que plusieurs centaines de millions de microparticules seraient balayées chaque jour par notre planète et que la masse annuelle totale qui se déposerait au sol serait comprise entre 50 000 et 100 000 tonnes. N'importe quel soir de l'année, un observateur placé sous un ciel noir exempt de pollution lumineuse peut espérer voir quelques étoiles filantes – entre 5 et 13 par heure ; on parle d'étoiles filantes sporadiques, qui peuvent apparaître dans n'importe quelle zone de la voûte céleste.

Les astronomes ont également identifié des périodes plus favorables durant lesquelles le nombre d'étoiles filantes visibles par heure croît significativement. Elles se produisent lorsque la Terre entre au contact des vastes courants de poussières laissés sur leur parcours par les noyaux cométaires lors de leur passage à proximité du Soleil. Comme elles sont regroupées dans le temps et semblent provenir sensiblement de la même région du ciel, on parle d'essaims d'étoiles filantes et on leur attribue un nom dérivé de celui de la constellation dans laquelle ils se manifestent : Léonides pour le Lion, Perséides pour Persée. Le point autour duquel les étoiles filantes semblent surgir comme les rayons d'une roue de vélo est appelé le radiant. En fait, les particules d'un essaim se déplacent parallèlement les unes aux autres. Seuls le mouvement de la Terre et la perspective font naître le phénomène visuel du radiant, exactement comme lorsque l'on traverse une averse de neige en voiture et que l'on a l'impression que les flocons se précipitent radialement vers le pare-brise.

Les principaux essaims connaissent un pic ou un maximum d'activité relativement bref que l'on peut dater avec une précision croissante à présent que l'on parvient à réaliser des simulations informatiques de l'évolution de la répartition des météoroïdes au sein des traînées de comètes. De nouvelles comètes peuvent donner naissance à de nouveaux essaims si leur orbite est suffisamment proche de celle de la Terre. L'observation visuelle des étoiles filantes par les astronomes amateurs permet de valider les hypothèses formulées pour réaliser ces simulations informatiques et donc d'accroître progressivement leur précision. C'est donc un domaine où les amateurs peuvent aider les professionnels.

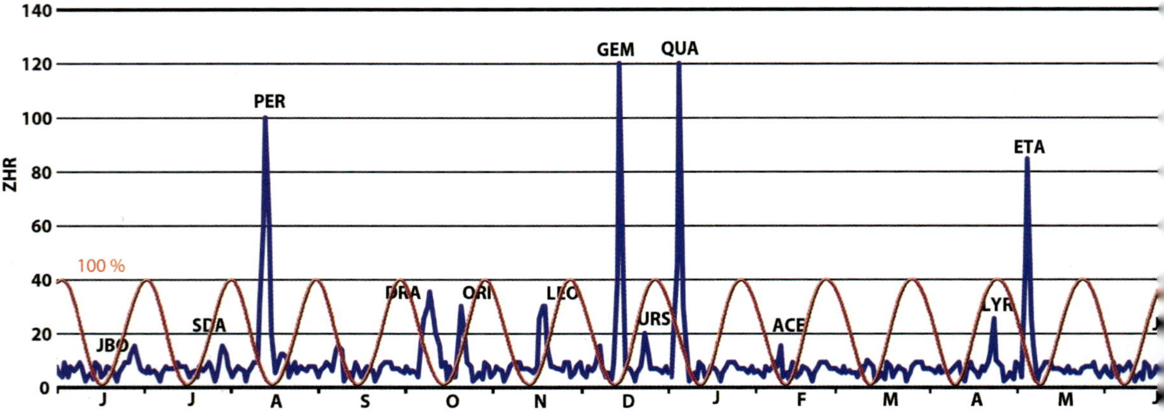

J'ai recalé ce schéma par rapport à la période couverte par cette édition et j'ai ajouté une courbe qui vous indique la fraction éclairée de la Lune, de 0 % pour la Nouvelle Lune à 100 % pour la Pleine Lune.

Les principaux essaims d'étoiles filantes de juin 2023 à juin 2024									
Nom de l'essaim	**Période**	**Maximum**	**Lambda**	**radiant α**	**δ**	**Vitesse km/s**	**r**	**ZHR**	**Lune j**
2023									
Bootides de juin (JBO)	22 juin au 2 juillet	27 juin	95,7°	14 h 56 m	48°	18	2,2	var	9
Piscis Austrinides (PAU)	15 juillet au 10 août	28 juil.	125°	22 h 44 m	- 30°	35	3,2	5	10
Alpha Capricornides (CAP)	3 juillet au 15 août	30 juil.	127°	20 h 28 m	- 10°	23	2,5	4	12
Delta Aquarides sud (SDA)	12 juillet au 19 août	30 juil.	127°	22 h 36 m	- 16°	41	3,2	16	12
Perséides (PER)	17 juillet au 24 août	13 août	140°	3 h 12 m	58°	59	2,6	100	26
Kappa Cygnides (KCG)	3 au 25 août	17 août	144°	19 h 04 m	59°	25	3	3	1
Alpha Aurigides (AUR)	28 août au 8 sep.	1 sep.	158,6°	5 h 36 m	39°	66	2,6	7	15
Epsilon Perséides sep. (SPE)	5 au 21 sep.	9 sep.	166,7°	4 h 00 m	40°	64	2,9	5	24
Draconides (DRA)	6 au 10 oct.	9 oct.	195,4°	17 h 28 m	54°	20	2,6	25	24
Epsilon Géminides (EGE)	14 au 27 octobre	18 oct.	205°	6 h 48 m	27°	70	3	2	4
Orionides (ORI)	2 octobre au 7 nov.	21 oct.	208°	6 h 20 m	16°	66	2,5	25	7
Leonis Minorides (LMI)	19 au 27 octobre	24 oct.	211°	10 h 44 m	38°	62	3	2	10
Taurides sud (STA)	20 sep. au 20 nov.	5 nov.	223°	3 h 28 m	15°	27	2,3	5	22
Taurides nord (NTA)	25 sep. au 25 nov.	12 nov.	230°	3 h 52 m	22°	29	2,3	5	28
Léonides (LEO)	10 au 23 novembre	18 nov.	235,27°	10 h 08 m	22°	71	2,5	20	5
Alpha Monocérotides (AMO)	15 au 25 novembre	22 nov.	239,32°	7 h 48 m	1°	65	2,4	var	9
Phœnicides (PHO)	28 nov. au 9 déc.	2 déc.	250°	1 h 12 m	- 53°	18	2,8	var	19
Puppid-Vélides (PUP)	1er au 15 déc.	7 déc.	255°	8 h 12 m	- 45°	40	2,9	10	24
Monocérotides (MON)	27 nov. au 17 déc.	9 déc.	257°	6 h 40 m	8°	42	3	2	26
Sigma Hydrides (HYD)	3 au 15 décembre	9 déc.	257°-260°	3 h 28 m	2°	58	3	3	26
Géminides (GEM)	7 au 17 décembre	14 déc.	262,2°	7 h 28 m	33°	35	2,6	120	1
Ursides (URS)	17 au 26 décembre	23 déc.	270,7°	14 h 28 m	76°	33	3	10	10
2024									
Quadrantides (QUA)	28 déc. au 12 janvier	4 jan.	283,16°	15 h 20 m	49°	41	2,[illegible]	120	22
Alpha Centaurides (ACE)	28 janvier au 21 fév.	8 fév.	319,2°	14 h 04 m	- 59°	56	2	5	27
Lyrides (LYR)	14 au 30 avril	22 avril	32,32°	18 h 04 m	34°	49	2,1	18	13
Pi Puppides (PPU)	15 au 28 avril	23 avril	33,5°	7 h 20 m	- 45°	18	2	var	14
Êta Aquarides (ETA)	19 avril au 28 mai	5 mai	45,5°	22 h 32 m	- 1°	66	2,4	85	26
Êta Lyrides (ELY)	3 au 14 mai	10 mai	48,4°	19 h 08 m	44°	44	3	3	1
Bootides de juin (JBO)	22 juin au 2 juillet	27 juin	95,7°	14 h 56 m	48°	18	2 2	var	20

Lambda : longitude héliocentrique du maximum (équinoxe 2000.0).

α, δ : coordonnées en ascension droite et en déclinaison du radiant lors du maximum.

Vitesse : vitesse de pénétration atmosphérique des météoroïdes en km/s. La vitesse peut varier de 11 km/s (très lent) à 72 km/s (très rapide).

r : indique la distribution moyenne de la magnitude des étoiles filantes de l'essaim. Si r est compris entre 2 et 2,5, cela signifie que l'essaim est riche en étoiles filantes plus brillantes que la moyenne ; si r est plus proche de 3, l'essaim est riche en étoiles filantes moins brillantes que la moyenne.

ZHR : taux horaire au zénith (*Zenithal Hourly Rate*). Indique le nombre maximum d'étoiles filantes qu'un observateur idéal verrait dans un ciel parfait avec le radiant au zénith.

Lune : indique le jour de la lunaison pour le moment du maximum. 0 pour la Nouvelle Lune et 15 pour la période de la Pleine Lune.

Occultations

Une occultation se produit lorsqu'un astre passe devant un autre et le cache partiellement ou totalement. Les occultations les plus connues sont celles du disque solaire par le disque lunaire, appelées habituellement des éclipses. La Lune, qui est le corps le plus imposant de notre environnement cosmique immédiat et qui est animée d'un mouvement propre important par rapport aux étoiles et aux planètes, est responsable d'une grande majorité des occultations observables. Précision importante : chaque occultation ne concerne qu'une région plus ou moins vaste de la surface terrestre et son minutage change en fonction de la position géographique de l'observateur.

OCCULTATIONS PAR LA LUNE

La Lune occulte des étoiles de faible magnitude chaque nuit, mais aussi des étoiles brillantes, des planètes. Dans un petit instrument d'amateur, il est relativement aisé d'observer des occultations d'étoiles jusqu'à la magnitude 9 par le limbe obscur de notre satellite, mais la luminosité du limbe éclairé ne permet généralement pas de voir les étoiles de magnitude supérieure à 3,5 lorsqu'elles le jouxtent.

Il existe quatre étoiles très brillantes – Aldébaran, Régulus, Spica et Antarès – susceptibles d'être occultées par Séléné. Elles se situent en effet à moins de 5,5° de l'écliptique, c'est-à-dire dans la bande que parcourt la Lune du fait de l'inclinaison de son orbite, et leurs occultations se produisent par séries. Une série d'occultations d'Antarès se produira entre le 25 août 2023 et le 27 août 2028 ; pour Spica ce sera entre le 16 juin 2024 et le 17 novembre 2025, pour Régulus entre le 26 juillet 2025 et le 27 décembre 2026, et pour Aldébaran entre le 18 août 2033 et le 23 février 2037.

Les occultations de planètes sont également assez rares. Les occultations d'étoiles brillantes et de planètes parmi les plus spectaculaires sont celles qui se déroulent au ras du limbe lunaire boréal ou austral ; on parle alors d'occultations rasantes. Elles permettent certaines fois d'admirer des occultations à répétition, lorsque l'astre est successivement caché par les sommets montagneux qui accidentent le pourtour sélène.

OCCULTATIONS PAR LES PETITES PLANÈTES

Les occultations d'étoiles par les petites planètes permettent de déterminer avec une très grande précision les dimensions de ces dernières. Les étoiles sont en effet tellement lointaines qu'elles ne montrent pas de diamètre apparent et disparaissent/réapparaissent instantanément, ce qui autorise un minutage rigoureux de l'observation d'un tel événement. Connaissant la vitesse de son déplacement, on peut aisément mesurer la dimension de la partie de la petite planète qui a occulté l'étoile pour un observateur donné. En multipliant le nombre d'observateurs sur une bande perpendiculaire au sens de l'occultation, il est possible d'obtenir une succession de dimensions avec lesquelles la forme de la petite planète peut être tracée avec une précision très élevée. Vous pouvez relire avec profit l'article qu'Éric Frappa a consacré à ce sujet dans le *Guide du Ciel 2009-2010*.

OCCULTATIONS PAR LES PLANÈTES

Si la planète ne possède pas d'atmosphère, ou une atmosphère très ténue, l'extinction de l'étoile est virtuellement instantanée, ce qui permet, là aussi, de déterminer sa dimension avec une extrême précision.

Les observateurs équipés d'un instrument de plus de 200 mm peuvent régulièrement observer le passage d'étoiles peu brillantes à proximité de Jupiter et de Saturne.

Encore plus rarement, une planète peut en occulter une autre. Cela s'est produit pour la dernière fois le 3 janvier 1818 lorsque Vénus a occulté Jupiter. Malheureusement, aucun phénomène de ce type ne se produira avant la seconde moitié du XXIe siècle. Le 22 novembre 2065, Vénus occultera Jupiter ; le 15 juillet 2067, Mercure occultera Neptune ; le 11 août 2079, Mercure occultera Mars ; le 27 octobre 2088 et le 7 avril 2094, Mercure occultera Jupiter.

Pour en savoir plus

Portail d'information sur les occultations d'étoiles par les petits corps du Système solaire, liens et résultats européens (Éric Frappa) : www.euraster.net

Prédictions européennes (EAON) : astrosurf.com/eaon

Prédictions mondiales de Steve Preston (les plus précises, à privilégier) : www.asteroidoccultation.com

Logiciel gratuit OccultWatcher (Hristo Pavlov) pour planifier les observations d'occultations : www.occultwatcher.net

Le logiciel gratuit Occult 4 par David Herald est disponible sur le site de l'International Occultation Timing Association (IOTA) : www.lunar-occultations.com/iota

Étoiles variables

OBSERVER LES ÉTOILES VARIABLES

Il existe à l'heure actuelle près de 150 000 étoiles variables répertoriées. Les étoiles variables peuvent être réparties en deux principales classes : les variables intrinsèques, qui sont des étoiles dont les changements physiques internes engendrent les variations d'éclat, et les autres, pour lesquelles les variations d'éclat sont induites par les interactions entre plusieurs étoiles ou entre une étoile et des objets en orbite autour d'elle. Bien évidemment, les deux classes peuvent être mélangées dans un même système. Pour les professionnels qui cherchent les causes de la variabilité de certains astres, l'important est d'accumuler de manière continue le plus grand nombre d'éléments sur le plus d'objets possible. C'est la seule solution pour découvrir les changements d'éclat imprévus, dont l'analyse et la théorisation permettront d'affiner les modèles physiques de fonctionnement stellaire. Mais les professionnels ne disposent en général que de petites périodes d'observation séparées de plusieurs mois, d'où l'importance du rôle des observateurs amateurs, qui, pour peu qu'ils soient suffisamment nombreux et dispersés sur l'ensemble du globe, peuvent assurer une surveillance quasiment ininterrompue de centaines voire de milliers d'étoiles.

C'est ce que font depuis des décennies les membres de l'Association française des observateurs d'étoiles variables (AFOEV), de l'American Association of Variable Stars Observers (AAVSO), ou encore du Groupe européen d'observations stellaires (GEOS). Ces associations ont ainsi constitué des bases de données contenant des millions de comptes rendus auxquels professionnels et observateurs peuvent se référer. J'indique dans les pages consacrées aux phénomènes mois par mois les périodes de maximum ou de minimum d'éclat de plusieurs dizaines de variables. Si le domaine vous intéresse particulièrement, vous pourrez consulter avec profit les sites web des associations que je viens de citer, qui regorgent de listes d'étoiles à surveiller, de conseils pratiques et de cartes de champs. L'observation des étoiles variables peut être pratiquée sans problème dans un environnement périurbain offrant un ciel partiellement dégradé par la pollution lumineuse ; l'essentiel est de ne surtout pas avoir de source lumineuse directe qui pourrait altérer votre vision nocturne entre deux mesures. Il est essentiel de se sentir bien afin de pouvoir se concentrer exclusivement sur l'observation en cours.

Avec une paire de jumelles 7 x 50 ou 10 x 50 que l'on peut tenir dans ses mains, il faut s'installer dans une chaise longue ou sur une couverture avec des coussins judicieusement disposés pour soutenir la nuque et les coudes. Des jumelles 11 x 80 ou plus grosses seront obligatoirement fixées sur un pied, comme une lunette ou un télescope. Il faut alors prévoir un tabouret ou un escabeau avec une assise réglable en hauteur en fonction de la position des oculaires pendant les observations. Celles-ci se pratiqueront exclusivement avec des astres situés à plus de 30° de l'horizon, pour que l'absorption atmospherique ne fausse pas trop vos mesures. L'utilisation d'une monture azimutale est parfaitement compatible avec l'observation des variables, puisqu'il faut avant tout privilégier la facilité et la rapidité de pointage des nombreuses régions où se trouvent des astres à surveiller. Une motorisation n'est pas indispensable pour un observateur averti, qui ne reste jamais longtemps sur la même zone.

Complétez votre équipement avec un carnet sur lequel vous noterez au fur et à mesure toutes vos observations et les éléments indispensables à l'exploitation future de votre travail : lieu, date, heure en TU, nom de la variable, type d'instrument utilisé avec son grossissement et son ouverture, comparaison, qualité du ciel (turbulence, vent, présence ou non de la Lune) et qualité de votre estimation (niveau de fatigue). Lors du dépouillement de vos observations, vous ajouterez la magnitude calculée à partir de vos comparaisons.

Estimer la magnitude d'une variable

La façon la plus fiable pour estimer l'éclat d'une étoile variable (V) à l'œil nu consiste à trouver deux étoiles non variables (A et B) à proximité dont l'éclat encadre celui de V. Ensuite, il faut appliquer la méthode mise au point par l'astronome allemand Argelander au XIXe siècle pour estimer le rapport d'éclat entre la variable et ses deux voisines :

– si, au premier coup d'œil, les étoiles A et V paraissent du même éclat, mais si, après plusieurs comparaisons successives, A semble tout de même très légèrement plus brillante que V, on dit que A est plus brillante que V d'un degré, et on note : A 1 V ;

– si A et V semblent du même éclat au premier coup d'œil, mais que tout de suite après A est manifestement plus brillante, il y a deux degrés de différence : A 2 V ;

– si une légère différence d'éclat en faveur de A est visible au premier regard, on estime que A est trois degrés plus brillante que V : A 3 V ;

– si une nette supériorité d'éclat de A sur V apparaît tout de suite, la différence est de quatre degrés : A 4 V ;

– si la différence d'éclat entre A et V est encore plus manifeste, il faut trouver une autre étoile A plus proche en magnitude de V, sinon le résultat risque d'être faussé.

Il faut ensuite procéder de même avec le couple V-B.

En fin de compte, vous obtenez une relation du type : A y V z B, y étant le degré qui sépare A de V et z celui qui sépare V de B.

Connaissant les magnitudes mA et mB des étoiles A et B, il est facile d'estimer la magnitude mV de la variable par la formule suivante : $mV = mA + [(y / (y + z))] \times (mB - mA)$.

JUIN 2023

1re quinzaine vers 22 h TU - 2e quinzaine vers 21 h TU

Pour	Utilisez la carte de
17-18 h	*avril*
19-20 h	*mai*
23-0 h	juillet
1-2 h	août
3-4 h	*septembre*
5-6 h	*octobre*

Vous pouvez également utiliser cette carte en :
juillet vers 19-20 h
août vers 17-18 h
février vers 5-6 h
mars vers 3-4 h
avril vers 1-2 h
mai vers 23-0 h
(valable uniquement pour les étoiles)

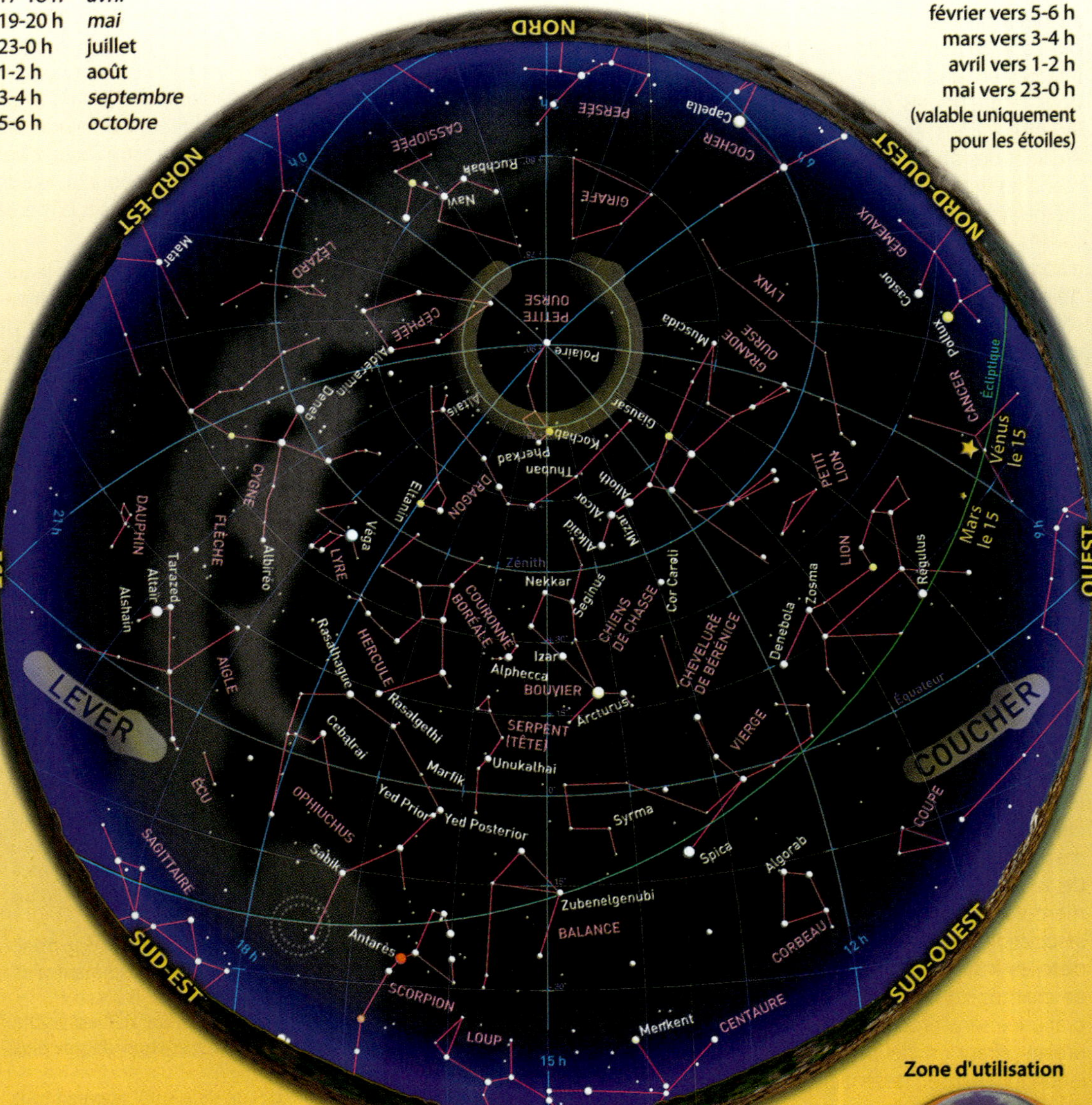

4 juin
Pleine Lune
Scorpion

10 juin
Dernier Quartier
Verseau

18 juin
Nouvelle Lune
Taureau

26 juin
Premier Quartier
Vierge

Magnitudes
● ● ● • • · ·
-1 0 1 2 3 4 4,5 et +

Zone d'utilisation

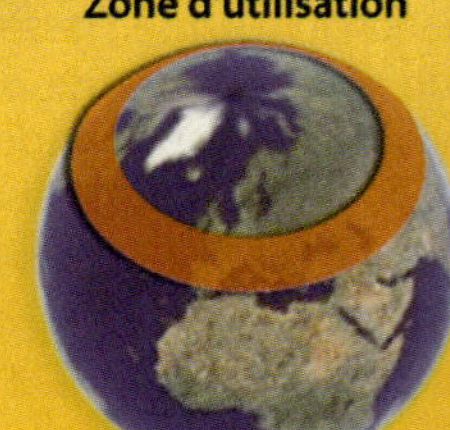

38° à 52° nord

À L'ORÉE DE L'AUBE EN JUIN 2023

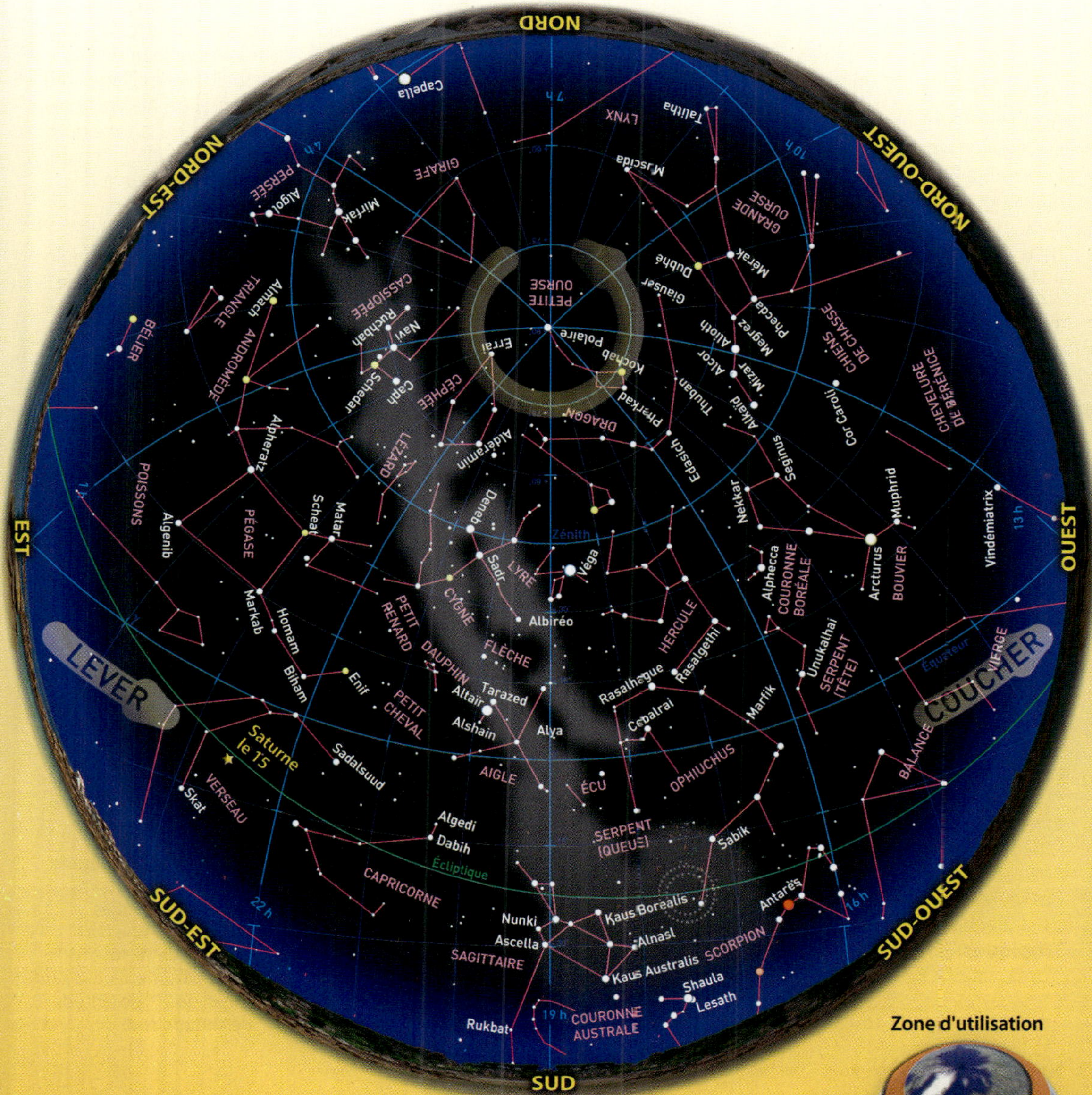

Zone d'utilisation

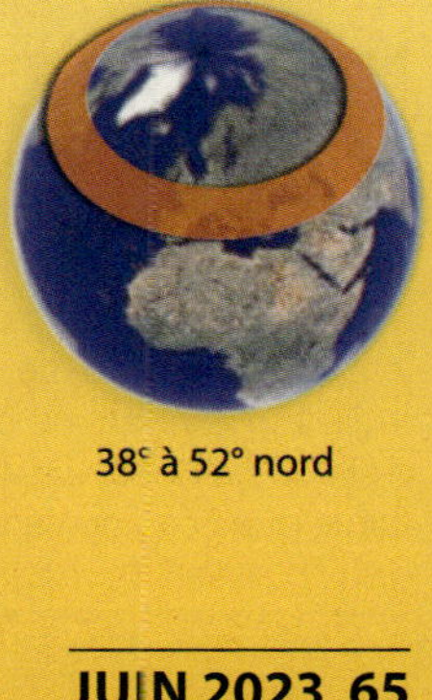

38° à 52° nord

Vous trouverez des conseils pour l'utilisation de ces cartes en début d'ouvrage.

JUIN 2023

La Lune et les planètes

Mercure

Nord. Elle était en élongation maximale à 24,9° à l'ouest du Soleil à la fin du mois dernier, mais l'inclinaison actuelle de l'écliptique dans le ciel de l'aube en Europe rend son repérage pratiquement impossible. Elle se lève moins d'une heure avant le Soleil et brille faiblement au ras de l'horizon est-nord-est dans un ciel déjà très clair au tout début du mois, puis son élongation tend vers zéro.
Tropiques. L'orientation bien plus favorable de l'écliptique permet de repérer aisément cette planète à l'aube.

Vénus

Nord. Elle atteint son élongation maximale à l'est le 4 à 45,4°. Dans un instrument, il est possible d'observer le dernier quartier vénusien début juin, avec un diamètre apparent de 23", et un croissant de 33" en fin de mois. Vénus se couche plus de trois heures après le Soleil en début de mois et de deux heures après le 30. Son éclat puissant s'aligne avec Castor et Pollux le 2, puis il pourchasse Mars dans le Cancer et le Lion sans parvenir à rejoindre la flammèche martienne orangée. Avec un instrument, ne manquez pas sa traversée de l'amas ouvert de la Crèche le 13 juin.
Tropiques. Excellentes conditions d'observation.

Mars

Nord. Installée au cœur du Cancer au début du mois, elle traverse l'amas ouvert de la Crèche et poursuit sa route vers l'est de l'écliptique pour atteindre le Lion le 20. Son éclat est sensiblement le même que celui de Castor, qui brille à une vingtaine de degrés d'elle le 2, et il est 230 fois plus faible que celui de Vénus. Les deux planètes se rapprochent tout au long du mois et sont à 3,6° d'écart le 30. Mars se couche un peu moins de quatre heures après le Soleil le 1er et deux heures et demie après le 30 ; son élongation diminue d'une dizaine de degrés (56° à 45,5°).
Tropiques. Les conditions d'observation sont meilleures qu'en Europe sous le tropique du Cancer et comparables sous celui du Capricorne.

Jupiter

Nord. Installée au sud-ouest du Bélier, son élongation progresse de 37° à 59° dans le mois ; elle se lève une heure et demie avant le Soleil le 1er et un peu plus de trois heures avant le 30. En fin de mois, elle se hisse dans le ciel avant l'aube et l'observation du ballet de ses quatre principales lunes redevient progressivement possible. Son diamètre apparent équatorial dépasse 36" le 30 et sa magnitude est proche de - 2,2.
Tropiques. Les conditions d'observation sont déjà excellentes.

Saturne

Nord. Installée au cœur du Verseau, elle se lève trois heures et demie avant le Soleil le 1er, cinq heures et demie avant lui le 30. Elle est de plus en plus éloignée de l'horizon est-sud-est à l'orée de l'aube et en seconde partie de nuit, si bien que la turbulence est de moins en moins gênante et que la qualité des images observées dans un instrument s'améliore. L'ouverture des anneaux par rapport à notre ligne de visée poursuit sa diminution puisqu'elle ne sera plus que de + 2,2° en juin 2024 ; le « + » signifie que nous voyons actuellement la face nord des anneaux et cela restera le cas jusqu'au passage de la Terre dans leur plan en mars 2025. En fin de mois, le diamètre apparent des anneaux est de 40,7" et celui du disque de la planète est de 18". Saturne est stationnaire le 17 juin et elle rétrograde vers l'ouest de l'écliptique jusqu'au 4 novembre prochain.
Tropiques. Conditions d'observation excellentes.

Uranus (Bélier) était en conjonction avec le Soleil le 9 mai dernier et elle demeure inobservable à l'œil nu jusqu'à la mi-juillet en Europe ; durant toute sa période de visibilité, jusqu'au printemps 2024, la présence de Jupiter non loin d'Uranus sera un bon point de départ pour la repérer. Le 19, Neptune (Poissons) est en quadrature à l'ouest du Soleil, mais l'inclinaison de l'écliptique la maintient assez bas sur l'horizon est-sud-est à l'orée de l'aube ; elle est stationnaire le 30 juin et rétrograde jusqu'au 6 décembre 2023.

Note : les mots **Nord** et **Tropiques** mis en gras dans ces textes font référence à deux grandes zones d'observation. D'une part, l'hémisphère Nord, entre 40° et 60° de latitude nord ; d'autre part, la zone tropicale élargie, de 25° de latitude nord à 25° de latitude sud.

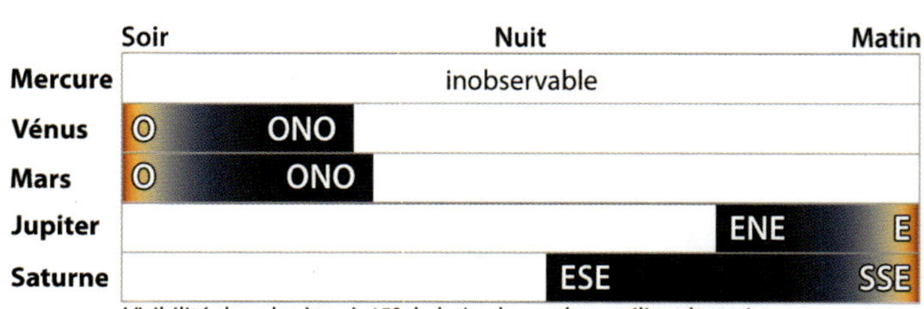

Visibilité des planètes à 45° de latitude nord, en milieu de mois.

Le schéma ci-dessus montre les diamètres apparents des planètes visibles à l'œil nu (Mercure, Vénus, Mars, Jupiter et Saturne) à la même échelle : 10 mm pour 10". Le rendu de la surface ou de l'atmosphère de ces différents astres n'est qu'indicatif ; en revanche, la phase – fraction éclairée – de chaque planète, l'inclinaison des anneaux de Saturne, la présence ou non de l'ombre de cette dernière sur ses anneaux, tous ces détails reflètent exactement ce que vous pourrez admirer dans un instrument.
Le nord est en haut et l'est vers la gauche ; selon que vous utiliserez une lunette ou un télescope avec ou sans renvoi coudé, l'image que vous observerez sera inversée différemment. Si vous ne savez pas comment est inversée l'image dans votre instrument, procédez comme cela : pointez n'importe quelle étoile ou planète située au-dessus de l'horizon sud et, si votre monture est motorisée, coupez le moteur. Aussitôt, l'astre pointé va se mettre à défiler dans le champ de votre oculaire : le côté du champ par lequel il sort est l'ouest. De même, lorsque vous ne savez plus où est le nord à force de tourner et de retourner votre instrument, il vous suffit de lever les yeux et de retrouver l'étoile Polaire à l'œil nu. Décalez ensuite légèrement votre instrument dans sa direction en regardant par quel bord du champ entrent les étoiles : c'est le nord !

Dimension apparente minimum et maximum des planètes.

Planétaire

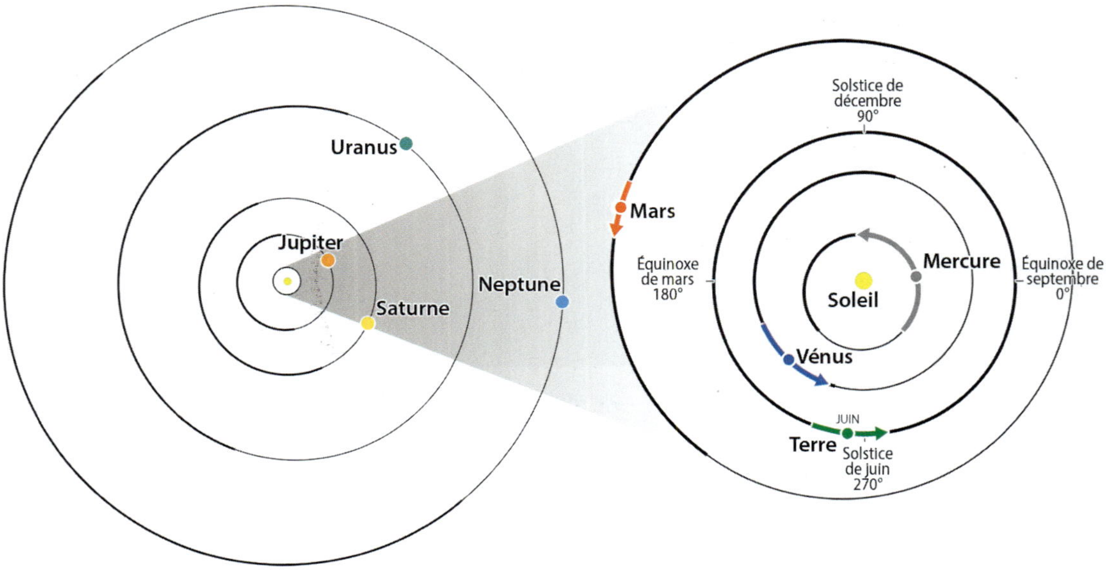
Uranus
Jupiter
Saturne
Neptune
Mars
Solstice de décembre 90°
Équinoxe de mars 180°
Mercure
Soleil
Équinoxe de septembre 0°
Vénus
JUIN
Terre
Solstice de juin 270°

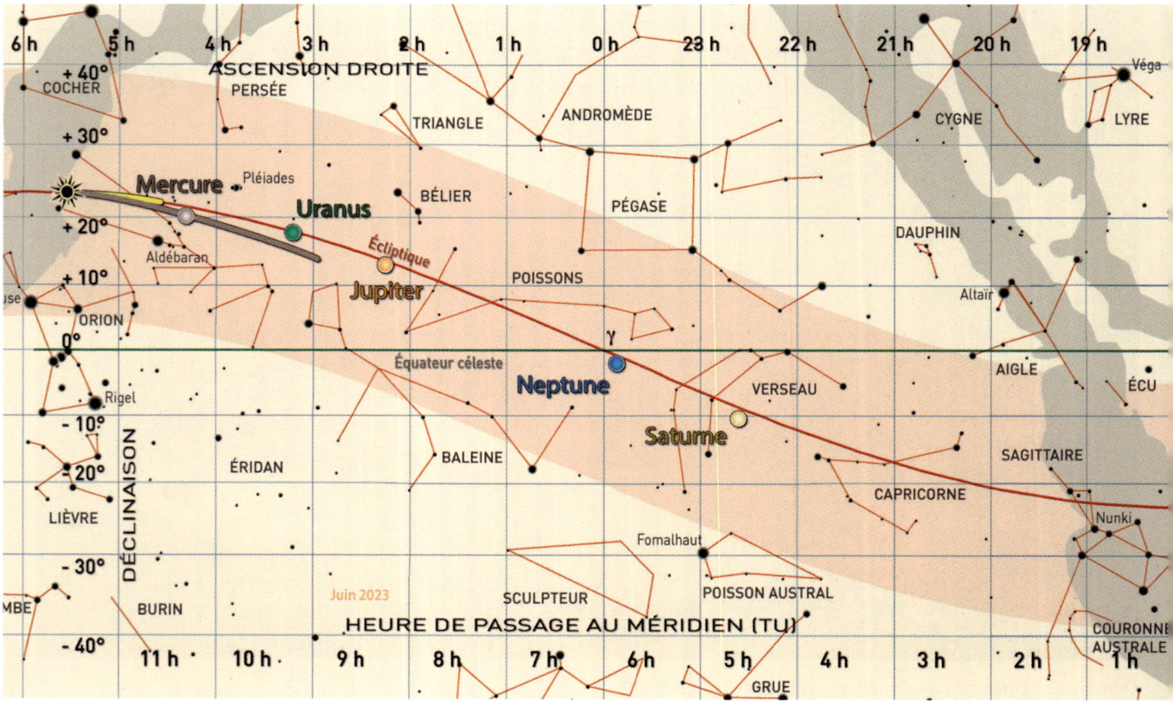
ASCENSION DROITE
DÉCLINAISON
HEURE DE PASSAGE AU MÉRIDIEN (TU)
Mercure
Uranus
Jupiter
Neptune
Saturne
Écliptique
Équateur céleste
Juin 2023
COCHER
PERSÉE
TRIANGLE
ANDROMÈDE
CYGNE
LYRE
Véga
Pléiades
BÉLIER
PÉGASE
DAUPHIN
Aldébaran
POISSONS
Altaïr
ORION
AIGLE
ÉCU
Rigel
VERSEAU
ÉRIDAN
BALEINE
SAGITTAIRE
LIÈVRE
CAPRICORNE
Nunki
Fomalhaut
BURIN
SCULPTEUR
POISSON AUSTRAL
COURONNE AUSTRALE
GRUE

Le schéma du haut de la page de gauche est une projection héliocentrique du système solaire ; nous regardons le Système solaire depuis le nord de l'écliptique. Dans la partie de gauche, les orbites des planètes Jupiter, Saturne, Uranus et Neptune sont représentées à la même échelle, ce qui ne permet pas de voir les planètes telluriques, c'est-à-dire Mercure, Vénus, la Terre et Mars. La partie de droite est donc un agrandissement des orbites de ces planètes qui sont représentées à la même échelle. Dans les deux parties, la portion de l'orbite de chaque planète située au nord du plan de l'écliptique est indiquée en trait gras. Équinoxes et solstices sont placés pour la Terre uniquement, avec la longitude écliptique héliocentrique correspondante. Toutes les planètes sont positionnées le 15 du mois ; pour les planètes telluriques, la longueur et le sens de leur déplacement mensuel sont donnés. Si vous souhaitez réaliser ou faire réaliser par des élèves une version agrandie de ce schéma, vous pouvez me demander par courriel le fichier des longitudes héliocentriques et géocentriques quotidiennes des planètes. Vous pouvez également consulter le tableau synthétique de la page 23.

La course des planètes

La longue carte ci-dessous montre le déplacement des planètes au cours du mois par rapport aux constellations. La position de chaque planète est indiquée pour le 15 et, le cas échéant, une flèche matérialise la longueur et le sens de son déplacement ; les planètes tournent toutes dans le même sens autour du Soleil, mais elles peuvent changer de sens de déplacement apparent par rapport aux étoiles lors de leurs périodes de rétrogradation. Au bas de la carte, l'heure de passage au méridien vous indique à quel instant une planète ou une étoile se situe à l'aplomb de l'horizon sud au milieu du mois ; le passage au méridien se produit une heure plus tard en début de mois et une heure plus tôt en fin de mois. Les astres présents sur la moitié gauche de cette carte sont observables le matin et à l'aube ; ceux qui se trouvent sur la moitié droite sont visibles le soir et au crépuscule. La partie la plus dense de la Voie lactée est représentée, ainsi que la bande des constellations zodiacales (lisez plus d'informations sur ces constellations en page 10).

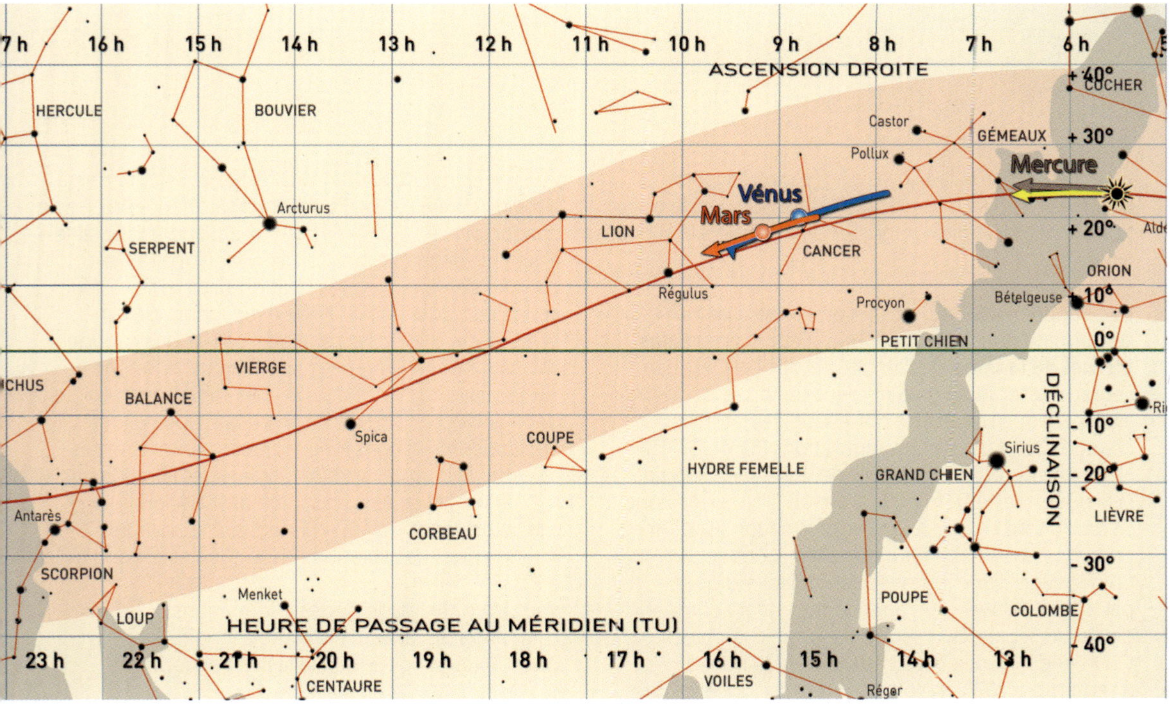

Le calendrier lunaire

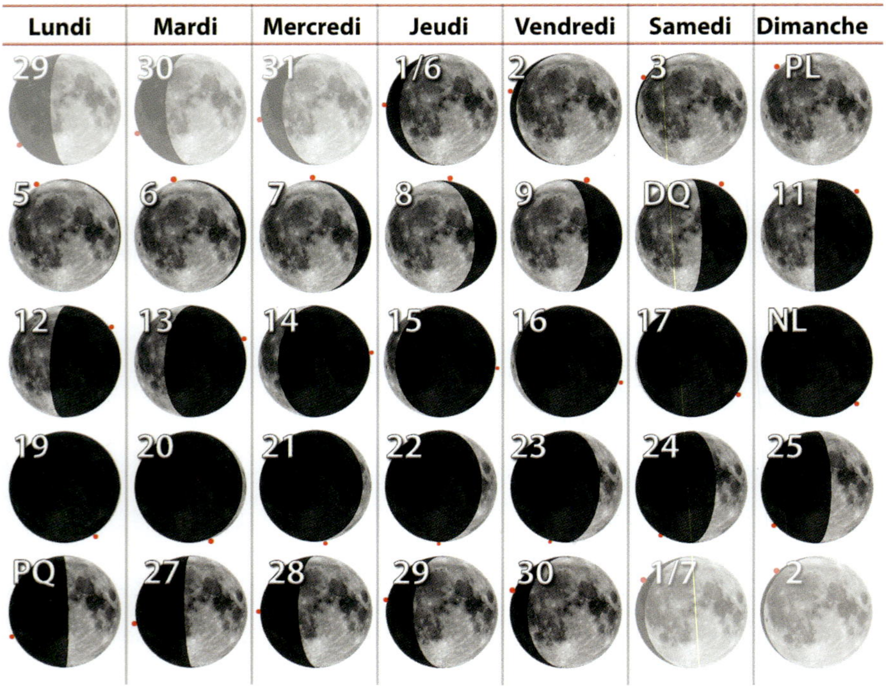

Longitude du terminateur	Soleil levant	Soleil couchant
1er/06	56°	
2	68°	
3	81°	
4		93°
5		105°
6		117°
7		129°
8		141°
9		154°
10		166°
11		178°
12		190°
13		203°
14		215°
15		227°
16		239°
17		252°
18		264°
19	276°	
20	288°	
21	301°	
22	313°	
23	325°	
24	337°	
25	349°	
26	2°	
27	14°	
28	26°	
29	38°	
30	51°	

Le 1er juin à 0 h TU, la Lune est âgée de 12,3 jours. La Lune atteint sa plus grande déclinaison vers le nord le 19 (27,8°) et sa plus grande déclinaison vers le sud le 5 (- 26,8°).

Le calendrier lunaire ci-dessus est réalisé à partir d'informations calculées par l'excellent logiciel **Atlas virtuel de la Lune** de Patrick Chevalley et Christian Legrand, disponible gratuitement sur le site ap-i.net/avl/. Il indique l'aspect de notre satellite naturel pour chaque date à 0 h TU. Les abréviations PQ, PL, DQ et NL signalent respectivement que le Premier Quartier, la Pleine Lune, le Dernier Quartier ou la Nouvelle Lune se produisent ce jour-là ; cette information est donnée en temps universel, il peut donc se produire un décalage d'une journée avec la date indiquée par un calendrier ou un agenda qui tiendra compte de l'heure légale. Cela sera le cas pour le Premier Quartier du 25 juillet 2023, le Dernier Quartier du 6 septembre 2023, la Nouvelle Lune du 12 décembre 2023, le Dernier Quartier du 2 février 2024 et la Pleine Lune du 23 avril 2024. Pour connaître l'heure précise de chaque phase, reportez-vous aux tableaux disponibles à la fin de chaque mois. Ce calendrier lunaire tient compte des librations (voir page 34). La zone où leur action conjuguée en latitude et en longitude est la plus forte à 0 h TU est signalée par un point rouge sur le limbe ; le diamètre du point vous renseigne sur l'ampleur de cette double libration. Vous découvrirez au fil des phénomènes au jour le jour la liste des formations lunaires les plus intéressantes à scruter le long du terminateur lors des librations maximales ; le tableau « La Lune des spécialistes » à la fin de chaque mois vous indique les valeurs quotidiennes des librations en latitude et en longitude à 0 h.
Vous trouverez page 35 des informations pour l'utilisation du tableau donnant la longitude du terminateur pour le Soleil levant et couchant.

Hauteur mensuelle de la Lune

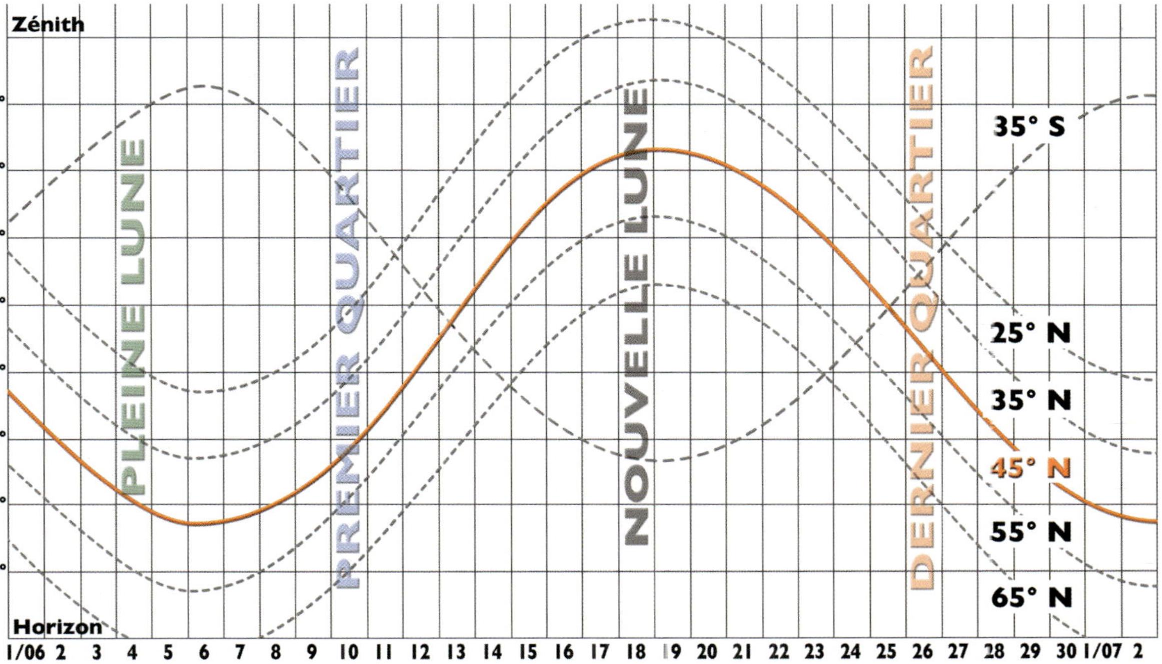

Ce schéma complète le calendrier lunaire en vous indiquant à quelle hauteur se situera la Lune lors de son passage au méridien tout au long du mois. Il s'agit d'un paramètre important pour savoir si vous pourrez l'observer de votre site habituel ou si un déplacement s'impose. La courbe orange correspond à la hauteur pour la latitude du *Guide du Ciel*, c'est-à-dire 45° nord. Les courbes en pointillé concernent cinq autres latitudes boréales et il y a une courbe pour l'hémisphère Sud. Pour des raisons de place et de lisibilité, l'aspect de notre satellite n'est pas indiqué au jour le jour, mais vous pouvez aisément le connaître grâce au calendrier lunaire voisin. Les lignes verticales marquent 0 h TU pour chaque jour.

Profitez de l'été pour participer aux rassemblements et aux soirées d'observation organisés dans toute la France.
© Guillaume Cannat

JUIN 2023

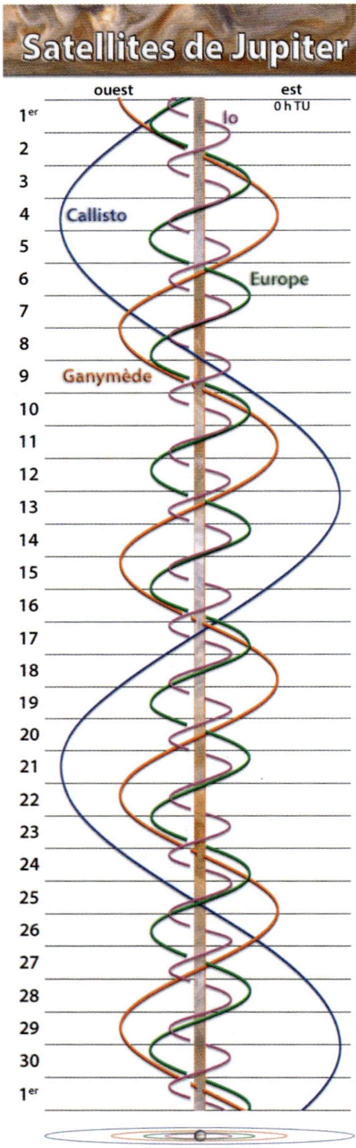

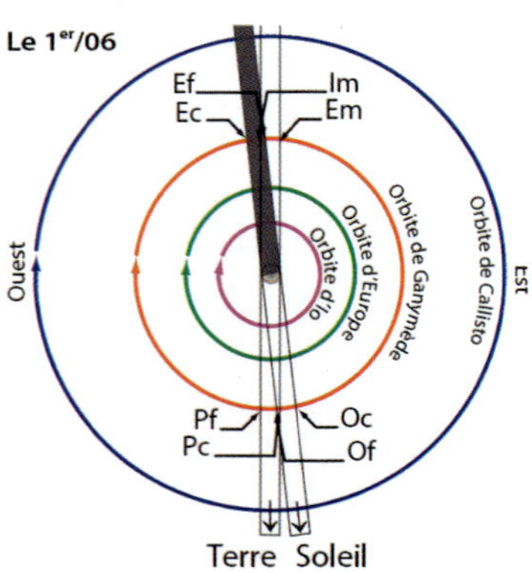

Passages de la tache rouge de Jupiter au méridien central

1er/06 : 1 h 17 ; 11 h 13 ; 21 h 09.
2 : 7 h 04 ; 17 h 00.
3 : 2 h 56 ; 12 h 52 ; 22 h 47.
4 : 8 h 43 ; 18 h 39.
5 : 4 h 35 ; 14 h 31.
6 : 0 h 27 ; 10 h 22 ; 20 h 18.
7 : 6 h 14 ; 16 h 10.
8 : 2 h 05 ; 12 h 01 ; 21 h 57.
9 : 7 h 53 ; 17 h 48.
10 : 3 h 44 ; 13 h 40 ; 23 h 36.
11 : 9 h 32 ; 19 h 27.
12 : 5 h 23 ; 15 h 19.
13 : 1 h 15 ; 11 h 10 ; 21 h 06.
14 : 7 h 02 ; 16 h 58.
15 : 2 h 54 ; 12 h 49 ; 22 h 45.
16 : 8 h 41 ; 18 h 37.
17 : 4 h 32 ; 14 h 28.
18 : 0 h 24 ; 10 h 20 ; 20 h 15.
19 : 6 h 11 ; 16 h 07.
20 : 2 h 03 ; 11 h 59 ; 21 h 54.
21 : 7 h 50 ; 17 h 46.
22 : 3 h 42 ; 13 h 37 ; 23 h 33.
23 : 9 h 29 ; 19 h 25.
24 : 5 h 20 ; 15 h 16.
25 : 1 h 12 ; 11 h 08 ; 21 h 03.
26 : 6 h 59 ; 16 h 55.
27 : 2 h 51 ; 12 h 46 ; 22 h 42.
28 : 8 h 38 ; 18 h 34.
29 : 4 h 29 ; 14 h 25.
30 : 0 h 21 ; 10 h 17 ; 20 h 12.

Longitude estimée du centre de la tache rouge en début de mois : 41,25°.

Phénomènes des satellites de Jupiter

	Heure	Sat.	Phé.
1er/06	12 h 54	Io	Ec
	15 h 57	Io	Em
2	10 h 08	Io	Oc
	10 h 28	Eur.	Ec
	10 h 59	Io	Pc
	11 h 27	Gan.	Ec
	12 h 18	Io	Of
	13 h 10	Io	Pf
	13 h 32	Gan.	Ef
	14 h 30	Eur.	Em
	14 h 56	Gan.	Im
	16 h 59	Gan.	Em
3	7 h 22	Io	Ec
	10 h 26	Io	Em
4	4 h 37	Io	Oc
	5 h 10	Eur.	Oc
	5 h 29	Io	Pc
	6 h 47	Io	Of
	6 h 58	Eur.	Pc
	7 h 32	Eur.	Of
	7 h 40	Io	Pf
	9 h 21	Eur.	Pf
5	1 h 51	Io	Ec
	4 h 56	Io	Em
	23 h 06	Io	Oc
	23 h 45	Eur.	Ec
	23 h 59	Io	Pc
6	1 h 16	Io	Of
	1 h 37	Gan.	Oc
	2 h 09	Io	Pf
	3 h 41	Gan.	Of
	3 h 54	Eur.	Em
	5 h 20	Gan.	Pc
	7 h 20	Gan.	Pf
	20 h 20	Io	Ec
	23 h 27	Io	Em
7	17 h 34	Io	Oc
	18 h 28	Eur.	Oc
	18 h 29	Io	Pc
	19 h 44	Io	Of
	20 h 22	Eur.	Pc
	20 h 40	Io	Pf
	20 h 50	Eur.	Of
	22 h 45	Eur.	Pf
8	14 h 49	Io	Ec
	17 h 57	Io	Em
9	12 h 03	Io	Oc
	12 h 59	Io	Pc
	13 h 02	Eur.	Ec
	14 h 13	Io	Of
	15 h 09	Io	Pf
	15 h 28	Gan.	Ec
	17 h 16	Eur.	Em
	17 h 32	Gan.	Ef
	19 h 23	Gan.	Im
	21 h 22	Gan.	Em
10	9 h 17	Io	Ec
	12 h 27	Io	Em
11	6 h 31	Io	Oc
	7 h 29	Io	Pc
	7 h 48	Eur.	Oc
	8 h 41	Io	Of
	9 h 39	Io	Pf
	9 h 48	Eur.	Pc
	10 h 10	Eur.	Of
	12 h 10	Eur.	Pf
12	3 h 46	Io	Ec
	6 h 57	Io	Em
13	0 h 59	Io	Oc
	1 h 59	Io	Pc
	2 h 19	Eur.	Ec
	3 h 10	Io	Of**
	4 h 09	Io	Pf
	5 h 39	Gan.	Oc
	6 h 39	Eur.	Em
	7 h 42	Gan.	Of
	9 h 46	Gan.	Pc
	11 h 42	Gan.	Pf
	22 h 15	Io	Ec
14	1 h 27	Io	Em
	19 h 28	Io	Oc
	20 h 29	Io	Pc
	21 h 06	Eur.	Oc
	21 h 38	Io	Of
	22 h 39	Io	Pf
	23 h 12	Eur.	Pc
	23 h 28	Eur.	Of
15	1 h 33	Eur.	Pf
	16 h 43	Io	Ec
	19 h 57	Io	Em
16	13 h 56	Io	Oc
	14 h 58	Io	Pc
	15 h 37	Eur.	Ec
	16 h 07	Io	Of
	17 h 09	Io	Pf
	19 h 30	Gan.	Ec
	20 h 01	Eur.	Em
	21 h 31	Gan.	Ef
	23 h 48	Gan.	Im
17	1 h 43	Gan.	Em
	11 h 11	Io	Ec
	14 h 27	Io	Em
18	8 h 24	Io	Oc
	9 h 28	Io	Pc
	10 h 25	Eur.	Oc
	10 h 35	Io	Of
	11 h 38	Io	Pf
	12 h 37	Eur.	Pc
	12 h 47	Eur.	Of
	14 h 58	Eur.	Pf
19	5 h 40	Io	Ec
	8 h 57	Io	Em
20	2 h 53	Io	Oc**
	3 h 58	Io	Pc
	4 h 54	Eur.	Ec
	5 h 04	Io	Of
	6 h 08	Io	Pf
	9 h 23	Eur.	Em
	9 h 40	Gan.	Oc
	11 h 42	Gan.	Of
	14 h 11	Gan.	Pc
	16 h 02	Gan.	Pf
21	0 h 09	Io	Ec
	3 h 26	Io	Em**
	21 h 21	Io	Oc
	22 h 28	Io	Pc
	23 h 32	Io	Of
	23 h 44	Eur.	Oc
22	0 h 38	Io	Pf
	2 h 01	Eur.	Pc**
	2 h 06	Eur.	Of**
	4 h 21	Eur.	Pf
	18 h 38	Io	Ec
	21 h 56	Io	Em
23	15 h 50	Io	Oc
	16 h 58	Io	Pc
	18 h 00	Io	Of
	18 h 12	Eur.	Ec
	19 h 07	Io	Pf
	22 h 46	Eur.	Em
	23 h 31	Gan.	Ec
24	1 h 31	Gan.	Ef
	4 h 11	Gan.	Im
	6 h 01	Gan.	Em
	13 h 06	Io	Ec
	16 h 26	Io	Em
25	10 h 18	Io	Oc
	11 h 27	Io	Pc
	12 h 28	Io	Of
	13 h 03	Eur.	Oc
	13 h 37	Io	Pf
	15 h 24	Eur.	Pc
	17 h 45	Eur.	Pf
26	7 h 35	Io	Ec
	10 h 56	Io	Em
27	4 h 47	Io	Oc
	5 h 57	Io	Pc
	6 h 57	Io	Of
	7 h 29	Eur.	Ec
	8 h 06	Io	Pf
	12 h 08	Eur.	Em
	13 h 42	Gan.	Oc
	15 h 42	Gan.	Of
	18 h 34	Gan.	Pc
	20 h 20	Gan.	Pf
28	2 h 04	Io	Ec**
	5 h 25	Io	Em
	23 h 15	Io	Oc
29	0 h 26	Io	Pc
	1 h 25	Io	Of
	2 h 22	Eur.	Oc**
	2 h 36	Io	Pf**
	4 h 43	Eur.	Of
	4 h 48	Eur.	Pc
	7 h 07	Eur.	Pf
	20 h 32	Io	Ec
	23 h 55	Io	Em
30	17 h 44	Io	Oc
	18 h 56	Io	Pc
	19 h 54	Io	Of
	20 h 46	Eur.	Ec
	21 h 05	Io	Pf
	23 h 06	Eur.	Ef
	23 h 10	Eur.	Im

Tous les phénomènes des satellites galiléens sont listés ci-dessus ; vous devez tenir compte des heures de lever et de coucher de Jupiter pour votre site d'observation afin de déterminer ceux que vous pourrez observer.
Pc et Pf = commencement et fin du passage du satellite devant le disque de Jupiter.
Oc et Of = commencement et fin du passage de l'ombre du satellite sur le disque de Jupiter.
Ec et Ef = commencement et fin de l'éclipse du satellite par l'ombre de Jupiter. Im et Em = immersion (disparition) et émersion (réapparition) du satellite derrière le disque jovien.
* Visible à 45° nord et 0° de longitude.

Satellites de Saturne

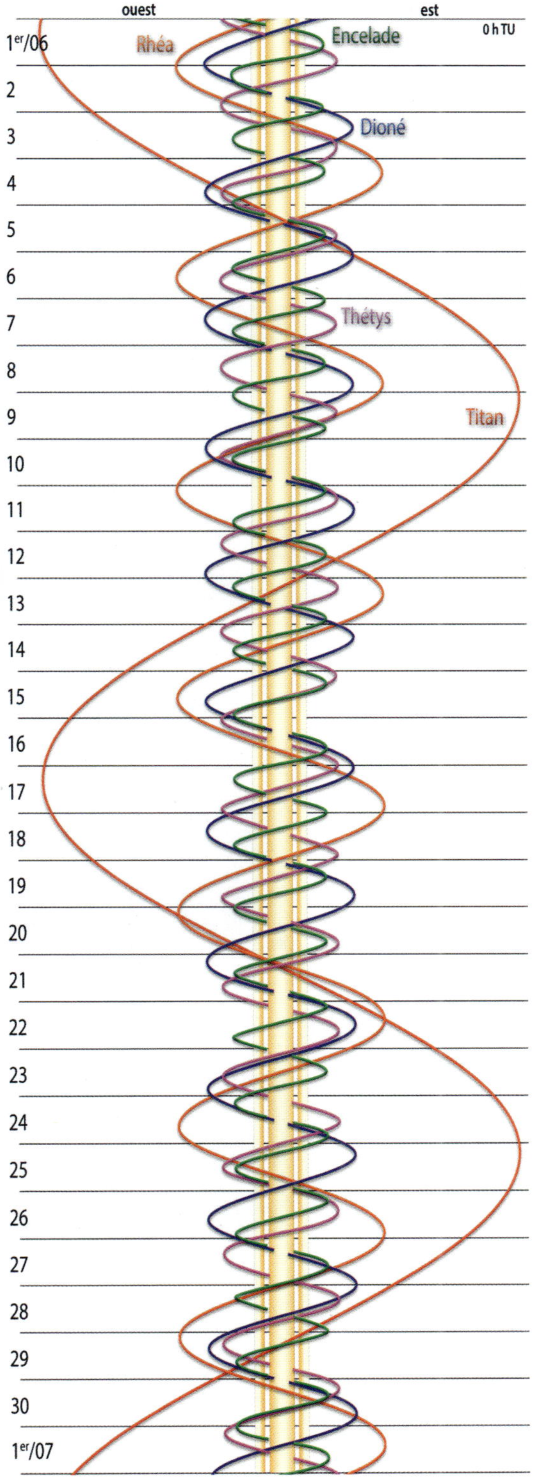

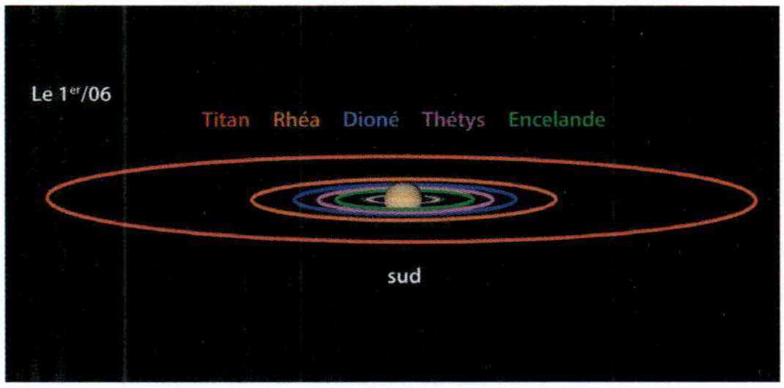

Les courbes ci-contre représentent les trajectoires apparentes des principales lunes de Saturne visibles dans les instruments d'amateur : Encelade est en vert, Téthys en cyan, Dioné en violet, Rhéa en orange et Titan en rouge. La triple bande centrale symbolise le disque et les anneaux de cette planète à la même échelle. La barre horizontale au-dessus de chaque date indique 0 h TU ce jour. Le nord est en haut, l'est à droite et l'ouest à gauche ; si vous ne savez plus comment est orienté le champ de votre instrument, lisez le petit texte d'explication de la page 67. Les satellites de Saturne tournent autour de leur planète dans le sens direct, c'est-à-dire dans le sens inverse des aiguilles d'une montre vu du nord. Ils passent donc entre la planète et nous dans le sens est-ouest et au-delà de la planète dans le sens ouest-est. Selon l'inclinaison du système de Saturne vu depuis la Terre (représentée ci-dessus), certaines des lunes peuvent alors être occultées ou éclipsées par le disque ou les anneaux de la planète. Le petit tableau ci-dessous donne la magnitude de ces lunes, plus Japet, dont l'orbite est trop grande pour être représentée (voir page 294).

Satellites de Saturne en juin 2023

	Mimas	Encelade	Téthys	Dioné	Rhéa	Titan	Japet
5	13,2	12,1	10,6	10,7	10	8,7	11,4
15	13,1	12,0	10,5	10,6	9,9	8,6	11,3
25	13,1	12,0	10,5	10,6	9,9	8,6	11,3

Titan est la plus grosse lune de Saturne ; avec 5 150 km de diamètre équatorial, il s'agit d'une lune plus volumineuse que Mercure. Titan tourne autour de Saturne en un peu moins de 16 jours et elle est visible dans les plus modestes instruments d'amateur. Ses élongations à l'est et à l'ouest de Saturne sont beaucoup plus lointaines que celles des autres lunes brillantes et il est donc facile de l'identifier à ces moments-là. Dans le tableau suivant, la séparation en secondes d'arc est donnée avec un signe négatif pour les élongations à l'ouest. L'écart apparent entre Titan et Saturne reste important durant les nuits qui encadrent le jour de l'élongation maximale.

Élongations de Titan en juin 2023

Date	Heure	Séparation en ″
1	8 h 15	- 175
9	4 h 22	176
17	7 h 08	- 179
25	3 h 03	180

Diamètre apparent le 15 : 0,75

JUIN 2023

Les phénomènes astronomiques au jour le jour

À NE PAS MANQUER CE MOIS-CI !
Guettez les nuages noctiluques.
Admirez l'arche de la Voie lactée avant l'aube.
Du 1er au 3, Mars dans l'amas de la Crèche.
Le 4, élongation maximale de Vénus.
Le 9, Saturne et la Lune.
Le 14, Jupiter et la Lune.
Le 16, Mercure et la Lune.
Le 22, Vénus, Mars et le croissant.
Le 25, X et V lunaires.

JJ TU

01 01 Jeudi (152-213). Heure de début et de fin du crépuscule astronomique à 45° de latitude nord et 0° de longitude : le 1er (1 h 53 m/22 h 03 m) ; le 15 (1 h 40 m/22 h 21 m). La durée du jour est de 15 heures et 22 minutes le 1er et de 15 heures et 35 minutes le 30 ; le dernier jour du mois, le Soleil se lève à la même heure et se couche 11 minutes plus tard que le premier. La durée du crépuscule astronomique passe de 144 à 151 minutes sur le mois. Un décalage de 1° en longitude équivaut pratiquement à un décalage de 4 minutes : en moins vers l'est, en plus vers l'ouest.

01 01 Période de libration minimale en longitude pour la Lune (l = - 6,2°). La mer des Crises est repoussée vers le limbe.

01 06 La Lune passe au nœud descendant à 6 h 22 m (longitude moyenne : 213,6°). Distance : 383 492 km, soit 60,1 rayons terrestres.

01 08 **Élongation maximale de Titan** à l'ouest de Saturne à 8 h 15 m (175″). Retrouvez les autres élongations de Titan en juin à la page consacrée aux satellites de Saturne en début de mois. Titan est visible sous l'aspect d'un point dans une lunette de 60 millimètres de diamètre. Dans un télescope bien réglé de plus de 400 millimètres de diamètre, ce point prend l'apparence d'un tout petit disque – moins de 1″ de diamètre apparent – lorsque les conditions de turbulence sont excellentes.

01 12 À midi, début du jour julien 2 460 097. À midi, début du jour julien 2 459 732. À midi, début du jour julien 2 459 367. **Le jour julien** est utilisé pour tous les calculs astronomiques car il permet d'effectuer des opérations aisément, les jours étant comptés sans interruption depuis le 1er janvier 4713 av. J.-C. à midi. Proposé en 1582 par l'Italien Joseph Scaliger, ce système de numérotation continue des jours a été nommé « julien » par celui-ci en hommage à son père ; cette appellation n'a donc rien à voir avec le calendrier julien introduit par Jules César en

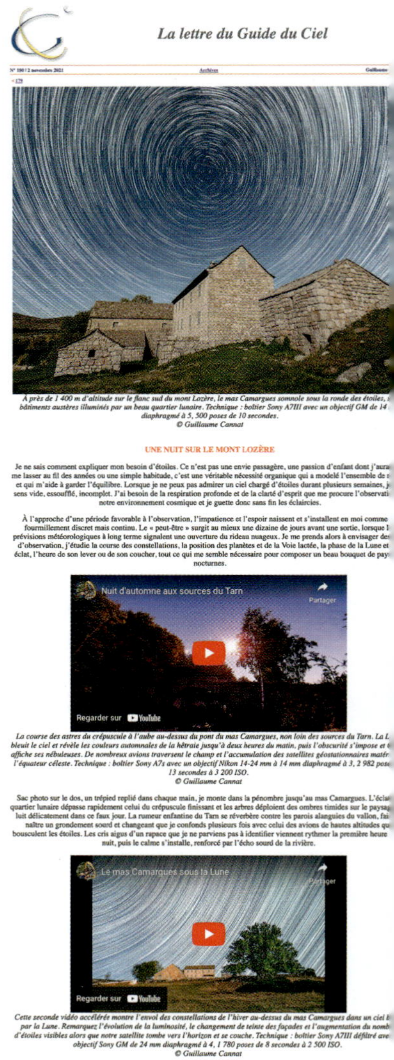
La lettre du Guide du Ciel

N° 180 | 2 novembre 2021 Archives Guillaume

< 179

À près de 1 400 m d'altitude sur le flanc sud du mont Lozère, le mas Camargues somnole sous la ronde des étoiles, bâtiments austères illuminés par un beau quartier lunaire. Technique : boîtier Sony A7III avec un objectif GM de 14 diaphragmé à 5, 500 poses de 10 secondes.
© Guillaume Cannat

UNE NUIT SUR LE MONT LOZÈRE

Je ne sais comment expliquer mon besoin d'étoiles. Ce n'est pas une envie passagère, une passion d'enfant dont j'aura me lasser au fil des années ou une simple habitude, c'est une véritable nécessité organique qui a modelé l'ensemble de et qui m'aide à garder l'équilibre. Lorsque je ne peux pas admirer un ciel chargé d'étoiles durant plusieurs semaines, j sens vide, essoufflé, incomplet. J'ai besoin de la respiration profonde et de la clarté d'esprit que me procure l'observati notre environnement cosmique et je guette donc sans fin les éclaircies.

À l'approche d'une période favorable à l'observation, l'impatience et l'espoir naissent et s'installent en moi comme fourmillement discret mais continu. Le « peut-être » surgit au mieux une dizaine de jours avant une sortie, lorsque l prévisions météorologiques à long terme signalent une ouverture du rideau nuageux. Je me prends alors à envisager de d'observation, j'étudie la course des constellations, la position des planètes et de la Voie lactée, la phase de la Lune et éclat, l'heure de son lever ou de son coucher, tout ce qui me semble nécessaire pour composer un beau bouquet de pay nocturnes.

La course des astres du crépuscule à l'aube au-dessus du pont du mas Camargues, non loin des sources du Tarn. La L bleuit le ciel et révèle les couleurs automnales de la hêtraie jusqu'à deux heures du matin, puis l'obscurité s'impose et affiche ses nébuleuses. De nombreux avions traversent le champ et l'accumulation des satellites géostationnaires matér l'équateur céleste. Technique : boîtier Sony A7s avec un objectif Nikon 14-24 mm à 14 mm diaphragmé à 3, 2 982 pose 13 secondes à 3 200 ISO.
© Guillaume Cannat

Sac photo sur le dos, un trépied replié dans chaque main, je monte dans la pénombre jusqu'au mas Camargues. L'écla quartier lunaire dépasse rapidement celui du crépuscule finissant et les arbres déploient des ombres timides sur le paysag luit délicatement dans ce faux jour. La rumeur enfantine du Tarn se réverbère contre les parois alanguies du vallon, fai naître un grondement sourd et changeant que je confonds plusieurs fois avec celui des avions de hautes altitudes qu bousculent les étoiles. Les cris aigus d'un rapace que je ne parviens pas à identifier viennent rythmer la première heure nuit, puis le calme s'installe, renforcé par l'écho sourd de la rivière.

Cette seconde vidéo accélérée montre l'envol des constellations de l'hiver au-dessus du mas Camargues dans un ciel b par la Lune. Remarquez l'évolution de la luminosité, le changement de teinte des façades et l'augmentation du nomb d'étoiles visibles alors que notre satellite tombe vers l'horizon et se couche. Technique : boîtier Sony A7III défiltré ave objectif Sony GM de 24 mm diaphragmé à 4, 1 780 poses de 8 secondes à 2 500 ISO.
© Guillaume Cannat

Chaque mois, retrouvez mes nouvelles images et des conseils pour observer et photographier les astres dans la Lettre du Guide du Ciel.

l'an 46 av. J.-C. Le calendrier julien a été remplacé par le calendrier grégorien en 1582, le lendemain du 4 octobre devenant le 15 octobre dans la plupart des pays catholiques ; il n'a été adopté qu'en 1752 au Royaume-Uni, en 1912 en Chine, en 1917 en Russie, en 1919 en Roumanie et en 1924 en Turquie.

01 12 Aldébaran et les Hyades sont visibles dans le champ du coronographe LASCO C3 de la sonde *SOHO*. Les images de la mission *SOHO* sont mises en ligne sur ce site : sohowww.nascom.nasa.gov/data/realtime-images.html.

01 21 **Deux heures après le coucher du Soleil, Vénus brille magnifiquement** à une douzaine de degrés de hauteur au-dessus de l'horizon ouest-nord-ouest ; le petit point orangé de Mars est repérable à une dizaine de degrés sur sa gauche. Ces deux planètes vont glisser l'une vers l'autre tout au long du mois pour se retrouver à 4° d'écart apparent le 30.

01 22 L'étoile **Deneb du Cygne** domine l'horizon nord-est de 30° à la fin du crépuscule astronomique à 45° de latitude nord. Située au cœur de l'une des portions les plus brillantes de la Voie lactée, Deneb permet de se faire une idée de la visibilité et de la position de cette région céleste particulièrement attractive.

01 22 **Du 1er au 3 juin, Mars traverse l'amas ouvert de la Crèche ;** à observer aux jumelles ou dans une lunette à la fin du crépuscule astronomique au-dessus de l'horizon ouest-nord-ouest.

01 23 Formation lunaire proche du terminateur dans la journée : Grimaldi.

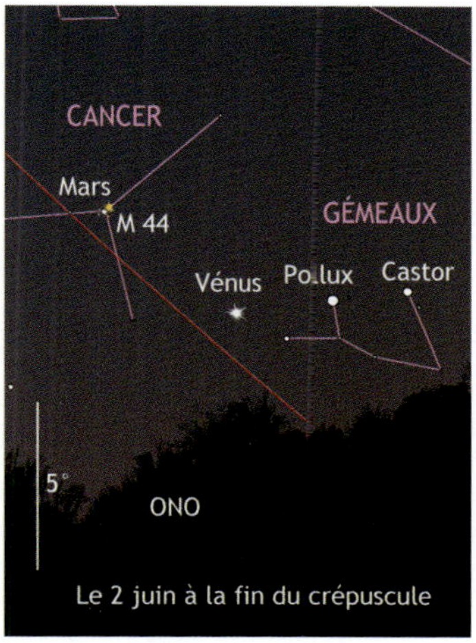

Le 2 juin à la fin du crépuscule, deux heures après le coucher du Soleil, regardez l'alignement Vénus-Pollux-Castor au-dessus de l'horizon ouest-nord-ouest. Un peu plus haut, Mars traverse l'amas ouvert de la Crèche et il faut un instrument pour voir ce fourmillement stellaire.

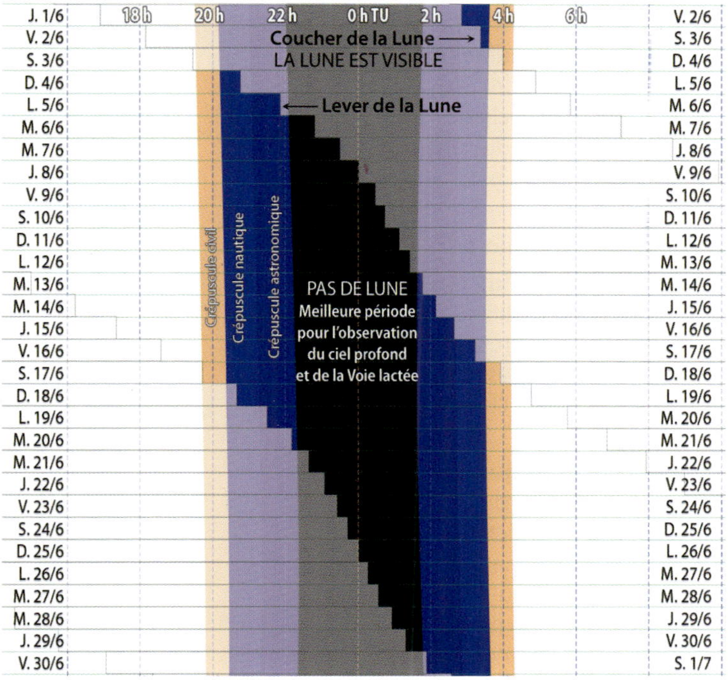

Chaque mois, le graphique des nuits noires vous permet d'apprécier d'un bref coup d'œil quelles seront les meilleures périodes pour l'observation du ciel profond. Pour aller vers les nébuleuses et les galaxies dans des conditions optimales, il convient en effet d'attendre la fin du crépuscule astronomique et de choisir une nuit ou une portion de nuit sans Lune, tout en se préservant évidemment des lumières parasites. Ce graphique est calculé pour 45° de latitude nord. En début de lunaison, les heures de nuit noire débutent après le coucher de la Lune, donc chaque jour un peu plus tard. En fin de lunaison, les heures de nuit noire concernent le début de la nuit jusqu'au lever lunaire. L'excellent logiciel Coelix Apex de Jean Vallières vous permet de calculer ce graphique pour votre site d'observation : www.ngc7000.com/fr/coelix/

Les phénomènes astronomiques au jour le jour

02 00 Vendredi (153-212). **L'inclinaison apparente des anneaux de Saturne** reste proche de + 7,4° au cours du mois. Le signe positif indique que nous observons actuellement l'hémisphère boréal de la planète – depuis le 4 septembre 2009 –, qui est également celui qu'éclaire le Soleil depuis le 10 août 2009. La valeur de l'inclinaison a culminé fin 2017 et elle va décroître – avec de légères fluctuations annuelles – jusqu'au prochain passage de la Terre dans le plan des anneaux, le 23 mars 2025 ; le Soleil passera dans le plan des anneaux le 6 mai 2025.

02 00 **La Voie lactée** est un élément majeur du ciel nocturne, mais l'augmentation de la pollution lumineuse rend son observation de plus en plus délicate. À quelques kilomètres d'une grande cité, il est parfois possible de la distinguer l'été dans la région du Cygne lorsqu'elle côtoie le zénith, mais cette vague forme laiteuse n'a rien de comparable avec la Voie lactée magnifique que l'on peut admirer d'un bord à l'autre de la voûte céleste par une nuit sans Lune et dans un ciel bien sombre. Plus large, lumineuse et texturée dans la direction des constellations du Sagittaire, d'Ophiuchus et du Scorpion, c'est-à-dire lorsque nous regardons vers le centre de notre galaxie, la Voie lactée se réduit à un mince filet à l'opposé, dans Cassiopée, Persée et le Cocher. En Europe, vous pouvez utiliser les excellentes cartes de pollution lumineuse réalisées par Frédéric Tapissier (avex-asso.org) pour trouver les meilleurs sites d'observation.

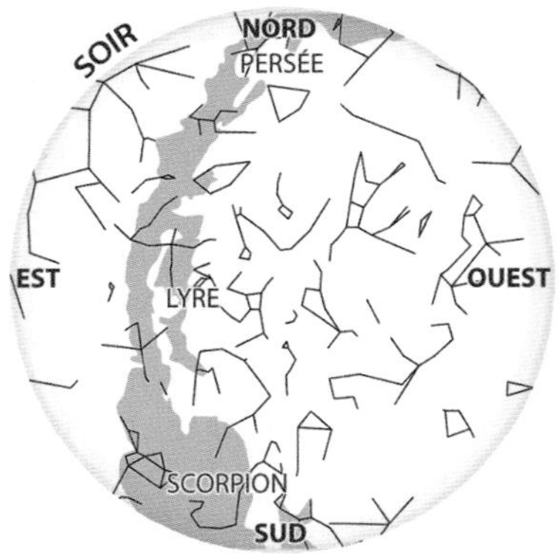

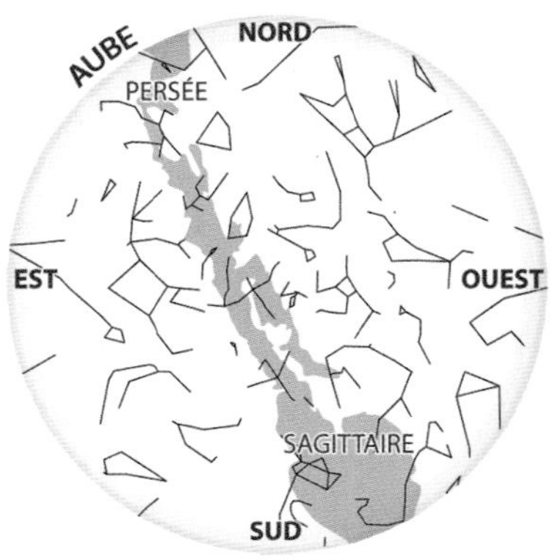

Orientation de la Voie lactée début juin à la fin du crépuscule astronomique et à l'orée de l'aube.

02 04 **Maximum d'éclat de l'étoile variable Êta Aquilae** (Aigle) à 4 h. Il s'agit d'une étoile de type céphéide dont la magnitude passe de 3,5 à 4,4 au cours d'un cycle de 7,177 jours. Les autres maxima du mois se produisent le 9 à 8 h, le 16 à 12 h, le 23 à 17 h et le 30 à 21 h. Voir également le 8 mars 2024.

02 16 Vénus et Jupiter sont en opposition héliocentrique.

02 21 **Vénus s'aligne avec les étoiles Castor et Pollux** des Gémeaux dans le ciel du crépuscule. Vénus est facile à repérer à l'œil nu dans les lueurs crépusculaires, mais des jumelles peuvent se révéler précieuses pour distinguer Castor et Pollux juste au-dessus de l'horizon ouest-nord-ouest.

02 22 **Nous entrons dans la bonne période pour guetter l'apparition des nuages noctiluques** à la fin du crépuscule et à l'orée de l'aube. Les nuages noctiluques apparaissent autour du solstice d'été, lors d'une période d'autant plus longue que vous vous trouvez au-delà de 50° de latitude nord et jusqu'à 65° nord ; dans l'hémisphère Sud, la saison d'observation des noctiluques

se produit entre mi-novembre et mi-février.

03 00 **Minimum d'éclat de l'étoile variable Algol de Persée** (Bêta Persei) à 0 h ; sa magnitude est proche de 3,3. Les autres minima du mois se produisent le 5 à 21 h, le 8 à 18 h, le 11 à 15 h, le 14 à 11 h, le 17 à 8 h, le 20 à 5 h, le 23 à 2 h, le 25 à 23 h et le 28 à 19 h. Voir également le 2 septembre 2023.

03 07 Samedi (154-211). Vénus entre dans la constellation du Cancer.

03 22 **Conjonction géocentrique en longitude entre la Lune (Sco) et Antarès** à 22 h 17 m (séparation : 1,5°). À la fin du crépuscule, repérez Antarès du Scorpion tout contre le globe lunaire à une douzaine de degrés de hauteur au-dessus de l'horizon sud-sud-est.

04 00 Dimanche. 155e jour de l'année ; il reste 210 jours jusqu'au 31 décembre.

04 01 Latitude sud maximale pour Mercure : - 7° (longitude héliocentrique : 318,3°).

04 02 À l'orée de l'aube, la Pleine Lune arbore le resplendissant rubis d'Antarès au sud-sud-ouest.

04 03 **Pleine Lune à 3 h 42 m (Sco).** Distance : 369 884 km, soit 57,99 rayons terrestres. Dans la vingt-quatrième édition de ce guide, j'ai proposé de baptiser « Pleine Lune des astéroïdes » la Pleine Lune qui se produit au mois de juin car le 30 juin est devenu depuis 2016 la Journée internationale des astéroïdes « afin de commémorer chaque année, au niveau international, l'anniversaire de l'explosion de Toungouska (Sibérie, Fédération de Russie) survenue le 30 juin 1908 et de sensibiliser la population aux risques d'impact d'astéroïdes ».
Je rappelle cependant que cette Pleine Lune est aussi souvent surnommée Pleine Lune des fraises car, lorsque le temps est au chaud à la fin du printemps, il n'est pas rare que l'éclat lunaire soit filtré comme celui du Soleil au ras de l'horizon et que la face sélène se pare alors d'une coloration rouge ou orange du plus bel effet.
Le 3, au coucher du Soleil, la Pleine Lune est visible au ras de l'horizon sud-est. Elle brille juste à côté de l'étoile rouge Antarès du Scorpion et ne s'élève guère au-dessus de l'horizon sud lors de son passage au méridien.
Le 4 à l'aube, après une traversée du ciel d'à peine huit heures, vous pouvez la retrouver lors de son coucher au sud-ouest juste avant l'arrivée du Soleil. Le 4 au soir, sa face encore bien ronde apparaît au sud-est durant le crépuscule ; elle est en plein cœur de la Voie lactée, qu'elle nous empêche donc d'admirer tout au long de la nuit.

04 03 **Dernier quartier de Vénus.**

04 05 De 5 h 10 m à 6 h 47 m, Io et Europe projettent leur ombre sur Jupiter. Invisible en Europe.

La Pleine Lune de juin arbore souvent une belle teinte orangée lors de son lever ou de son coucher.

Les phénomènes astronomiques au jour le jour

04 06 De 6 h 58 m à 7 h 40 m, Io et Europe passent simultanément devant le disque de Jupiter. Invisible en Europe.

04 06 Premier quartier de Mercure.

04 11 **Vénus atteint son élongation maximale à l'est : 45,4°.**

04 16 **Maximum d'éclat de l'étoile Delta Cephei** à 16 h. Sa magnitude varie de 3,5 à 4,4 au cours d'un cycle de 5,366 jours. Les autres maxima du mois se produisent le 10 à 1 h, le 15 à 10 h, le 20 à 19 h et le 26 à 3 h. Voir également le 6 octobre 2023.

04 19 **Conjonction géocentrique en longitude entre Mercure (Ari) et Uranus** à 19 h 48 m (séparation : 2,7°). L'éclat de ces deux planètes n'est pas suffisant pour qu'elles soient visibles dans le ciel trop clair de l'aube en Europe. Vous pouvez tenter votre chance avec des jumelles sous les tropiques.

04 23 Durant la nuit du 3 au 4, la Pleine Lune franchit le méridien à 13° de l'horizon sud à Lille et, à Perpignan, elle est à 21° de hauteur dans le Scorpion, juste à côté d'Antarès.

23e SEMAINE

05 00 Lundi (156-209). La Lune gibbeuse décroissante glissant vers l'aube, nous récupérons un début de nuit plus sombre et quelques heures d'observation de la Voie lactée cette semaine. Constellation de la Lune chaque jour à 0 h pour 45° de latitude nord et 0° de longitude : L-Oph, M-Sgr, M-Sgr, J-Cap, V-Cap, S-Aqr, D-Aqr.

05 00 Temps sidéral moyen de Greenwich (TSMG) : 16 h 52 m 40 s. Consultez la page 17 de cet ouvrage pour plus de renseignements sur l'utilisation de cette donnée.

05 02 Vénus devrait frôler une étoile de magnitude 8,9 (PPM 98371) vers 2 h 47 m. Inobservable en Europe.

05 12 À midi, début du jour julien 2 460 101.

06 03 Mardi (157-208). Formations lunaires proches du terminateur dans la journée : Langrenus et Petavius, Endymion.

06 17 Mercure entre dans la constellation du Taureau.

06 23 La Lune passe au périgée à 23 h 06 m. Distance : 364 861 km, soit 57,20 rayons terrestres.

07 00 Mercredi (158-207). Aldébaran quitte le champ du coronographe LASCO C3 de la sonde *SOHO*.

07 00 Formations lunaires proches du terminateur dans la journée : l'albatros (bordure ouest de la mer des Crises), Atlas.

Lorsque Vénus atteint son élongation maximale à l'est son éclat intense ne passe pas inaperçu dans le ciel étoilé en début de nuit.

07 00 **Période de libration maximale en latitude pour la Lune** (b = 6,6°). La région polaire septentrionale semble s'incliner vers nous, comme pour un salut. Si vous souhaitez observer la Lune, je vous conseille de vous procurer l'Atlas virtuel de la Lune, un logiciel gratuit de Christian Legrand et Patrick Chevalley (www.ap-i.net/avl/fr/start), pour partir le plus souvent possible à la découverte des mers et des cratères sélènes. Vous pouvez également consulter le site Scientific Visualization Studio de la NASA (svs.gsfc.nasa.gov/5048) pour suivre l'évolution de l'aspect lunaire heure par heure en 2023.

07 00 La Terre passe dans le plan équatorial du Soleil.

07 11 Mercure et Saturne sont en conjonction héliocentrique.

07 12 **Le Soleil** franchit le méridien à 68° de hauteur.

07 18 De 18 h 28 m à 19 h 44 m, Io et Europe projettent leur ombre sur Jupiter. Invisible en Europe.

07 20 De 20 h 22 m à 20 h 40 m, Io et Europe passent simultanément devant le disque de Jupiter. Invisible en Europe.

07 22 **Maximum des Ariétides de juin** (171 ARI), l'un des essaims météoritiques diurnes les plus actifs – en moyenne 60 enregistrements par heure ; la période d'activité révisée s'étendrait du 14 mai au 24 juin. Cet essaim peut être observé par des techniques radio ou par radar ; ces dernières années, des amateurs situés sous les tropiques et dans l'hémisphère Sud ont signalé quelques observations d'étoiles filantes nocturnes semblant appartenir à cet essaim. Il a été découvert en 1947 avec le radiotélescope de Jodrell Bank, en Grande-Bretagne. Vitesse atmosphérique de 38 km/s. Longitude héliocentrique prévue pour le maximum (équinoxe 2000.0) : 76,6°.

08 10 Jeudi (159-206). Formations lunaires proches du terminateur dans la journée : Fracastor, Piccolomini, Posidonius.

09 00 Vendredi (160-205). Le Soleil se couche sur la région de **Catharina** (2-125) et, autour de 0 h 13 m, vous pouvez tenter d'observer avec un instrument une ou plusieurs raies lumineuses dans cette formation. Longitude du terminateur : 154° ; âge lunaire : 20,3 j ; illumination : 70 %. Toutes les données relatives au raies lumineuses lunaires dans cette édition ont été calculées avec le logiciel Lunar Terminator Visualization Tool de Jim Mosher. Je vous suggère d'observer les régions concernées pendant au moins une ou deux heures autour de l'heure indiquée pour suivre la progression de chaque rendez-vous.

09 20 Le Soleil se couche sur la région de **Julius Caesar** (1-82) et, autour de 20 h 50 m, vous pouvez tenter d'observer avec un instrument une ou plusieurs raies lumineuses dans cette formation. Longitude du terminateur : 164° ; âge lunaire : 21,2 j ; illumination : 61 %.

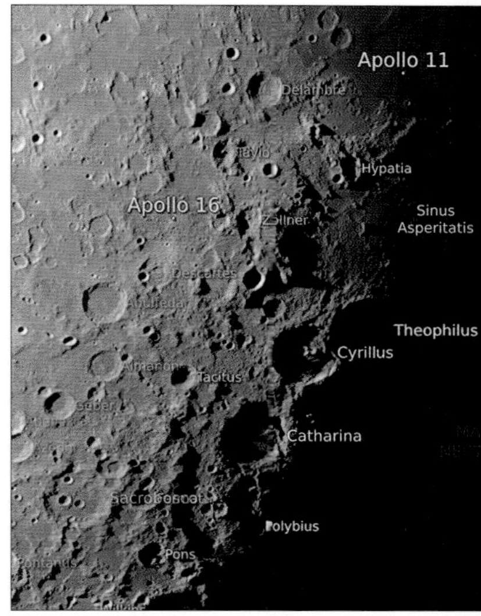

Crédit : NASA's Scientific Visualization Studio

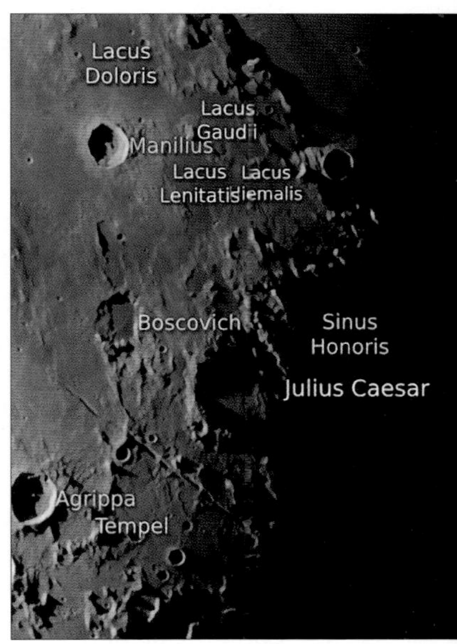

Crédit : NASA's Scientific Visualization Studio

Les phénomènes astronomiques au jour le jour

09 20 Mercure et Mars sont en opposition héliocentrique.

09 22 **Conjonction géocentrique en longitude entre la Lune (Aqr) et Saturne** à 22 h 16 m (séparation : 2,7°). Le 10 à l'aube, deux heures avant le lever du Soleil, ces deux astres sont visibles à une quinzaine de degrés de hauteur au-dessus de l'horizon sud-est ; leur séparation apparente est alors inférieure à 5°.

10 00 Samedi (161-204). Formations lunaires proches du terminateur dans la journée : Maurolycus, Cassini, Triesnecker, centre de la chaîne des Apennins.

10 00 **Maximum de l'essaim météoritique diurne des Dzêta Perséides** (172 ZPE), dont la période d'activité s'étend du 20 mai au 5 juillet. Longitude héliocentrique prévue pour ce maximum (équinoxe 2000.0) : 78,6°.

10 04 Le Soleil se couche sur la région de **Lade** (1-80) et, autour de 4 h 37 m, vous pouvez tenter d'observer avec un instrument une ou plusieurs raies lumineuses dans cette formation. Longitude du terminateur : 168° ; âge lunaire : 21,5 j ; illumination : 57 %. Un instrument – lunette ou télescope – si possible motorisé avec un grossissement minimum d'une centaine de fois est nécessaire pour observer les raies lumineuses et le développement des ombres lunaires dans de bonnes conditions.

10 04 Du 7 au 21 juin, **levers les plus matinaux de l'année pour le Soleil** à 40° nord : 4 h 31 m (arrondi à la minute). À 45° nord, les levers les plus matinaux ont lieu du 10 au 22 juin à 4 h 13 m. À 50° nord, ils se produisent entre le 14 et le 20 à 3 h 50 m.

10 19 **Dernier Quartier de Lune à 19 h 31 m (Aqr).** Distance : 371 883 km, soit 58,31 rayons terrestres.

11 00 Dimanche. 162e jour de l'année.

11 06 **Minimum d'éclat de l'étoile variable Sheliak** (Bêta de la Lyre) à 6 h. Sa magnitude varie de 3,3 à 4,3 au cours d'un cycle de 12,941 jours. L'autre minimum du mois se produit le 24 à 5 h. Voir également le 2 août 2023.

11 07 De 7 h 48 m à 8 h 41 m, Io et Europe projettent leur ombre sur Jupiter. Invisible en Europe.

11 09 Conjonction géocentrique en longitude entre la Lune (Aqr) et Neptune à 9 h 09 m (séparation : 1,8°).

11 13 Conjonction géocentrique en longitude entre Mercure (Tau) et les Pléiades à 13 h 31 m (séparation : 6,2°). Cette conjonction lointaine n'est pas observable en Europe, mais les observateurs des tropiques peuvent y jeter un œil au début de l'aube.

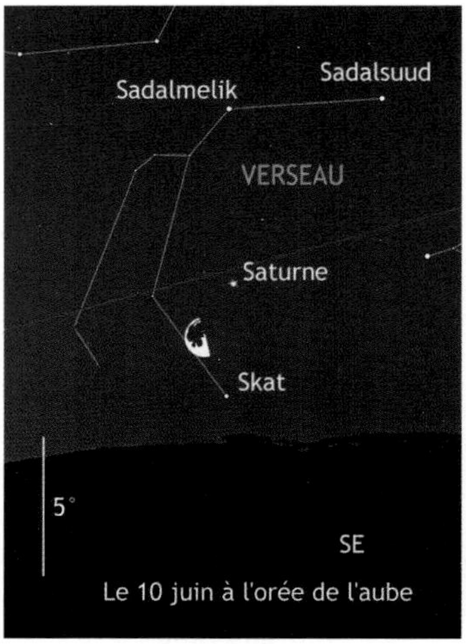

Le 10 juin à l'orée de l'aube, deux heures avant le lever du Soleil, Saturne et le Dernier Quartier sont visibles dans le Verseau au-dessus de l'horizon sud-est.

24e SEMAINE

12 00 Lundi (163-202). La nuit est très courte avant le solstice, mais la Lune ne l'éclaire pratiquement pas cette semaine. Constellation de la Lune chaque jour à 0 h pour 45° de latitude nord et 0° de longitude : L-Cet, M-Psc, M-Ari, J-Ari, V-Tau, S-Tau, D-Tau.

12 00 TSMG (voir p. 17) : 17 h 20 m 16 s.

12 01 **Si vous êtes photographe,** utilisez la clarté du croissant lunaire qui se lève juste avant l'aube pour révéler le paysage sous le cœur de la Voie lactée qui lamine l'horizon ouest-sud-ouest.

12 02 Le Soleil se couche sur la région de **Clavius** (4-365) et, autour de 2 h 07 m, vous pouvez tenter d'observer avec un instrument une ou plusieurs raies lumineuses dans cette formation. Longitude du terminateur : 191° ; âge lunaire : 23,4 j ; illumination : 36 %. Si l'observation du développement des raies lumineuses lunaires vous fascine, vous pouvez obtenir les prévisions de Rob Robinson pour des dizaines de formations sur son site (www.lunar-occultations.com/rlo/rays/rays.htm).

12 12 À midi, début du jour julien 2 460 108.

13 00 Mardi (164-201). **Formations lunaires proches du terminateur** dans la journée : Klaproth, golfe des Iris. En utilisant ma carte de la Lune – disponible sur www.amds-edition.com –, vous pouvez aisément déterminer qu'elles sont les formations lunaires situées sous le terminateur chaque jour. Vous pouvez également utiliser les cartes des pages 36 à 39 de cet ouvrage et le tableau indiquant la longitude quotidienne du terminateur que vous trouverez chaque mois à côté du calendrier lunaire (voir p. 70).

13 12 **L'équation du temps est nulle.**

13 13 Vénus devrait frôler ou occulter une étoile de magnitude 9,5 (PPM 98921) entre 13 h 36 m et 13 h 40 m. Inobservable en Europe.

13 22 **Vénus frôle le nord de l'amas ouvert de la Crèche** dans le Cancer.

14 00 Mercredi (165-200). La Lune passe au nœud ascendant à 0 h 04 m (longitude moyenne : 33,1°). Distance : 382 671 km, soit 60,0 rayons terrestres.

14 00 Période de libration maximale en longitude pour la Lune (l = 5,5°). La tache grise oblongue de Grimaldi est plaquée contre le limbe.

14 01 **Jupiter occulte une étoile de magnitude 9,1** (PPM 118073) entre 0 h 55 m et 1 h 30 m. Cette occultation est visible avec un instrument en Europe.

14 02 Début de la 2272e rotation synodique du Soleil.

14 04 Formations lunaires proches du terminateur dans la journée : Kepler, Schiller, Gassendi, Doppelmayer, Harpalus, Aristarque, Hérodote et la vallée de Schröter.

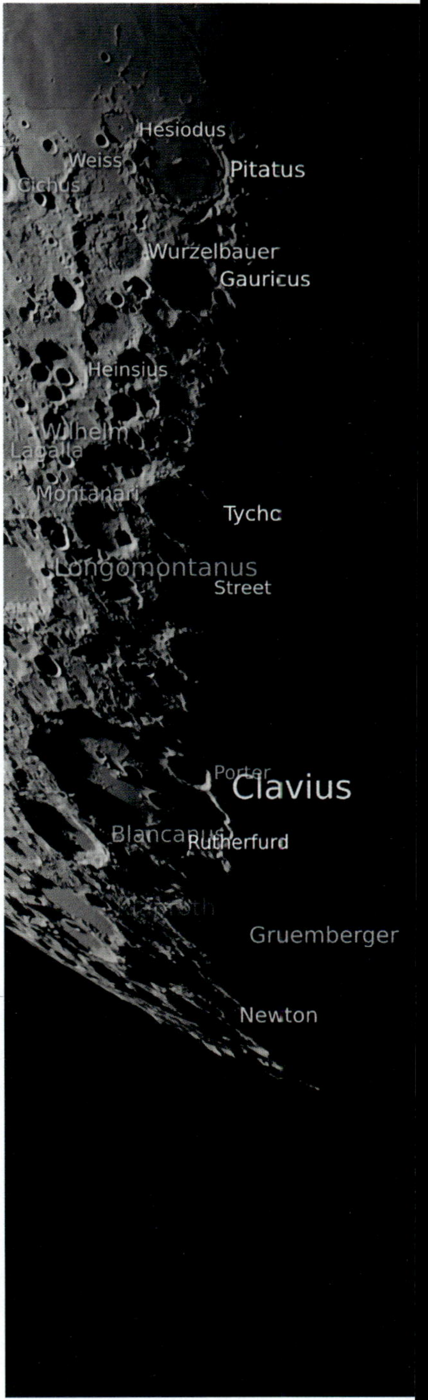

Crédit : NASA's Scientific Visualization Studic

Les phénomènes astronomiques au jour le jour

14 05 **Conjonction géocentrique en longitude entre la Lune (Ari) et Jupiter** à 5 h 40 m (séparation : 1,4°). À l'aube, une heure et demie avant le lever du Soleil, le croissant de la vieille Lune et Jupiter sont l'un contre l'autre à moins de 10° de hauteur au-dessus de l'horizon est. La lumière cendrée révèle joliment la portion nocturne du globe lunaire et les étoiles du Bélier surplombent la scène.

14 09 **En plein jour.** Près de cinq heures après le lever du Soleil, **Jupiter et le croissant lunaire** sont à moins de 2° d'écart apparent et à près de 60° de hauteur au méridien. Le Soleil se situant à plus de 45° à l'est du couple, il ne devrait pas être gênant lors de votre recherche de la planète. L'éclat jovien n'est pas encore très intense et des jumelles seront nécessaires pour le dénicher à côté du croissant dans le ciel bleu matinal.

14 12 **Le Soleil** franchit le méridien à 68° de hauteur.

14 21 De 21 h 06 m à 21 h 39 m, Io et Europe projettent leur ombre sur Jupiter. Invisible en Europe.

15 01 Jeudi (166-199). Mercure est à l'apogée à 1,323 ua de la Terre, soit près de 198 millions de kilomètres.

15 08 Conjonction géocentrique en longitude entre la Lune (Ari) et Uranus à 8 h 55 m (séparation : 1,9°).

15 13 Formation lunaire proche du terminateur dans la journée : Schickard.

16 02 Vendredi (167-198). **Conjonction géocentrique en longitude entre la Lune (Tau) et les Pléiades** à 2 h 09 m (séparation : 1,8°). Vous pouvez guetter le lever des Pléiades et du très vieux croissant lunaire durant l'aube ; ces astres émergent à l'horizon est-nord-est une heure et demie avant l'arrivée du Soleil.

16 16 Formation lunaire proche du terminateur dans la journée : Grimaldi.

16 17 **Maximum de l'essaim météoritique des Lyrides de juin** (166 JLY), qui peut être actif du 11 au 21 juin. Longitude héliocentrique prévue pour le maximum (équinoxe 2000.0) : 85°. L'activité des Lyrides a été pratiquement inexistante au cours de ces dernières années. Vitesse de pénétration atmosphérique : 31 km/s. Taux horaire moyen au zénith : 3. Le radiant se déplace de quelques degrés au sud de Véga durant la période d'activité.

16 19 **Conjonction géocentrique en longitude entre la Lune (Tau) et Mercure** à 19 h 12 m (séparation : 4,2°). Le 17, moins d'une heure avant le lever du Soleil, utilisez des jumelles pour tenter de repérer Mercure à 5° sur la droite du mince croissant lunaire.

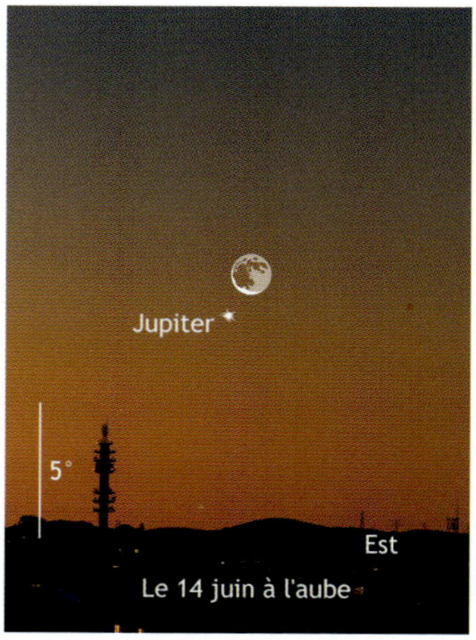

Le 14 juin à l'aube, une heure et demie avant le lever du Soleil, le vieux croissant de Lune et Jupiter sont l'un contre l'autre à moins de 10° de hauteur au-dessus de l'horizon est.

Le 17 juin à l'aube, moins d'une heure avant le lever du Soleil, un horizon est dégagé et une atmosphère limpide sont indispensables pour repérer Mercure aux jumelles à 5° du fin croissant lunaire.

17 00 Samedi (168-197). Le plus vieux croissant de la lunaison peut être observé à l'aube avec un instrument optique à l'ouest de l'Amérique du Nord et au Mexique.

17 03 **Ce matin à l'aube, guettez un fin croissant lunaire** de 1,2 %. À 3 h 45 m, il est âgé de 25 heures avant la Nouvelle Lune ; il se situe à 4° de hauteur et à 58° d'azimut, alors que le Soleil se situe à 5° sous l'horizon. Un peu plus de 41 heures séparent ce vieux croissant du très jeune croissant que vous pourrez tenter de repérer demain soir.

17 17 **Saturne est stationnaire** en ascension droite dans le Verseau puis commence sa boucle de rétrogradation annuelle, qui prendra fin le 4 novembre prochain (140 jours).

18 00 Dimanche. 169e jour de l'année.

18 00 **Le plus jeune croissant de la lunaison peut être observé au crépuscule avec un instrument optique au Maroc et au Portugal.** Si l'on parcourt la littérature astronomique, on constate que le record de visibilité d'un très fin croissant à l'œil nu semble se situer entre 15 et 15,5 heures. Avec un instrument, surtout si celui-ci est automatisé, il est envisageable de descendre jusqu'à une douzaine d'heures en visuel dans un ciel parfait.

18 00 La petite planète **8 Flora** passe à 1° au sud de Saturne.

18 04 **Nouvelle Lune à 4 h 37 m (Tau).**
Distance : 396 912 km, soit 62,23 rayons terrestres.

18 10 De 10 h 25 m à 10 h 35 m, Io et Europe projettent leur ombre sur Jupiter. Invisible en Europe.

18 20 Ce soir au crépuscule, cherchez un très fin croissant lunaire de 0,6 % avec un instrument. À 20 h 10 m, il est âgé de 16 heures ; il se situe à 3° de hauteur et à 306° d'azimut, alors que le Soleil se situe à 4° sous l'horizon.

25e SEMAINE

19 00 Lundi (170-195). Le croissant de la jeune Lune se couche assez vite en fin de semaine et nous pouvons déguster les nuits les plus courtes de l'année. Constellation de la Lune chaque jour à 0 h pour 45° de latitude nord et 0° de longitude : L-Gem, M-Gem, M-Cnc, J-Cnc, V-Leo, S-Leo, D-Leo.

19 00 TSMG (voir p. 17) : 17 h 47 m 52 s.

19 12 À midi, début du jour julien 2 460 115.

19 00 Neptune est en quadrature à l'ouest du Soleil.

19 13 Mercure et Jupiter sont en conjonction héliocentrique.

19 20 Ce soir au crépuscule, guettez un joli croissant lunaire de 2,8 %. À 20 h 20 m, il est âgé de 40 heures ; il se situe à 9° de hauteur et à 299° d'azimut, alors que le Soleil se situe à 5° sous l'horizon.

Choix d'un site d'observation

Que vous soyez en ville ou à la campagne, vous devrez prendre un minimum de précautions lorsque vous choisirez un site d'observation. En ville, ou à proximité des zones urbanisées, il faut impérativement rechercher un espace dépourvu d'éclairage direct.
Un parc ou un jardin entourés d'arbres, dont les feuillages vous protégeront des lampadaires voisins, ou une cour d'immeuble sans éclairage feront l'affaire. Dans les deux cas, la présence des arbres ou des bâtiments protecteurs occultera forcément une part plus ou moins grande du ciel. Mais la Terre tourne et, avec un peu de patience, vous devriez apercevoir une bonne proportion de la voûte étoilée.
La solution de facilité consiste le plus souvent à observer par une fenêtre ouverte ou à s'installer sur un balcon. Or, même bien orientés et sans lumière parasite, fenêtres et balcons sont assurément les plus mauvais sites.
En effet, les différents matériaux qui composent un bâtiment emmagasinent la chaleur solaire pendant le jour et la restituent plus ou moins vite pendant la nuit. Il se crée ainsi un courant d'air chaud qui se mélange à l'air plus froid du soir, ce qui provoque des turbulences qui déforment les images. À la belle saison, l'équilibre thermique entre le bâtiment et l'air ambiant n'intervient que dans le courant de la nuit, et votre temps d'observation s'en trouve alors très raccourci. En hiver, quand les bâtiments sont chauffés, la turbulence est une gêne constante. Malgré tout, si le choix qui s'offre se résume à observer sur un balcon ou ne pas observer du tout, alors n'hésitez pas une seconde : ouvrez la fenêtre et admirez le ciel !
Si vous avez le choix entre plusieurs sites de bonne qualité mais d'orientation différente, privilégiez celui dont l'horizon se trouve bien dégagé vers l'est et vers le sud. La Terre tournant sur elle-même d'ouest en est, les étoiles apparaissent en effet le long de l'horizon est. En outre, le Soleil se couchant vers l'ouest, le ciel sera plus vite sombre dans la direction opposée. Enfin, lorsqu'ils passent au-dessus du sud, les astres sont au plus haut de leur course dans le ciel, ce qui favorise leur observation.

Les phénomènes astronomiques au jour le jour

20 10 Mardi (171-194). Mars entre dans la constellation du Lion.

20 20 Comme souvent à cette période de l'année, **nous pouvons admirer l'alignement du jeune croissant lunaire avec Castor et Pollux** durant le crépuscule, à une dizaine de degrés de hauteur au-dessus de l'horizon ouest-nord-ouest.

21 01 Mercredi (172-193). Heure de début et de fin du crépuscule astronomique le jour du solstice de juin à 0° de longitude : à 40° de latitude nord (2 h 28 m/21 h 36 m) ; à 45° de latitude nord (1 h 40 m/22 h 24 m) ; à plus de 48,5° de latitude nord, le crépuscule astronomique du soir fusionne avec celui du matin et il ne fait donc nuit noire à aucun moment durant une période d'autant plus longue de part et d'autre du solstice que votre latitude septentrionale est importante.

21 01 Formations lunaires proches du terminateur dans la journée : Endymion, l'albatros (bordure ouest de la mer des Crises).

21 12 **Le Soleil** franchit le méridien à 68° de hauteur.

21 14 Déclinaison boréale maximale du Soleil pour l'année : + 23° 26′ 18″.

21 14 **Le Soleil entre dans le signe astrologique du Cancer** (90°) à 14 h 57 m, mais, dans la réalité, il est encore dans la constellation du Taureau pour quelques heures. Bien entendu, il ne faut pas prendre l'expression « le Soleil entre… » au pied de la lettre ! Le Soleil ne se déplace pas réellement d'une constellation à l'autre, c'est le mouvement continuel de la Terre autour de son étoile qui entraîne un déplacement apparent de celle-ci devant les signes et les constellations du zodiaque, qui ont été arbitrairement dessinés il y a plusieurs milliers d'années à partir des étoiles qui se situent dans une bande de 17° de large centrée sur l'écliptique. Pour plus d'informations sur les constellations zodiacales, consultez la première partie de ce livre (p. 9).

21 14 **Solstice de juin sur Terre à 14 h 57 m.** Le Soleil atteint son point le plus au nord par rapport à l'équateur terrestre ; dans l'hémisphère boréal, c'est le début de l'été, qui est la saison la plus longue (93,65 jours). Actuellement, l'automne dure 89,84 jours, l'hiver 88,99 jours et le printemps 92,76 jours. En raison du glissement de la date du périhélie de la Terre, la durée des saisons varie très lentement. Ainsi, il y a mille ans, l'été ne durait « que » 93,15 jours alors que le printemps était la saison la plus longue avec 93,44 jours et, vers l'an 3000, l'été durera 93,92 jours et le printemps 91,97 jours.
En 2024, le solstice de juin se produira le 20 à 20 h 51 m.

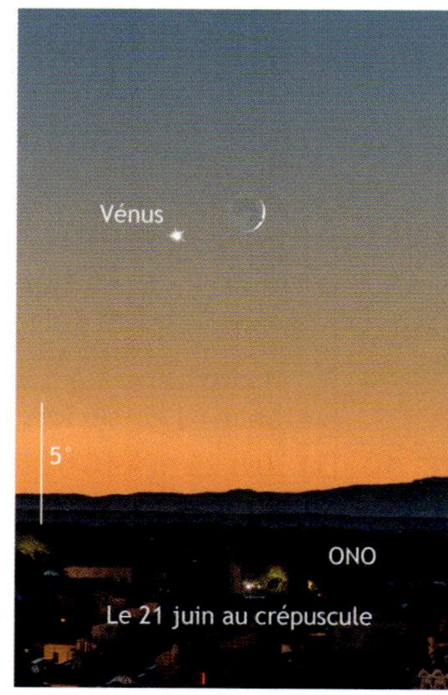

Le 21 juin au crépuscule, peu après le coucher du Soleil, cherchez Vénus et le jeune croissant lunaire loin au-dessus de l'horizon ouest-nord-ouest.

Au XXIe siècle, le solstice de juin se produira uniquement le 20 ou le 21 ; il ne s'est plus produit le 22 juin depuis 1975.

21 15 **En plein jour.** Avant la très belle conjonction de ce soir au crépuscule, **le jeune croissant lunaire peut vous aider à trouver Vénus** cet après-midi. À 15 h, ces deux astres surplombent l'horizon sud de plus de 60° et sont à 6° d'écart apparent. Vénus est à 44° d'élongation et le Soleil n'est donc pas gênant lors de votre recherche, mais, comme toujours pour ce type d'observation, je vous conseille d'utiliser un arbre ou le coin d'un bâtiment pour le cacher.

22 01 Jeudi (173-192). Formation lunaire proche du terminateur dans la journée : Atlas.

22 02 **Le Soleil entre dans la constellation des Gémeaux (90,5°)** à 2 h 30 m. En raison de la précession – ce lent mouvement de toupie de l'axe de rotation de notre planète –, les limites entre les constellations zodiacales sur l'écliptique se décalent de 0,013 97° par an, soit : un septième de seconde d'arc environ par jour, 1″ environ par semaine, 1° tous les 71,6 ans, 1,397° par siècle, 30° – soit à peu près un signe zodiacal – tous les 2 150 ans et 360° tous les 25 770 ans environ. Ainsi, il y a près de 2 000 ans, la constellation des Gémeaux commençait non loin de la longitude 60° !

22 03 **Conjonction géocentrique en longitude entre la Lune (Cnc) et Vénus** à 3 h 08 m (séparation : 3,5°). Le 21 et le 22 au crépuscule, deux heures après le coucher du Soleil, le croissant lunaire est installé à côté de Vénus et de Mars à plus de 5° de hauteur au-dessus de l'horizon ouest-nord-ouest.

22 12 **Conjonction géocentrique en longitude entre la Lune (Leo) et Mars** à 12 h 41 m (séparation : 3,6°).

22 15 **En plein jour. Le croissant lunaire a basculé à l'est de Vénus** depuis hier, mais il est toujours à moins de 8° de la planète et peut donc vous aider dans votre recherche de l'éclat vénusien dans le ciel bleu de l'après-midi.

22 18 La Lune passe à l'apogée à 18 h 30 m. Distance : 405 385 km, soit 63,56 rayons terrestres.

22 19 Du 23 juin au 3 juillet, **couchers les plus tardifs de l'année pour le Soleil** à 40° nord : 19 h 33 m (arrondi à la minute). À 45° nord, les couchers les plus tardifs se produisent entre le 22 et le 30 juin à 19 h 51 m. À 50° nord, ils ont lieu du 19 juin au 1er juillet à 20 h 13 m.

22 21 **Le croissant lunaire et sa belle lumière cendrée brillent ce soir à côté de Mars ;** l'éclat martien étant bien plus faible que celui de Vénus que la Lune côtoyait hier soir, il faut attendre un peu plus longtemps pour le voir apparaître dans le ciel crépusculaire, à moins de 10° de hauteur au-dessus de l'horizon ouest-nord-ouest.

23 03 Vendredi (174-191). Mercure passe au nœud ascendant de son orbite (longitude héliocentrique : 48,3°).

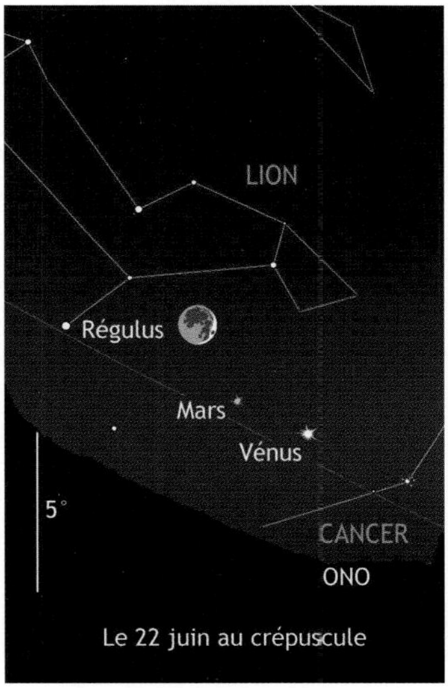

Le 22 juin au crépuscule, deux heures après le départ du Soleil, retrouvez Mars et la Lune à proximité de Vénus juste au-dessus de l'horizon ouest-nord-ouest.

Les phénomènes astronomiques au jour le jour

23 05 Formations lunaires proches du terminateur dans la journée : Fracastor, Piccolomini, Posidonius, Theophilus, Cyrillus et Catherina.

23 19 Le Soleil se lève sur la région de **Torricelli** (2-102) et, autour de 19 h 59 m, vous pouvez tenter d'observer avec un instrument une ou plusieurs raies lumineuses dans cette formation. Longitude du terminateur : 335° ; âge lunaire : 5,6 j ; illumination : 27 %.

24 12 Samedi (175-190). Du 24 juin au 8 juillet, Mercure traverse d'ouest en est le champ du coronographe LASCO C3 de la sonde *SOHO*. Elle traverse l'amas ouvert Messier 35 des Gémeaux le 28 juin.

24 13 Formations lunaires proches du terminateur dans la journée : Aristote et Eudoxe, Maurolycus.

24 21 À 21 h 15 m, l'étoile HD 97605 (Leo - magnitude 5,8) réapparaît après son occultation par la Lune. Les deux astres sont alors à 25° au-dessus de l'horizon et la fraction éclairée de notre satellite est de 36 %.

25 00 Dimanche. 176e jour de l'année.

25 00 Le Soleil se lève sur la région de **Barrow** (1-4) et, autour de 0 h 44 m, vous pouvez tenter d'observer avec un instrument une ou plusieurs raies lumineuses dans cette formation. Longitude du terminateur : 350° ; âge lunaire : 6,8 j ; illumination : 38 %.

25 10 Mercure et Vénus sont en opposition héliocentrique.

25 18 **Callisto est en conjonction supérieure** à 18 h 10 m. Elle est observable à proximité apparente du pôle Nord jovien.

25 18 Après le X des cratères La Caille, Blanchinus et Purbach, vous pouvez également admirer ce soir le **V** lumineux qui se déploie au lever du Soleil dans le cratère **Ukert**, pratiquement au centre de la Lune. Un instrument est naturellement indispensable.

26e SEMAINE

26 00 Lundi (177-188). Il n'y a pratiquement pas de nuit noire cette semaine à cause de la montée en puissance de l'éclat lunaire. Constellation de la Lune chaque jour à 0 h pour 45° de latitude nord et 0° de longitude : L-Vir, M-Vir, M-Vir, J-Vir, V-Lib, S-Sco, D-Oph.

26 00 TSMG (voir p. 17) : 18 h 15 m 28 s.

26 00 **Période du maximum d'éclat de l'étoile variable W Lyr** (1811+36). W Lyr est une variable de type Mira (variable à longue période) dont la magnitude oscille entre 7,3 et 13 ; sa période est de 197,88 jours. W Lyr se situe à un

Les jeux d'ombre et de lumière à la surface de la Lune donnent parfois naissance à des formations observables dans les instruments d'amateur. Ces effets lumineux ne se reproduisent pas systématiquement à chaque lunaison à cause de la variation de la libration et de l'angle d'incidence du Soleil par rapport aux reliefs locaux et ils ne durent jamais très longtemps, quelques heures tout au plus. L'une des formations les plus connues, baptisée le « **X lunaire** » ou le « **X de Werner** », est parfois visible au Premier Quartier. Ce « X » apparaît sous le terminateur, au nord du cratère Werner, juste à la jonction des cratères **La Caille, Blanchinus et Purbach,** et si vous pointez une lunette vers la Lune le 25 juin au crépuscule, vous avez la possibilité de le saisir juste avant sa disparition.

champ de jumelles à l'ouest de Véga, elle est donc très facile à identifier. Il s'agit d'une étoile de type géante rouge animée de pulsations régulières qui expulsent à chaque fois un peu de sa masse ; dans quelques millions d'années, W Lyr sera une naine blanche.

26 03 Formations lunaires proches du terminateur dans la journée : Ptolémée, Alphonse et Arzachel, Archimède, Maginus, Mur droit, Platon, Moretus, Ératosthène, Tycho.

26 07 **Premier Quartier de Lune à 7 h 50 m (Vir).** Distance : 398 121 km, soit 62,42 rayons terrestres.

26 12 À midi, début du jour julien 2 460 122.

26 23 Vénus entre dans la constellation du Lion.

27 05 Mardi (178-187). Mercure entre dans la constellation des Gémeaux.

27 06 Formations lunaires proches du terminateur dans la journée : Clavius, Copernic et la chaîne de montagnes des Carpathes, Longomontanus.

27 19 Le Soleil se lève sur la région de **Kies** (4-318) et, autour de 19 h 01 m, vous pouvez tenter d'observer avec un instrument une ou plusieurs raies lumineuses dans cette formation. Longitude du terminateur : 24° ; âge lunaire : 9,6 j ; illumination : 65 %.

27 19 Mercure est au périhélie à 0,307 ua du Soleil, soit près de 46 millions de kilomètres.

27 21 **Conjonction géocentrique en longitude entre la Lune (Vir) et Spica** à 21 h 56 m (séparation : 2,7°). Ces deux astres sont visibles côte à côte à une vingtaine de degrés de hauteur au-dessus de l'horizon sud-ouest à la fin du crépuscule.

27 22 **Maximum de l'essaim météorique des Bootides de juin** (170 JBO), qui peut être actif du 22 juin au 2 juillet. Longitude héliocentrique prévue pour le maximum (équinoxe 2000.0) : 95,7°. Aucune activité particulière n'est annoncée pour 2023 et le maximum se produit en Lune gibbeuse croissante.

28 02 Mercredi (179-186). L'éclat de l'étoile variable **Mira de la Baleine** (Omicron Ceti) atteint son maximum fin juin avec une magnitude comprise entre 2 et 3 : 2,1 lors de son maximum d'octobre 2011, 3 lors de celui de 2018. En Europe, Mira se situe trop près de la position apparente du Soleil à l'aube pour être observable lors de ce maximum. Le prochain maximum aura lieu en mai 2024.

28 03 Le Soleil se lève sur la région de **Lubiniezky** (4-315) et, autour de 3 h 37 m, vous pouvez tenter d'observer avec un instrument une ou plusieurs raies lumineuses dans cette formation. Longitude du terminateur : 28° ; âge lunaire : 10 j ; illumination : 68 %.

28 12 La Lune passe au nœud descendant à 12 h 23 m (longitude moyenne : 211,8°). Distance : 387 012 km, soit 60,7 rayons terrestres.

Les images de *SOHO*

L'observatoire solaire *SOHO* est dans l'espace depuis 1995 et sa mission devrait durer jusqu'en décembre 2025 si les tests réalisés régulièrement se révèlent satisfaisants. Nous pouvons donc poursuivre nos observations du voisinage solaire et guetter les incursions des planètes et des comètes dans le champ de ses instruments. Placé en orbite autour du point de Lagrange (L1), à 1,5 million de kilomètres de la Terre en direction du Soleil, d'où il peut observer notre étoile en permanence, *SOHO* – lancé le 2 décembre 1995 à 8 h 08 m TU – a magnifiquement rempli sa mission principale, qui s'est terminée en avril 1998. Sa première prolongation de mission s'est achevée au mois de décembre 2009, la deuxième a duré jusqu'à la fin de l'année 2010 et, depuis, l'Agence spatiale européenne a régulièrement renouvelé son bail. Depuis quelques années, *SOHO* n'est plus capable d'émettre en continu vers notre planète, ce qui provoque des interruptions de la collecte d'informations de certains de ses instruments pendant une quinzaine de jours tous les trois mois environ. Dans la région centrale du champ du coronographe LASCO C3, la magnitude des étoiles visibles dépasse régulièrement 7, et elle atteint 9 en périphérie. Il faut cependant tenir compte de l'activité de notre étoile : si elle connaît une très grosse éruption, l'image peut être saturée par l'éclat des matières solaires et les étoiles resteront invisibles. Le champ de LASCO C3 est un cercle d'environ 1 060' de diamètre, et le disque central, qui masque l'éclat du disque solaire, mesure un peu plus de 120' de diamètre. Notez que le champ est légèrement tronqué par le format carré des images. Enfin, le Nord n'est pas exactement vers le haut de l'image, mais plutôt vers « 11 heures » si l'on compare le champ au cadran d'une horloge.

Les phénomènes astronomiques au jour le jour

28 12 **Le Soleil** franchit le méridien à 68° de hauteur.

28 19 Au coucher du Soleil, vous pouvez admirer aux jumelles l'arche illuminée du **golfe des Iris** au nord du terminateur lunaire.

28 23 **Maximum de l'essaim météoritique diurne des Bêta Taurides** (173 BTA), dont la période d'activité s'étend du 5 juin au 17 juillet (essaim diurne ne pouvant être observé que par des techniques radio ou par radar). Longitude héliocentrique prévue pour le maximum (équinoxe 2000.0) : 96,7°. Environ 25 étoiles filantes par heure. Vitesse atmosphérique de 30 km/s. L'essaim a été découvert en 1947 avec le radiotélescope de Jodrell Bank, en Grande-Bretagne.

29 00 Jeudi (180-185). Formations lunaires proches du terminateur dans la journée : Kepler, Gassendi, Schiller, Doppelmayer, Harpalus, Aristarque, Hérodote et la vallée de Schröter.

29 00 Période de libration minimale en longitude pour la Lune (l = - 7,1°). La mer des Crises est plaquée contre le limbe.

29 21 Le Soleil se lève sur la région de **Clausius** (4-337) et, autour de 21 h 46 m, vous pouvez tenter d'observer avec un instrument une ou plusieurs raies lumineuses dans cette formation. Longitude du terminateur : 49° ; âge lunaire : 11,7 j ; illumination : 84 %.

30 00 Vendredi (181-184). **Neptune est stationnaire** en ascension droite dans les Poissons et commence sa rétrogradation, qui prendra fin dans 158 jours, le 6 décembre 2023.

30 01 **La comète 185P Petriew est en conjonction avec les Pléiades ;** à tenter de photographier avec un instrument à l'orée de l'aube au ras d'un horizon est-nord-est parfaitement dégagé et limpide, mais l'éclat de la comète est faible, sans doute proche de la magnitude 12, il s'agit donc d'un rendez-vous très délicat à immortaliser.

30 23 L'étoile **Véga de la Lyre** passe au méridien à minuit. Sa hauteur est alors de 84° sud. En Corse, Véga est pratiquement au zénith.

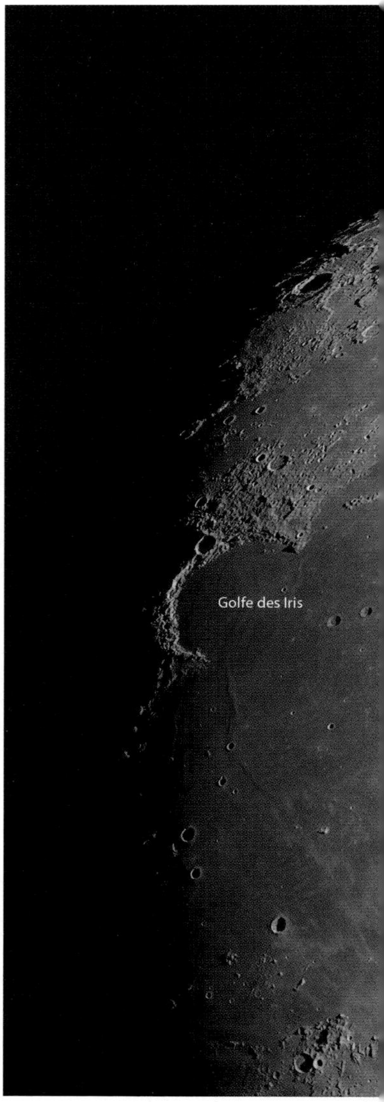

Le 28 juin au soir, l'arche illuminée du golfe des Iris est superbe au nord du terminateur lunaire.
Crédit : NASA's Scientific

Les transits d'exoplanètes

Je vous indique ci-dessous une sélection de transits qui se produiront dans les mois à venir, mais, pour obtenir des éphémérides précises de l'ensemble des transits visibles depuis chez vous, allez sur Exoplanet Transit Database (var2.astro.cz/ETD), qui est le site référent au niveau mondial. Enfin, ne négligez pas la source incontournable d'informations qu'est l'Encyclopédie des planètes extrasolaires, exoplanet.eu, qui recensait 5 357 exoplanètes dans 3 954 systèmes planétaires, dont 855 systèmes avec plusieurs exoplanètes, au mois d'avril 2023.

Le 21 juin 2023 à 0 h 36 m, début du transit de l'exoplanète **TrES-1 b** devant son étoile ; le milieu du transit est prévu à 1 h 50 m et la fin à 3 h 05 m. TrES-1 b, une exoplanète de 0,61 masse jovienne, est en orbite autour de l'étoile TrES-1 (Lyre ; ascension droite : 19 h 04 m 09,8 s ; déclinaison : 36° 37′57,5″) de magnitude 11,79 ; la baisse de luminosité durant le transit est de 0,021 magnitude. La période orbitale de cette exoplanète est de 3,030 073 jours.

Le 20 juillet 2023 à 22 h 54 m, début du transit de l'exoplanète **HAT-P-1 b** devant son étoile ; le milieu du transit est prévu le 21 à 0 h 14 m et la fin à 1 h 34 m. HAT-P-1 b, une exoplanète de 0,5 masse jovienne, est en orbite autour de l'étoile HAT-P-1 (Lézard ; ascension droite : 22 h 57 m 47 s ; déclinaison : 38° 40′30″) de magnitude 10,4 ; la baisse de luminosité durant le transit est de 0,017 magnitude. La période orbitale de cette exoplanète est de 4,465 jours.

Le 30 juillet 2023 à 21 h 34 m, début du transit de l'exoplanète **HD 189 733 b** devant son étoile ; le milieu du transit est prévu à 22 h 29 m et la fin à 23 h 24 m. HD 189 733 b, une exoplanète de 1,13 masse jovienne, est en orbite autour de l'étoile HD 189 733 (Petit Renard ; ascension droite : 20 h 00 m 43,7 s ; déclinaison : 22° 42′39″) de magnitude 7,67 ; la baisse de luminosité durant le transit est de 0,028 magnitude. La période orbitale de cette exoplanète est de 2,218 573 jours.

Le 1er août 2023 à 2 h 14 m, début du transit de l'exoplanète **WASP-33 b** devant son étoile ; le milieu du transit est prévu à 3 h 35 m et la fin à 4 h 57 m. WASP-33 b, une exoplanète de plus de 4,1 masses joviennes, est en orbite autour de l'étoile WASP-33 (Andromède ; ascension droite : 2 h 26 m 52 s ; déclinaison : 37° 33′02″) de magnitude 8,3 ; la baisse de luminosité durant le transit est de 0,015 magnitude. La période orbitale de cette exoplanète est de 1,219 867 jour.

Le 13 août 2023 à 0 h 31 m, début du transit de l'exoplanète **TrES-3 b** devant son étoile ; le milieu du transit est prévu à 1 h 10 m et la fin à 1 h 49 m. TrES-3 b, une exoplanète de 1,92 masse jovienne, est en orbite autour de l'étoile TrES-3 (Hercule ; ascension droite : 17 h 52 m 07 s ; déclinaison : 37° 32′46″) de magnitude 12,4 ; la baisse de luminosité durant le transit est de 0,029 magnitude. La période orbitale de cette exoplanète est de 1,306 19 jour.

Le 25 novembre 2023 à 20 h 35 m, début du transit de l'exoplanète **HD 209 458 b** devant son étoile ; le milieu du transit est prévu à 22 h 08 m et la fin à 23 h 40 m. HD 209 458 b, une exoplanète de 0,68 masse jovienne, est en orbite autour de l'étoile HD 209 458 (Pégase ; ascension droite : 22 h 03 m 10 s ; déclinaison : 18° 53′04″) de magnitude 7,65 ; la baisse de luminosité durant le transit est de 0,016 magnitude. La période orbitale de cette exoplanète est de 3,524 748 jours.

Le 21 décembre 2023 à 19 h 37 m, début du transit de l'exoplanète **WASP-33 b** devant son étoile ; le milieu du transit est prévu à 20 h 58 m et la fin à 22 h 20 m WASP-33 b, une exoplanète de plus de 4,1 masses joviennes, est en orbite autour de l'étoile WASP-33 (Andromède ; ascension droite : 2 h 26 m 52 s ; déclinaison : 37° 33′02″) de magnitude 8,3 ; la baisse de luminosité durant le transit est de 0,015 magnitude. La période orbitale de cette exoplanète est de 1,219 867 jour.

Le 23 février 2024 à 1 h 52 m, début du transit de l'exoplanète **XO-1 b** devant son étoile ; le milieu du transit est prévu à 3 h 22 m et la fin à 4 h 52 m. XO-1 b, une exoplanète de 0,9 masse jovienne, est en orbite autour de l'étoile XO-1 (Couronne boréale ; ascension droite : 16 h 02 m 12 s ; déclinaison : 28° 10′11″) de magnitude 11,3 ; la baisse de luminosité durant le transit est de 0,017 magnitude. La période orbitale de cette exoplanète est de 3,941 534 jours.

Le 18 mars 2024 à 3 h 43 m, début du transit de l'exoplanète **TrES-3 b** devant son étoile ; le milieu du transit est prévu à 4 h 22 m et la fin à 5 h. TrES-3 b, une exoplanète de 1,92 masse jovienne, est en orbite autour de l'étoile TrES-3 (Hercule ; ascension droite : 17 h 52 m 07 s ; déclinaison : 37° 32′46″) de magnitude 12,4 ; la baisse de luminosité durant le transit est de 0,029 magnitude.

Le 22 avril 2024 à 3 h 04 m, début du transit de l'exoplanète **HD 189 733 b** devant son étoile ; le milieu du transit est prévu à 3 h 58 m et la fin à 4 h 53 m HD 189 733 b, une exoplanète de 1,13 masse jovienne, est en orbite autour de l'étoile HD 189 733 (Petit Renard ; ascension droite : 20 h 00 m 43,7 s ; déclinaison : 22° 42′39″) de magnitude 7,67 ; la baisse de luminosité durant le transit est de 0,028 magnitude. La période orbitale de cette exoplanète est de 2,218 573 jours. Située juste à côté de la nébuleuse Dumbell (Messier 27), l'étoile de cette exoplanète est facile à trouver.

Le 12 mai 2024 à 1 h 23 m, début du transit de l'exoplanète **CoRoT-2 b** devant son étoile ; le milieu du transit est prévu à 2 h 32 m et la fin à 3 h 40 m. CoRoT-2 b, une exoplanète de 3,3 masses joviennes, est en orbite autour de l'étoile CoroT-2 (Aigle ; ascension droite : 19 h 27 m 6,52 s ; déclinaison : 1° 23′01,7″) de magnitude 12,6 ; la baisse de luminosité durant le transit est de 0,032 magnitude. La période orbitale de cette exoplanète est de 1,742 993 jour.

Le Soleil et les planètes

	JOUR	ASCENSION DROITE	DÉCLINAISON	CONSTELLATION	Ø APPARENT	ÉQUATION DU TEMPS	DISTANCE	DISTANCE LUMIÈRE	LEVER	MÉRIDIEN	HAUTEUR	COUCHER
		h m s	° ′ ″			m s	ua	m s	h m	h m		h m
Soleil	2	4 38 44	+ 22 07 29	Tau	31′ 33″	- 2 06	1,0140	8 26	04 16	11 58	67°	19 40
	6	4 55 10	+ 22 36 07	Tau	31′ 32″	- 1 26	1,0146	8 26	04 14	11 59	68°	19 43
	10	5 11 42	+ 22 58 26	Tau	31′ 31″	- 0 41	1,0151	8 27	04 13	11 59	68°	19 46
	14	5 28 17	+ 23 14 17	Tau	31′ 30″	+ 0 08	1,0156	8 27	04 13	12 00	68°	19 48
	18	5 44 55	+ 23 23 35	Tau	31′ 29″	+ 1 00	1,0160	8 27	04 13	12 01	68°	19 50
	22	6 01 34	+ 23 26 17	Tau	31′ 28″	+ 1 52	1,0163	8 27	04 13	12 02	68°	19 51
	26	6 18 12	+ 23 22 21	Gem	31′ 28″	+ 2 44	1,0165	8 27	04 15	12 03	68°	19 51
	30	6 34 48	+ 23 11 50	Gem	31′ 28″	+ 3 33	1,0166	8 27	04 16	12 04	68°	19 51

	JOUR	ASCENSION DROITE	DÉCLINAISON	CONSTELLATION	MAGNITUDE	Ø APPARENT	ÉLONGATION	DISTANCE	FRACTION ÉCLAIRÉE	LEVER	MÉRIDIEN	HAUTEUR	COUCHER
		h m s	° ′ ″					ua		h m	h m		h m
Mercure	2	3 01 48	+ 13 43 27	Ari	0,9	7,6	24,3° O	0,8856	46 %	03 21	10 21	59°	17 23
	6	3 21 18	+ 15 27 00	Ari	0,5	7	23,1° O	0,9604	54 %	03 17	10 25	61°	17 35
	10	3 44 08	+ 17 21 29	Tau	0,1	6,5	21,1° O	1,0374	62 %	03 15	10 33	63°	17 52
	14	4 10 28	+ 19 19 32	Tau	- 0,3	6	18,5° O	1,1141	71 %	03 17	10 44	65°	18 12
	18	4 40 26	+ 21 12 13	Tau	- 0,8	5,7	15,0° O	1,1868	81 %	03 22	10 58	66°	18 36
	22	5 13 56	+ 22 48 27	Tau	- 1,3	5,4	11,0° O	1,2500	90 %	03 31	11 17	68°	19 03
	26	5 50 24	+ 23 55 49	Tau	- 1,7	5,2	6,4° O	1,2972	97 %	03 46	11 38	69°	19 30
	30	6 28 33	+ 24 23 40	Gem	- 1,9	5,1	1,5° O	1,3234	100 %	04 06	12 00	69°	19 54
Vénus	2	7 56 30	+ 23 25 36	Gem	- 4,3	23,1	45,3° E	0,7295	51 %	07 30	15 16	68°	23 01
	6	8 12 43	+ 22 30 01	Cnc	- 4,3	24,1	45,3° E	0,6971	49 %	07 35	15 16	67°	22 57
	10	8 28 10	+ 21 28 11	Cnc	- 4,3	25,3	45,2° E	0,6647	47 %	07 40	15 16	66°	22 51
	14	8 42 45	+ 20 21 01	Cnc	- 4,4	26,6	45,0° E	0,6324	44 %	07 44	15 14	65°	22 44
	18	8 56 25	+ 19 09 27	Cnc	- 4,4	28	44,6° E	0,6003	42 %	07 48	15 12	64°	22 35
	22	9 09 04	+ 17 54 32	Cnc	- 4,4	29,6	44,0° E	0,5685	39 %	07 51	15 09	63°	22 26
	26	9 20 37	+ 16 37 23	Cnc	- 4,5	31,3	43,2° E	0,5371	36 %	07 52	15 04	61°	22 16
	30	9 30 55	+ 15 19 12	Leo	- 4,5	33,2	42,1° E	0,5063	33 %	07 53	14 59	60°	22 04
Mars	6	8 49 07	+ 19 15 52	Cnc	1,8	4,6	54,4° E	2,0381	93 %	08 27	15 51	64°	23 16
	14	9 08 02	+ 17 52 58	Cnc	1,9	4,5	51,4° E	2,0967	94 %	08 21	15 39	63°	22 56
	22	9 26 52	+ 16 22 58	Leo	2,0	4,3	48,5° E	2,1521	95 %	08 15	15 26	61°	22 37
	30	9 45 35	+ 14 46 24	Leo	2,0	4,2	45,7° E	2,2040	95 %	08 10	15 13	60°	22 17
Jupiter	6	2 10 17	+ 11 58 40	Ari	- 2,1	34,6	40,6° O	5,6823	100 %	02 21	09 12	57°	16 04
	14	2 16 37	+ 12 30 40	Ari	- 2,2	35,2	46,6° O	5,5992	99 %	01 54	08 47	58°	15 41
	22	2 22 40	+ 13 00 17	Ari	- 2,2	35,8	52,7° O	5,5070	99 %	01 26	08 22	58°	15 18
	30	2 28 21	+ 13 27 20	Ari	- 2,2	36,4	58,9° O	5,4067	99 %	00 58	07 56	58°	14 54
Saturne	6	22 37 34	- 10 19 59	Aqr	0,9	17,2	98,0° O	9,6029	100 %	00 20	05 40	35°	11 01
	14	22 38 00	- 10 19 22	Aqr	0,9	17,5	105,5° O	9,4724	100 %	23 45	05 09	35°	10 29
	22	22 38 02	- 10 21 07	Aqr	0,8	17,7	113,2° O	9,3466	100 %	23 13	04 38	35°	09 58
	30	22 37 40	- 10 25 11	Aqr	0,8	17,9	120,9° O	9,2279	100 %	22 42	04 06	35°	09 26
Uranus	6	3 12 29	+ 17 34 03	Ari	5,8	3,4	24,6° O	20,5640	100 %	02 58	10 14	63°	17 31
	18	3 15 00	+ 17 43 55	Ari	5,8	3,4	35,4° O	20,4630	100 %	02 13	09 30	63°	16 47
	30	3 17 17	+ 17 52 41	Ari	5,8	3,4	46,3° O	20,3310	100 %	01 27	08 45	63°	16 02
Neptune	6	23 52 49	- 2 05 50	Psc	7,9	2,2	77,5° O	30,1110	100 %	01 01	06 55	43°	12 49
	18	23 53 17	- 2 03 27	Psc	7,9	2,2	88,9° O	29,9110	100 %	00 14	06 08	43°	12 02
	30	23 53 28	- 2 02 56	Psc	7,9	2,3	100,3° O	29,7100	100 %	23 23	05 21	43°	11 15

Les éphémérides du Soleil, des planètes et de la Lune proposées sur ces deux pages sont calculées à 0 h TU pour une latitude de 45° nord et une longitude de 0°.

La Lune

	JOUR	ASCENSION DROITE	DÉCLINAISON	CONSTELLATION	Ø APPARENT	PARALLAXE HORIZONTALE	FRACTION ÉCLAIRÉE	JOUR	ÉLONGATION	DISTANCE	LEVER	MÉRIDIEN	HAUTEUR	COUCHER
		h m s	° ′ ″							km	h m	h m		h m
J 1	152	13 52 37	- 11 13 23	Vir	31′ 03″	56′ 58″	88 %	12,3	140° E	384 920	16 h 51	21 h 58	28°	2 h 31
V 2	153	14 42 42	- 16 42 15	Lib	31′ 29″	57′ 46″	94 %	13,3	152° E	379 589	18 h 08	22 h 50	23°	2 h 54
S 3	154	15 37 06	- 21 30 44	Lib	31′ 54″	58′ 32″	98 %	14,3	165° E	374 634	19 h 27	23 h 47	19°	3 h 23
D 4	155	16 36 15	- 25 13 41	Sco	32′ 15″	59′ 12″	100 %	15,3	178° E	370 441	20 h 44			4 h 01
L 5	156	17 39 35	- 27 25 21	Oph	32′ 32″	59′ 42″	99 %	16,3	169° O	367 316	21 h 52	0 h 49	17°	4 h 52
M 6	157	18 45 13	- 27 46 24	Sgr	32′ 42″	60′ 00″	95 %	17,3	155° O	365 443	22 h 47	1 h 54	16°	5 h 57
M 7	158	19 50 29	- 26 11 18	Sgr	32′ 45″	60′ 06″	89 %	18,3	141° O	364 862	23 h 28	2 h 57	18°	7 h 14
J 8	159	20 52 58	- 22 50 31	Cap	32′ 42″	59′ 59″	80 %	19,3	127° O	365 484		3 h 58	22°	8 h 36
V 9	160	21 51 24	- 18 06 03	Cap	32′ 33″	59′ 44″	70 %	20,3	114° O	367 118	0 h 00	4 h 54	27°	9 h 58
S 10	161	22 45 48	- 12 23 59	Aqr	32′ 20″	59′ 20″	59 %	21,3	100° O	369 524	0 h 26	5 h 45	33°	11 h 17
D 11	162	23 36 59	- 6 09 09	Aqr	32′ 05″	58′ 52″	48 %	22,3	87° O	372 462	0 h 47	6 h 33	40°	12 h 32
L 12	163	0 26 08	0 16 58	Psc	31′ 48″	58′ 22″	37 %	23,3	74° O	375 723	1 h 06	7 h 19	47°	13 h 46
M 13	164	1 14 31	6 35 52	Psc	31′ 31″	57′ 50″	27 %	24,3	62° O	379 156	1 h 26	8 h 05	53°	15 h 00
M 14	165	2 03 15	12 31 01	Ari	31′ 14″	57′ 18″	18 %	25,3	50° O	382 661	1 h 46	8 h 52	59°	16 h 13
J 15	166	2 53 19	17 46 53	Ari	30′ 57″	56′ 47″	10 %	26,3	37° O	386 177	2 h 09	9 h 40	64°	17 h 26
V 16	167	3 45 16	22 08 33	Tau	30′ 40″	56′ 16″	5 %	27,3	26° O	389 661	2 h 37	10 h 31	68°	18 h 37
S 17	168	4 39 11	25 22 26	Tau	30′ 24″	55′ 47″	2 %	28,3	14° O	393 065	3 h 12	11 h 23	7[illegible]°	19 h 44
D 18	169	5 34 32	27 18 00	Tau	30′ 09″	55′ 20″	0 %	29,3	2° O	396 313	3 h 54	12 h 17	72°	20 h 42
L 19	170	6 30 14	27 49 54	Gem	29′ 56″	54′ 55″	1 %	0,8	9° E	399 297	4 h 46	13 h 10	72°	21 h 31
M 20	171	7 24 57	26 59 13	Gem	29′ 44″	54′ 34″	3 %	1,8	20° E	401 870	5 h 46	14 h 02	71°	22 h 09
M 21	172	8 17 36	24 53 08	Cnc	29′ 35″	54′ 18″	8 %	2,8	31° E	403 860	6 h 50	14 h 51	63°	22 h 40
J 22	173	9 07 34	21 42 39	Cnc	29′ 30″	54′ 08″	13 %	3,8	42° E	405 080	7 h 55	15 h 36	64°	23 h 04
V 23	174	9 54 49	17 40 11	Leo	29′ 29″	54′ 06″	20 %	4,8	53° E	405 357	9 h 01	16 h 19	59°	23 h 24
S 24	175	10 39 48	12 57 36	Leo	29′ 32″	54′ 12″	28 %	5,8	64° E	404 548	10 h 05	17 h 00	54°	23 h 42
D 25	176	11 23 17	7 45 26	Leo	29′ 41″	54′ 28″	37 %	6,8	75° E	402 565	11 h 09	17 h 40	48°	23 h 59
L 26	177	12 06 09	2 13 11	Vir	29′ 55″	54′ 54″	47 %	7,8	86° E	399 399	12 h 14	18 h 21	42°	
M 27	178	12 49 31	- 3 29 56	Vir	30′ 14″	55′ 30″	57 %	8,8	97° E	395 132	13 h 20	19 h 02	36°	0 h 16
M 28	179	13 34 30	- 9 13 35	Vir	30′ 39″	56′ 14″	66 %	9,8	109° E	389 951	14 h 30	19 h 47	30°	0 h 34
J 29	180	14 22 20	- 14 44 46	Vir	31′ 06″	57′ 05″	76 %	10,8	121° E	384 149	15 h 43	20 h 36	25°	0 h 54
V 30	181	15 14 13	- 19 46 07	Lib	31′ 36″	57′ 59″	84 %	11,8	133° E	378 118	17 h 00	21 h 30	21°	1 h 19

La Lune des spécialistes

	Libration		Angle de position	
	l	b	axe	phase
1	- 6,2°	- 0,4°	19,0°	290,0°
2	- 6,1°	1,2°	16,0°	284,3°
3	- 5,6°	2,7°	12,0°	272,7°
4	- 4,8°	4,1°	7,0°	213,8°
5	- 3,6°	5,3°	1,1°	115,1°
6	- 2,2°	6,2°	354,9°	97,2°
7	- 0,7°	6,6°	349,1°	86,5°
8	0,8°	6,6°	344,3°	78,5°
9	2,2°	6,2°	340,8°	72,6°
10	3,4°	5,4°	338,7°	68,6°
11	4,3°	4,3°	337,8°	66,4°
12	5,0°	3,0°	338,1°	65,8°
13	5,3°	1,5°	339,4°	66,8°
14	5,5°	- 0,1°	341,6°	69,4°
15	5,4°	- 1,6°	344,7°	73,7°
16	5,1°	- 3,0°	348,6°	80,3°
17	4,6°	- 4,2°	353,3°	91,6°
18	4,0°	- 5,2°	358,4°	142,0°
19	3,2°	- 6,0°	3,7°	251,1°
20	2,2°	- 6,5°	8,7°	267,4°
21	1,2°	- 6,6°	13,0°	276,0°
22	- 0,1°	- 6,5°	16,6°	282,3°
23	- 1,3°	- 6,1°	19,3°	286,9°
24	- 2,6°	- 5,5°	21,1°	290,3°
25	- 3,9°	- 4,6°	22,0°	292,4°
26	- 5,1°	- 3,4°	22,1°	293,3°
27	- 6,1°	- 2,2°	21,4°	293,0°
28	- 6,8°	- 0,7°	19,8°	291,4°
29	- 7,1°	0,7°	17,3°	288,2°
30	- 7,0°	2,2°	13,8°	283,0°

Phases et distances

Jour	Heure en TU	Distance en km	Ø apparent
4	PL à 3 h 42 m	369 884	32,3′
10	DQ à 19 h 31 m	371 883	32,1′
18	NL à 4 h 37 m	396 912	30,1′
26	PQ à 7 h 50 m	398 121	30,0′
6	Périgée à 23 h 06 m	364 861	32,8′
22	Apogée à 18 h 30 m	405 385	29,5′

Reportez-vous pages 7 à 15 pour trouver des renseignements détaillés sur l'utilisation de ces différentes informations.
Consultez les tableaux de corrections horaires (pages 340 et 341) pour adapter les heures de lever, de passage au méridien et de coucher en fonction de votre lieu d'observation.

JUILLET 2023

1re quinzaine vers 22 h TU - 2e quinzaine vers 21 h TU

Pour	Utilisez la carte de
17-18 h	*mai*
19-20 h	*juin*
23-0 h	août
1-2 h	septembre
3-4 h	*octobre*
5-6 h	*novembre*

Vous pouvez également utiliser cette carte en :
août vers 19-20 h
septembre vers 17-18 h
mars vers 5-6 h
avril vers 3-4 h
mai vers 1-2 h
juin vers 23-0 h
(valable uniquement pour les étoiles)

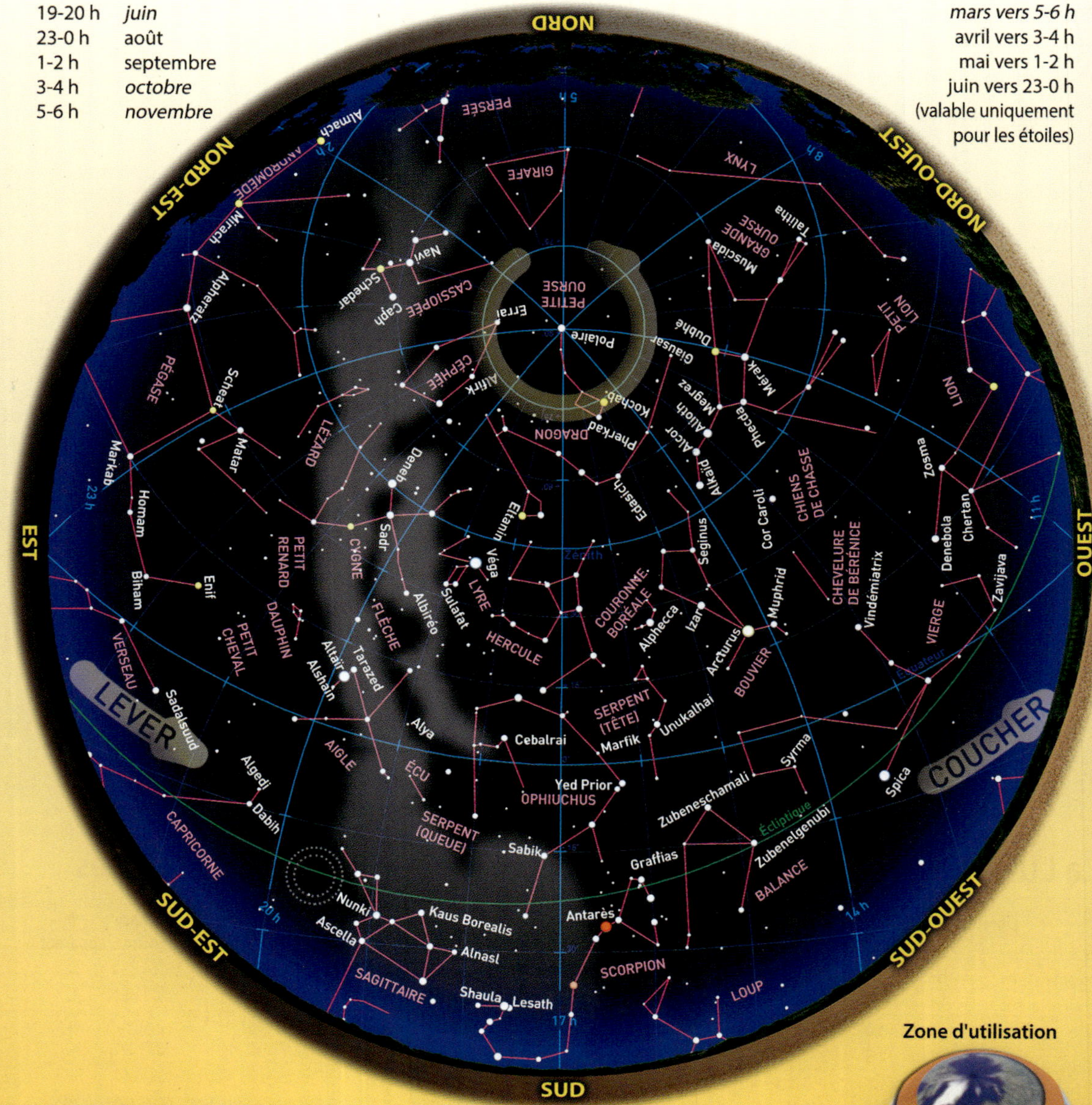

3 juillet
Pleine Lune
Sagittaire

10 juillet
Dernier Quartier
Poissons

17 juillet
Nouvelle Lune
Gémeaux

25 juillet
Premier Quartier
Vierge

Magnitudes

● ● ● ● • · ·
-1 0 1 2 3 4 4,5 et +

Zone d'utilisation

38° à 52° nord

À L'ORÉE DE L'AUBE EN JUILLET 2023

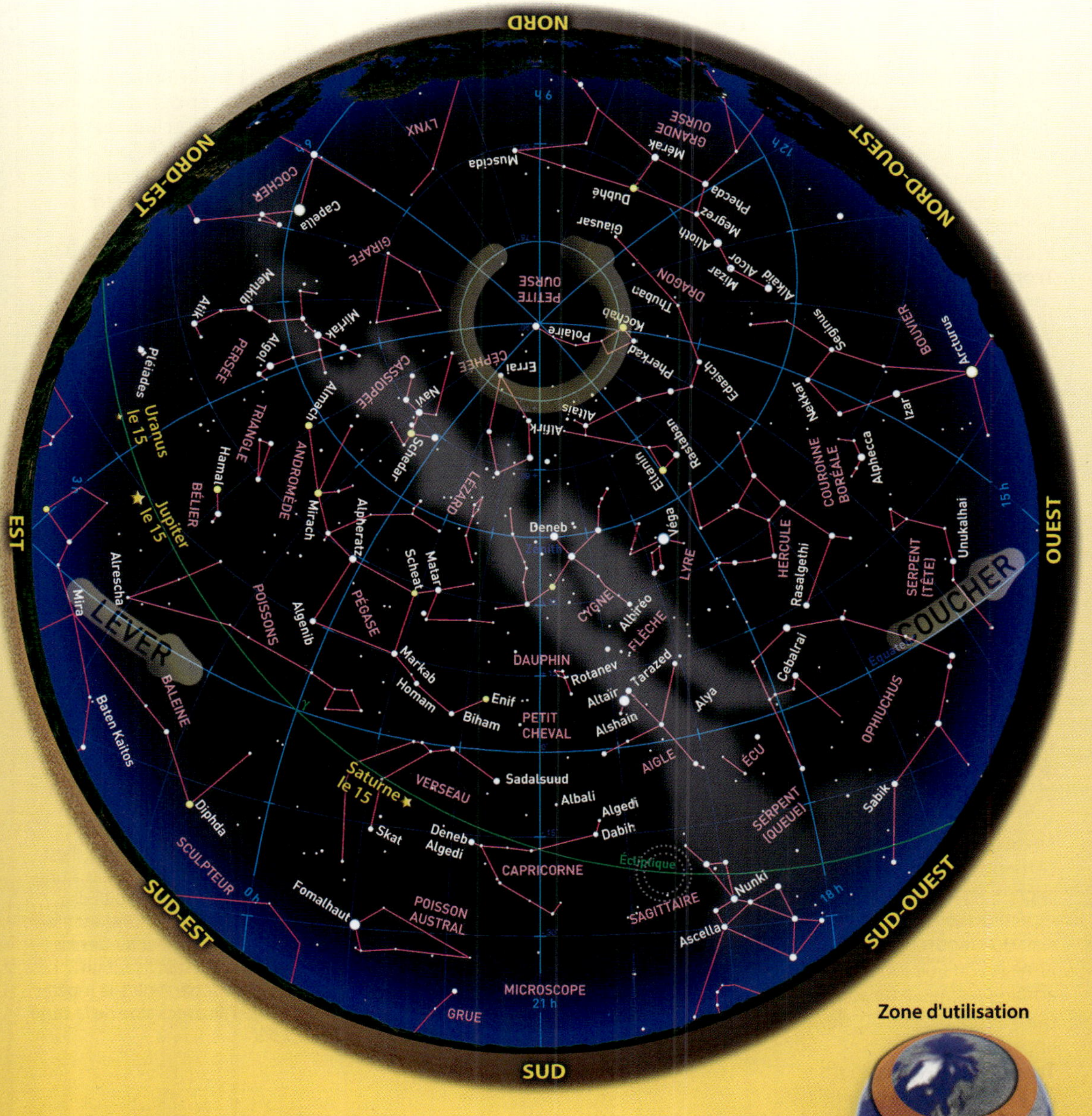

Zone d'utilisation

38° à 52° nord

Vous trouverez des conseils pour l'utilisation de ces cartes en début d'ouvrage.

La Lune et les planètes

Mercure

Nord. Elle est en conjonction supérieure le 1er juillet puis revient dans le ciel crépusculaire du soir. L'inclinaison de l'écliptique n'est guère favorable et il faut tenter de repérer l'éclat de Mercure aux jumelles au ras d'un horizon ouest-nord-ouest dégagé et limpide moins d'une heure après le coucher du Soleil après le 15.
Tropiques. Les conditions de son retour sont extrêmement favorables et Mercure entame sa meilleure période de visibilité en soirée pour 2023.

Vénus

Nord. Son élongation solaire décroît de 41° à 19° en juillet et elle passe au nœud descendant de son orbite le 4, ce qui, combiné à l'inclinaison de l'écliptique dans le ciel crépusculaire, la plaque chaque soir un peu plus tôt contre l'horizon ouest-nord-ouest.
Le schéma de la page 45 montre cette trajectoire plongeante qui se traduit par un coucher de plus en plus précoce : un peu plus de deux heures après le Soleil le 1er et moins de vingt minutes après le 31 ! Nous sommes donc à la fin de la période de visibilité de cette planète et seul son éclat exceptionnel nous permet de la repérer à l'œil nu dans le ciel très clair du crépuscule civil. Utilisez des jumelles ou une lunette le 26 pour admirer la finesse de son croissant, qui mesure plus de 50" de diamètre apparent.
Tropiques. Les conditions d'observation restent excellentes durant tout le mois.

Mars

Nord. Dans le Lion, elle est au plus près de Vénus les premiers soirs du mois à 3° 34' d'écart apparent, mais il ne se produit aucune conjonction en ascension droite. L'inclinaison de plus en plus prononcée de l'écliptique entraîne la planète rouge vers l'horizon plus vite que son élongation solaire pourrait le laisser penser. Elle est encore à plus de 40° du Soleil le 15 et se couche pourtant durant le crépuscule, moins de deux heures après lui. Avec un diamètre apparent voisin de 4" et une magnitude de 2,1, Mars n'est plus que l'ombre d'elle-même et nous la perdrons prochainement dans les lueurs crépusculaires. Le 31, elle se couche à la fin du crépuscule nautique.
Tropiques. Elle est encore à 10° de hauteur le 31 à la fin du crépuscule astronomique sous le tropique du Cancer et à plus de 15° sous celui du Capricorne.

Jupiter

Nord. À l'orée de l'aube, elle surplombe l'horizon est-nord-est de 8° le 1er et l'horizon est-sud-est de 35° le 31. Elle est installée dans le Bélier et brille vivement (magnitude - 2,4 après le 20). Son diamètre apparent équatorial atteint 40" en fin de mois et les formations nuageuses de son atmosphère sont parfaitement visibles dans les instruments d'amateur ; avec un télescope de plus de 300 mm de diamètre, vous percevrez même leurs couleurs pastel, notamment l'orange saumoné de la grande tache rouge, qui est redevenu un peu plus intense depuis quelques années.
Tropiques. Conditions d'observation excellentes.

Saturne

Nord. Elle rétrograde dans le Verseau et apparaît le soir à l'est-sud-est à la fin du long crépuscule astronomique en début de mois et durant le crépuscule nautique fin juillet. Nous bénéficions donc de nombreuses heures pour la scruter dans de relativement bonnes conditions puisqu'elle franchit le méridien à près de 33° de hauteur en seconde partie de la nuit. Nous sommes au début de la meilleure période de l'année pour l'observer aux instruments. Il faut un grossissement d'au moins trente fois pour commencer à voir ses merveilleux anneaux ; son image est alors toute petite, mais les anneaux semblent ciselés sur le fond anthracite de la tapisserie céleste. Leur diamètre apparent atteint 42,3" en fin de mois et le disque de Saturne dépasse 18,6".
Tropiques. Les conditions d'observation sont excellentes.

Mi-juillet, Uranus (Bélier) surplombe l'horizon est d'une quinzaine de degrés à l'orée de l'aube (carte de repérage p. 52) et, dans un site protégé offrant un ciel sombre, il est possible de la voir aux jumelles à une dizaine de degrés sur la droite des Pléiades. Neptune (Poissons) est alors à près de 35° de hauteur au-dessus de l'horizon sud-est et il faut un instrument pour parvenir à la repérer (magnitude 7,9) avec l'aide de la carte de la p. 53.

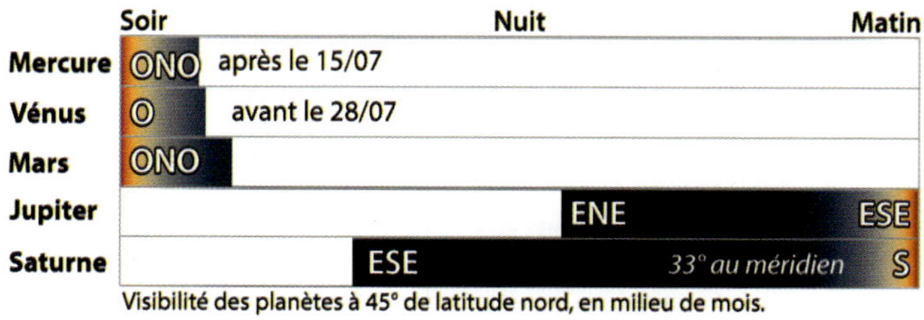

Visibilité des planètes à 45° de latitude nord, en milieu de mois.

Planétaire

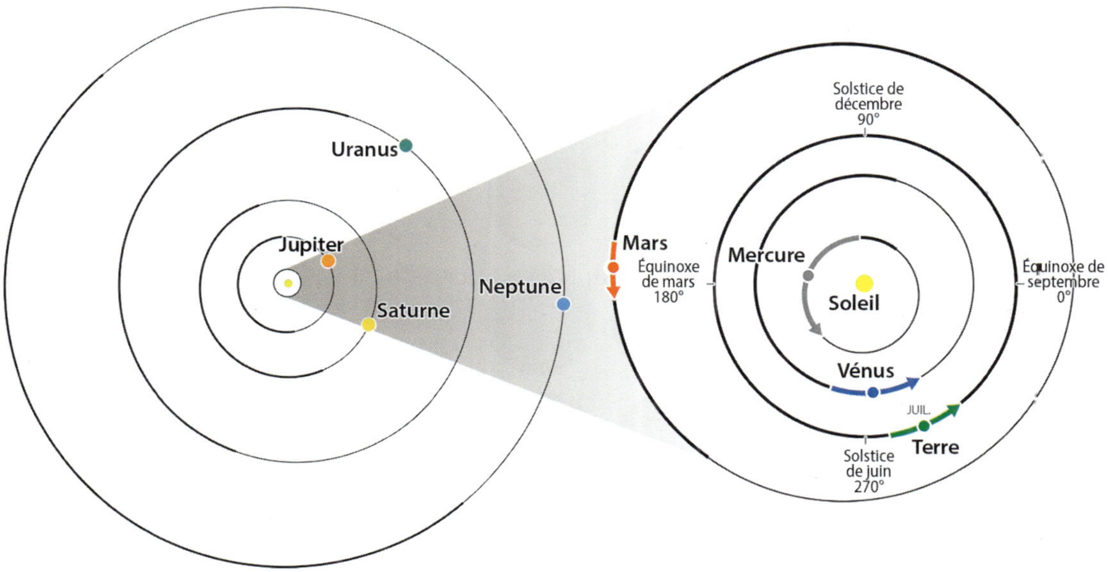

Vous trouverez en pages 67 et 69 des explications complètes sur ces deux schémas.

Le calendrier lunaire

Lundi	Mardi	Mercredi	Jeudi	Vendredi	Samedi	Dimanche
PQ	27	28	29	30	1/7	2
PL	4	5	6	7	8	9
DQ	11	12	13	14	15	16
NL	18	19	20	21	22	23
24	PQ	26	27	28	29	30
31	PL	2/8	3	4	5	6

Longitude du terminateur

	Soleil levant	Soleil couchant
1er/07	63°	
2	75°	
3	87°	
4		99°
5		111°
6		124°
7		136°
8		148°
9		160°
10		173°
11		185°
12		197°
13		209°
14		221°
15		234°
16		246°
17		258°
18		270°
19	283°	
20	295°	
21	307°	
22	319°	
23	332°	
24	344°	
25	356°	
26	8°	
27	21°	
28	33°	
29	45°	
30	57°	
31	69°	

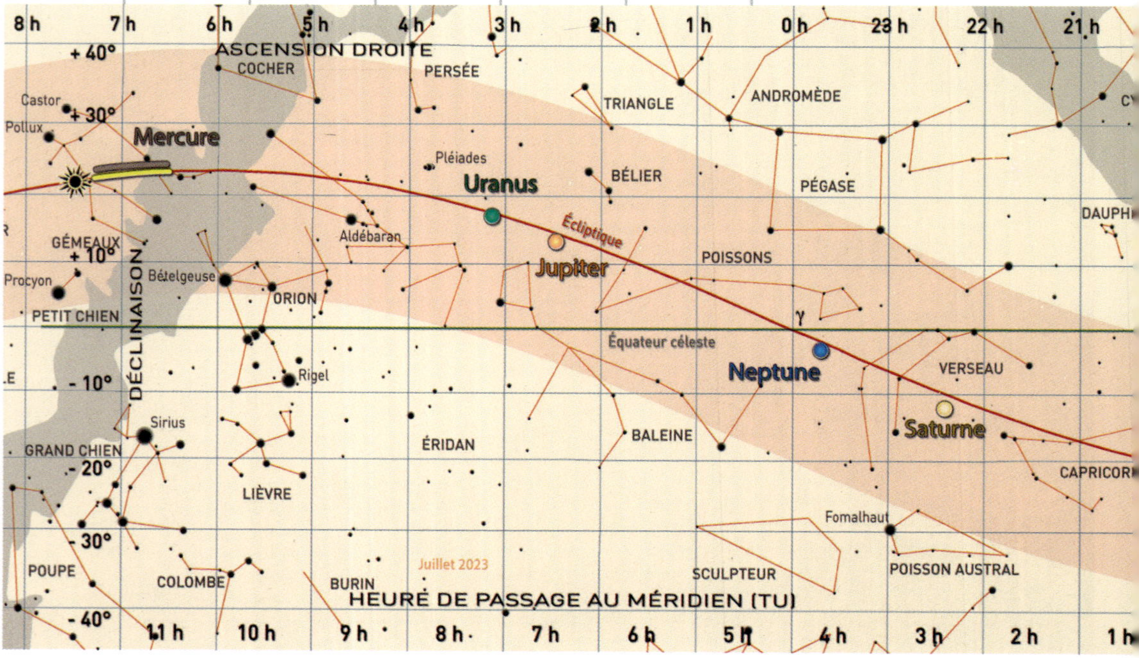

Hauteur mensuelle de la Lune

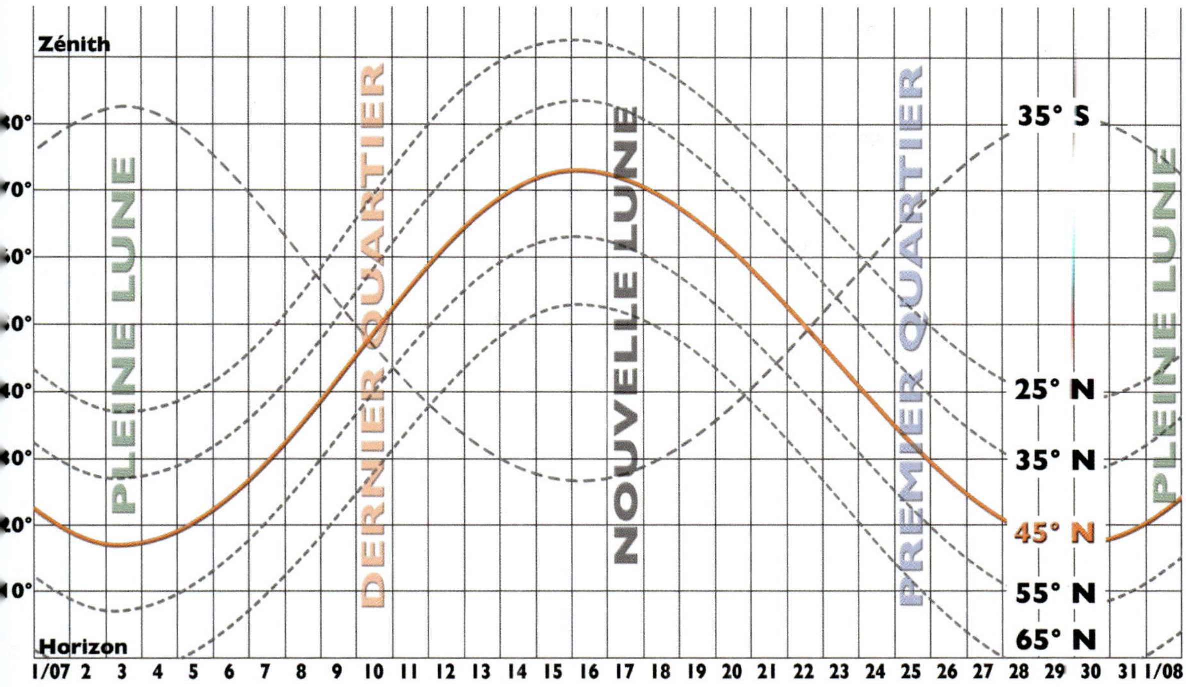

Le 1er juillet à 0 h TU, la Lune est âgée de 12,8 jours.

La Lune atteint sa plus grande déclinaison vers le nord le 16 (27,9°) et sa plus grande déclinaison vers le sud le 3 (- 27,8°) et le 30 (- 27,9°).

Attention, le calendrier lunaire ne rend pas compte de la variation du diamètre apparent de la Lune, qui apparaît plus ou moins grosse en fonction de son éloignement. Vous trouverez des valeurs de distance et de diamètre lunaires dans les phénomènes au jour le jour et dans les tableaux de fin de mois.

Vous trouverez en pages 35, 69, 70 et 71 des explications complètes sur ces trois schémas et ce tableau.

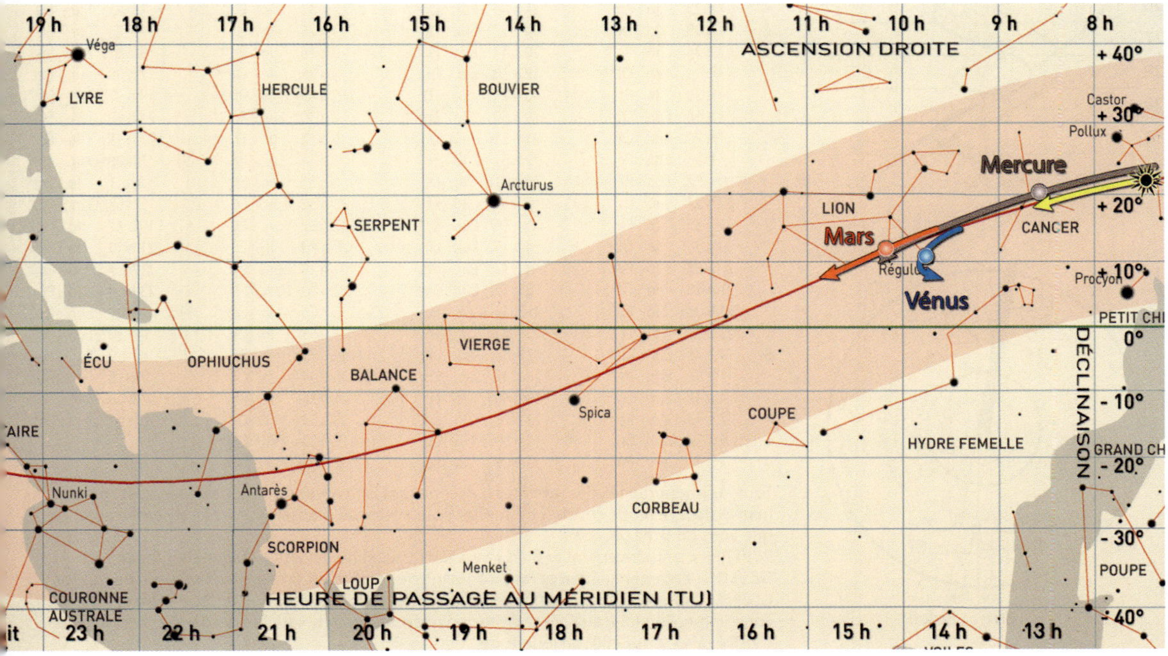

JUILLET 2023

Satellites de Jupiter

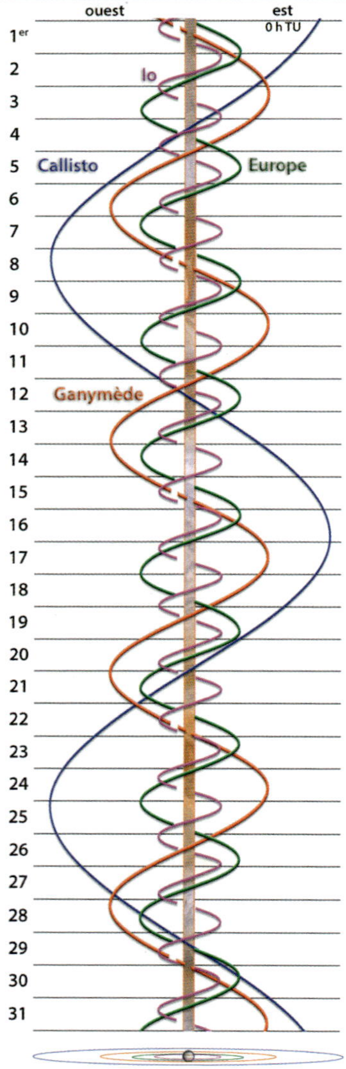

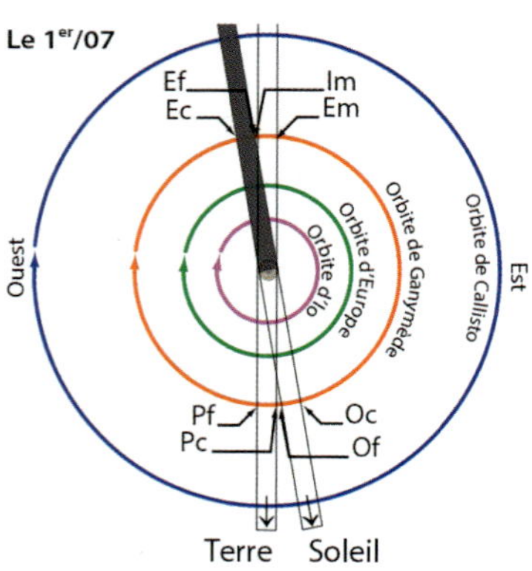

Passages de la tache rouge de Jupiter au méridien central

1er/07 : 6 h 11 ; 16 h 07.
2 : 2 h 03 ; 11 h 58 ; 21 h 54.
3 : 7 h 50 ; 17 h 45.
4 : 3 h 41 ; 13 h 37 ; 23 h 33.
5 : 9 h 28 ; 19 h 24.
6 : 5 h 20 ; 15 h 16.
7 : 1 h 11 ; 11 h 07 ; 21 h 03.
8 : 6 h 59 ; 16 h 54.
9 : 2 h 50 ; 12 h 46 ; 22 h 41.
10 : 8 h 37 ; 18 h 33.
11 : 4 h 29 ; 14 h 24.
12 : 0 h 20 ; 10 h 16 ; 20 h 12.
13 : 6 h 07 ; 16 h 03.
14 : 1 h 59 ; 11 h 55 ; 21 h 50.
15 : 7 h 46 ; 17 h 42.
16 : 3 h 38 ; 13 h 33 ; 23 h 29.
17 : 9 h 25 ; 19 h 20.
18 : 5 h 16 ; 15 h 12.
19 : 1 h 08 ; 11 h 03 ; 20 h 59.
20 : 6 h 55 ; 16 h 50.
21 : 2 h 46 ; 12 h 42 ; 22 h 37.
22 : 8 h 33 ; 18 h 29.
23 : 4 h 25 ; 14 h 20.
24 : 0 h 16 ; 10 h 12 ; 20 h 07.
25 : 6 h 03 ; 15 h 59.
26 : 1 h 55 ; 11 h 50 ; 21 h 46.
27 : 7 h 42 ; 17 h 37.
28 : 3 h 33 ; 13 h 29 ; 23 h 25.
29 : 9 h 20 ; 19 h 16.
30 : 5 h 12 ; 15 h 07.
31 : 1 h 03 ; 10 h 59 ; 20 h 54.

Longitude estimée du centre de la tache rouge en début de mois : 43°.

Phénomènes des satellites de Jupiter

	Heure	Sat.	Phé.
1er/07	1 h 29	Eur.	Em**
	3 h 31	Gan.	Ec**
	5 h 32	Gan.	Ef
	8 h 32	Gan.	Im
	10 h 17	Gan.	Em
	15 h 00	Io	Ec
	18 h 24	Io	Em
2	12 h 12	Io	Oc
	13 h 25	Io	Pc
	14 h 22	Io	Of
	15 h 35	Io	Pf
	15 h 41	Eur.	Oc
	18 h 02	Eur.	Of
	18 h 10	Eur.	Pc
	20 h 30	Eur.	Pf
3	9 h 29	Io	Ec
	12 h 54	Io	Em
4	6 h 41	Io	Oc
	7 h 55	Io	Pc
	8 h 51	Io	Of
	10 h 04	Io	Pf
	10 h 04	Eur.	Ec
	12 h 23	Eur.	Ef
	12 h 31	Eur.	Im
	14 h 50	Eur.	Em
	17 h 42	Gan.	Oc
	19 h 41	Gan.	Of
	22 h 53	Gan.	Pc
5	0 h 34	Gan.	Pf
	3 h 58	Io	Ec
	7 h 23	Io	Em
6	1 h 09	Io	Oc**
	2 h 24	Io	Pc**
	3 h 19	Io	Of**
	4 h 33	Io	Pf
	4 h 58	Eur.	Oc
	7 h 20	Eur.	Of
	7 h 33	Eur.	Pc
	9 h 52	Eur.	Pf
	22 h 27	Io	Ec
7	1 h 53	Io	Em**
	19 h 38	Io	Oc
	20 h 53	Io	Pc
	21 h 48	Io	Of
	23 h 03	Io	Pf
	23 h 21	Eur.	Ec
8	1 h 41	Eur.	Ef**
	1 h 52	Eur.	Im**
	4 h 11	Eur.	Em
	7 h 33	Gan.	Ec
	9 h 32	Gan.	Ef
	12 h 51	Gan.	Im
	14 h 32	Gan.	Em
	16 h 55	Io	Ec
	20 h 22	Io	Em
9	14 h 06	Io	Oc
	15 h 23	Io	Pc
	16 h 16	Io	Of
	17 h 32	Io	Pf
	18 h 18	Eur.	Oc
	20 h 39	Eur.	Of
	20 h 55	Eur.	Pc
	23 h 14	Eur.	Pf
10	11 h 24	Io	Ec
	14 h 52	Io	Em
11	8 h 34	Io	Oc
	9 h 52	Io	Pc
	10 h 45	Io	Of
	12 h 01	Io	Pf
	12 h 39	Eur.	Ec
	14 h 58	Eur.	Ef
	15 h 13	Eur.	Im
	17 h 32	Eur.	Em
	21 h 43	Gan.	Oc
	23 h 40	Gan.	Of
12	3 h 09	Gan.	Pc**
	4 h 46	Gan.	Pf
	5 h 52	Io	Ec
	9 h 21	Io	Em
13	3 h 03	Io	Oc**
	4 h 21	Io	Pc
	5 h 13	Io	Of
	6 h 31	Io	Pf
	7 h 36	Eur.	Oc
	9 h 57	Eur.	Of
	10 h 17	Eur.	Pc
	12 h 36	Eur.	Pf
14	0 h 21	Io	Ec
	3 h 50	Io	Em**
	21 h 31	Io	Oc
	22 h 51	Io	Pc
	23 h 41	Io	Of
15	0 h 59	Io	Pf**
	1 h 56	Eur.	Ec**
	4 h 15	Eur.	Ef
	4 h 33	Eur.	Im
	6 h 52	Eur.	Em
	11 h 34	Gan.	Ec
	13 h 32	Gan.	Ef
	17 h 06	Gan.	Im
	18 h 42	Gan.	Em
	18 h 49	Io	Ec
	22 h 20	Io	Em
16	15 h 59	Io	Oc
	17 h 19	Io	Pc
	18 h 10	Io	Of
	19 h 28	Io	Pf
	20 h 55	Eur.	Oc
	23 h 16	Eur.	Of
	23 h 39	Eur.	Pc
17	1 h 57	Eur.	Pf**
	13 h 18	Io	Ec
	16 h 48	Io	Em
18	10 h 28	Io	Oc
	11 h 48	Io	Pc
	12 h 38	Io	Of
	13 h 58	Io	Pf
	15 h 13	Eur.	Ec
	17 h 33	Eur.	Ef
	17 h 54	Eur.	Im
	20 h 11	Eur.	Em
19	1 h 43	Gan.	Oc**
	3 h 40	Gan.	Of**
	7 h 22	Gan.	Pc
	7 h 46	Io	Ec
	8 h 54	Gan.	Pf
	11 h 18	Io	Em
20	4 h 56	Io	Oc
	6 h 18	Io	Pc
	7 h 07	Io	Of
	8 h 27	Io	Pf
	10 h 13	Eur.	Oc
	12 h 34	Eur.	Of
	12 h 59	Eur.	Pc
	15 h 17	Eur.	Pf
21	2 h 15	Io	Ec**
	5 h 47	Io	Em
	23 h 25	Io	Oc
22	0 h 46	Io	Pc**
	1 h 35	Io	Of**
	2 h 55	Io	Pf**
	4 h 30	Eur.	Ec
	6 h 50	Eur.	Ef
	7 h 14	Eur.	Im
	9 h 31	Eur.	Em
	15 h 36	Gan.	Ec
	17 h 32	Gan.	Ef
	20 h 44	Io	Ec
	21 h 19	Gan.	Im
	22 h 50	Gan.	Em
23	0 h 16	Io	Em**
	17 h 53	Io	Oc
	19 h 15	Io	Pc
	20 h 04	Io	Of
	21 h 24	Io	Pf
	23 h 32	Eur.	Oc
24	1 h 53	Eur.	Of**
	2 h 20	Eur.	Pc**
	4 h 38	Eur.	Pf
	15 h 12	Io	Ec
	18 h 45	Io	Em
25	12 h 22	Io	Oc
	13 h 44	Io	Pc
	14 h 32	Io	Of
	15 h 53	Io	Pf
	17 h 47	Eur.	Ec
	20 h 08	Eur.	Ef
	20 h 33	Eur.	Im
	22 h 50	Eur.	Em
26	5 h 44	Gan.	Oc
	7 h 40	Gan.	Of
	9 h 41	Io	Ec
	11 h 32	Gan.	Pc
	12 h 59	Gan.	Pf
	13 h 14	Io	Em
27	6 h 50	Io	Oc
	8 h 13	Io	Pc
	9 h 00	Io	Of
	10 h 22	Io	Pf
	12 h 50	Eur.	Oc
	15 h 11	Eur.	Of
	15 h 40	Eur.	Pc
	17 h 57	Eur.	Pf
28	4 h 10	Io	Ec
	7 h 43	Io	Em
29	1 h 19	Io	Oc**
	2 h 42	Io	Pc**
	3 h 28	Io	Of**
	4 h 51	Io	Pf
	7 h 05	Eur.	Ec
	9 h 25	Eur.	Ef
	9 h 52	Eur.	Im
	12 h 08	Eur.	Em
	19 h 37	Gan.	Ec
	21 h 32	Gan.	Ef
	22 h 38	Io	Ec
30	1 h 28	Gan.	Im**
	2 h 11	Io	Em**
	2 h 53	Gan.	Em**
	19 h 47	Io	Oc
	21 h 10	Io	Pc
	21 h 57	Io	Of
	23 h 19	Io	Pf
31	2 h 09	Eur.	Oc**
	4 h 30	Eur.	Of
	4 h 59	Eur.	Pc
	7 h 16	Eur.	Pf
	17 h 06	Io	Ec
	20 h 40	Io	Em

Tous les phénomènes des satellites galiléens sont listés ci-dessus ; vous devez tenir compte des heures de lever et de coucher de Jupiter pour votre site d'observation afin de déterminer ceux que vous pourrez observer.

Pc et Pf = commencement et fin du passage du satellite devant le disque de Jupiter.
Oc et Of = commencement et fin du passage de l'ombre du satellite sur le disque de Jupiter.
Ec et Ef = commencement et fin de l'éclipse du satellite par l'ombre de Jupiter. Im et Em = immersion (disparition) et émersion (réapparition) du satellite derrière le disque jovien.
* Visible à 45° nord et 0° de longitude.

Satellites de Saturne

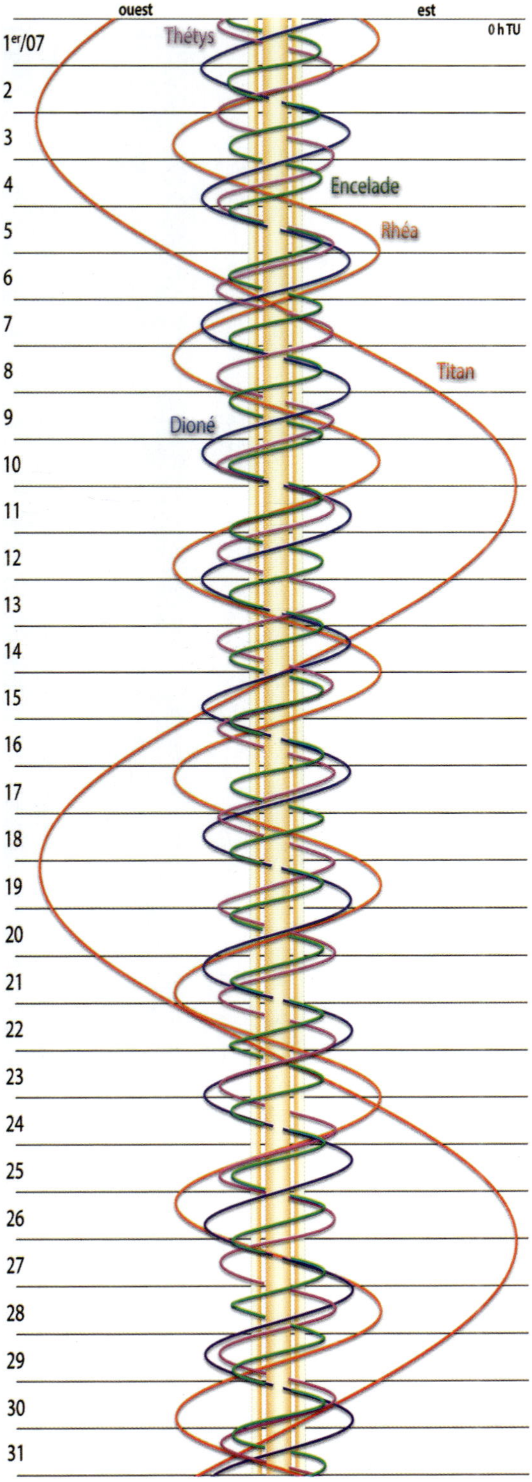

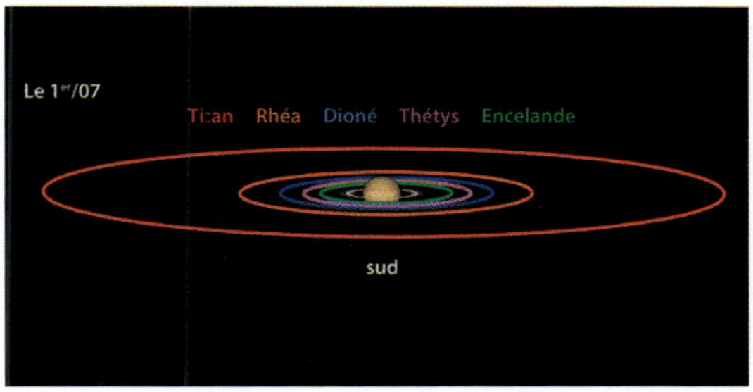

Les courbes ci-contre représentent les trajectoires apparentes des principales lunes de Saturne visibles dans les instruments d'amateur : Encelade est en vert, Téthys en cyan, Dioné en violet, Rhéa en orange et Titan en rouge. La triple bande centrale symbolise le disque et les anneaux de cette planète à la même échelle. La barre horizontale au-dessus de chaque date indique 0 h TU ce jour. Le nord est en haut, l'est à droite et l'ouest à gauche ; si vous ne savez plus comment est orienté le champ de votre instrument, lisez le petit texte d'explication de la page 67. Les satellites de Saturne tournent autour de leur planète dans le sens direct, c'est-à-dire dans le sens inverse des aiguilles d'une montre vu du nord. Ils passent donc entre la planète et nous dans le sens est-ouest et au-delà de la planète dans le sens ouest-est. Selon l'inclinaison du système de Saturne vu depuis la Terre (représentée ci-dessus), certaines des lunes peuvent alors être occultées ou éclipsées par le disque ou les anneaux de la planète. Le petit tableau ci-dessous donne la magnitude de ces lunes, plus Japet, dont l'orbite est trop grande pour être représentée (voir p. 294).

Satellites de Saturne en juillet 2023

	Mimas	Encelade	Téthys	Dioné	Rhéa	Titan	Japet
5	13,1	12,0	10,5	10,6	9,9	8,6	11,3
15	13,0	12,0	10,4	10,5	9,8	8,5	11,2
25	13,0	11,9	10,4	10,5	9,8	8,5	11,2

Dans le tableau suivant, la séparation en secondes d'arc est donnée avec un signe négatif pour les élongations à l'ouest. L'écart apparent entre Titan et Saturne reste important durant les nuits qui encadrent le jour de l'élongation maximale.

Élongations de Titan en juillet 2023

Date	Heure	Séparation en "
3	5 h 37	- 184
11	1 h 20	185
19	3 h 41	- 188
26	23 h 14	188

Diamètre apparent le 15 : 0,79"

JUILLET 2023

Les phénomènes astronomiques au jour le jour

À NE PAS MANQUER CE MOIS-CI !
Guettez les nuages noctiluques.
Admirez l'arche de la Voie lactée le soir.
Le 1er, Mars est au plus près de Vénus.
Le 7, Saturne et la Lune.
Le 11 et le 12, Jupiter et la Lune.
Le 14, les Pléiades et le croissant de l'aube.
Le 19, Mercure et le croissant du soir.
Le 20 et le 21, Vénus, Mars et la Lune.
Le 28, Antarès et la Lune gibbeuse.

L'été, observez l'étoile variable Algol de Persée en fin de nuit.

JJ TU

01 01 Samedi (182-183). Heure de début et de fin du crépuscule astronomique à 45° de latitude nord et 0° de longitude : le 1er (1 h 46 m/22 h 21 m) ; le 15 (2 h 07 m/22 h 04 m). La durée du jour est de 15 heures et 33 minutes le 1er et de 14 heures et 44 minutes le 31 ; le dernier jour du mois, le Soleil se lève 27 minutes plus tard et se couche 22 minutes plus tôt que le premier. La durée du crépuscule astronomique passe de 151 à 126 minutes sur le mois.

01 05 Mercure est en conjonction supérieure à 1,3° du centre du disque solaire.

01 07 Après plusieurs semaines de rapprochement apparent, **Vénus et Mars sont au plus près à 3° 34′ d'écart,** mais ces deux planètes ne sont pas en conjonction en ascension droite. Cherchez-les ce soir à moins de 10° de hauteur à l'ouest-nord-ouest une heure et demie après le coucher du Soleil.

01 08 **Conjonction géocentrique en longitude entre la Lune (Sco) et Antarès** à 8 h 17 m (séparation : 1,4°). La Lune gibbeuse croissante brille à l'ouest d'Antarès le 30 juin et à l'est le 1er juillet au soir.

01 12 À midi, début du jour julien 2 460 127.

01 12 **Maximum d'éclat de l'étoile Delta Cephei** à 12 h. Sa magnitude varie de 3,5 à 4,4 au cours d'un cycle de 5,366 jours. Les autres maxima du mois se produisent le 6 à 21 h, le 12 à 6 h, le 17 à 15 h, le 22 à 23 h et le 28 à 8 h. Voir également le 6 octobre 2023.

01 16 **Minimum d'éclat de l'étoile variable Algol de Persée** (Bêta Persei) à 16 h ; sa magnitude est proche de 3,3. Les autres minima du mois se produisent le 4 à 13 h, le 7 à 10 h, le 10 à 7 h, le 13 à 3 h, le 16 à 0 h, le 18 à 21 h, le 21 à 18 h, le 24 à 15 h, le 27 à 12 h et le 30 à 8 h. Voir également le 2 septembre 2023.

01 22 L'étoile **Deneb** domine l'horizon est de 50° à la fin du crépuscule astronomique à 45° de latitude nord.

02 00 Dimanche. 183e jour de l'année ; il reste 182 jours jusqu'au 31 décembre.

02 00 **L'inclinaison apparente des anneaux de Saturne** passe de + 7,4° à + 8,1° au cours du mois.

02 00 La Pleine Lune nous empêche de profiter de la **Voie lactée** au début du mois, mais celle-ci apparaît de mieux en mieux dans les jours suivants. À la fin du très long crépuscule, elle s'étire du nord au sud, de Persée au Scorpion ; à l'est du zénith, le Triangle d'été surplombe l'horizon d'une cinquantaine de degrés. Notez qu'il n'y a pas de nuits noires dans le nord de la France métropolitaine jusqu'à la mi-juillet et que la portion septentrionale de la Voie lactée est donc délicate à voir auparavant. Avant l'aube, le Cygne plane au zénith et la Voie lactée repose sur le Cocher au nord-est et sur Ophiuchus et le Sagittaire au sud-ouest. Au sud de la France, c'est le meilleur mois pour observer et photographier les constellations du Scorpion et d'Ophiuchus ainsi que les splendides nébuleuses sombres ou vivement colorées qui les peuplent.

02 12 **Milieu de l'année.** Le milieu de l'année dans le calendrier grégorien intervient le 2 juillet à 0 h les années bissextiles et le 2 juillet à 12 h les années normales.

02 15 Mercure est à l'apogée à 1,328 ua de la Terre, soit près de 199 millions de kilomètres.

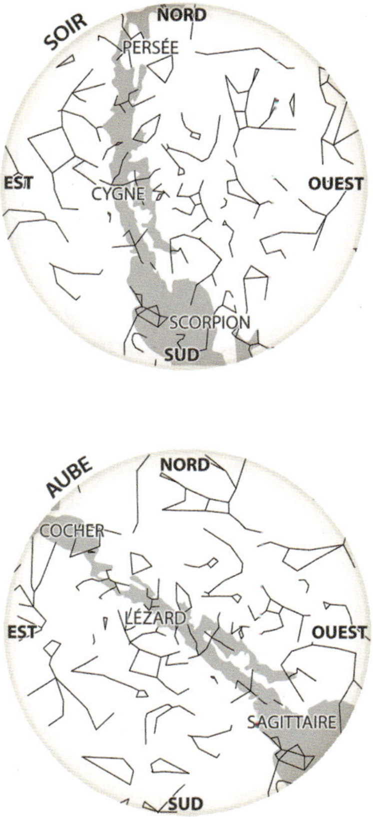

Orientation de la Voie lactée début juillet à la fin du crépuscule astronomique et à l'orée de l'aube.

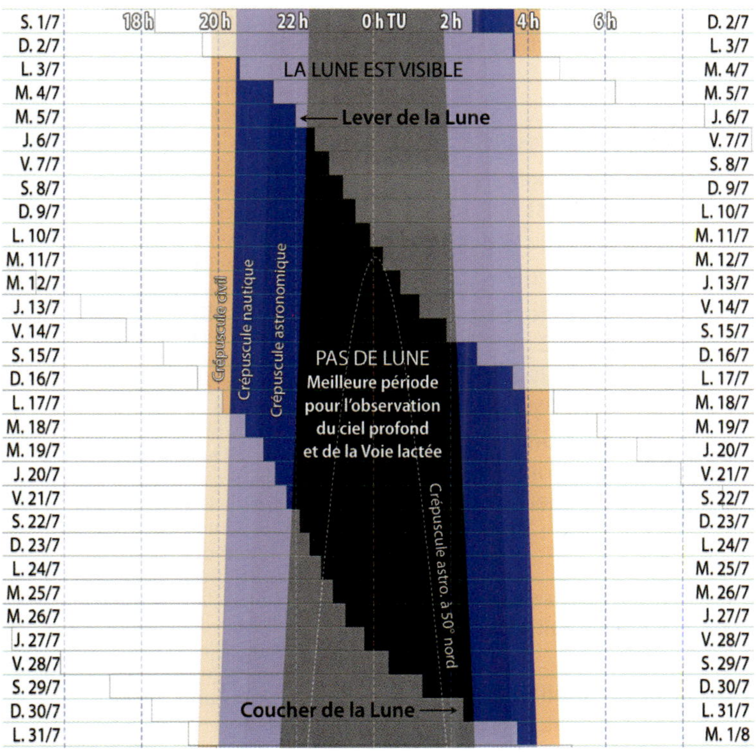

Les phénomènes astronomiques au jour le jour

27e SEMAINE

03 00 Lundi (184-181). L'éclat de la Pleine Lune efface la Voie lactée une grande partie de la semaine. Constellation de la Lune chaque jour à 0 h pour 45° de latitude nord et 0° de longitude : L-Sgr, M-Sgr, M-Cap, J-Cap, V-Aqr, S-Aqr, D-Psc.

03 00 TSMG (voir p. 17) : 18 h 43 m 04 s.

03 05 **Élongation maximale de Titan** à l'ouest de Saturne à 5 h 37 m (184″). Retrouvez les autres élongations de Titan en juillet à la page consacrée aux satellites de Saturne en début de mois.

03 11 **Pleine Lune à 11 h 39 m (Sgr).** Distance : 361 934 km, soit 56,75 rayons terrestres.

03 12 À midi, début du jour julien 2 460 129.

03 23 Durant la nuit du 2 au 3, la Lune pratiquement pleine franchit le méridien à moins de 11° de l'horizon sud à Lille et de 19° à Perpignan ; il s'agit de la **Pleine Lune la plus basse de l'année**. Les tableaux disponibles en page 31 indiquent la position et la hauteur au méridien des différentes phases lunaires au fil des mois.

04 04 Mardi (185-180). **Callisto est en conjonction inférieure** à 4 h 58 m. Elle est observable à proximité apparente du pôle Sud jovien.

04 07 Vénus passe au nœud descendant de son orbite (longitude héliocentrique : 256,6°).

04 22 La Lune passe au périgée à 22 h 25 m. Distance : 360 149 km, soit 56,47 rayons terrestres.

05 00 Mercredi (186-179). Période de libration maximale en latitude pour la Lune (b = 6,6°). Clavius est repoussé contre le limbe sud.

05 12 **Le Soleil** franchit le méridien à 68° de hauteur.

05 20 Vénus devrait frôler ou occulter une étoile de magnitude 8,6 (PPM 126710) entre 20 h 36 m et 21 h 02 m. Cette occultation se produit durant le crépuscule civil, elle est donc particulièrement délicate à observer.

05 21 Le Soleil se couche sur la région d'**Endymion** (1-28) et, autour de 21 h 23 m, vous pouvez tenter d'observer avec un instrument une ou plusieurs raies lumineuses dans cette formation. Longitude du terminateur : 122° ; âge lunaire : 17,7 j ; illumination : 91 %.

06 02 Jeudi (187-178). Formations lunaires proches du terminateur dans la journée : Endymion, l'albatros (bordure ouest de la mer des Crises).

06 03 **Minimum d'éclat de l'étoile variable Sheliak** (Bêta de la Lyre) à 3 h. Sa magnitude varie de 3,3 à 4,3 au cours

Depuis quelques années, je vous rappelle les noms donnés à chaque Pleine Lune dans certaines cultures. S'ils sont souvent plaisamment nostalgiques, ces noms ne correspondent plus toujours aux activités de notre vie quotidienne. J'ai donc décidé de vous proposer des noms en rapport avec les moments importants de notre calendrier annuel. Mon choix est totalement subjectif et je vous invite à me suggérer d'autres noms que vous jugeriez plus appropriés ; en fin de compte, l'essentiel est de prendre plaisir à l'observation de la Lune tout au long de l'année ! Donc, pour juillet, je parle dorénavant de la Pleine Lune des festivals. Le 2 au coucher du Soleil, la Lune pratiquement pleine est posée sur l'horizon sud-est ; à la fin du crépuscule, les étoiles les plus brillantes de la Théière du Sagittaire sont visibles autour d'elle. Elle se couche au sud-ouest le 3 à l'aube moins de huit heures après son lever. Le 3 au crépuscule, la Pleine Lune se lève plus d'une demi-heure après le départ du Soleil et, le 4 à l'aube, elle descend vers l'horizon sud-ouest au lever du Soleil.

d'un cycle de 12,941 jours. L'autre minimum du mois se produit le 19 à 2 h. Voir également le 2 août 2023.

06 20 **À 20 h 06 m, la Terre atteint sa plus grande distance au Soleil** (aphélie) pour l'année 2023 : 1,016 680 584 ua, soit un peu plus de 152 093 251 km (l'unité astronomique vaut 149 597 870,691 km). L'instant du passage à l'aphélie peut se situer entre le 2 juillet à 20 h (comme en 1960) et le 6 juillet à 23 h (comme en 2007). Notre planète est près de 5 millions de kilomètres (3,4 %) plus éloignée du Soleil que le 4 janvier dernier.

07 00 Vendredi (188-177). **Période du maximum d'éclat de l'étoile variable R Ser** (1546+15). R Ser est une variable de type Mira (variable à longue période) dont la magnitude oscille entre 5,2 et 14,4 ; sa période est de 356,41 jours. Vous trouverez dans cette édition les dates de maximum d'une quarantaine d'étoiles variables. Je n'ai pas la place de mettre une carte de champ détaillée pour chacune, mais les observateurs intéressés pourront se rendre sur le site de l'AAVSO (American Association of Variable Star Observers, www.aavso.org) et, sous la rubrique « Stars Easy-To-Observe », ils trouveront toutes les informations utiles pour suivre les variations d'éclats de ces astres.

07 04 **Conjonction géocentrique en longitude entre la Lune (Aqr) et Saturne** à 4 h 47 m (séparation : 2,4°). À l'aube, ces deux astres sont visibles à une trentaine de degrés de hauteur au-dessus de l'horizon sud-sud-est.

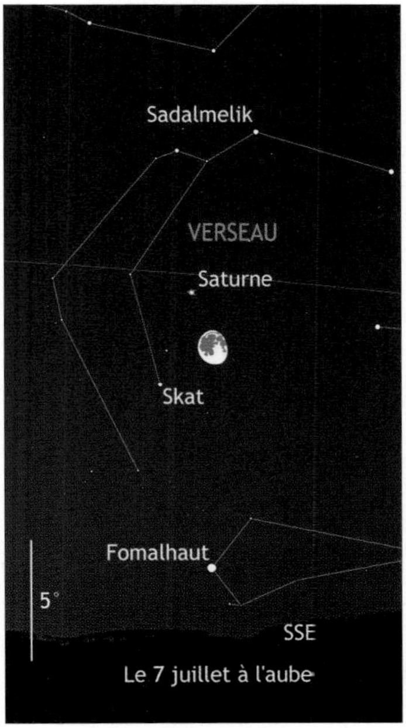

Le 7 juillet à l'aube, Saturne et la Lune gibbeuse décroissante sont visibles loin au-dessus de l'horizon sud-sud-est.

07 20 **Opposition de la petite planète 15 Eunomia.** Prochaine opposition le 14 décembre 2024.

08 00 Samedi (189-176). Latitude nord maximale pour Mercure : 7° (longitude héliocentrique : 138,3°).

08 00 **Pluton revient dans la constellation du Sagittaire** après son escapade dans le Capricorne depuis le 1er mars 2023.

08 01 **Maximum d'éclat de l'étoile variable Êta Aquilae** (Aigle) à 1 h. Il s'agit d'une étoile de type céphéide dont la magnitude passe de 3,5 à 4,4 au cours d'un cycle de 7,177 jours. Les autres maxima du mois se produisent le 15 à 5 h, le 22 à 10 h et le 29 à 14 h. Voir également le 8 mars 2024.

08 15 Conjonction géocentrique en longitude entre la Lune (Aqr) et Neptune à 15 h 22 m (séparation : 1,5°).

08 22 Le Soleil se couche sur la région **d'Aristoteles** (1-24) et, autour de 22 h 26 m, vous pouvez tenter d'observer avec un instrument une ou plusieurs raies lumineuses dans cette formation. Longitude du terminateur : 159° ; âge lunaire : 20,7 j ; illumination : 63 %.

09 00 Dimanche. 190e jour de l'année.

09 18 **Maximum de l'éclat de Vénus.**

Les phénomènes astronomiques au jour le jour

28e SEMAINE

10 00 Lundi (191-174). La Lune gibbeuse décroissante glisse vers la fin de la nuit et la plantureuse Voie lactée estivale prend ses aises sur la voûte céleste ; éloignez-vous des lumières artificielles pour la contempler ! Constellation de la Lune chaque jour à 0 h pour 45° de latitude nord et 0° de longitude : L-Psc, M-Ari, M-Ari, J-Tau, V-Tau, S-Tau, D-Gem.

10 00 TSMG (voir p. 17) : 19 h 10 m 39 s.

10 00 À 0 h 25 m, l'étoile 77 Psc (Psc - magnitude 6,4) est occultée par la Lune ; elle réapparaît à 1 h 14 m. Les deux astres sont alors à 17,1° au-dessus de l'horizon et la fraction éclairée de notre satellite est de 50 %.

10 01 **Dernier Quartier de Lune à 1 h 48 m (Psc).** Distance : 376 426 km, soit 59,02 rayons terrestres.

10 03 Mercure entre dans la constellation du Cancer.

10 07 **Maximum de l'essaim météoritique des Pégasides de juillet** (175 JPE), qui est actif du 7 au 13 juillet. Longitude héliocentrique prévue pour le maximum de l'essaim (équinoxe 2000.0) : 107,5°. Taux horaire moyen au zénith : 0 à 3. Les Pégasides sont très rapides – 70 km/s – et peu éclatantes. Les observations de cet essaim au cours des vingt dernières années révèlent une activité très faible à inexistante. L'IMO publie chaque année un calendrier des principaux essaims observables sur www.imo.net. Je tiens à préciser que, si je signale les pics des principaux essaims météoritiques tout au long de l'année, cela ne signifie pas qu'on ne peut pas observer d'étoiles filantes en dehors de ces dates. Des petites flèches d'argent sont visibles toutes les nuits, mais leur nombre croît de façon significative – ou pas – lors des maxima. Pour information, l'Union astronomique internationale recense plus de mille deux cents essaims potentiellement actifs tout au long de l'orbite de notre planète.

10 12 À midi, début du jour julien 2 460 136.

10 16 Mercure et Saturne sont en opposition héliocentrique.

10 17 **Conjonction géocentrique en longitude entre Mars (Leo) et Régulus** à 17 h 36 m (séparation : 0,7°). Ce soir, pendant le crépuscule nautique, admirez Mars et Régulus côte à côte à moins de 10° de hauteur au-dessus de l'horizon ouest.

10 20 Le Soleil se couche sur la région d'**Archimedes** (3-243) et, autour de 20 h 36 m, vous pouvez tenter d'observer avec un instrument une ou plusieurs raies lumineuses dans cette formation. Longitude du terminateur : 183° ; âge lunaire : 22,7 j ; illumination : 42 %.

Il s'est écoulé 6 jours, 14 heures et 9 minutes (6,589 jours) entre la Pleine Lune du 3 juillet et le Dernier Quartier du 10, l'intervalle le plus court entre deux phases sur la période couverte par cette édition. Une lunaison complète durant 29,53 jours en moyenne, on pourrait supposer que l'intervalle entre deux phases devrait être de 7,38 jours, soit 7 jours, 9 heures et 11 minutes, mais ce serait oublier que la Lune ne se déplace pas toujours à la même vitesse sur son orbite elliptique autour de la Terre et que la vitesse de notre planète autour du Soleil varie également au fil de l'année. Cependant, si l'on effectue la moyenne sur une très longue période, comme Jean Meeus le propose dans son ouvrage *Morsels IV* sur la période 1801-2200, qui abrite 4 948 lunaisons, on se rapproche à quelques minutes près de la valeur moyenne indiquée plus haut.

11 00 Mardi (192-173). Période de libration maximale en longitude pour la Lune (l = 6,7°). Le bassin de Grimaldi est écrasé sur le limbe par l'océan des Tempêtes.

11 01 Belle disposition symétrique des lunes galiléennes en fin de nuit avec **Ganymède et Io à l'est du disque jovien et Europe et Callisto à l'ouest**. Dans les phénomènes au jour le jour, je signale quelques scènes particulièrement spectaculaires du ballet des lunes galiléennes, mais vous pouvez estimer leurs positions heure par heure grâce aux graphiques des courbes des satellites de Jupiter qui sont disponibles au début de chaque mois lorsque Jupiter est observable en Europe occidentale.

11 01 La Lune passe au nœud ascendant à 1 h 22 m (longitude moyenne : 30,8°). Distance : 381 131 km.

11 07 Début de la 2273e rotation synodique du Soleil.

11 20 **Conjonction géocentrique en longitude entre la Lune (Ari) et Jupiter** à 20 h 04 m (séparation : 2,1°). Observez ces deux astres à l'aube le 11 et le 12 à une vingtaine de degrés de hauteur au-dessus de l'horizon est.

12 04 Mercredi (193-172). Formations lunaires proches du terminateur dans la journée : Copernic et la chaîne de montagnes des Carpathes, Longomontanus, Klaproth.

12 12 **Le Soleil** franchit le méridien à 67° de hauteur.

12 13 **Callisto est en conjonction supérieure** à 13 h 46 m. Elle est observable à proximité du pôle Nord jovien.

12 16 Conjonction géocentrique en longitude entre la Lune (Ari) et Uranus à 16 h 42 m (séparation : 2,2°). Utilisez des jumelles pour repérer la planète dans le même champ que le croissant lunaire le 13 au début de l'aube à l'est-nord-est.

12 21 La comète **185P Petriew** (période de 5,45 années) passe au plus près du Soleil (périhélie) à 139 millions de kilomètres. Son éclat pourrait atteindre la magnitude 11,5. Elle se situe alors dans le Taureau et est photographiable en toute fin de nuit et à l'orée de l'aube juste au-dessus de l'horizon est-nord-est. En utilisant les éléments orbitaux des comètes (voir le tableau p. 59) dans un logiciel de cartographie céleste, vous pouvez afficher leur position en fonction de la date et de votre lieu d'observation ; le site de Gideon van Buitenen permet de télécharger les éléments orbitaux des comètes au format des principaux logiciels astronomiques : astro.vanbuitenen.nl/cometels. Quant au site aerith.net, tenu à jour par Seiichi Yoshida, il signale les dernières découvertes cométaires et permet de les positionner sur la voûte céleste et d'avoir une estimation de l'évolution de leur éclat.

12 23 **Solstice d'été pour l'hémisphère Nord de Mars.**

13 01 Jeudi (194-171). Io, Europe et Callisto dessinent un joli petit triangle à l'est de Jupiter ; à voir avec une lunette ou un télescope.

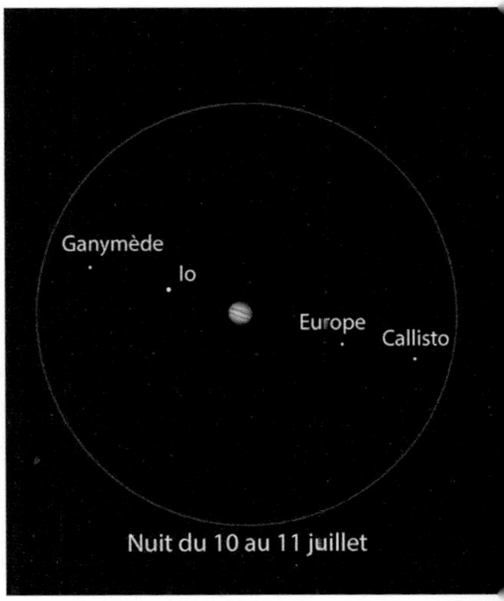

Durant la nuit du 10 au 11 juillet, les lunes galiléennes s'étalent autour du disque jovien.

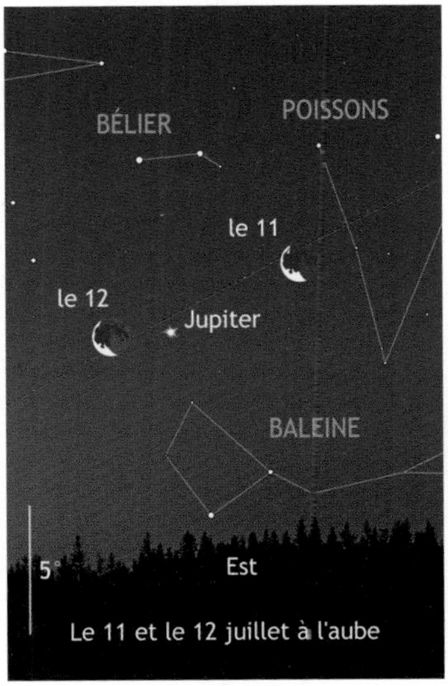

Le 11 et le 12 juillet à l'aube, Jupiter reçoit la visite d'un gros croissant lunaire au-dessus de l'horizon est.

Les phénomènes astronomiques au jour le jour

13 07 **Conjonction géocentrique en longitude entre la Lune (Tau) et les Pléiades** à 7 h 50 m (séparation : 1,6°). Les Pléiades et le croissant lunaire accompagné d'une superbe lumière cendrée se hissent au-dessus de l'horizon est-nord-est à la fin de la nuit.

14 01 Vendredi (195-170). Si vous êtes photographe, utilisez la clarté du croissant lunaire qui se lève juste avant l'aube pour révéler le paysage sous le cœur de la Voie lactée qui s'étale sur l'horizon sud-ouest.

14 23 La petite planète **15 Eunomia** passe au périgée à 1,672 ua. Sa magnitude est proche de 8,7.

16 00 Dimanche. 197e jour de l'année.

16 03 Mercure et Mars sont en conjonction héliocentrique.

29e SEMAINE

17 00 Lundi (198-167). Le croissant lunaire revient dans le ciel du soir, mais son éclat n'est pas encore gênant car il disparaît assez vite et nous laisse de nombreuses heures pour parcourir le ciel profond et découvririent les merveilles qui pavent la Voie lactée. Constellation de la Lune chaque jour à 0 h pour 45° de latitude nord et 0° de Sagittairetude : L-Gem, M-Cnc, M-Cnc, J-Leo, V-Leo, S-Leo, D-Vir.

17 00 TSMG (voir p. 17) : 19 h 38 m 15 s.

17 04 Ce matin à l'aube, il faut impérativement un instrument pour tenter d'observer un fin croissant lunaire de 0,5 %. À 4 h, il est âgé de 14 heures avant la Nouvelle Lune ; il se situe à 2,5° de hauteur et à 54° d'azimut, alors que le Soleil se situe à 5° sous l'horizon. Un peu moins de 40 heures séparent ce très vieux croissant du jeune croissant que vous pourrez tenter de repérer demain soir ; il s'agit de la « paire » la plus serrée observable en France métropolitaine durant la période couverte par cette édition.

17 12 À midi, début du jour julien 2 460 143.

17 18 **Nouvelle Lune à 18 h 32 m (Gem).**

18 08 Mardi (199-166). Le plus jeune croissant de la lunaison peut être observé au crépuscule avec un instrument optique en Corée.

18 12 La petite planète **15 Eunomia** passe à moins de 2° au nord de l'étoile Nunki du Sagittaire.

18 12 Période du maximum d'éclat de l'étoile variable T Ari (0242+17). T Ari est une variable semi-régulière dont la magnitude oscille entre 7,3 et 10,5 ; sa période est de 314 jours.

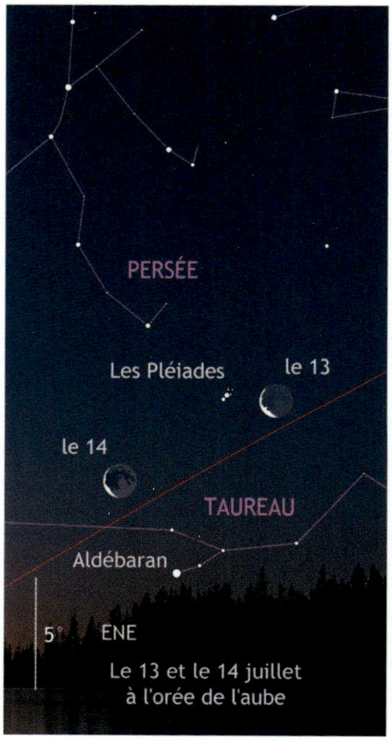

Le 13 et le 14 juillet à l'orée de l'aube, cherchez les Pléiades à côté du croissant lunaire au-dessus de l'horizon est-nord-est.

18 20 Ce soir au crépuscule, guettez un fin croissant lunaire de 1,3 %. À 20 h 10 m, il est âgé de 25,5 heures ; il se situe à 3,5° de hauteur et à 299° d'azimut, alors que le Soleil se situe à 5° sous l'horizon.

19 00 **Début de la 1445ᵉ année de l'hégire** dans le calendrier musulman. Lunaire, celui-ci alterne 12 mois de 30 et 29 jours, à l'exception du dernier mois, qui peut être identique au précédent. L'année peut donc totaliser 354 (année commune) ou 355 jours (année abondante) ; 1436 et 1439 étaient des années abondantes, comme 1442 et 1445, et 1437, 1438, 1440 et 1441 étaient des années communes, comme 1443 et 1444. 33 années grégoriennes correspondent à 34 années musulmanes ; il faut donc 33 ans environ pour que le nouvel an musulman revienne à la même date dans notre calendrier. Les années musulmanes sont comptées depuis le 16 juillet 622 du calendrier julien (1er Mouharram), jour de l'hégire ou départ du prophète Mohammed de La Mecque vers Médine. Vous trouverez des explications sur les différents calendriers couramment employés sur le site web de l'IMCCE. Le 1er Mouharram 1446 se produira le 8 juillet 2024.

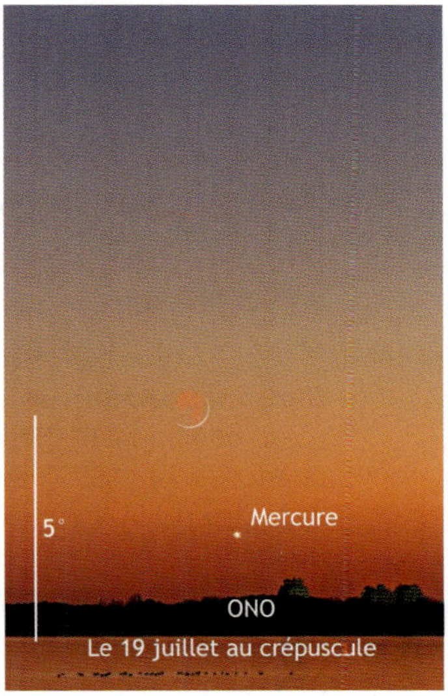

Le 19 juillet au crépuscule, moins d'une heure après le départ du Soleil, utilisez des jumelles pour tenter de distinguer le petit éclat de Mercure sous la jeune Lune au ras de l'horizon ouest-nord-ouest.

19 11 Mercredi (200-165). **Conjonction géocentrique en longitude entre la Lune (Cnc) et Mercure** à 11 h 23 m (séparation : 3,3°). Il faut des jumelles, en plus d'un horizon ouest-nord-ouest parfaitement dégagé et limpide, pour tenter d'observer l'éclat de Mercure à moins de 4° du fin croissant lunaire durant l'heure qui suit le coucher du Soleil.

19 12 **Le Soleil** franchit le méridien à 66° de hauteur.

19 14 Plus petite distance entre la Terre et la planète naine Pluton : 33,7972 ua, soit 5,056 milliards de kilomètres ou 4,7 heures-lumière.

19 23 L'étoile **Altaïr** de l'Aigle passe au méridien à minuit. Sa hauteur est alors de 54° sud.

20 06 Jeudi (201-164). La Lune passe à l'apogée à 6 h 57 m. Distance : 406 289 km, soit 63,70 rayons terrestres.

20 12 La comète **C/2021 T4 Lemmon** passe au plus près de la Terre à 81 millions de kilomètres et son éclat pourrait atteindre la magnitude 8. Elle circule dans la constellation du Télescope et n'est pas observable en Europe.

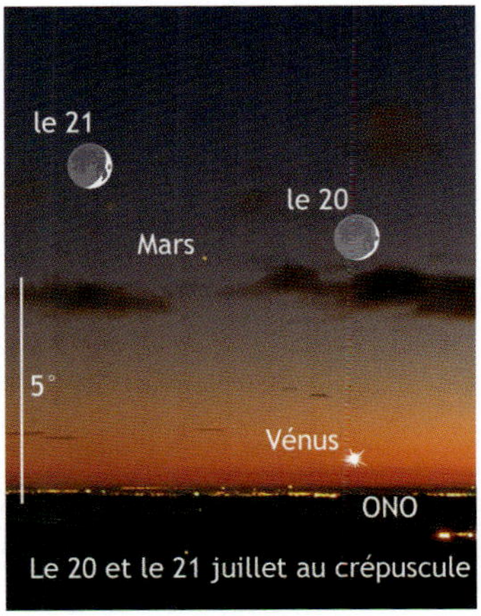

Le 20 et le 21 juillet au crépuscule, Vénus , la Lune et Mars occupent l'horizon ouest-nord-ouest après le départ de Mercure. Des jumelles seront sans doute nécessaire pour repérer le faible éclat martien.

20 14 **En plein jour.** Avant leur conjonction crépusculaire, le jeune croissant de la **Lune et Vénus** sont repérables en début d'après-midi à plus de 50° de hauteur au méridien. Le Soleil est à une trentaine de degrés à l'ouest du couple, donc méfiez-vous de son éclat.

20 14 **Conjonction géocentrique en longitude entre la Lune (Leo) et Vénus** à 14 h 08 m (séparation : 7,3°). Moins d'une heure après le départ du Soleil, le croissant lunaire surplombe Vénus au-dessus de l'horizon ouest-nord-ouest. À cause de la forte inclinaison de l'écliptique sur

Les phénomènes astronomiques au jour le jour

l'horizon ouest actuellement, cette planète éclatante termine sa période de visibilité en soirée pour les observateurs européens. Sous les tropiques, en revanche, Vénus sera encore présente au crépuscule pendant une paire de semaines.

21 00 Vendredi (202-163). **Callisto est en conjonction inférieure** à 0 h 21 m. Elle est observable à proximité apparente du pôle Sud jovien.

21 01 Mercure entre dans la constellation du Lion.

21 06 **Conjonction géocentrique en longitude entre la Lune (Leo) et Mars** à 6 h 36 m (séparation : 3°). Tentez votre chance le 20 et le 21 au crépuscule, une heure et demie après le coucher du Soleil ; vous aurez sûrement besoin de jumelles pour repérer Mars au ras d'un horizon ouest-nord-ouest lointain et pur.

21 07 **Le Soleil entre dans la constellation du Cancer (118,3°)** à 7 h 18 m. Tout au long de l'année, notre étoile parcourt l'écliptique et pénètre successivement à l'intérieur des treize constellations traversées par cette ligne céleste ; la treizième constellation zodiacale est Ophiuchus, figure au sein de laquelle le Soleil chemine entre le Scorpion et le Sagittaire (voir le schéma p. 11).

22 04 Samedi (203-162). **Opposition de la planète naine Pluton.** Longitude héliocentrique : 299° 07'. Pluton se situe à l'extrême est du Sagittaire, à 1° au sud de l'amas globulaire Messier 75, et passe le méridien sud à près de 22° de hauteur. Prochaine opposition le 23 juillet 2024.

22 21 Le Soleil se lève sur la région de **Posidonius** (1-48) et, autour de 21 h 54 m, vous pouvez tenter d'observer avec un instrument une ou plusieurs raies lumineuses dans cette formation. Longitude du terminateur : 331° ; âge lunaire : 5,1 j ; illumination : 22 %.

23 00 Dimanche. 204e jour de l'année.

23 01 **Le Soleil entre dans le signe astrologique du Lion (120°)** à 1 h 50 m, mais, dans la réalité, il vient d'entrer dans la constellation du Cancer. Par définition, les signes dits « astrologiques » sont douze zones rectangulaires centrées sur l'écliptique et occupant chacune exactement 30° de longitude. Jusqu'à la fin du XIXe siècle, les astronomes les utilisaient pour indiquer la position des planètes en faisant suivre le nom de la constellation zodiacale d'une valeur comprise entre 0° et 30°. Les limites en longitude céleste des signes du zodiaque et des constellations du zodiaque portant le même nom ne coïncident pas.

23 01 **Vénus est stationnaire** en ascension droite dans le Lion puis elle rétrograde pendant 43 jours.

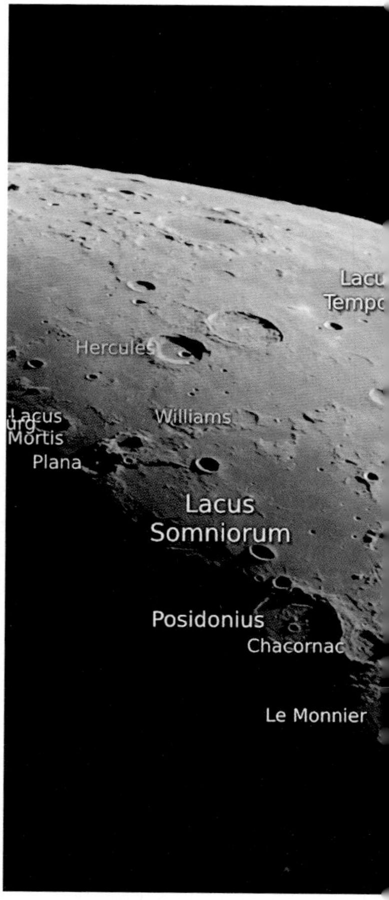

Crédit : NASA's Scientific Visualization Studio

23 12 En récupérant les images du coronographe LASCO C3 de la sonde *SOHO*, vous pourrez voir aujourd'hui l'amas ouvert de la Crèche (Messier 44) sur le bord gauche du champ (à l'est), dans lequel il cheminera jusqu'au 8 août.

23 21 Si vous êtes photographe, utilisez la clarté du croissant lunaire qui se couche après la fin du crépuscule astronomique pour révéler le paysage sous la Voie lactée qui se dresse au sud.

30E SEMAINE

24 00 Lundi (205-160). Les conditions d'observation du ciel profond se dégradent rapidement avec la montée en puissance de l'éclat lunaire cette semaine. Constellation de la Lune chaque jour à 0 h pour 45° de latitude nord et 0° de longitude : L-Vir, M-Vir, M-Vir, J-Lib, V-Lib, S-Sco, D-Sgr.

24 00 TSMG (voir p. 17) : 20 h 05 m 51 s.

24 12 À midi, début du jour julien 2 460 150.

25 00 Mardi (206-159). Le Soleil se lève sur la région de la **vallée des Alpes** (1-22) et, autour de 0 h 34 m, vous pouvez tenter d'observer avec un instrument une ou plusieurs raies lumineuses dans cette formation. Longitude du terminateur : 356° ; âge lunaire : 7,3 j ; illumination : 41 %.

25 05 **Conjonction géocentrique en longitude entre la Lune (Vir) et Spica** à 5 h 41 m (séparation : 2,5°). Le 24 et le 25 à la fin du crépuscule, le gros quartier lunaire joue à saute-mouton avec cette étoile au-dessus de l'horizon ouest-sud-ouest.

25 15 La Lune passe au nœud descendant à 15 h 05 m (longitude moyenne : 209°). Distance : 392 611 km, soit 61,6 rayons terrestres.

25 17 Mercure et Jupiter sont en opposition héliocentrique.

25 22 **Premier Quartier de Lune à 22 h 07 m (Vir).** Distance : 391 060 km, soit 61,31 rayons terrestres. D'août à octobre, le Premier Quartier passe le méridien au plus bas de sa course annuelle (voir p. 31).

26 00 Mercredi (207-158). Formations lunaires proches du terminateur dans la journée : Platon, Moretus, Ératosthène, Tycho, Clavius.

26 01 Le Soleil se lève sur la région de **Plato** (3-219) et, autour de 1 h 37 m, vous pouvez tenter d'observer avec un instrument une ou plusieurs raies lumineuses dans cette formation. Longitude du terminateur : 9° ; âge lunaire : 8,3 j ; illumination : 52 %.

26 12 **Le Soleil** franchit le méridien à 64° de hauteur.

26 12 **L'équation du temps** atteint son second maximum positif de l'année à + 6 m 34 s.

26 20 Pointez un instrument vers la Lune gibbeuse croissante et repérez le superbe cratère **Pitatus** au sud de la mer des

Crédit : NASA's Scientific Visualization Studio

Les phénomènes astronomiques au jour le jour

Nuées (n° 334 sur la carte de la page 39). Les conditions d'éclairement ce soir devraient vous permettre de voir le mince faisceau de lumière qui s'étend de Pitatus (97 km de diamètre) à son voisin **Hesiodus** (43 km de diamètre).

27 00 Jeudi (208-157). Formations lunaires proches du terminateur dans la journée : Copernic et la chaîne de montagnes des Carpathes, Longomontanus, golfe des Iris, Klaproth.

27 00 Période de libration minimale en longitude pour la Lune (l = - 7,7°).

27 15 Conjonction géocentrique en longitude entre Mercure (Leo) et Vénus à 15 h 15 m (séparation : 5,1°). Observable sous les tropiques.

27 20 Aux jumelles, remarquez le splendide arc lumineux du **golfe des Iris** visible au nord du terminateur lunaire.

27 20 À 20 h 48 m, l'étoile HD 139254 (Lib - magnitude 5,8) est occultée par la Lune ; elle réapparaît à 20 h 55 m. Les deux astres sont alors à 18,6° au-dessus de l'horizon et la fraction éclairée de notre satellite est de 70 %.

27 21 Le Soleil se lève sur la région de **Campanus** (4-332) et, autour de 21 h 22 m, vous pouvez tenter d'observer avec un instrument une ou plusieurs raies lumineuses dans cette formation. Longitude du terminateur : 31° ; âge lunaire : 10,1 j ; illumination : 70 %.

28 09 Vendredi (209-156). Formations lunaires proches du terminateur dans la journée : Kepler, Gassendi, Schiller, Doppelmayer, Harpalus.

28 18 **Conjonction géocentrique en longitude entre la Lune (Sco) et Antarès** à 18 h 07 m (séparation : 1,3°). Antarès apparaît juste à droite de la Lune gibbeuse croissante durant le crépuscule alors que ces deux astres dominent l'horizon sud puis sud-sud-ouest. La scintillation multicolore de l'étoile principale du Scorpion est l'un des plaisirs visuels des nuits estivales.

29 00 Samedi (210-155). Conjonction géocentrique en longitude entre Mercure (Leo) et Régulus à 0 h 04 m (séparation : 0,1°). Un rapprochement facile à observer au crépuscule sous les tropiques.

29 00 Période du maximum d'éclat de l'étoile variable R Boo (1432+27). R Boo est une variable de type Mira (variable à longue période) dont la magnitude oscille entre 6,2 et 13,1 ; sa période est de 223,4 jours.

29 08 **Callisto est en conjonction supérieure** à 8 h 42 m. Elle est à proximité apparente du pôle Nord jovien.

30 00 Dimanche. 211e jour de l'année.

Le 28 juillet au crépuscule, guettez l'apparition de l'éclat scintillant d'Antarès du Scorpion juste à droite de la belle Lune gibbeuse croissante.

30 02 **Il n'y a que deux lunes à côté du disque jovien** : Europe et Callisto à l'est. Io et Ganymède réapparaissent un peu plus tard.

30 12 **Le Soleil** franchit le méridien au zénith à Haïti.

30 17 **Maximum de l'essaim météoritique des Alpha Capricornides** (001 CAP), dont la période d'activité s'étend du 3 juillet au 15 août. Longitude héliocentrique prévue pour le maximum (équinoxe 2000.0) : 127°. Taux horaire moyen au zénith : 5 ; les observateurs européens de l'IMO ont cependant évalué ce taux à 10 en 1995. En 2023, les conditions d'observation sont fortement dégradées par la présence d'une grosse Lune gibbeuse croissante dans le ciel durant le maximum.

30 17 **Maximum de l'essaim météoritique des Delta Aquarides sud** (005 SDA), dont la période d'activité s'étend du 12 juillet au 19 août. Longitude héliocentrique prévue pour le maximum de l'essaim (équinoxe 2000.0) : 127°. Vitesse de pénétration atmosphérique : 41 km/s. Taux horaire moyen au zénith : 16-25. Des observations récentes font penser que la bonne période d'observation pourrait s'étendre du 28 au 31 juillet.

31e SEMAINE

31 00 Lundi (212-153). Vous ne rêvez pas ! À l'orée de l'aube, Bételgeuse et les étoiles du nord d'Orion font leur retour à l'est. Constellation de la Lune chaque jour à 0 h pour 45° de latitude nord et 0° de longitude : L-Sgr, M-Sgr, M-Cap, J-Aqr, V-Aqr, S-Psc, D-Psc.

31 00 TSMG (voir p. 17) : 20 h 33 m 27 s.

31 09 Mercure passe au nœud descendant de son orbite (longitude héliocentrique : 228,3°).

31 12 À midi, début du jour julien 2 460 157.

31 12 La comète **C/2021 T4 Lemmon** passe au plus près du Soleil (périhélie) à 222 millions de kilomètres. Elle se situe alors dans la constellation de l'Équerre, au sud du Scorpion, et son éclat devrait être proche de la magnitude 8,7. Elle n'est pas observable en Europe.

31 16 Entre 16 h 22 m et 16 h 57 m, la petite planète **176 Iduna** (diamètre 120 km ; magnitude 14,2) occulte une étoile de magnitude 10,7 (YC 372-01493-1 ; ascension droite : 16 h 19 m 10 s ; déclinaison : 2° 10′ 19″) dans la constellation du Serpent (tête). La diminution d'éclat devrait atteindre 3,6 magnitudes et durer près de 20 secondes au maximum sur la bande de centralité du phénomène qui balaye La Réunion. Calculs d'Éric Frappa.

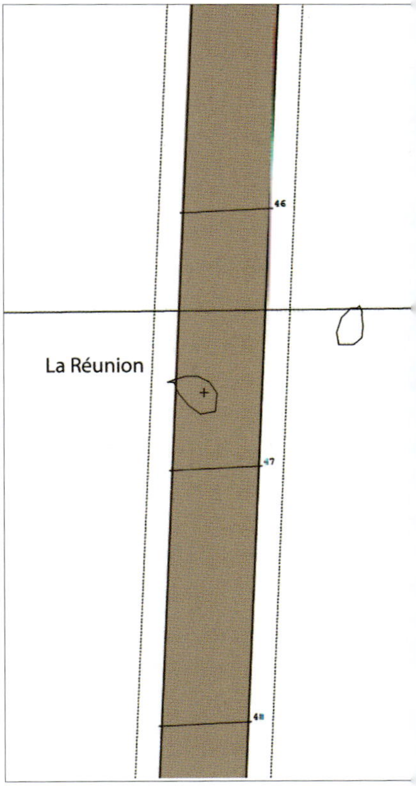

Le 31 juillet, les observateurs de La Réunion peuvent observer avec un instrument l'occultation d'une étoile du Serpent par la petite planète 176 Iduna.

Le Soleil et les planètes

	JOUR	ASCENSION DROITE	DÉCLINAISON	CONSTELLATION	Ø APPARENT	ÉQUATION DU TEMPS	DISTANCE	DISTANCE LUMIÈRE	LEVER	MÉRIDIEN	HAUTEUR	COUCHER
		h m s	° ′ ″			m s	ua	m s	h m	h m		h m
Soleil	2	6 43 04	+ 23 04 09	Gem	31′ 28″	+ 3 56	1,0167	8 27	04 18	12 04	68°	19 50
	6	6 59 33	+ 22 43 57	Gem	31′ 28″	+ 4 40	1,0167	8 27	04 20	12 05	68°	19 49
	10	7 15 57	+ 22 17 27	Gem	31′ 28″	+ 5 18	1,0167	8 27	04 23	12 05	67°	19 47
	14	7 32 15	+ 21 44 47	Gem	31′ 28″	+ 5 49	1,0166	8 27	04 26	12 06	67°	19 45
	18	7 48 25	+ 21 06 11	Gem	31′ 28″	+ 6 13	1,0164	8 27	04 30	12 06	66°	19 42
	22	8 04 26	+ 20 21 52	Cnc	31′ 29″	+ 6 28	1,0161	8 27	04 34	12 07	65°	19 38
	26	8 20 18	+ 19 32 05	Cnc	31′ 29″	+ 6 33	1,0158	8 27	04 38	12 07	64°	19 34
	30	8 36 01	+ 18 37 08	Cnc	31′ 30″	+ 6 30	1,0153	8 27	04 43	12 06	64°	19 30

	JOUR	ASCENSION DROITE	DÉCLINAISON	CONSTELLATION	MAGNITUDE	Ø APPARENT	ÉLONGATION	DISTANCE	FRACTION ÉCLAIRÉE	LEVER	MÉRIDIEN	HAUTEUR	COUCHER
		h m s	° ′ ″					ua		h m	h m		h m
Mercure	2	6 47 44	+ 24 20 57	Gem	- 1,9	5,1	1,0° E	1,3279	100 %	04 18	12 11	69°	20 04
	6	7 25 13	+ 23 42 46	Gem	- 1,6	5,1	5,7° E	1,3209	97 %	04 44	12 33	69°	20 22
	10	8 00 34	+ 22 26 01	Gem	- 1,2	5,2	10,1° E	1,2963	93 %	05 10	12 52	67°	20 33
	14	8 33 05	+ 20 39 14	Cnc	- 0,8	5,3	14,1° E	1,2590	87 %	05 36	13 09	65°	20 40
	18	9 02 37	+ 18 31 06	Cnc	- 0,4	5,5	17,6° E	1,2134	81 %	06 00	13 22	63°	20 43
	22	9 29 15	+ 16 09 09	Leo	- 0,1	5,8	20,5° E	1,1625	76 %	06 22	13 33	61°	20 42
	26	9 53 11	+ 13 39 37	Leo	0,1	6,1	23,0° E	1,1083	70 %	06 41	13 40	58°	20 38
	30	10 14 33	+ 11 07 39	Leo	0,4	6,4	24,9° E	1,0520	65 %	06 57	13 46	56°	20 32
Vénus	2	9 35 33	+ 14 40 08	Leo	- 4,5	34,2	41,5° E	0,4912	31 %	07 52	14 55	59°	21 58
	6	9 43 44	+ 13 22 55	Leo	- 4,5	36,4	40,0° E	0,4617	28 %	07 50	14 48	58°	21 44
	10	9 50 17	+ 12 08 06	Leo	- 4,5	38,8	38,1° E	0,4332	25 %	07 46	14 38	57°	21 29
	14	9 55 02	+ 10 57 16	Leo	- 4,5	41,4	35,8° E	0,4062	21 %	07 40	14 27	56°	21 13
	18	9 57 48	+ 9 52 11	Leo	- 4,5	44,2	33,0° E	0,3809	18 %	07 31	14 14	55°	20 55
	22	9 58 22	+ 8 54 51	Leo	- 4,4	47	29,6° E	0,3576	14 %	07 20	13 58	54°	20 35
	26	9 56 34	+ 8 07 25	Leo	- 4,3	49,9	25,6° E	0,3369	10 %	07 06	13 40	53°	20 14
	30	9 52 21	+ 7 32 00	Leo	- 4,2	52,7	21,0° E	0,3192	7 %	06 48	13 20	52°	19 52
Mars	6	9 59 33	+ 13 30 02	Leo	2,0	4,2	43,6° E	2,2407	95 %	08 05	15 04	58°	22 01
	14	10 18 06	+ 11 43 25	Leo	2,1	4,1	40,8° E	2,2866	96 %	08 00	14 51	57°	21 41
	22	10 36 35	+ 9 51 49	Leo	2,1	4	38,1° E	2,3289	96 %	07 55	14 38	55°	21 20
	30	10 55 01	+ 7 55 55	Leo	2,1	4	35,4° E	2,3675	97 %	07 50	14 25	53°	20 59
Jupiter	6	2 32 21	+ 13 45 51	Ari	- 2,3	37	63,6° O	5,3270	99 %	00 37	07 36	59°	14 36
	14	2 37 17	+ 14 08 05	Ari	- 2,3	37,8	70,0° O	5,2153	99 %	00 09	07 10	59°	14 11
	22	2 41 43	+ 14 27 20	Ari	- 2,4	38,6	76,5° O	5,0988	99 %	23 37	06 43	59°	13 45
	30	2 45 33	+ 14 43 27	Ari	- 2,4	39,5	83,1° O	4,9790	99 %	23 08	06 15	60°	13 19
Saturne	6	22 37 09	- 10 29 41	Aqr	0,7	18,1	126,8° O	9,1449	100 %	22 18	03 42	35°	09 01
	14	22 36 07	- 10 37 29	Aqr	0,7	18,3	134,7° O	9,0438	100 %	21 46	03 09	34°	08 28
	22	22 34 45	- 10 47 11	Aqr	0,6	18,5	142,7° O	8,9557	100 %	21 14	02 36	34°	07 55
	30	22 33 05	- 10 58 28	Aqr	0,6	18,6	150,8° O	8,8825	100 %	20 41	02 03	34°	07 21
Uranus	6	3 18 19	+ 17 56 37	Ari	5,8	3,5	51,8° O	20,2540	100 %	01 04	08 22	63°	15 40
	18	3 20 07	+ 18 03 23	Ari	5,8	3,5	62,8° O	20,0830	100 %	00 18	07 37	63°	14 55
	30	3 21 32	+ 18 08 35	Ari	5,8	3,5	73,9° O	19,8950	100 %	23 28	06 51	63°	14 10
Neptune	6	23 53 27	- 2 03 22	Psc	7,9	2,3	106,0° O	29,6110	100 %	23 00	04 58	43°	10 52
	18	23 53 12	- 2 05 35	Psc	7,9	2,3	117,5° O	29,4240	100 %	22 13	04 10	43°	10 04
	30	23 52 41	- 2 09 30	Psc	7,8	2,3	129,1° O	29,2560	100 %	21 25	03 23	43°	09 16

Les éphémérides du Soleil, des planètes et de la Lune proposées sur ces deux pages sont calculées à 0 h TU pour une latitude de 45° nord et une longitude de 0°.

La Lune

	JOUR	ASCENSION DROITE	DÉCLINAISON	CONSTELLATION	Ø APPARENT	PARALLAXE HORIZONTALE	FRACTION ÉCLAIRÉE	JOUR	ÉLONGATION	DISTANCE	LEVER	MÉRIDIEN	HAUTEUR	COUCHER
		h m s	° ′ ″							km	h m	h m		h m
S 1	182	16 11 01	- 23 54 59	Sco	32′ 06″	58′ 54″	91 %	12,8	146° E	372 317	18 h 19	22 h 30	17°	1 h 52
D 2	183	17 12 50	- 26 44 53	Oph	32′ 32″	59′ 43″	97 %	13,8	159° E	367 233	19 h 32	23 h 34	15°	2 h 37
L 3	184	18 18 30	- 27 50 36	Sgr	32′ 53″	60′ 21″	99 %	14,8	173° E	363 311	20 h 34			3 h 36
M 4	185	19 25 28	- 26 57 06	Sgr	33′ 07″	60′ 46″	99 %	15,8	173° O	360 892	21 h 23	0 h 40	17°	4 h 50
M 5	186	20 30 50	- 24 06 32	Cap	33′ 11″	60′ 53″	96 %	16,8	159° O	360 153	22 h 00	1 h 44	20°	6 h 13
J 6	187	21 32 29	- 19 37 45	Cap	33′ 06″	60′ 44″	91 %	17,8	144° O	361 077	22 h 28	2 h 44	25°	7 h 39
V 7	188	22 29 47	- 13 58 58	Aqr	32′ 52″	60′ 20″	82 %	18,8	131° O	363 474	22 h 51	3 h 39	31°	9 h 01
S 8	189	23 23 12	- 7 39 36	Aqr	32′ 33″	59′ 45″	73 %	19,8	117° O	367 024	23 h 12	4 h 29	38°	10 h 21
D 9	190	0 13 51	- 1 05 33	Psc	32′ 11″	59′ 03″	62 %	20,8	104° O	371 346	23 h 31	5 h 17	45°	11 h 37
L 10	191	1 03 00	5 21 56	Psc	31′ 46″	58′ 18″	51 %	21,8	91° O	376 065	23 h 51	6 h 04	51°	12 h 51
M 11	192	1 51 54	11 25 24	Ari	31′ 22″	57′ 34″	40 %	22,8	78° O	380 861		6 h 50	58°	14 h 04
M 12	193	2 41 35	16 49 52	Ari	31′ 00″	56′ 53″	30 %	23,8	66° O	385 491	0 h 14	7 h 38	63°	15 h 17
J 13	194	3 32 48	21 21 45	Tau	30′ 39″	56′ 15″	21 %	24,8	54° O	389 792	0 h 40	8 h 27	67°	16 h 28
V 14	195	4 25 49	24 48 44	Tau	30′ 21″	55′ 42″	13 %	25,8	42° O	393 673	1 h 12	9 h 19	71°	17 h 36
S 15	196	5 20 22	27 00 37	Tau	30′ 05″	55′ 13″	7 %	26,8	31° O	397 091	1 h 51	10 h 12	72°	18 h 36
D 16	197	6 15 36	27 51 07	Gem	29′ 52″	54′ 49″	3 %	27,8	20° O	400 025	2 h 40	11 h 05	73°	19 h 28
L 17	198	7 10 19	27 19 26	Gem	29′ 41″	54′ 29″	1 %	28,8	8° O	402 457	3 h 37	11 h 57	71°	20 h 09
M 18	199	8 03 22	25 30 40	Cnc	29′ 33″	54′ 14″	0 %	0,2	3° E	404 350	4 h 40	12 h 46	69°	20 h 42
M 19	200	8 53 57	22 34 29	Cnc	29′ 27″	54′ 03″	2 %	1,2	14° E	405 645	5 h 45	13 h 33	65°	21 h 08
J 20	201	9 41 50	18 43 03	Leo	29′ 25″	53′ 58″	5 %	2,2	24° E	406 255	6 h 51	14 h 17	61°	21 h 29
V 21	202	10 27 17	14 08 49	Leo	29′ 26″	53′ 59″	9 %	3,2	35° E	406 075	7 h 56	14 h 58	56°	21 h 48
S 22	203	11 10 53	9 03 23	Leo	29′ 30″	54′ 09″	15 %	4,2	46° E	404 997	9 h 00	15 h 38	50°	22 h 04
D 23	204	11 53 28	3 37 10	Vir	29′ 39″	54′ 25″	23 %	5,2	57° E	402 931	10 h 03	16 h 18	44°	22 h 20
L 24	205	12 36 01	- 2 00 15	Vir	29′ 53″	54′ 51″	31 %	6,2	68° E	399 825	11 h 07	16 h 58	38°	22 h 37
M 25	206	13 19 34	- 7 39 08	Vir	30′ 12″	55′ 25″	41 %	7,2	79° E	395 693	12 h 14	17 h 40	33°	22 h 56
M 26	207	14 05 19	- 13 08 21	Vir	30′ 35″	56′ 08″	51 %	8,2	91° E	390 633	13 h 24	18 h 26	27°	23 h 18
J 27	208	14 54 25	- 18 13 51	Lib	31′ 03″	56′ 59″	61 %	9,2	102° E	384 848	14 h 38	19 h 16	22°	23 h 47
V 28	209	15 47 58	- 22 37 15	Lib	31′ 33″	57′ 55″	71 %	10,2	115° E	378 649	15 h 54	20 h 12	19°	
S 29	210	16 46 33	- 25 55 28	Sco	32′ 05″	58′ 52″	80 %	11,2	127° E	372 450	17 h 09	21 h 13	17°	0 h 24
D 30	211	17 49 49	- 27 43 08	Sgr	32′ 35″	59′ 47″	89 %	12,2	141° E	366 744	18 h 16	22 h 18	16°	1 h 15
L 31	212	18 56 04	- 27 38 57	Sgr	33′ 00″	60′ 34″	95 %	13,2	155° E	362 042	19 h 12	23 h 24	18°	2 h 22

La Lune des spécialistes

	Libration		Angle de position	
	l	b	axe	phase
1	- 6,4°	3,7°	9,2°	275,2°
2	- 5,4°	4,9°	3,7°	262,6°
3	- 3,9°	5,8°	357,5°	230,0°
4	- 2,1°	6,4°	351,3°	120,6°
5	- 0,2°	6,6°	346,0°	90,6°
6	1,7°	6,2°	341,9°	79,2°
7	3,4°	5,5°	339,3°	72,7°
8	4,8°	4,4°	338,0°	69,0°
9	5,8°	3,1°	338,0°	67,4°
10	6,5°	1,6°	339,0°	67,6°
11	6,7°	0,1°	341,0°	69,4°
12	6,7°	- 1,5°	343,9°	72,6°
13	6,3°	- 2,8°	347,6°	77,4°
14	5,8°	- 4,1°	352,1°	83,5°
15	5,1°	- 5,1°	357,0°	91,3°
16	4,2°	- 5,9°	2,2°	101,7°
17	3,2°	- 6,3°	7,3°	122,2°
18	2,1°	- 6,5°	11,9°	224,3°
19	0,9°	- 6,5°	15,7°	269,4°
20	- 0,4°	- 6,1°	18,6°	280,8°
21	- 1,7°	- 5,5°	20,6°	286,7°
22	- 3,0°	- 4,6°	21,8°	290,3°
23	- 4,3°	- 3,5°	22,2°	292,2°
24	- 5,5°	- 2,3°	21,7°	292,8°
25	- 6,5°	- 0,9°	20,4°	292,1°
26	- 7,3°	0,5°	18,3°	290,0°
27	- 7,7°	2,0°	15,3°	286,4°
28	- 7,6°	3,4°	11,2°	281,2°
29	- 7,1°	4,6°	6,1°	274,1°
30	- 6,0°	5,6°	0,2°	264,9°
31	- 4,5°	6,3°	354,0°	252,8°

Phases et distances

Jour	Heure en TU	Distance en km	Ø apparent
3	PL à 11 h 39 m	361 934	33,0′
10	DQ à 1 h 48 m	376 426	31,7′
17	NL à 18 h 32 m	403 969	29,6′
25*	PQ à 22 h 07 m	391 060	30,6′
4	Périgée à 22 h 25 m	360 149	33,2′
20	Apogée à 6 h 57 m	406 289	29,4′

* le 26 en heure légale en France métropolitaine

Reportez-vous pages 7 à 15 pour trouver des renseignements détaillés sur l'utilisation de ces différentes informations.
Consultez les tableaux de corrections horaires (pages 340 et 341) pour adapter les heures de lever, de passage au méridien et de coucher en fonction de votre lieu d'observation

AOÛT 2023

1re quinzaine vers 22 h TU - 2e quinzaine vers 21 h TU

Pour	Utilisez la carte de
17-18 h	*juin*
19-20 h	juillet
23-0 h	septembre
1-2 h	octobre
3-4 h	novembre
5-6 h	*décembre*

Vous pouvez également utiliser cette carte en :
septembre vers 19-20 h
octobre vers 17-18 h
avril vers 5-6 h
mai vers 3-4 h
juin vers 1-2 h
juillet vers 23-0 h
(valable uniquement pour les étoiles)

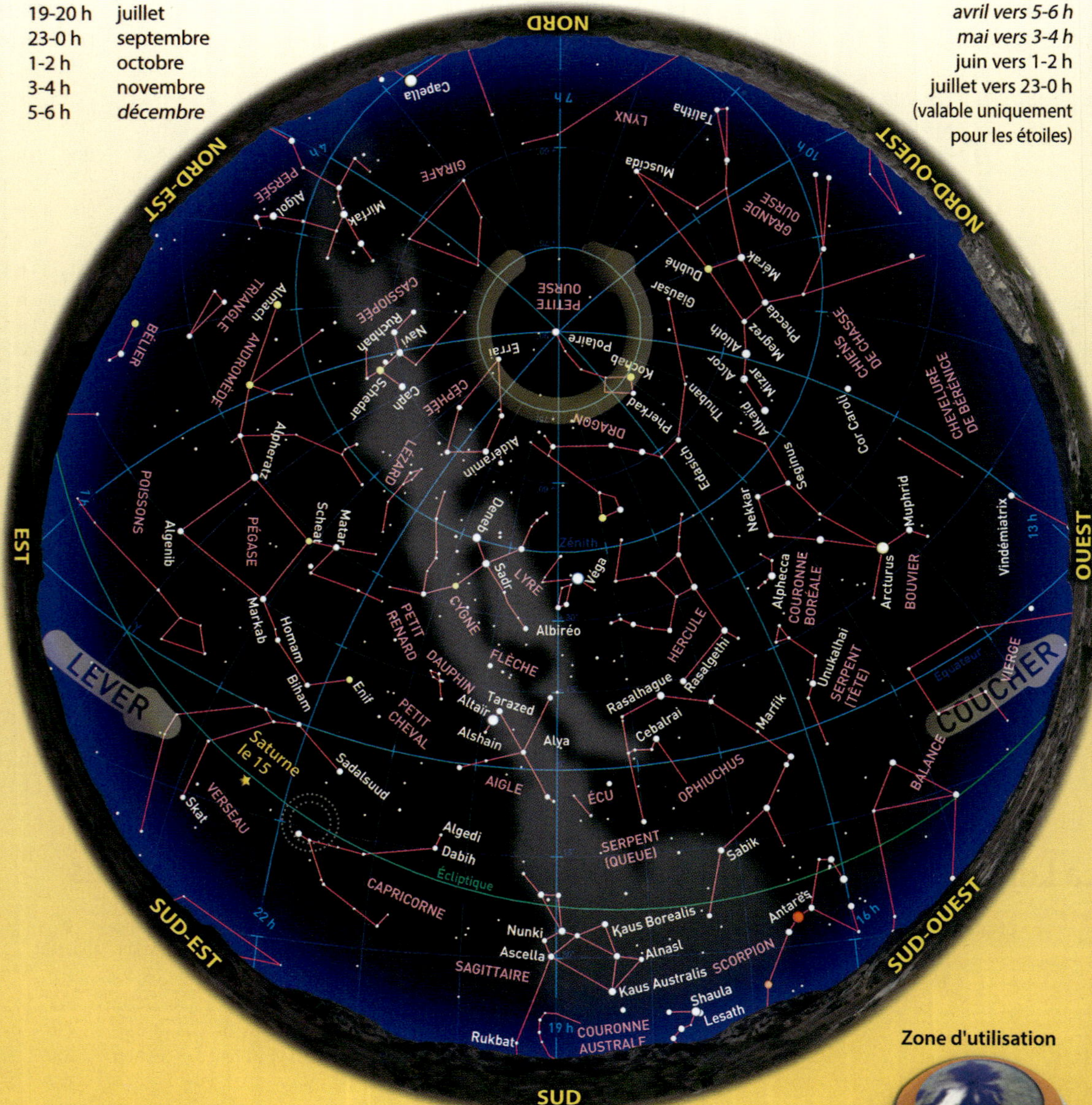

Zone d'utilisation

38° à 52° nord

1er août	8 août	16 août	24 août	31 août
Pleine Lune	Dernier Quartier	Nouvelle Lune	Premier Quartier	Pleine Lune (maxi 2023)
Capricorne	*Bélier*	*Lion*	*Scorpion*	*Verseau*

Magnitudes

● ● ● • • · ·
-1 0 1 2 3 4 4,5 et +

À L'ORÉE DE L'AUBE EN AOÛT 2023

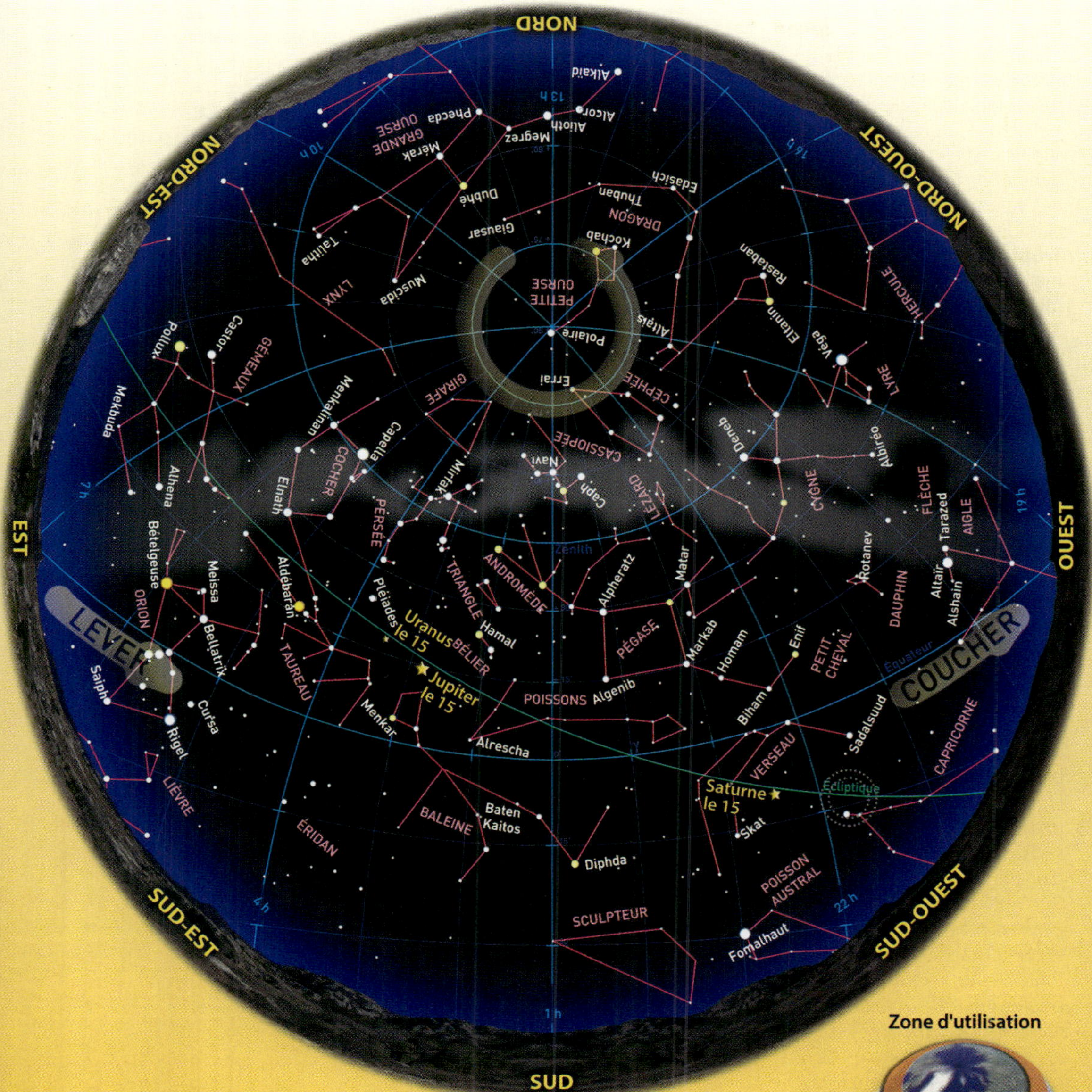

Zone d'utilisation

38° à 52° nord

Vous trouverez des conseils pour l'utilisation de ces cartes en début d'ouvrage.

AOÛT 2023

La Lune et les planètes

Mercure

Nord. Elle atteint son élongation maximale à l'est du Soleil le 10 à 27,4°, mais l'orientation défavorable de l'écliptique dans le ciel crépusculaire, son passage au sud de cette ligne fin juillet et la diminution de son éclat empêchent très vite son repérage à nos latitudes.
Tropiques. Suite et fin de la meilleure période de l'année pour l'observer le soir. Sous le tropique du Capricorne, l'écliptique est perpendiculaire à l'horizon et chaque degré d'élongation de Mercure est un degré de hauteur. Le 20 à la fin du crépuscule, cette planète brille encore faiblement à 6° de hauteur à l'ouest.

Vénus

Nord. Son élongation solaire est encore de 18° à l'est le 1er août, mais sa position au sud de l'écliptique et l'inclinaison de cette ligne la plongent sous l'horizon ouest-nord-ouest à peine un quart d'heure après le coucher du Soleil, elle est donc pratiquement inobservable en Europe. Elle est en conjonction inférieure le 13 à plus de 7,7° au sud du disque solaire et son arc d'une finesse extrême mesure 57,8″ ; les observateurs aguerris peuvent tenter de l'observer et de le photographier en plein jour, avec toutes les protections adéquates pour éviter l'éclat solaire. Vénus réapparaît à l'aube après le 20, au ras de l'horizon est-nord-est, une petite demi-heure avant le lever du Soleil, et son croissant de 3 % et 56″ est toujours spectaculaire dans un instrument. Le 31, le phare vénusien se lève déjà à l'orée de l'aube, plus d'une heure et demie avant le Soleil.
Tropiques. Sous le tropique du Cancer, Vénus est aisément visible au crépuscule jusqu'au 5, puis elle revient à l'aube après le 16. Dans l'hémisphère Sud, la forte latitude de Vénus au sud de l'écliptique permet de tenter de la repérer juste après le coucher du Soleil le 11 au soir et de la retrouver le 12 à l'aube juste avant le lever du Soleil.

Mars

Nord. Elle se couche une heure et vingt minutes après le Soleil le 1er et moins d'une heure après le 31. Elle passe du Lion à la Vierge le 17. Son éclat (magnitude 2,1) est trop faible pour résister à la clarté du ciel crépusculaire, c'est donc la fin de sa période de visibilité.
Tropiques. Elle n'est plus qu'à 2° de hauteur le 31 à la fin du crépuscule sous le tropique du Cancer et à 6° sous celui du Capricorne.

Jupiter

Nord et tropiques. Installée au cœur du Bélier, elle est en quadrature le 7, se lève en milieu de nuit et brille non loin du méridien avant le lever du Soleil. Sa magnitude croît et atteint - 2,6 en fin de mois et son diamètre apparent équatorial est alors proche de 44″. Les conditions d'observation sont donc excellentes.

Saturne

Nord et tropiques. Elle est à l'opposition le 27 à près de 8,763 ua de la Terre, soit 1,311 milliard de kilomètres ou 72,9 minutes-lumière. Installée à l'ouest du Verseau, elle se lève à l'est-sud-est durant le crépuscule, franchit le méridien à 33° de hauteur et tombe vers l'ouest-sud-ouest durant l'aube. Sa magnitude est de 0,4 et le diamètre apparent équatorial de son disque est proche de 19″ (43″ pour les anneaux). Les bandes nuageuses qui marquent l'atmosphère de Saturne ne sont pas aussi contrastées que celles de Jupiter, mais elles sont visibles dans un télescope de plus de 300 mm de diamètre. Leur coloration devient perceptible dans un instrument encore plus grand : un camaïeu d'ocre jaune et de brun.

Uranus (Bélier) est en quadrature à l'ouest du Soleil le 16, puis elle est stationnaire le 29 et commence une longue rétrogradation qui prendra fin le 27 janvier 2024. Mi-août, elle surplombe l'horizon est-sud-est de plus de 45° à l'orée de l'aube et il est possible de la repérer à l'œil nu dans un bon site. Sa magnitude gagne un dixième (5,7) et un instrument avec un grossissement d'une cinquantaine de fois permet de reconnaître sans ambiguïté ce petit disque de 3,6″ de diamètre apparent puisque sa teinte légèrement turquoise est perceptible. Neptune (Poissons) franchit le méridien à plus de 42° de hauteur en seconde partie de nuit ; sa magnitude est de 7,8 et il faut impérativement un instrument pour l'observer (carte de repérage p. 53).

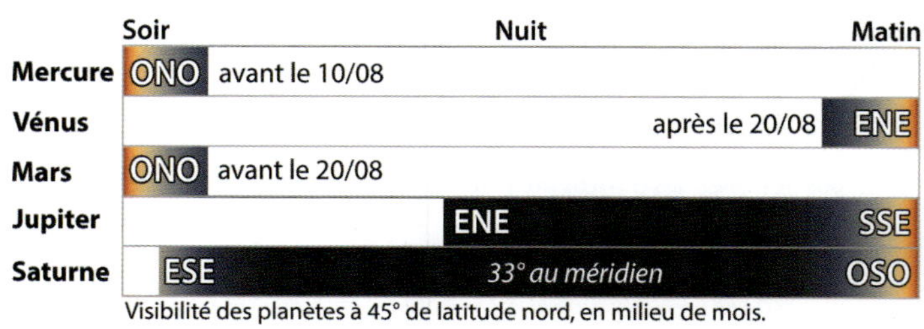

Visibilité des planètes à 45° de latitude nord, en milieu de mois.

Planétaire

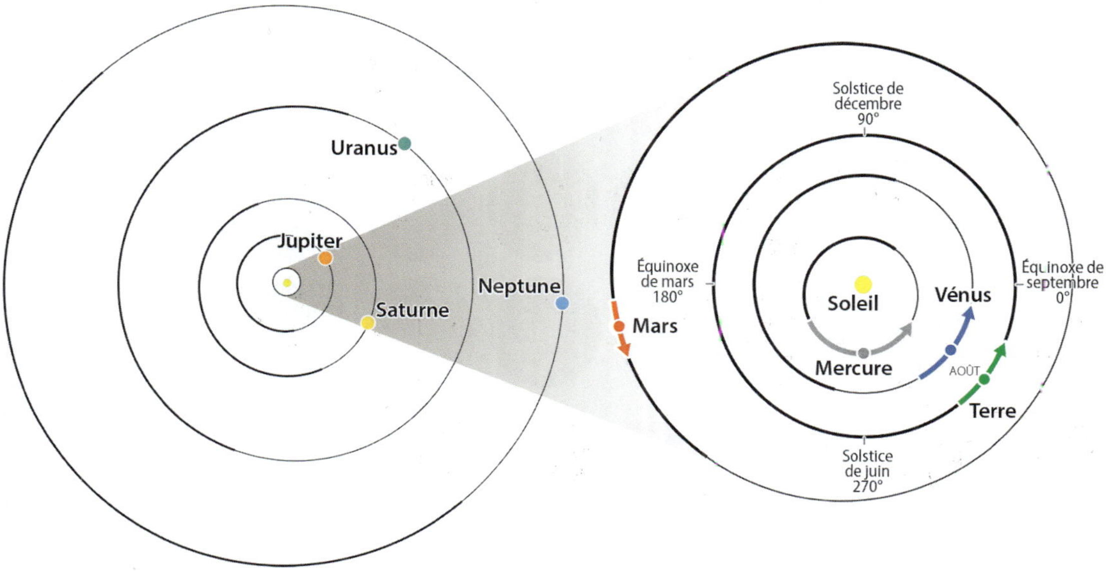

Vous trouverez en pages 67 et 69 des explications complètes sur ces deux schémas.

Le calendrier lunaire

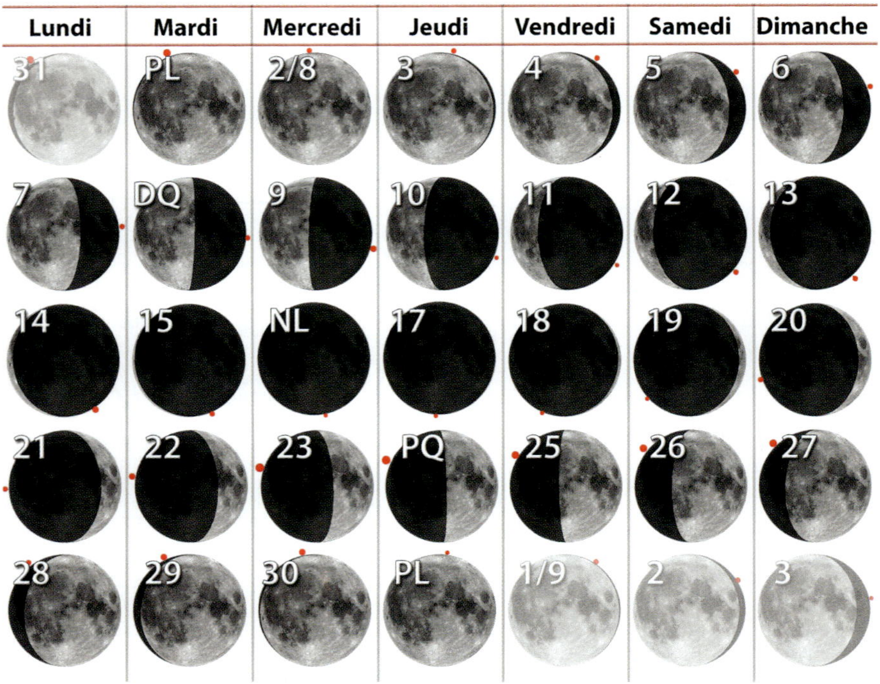

Longitude du terminateur	Soleil levant	Soleil couchant
1er/08	82°	
2		94°
3		106°
4		118°
5		130°
6		142°
7		155°
8		167°
9		179°
10		191°
11		204°
12		216°
13		228°
14		240°
15		253°
16		265°
17	277°	
18	289°	
19	301°	
20	314°	
21	326°	
22	338°	
23	350°	
24	3°	
25	15°	
26	27°	
27	39°	
28	51°	
29	64°	
30	76°	
31	88°	

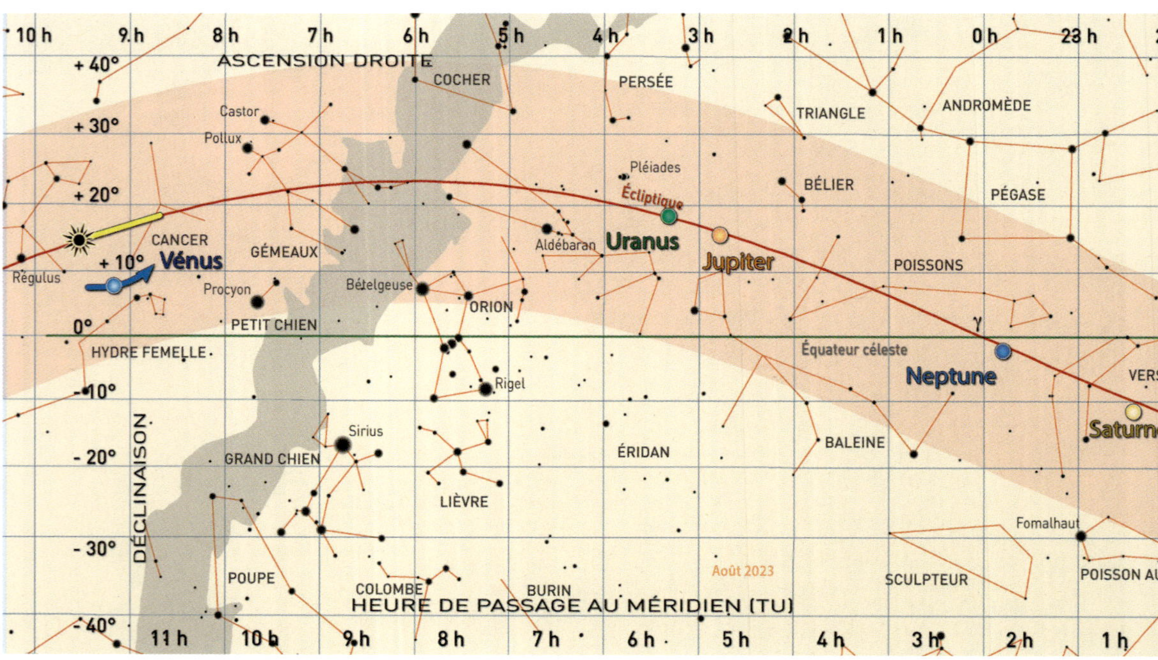

Hauteur mensuelle de la Lune

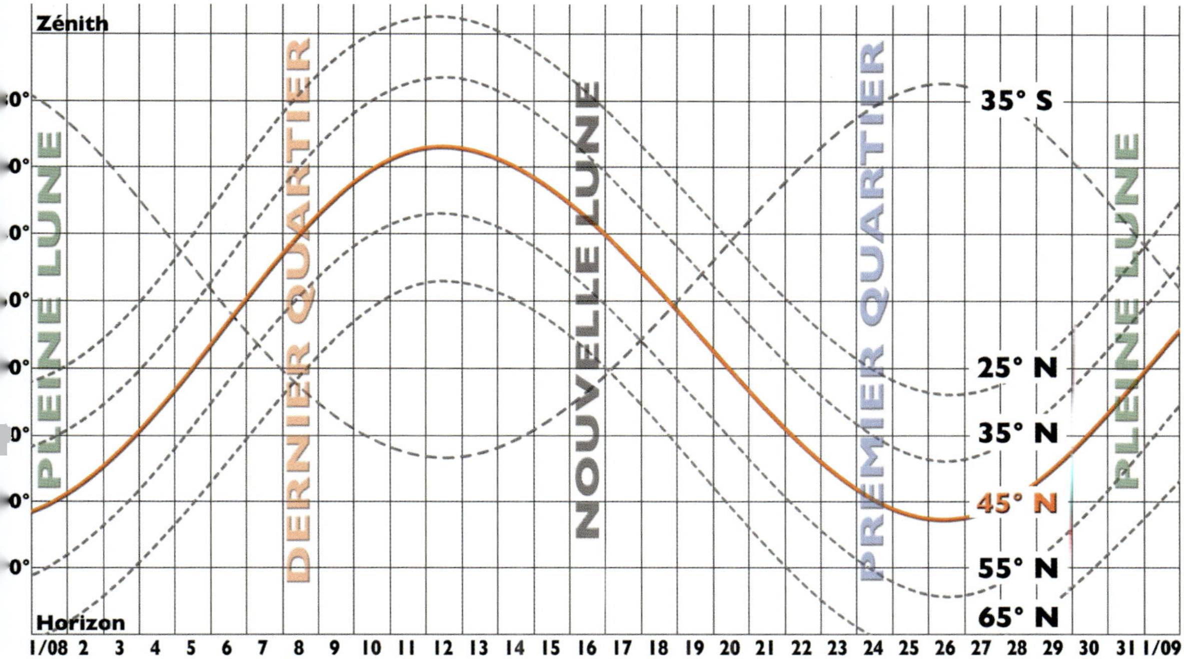

Le 1er août à 0 h TU, la Lune est âgée de 14,2 jours.

La Lune atteint sa plus grande déclinaison vers le nord le 12 (28°) et sa plus grande déclinaison vers le sud le 26 (- 28,1°).

Vous découvrirez au fil des phénomènes au jour le jour les descriptions des formations lunaires les plus intéressantes à scruter lors des librations maximales ; le tableau « La Lune des spécialistes » à la fin de chaque mois vous indique les valeurs quotidiennes des librations en latitude et en longitude.

Vous trouverez en pages 35, 69, 70 et 71 des explications complètes sur ces trois schémas et ce tableau.

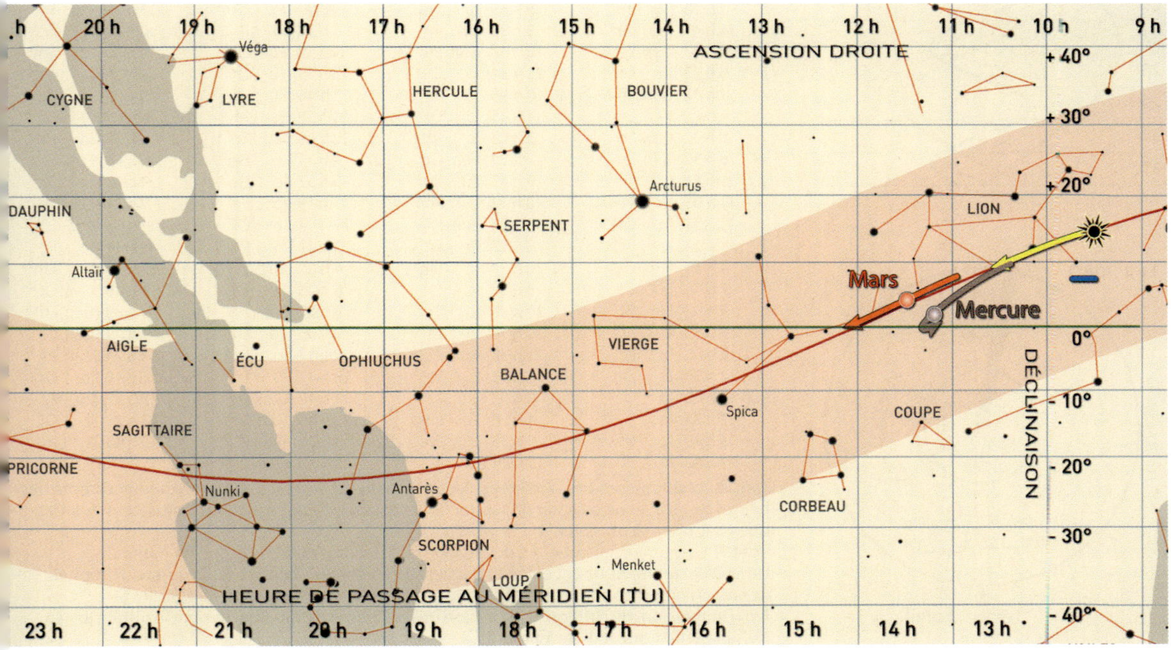

AOÛT 2023

Satellites de Jupiter

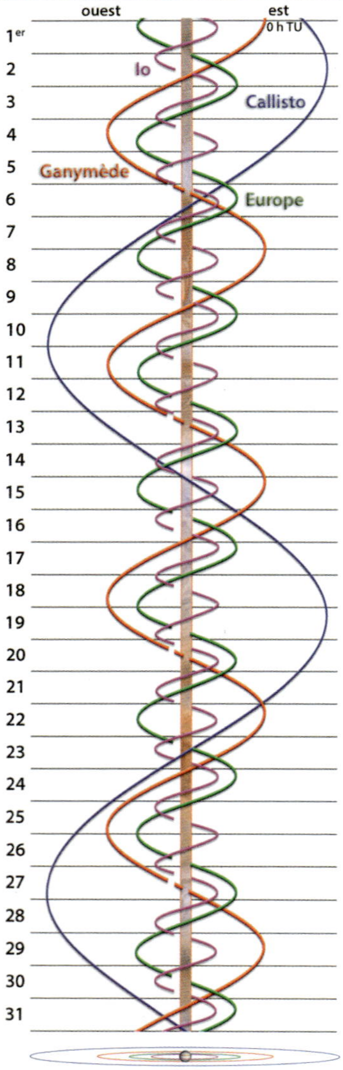

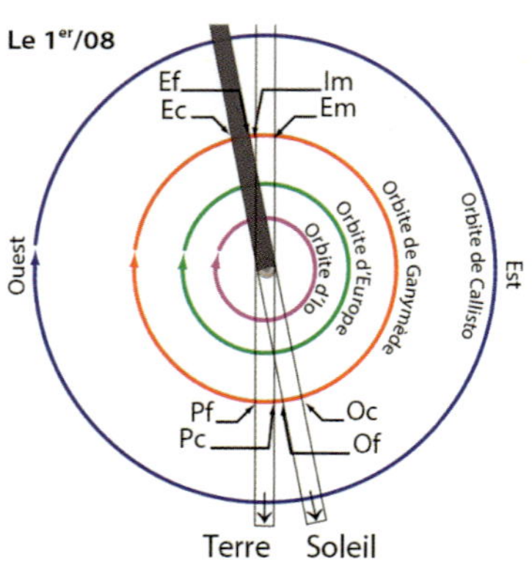

Passages de la tache rouge de Jupiter au méridien central

1er/08 : 6 h 53 ; 16 h 49.
2 : 2 h 44 ; 12 h 40 ; 22 h 36.
3 : 8 h 32 ; 18 h 27.
4 : 4 h 23 ; 14 h 19.
5 : 0 h 14 ; 10 h 10 ; 20 h 06.
6 : 6 h 01 ; 15 h 57.
7 : 1 h 53 ; 11 h 48 ; 21 h 44.
8 : 7 h 40 ; 17 h 35.
9 : 3 h 31 ; 13 h 27 ; 23 h 23.
10 : 9 h 18 ; 19 h 14.
11 : 5 h 10 ; 15 h 05.
12 : 1 h 01 ; 10 h 57 ; 20 h 52.
13 : 6 h 48 ; 16 h 44.
14 : 2 h 39 ; 12 h 35 ; 22 h 31.
15 : 8 h 26 ; 18 h 22.
16 : 4 h 18 ; 14 h 13.
17 : 0 h 09 ; 10 h 05 ; 20 h 00.
18 : 5 h 56 ; 15 h 52.
19 : 1 h 47 ; 11 h 43 ; 21 h 39.
20 : 7 h 34 ; 17 h 30.
21 : 3 h 26 ; 13 h 21 ; 23 h 17.
22 : 9 h 13 ; 19 h 08.
23 : 5 h 04 ; 14 h 59.
24 : 0 h 55 ; 10 h 51 ; 20 h 47.
25 : 6 h 42 ; 16 h 38.
26 : 2 h 34 ; 12 h 29 ; 22 h 25.
27 : 8 h 21 ; 18 h 16.
28 : 4 h 12 ; 14 h 07.
29 : 0 h 03 ; 9 h 59 ; 19 h 54.
30 : 5 h 50 ; 15 h 46.
31 : 1 h 41 ; 11 h 37 ; 21 h 33.

Longitude estimée du centre de la tache rouge en début de mois : 44,75°.

Phénomènes des satellites de Jupiter

	Heure	Sat.	Phé.
1er/08	14 h 16	Io	Oc
	15 h 39	Io	Pc
	16 h 25	Io	Of
	17 h 48	Io	Pf
	20 h 22	Eur.	Ec
	22 h 43	Eur.	Ef
	23 h 10	Eur.	Im
2	1 h 27	Eur.	Em**
	9 h 46	Gan.	Oc
	11 h 34	Io	Ec
	11 h 40	Gan.	Of
	15 h 08	Io	Em
	15 h 40	Gan.	Pc
	17 h 01	Gan.	Pf
3	8 h 44	Io	Oc
	10 h 08	Io	Pc
	10 h 54	Io	Of
	12 h 16	Io	Pf
	15 h 27	Eur.	Oc
	17 h 47	Eur.	Of
	18 h 18	Eur.	Pc
	20 h 34	Eur.	Pf
4	6 h 03	Io	Ec
	9 h 37	Io	Em
5	3 h 13	Io	Oc**
	4 h 36	Io	Pc
	5 h 22	Io	Of
	6 h 45	Io	Pf
	9 h 40	Eur.	Ec
	11 h 59	Eur.	Ef
	12 h 28	Eur.	Im
	14 h 45	Eur.	Em
	23 h 37	Gan.	Ec**
6	0 h 32	Io	Ec**
	1 h 32	Gan.	Ef**
	4 h 06	Io	Em**
	5 h 32	Gan.	Im
	6 h 52	Gan.	Em
	21 h 41	Io	Oc
	23 h 05	Io	Pc
	23 h 51	Io	Of**
7	1 h 13	Io	Pf**
	4 h 46	Eur.	Oc
	7 h 06	Eur.	Of
	7 h 38	Eur.	Pc
	9 h 53	Eur.	Pf
	19 h 00	Io	Ec
	22 h 34	Io	Em
8	16 h 10	Io	Oc
	17 h 33	Io	Pc
	18 h 19	Io	Of
	19 h 42	Io	Pf
	22 h 58	Eur.	Ec
9	1 h 17	Eur.	Ef**
	1 h 46	Eur.	Im**
	4 h 02	Eur.	Em**
	13 h 29	Io	Ec
	13 h 46	Gan.	Oc
	15 h 39	Gan.	Of
	17 h 03	Io	Em
	19 h 43	Gan.	Pc
	20 h 58	Gan.	Pf
10	10 h 38	Io	Oc
	12 h 02	Io	Pc
	12 h 48	Io	Of
	14 h 10	Io	Pf
	18 h 04	Eur.	Oc
	20 h 24	Eur.	Of
	20 h 55	Eur.	Pc
	23 h 11	Eur.	Pf**
11	7 h 58	Io	Ec
	11 h 31	Io	Em
12	5 h 06	Io	Oc
	6 h 30	Io	Pc
	7 h 16	Io	Of
	8 h 38	Io	Pf
	12 h 15	Eur.	Ec
	14 h 35	Eur.	Ef
	15 h 03	Eur.	Im
	17 h 19	Eur.	Em
13	2 h 26	Io	Ec**
	3 h 39	Gan.	Ec**
	5 h 31	Gan.	Ef
	5 h 59	Io	Em
	9 h 33	Gan.	Im
	10 h 48	Gan.	Em
	23 h 34	Io	Oc**
14	0 h 58	Io	Pc**
	1 h 45	Io	Of**
	3 h 07	Io	Pf**
	7 h 22	Eur.	Oc
	9 h 43	Eur.	Of
	10 h 12	Eur.	Pc
	12 h 28	Eur.	Pf
	20 h 55	Io	Ec
15	0 h 27	Io	Em**
	18 h 03	Io	Oc
	19 h 26	Io	Pc
	20 h 13	Io	Of
	21 h 35	Io	Pf
16	1 h 33	Eur.	Ec**
	3 h 52	Eur.	Ef**
	4 h 20	Eur.	Im**
	6 h 35	Eur.	Em
	15 h 23	Io	Ec
	17 h 48	Gan.	Oc
	18 h 55	Io	Em
	19 h 40	Gan.	Of
	23 h 42	Gan.	Pc**
17	0 h 52	Gan.	Pf**
	12 h 31	Io	Oc
	13 h 54	Io	Pc
	14 h 42	Io	Of
	16 h 03	Io	Pf
	20 h 40	Eur.	Oc
	23 h 01	Eur.	Of**
	23 h 29	Eur.	Pc**
18	1 h 44	Eur.	Pf**
	9 h 52	Io	Ec
	13 h 23	Io	Em
19	7 h 00	Io	Oc
	8 h 22	Io	Pc
	9 h 10	Io	Of
	10 h 30	Io	Pf
	14 h 50	Eur.	Ec
	17 h 10	Eur.	Ef
	17 h 36	Eur.	Im
	19 h 51	Eur.	Em
20	4 h 20	Io	Ec**
	7 h 39	Gan.	Ec
	7 h 51	Io	Em
	9 h 31	Gan.	Ef
	13 h 29	Gan.	Im
	14 h 39	Gan.	Em
21	1 h 28	Io	Oc**
	2 h 50	Io	Pc**
	3 h 39	Io	Of**
	4 h 58	Io	Pf
	9 h 59	Eur.	Oc
	12 h 19	Eur.	Of
	12 h 46	Eur.	Pc
	14 h 59	Eur.	Pf
	22 h 48	Io	Ec**
22	2 h 19	Io	Em**
	19 h 57	Io	Oc
	21 h 18	Io	Pc
	22 h 07	Io	Of
	23 h 27	Io	Pf**
23	4 h 08	Eur.	Ec**
	6 h 28	Eur.	Ef
	6 h 52	Eur.	Im
	9 h 06	Eur.	Em
	17 h 17	Io	Ec
	20 h 47	Io	Em
	21 h 49	Gan.	Oc
	23 h 40	Gan.	Of**
24	3 h 36	Gan.	Pc**
	4 h 40	Gan.	Pf**
	14 h 25	Io	Oc
	15 h 46	Io	Pc
	16 h 35	Io	Of
	17 h 55	Io	Pf
	23 h 16	Eur.	Oc**
25	1 h 37	Eur.	Of**
	2 h 01	Eur.	Pc**
	4 h 15	Eur.	Pf**
	11 h 46	Io	Ec
	15 h 15	Io	Em
26	8 h 54	Io	Oc
	10 h 14	Io	Pc
	11 h 04	Io	Of
	12 h 22	Io	Pf
	17 h 26	Eur.	Ec
	19 h 46	Eur.	Ef
	20 h 07	Eur.	Im
	22 h 21	Eur.	Em**
27	6 h 14	Io	Ec
	9 h 43	Io	Em
	11 h 40	Gan.	Ec
	13 h 31	Gan.	Ef
	17 h 22	Gan.	Im
	18 h 26	Gan.	Em
28	3 h 22	Io	Oc**
	4 h 41	Io	Pc**
	5 h 32	Io	Of
	6 h 49	Io	Pf
	12 h 35	Eur.	Oc
	14 h 55	Eur.	Of
	15 h 16	Eur.	Pc
	17 h 29	Eur.	Pf
29	0 h 43	Io	Ec**
	4 h 10	Io	Em**
	21 h 51	Io	Oc**
	23 h 09	Io	Pc**
30	0 h 00	Io	Of**
	1 h 17	Io	Pf**
	6 h 44	Eur.	Ec
	9 h 03	Eur.	Ef
	9 h 21	Eur.	Im
	11 h 35	Eur.	Em
	19 h 11	Io	Ec
	22 h 38	Io	Em**
31	1 h 49	Gan.	Oc**
	3 h 39	Gan.	Of**
	7 h 25	Gan.	Pc
	8 h 24	Gan.	Pf
	16 h 19	Io	Oc
	17 h 37	Io	Pc
	18 h 29	Io	Of
	19 h 45	Io	Pf

Tous les phénomènes des satellites galiléens sont listés ci-dessus ; vous devez tenir compte des heures de lever et de coucher de Jupiter pour votre site d'observation afin de déterminer ceux que vous pourrez observer.
Pc et Pf = commencement et fin du passage du satellite devant le disque de Jupiter.
Oc et Of = commencement et fin du passage de l'ombre du satellite sur le disque de Jupiter.
Ec et Ef = commencement et fin de l'éclipse du satellite par l'ombre de Jupiter. Im et Em = immersion (disparition) et émersion (réapparition) du satellite derrière le disque jovien.
* Visible à 45° nord et 0° de longitude.

Satellites de Saturne

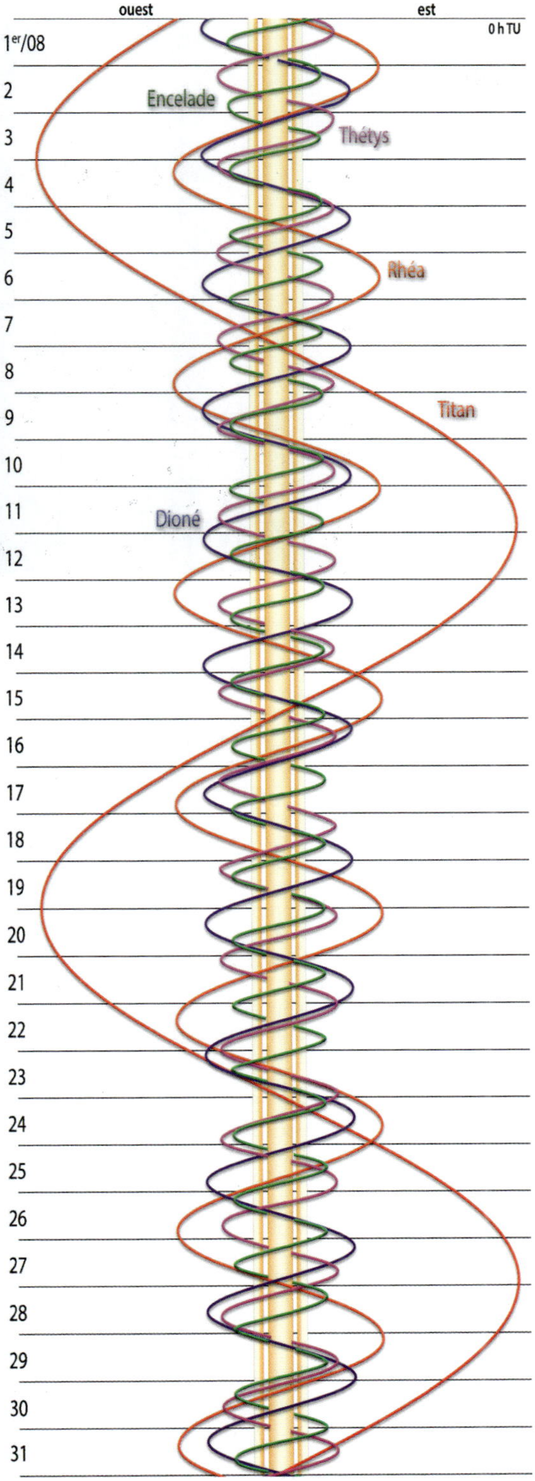

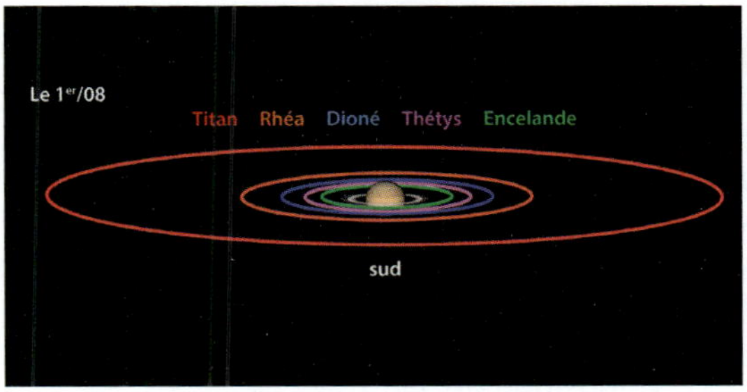

Les courbes ci-contre représentent les trajectoires apparentes des principales lunes de Saturne visibles dans les instruments d'amateur : Encelade est en vert, Téthys en cyan, Dioné en violet, Rhéa en orange et Titan en rouge. La triple bande centrale symbolise le disque et les anneaux de cette planète à la même échelle. La barre horizontale au-dessus de chaque date indique 0 h TU ce jour. Le nord est en haut, l'est à droite et l'ouest à gauche ; si vous ne savez plus comment est orienté le champ de votre instrument, lisez le petit texte d'explication de la page 67. Les satellites de Saturne tournent autour de leur planète dans le sens direct, c'est-à-dire dans le sens inverse des aiguilles d'une montre vu du nord. Ils passent donc entre la planète et nous dans le sens est-ouest et au-delà de la planète dans le sens ouest-est. Selon l'inclinaison du système de Saturne vu depuis la Terre (représentée ci-dessus), certaines des lunes peuvent alors être occultées ou éclipsées par le disque ou les anneaux de la planète. Le petit tableau ci-dessous donne la magnitude de ces lunes, plus Japet, dont l'orbite est trop grande pour être représentée (voir p. 294).

Satellites de Saturne en août 2023

	Mimas	Encelade	Téthys	Dioné	Rhéa	Titan	Japet
5	13,0	11,9	10,4	10,5	9,8	8,5	11,2
15	13,0	11,9	10,4	10,5	9,8	8,5	11,2
25	13,0	11,9	10,4	10,5	9,8	8,5	11,2

Dans le tableau suivant, la séparation en secondes d'arc est donnée avec un signe négatif pour les élongations à l'ouest. L'écart apparent entre Titan et Saturne reste important durant les nuits qui encadrent le jour de l'élongation maximale.

Élongations de Titan en août 2023

Date	Heure	Séparation en ″
4	1 h 27	- 191
11	20 h 53	191
19	22 h 59	- 193
27	18 h 23	191

Diamètre apparent le 15 : 0,81″

AOÛT 2023

Les phénomènes astronomiques au jour le jour

À NE PAS MANQUER CE MOIS-CI !

Le 1er et le 31, les deux plus grosses Pleines Lunes de 2023.
Le 3 et le 30, Saturne et la Lune.
Nuit du 7 au 8, Jupiter et la Lune.
Le 9, la Lune et les Pléiades.
Autour de la mi-août, splendeur de la Voie lactée estivale.
Nuit du 12 au 13, étoiles filantes des Perséides.
Le 23, X et V lunaires.
Le 27, opposition de Saturne.

Si vous possédez un smartphone ou une tablette, utilisez une application comme The Photographer's Ephemeris (TPE) ou PhotoPills pour connaître précisément le point de lever de la Lune pour un site donné et préparer votre observation ou votre séance photo ; notez qu'une version gratuite de TPE est utilisable en ligne (app.photoephemeris.com). La Pleine Lune du 1er août et celle du 31 août se produisent quelques heures avant et après les périgées les plus proches de l'année et le diamètre apparent de notre satellite naturel atteint donc son maximum annuel à 33,4'. Cette première Pleine Lune aoûtienne circule très au sud de l'écliptique et elle tarde à se lever puisqu'il faut attendre une demi-heure après le coucher du Soleil pour la voir se hisser majestueusement au-dessus de l'horizon est-sud-est. Installée au cœur du Capricorne, elle reste neuf heures dans le ciel et se couche à l'ouest-sud-ouest le 2 juste après le lever du Soleil. Elle revient à l'est-sud-est le 2 à la fin du crépuscule nautique.

JJ	TU	
01	02	Mardi (213-152). Heure de début et de fin du crépuscule astronomique à 45° de latitude nord et 0° de longitude : le 1er (2 h 39 m/21 h 32 m) ; le 15 (3 h 06 m/21 h 02 m). La durée du jour est de 14 heures et 42 minutes le 1er et de 13 heures et 20 minutes le 31 ; le dernier jour du mois, le Soleil se lève 35 minutes plus tard et se couche 47 minutes plus tôt que le premier. La durée du crépuscule astronomique passe de 125 à 105 minutes sur le mois.
01	02	Période de libration maximale en latitude pour la Lune (b = 6,6°).
01	12	À midi, début du jour julien 2 460 158.
01	18	**Pleine Lune à 18 h 32 m (Cap).** Distance : 357 528 km, soit 56,06 rayons terrestres. On l'appelle la Pleine Lune de l'esturgeon (Amérique du Nord) ou Pleine Lune du maïs vert, des grains, ou encore, Pleine Lune rouge à cause de la teinte que lui donnent souvent les brumes estivales lors de son lever. Août étant souvent le mois le plus agréable pour observer le ciel étoilé dans l'hémisphère Nord, je propose de surnommer cette Pleine Lune aoûtienne la Pleine Lune des étoiles. L'été, si les orages ne gâchent pas le spectacle, les conditions sont également idéales pour admirer et photographier les déformations que peut subir le globe lunaire lorsqu'il traverse les couches d'air à différentes températures qui s'entassent sur l'horizon. .
01	21	L'étoile **Deneb** domine l'horizon est-sud-est de 65° à la fin du crépuscule astronomique à 45° de latitude nord. Elle passe au méridien à minuit et sa hauteur est alors de 89° nord.
01	23	Durant la nuit du 1er au 2, la Pleine Lune franchit le méridien à près de 17° de l'horizon sud à Lille et de 25° à Perpignan.
02	00	Mercredi (214-151). **L'inclinaison apparente des anneaux de Saturne** passe de + 8,1° à + 9,2° au cours du mois.

02 00 **Minimum d'éclat de l'étoile variable Sheliak** (Bêta de la Lyre) à 0 h. Sa magnitude varie de 3,3 à 4,3 au cours d'un cycle de 12,941 jours. Les autres minima du mois se produisent le 14 à 23 h et le 27 à 21 h. Bien que l'éclat apparent de Sheliak ne soit pas exceptionnel, il est facile de suivre ses variations à l'œil nu en le comparant à celui des étoiles voisines de la Lyre.

02 05 **Minimum d'éclat de l'étoile variable Algol de Persée** (Bêta Persei) à 5 h ; sa magnitude est proche de 3,3. Les autres minima du mois se produisent le 5 à 2 h, le 7 à 23 h, le 10 à 20 h, le 13 à 16 h, le 16 à 13 h, le 19 à 10 h, le 22 à 7 h, le 25 à 4 h, le 28 à 0 h et le 30 à 21 h. Voir également le 2 septembre 2023.

02 05 La Lune passe au périgée à 5 h 52 m. Distance : 357 311 km, soit 56,02 rayons terrestres.

02 12 **Le Soleil** franchit le méridien à 63° de hauteur.

02 17 **Maximum d'éclat de l'étoile Delta Cephei à 17 h.** Sa magnitude varie de 3,5 à 4,4 au cours d'un cycle de 5,366 jours. Les autres maxima du mois se produisent le 8 à 2 h, le 13 à 10 h, le 18 à 19 h, le 24 à 4 h et le 29 à 13 h. Voir également le 6 octobre 2023.

02 19 Comme chaque année à cette époque et vers le 10 mai, **le Soleil passe au centre de l'arche de l'Arc de triomphe** vers 19 h 12 m TU, juste avant son coucher, vu du rond-point des Champs-Élysées. La veille, il passe plus haut dans l'arche et, le lendemain, plus bas.

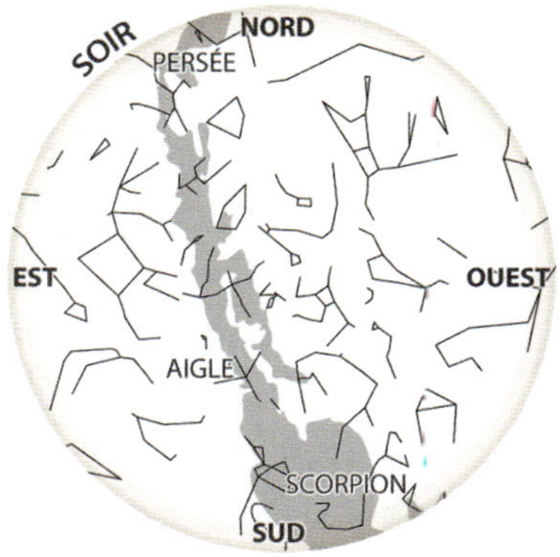

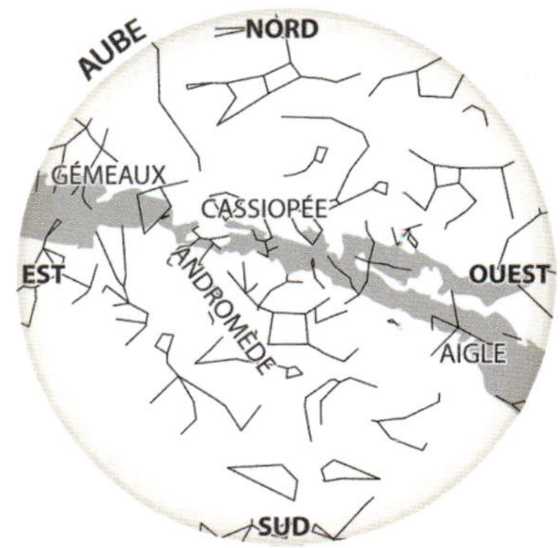

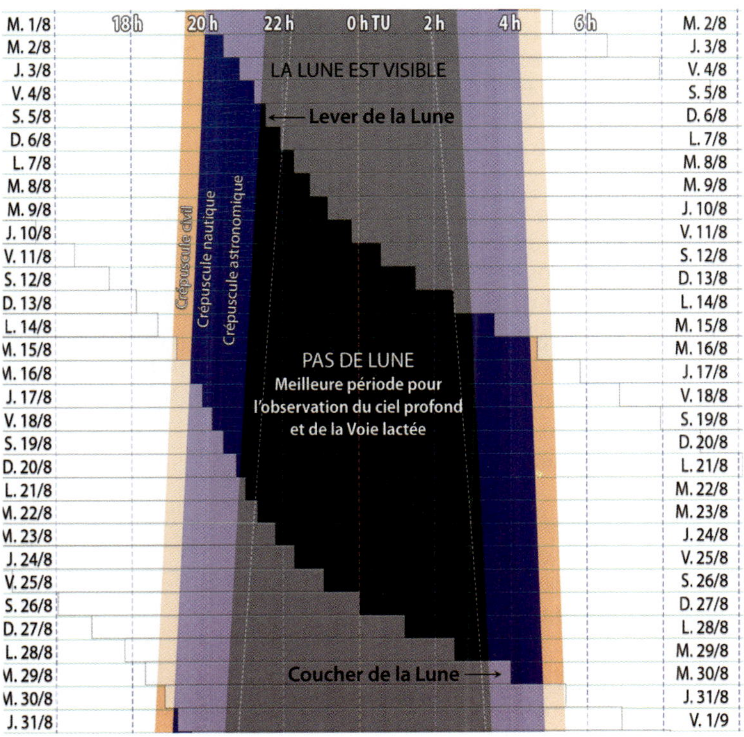

Laissez quelques nuits passées au début août pour permettre à la Lune éblouissante de s'éloigner et, à la fin du long crépuscule, vous verrez la **Voie lactée** s'étaler du nord-nord-est au sud-sud-ouest, de Persée au Scorpion ; le Triangle d'été est suspendu au zénith par Véga. En milieu de nuit, c'est à Deneb d'être la clé de la voûte céleste et l'ensemble de la Voie lactée semble pivoter autour ; elle repose sur le Cocher au nord-est et le Sagittaire au sud-ouest. Avant l'aube, nous retrouvons le W de Cassiopée tout en haut du ciel et l'orientation du bandeau galactique est à présent pratiquement est-ouest, des Gémeaux qui se lèvent à l'Écu qui se couche. La constellation du Scorpion plonge déjà vers l'horizon sud-ouest à la fin du crépuscule astronomique, mais les régions d'Ophiuchus et du Sagittaire sont encore très bien placées et elles regorgent de merveilles à contempler et à photographier.

Les phénomènes astronomiques au jour le jour

03 00 Jeudi (215-150). Période du maximum d'éclat de l'étoile variable R Tri (0231+33). R Tri est une variable de type Mira (variable à longue période) dont la magnitude oscille entre 5,4 et 12,6 ; sa période est de 266,9 jours.

03 11 **Conjonction géocentrique en longitude entre la Lune (Aqr) et Saturne** à 11 h 52 m (séparation : 2,3°). Le 3 au soir, ces deux astres se lèvent à l'est-sud-est durant le crépuscule et passent la nuit ensemble dans le Verseau.

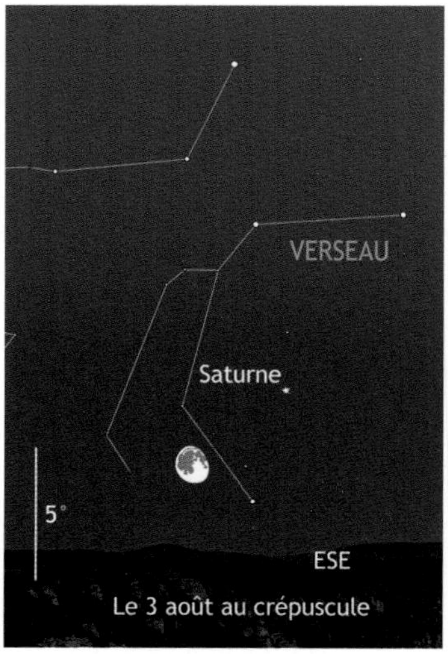

Le 3 août au crépuscule, suivez le lever de Saturne et de la Lune gibbeuse à l'est-sud-est pour leur première rencontre du mois.

04 00 Vendredi (216-149). Formations lunaires proches du terminateur dans la journée : Langrenus et Petavius, Endymion, l'albatros (bordure ouest de la mer des Crises).

04 01 **Élongation maximale de Titan** à l'ouest de Saturne à 1 h 27 m (191"). Retrouvez les autres élongations de Titan en août à la page consacrée aux satellites de Saturne en début de mois.

04 22 **Conjonction géocentrique en longitude entre la Lune (Aqr) et Neptune** à 22 h 59 m (séparation : 1,3°). Neptune n'est pas visible à l'œil nu et l'éclat de la Lune gibbeuse décroissante juste à côté d'elle ce soir rend son repérage télescopique délicat. Cependant, notre satellite naturel nous indique la petite région de la voûte céleste où circule cet été la dernière planète du Système solaire et vous pourrez donc revenir la chercher dans quelques nuits lorsque le lampadaire lunaire se sera suffisamment éloigné.

05 00 Samedi (217-148). À 0 h 35 m, l'étoile 27 Psc (Psc - magnitude 4,9) est occultée par la Lune ; elle réapparaît à 1 h 29 m. Les deux astres sont alors à 36,8° au-dessus de l'horizon et la fraction éclairée de notre satellite est de 85 %.

05 02 À 2 h 32 m, l'étoile 29 Psc (Psc - magnitude 5,1) est occultée par la Lune ; elle réapparaît à 3 h 38 m. Les deux astres sont alors à 41,8° au-dessus de l'horizon et la fraction éclairée de notre satellite est de 84 %.

05 18 **Maximum d'éclat de l'étoile variable Êta Aquilae** (Aigle) à 18 h. Il s'agit d'une étoile de type céphéide dont la magnitude passe de 3,5 à 4,4 au cours d'un cycle de 7,177 jours. Les autres maxima du mois se produisent le 12 à 22 h, le 20 à 3 h et le 27 à 7 h. Voir également le 8 mars 2024.

05 22 Le Soleil se couche sur la région de **Stiborius** (2-158) et, autour de 22 h 42 m, vous pouvez tenter d'observer avec un instrument une ou plusieurs raies lumineuses dans cette formation. Longitude du terminateur : 142° ; âge lunaire : 19,2 j ; illumination : 76 %.

06 00 Dimanche. 218e jour de l'année ; il reste 147 jours jusqu'au 31 décembre.

06 18 **Callisto est en conjonction inférieure** à 18 h 57 m. Elle est observable à proximité apparente du pôle Sud jovien.

32^{E} SEMAINE

07 00 Lundi (219-146). La Voie lactée divise la voûte céleste à la fin du crépuscule et le lever de plus en plus tardif de la Lune nous permet d'en profiter chaque nuit de mieux en mieux. Constellation de la Lune chaque jour à 0 h pour 45° de latitude nord et 0° de longitude : L-Psc, M-Ari, M-Ari, J-Tau, V-Tau, S-Gem, D-Gem.

07 00 TSMG (voir p. 17) : 21 h 01 m 03 s.

07 00 **Jupiter est en quadrature** à l'ouest du Soleil.

07 00 Mercure entre dans la constellation du Sextant.

07 02 La Lune passe au nœud ascendant à 2 h 45 m (longitude moyenne : 27,9°). Distance : 375 386 km.

07 04 **Sirius se lève en même temps que le Soleil** – on parle de lever cosmique. Si vous souhaitez en savoir plus sur les différents levers ou couchers des étoiles (cosmiques, achroniques ou héliaques), consultez le site de l'IMCCE : https://promenade.imcce.fr/fr/pages6/725.html.

07 12 À midi, début du jour julien 2 460 164.

07 12 Début de la 2274e rotation synodique du Soleil.

07 19 Mercure entre dans la constellation du Lion.

08 00 Mardi (220-145). Période de libration maximale en longitude pour la Lune (l = 7,6°).

08 00 Vénus passe à l'aphélie à 0,728 ua du Soleil, soit près de 109 millions de kilomètres.

08 06 **En plein jour.** Une heure après le lever du Soleil, **Jupiter et le Dernier Quartier** brillent côte à côte à près de 60° de hauteur au méridien. Leur écart apparent est inférieur à 3° et l'éclat jovien devrait permettre son repérage sans problème aux jumelles et peut-être aussi à l'œil nu si votre ciel est limpide.

08 08 **Conjonction géocentrique en longitude entre la Lune (Ari) et Jupiter** à 8 h 11 m (séparation : 2,7°). Ces deux astres se lèvent à l'est-nord-est au cœur de la nuit du 7 au 8 et le Dernier Quartier se rapproche de Jupiter dans les heures qui suivent.

08 10 **Dernier Quartier de Lune à 10 h 28 m (Ari).** Distance : 383 049 km, soit 60,06 rayons terrestres. D'août à octobre, le Dernier Quartier passe le méridien au plus haut de sa course annuelle (voir p. 31).

08 12 Juste avant de se coucher, **le Dernier Quartier passe dans l'arche de l'Arc de triomphe** vers 12 h 52 m. Il faut se placer au niveau du rond-point des Champs-Élysées pour observer ou photographier cette scène.

08 12 **Le Soleil** franchit le méridien au zénith à la Guadeloupe.

08 23 Conjonction géocentrique en longitude entre la Lune (Ari) et Uranus à 23 h 50 m (séparation : 2,5°).

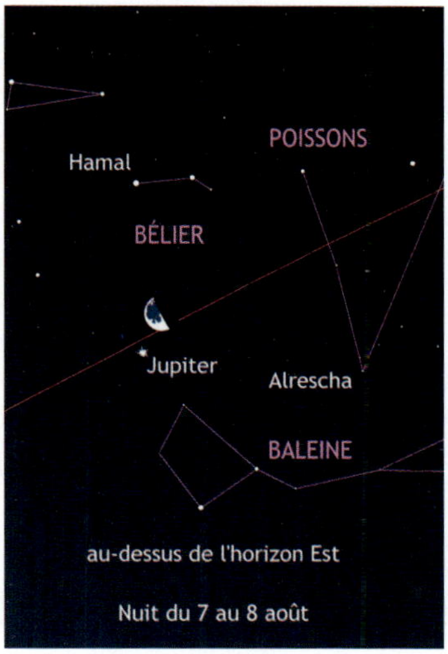

Le Dernier Quartier brille vivement à côté de Jupiter au cœur de la nuit du 7 au 8 août.

Les phénomènes astronomiques au jour le jour

09 05 Mercredi (221-144). Formations lunaires proches du terminateur dans la journée : Moretus, Ptolémée, Alphonse et Arzachel, Archimède, Maginus, Mur droit, Platon, Tycho, Ératosthène.

09 11 Dernier quartier de Mercure.

09 12 **Le Soleil** franchit le méridien à 61° de hauteur.

09 13 **Conjonction géocentrique en longitude entre la Lune (Tau) et les Pléiades** à 13 h 29 m (séparation : 1,4°). Le 9 à l'orée de l'aube, le gros quartier lunaire est à près de 5° des Pléiades, il est donc dans le même champ avec la plupart des jumelles grossissant jusqu'à dix fois.

09 23 Le Soleil se couche sur la région de **Clavius** (4-365) et, autour de 23 h 13 m, vous pouvez tenter d'observer avec un instrument une ou plusieurs raies lumineuses dans cette formation. Longitude du terminateur : 191° ; âge lunaire : 23,2 j ; illumination : 34 %.

10 01 Jeudi (222-143). Mercure atteint son élongation maximale à l'est : 27,4°.

10 04 À 4 h 04 m, l'étoile 62 Tau (Tau - magnitude 6,3) est occultée par la Lune. Les deux astres sont alors à 47,2° au-dessus de l'horizon et la fraction éclairée de notre satellite est de 32 %.

10 18 Mercure est à l'aphélie à 0,467 ua du Soleil, soit près de 70 millions de kilomètres.

11 00 Vendredi (223-142). La petite planète **15 Eunomia** passe à moins de 1° au nord de l'amas globulaire Messier 22 dans le Sagittaire.

11 02 Les quatre lunes galiléennes sont alignées dans le désordre à l'ouest du disque jovien : Europe, Io, Ganymède et Callisto ; à voir aux jumelles.

11 06 **Le Soleil entre dans la constellation du Lion (138,4°)** à 6 h 27 m.

12 00 Samedi (224-141). Période du maximum d'éclat de l'étoile variable T Sgr (1910-17). T Sgr est une variable de type Mira (variable à longue période) dont la magnitude oscille entre 7,1 et 15 ; sa période est de 396 jours.

12 21 Opposition de la petite planète **433 Éros**. Prochaine opposition le 29 octobre 2025.

12 23 Vénus entre dans la constellation du Cancer.

13 00 Dimanche. 225e jour de l'année.

13 02 Si vous êtes photographe, utilisez la clarté du petit croissant lunaire qui se lève avant l'aube pour révéler le paysage sous le pilier de la Voie lactée qui se dresse majestueusement au-dessus de l'horizon ouest.

Ne manquez pas les étoiles filantes de l'essaim des Perséides durant les nuits du 12 au 14 août. Les plus éclatantes sont aisément visibles dans un ciel touché par la pollution lumineuse, mais, comme l'éclat lunaire n'est pas gênant cet été, éloignez-vous des sources de lumière artificielle pour en voir encore plus !

13 07 **Maximum de l'essaim d'étoiles filantes des Perséides** (007 PER). Cet essaim propose tous les étés des bolides extrêmement lumineux et longs qui laissent souvent de très belles traces visibles durant plusieurs secondes. Le maximum se produit peu avant la Nouvelle Lune et les conditions d'observation sont donc parfaites cette année.

13 11 **Vénus est en conjonction inférieure** et passe à 7,7° au sud du centre du disque solaire.

13 12 **Le Soleil** franchit le méridien au zénith à la Martinique.

13 15 Vénus est au périgée à 0,288 ua de la Terre, soit près de 43 millions de kilomètres.

13 21 **Conjonction géocentrique en longitude entre la Lune (Gem) et Pollux** à 21 h 37 m (séparation : 1,7°). Le 14 à l'orée de l'aube, la Lune, Pollux et Castor sont alignées perpendiculairement à l'horizon est-nord-est.

33E SEMAINE

14 00 Lundi (226-139). Sans doute l'une des plus belles semaines de l'année pour observer le ciel, avec une Lune au repos et la Voie lactée estivale visible dans toute sa splendeur de Persée au Scorpion depuis un bon site. Constellation de la Lune chaque jour à 0 h pour 45° de latitude nord et 0° de longitude : L-Gem, M-Cnc, M-Leo, J-Leo, V-Leo, S-Vir, D-Vir.

14 00 TSMG (voir p. 17) : 21 h 28 m 39 s.

14 00 Période de libration minimale en latitude pour la Lune (b = - 6,6°).

14 12 À midi, début du jour julien 2 460 171.

15 02 Mardi (227-138). **Callisto est en conjonction supérieure** à 2 h 52 m. Elle est observable à proximité apparente du pôle Nord jovien.

15 04 Ce matin à l'aube, guettez un fin croissant lunaire de 1,5 %. À 4 h 30 m, il est âgé de 30 heures avant la Nouvelle Lune ; il se situe à 7° de hauteur et à 66° d'azimut, alors que le Soleil se situe à 6° sous l'horizon.

15 11 La petite planète **433 Éros** passe au périgée à 0,751 ua. Sa magnitude est proche de 12.

15 12 L'étoile **Régulus** du Lion fait son entrée à l'est du champ du coronographe LASCO C3 de la sonde *SOHO*. Elle y demeurera jusqu'au 31 août et fera un passage dans le champ plus restreint de LASCO C2 le 23.

16 00 Mercredi (228-137). **Conjonction géocentrique en longitude entre la Lune (Leo) et Vénus** à 0 h 44 m (séparation : 12,6°). Cette conjonction n'est pas observable, mais je la signale tout de même car l'écart apparent entre ces deux astres est assez exceptionnel : Vénus se situe en effet à près de 8° au sud de l'écliptique et la Lune surplombe le plan de rotation de la Terre de plus de 4°. Le Soleil, quant à lui, est pratiquement dans leur alignement.

Les Perséides

Le pic principal traditionnel des Perséides semble avoir glissé vers 140,0° de longitude héliocentrique. Très rapides lors de leur entrée dans l'atmosphère – 59 km/s –, les Perséides laissent régulièrement des traînées longues, brillantes, persistantes et, souvent, colorées (orange, vert, rouge). Certaines sont de véritables bolides, c'est-à-dire que leur magnitude est largement supérieure à celle de Vénus. Le pic principal a plusieurs fois été précédé d'un « frère » qui s'est manifesté vers 139,81°/139,91°, soit 5 heures environ auparavant, et suivi d'un autre vers 140,4°, soit une dizaine d'heures après. Pourtant, depuis quelques années, le pic avant-coureur ne s'est apparemment pas produit. Les spécialistes de l'International Meteor Organization estiment qu'il était lié aux perturbations provoquées par le retour au périhélie en décembre 1992 de la comète 109P Swift-Tuttle (période de 134,6 années), qui nourrit l'essaim de ses poussières. Cet astre s'éloignant du Soleil, il semble peu probable que ce premier pic se renouvelle. En 2009, deux autres pics ont été clairement observés : le premier à la longitude 139,623° avec un taux de 120 durant une demi-heure et le second à la longitude 140,505° avec un taux supérieur à 180 durant une heure. Les différents sursauts annoncés pour le maximum de 2016 par Jérémie Vaubaillon, Mikhail Maslov et Esko Lyytinen ont été observés : un premier a duré une heure centrée sur la longitude 139,446° avec un taux horaire atteignant 140 ; un deuxième – 26 minutes – centré sur la longitude 139,468° avec un taux de 190 ; deux brefs sursauts de météores très brillants (magnitude 0 à - 2) ont également été observés autour de 139,58° et de 139,65° ; un sursaut moins fort a enfin été mesuré autour de 139,820°. Un intense sursaut non annoncé a été observé le 14 août 2021 entre 6 h et 11 h autour de la longitude 141,474° avec un taux horaire dépassant 200. Peter Jenniskens annonce un possible regain d'activité le 13 août 2023 autour de 3 h et, le 14 août 2023 entre 1 h et 2 h 45 m, la Terre pourrait rencontrer des poussières relâchées il y a près de deux mille ans, d'après Jérémie Vaubaillon.

Les phénomènes astronomiques au jour le jour

16 00 Période du maximum d'éclat de l'étoile variable T Cas (0017+55). T Cas est une variable de type Mira (variable à longue période) dont la magnitude oscille entre 6,9 et 13 ; sa période est de 444,83 jours.

16 02 Uranus est en quadrature à l'ouest du Soleil.

16 09 **Nouvelle Lune à 9 h 38 m (Leo).** Distance : 406 631 km, soit 63,75 rayons terrestres.

16 11 La Lune passe à l'apogée à 11 h 54 m. Distance : 406 634 km, soit 63,75 rayons terrestres. Il s'agit de l'apogée le plus lointain en 2023.

16 12 **Le Soleil** franchit le méridien à 59° de hauteur.

17 00 Jeudi (229-136). Le plus jeune croissant de la lunaison peut être observé au crépuscule avec un instrument optique au cœur de l'océan Pacifique.

17 11 **Maximum de l'essaim météoritique des Kappa Cygnides** (012 KCG), dont la période d'activité se décale d'année en année depuis sa découverte. Longitude héliocentrique prévue pour le maximum de l'essaim (équinoxe 2000.0) : 144°. Vitesse de pénétration atmosphérique : 21,6 km/s. Taux horaire moyen au zénith : 3. C'est un essaim relativement concentré autour de son radiant – est de Véga en 2021 –, ce qui se prête bien à une observation télescopique ou vidéo. Néanmoins, plusieurs très belles étoiles filantes de magnitude négative ont été observées ces dernières années, donc n'hésitez pas à consacrer quelques heures aux Kappa Cygnides en cette période de Nouvelle Lune.

17 19 Ce soir au crépuscule, guettez un fin croissant lunaire de 1,9 %. À 19 h 40 m, il est âgé de 33 heures ; il se situe à 1,5° de hauteur et à 284° d'azimut, alors que le Soleil se situe à 6° sous l'horizon.

17 21 Mars entre dans la constellation de la Vierge.

18 00 Vendredi (230-135). Période du maximum d'éclat de l'étoile variable RS Her (1717+23). RS Her est une variable de type Mira (variable à longue période) dont la magnitude oscille entre 7,5 et 13 ; sa période est de 218 jours.

18 00 Période du maximum d'éclat de l'étoile variable U Ori (0549+20A). U Ori est une variable de type Mira (variable à longue période) dont la magnitude oscille entre 4,8 et 13 ; sa période est de 377 jours.

18 04 **Lever héliaque de Sirius à 45° de latitude nord** : elle dépasse 2,5° de hauteur lorsque le Soleil est encore à 7° sous l'horizon et, avec un ciel limpide à l'horizon, cela devrait vous permettre de repérer l'étoile la plus brillante de la sphère céleste à l'œil nu. La date du lever

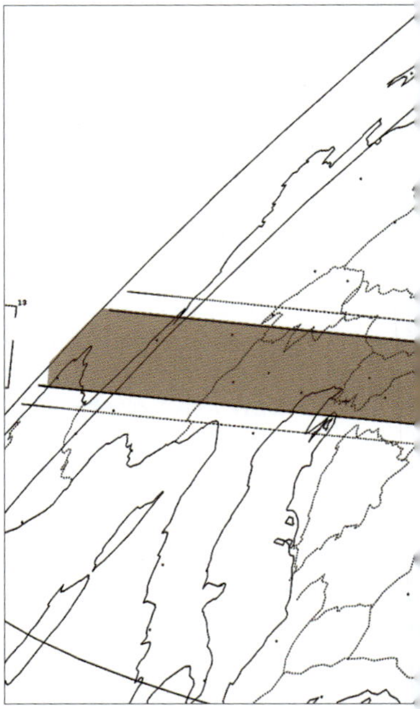

Durant la nuit du 20 au 21 août, la petite planète 173 Ino occulte une étoile du Taureau ; ce phénomène devrait être observable avec un instrument dans la moitié sud de la France métropolitaine.

héliaque d'une étoile ou d'un objet céleste comme l'amas des Pléiades change avec la latitude ; pour Sirius, par exemple, il se produit le 16 août à Perpignan et le 25 août à Lille.

18 17 Conjonction géocentrique en longitude entre la Lune (Leo) et Mercure à 17 h 09 m (séparation : 6,2°). Rapprochement observable au crépuscule sous les tropiques.

18 19 Formations lunaires proches du terminateur dans la journée : Langrenus et Petavius.

19 00 Samedi (231-134). Conjonction géocentrique en longitude entre la Lune (Vir) et Mars à 0 h 57 m (séparation : 1,9°). Rapprochement observable au crépuscule sous les tropiques.

19 02 Formations lunaires proches du terminateur dans la journée : Endymion, l'albatros (bordure ouest de la mer des Crises).

20 00 Dimanche. 232e jour de l'année.

20 14 **Maximum de l'essaim météoritique des Iota Aquarides nord** (033 NIA), dont la période d'activité s'étend du 11 au 31 août. Longitude héliocentrique prévue pour le maximum (équinoxe 2000.0) : 147°. Vitesse de pénétration atmosphérique : 31 km/s. Taux horaire moyen au zénith : 3. Au cours des années 1988-1995, un nouveau pic semble avoir été mis en évidence entre 148° et 151° de longitude héliocentrique, soit dans la période du 21 au 24 août.

34e SEMAINE

21 00 Lundi (233-132). Fin des festivités pour les admirateurs du ciel profond et de la Voie lactée avec le retour d'une Lune de plus en plus éblouissante cette semaine. Mais si vous regardez le ciel avant l'aube, vous aurez le plaisir de saluer le retour d'Orion et même celui de Sirius ! Constellation de la Lune chaque jour à 0 h pour 45° de latitude nord et 0° de longitude : L-Vir, M-Vir, M-Lib, J-Lib, V-Sco, S-Oph, D-Sgr.

21 00 TSMG (voir p. 17) : 21 h 56 m 15 s.

21 01 Entre 1 h 13 m et 1 h 20 m, la petite planète **173 Ino** (diamètre 141 km ; magnitude 12,6) occulte une étoile de magnitude 10,5 (TYC 682-01096-1 ; ascension droite : 4 h 39 m 30 s ; déclinaison : 8° 10′ 01″) dans la constellation du Taureau. La diminution d'éclat devrait atteindre 2,3 magnitudes et durer près de 6 secondes au maximum sur la bande de centralité du phénomène qui balaye le sud de la France métropolitaine d'ouest en est et le sud de la Suisse. Comme pour toutes les occultations stellaires par des astéroïdes, il existe toujours une incertitude sur la localisation précise de la zone d'observation. Il faut également noter que même une

Filtrez pour mieux voir !

Si vous vous intéressez à l'observation des nébuleuses et des objets du ciel profond et que vous habitez sous un ciel partiellement dégradé par la lumière et la pollution, les filtres interférentiels sont des accessoires indispensables. Le principe de ces filtres est relativement simple, même si leur fabrication, elle, ne l'est pas. Il s'appuie sur un double constat : d'une part, nombre de nébuleuses émettent dans des régions bien identifiées et relativement étroites du spectre de la lumière visible ; d'autre part, les sources lumineuses qui polluent le ciel rayonnent en grande majorité dans des bandes larges, mais bien distinctes de celles de ces objets célestes. Il faut donc des filtres qui ne laissent passer jusqu'à l'œil de l'observateur que les bandes spectrales intéressantes.
Il existe trois types de filtres utilisables pour l'observation des objets du ciel profond, et tout particulièrement pour celle des nébuleuses. Ils sont caractérisés par la largeur de leur bande passante : large, étroite, ou bien limitée à une seule raie. Les premiers laissent en général passer une bande du spectre de la lumière visible située entre 430 et 550 nanomètres (nm), et une autre au-delà de 620 nm, c'est-à-dire plus ou moins largement de part et d'autre des raies de l'hydrogène Bêta (486 nm) et de l'oxygène III (496 et 501 nm), et de la raie de l'hydrogène Alpha (656 nm). Les filtres à bandes étroites sont plus resserrés autour de ces mêmes bandes, approximativement entre 480 et 520 nm. Quant aux filtres très spécialisés, ils n'accordent le droit de passage qu'à une ou deux raies, celle de l'hydrogène Bêta ou de l'oxygène III. Il faut naturellement choisir le filtre que l'on utilise en fonction de l'objet que l'on souhaite observer, car un filtre qui augmentera le contraste d'un certain type d'objet céleste pourra faire entièrement disparaître un autre type. En d'autres termes, le filtre universel n'existe pas !
Pour un usage général, un filtre à large bande améliorera toujours la noirceur du fond de ciel et donc la visibilité de la plupart des objets à faible éclat de surface, mais il n'excellera dans aucun domaine particulier. Si l'observation des nébuleuses brillantes et des nébuleuses planétaires vous attire, choisissez plutôt un filtre à bande passante étroite. Enfin, si vous possédez un petit instrument, un filtre spécialisé O-III ou H-Bêta ne vous sera d'aucune utilité, alors qu'il vous montrera des images fascinantes des nébuleuses brillantes et des nébuleuses planétaires avec un instrument de 200 mm et plus.

Les phénomènes astronomiques au jour le jour

observation négative est un renseignement précieux puisque cela permet de fixer une limite à la présence de l'astéroïde ou de ses lunes. Je remercie sincèrement Éric Frappa qui, cette année encore, a calculé les différentes occultations d'étoiles par des astéroïdes que vous trouverez dans cette édition. Il a utilisé pour ce faire les logiciels Occult 4.2023.3.10, les éléments MPCorb du 15/03/2023 et le catalogue GAIA-EDR3.

21 03 Formations lunaires proches du terminateur dans la journée : Fracastor, Piccolomini, Posidonius, Theophilus, Cyrillus et Catherina.

21 12 À midi, début du jour julien 2 460 178.

21 16 La Lune passe au nœud descendant à 16 h 22 m (longitude moyenne : 206,4°). Distance : 396 869 km, soit 62,2 rayons terrestres.

21 18 Vénus et Saturne sont en conjonction héliocentrique.

21 20 **Repérez l'éclat de Spica de la Vierge à côté du croissant lunaire** durant le crépuscule nautique, juste au-dessus de l'horizon ouest-sud-ouest.

21 21 Jupiter frôle une étoile de magnitude 5,5 (PPM 118108) vers 21 h 58 m. En Europe, ce rapprochement serré est encore visible après le lever de la planète ; instrument indispensable.

22 11 Mardi (234-131). Formations lunaires proches du terminateur dans la journée : Aristote et Eudoxe, Maurolycus.

22 20 **Si vous êtes photographe,** utilisez la clarté du croissant lunaire qui se couche après la fin du crépuscule astronomique pour révéler le paysage sous la Voie lactée qui surplombe l'ouest-sud-ouest.

23 04 Mercredi (235-130). Le Soleil se lève sur la région de **Hind** (2-97) et, autour de 4 h 23 m, vous pouvez tenter d'observer avec un instrument une ou plusieurs raies lumineuses dans cette formation. Longitude du terminateur : 353° ; âge lunaire : 6,8 j ; illumination : 37 %.

23 09 **Le Soleil entre dans le signe astrologique de la Vierge (150°)** à 9 h 01 m, mais, dans la réalité, il est dans la constellation du Lion jusqu'au 17 septembre.

23 12 **Callisto est en conjonction inférieure** à 12 h 41 m. Elle est observable à proximité apparente du pôle Sud jovien.

23 12 **Le Soleil** franchit le méridien à 56° de hauteur.

23 16 Pointez un instrument vers le quartier de Lune en seconde partie de l'après-midi et suivez l'apparition du « **X lunaire** » révélé par le Soleil rasant à l'intersection des cratères La Caille, Blanchinus et Purbach, ainsi que

Apprenez à observer

Pour la plupart d'entre nous, observer n'est pas une activité naturelle. Nous voyons ce qui nous entoure, mais nous ne prenons pas le temps de regarder vraiment, de détailler, de chercher à découvrir les moindres détails. Il existe en fait la même nuance entre « voir » et « observer » qu'entre « entendre » et « écouter ». Dans un cas, l'œil et l'oreille perçoivent un environnement, alors que, dans l'autre, ils l'analysent et s'attachent aux nuances afin d'en saisir la structure, quelle qu'en soit la complexité.
L'apprentissage de l'observation se fait en deux étapes. Dans un premier temps, il faut comprendre le fonctionnement de cet instrument optique ultra-sophistiqué qu'est l'œil humain ; dans un second temps, il faut s'appliquer patiemment à discerner les différences de contrastes, les nuances de couleurs, les détails de plus en plus fins des objets que l'on observe. Cet apprentissage ne se fait pas en une nuit, mais le résultat en vaut la peine, car un observateur expérimenté voit réellement plus d'étoiles et plus de détails sur les planètes ou sur la Lune qu'un novice.
L'œil est un instrument optique miniature doté de possibilités étonnantes, mais ce n'est pas lui qui voit, c'est le cerveau ! L'œil capte la lumière émise ou réfléchie par l'univers environnant et la transmet, par l'intermédiaire du nerf optique, au cerveau, qui l'analyse et reconstitue, à partir de son expérience, une image cohérente. Ainsi, apprendre à observer, ce n'est pas entraîner son œil comme un athlète entraîne ses muscles, c'est plutôt développer les procédures intelligentes d'analyse du signal capté, améliorer ses capacités de concentration et rendre naturelles certaines techniques d'observation.
Il n'y a donc pas de bons ou de mauvais observateurs, il y a ceux qui ont appris à observer et les autres ! Et si l'on excepte quelques cas extrêmes, comme une cécité totale ou des altérations liées à une cataracte, les problèmes optiques de l'œil, comme la myopie ou l'hypermétropie, ne sont pas rédhibitoires car ils peuvent être compensés par un réglage adéquat lors de l'utilisation d'une lunette, d'un télescope ou de jumelles. Il existe même à présent des accessoires optiques qui permettent de corriger les défauts d'astigmatisme de l'œil.
La première chose à faire est de respecter le fonctionnement interne de l'œil et de laisser le temps à une série de processus physiques et chimiques de se dérouler. Vous avez certainement remarqué les capacités

le **V** lumineux qui se déploie dans le cratère Ukert, pratiquement au centre de la Lune. Voir le 25 juin 2023.

23 20 **Mercure est stationnaire** en ascension droite puis elle rétrograde pendant 23 jours.

24 00 Jeudi (236-129). Période de libration minimale en longitude pour la Lune (l = - 7,6°).

24 00 Période du maximum d'éclat de l'étoile variable W Her (1631+37). W Her est une variable de type Mira (variable à longue période) dont la magnitude oscille entre 7,6 et 14,4 ; sa période est de 280,03 jours.

24 01 Formations lunaires proches du terminateur dans la journée : Ptolémée, Alphonse et Arzachel, Archimède, Maginus, Mur droit, Platon, Moretus, Ératosthène, Tycho.

24 09 **Premier Quartier de Lune à 9 h 57 m (Sco).** Distance : 383 484 km, soit 60,12 rayons terrestres.

24 20 À 20 h 12 m, l'étoile HD 146001 (Sco - magnitude 6,1) est occultée par la Lune ; elle réapparaît à 21 h 26 m. Les deux astres sont alors à 5,9° au-dessus de l'horizon et la fraction éclairée de notre satellite est de 55 %.

25 00 Vendredi (237-128). Période du maximum d'éclat de l'étoile variable X Cam (0432+74). X Cam est une variable de type Mira (variable à longue période) dont la magnitude oscille entre 7,4 et 14,1 ; sa période est de 143,56 jours.

25 02 **Conjonction géocentrique en longitude entre la Lune (Sco) et Antarès** à 2 h 22 m (séparation : 1°). Le 24, ces deux astres sont visibles juste au-dessus de l'horizon sud-ouest à la fin du crépuscule.

25 03 **Occultation d'Antarès par la Lune.** Zone de visibilité : Amérique du Nord à l'exception du nord. Il s'agit de la première occultation d'Antarès par la Lune depuis le 7 février 2010 et de la première d'une série de 68 occultations d'Antarès qui prendra fin le 27 août 2028.

25 04 Formations lunaires proches du terminateur dans la journée : Clavius, Copernic et la chaîne de montagnes des Carpathes, Longomontanus.

25 04 Une douzaine de jours après sa conjonction inférieure, **Vénus est de retour dans le ciel de l'aube** ; cherchez cette planète éclatante une demi-heure avant le lever du Soleil au ras d'un horizon bien dégagé.

25 23 Maximum de l'essaim météoritique diurne des Gamma Léonides (203 GLE), dont la période d'activité s'étend du 14 août au 12 septembre. Longitude héliocentrique prévue (équinoxe 2000.0) : 152,2°.

26 04 Samedi (238-127). Formations lunaires proches du terminateur dans la journée : Klaproth, golfe des Iris, Kepler.

26 15 Dès le lever de la Lune, utilisez des jumelles ou une lunette pour admirer l'arc lumineux du **golfe des Iris** au nord du terminateur lunaire.

d'adaptation de l'œil aux variations de luminosité. Si vous passez d'une pièce bien éclairée à un lieu sombre, vos pupilles se dilatent, occupant parfois presque toute la surface des iris. L'œil augmente ainsi la quantité de lumière pouvant atteindre la rétine, tout comme un photographe accroît la quantité de lumière qui atteint le film en ouvrant le diaphragme de l'objectif. Dans un lieu totalement obscur, la seule dilatation des pupilles ne suffit pas et un second processus, chimique celui-là, se déroule à l'intérieur des rétines. Celles-ci sont tapissées de cellules appelées cônes et bâtonnets, qui transmettent l'information lumineuse au cerveau. En lumière vive, cette transmission est principalement assurée par les cônes ; dans l'obscurité, en revanche, le rôle des bâtonnets devient prépondérant. L'ajustement du rôle respectif des cônes et des bâtonnets demande plusieurs dizaines de minutes, même si, en pratique, on admet qu'il est réalisé à 90 % dans le premier quart d'heure. L'ajustement inverse est beaucoup plus rapide (quelques secondes), mais la sensation d'éblouissement qu'il provoque peut être douloureuse.
Qui connaît ce mode de fonctionnement comprend sans peine pourquoi il convient de rester un bon quart d'heure dans l'obscurité avant de tenter toute observation délicate. Évidemment, les astres les plus brillants seront immédiatement visibles ; mais pour voir les plus faibles, comme pour distinguer une nébuleuse ou une galaxie, il faut attendre. Autre conséquence : vous devez absolument vous protéger des lumières directes (lampadaires, phares), qui annihileraient votre vision nocturne et vous condamneraient à une nouvelle période de transition. Si vous devez utiliser une lampe de poche pour vous déplacer ou lire une carte, badigeonnez préalablement son ampoule de vernis à ongles rouge. Les bâtonnets étant insensibles au rouge, cette couleur ne vous éblouira pratiquement pas. Enfin, la position des cônes et des bâtonnets sur la rétine a son importance : les premiers sont principalement au centre et les seconds sur la périphérie. Comme ce sont les bâtonnets qui se mettent en œuvre dans l'obscurité, vous augmenterez la sensibilité de votre œil en apprenant à orienter votre regard de telle sorte que l'image de l'objet que vous souhaitez observer se forme sur la périphérie de votre rétine. Les observateurs chevronnés parlent alors de « vision décalée ou oblique » et parviennent à voir grâce à elle des détails là où d'autres pensent ne rien distinguer.

Les phénomènes astronomiques au jour le jour

26 21 Entre 21 h 34 m et 21 h 40 m, la petite planète **1212 Francette** (diamètre 83 km ; magnitude 16) occulte une étoile de magnitude 10,5 (TYC 5805-01333-1 ; ascension droite : 22 h 03 m 22 s ; déclinaison : - 11° 56′ 32″) dans la constellation du Verseau. La diminution d'éclat devrait atteindre 5,5 magnitudes et durer près de 5 secondes au maximum sur la bande de centralité du phénomène qui balaye la Suisse et le sud de la France métropolitaine d'est en ouest.

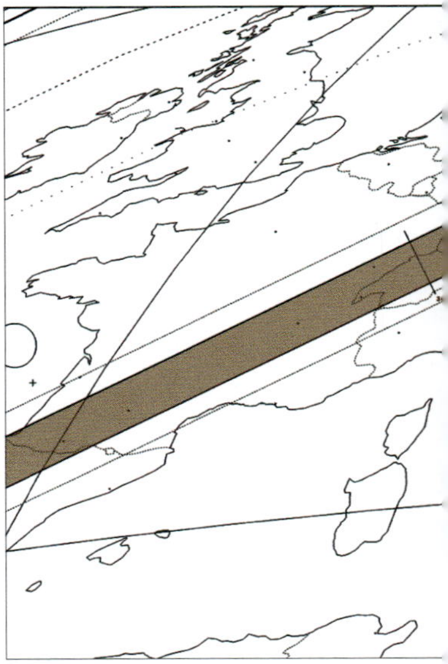

Le 26 août au soir, la petite planète 1212 Francette doit occulter une étoile du Verseau pour les observateurs situés dans la bande colorée.

27 00 Dimanche. 239e jour de l'année.

27 02 Formations lunaires proches du terminateur dans la journée : Gassendi, Schiller, Doppelmayer, Harpalus, Aristarque, Hérodote et la vallée de Schröter.

27 08 **Opposition de la petite planète 8 Flora.** Prochaine opposition le 12 mars 2025.

27 08 **Opposition de Saturne.** Longitude héliocentrique : 333° 50′ (331° 54′ à l'opposition en 2022). Déclinaison : - 11° 46′ (- 15° 26′ à l'opposition en 2022). Saturne se situe dans le Verseau et elle franchit le méridien à près de 33° de hauteur ; c'est 3° de mieux que l'année dernière, mais c'est encore très bas pour les observateurs européens, qui pourront être gênés par la turbulence toujours plus forte à l'approche de l'horizon. Prochaine opposition le 8 septembre 2024.

27 12 Plus petite distance entre la Terre et Saturne : 8,763 ua, soit 1,311 milliard de kilomètres environ. Le diamètre apparent du disque de la planète est proche de 19″ et celui de ses anneaux dépasse 42,8″.

27 20 À 20 h 36 m, l'étoile HD 182180 (Sgr - magnitude 6,0) est occultée par la Lune ; elle réapparaît à 21 h 19 m. Les deux astres sont alors à 16,9° au-dessus de l'horizon et la fraction éclairée de notre satellite est de 85 %.

35e SEMAINE

28 00 Lundi (240-125). La seconde Pleine Lune du mois se produit jeudi, ce n'est donc pas la peine d'envisager une séance d'observation de nébuleuses diffuses et de galaxies lointaines dans les jours qui viennent. Constellation de la Lune chaque jour à 0 h pour 45° de latitude nord et 0° de longitude : L-Sgr, M-Cap, M-Cap, J-Aqr, V-Aqr, S-Cet, D-Psc.

28 00 TSMG (voir p. 17) : 22 h 23 m 51 s.

28 00 Période de libration maximale en latitude pour la Lune (b = 6,6°).

28 12 À midi, début du jour julien 2 460 185.

28 21 À 21 h 50 m, l'étoile HD 195549 (Cap - magnitude 6,4)

est occultée par la Lune ; elle réapparaît à 23 h 04 m. Les deux astres sont alors à 19,1° au-dessus de l'horizon et la fraction éclairée de notre satellite est de 93 %.

28 23 Passage au méridien à minuit de la constellation du Lézard.

29 00 Mardi (241-124). **Uranus est stationnaire** en ascension droite dans le Bélier puis commence sa rétrogradation, qui prendra fin dans 151 jours, le 27 janvier 2024.

30 04 Mercredi (242-123). Latitude sud maximale pour Vénus : - 3,4° (longitude héliocentrique : 346,6°).

30 12 **Le Soleil** franchit le méridien à 54° de hauteur.

30 15 La Lune passe au périgée à 15 h 54 m. Distance : 357 181 km, soit 56,00 rayons terrestres.

30 19 **Conjonction géocentrique en longitude entre la Lune (Aqr) et Saturne** à 19 h 33 m (séparation : 2,3°). Quelques jours après son opposition, la planète aux anneaux apparaît juste à côté de la plus grosse Pleine Lune de l'année peu après le coucher du Soleil. Les deux astres s'élèvent au sein des lueurs de l'arche anticrépusculaire et passent toute la nuit ensemble avant de disparaître à l'ouest-sud-ouest le 31 peu avant le lever du Soleil.

31 01 Jeudi (243-122). **Pleine Lune à 1 h 36 m (Aqr).** Distance : 357 341 km, soit 56,03 rayons terrestres. Seconde Pleine Lune du mois d'août. Elle est, d'un rien, la plus grosse Pleine Lune de 2023, avec un diamètre apparent légèrement supérieur à 33,4', et se lève à l'est-sud-est une dizaine de minutes après le coucher du Soleil le 30. Elle se situe alors juste à côté de Saturne dans le Verseau et passe plus de dix heures sur la voûte céleste avant de se coucher à l'ouest-sud-ouest le 31 au lever du Soleil. Le 31 au soir, elle apparaît une quarantaine de minutes après le départ du Soleil. Elle brille joliment au-dessus de l'horizon ouest-sud-ouest le 1er septembre avant le lever du Soleil.

31 01 Latitude sud maximale pour Mercure : - 7° (longitude héliocentrique : 318,3°).

31 20 **Callisto est en conjonction supérieure** à 20 h 06 m. Elle est observable à proximité du pôle Nord jovien.

31 23 Durant la nuit du 30 au 31, la Pleine Lune franchit le méridien à près de 25° de l'horizon sud à Lille et de 33° à Perpignan.

Le 30 août au crépuscule, juste après le coucher du Soleil, la Pleine Lune se lève à l'est-sud-est dans l'arche anticrépusculaire et, quelques minutes plus tard, le petit éclat de la planète Saturne s'impose au-dessus d'elle dès que le fond du ciel devient suffisamment sombre.

Le Soleil et les planètes

	JOUR	ASCENSION DROITE	DÉCLINAISON	CONSTELLATION	Ø APPARENT	ÉQUATION DU TEMPS	DISTANCE	DISTANCE LUMIÈRE	LEVER	MÉRIDIEN	HAUTEUR	COUCHER
		h m s	° ′ ″			m s	ua	m s	h m	h m		h m
Soleil	2	8 47 41	+ 17 52 44	Cnc	31′ 31″	+ 6 20	1,0149	8 26	04 46	12 06	63°	19 26
	6	9 03 06	+ 16 49 28	Cnc	31′ 32″	+ 5 59	1,0144	8 26	04 51	12 06	62°	19 20
	10	9 18 22	+ 15 41 51	Cnc	31′ 33″	+ 5 30	1,0138	8 26	04 55	12 05	61°	19 15
	14	9 33 29	+ 14 30 11	Leo	31′ 34″	+ 4 50	1,0132	8 26	05 00	12 05	59°	19 09
	18	9 48 27	+ 13 14 49	Leo	31′ 36″	+ 4 02	1,0125	8 25	05 05	12 04	58°	19 02
	22	10 03 17	+ 11 56 05	Leo	31′ 37″	+ 3 06	1,0117	8 25	05 10	12 03	57°	18 56
	26	10 17 59	+ 10 34 22	Leo	31′ 39″	+ 2 02	1,0108	8 24	05 14	12 02	55°	18 49
	30	10 32 36	+ 9 09 59	Leo	31′ 40″	+ 0 53	1,0099	8 24	05 19	12 01	54°	18 41

	JOUR	ASCENSION DROITE	DÉCLINAISON	CONSTELLATION	MAGNITUDE	Ø APPARENT	ÉLONGATION	DISTANCE	FRACTION ÉCLAIRÉE	LEVER	MÉRIDIEN	HAUTEUR	COUCHER
		h m s	° ′ ″					ua		h m	h m		h m
Mercure	2	10 28 56	+ 9 14 51	Leo	0,5	6,7	26,0° E	1,0090	61 %	07 08	13 48	54°	20 27
	6	10 45 56	+ 6 49 29	Leo	0,7	7,1	27,0° E	0,9510	55 %	07 19	13 49	51°	20 17
	10	11 00 18	+ 4 34 08	Leo	0,9	7,5	27,4° E	0,8926	49 %	07 26	13 47	49°	20 07
	14	11 11 44	+ 2 34 05	Leo	1,1	8,1	26,9° E	0,8346	43 %	07 30	13 42	47°	19 54
	18	11 19 42	+ 0 56 03	Leo	1,4	8,6	25,5° E	0,7782	35 %	07 28	13 34	46°	19 39
	22	11 23 32	- 0 11 20	Leo	1,8	9,3	23,0° E	0,7252	27 %	07 20	13 21	45°	19 22
	26	11 22 28	- 0 37 28	Leo	2,4	9,9	19,1° E	0,6789	19 %	07 04	13 04	44°	19 03
	30	11 16 07	- 0 11 44	Leo	3,1	10,4	13,6° E	0,6444	10 %	06 40	12 41	45°	18 43
Vénus	2	9 47 40	+ 7 14 25	Leo	- 4,1	54,6	17,2° E	0,3083	5 %	06 32	13 03	52°	19 34
	6	9 39 42	+ 7 03 47	Leo	- 3,9	56,6	11,5° E	0,2973	3 %	06 09	12 39	52°	19 09
	10	9 30 19	+ 7 07 40	Leo	- 3,8	57,9	5,5° E	0,2907	1 %	05 44	12 14	52°	18 45
	14	9 20 21	+ 7 24 40	Cnc	- 3,8	58,2	0,8° O	0,2888	1 %	05 17	11 49	52°	18 20
	18	9 10 45	+ 7 52 06	Cnc	- 3,8	57,7	7,1° O	0,2915	2 %	04 50	11 23	53°	17 57
	22	9 02 24	+ 8 26 28	Cnc	- 4,0	56,3	13,1° O	0,2988	4 %	04 24	11 00	54°	17 36
	26	8 56 01	+ 9 03 59	Cnc	- 4,2	54,2	18,7° O	0,3103	6 %	03 59	10 38	54°	17 17
	30	8 52 02	+ 9 41 14	Cnc	- 4,3	51,7	23,7° O	0,3255	9 %	03 37	10 18	55°	17 00
Mars	6	11 11 08	+ 6 11 33	Leo	2,1	3,9	33,0° E	2,3982	97 %	07 46	14 13	51°	20 40
	14	11 29 36	+ 4 09 24	Leo	2,1	3,9	30,4° E	2,4300	98 %	07 41	14 00	49°	20 19
	22	11 48 08	+ 2 04 53	Vir	2,1	3,8	27,8° E	2,4579	98 %	07 36	13 47	47°	19 57
	30	12 06 48	- 0 01 14	Vir	2,1	3,8	25,2° E	2,4820	98 %	07 32	13 34	45°	19 36
Jupiter	6	2 48 23	+ 14 54 55	Ari	- 2,5	40,4	89,1° O	4,8728	99 %	22 43	05 50	60°	12 55
	14	2 50 58	+ 15 04 51	Ari	- 2,5	41,4	96,2° O	4,7512	99 %	22 13	05 22	60°	12 26
	22	2 52 48	+ 15 11 18	Ari	- 2,6	42,5	103,4° O	4,6312	99 %	21 43	04 52	60°	11 57
	30	2 53 50	+ 15 14 11	Ari	- 2,6	43,6	110,9° O	4,5150	99 %	21 12	04 21	60°	11 27
Saturne	6	22 31 25	- 11 09 22	Aqr	0,5	18,7	157,9° O	8,8318	100 %	20 13	01 34	34°	06 51
	14	22 29 20	- 11 22 38	Aqr	0,5	18,8	166,1° O	8,7904	100 %	19 40	01 01	34°	06 16
	22	22 27 06	- 11 36 25	Aqr	0,4	18,9	174,4° O	8,7676	100 %	19 08	00 27	33°	05 42
	30	22 24 49	- 11 50 12	Aqr	0,4	18,9	177,2° E	8,7640	100 %	18 35	23 49	33°	05 07
Uranus	6	3 22 09	+ 18 10 51	Ari	5,8	3,5	80,5° O	19,7790	100 %	23 01	06 24	63°	13 43
	18	3 22 51	+ 18 13 20	Ari	5,7	3,6	91,8° O	19,5770	100 %	22 14	05 38	63°	12 57
	30	3 23 03	+ 18 14 01	Ari	5,7	3,6	103,3° O	19,3760	100 %	21 27	04 51	63°	12 10
Neptune	6	23 52 17	- 2 12 29	Psc	7,8	2,3	136,0° O	29,1700	100 %	20 57	02 55	43°	08 48
	18	23 51 24	- 2 18 38	Psc	7,8	2,3	147,7° O	29,0460	100 %	20 10	02 07	43°	08 00
	30	23 50 21	- 2 25 47	Psc	7,8	2,3	159,6° O	28,9580	100 %	19 22	01 18	43°	07 11

Les éphémérides du Soleil, des planètes et de la Lune proposées sur ces deux pages sont calculées à 0 h TU pour une latitude de 45° nord et une longitude de 0°.

La Lune

	JOUR	ASCENSION DROITE	DÉCLINAISON	CONSTELLATION	Ø APPARENT	PARALLAXE HORIZONTALE	FRACTION ÉCLAIRÉE	JOUR	ÉLONGATION	DISTANCE	LEVER	MÉRIDIEN	HAUTEUR	COUCHER
		h m s	° ′ ″							km	h m	h m		h m
M 1	213	20 02 35	- 25 34 17	Sgr	33′ 18″	61′ 07″	99 %	14,2	169° E	358 807	19 h 54			3 h 42
M 2	214	21 06 46	- 21 38 06	Cap	33′ 26″	61′ 22″	100 %	15,2	177° O	357 369	20 h 27	0 h 27	23°	5 h 08
J 3	215	22 07 07	- 16 14 15	Aqr	33′ 23″	61′ 16″	98 %	16,2	163° O	357 861	20 h 52	1 h 25	28°	6 h 35
V 4	216	23 03 28	- 9 53 40	Aqr	33′ 10″	60′ 53″	92 %	17,2	148° O	360 192	21 h 14	2 h 19	35°	7 h 59
S 5	217	23 56 36	- 3 07 05	Psc	32′ 49″	60′ 14″	85 %	18,2	134° O	364 071	21 h 35	3 h 10	42°	9 h 19
D 6	218	0 47 42	3 38 48	Psc	32′ 23″	59′ 25″	76 %	19,2	121° O	369 073	21 h 55	3 h 58	49°	10 h 37
L 7	219	1 37 57	10 02 19	Psc	31′ 53″	58′ 31″	65 %	20,2	108° O	374 719	22 h 17	4 h 46	56°	11 h 52
M 8	220	2 28 29	15 46 05	Ari	31′ 24″	57′ 37″	54 %	21,2	95° O	380 550	22 h 42	5 h 34	62°	13 h 07
M 9	221	3 20 04	20 35 49	Ari	30′ 57″	56′ 47″	44 %	22,2	83° O	386 179	23 h 12	6 h 24	66°	14 h 20
J 10	222	4 13 08	24 19 38	Tau	30′ 32″	56′ 02″	34 %	23,2	71° O	391 318	23 h 50	7 h 15	70°	15 h 29
V 11	223	5 07 31	26 48 09	Tau	30′ 11″	55′ 24″	25 %	24,2	59° O	395 782		8 h 08	72°	16 h 32
S 12	224	6 02 36	27 55 31	Gem	29′ 55″	54′ 53″	17 %	25,2	48° O	399 476	0 h 36	9 h 01	73°	17 h 26
D 13	225	6 57 19	27 40 38	Gem	29′ 42″	54′ 30″	10 %	26,2	37° O	402 373	1 h 30	9 h 53	72°	18 h 10
L 14	226	7 50 35	26 07 33	Gem	29′ 32″	54′ 13″	5 %	27,2	26° O	404 493	2 h 31	10 h 43	70°	18 h 45
M 15	227	8 41 35	23 24 48	Cnc	29′ 26″	54′ 02″	2 %	28,2	15° O	405 873	3 h 36	11 h 31	65°	19 h 12
M 16	228	9 29 59	19 43 41	Leo	29′ 23″	53′ 56″	0 %	29,2	4° O	406 551	4 h 42	12 h 15	62°	19 h 35
J 17	229	10 15 57	15 16 28	Leo	29′ 23″	53′ 56″	0 %	0,6	7° E	406 548	5 h 48	12 h 57	57°	19 h 54
V 18	230	10 59 56	10 15 08	Leo	29′ 26″	54′ 02″	2 %	1,6	18° E	405 860	6 h 52	13 h 38	52°	20 h 11
S 19	231	11 42 39	4 50 52	Vir	29′ 33″	54′ 13″	6 %	2,6	28° E	404 459	7 h 55	14 h 17	46°	20 h 27
D 20	232	12 24 59	- 0 45 49	Vir	29′ 42″	54′ 30″	11 %	3,6	39° E	402 303	8 h 59	14 h 57	40°	20 h 43
L 21	233	13 07 53	- 6 24 40	Vir	29′ 55″	54′ 54″	18 %	4,6	50° E	399 350	10 h 04	15 h 38	34°	21 h 01
M 22	234	13 52 23	- 11 54 44	Vir	30′ 12″	55′ 26″	26 %	5,6	61° E	395 583	11 h 12	16 h 21	29°	21 h 21
M 23	235	14 39 34	- 17 03 20	Lib	30′ 33″	56′ 05″	35 %	6,6	73° E	391 034	12 h 23	17 h 09	24°	21 h 46
J 24	236	15 30 28	- 21 34 53	Lib	30′ 58″	56′ 50″	45 %	7,6	85° E	385 806	13 h 36	18 h 01	20°	22 h 18
V 25	237	16 25 49	- 25 10 12	Sco	31′ 26″	57′ 41″	56 %	8,6	97° E	380 099	14 h 50	18 h 58	17°	23 h 02
S 26	238	17 25 43	- 27 27 18	Oph	31′ 56″	58′ 36″	67 %	9,6	109° E	374 215	15 h 59	19 h 59	16°	23 h 59
D 27	239	18 29 13	- 28 05 03	Sgr	32′ 25″	59′ 30″	77 %	10,6	122° E	368 555	16 h 59	21 h 03	17°	
L 28	240	19 34 20	- 26 49 30	Sgr	32′ 52″	60′ 19″	86 %	11,6	136° E	363 588	17 h 46	22 h 06	20°	1 h 11
M 29	241	20 38 38	- 23 39 55	Cap	33′ 13″	60′ 57″	93 %	12,6	150° E	359 799	18 h 22	23 h 06	25°	2 h 34
M 30	242	21 40 17	- 18 50 33	Cap	33′ 25″	61′ 19″	98 %	13,6	164° E	357 609	18 h 51			4 h 01
J 31	243	22 38 33	- 12 46 47	Aqr	33′ 27″	61′ 22″	100 %	14,6	179° E	357 293	19 h 15	0 h 03	31°	5 h 28

La Lune des spécialistes

	Libration		Angle de position	
	l	b	axe	phase
1	- 2,6°	6,6°	348,2°	231,0°
2	- 0,4°	6,4°	343,5°	135,0°
3	1,7°	5,7°	340,2°	85,6°
4	3,7°	4,7°	338,4°	74,3°
5	5,3°	3,3°	337,9°	69,8°
6	6,5°	1,8°	338,6°	68,4°
7	7,3°	0,2°	340,3°	69,2°
8	7,6°	- 1,4°	343,0°	71,7°
9	7,5°	- 2,8°	346,6°	75,6°
10	7,1°	- 4,1°	350,9°	80,8°
11	6,4°	- 5,1°	355,8°	86,9°
12	5,6°	- 5,9°	1,0°	93,8°
13	4,5°	- 6,4°	6,1°	101,3°
14	3,4°	- 6,6°	10,8°	109,5°
15	2,2°	- 6,5°	14,8°	120,4°
16	0,9°	- 6,2°	17,9°	152,2°
17	- 0,4°	- 5,5°	20,2°	263,8°
18	- 1,7°	- 4,7°	21,6°	283,8°
19	- 3,0°	- 3,6°	22,1°	289,7°
20	- 4,3°	- 2,4°	21,9°	292,0°
21	- 5,4°	- 1,0°	20,8°	292,4°
22	- 6,4°	0,4°	19,0°	291,2°
23	- 7,2°	1,8°	16,3°	288,6°
24	- 7,6°	3,2°	12,6°	284,5°
25	- 7,6°	4,5°	8,0°	279,0°
26	- 7,1°	5,5°	2,5°	272,0°
27	- 6,2°	6,2°	356,5°	263,8°
28	- 4,8°	6,6°	350,6°	255,0°
29	- 3,0°	6,6°	345,5°	245,4°
30	- 1,0°	6,0°	341,5°	232,3°
31	1,2°	5,1°	339,0°	173,1°

Phases et distances

Jour	Heure en TU	Distance en km	Ø apparent
1	PL à 18 h 32 m	357 528	33,4′
8	DQ à 10 h 28 m	383 049	31,2′
16	NL à 9 h 38 m	406 631	29,4′
24	PQ à 9 h 57 m	383 484	31,2′
31	PL à 1 h 36 m	357 341	33,4′
2	Périgée à 5 h 52 m	357 311	33,4′
16	Apogée à 11 h 54 m	406 634	29,4′
30	Périgée à 15 h 54 m	357 181	33,5′

Reportez-vous pages 7 à 15 pour trouver des renseignements détaillés sur l'utilisation de ces différentes informations.
Consultez les tableaux de corrections horaires (pages 340 et 341) pour adapter les heures de lever, de passage au méridien et de coucher en fonction de votre lieu d'observation.

SEPTEMBRE 2023

1re quinzaine vers 22 h TU - 2e quinzaine vers 21 h TU

Pour	Utilisez la carte de
17-18 h	*juillet*
19-20 h	août
23-0 h	octobre
1-2 h	novembre
3-4 h	décembre
5-6 h	*janvier*

Vous pouvez également utiliser cette carte en :
octobre vers 19-20 h
novembre vers 17-18 h
mai vers 5-6 h
juin vers 3-4 h
juillet vers 1-2 h
août vers 23-0 h
(valable uniquement pour les étoiles)

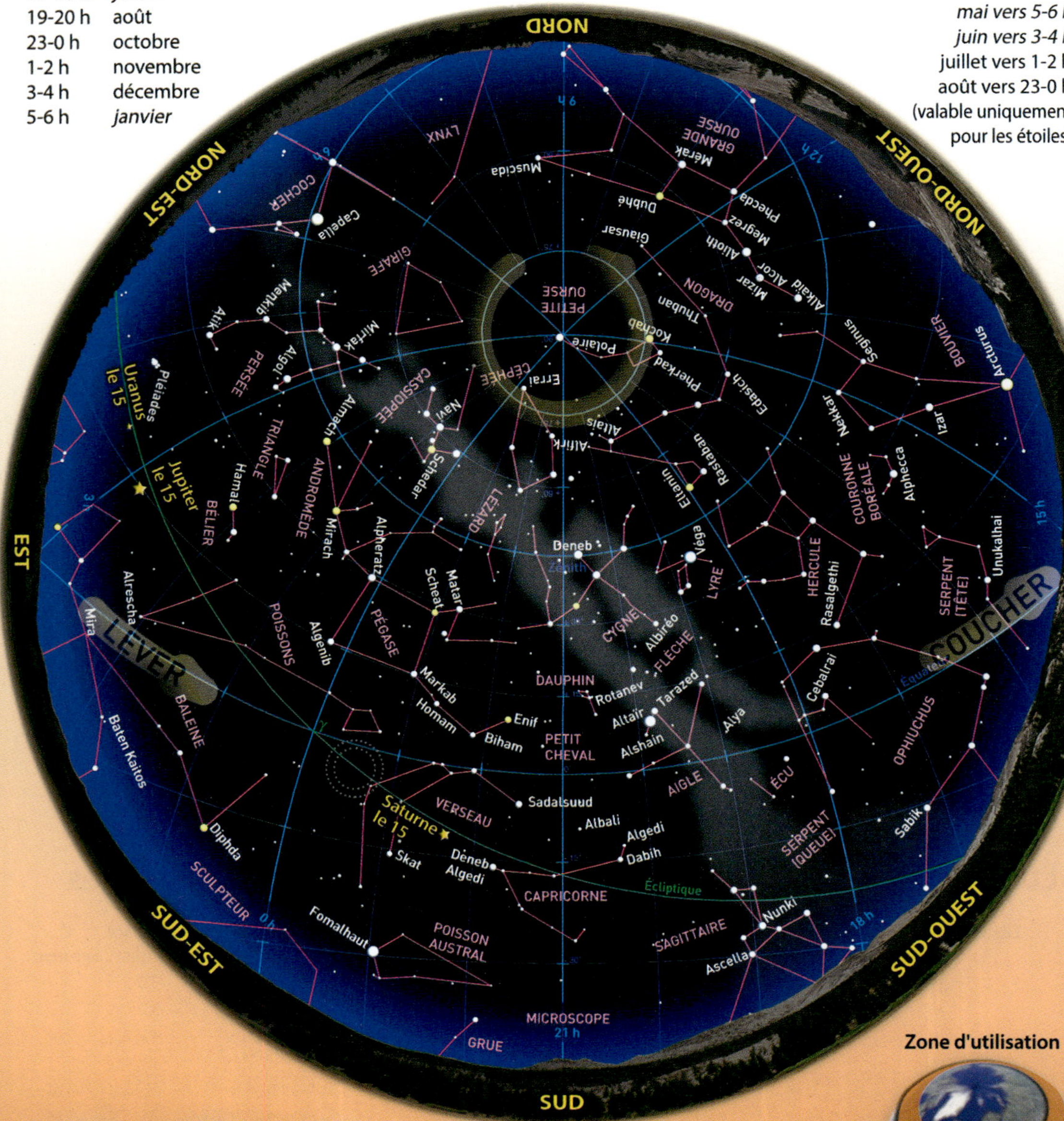

6 septembre **Dernier Quartier** *Taureau*

15 septembre **Nouvelle Lune** *Lion*

22 septembre **Premier Quartier** *Sagittaire*

29 septembre **Pleine Lune** *Poissons*

Magnitudes

-1 0 1 2 3 4 4,5 et +

Zone d'utilisation

38° à 52° nord

À L'ORÉE DE L'AUBE EN SEPTEMBRE 2023

Zone d'utilisation

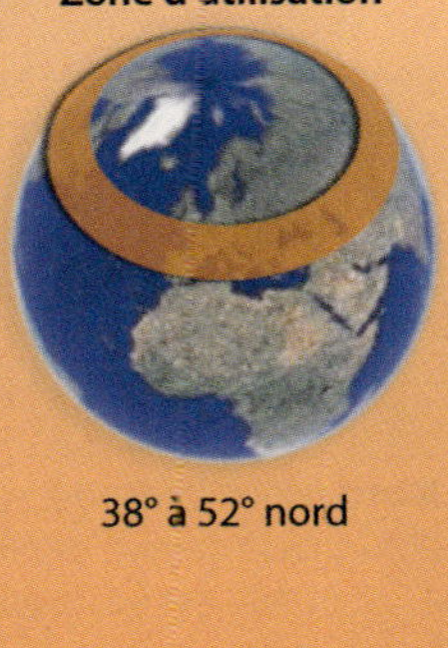

38° à 52° nord

Vous trouverez des conseils pour l'utilisation de ces cartes en début d'ouvrage.

SEPTEMBRE 2023

La Lune et les planètes

Mercure

Nord. En conjonction inférieure le 6, elle profite du redressement de l'écliptique à l'aube pour entamer sa plus belle période de visibilité matinale en 2023 et il devient possible de la repérer une heure avant le lever du Soleil au ras de l'horizon est-nord-est après le 15. Elle atteint son élongation maximale le 22 à 17,9° et retombe vers le Soleil, mais l'augmentation de son éclat permet de la pointer jusqu'à la fin du mois.
Tropiques. Un peu moins bonnes qu'en Europe sous le tropique du Capricorne, les conditions d'observation sont optimales sous celui du Cancer, où l'écliptique est perpendiculaire à l'horizon à l'aube.

Vénus

Nord. Elle se lève près de deux heures avant le Soleil le 1er et plus de trois heures et demie avant le 30. Son élongation solaire dépasse 43° en fin de mois et le diamètre apparent de son épais croissant est proche de 32". La magnitude de Vénus est maximale le 18 et, comme la planète se lève une heure et demie avant l'aube et brille vivement dans le ciel nocturne, vous pouvez tenter de photographier les ombres éveillées par son éclat intense : une série de poses à haute sensibilité d'un poteau placé devant un drap blanc mettra en évidence le déplacement de son ombre. Vous avez une dizaine de jours pour tenter l'expérience avant l'arrivée de la Lune éblouissante.
Tropiques. Très bonnes conditions d'observation.

Mars

Nord. Dans la Vierge, son élongation solaire diminue de 24° à 15° et elle est inobservable dans le ciel crépusculaire.
Tropiques. Sa conjonction avec le jeune croissant lunaire le 16 au crépuscule est sans doute la dernière occasion de la repérer sans instrument.

Jupiter

Nord. Elle est stationnaire dans le Bélier le 4 et rétrograde vers l'ouest de l'écliptique jusqu'au 31 décembre 2023. Elle se lève juste après la fin du crépuscule astronomique en début de mois et juste avant en fin. Elle franchit le méridien en seconde partie de nuit à plus de 60° de hauteur et les conditions d'observation devraient donc être excellentes dans les instruments d'amateur. Des jumelles fixées sur un trépied suffisent pour admirer la plupart des belles configurations des lunes galiléennes, comme celle du 18, qui est détaillée quelques pages plus loin. Le diamètre apparent équatorial de Jupiter dépasse 47" le 30 et sa magnitude est de - 2,8, ce qui en fait l'astre ponctuel le plus éclatant de la voûte étoilée jusqu'au lever de Vénus.
Tropiques. Conditions d'observation excellentes.

Saturne

Nord et tropiques. Toujours dans le Verseau, elle brille le 1er à une vingtaine de degrés de hauteur au-dessus de l'horizon sud-est à la fin du crépuscule, franchit le méridien en milieu de nuit à 33° de hauteur et se couche à l'ouest-sud-ouest à l'aube. Le 30, plus d'un mois après son opposition du 27 août, Saturne est visible à la fin du crépuscule à près de 25° de hauteur au-dessus de l'horizon sud-sud-est et nous avons plus de cinq heures pour l'observer dans de bonnes conditions (plus de 20° de hauteur) aux instruments. Son éclat baisse car elle s'éloigne de la Terre – magnitude 0,5 le 30 – et son diamètre apparent équatorial est de 18,5" (42" pour les anneaux). Titan, la plus grosse lune de Saturne, est plus grande que Mercure et son éclat se distingue sans peine avec une lunette de 60 mm de diamètre et un grossissement d'une trentaine de fois ; le schéma mensuel des satellites de Saturne vous permet de déterminer sa position quotidienne, ainsi que celles des principales lunes de cette planète géante.

Mi-septembre, Uranus (Bélier) se lève en début de nuit et franchit le méridien à plus de 63° de hauteur à l'orée de l'aube. Elle est visible à l'œil nu (magnitude 5,7) dans un ciel suffisamment sombre (carte de repérage p. 52). Neptune (Poissons) est à l'opposition le 19 à 4 heures-lumière de la Terre (28,90 ua) ; elle se lève au coucher du Soleil et surplombe l'horizon sud de plus de 42° en milieu de nuit. Un instrument est indispensable pour la repérer à 6' à l'ouest de l'étoile 20 Piscium (magnitude 5,5) ; carte p. 53.

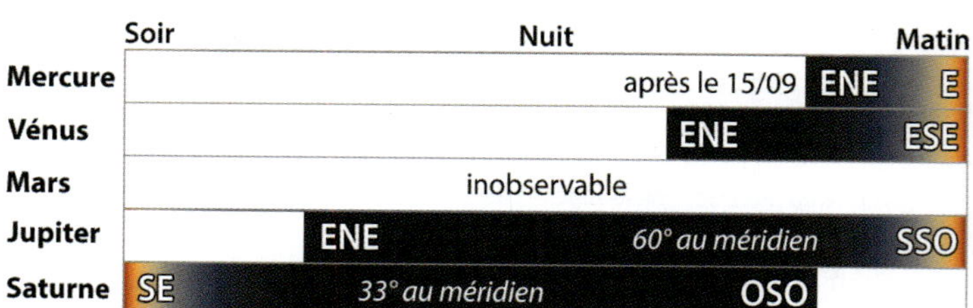

Visibilité des planètes à 45° de latitude nord, en milieu de mois.

Planétaire

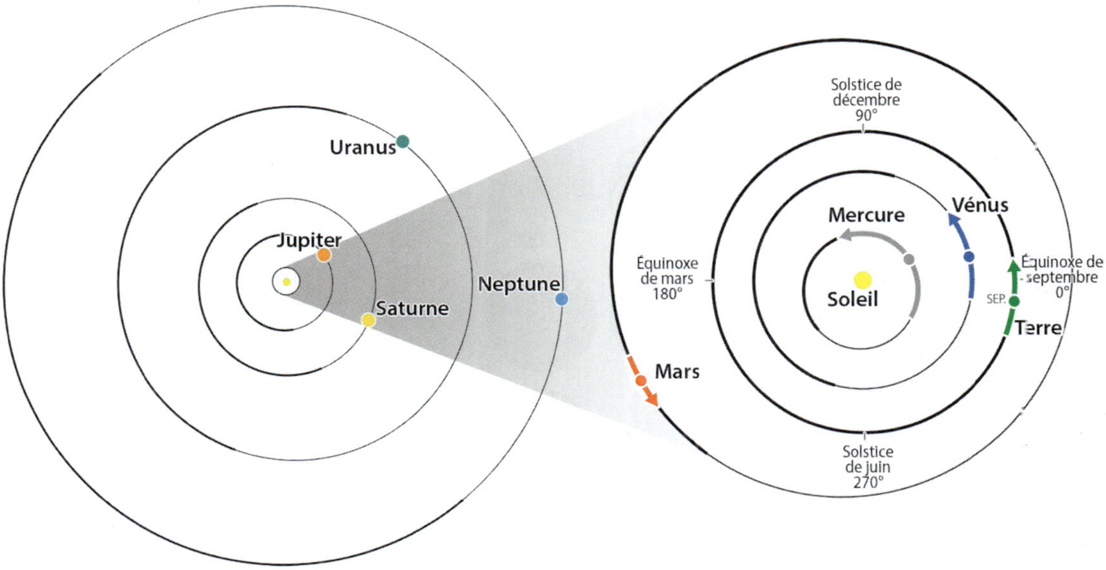

Vous trouverez en pages 67 et 69 des explications complètes sur ces deux schémas.

Le calendrier lunaire

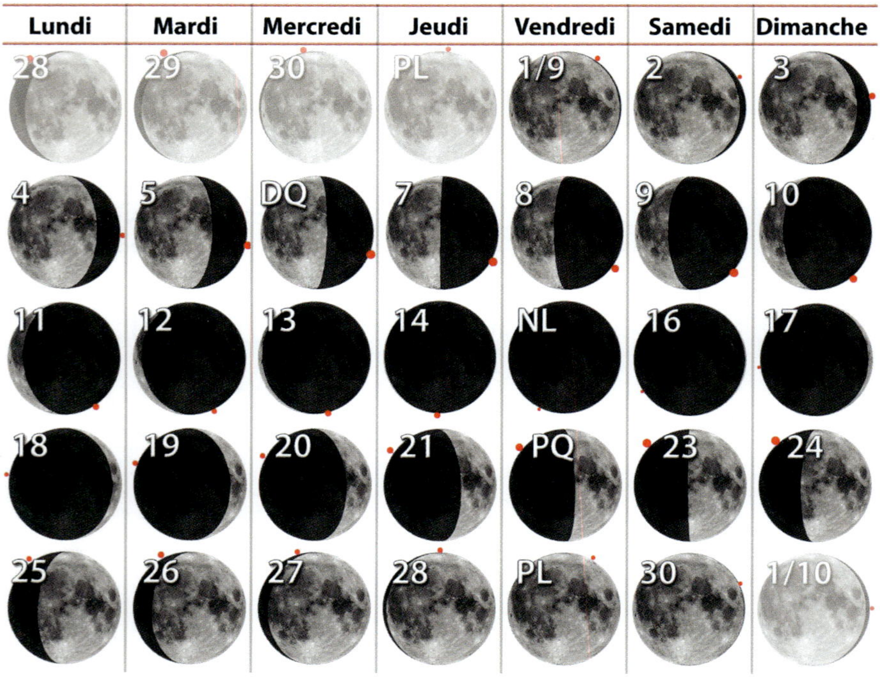

Longitude du terminateur

	Soleil levant	Soleil couchant
1er/09		100°
2		112°
3		124°
4		137°
5		149°
6		161°
7		173°
8		185°
9		198°
10		210°
11		222°
12		234°
13		247°
14		259°
15	271°	
16	283°	
17	296°	
18	308°	
19	320°	
20	332°	
21	344°	
22	357°	
23	9°	
24	21°	
25	33°	
26	45°	
27	58°	
28	70°	
29	82°	
30		94°

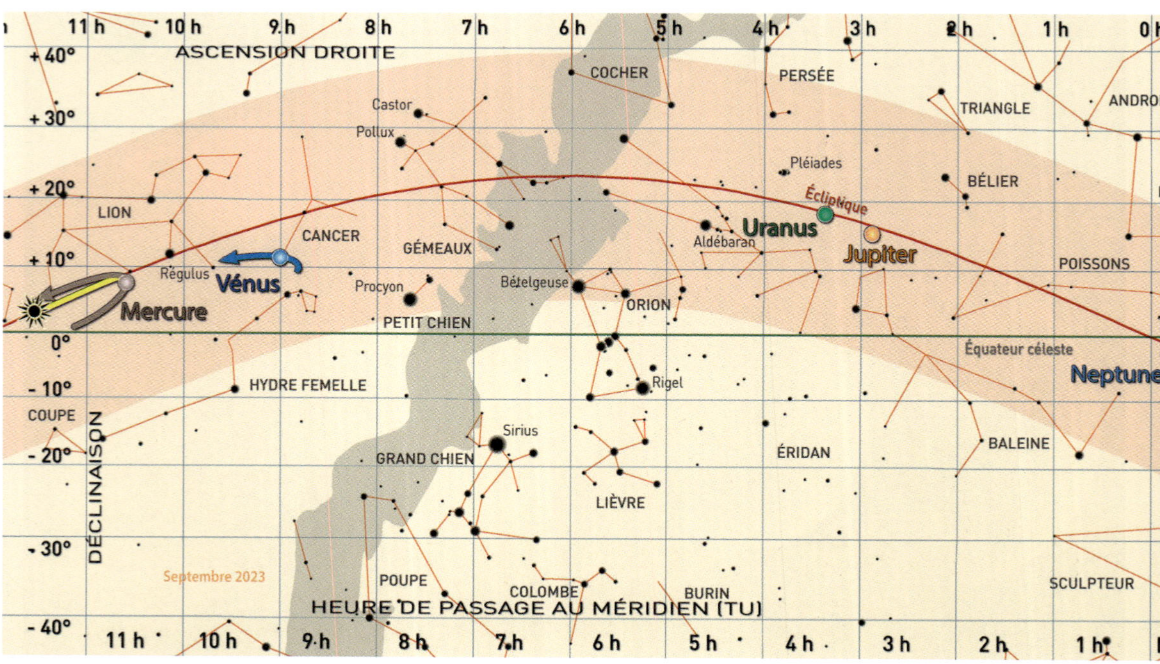

Hauteur mensuelle de la Lune

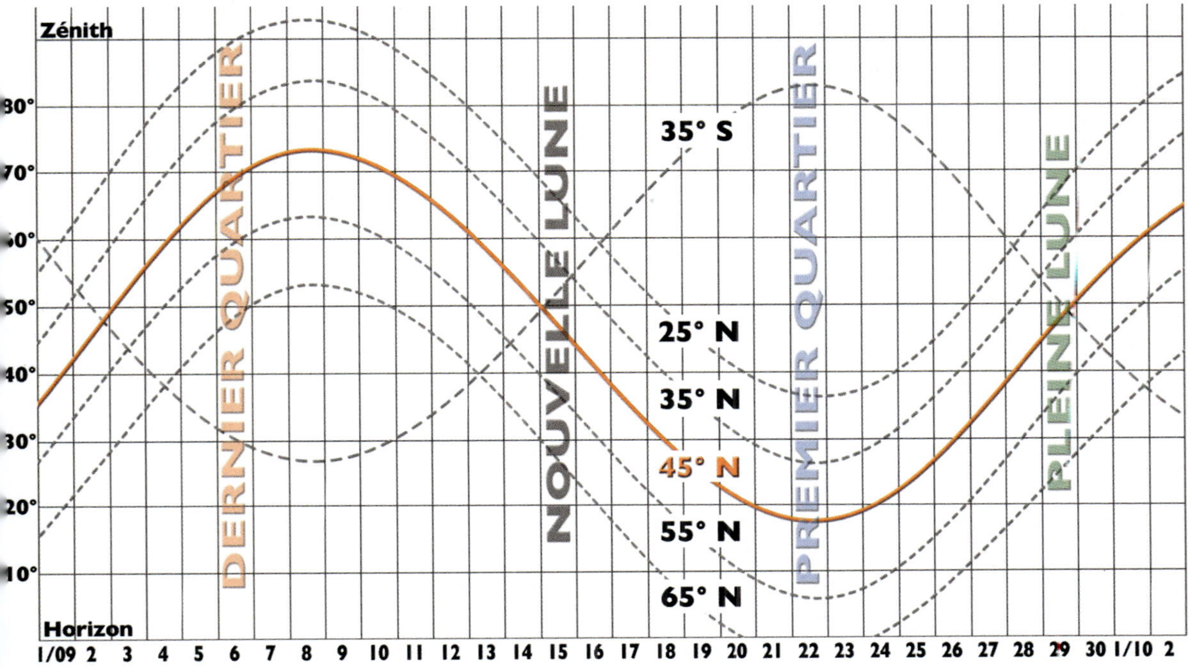

Le 1er septembre à 0 h TU, la Lune est âgée de 15,6 jours.

La Lune atteint sa plus grande déclinaison vers le nord le 8 (28,2°) et sa plus grande déclinaison vers le sud le 23 (- 28,3°).

Vous trouverez en pages 35, 69, 70 et 71 des explications complètes sur ces trois schémas et ce tableau.

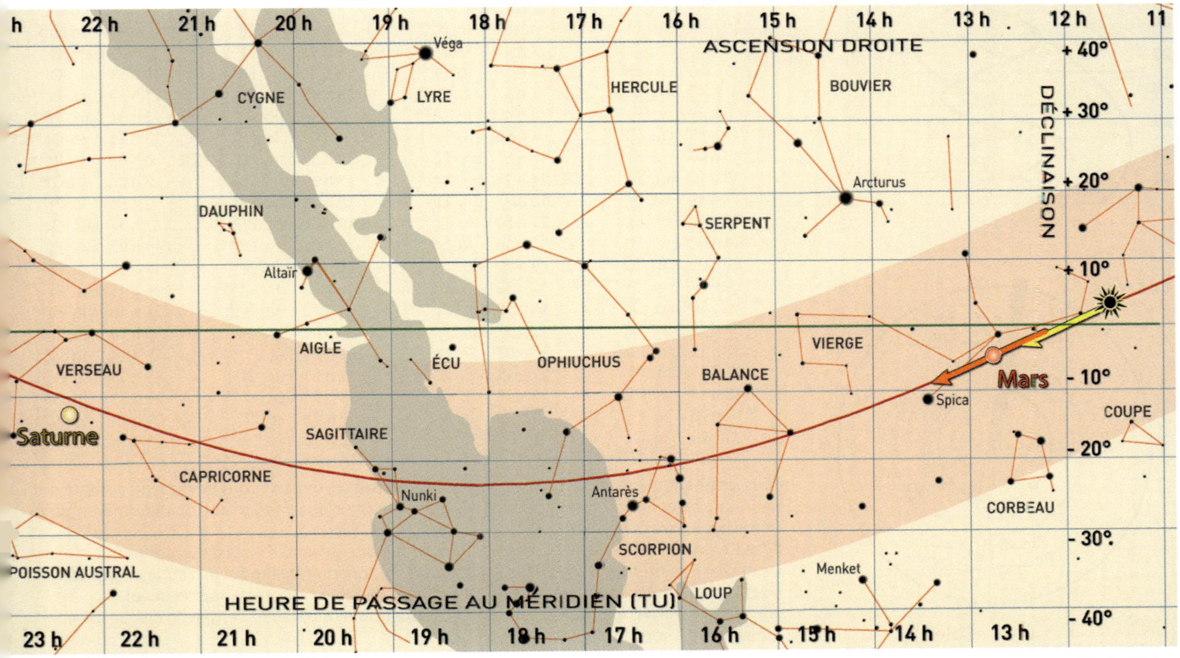

Satellites de Jupiter

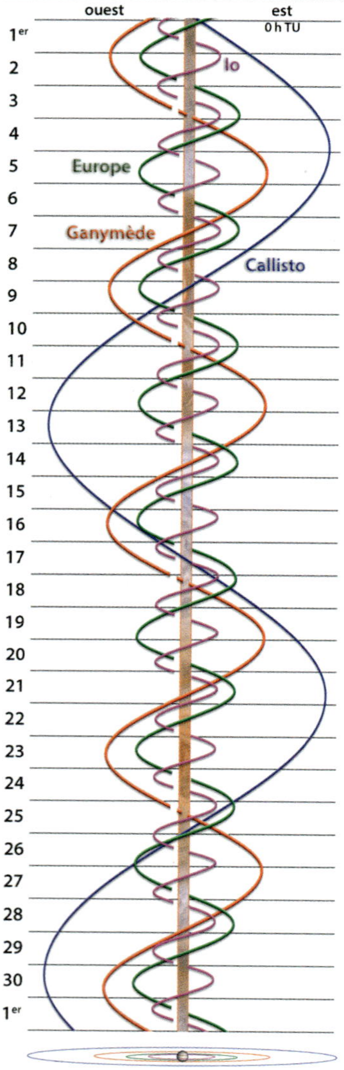

Le 1er/09

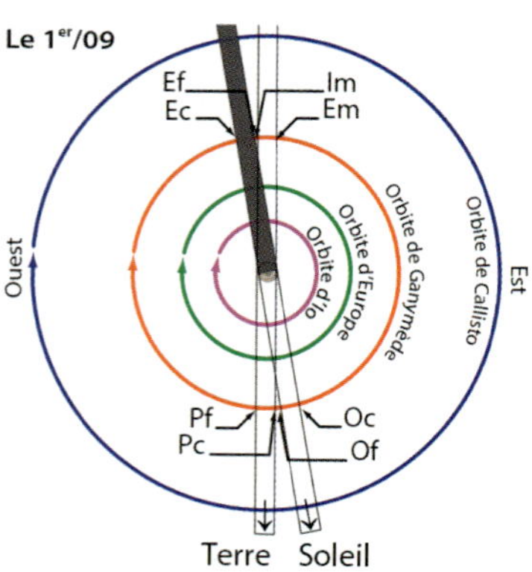

Passages de la tache rouge de Jupiter au méridien central

1er/09 : 7 h 31 ; 17 h 27.
2 : 3 h 22 ; 13 h 18 ; 23 h 14.
3 : 9 h 09 ; 19 h 05.
4 : 5 h 01 ; 14 h 56.
5 : 0 h 52 ; 10 h 48 ; 20 h 43.
6 : 6 h 39 ; 16 h 34.
7 : 2 h 30 ; 12 h 26 ; 22 h 21.
8 : 8 h 17 ; 18 h 13.
9 : 4 h 08 ; 14 h 04 ; 23 h 59.
10 : 9 h 55 ; 19 h 51.
11 : 5 h 46 ; 15 h 42.
12 : 1 h 38 ; 11 h 33 ; 21 h 29.
13 : 7 h 24 ; 17 h 20.
14 : 3 h 16 ; 13 h 11 ; 23 h 07.
15 : 9 h 03 ; 18 h 58.
16 : 4 h 54 ; 14 h 49.
17 : 0 h 45 ; 10 h 41 ; 20 h 36.
18 : 6 h 32 ; 16 h 28.
19 : 2 h 23 ; 12 h 19 ; 22 h 14.
20 : 8 h 10 ; 18 h 06.
21 : 4 h 01 ; 13 h 57 ; 23 h 53.
22 : 9 h 48 ; 19 h 44.
23 : 5 h 39 ; 15 h 35.
24 : 1 h 30 ; 11 h 26 ; 21 h 22.
25 : 7 h 17 ; 17 h 13.
26 : 3 h 08 ; 13 h 04 ; 22 h 59.
27 : 8 h 55 ; 18 h 51.
28 : 4 h 46 ; 14 h 42.
29 : 0 h 38 ; 10 h 33 ; 20 h 29.
30 : 6 h 24 ; 16 h 20.

Longitude estimée du centre de la tache rouge en début de mois : 46,5°.

Phénomènes des satellites de Jupiter

	Heure	Sat.	Phé.
1er/09	1 h 53	Eur.	Oc**
	4 h 13	Eur.	Of**
	4 h 30	Eur.	Pc**
	6 h 44	Eur.	Pf
	13 h 40	Io	Ec
	17 h 05	Io	Em
2	10 h 48	Io	Oc
	12 h 04	Io	Pc
	12 h 57	Io	Of
	14 h 12	Io	Pf
	20 h 01	Eur.	Ec
	22 h 21	Eur.	Ef**
	22 h 35	Eur.	Im**
3	0 h 49	Eur.	Em**
	8 h 09	Io	Ec
	11 h 32	Io	Em
	15 h 41	Gan.	Ec
	17 h 31	Gan.	Ef
	21 h 09	Gan.	Im
	22 h 07	Gan.	Em**
4	5 h 16	Io	Oc
	6 h 31	Io	Pc
	7 h 26	Io	Of
	8 h 40	Io	Pf
	15 h 11	Eur.	Oc
	17 h 32	Eur.	Of
	17 h 44	Eur.	Pc
	19 h 57	Eur.	Pf
5	2 h 37	Io	Ec**
	5 h 59	Io	Em
	23 h 45	Io	Oc**
6	0 h 59	Io	Pc**
	1 h 55	Io	Of**
	3 h 07	Io	Pf**
	9 h 19	Eur.	Ec
	11 h 39	Eur.	Ef
	11 h 49	Eur.	Im
	14 h 02	Eur.	Em
	21 h 05	Io	Ec
7	0 h 27	Io	Em**
	5 h 50	Gan.	Oc
	7 h 38	Gan.	Of
	11 h 10	Gan.	Pc
	12 h 03	Gan.	Pf
	18 h 13	Io	Oc
	19 h 26	Io	Pc
	20 h 23	Io	Of
	21 h 34	Io	Pf**
8	4 h 29	Eur.	Oc**
	6 h 49	Eur.	Of
	6 h 57	Eur.	Pc
	9 h 10	Eur.	Pf
	15 h 34	Io	Ec
	18 h 54	Io	Em
9	12 h 41	Io	Oc
	13 h 53	Io	Pc
	14 h 52	Io	Of
	16 h 02	Io	Pf
	22 h 37	Eur.	Ec**
10	0 h 57	Eur.	Ef**
	1 h 02	Eur.	Im**
	3 h 15	Eur.	Em**
	10 h 02	Io	Ec
	13 h 22	Io	Em
	19 h 43	Gan.	Ec
	21 h 31	Gan.	Ef**
11	0 h 51	Gan.	Im**
	1 h 46	Gan.	Em**
	7 h 10	Io	Oc
	8 h 21	Io	Pc
	9 h 20	Io	Of
	10 h 28	Io	Pf
	17 h 47	Eur.	Oc
	20 h 07	Eur.	Of
	20 h 09	Eur.	Pc
	22 h 22	Eur.	Pf**
12	4 h 31	Io	Ec**
	7 h 48	Io	Em
13	1 h 38	Io	Oc**
	2 h 47	Io	Pc**
	3 h 49	Io	Of**
	4 h 56	Io	Pf**
	11 h 55	Eur.	Ec
	14 h 14	Eur.	Im
	16 h 27	Eur.	Em
	22 h 59	Io	Ec**
14	2 h 16	Io	Em**
	9 h 50	Gan.	Oc
	11 h 38	Gan.	Of
	14 h 50	Gan.	Pc
	15 h 37	Gan.	Pf
	20 h 07	Io	Oc
	21 h 15	Io	Pc**
	22 h 17	Io	Of**
	23 h 22	Io	Pf**
15	7 h 05	Eur.	Oc
	9 h 21	Eur.	Pc
	9 h 25	Eur.	Of
	11 h 34	Eur.	Pf
	17 h 28	Io	Ec
	20 h 42	Io	Em**
16	14 h 35	Io	Oc
	15 h 41	Io	Pc
	16 h 46	Io	Of
	17 h 50	Io	Pf
17	1 h 13	Eur.	Ec**
	5 h 39	Eur.	Em
	11 h 56	Io	Ec
	15 h 09	Io	Em
	23 h 44	Gan.	Ec**
18	1 h 31	Gan.	Ef**
	4 h 28	Gan.	Im**
	5 h 17	Gan.	Em
	9 h 04	Io	Oc
	10 h 08	Io	Pc
	11 h 14	Io	Of
	12 h 16	Io	Pf
	20 h 24	Eur.	Oc
	22 h 33	Eur.	Pc**
	22 h 43	Eur.	Of**
19	0 h 44	Eur.	Pf**
	6 h 25	Io	Ec
	9 h 36	Io	Em
20	3 h 33	Io	Oc**
	4 h 35	Io	Pc**
	5 h 42	Io	Of
	6 h 43	Io	Pf
	14 h 31	Eur.	Ec
	18 h 49	Eur.	Em
21	0 h 54	Io	Ec**
	4 h 03	Io	Em**
	13 h 52	Gan.	Oc
	15 h 39	Gan.	Of
	18 h 25	Gan.	Pc
	19 h 08	Gan.	Pf
	22 h 01	Io	Oc**
	23 h 02	Io	Pc**
22	0 h 11	Io	Of**
	1 h 10	Io	Pf**
	9 h 41	Eur.	Oc
	11 h 43	Eur.	Pc
	12 h 01	Eur.	Of
	13 h 55	Eur.	Pf
	19 h 22	Io	Ec
	22 h 30	Io	Em**
23	16 h 30	Io	Oc
	17 h 29	Io	Pc
	18 h 40	Io	Of
	19 h 36	Io	Pf
24	3 h 49	Eur.	Ec**
	7 h 59	Eur.	Em
	13 h 51	Io	Ec
	16 h 56	Io	Em
25	3 h 44	Gan.	Ec**
	5 h 31	Gan.	Ef
	7 h 58	Gan.	Im
	8 h 45	Gan.	Em
	10 h 58	Io	Oc
	11 h 55	Io	Pc
	13 h 08	Io	Of
	14 h 03	Io	Pf
	22 h 59	Eur.	Oc**
26	0 h 53	Eur.	Pc**
	1 h 19	Eur.	Of**
	3 h 05	Eur.	Pf**
	8 h 19	Io	Ec
	11 h 23	Io	Em
27	5 h 27	Io	Oc
	6 h 21	Io	Pc
	7 h 37	Io	Of
	8 h 29	Io	Pf
	17 h 07	Eur.	Ec
	21 h 10	Eur.	Em**
28	2 h 47	Io	Ec**
	5 h 49	Io	Em
	17 h 53	Gan.	Oc
	19 h 39	Gan.	Of
	21 h 54	Gan.	Pc**
	22 h 34	Gan.	Pf**
	23 h 55	Io	Oc**
29	0 h 48	Io	Pc**
	2 h 06	Io	Of**
	2 h 56	Io	Pf**
	12 h 17	Eur.	Oc
	14 h 03	Eur.	Pc
	14 h 37	Eur.	Of
	16 h 15	Eur.	Pf
	21 h 16	Io	Ec**
30	0 h 16	Io	Em**
	18 h 24	Io	Oc
	19 h 15	Io	Pc
	20 h 34	Io	Of**
	21 h 23	Io	Pf**

Tous les phénomènes des satellites galiléens sont listés ci-dessus ; vous devez tenir compte des heures de lever et de coucher de Jupiter pour votre site d'observation afin de déterminer ceux que vous pourrez observer.
Pc et Pf = commencement et fin du passage du satellite devant le disque de Jupiter.
Oc et Of = commencement et fin du passage de l'ombre du satellite sur le disque de Jupiter.
Ec et Ef = commencement et fin de l'éclipse du satellite par l'ombre de Jupiter. Im et Em = immersion (disparition) et émersion (réapparition) du satellite derrière le disque jovien.
* Visible à 45° nord et 0° de longitude.

Satellites de Saturne

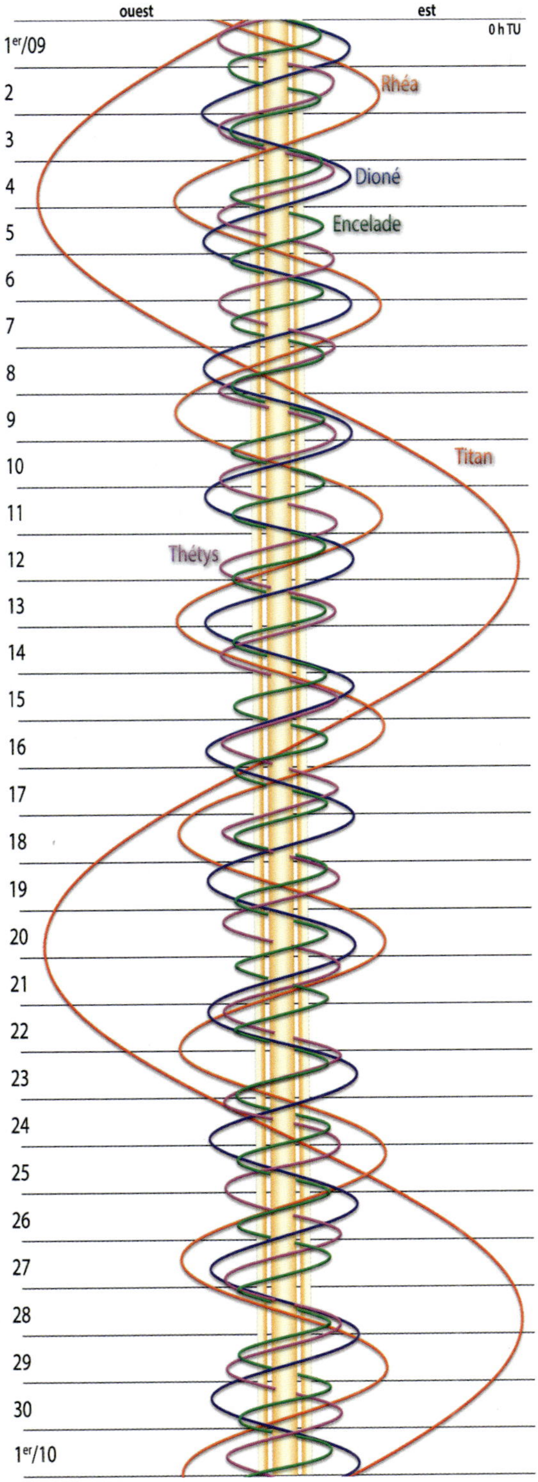

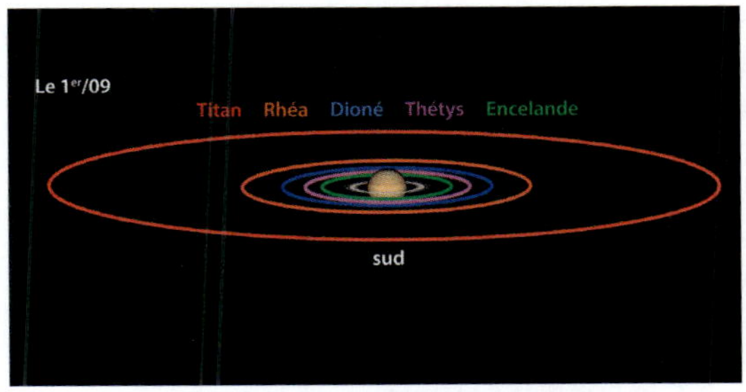

Satellites de Saturne en septembre 2023

	Mimas	Encelade	Téthys	Dioné	Rhéa	Titan	Japet
5	13,0	11,9	10,4	10,5	9,8	8,5	11,2
15	13,0	11,9	10,4	10,5	9,8	8,5	11,2
25	13,0	12,02	10,4	10,5	9,8	8,5	11,2

Dans le tableau suivant, la séparation en secondes d'arc est donnée avec un signe négatif pour les élongations à l'ouest. L'écart apparent entre Titan et Saturne reste important durant les nuits qui encadrent le jour de l'élongation maximale.

Élongations de Titan en septembre 2023

Date	Heure	Séparation en "
4	20 h 27	- 193
12	15 h 52	190
20	17 h 59	- 191
28	13 h 32	188

Diamètre apparent le 15 : 0,81"

Satellite de Neptune

En 2023, l'opposition de Neptune se produit le 19 septembre. Dans un grand télescope, vous pouvez tenter le repérage de Triton, sa principale lune. Elle mesure 2 700 km de diamètre, mais, à la distance faramineuse de la dernière planète du Système solaire, elle n'est que de magnitude 13,5 en période d'opposition et ne s'éloigne jamais à plus de 16" du petit disque neptunien (2,3").

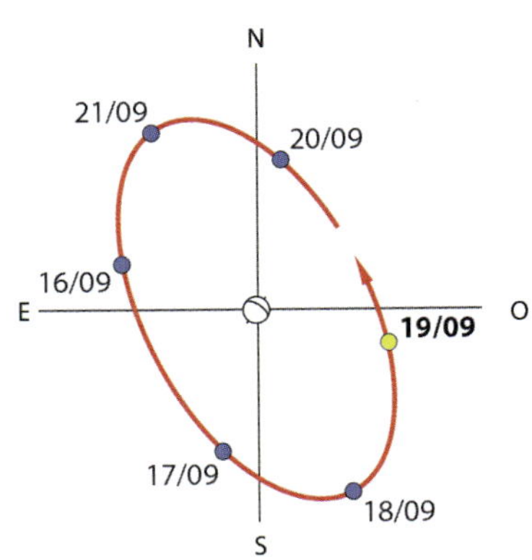

SEPTEMBRE 2023

Les phénomènes astronomiques au jour le jour

À NE PAS MANQUER CE MOIS-CI !

À partir du 4, admirez le pilier de la Voie lactée le soir.
Nuit du 4 au 5, Jupiter et la Lune.
Le 5, la Lune et les Pléiades.
Le 11, Vénus et le croissant à l'aube.
Du 13 au 27, lumière zodiacale à l'orée de l'aube.
Le 18, ballet des lunes joviennes.
Le 18, éclat maximum de Vénus avant l'aube.
Le 26, la comète 103P Hartley dans le Cocher.
Le 27, la Lune et Saturne.

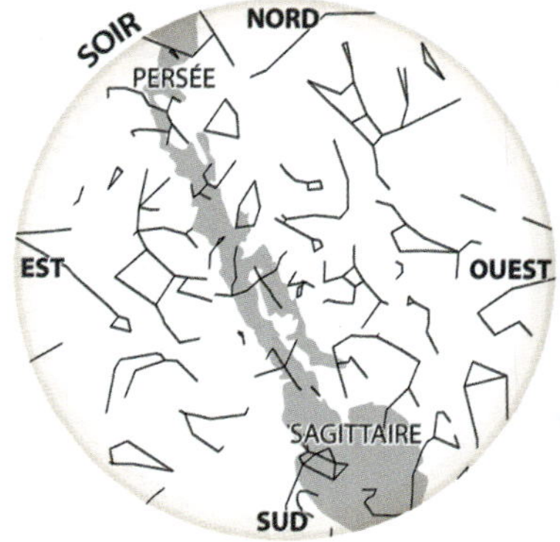

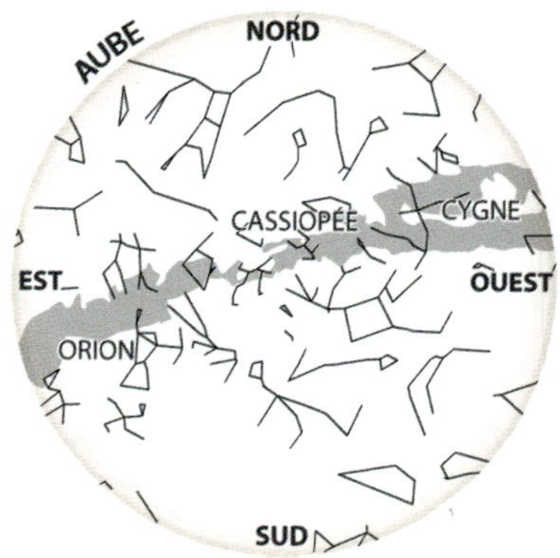

L'éclat de la Lune gibbeuse décroissante libère progressivement l'ouverture de la nuit début septembre et une splendide **Voie lactée** s'étire du nord-est au sud-ouest, de Persée au nord du Scorpion, avec le Triangle d'été accroché au zénith. Avant l'aube, l'arc de Persée entoure le zénith et le bandeau galactique s'étire de Sirius du Grand Chien au sud-est à Albiréo du Cygne au nord-ouest, mais, pour profiter de la Voie lactée, il faut attendre que la Lune s'amincisse. La disparition du Scorpion en tout début de nuit est une perte, mais la Voie lactée se dresse au-dessus de l'horizon sud-sud-ouest et, dans un site suffisamment protégé de la pollution lumineuse, ce pilier colossal qui soutient le zénith est tout simplement extraordinaire, tant visuellement que photographiquement.

JJ TU

01 03 Vendredi (244-121). Heure de début et de fin du crépuscule astronomique à 45° de latitude nord et 0° de longitude : le 1er (3 h 36 m/20 h 23 m) ; le 15 (3 h 57 m/19 h 52 m). La durée du jour est de 13 heures et 16 minutes le 1er et de 11 heures et 47 minutes le 30 ; le dernier jour du mois, le Soleil se lève 34 minutes plus tard et se couche 55 minutes plus tôt que le premier. La durée du crépuscule astronomique passe de 105 à 98 minutes sur le mois.

01 08 Conjonction géocentrique en longitude entre la Lune (Aqr) et Neptune à 8 h 13 m (séparation : 1,2°).

01 08 **Occultation de Neptune par la Lune.** Zone de visibilité : sud de l'océan Atlantique et une petite portion de l'Antarctique. Première d'une série de dix-neuf occultations de Neptune par la Lune qui prendra fin le 1er février 2025.

01 12 À midi, début du jour julien 2 460 189.

01 12 **L'équation du temps est nulle.** Consultez la partie « Bien utiliser les informations mensuelles données par ce guide » pour une définition de l'équation du temps.

01 14 **Maximum de l'essaim météoritique des Alpha Aurigides** (206 AUR), dont la période d'activité s'étend du 25 août au 8 septembre. Longitude héliocentrique prévue pour le maximum (équinoxe 2000.0) : 158,6°. Vitesse de pénétration atmosphérique : 66 km/s. Taux horaire moyen au zénith : 6. En 2023, le maximum se déroule en période de Pleine Lune et les conditions d'observation sont donc loin d'être optimales.

01 20 L'étoile **Deneb** domine l'horizon sud-est de 75° à la fin du crépuscule astronomique à 45° de latitude nord.

02 00 Samedi (245-120). **L'inclinaison apparente des anneaux de Saturne** passe de + 9,2° à + 10,1° au cours du mois.

02 02 La petite planète **8 Flora** passe au périgée à 0,995 ua et sa magnitude est proche de 8,3.

02 12 Formations lunaires proches du terminateur dans la journée : Langrenus et Petavius, Endymion.

02 18 **Minimum d'éclat de l'étoile variable Algol de Persée** (Bêta Persei) à 18 h ; sa magnitude est proche de 3,3. Les autres minima du mois se produisent le 5 à 15 h, le 8 à 12 h, le 11 à 8 h, le 14 à 5 h, le 17 à 2 h, le 19 à 23 h, le 22 à 20 h, le 25 à 17 h et le 28 à 13 h.

03 00 Dimanche. 246e jour de l'année ; il reste 119 jours jusqu'au 31 décembre.

03 07 La Lune passe au nœud ascendant à 7 h 43 m (longitude moyenne : 25,7°). Distance : 368 961 km, soit 57,8 rayons terrestres.

03 11 **Maximum d'éclat de l'étoile variable Êta Aquilae** (Aigle) à 11 h. Il s'agit d'une étoile de type céphéide dont la magnitude passe de 3,5 à 4,4 au cours d'un cycle de 7,177 jours. Les autres maxima du mois se produisent le 10 à 15 h, le 17 à 20 h et le 25 à 0 h. Voir également le 8 mars 2024.

03 12 Du 3 au 10 septembre, Mercure traverse d'est en ouest le champ du coronographe LASCO C3 de la sonde *SOHO*.

03 15 Mercure est au périgée à 0,628 ua de la Terre, soit près de 94 millions de kilomètres.

03 18 Début de la 2275e rotation synodique du Soleil.

03 22 **Maximum d'éclat de l'étoile Delta Cephei** à 22 h. Sa magnitude varie de 3,5 à 4,4 au cours d'un cycle de 5,366 jours. Les autres maxima du mois se produisent le 9 à 6 h, le 14 à 15 h, le 20 à 0 h, le 25 à 9 h et le 30 à 18 h. Voir également le 6 octobre 2023.

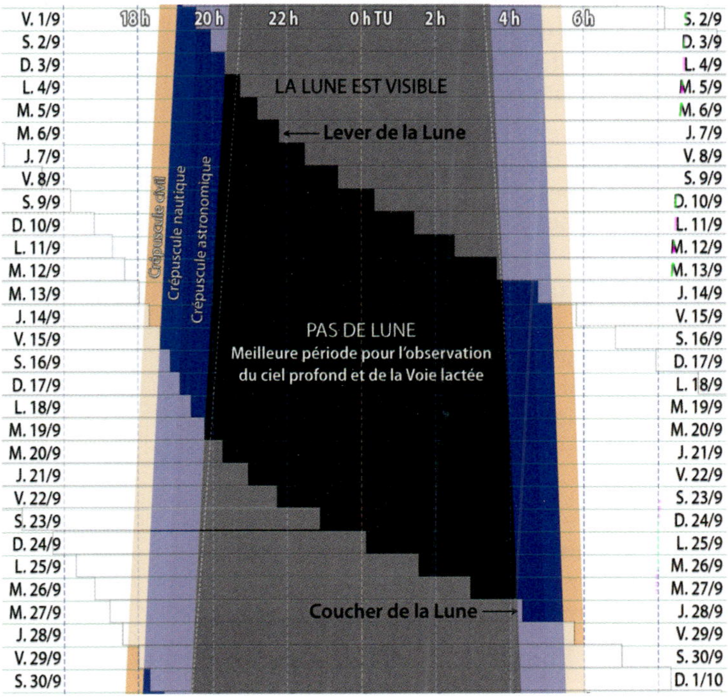

Algol

Algol a été la première étoile variable identifiée : sa brillance augmente et diminue selon un cycle de 2,87 jours. Au maximum, son éclat est proche de la magnitude 2,1, ce qui est suffisant pour qu'elle soit bien visible à l'œil nu puisque c'est pratiquement l'éclat de l'étoile Polaire. Il est ainsi possible de suivre sa variation depuis une fenêtre ou sur un balcon soir après soir. Algol fait partie d'un système stellaire triple avec deux étoiles, dont elle, en orbite très rapprochée et une troisième qui tourne un peu plus loin autour de ce couple. Le plan de révolution d'Algol et de sa compagne proche est légèrement incliné par rapport à notre ligne de vision et ces deux étoiles s'éclipsent donc partiellement avec une régularité de métronome. Algol est la plus brillante des deux si bien que l'éclat du couple diminue fortement – de 1,2 magnitude – lorsqu'elle est éclipsée et à peine – de 0,1 magnitude – lorsque c'est elle qui éclipse sa compagne une trentaine d'heures après ; chaque éclipse dure une dizaine d'heures. Algol est à près de 90 années-lumière de nous et elle est 3,5 fois plus massive que le Soleil. Vous pouvez comparer l'éclat d'Algol à tout moment avec celui de la toute proche Almach (Gamma Andromède), qui reste stable à 2,1, ou avec celui d'Epsilon Persée, qui est de 2,9. Vous pouvez également utiliser deux étoiles de Cassiopée : Caph (magnitude 2,3) et Epsilon (magnitude 3,3), qui ont l'avantage d'être toujours visibles dans le ciel européen.

SEPTEMBRE 2023

Les phénomènes astronomiques au jour le jour

36e SEMAINE

04 00 Lundi (247-118). Le pilier de la Voie lactée se dresse au-dessus de l'horizon sud-sud-ouest à la fin du crépuscule astronomique et la Lune qui s'éloigne dans la nuit nous permet chaque soir d'observer un peu plus longuement. Constellation de la Lune chaque jour à 0 h pour 45° de latitude nord et 0° de longitude : L-Ari, M-Ari, M-Tau, J-Tau, V-Tau, S-Gem, D-Gem.

04 00 TSMG (voir p. 17) : 22 h 51 m 27 s.

04 01 **Vénus est stationnaire** en ascension droite et termine sa rétrogradation dans le Cancer. Elle circulera vers l'est de l'écliptique jusqu'au 2 mars 2025 (545 jours).

04 03 Mercure et Saturne sont en conjonction héliocentrique.

04 04 Complétez le *Guide du Ciel* en consultant régulièrement mon blog Autour du Ciel (www.lemonde.fr/blog/autourduciel).

04 12 À midi, début du jour julien 2 460 192.

04 14 **Jupiter est stationnaire** en ascension droite dans le Bélier et rétrograde durant 118 jours (31 décembre 2023).

04 18 **Conjonction géocentrique en longitude entre la Lune (Ari) et Jupiter** à 18 h 06 m (séparation : 3,1°). Ce soir, plus de trois heures après le coucher du Soleil, Jupiter et la Lune gibbeuse décroissante sont visibles à quelques degrés de hauteur au-dessus de l'horizon est-nord-est. Ces deux astres escaladent ensuite la voûte céleste pour atteindre le méridien à plus de 60° de hauteur durant l'aube.

04 20 **Élongation maximale de Titan** à l'ouest de Saturne à 20 h 27 m (193"). Retrouvez les autres élongations de Titan en septembre à la page consacrée aux satellites de Saturne en début de mois.

05 00 Mardi (248-117). Période de libration maximale en longitude pour la Lune (l = 7,7°).

05 03 À 3 h 38 m, l'étoile 57-delta Ari (Ari - magnitude 4,4) est occultée par la Lune. Les deux astres sont alors à 63,5° au-dessus de l'horizon et la fraction éclairée de notre satellite est de 68 %.

05 07 Conjonction géocentrique en longitude entre la Lune (Ari) et Uranus à 7 h 28 m (séparation : 2,7°).

05 19 Le Soleil se couche sur la région d'**Aristoteles** (1-24) et, autour de 19 h 51 m, vous pouvez tenter d'observer avec un instrument une ou plusieurs raies lumineuses dans cette formation. Longitude du terminateur : 159° ; âge lunaire : 20,4 j ; illumination : 61 %.

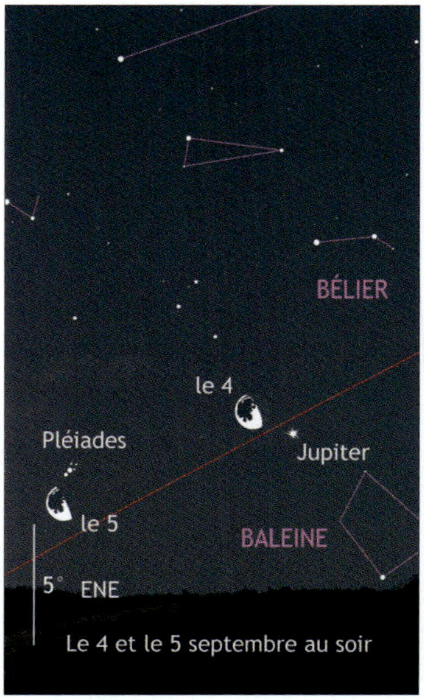

Le 4 et le 5 septembre au soir, Jupiter accueille le gros quartier lunaire au-dessus de l'horizon est-nord-est.

05 20 **Conjonction géocentrique en longitude entre la Lune (Tau) et les Pléiades** à 20 h 31 m (séparation : 1,2°). Lune et amas se lèvent à l'est-nord-est près de trois heures après le coucher du Soleil.

05 23 L'étoile **Fomalhaut** du Poisson austral passe au méridien à minuit. Sa hauteur est alors de 15° sud.

06 05 Mercredi (249-116). Formations lunaires proches du terminateur dans la journée : Aristote et Eudoxe, Maurolycus.

06 11 **Mercure est en conjonction inférieure** à 3,8° du centre du disque solaire.

06 12 **Le Soleil** franchit le méridien à 51° de hauteur.

06 19 Mercure entre dans la constellation du Sextant.

06 22 **Dernier Quartier de Lune à 22 h 21 m (Tau).** Distance : 390 758 km, soit 61,27 rayons terrestres.

07 02 Jeudi (250-115). Formations lunaires proches du terminateur dans la journée : Cassini, Triesnecker, centre de la chaîne des Apennins, Ptolémée, Alphonse et Arzachel, Moretus, Archimède, Maginus.

08 01 Vendredi (251-114). À 1 h 08 m, l'étoile 136 Tau (Tau - magnitude 4,6) est occultée par la Lune ; elle réapparaît à 2 h 02 m. Les deux astres sont alors à 31,7° au-dessus de l'horizon et la fraction éclairée de notre satellite est de 38 %.

08 02 Formations lunaires proches du terminateur dans la journée : Mur droit, Platon, Tycho, Ératosthène, Clavius.

09 00 Samedi (252-113). **Le pôle Nord du Soleil** est à son maximum d'inclinaison vers la Terre : 7,25°.

09 04 Formations lunaires proches du terminateur dans la journée : Copernic et la chaîne de montagnes des Carpathes, Longomontanus, Klaproth.

09 05 **Callisto est en conjonction inférieure** à 5 h 25 m. Elle est observable à proximité apparente du pôle Sud jovien.

09 20 **Minimum d'éclat de l'étoile variable Sheliak** (Bêta de la Lyre) à 20 h. Sa magnitude varie de 3,3 à 4,3 au cours d'un cycle de 12,941 jours. L'autre minimum du mois se produit le 22 à 19 h. Voir également le 2 août 2023.

09 23 **Maximum de l'essaim météoritique des Epsilon Perséides de septembre** (208 SPE), dont la période d'activité s'étend du 5 au 21 septembre. Longitude héliocentrique prévue pour le maximum de l'essaim (équinoxe 2000.0) : 166,7°. Vitesse de pénétration atmosphérique : 64 km/s. Taux horaire moyen au zénith : 5. Le 9 septembre 2008, il s'est produit un sursaut inattendu de cet essaim avec des étoiles filantes rapides et brillantes entre les longitudes 166,894° et 166,921°, ce qui correspondrait en 2022 à la période allant de 4 h 15 m à 4 h 55 m le 10. En 2013, un autre sursaut a été observé pendant 2 heures environ, centré

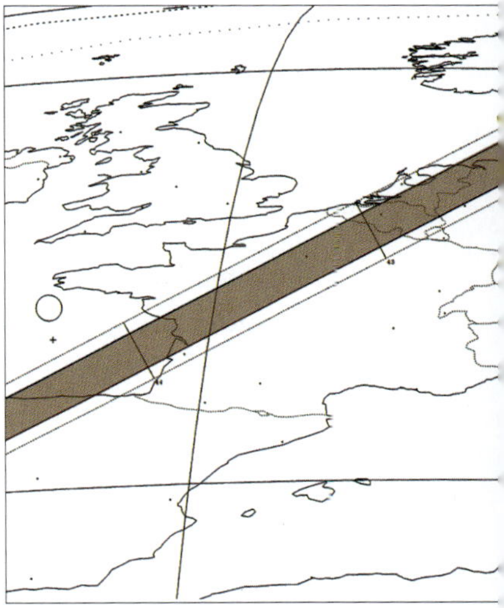

Le 9 septembre, entre 22 h 41 m et 22 h 56 m, la petite planète **213 Lilaea** (diamètre 80 km ; magnitude 12,4) occulte une étoile de magnitude 11,5 (UCAC4 362-200736 ; ascension droite : 22 h 13 m 25 s ; déclinaison : - 17° 45′ 30″) dans la constellation du Verseau. La diminution d'éclat devrait atteindre 1,3 magnitude et durer près de 10 secondes au maximum sur la bande de centralité du phénomène qui balaye la Belgique et la France métropolitaine du nord-est au sud-ouest.

Les phénomènes astronomiques au jour le jour

sur la longitude 167,188°, avec un taux de 50 ; en 2023, cela correspond au 10, vers 11 h 30 m. D'après Esko Lyytinen, cet essaim ne devrait pas connaître de sursaut exceptionnel avant 2040. En 2023, l'éclat lunaire ne devrait pas être trop perturbant pour l'observation de cet essaim.

10 00 Dimanche. 253e jour de l'année.

10 00 Période de libration minimale en latitude pour la Lune (b = - 6,7°).

10 02 Formations lunaires proches du terminateur dans la journée : golfe des Iris, Kepler, Schiller, Gassendi, Doppelmayer.

10 03 **Conjonction géocentrique en longitude entre la Lune (Gem) et Pollux** à 3 h 37 m (séparation : 1,5°). À l'orée de l'aube, Castor et Pollux et le croissant lunaire avec sa belle lumière cendrée surplombent Vénus à l'est.

10 23 Depuis un bon site offrant un ciel étoilé bien protégé de la pollution lumineuse, tentez d'observer et de photographier la très faible lueur du **gegenschein** par une nuit sans Lune. Le gegenschein apparaît actuellement à l'est de la constellation du Verseau et il passe au méridien vers minuit à près de 40° de hauteur. Plus de détails le 10 octobre 2023.

37e SEMAINE

11 00 Lundi (254-111). Consacrez la semaine à l'observation des objets les plus faibles du ciel profond depuis un site protégé de la pollution lumineuse, car la Lune ne sera pas gênante. Constellation de la Lune chaque jour à 0 h pour 45° de latitude nord et 0° de longitude : L-Cnc, M-Cnc, M-Leo, J-Leo, V-Leo, S-Vir, D-Vir.

11 00 TSMG (voir p. 17) : 23 h 19 m 02 s.

11 03 Avant l'aube, observez aux jumelles le rapprochement de l'amas de la Crèche et du croissant lunaire loin au-dessus de l'horizon est.

11 09 **En plein jour.** Le croissant lunaire passe au méridien à plus de 65° de hauteur et il surplombe alors Vénus d'une petite douzaine de degrés. Utilisez des jumelles pour descendre de la Lune à la planète et tentez ensuite votre chance à l'œil nu. Le Soleil est à 35° à l'est de la planète donc son éclat ne devrait pas être trop perturbant. Comme toujours pour ce type d'observation, il faut que le ciel soit le plus pur et bleu possible pour réussir à voir Vénus à l'œil nu. Un bon moyen de jauger la pureté de votre ciel est de cacher le Soleil avec votre main bras tendu puis, en prenant

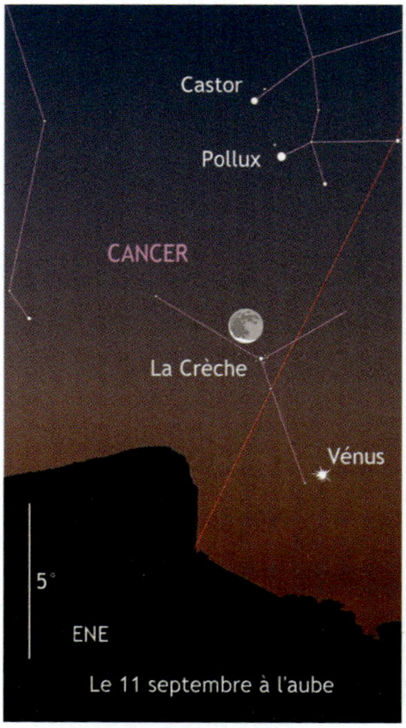

Le 11 septembre à l'aube, utilisez des jumelles pour distinguer l'amas ouvert de la Crèche juste à côté du mince croissant lunaire. Vénus brille vivement plus près de l'horizon est-nord-est.

garde de ne jamais dévoiler le disque solaire, de réduire le nombre de doigts que vous utilisez. Si vous parvenez à occulter le Soleil avec le bout de l'index sans être ébloui par le ciel qui l'entoure, cela signifie qu'il y a très peu de diffusion, que le ciel est très pur et que vous ne devriez pas avoir de mal à repérer Vénus.

11 10 Mercure et Vénus sont en conjonction héliocentrique.

11 12 À midi, début du jour julien 2 460 199.

11 19 **Conjonction géocentrique en longitude entre la Lune (Cnc) et Vénus** à 19 h 32 m (séparation : 10,8°). Il s'agit encore d'une conjonction très lointaine entre ces deux astres puisque le croissant lunaire circule au nord de l'écliptique et Vénus loin au sud. Observez-les le 11 avant l'aube et, si votre ciel n'est pas trop dégradé par la pollution lumineuse, vous devriez pouvoir repérer l'amas de la Crèche à quelques degrés de la Lune.

12 00 **Début de l'an 1740 de l'ère de Dioclétien** (calendrier copte). Le premier jour de l'an du calendrier copte – 1 Tout, an 1 – correspond au 29 août 284 du calendrier julien. Le calendrier copte compte 12 mois de 30 jours, auxquels sont ajoutés généralement 5 jours « épagomènes », et 6 jours « épagomènes » tous les quatre ans. 1739 est une année de 365 jours. Le 1er Tout 1741 se produira le 11 septembre 2024.

12 03 **Si vous êtes photographe,** utilisez la clarté du croissant lunaire qui se lève avant l'aube pour révéler le paysage sous le pilier de la Voie lactée qui se dresse au-dessus de l'horizon ouest-nord-ouest.

12 06 Mercure entre dans la constellation du Lion.

12 15 La Lune passe à l'apogée à 15 h 43 m. Distance : 406 291 km, soit 63,70 rayons terrestres.

13 02 Mercredi (256-109). Formation lunaire proche du terminateur dans la journée : Grimaldi.

13 03 La portion la plus intense du cône diffus de **la lumière zodiacale est visible à l'orée de l'aube** et il est facile de la distinguer à l'œil nu dans les sites offrant un ciel suffisamment protégé de la pollution lumineuse. Cette lueur lancéolée se dresse au-dessus de l'horizon est-nord-est et enveloppe la tête du Lion et le Cancer avant de se perdre dans les Gémeaux ; cette année, Vénus brille vivement sur sa droite au niveau du Cancer. Cherchez la lumière zodiacale jusqu'à l'arrivée de la Lune gibbeuse vers le 27 septembre ; à l'orée de l'aube, elle trace alors un grand X sur le ciel avec la Voie lactée. Voir aussi le 13 octobre 2023.

13 05 **Conjonction géocentrique en longitude entre la Lune (Leo) et Régulus** à 5 h 36 m (séparation : 3,8°). Une heure et demie avant le lever du Soleil, le superbe croissant lunaire et Régulus sont visibles juste au-dessus de l'horizon est-nord-est.

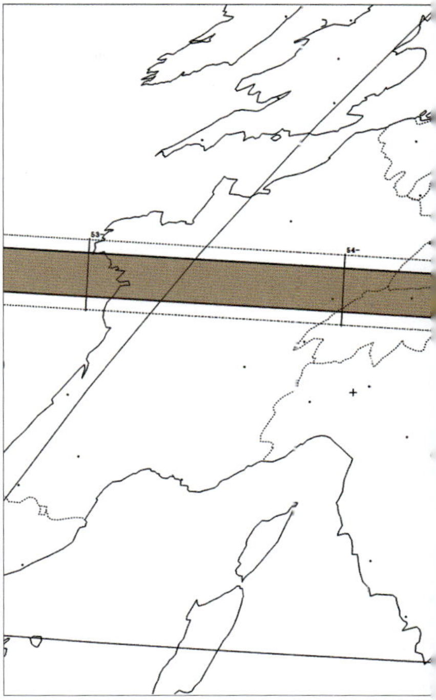

Le 12 septembre, entre 0 h 51 m et 1 h 11 m, la petite planète **598 Octavia** (diamètre 76 km ; magnitude 13,3) occulte une étoile de magnitude 8,7 (TYC 68-00951-1 ; ascension droite : 3 h 44 m 03 s ; déclinaison : 3° 35′ 01″) dans la constellation du Taureau. La diminution d'éclat devrait atteindre 4,6 magnitudes et durer près de 10 secondes au maximum sur la bande de centralité du phénomène qui balaye la France et la Suisse d'ouest en est.

Les phénomènes astronomiques au jour le jour

13 12 **Le Soleil** franchit le méridien à 49° de hauteur.

14 00 Jeudi (257-108). Période du maximum d'éclat de l'étoile variable U Vir (1246+06). U Vir est une variable de type Mira (variable à longue période) dont la magnitude oscille entre 7,4 et 13,5 ; sa période est de 205,5 jours.

14 05 **Ce matin à l'aube, cherchez un fin croissant lunaire** de 0,8 %. À 5 h 10 m, il est âgé de 20,5 heures avant la Nouvelle Lune et, dans un ciel limpide, il est facile de le repérer à l'œil nu ; il se situe à 3,5° de hauteur et à 80° d'azimut, alors que le Soleil se situe à 6° sous l'horizon.

14 09 Le plus vieux croissant de la lunaison peut être observé à l'aube avec un instrument optique à l'ouest de l'Afrique.

14 20 Mercure et Mars sont en opposition héliocentrique.

15 01 Vendredi (258-107). **Nouvelle Lune à 1 h 40 m (Leo).** Distance : 404 204 km, soit 63,37 rayons terrestres.

15 16 Le plus jeune croissant de la lunaison peut être observé au crépuscule avec un instrument optique à l'est du Brésil et en Guyane.

15 20 **Mercure est stationnaire** en ascension droite et termine sa rétrogradation ; elle circulera vers l'est de l'écliptique durant 88 jours.

16 00 Samedi (259-106). **Début de l'an 5784 de l'ère judaïque** (calendrier juif). Dans ce calendrier, la valeur moyenne du mois est de 29,530 594 jours, c'est-à-dire pratiquement le temps de la lunaison. La durée moyenne de l'année est de 365,246 8 jours, très proche de la durée de révolution de la Terre autour du Soleil. Pour atteindre cette donnée, ce calendrier fait alterner des années de 12 mois – dites « communes » – et de 13 mois – dites « embolismiques » –, suivant un cycle de 19 ans. Les années communes peuvent durer 353, 354 ou 355 jours, et les années embolismiques 383, 384 ou 385 jours. Selon leur durée, les deux types d'années sont dites défectives, régulières ou abondantes. 5784 est une année embolismique et défective (383 jours). Le premier jour de l'an 1 – 1er Tishri, an 1 – correspond à la date de la création du monde selon la religion hébraïque, soit le 6 octobre 3760 avant notre ère. Si l'on ne s'éloigne pas trop de l'époque actuelle, on constate que le nouvel an juif tombe toujours en septembre ou en octobre de notre calendrier, au moment du coucher du Soleil. Le 1er Tishri 5785 se produira le 3 octobre 2024.

16 18 Ce soir au crépuscule, guettez un fin croissant lunaire de 2,7 %. À 18 h 35 m, il est âgé de 41 heures ; il se situe à 2° de hauteur et à 262° d'azimut, alors que le Soleil se situe à 5° sous l'horizon.

Le 14 septembre à l'aube, utilisez des jumelles pour repérer le petit croissant lunaire dès son lever lorsque l'atmosphère déforme et colore son arc argenté.

© Guillaume Cannat

16 19 Conjonction géocentrique en longitude entre la Lune (Vir) et Mars à 19 h 52 m (séparation : 0,6°). Visible sous les tropiques.

16 20 Occultation de Mars par la Lune. Zone de visibilité : Amérique du Nord, Amérique centrale, nord de l'Amérique du Sud, océan Atlantique.

16 23 Mercure et Jupiter sont en conjonction héliocentrique.

17 00 Dimanche. 260e jour de l'année.

17 07 **Le Soleil entre dans la constellation de la Vierge (174,2°)** à 7 h 39 m.

17 12 **Callisto est en conjonction supérieure** à 12 h 19 m. Elle est observable à proximité du pôle Nord jovien.

17 19 La Lune passe au nœud descendant à 19 h 17 m (longitude moyenne : 205,0°). Distance : 397 748 km, soit 62,4 rayons terrestres.

38e SEMAINE

18 00 Lundi (261-104). La Lune croissante envahit le ciel soir après soir, mais la seconde partie de la nuit est encore à l'abri de son éclat et vous pouvez vous plonger avec délice dans les figures de l'hiver qui entourent Orion. Constellation de la Lune chaque jour à 0 h pour 45° de latitude nord et 0° de longitude : L-Vir, M-Lib, M-Lib, J-Sco, V-Oph, S-Sgr, D-Sgr.

18 00 TSMG (voir p. 17) : 23 h 46 m 38 s.

18 01 **Io, Europe et Callisto dessinent un joli petit triangle à l'est de Jupiter.** Les principales lunes de Jupiter sont visibles aux jumelles pour peu que l'on prenne la précaution de les stabiliser en les fixant sur un trépied photographique ou en les calant sur un muret ou une rambarde à la bonne hauteur. Dans les lunettes et les télescopes, quel que soit le diamètre de leur optique, un grossissement d'une trentaine de fois permet de suivre aisément le ballet des satellites joviens. Pour suivre visuellement le passage des ombres ou des satellites sur l'atmosphère jovienne, il faut un instrument d'au moins 100 mm de diamètre parfaitement réglé et un ciel peu turbulent.

Durant la nuit du 17 au 18 septembre, les lunes galiléennes Io, Europe et Callisto forment et déforment un superbe petit triangle à l'est du disque jovien.

18 02 **Vénus se lève plus de trois heures avant le Soleil et son éclat atteint son maximum** ; c'est l'occasion de photographier avant l'aube les ombres engendrées par la luminosité exceptionnelle de cette planète.

18 12 À midi, début du jour julien 2 460 206.

18 15 Plus petite distance entre la Terre et Neptune : 28,9018 ua, soit 4,324 milliards de kilomètres ou 4 heures-lumière.

19 02 Mardi (262-103). Mercure passe au nœud ascendant de son orbite (longitude héliocentrique : 48,3°).

19 11 **Opposition de Neptune.** Longitude héliocentrique : 356° 16'. Neptune se situe à l'ouest des Poissons et

Les phénomènes astronomiques au jour le jour

franchit le méridien à plus de 42° de hauteur. Prochaine opposition le 21 septembre 2024.

19 21 Le Soleil se lève sur la région de **Posidonius** (1-48) et, autour de 21 h 48 m, vous pouvez tenter d'observer avec un instrument une ou plusieurs raies lumineuses dans cette formation. Longitude du terminateur : 331° ; âge lunaire : 4,8 j ; illumination : 21 %.

20 07 Mercredi (263-102). Formations lunaires proches du terminateur dans la journée : Theophilus, Cyrillus et Catherina.

20 12 Le Soleil franchit le méridien à 46° de hauteur.

21 00 Jeudi (264-101). Formations lunaires proches du terminateur dans la journée : Aristote et Eudoxe, Maurolycus, Cassini.

21 00 Période de libration minimale en longitude pour la Lune (l = - 6,8°).

21 08 **Conjonction géocentrique en longitude entre la Lune (Sco) et Antarès** à 8 h 41 m (séparation : 0,9°). Le 20 et le 21, une heure après le coucher du Soleil, la Lune rend visite à Antarès du Scorpion au sud-ouest.

21 09 Occultation d'Antarès par la Lune. Zone de visibilité : Chine, Japon, nord-ouest de l'océan Pacifique.

22 00 Vendredi (265-100). Formations lunaires proches du terminateur dans la journée : Triesnecker, centre de la chaîne des Apennins, Ptolémée, Alphonse et Arzachel, Archimède, Maginus, Mur droit, Moretus.

22 01 Le Soleil se lève sur la région de la **vallée des Alpes** (1-22) et, autour de 1 h 19 m, vous pouvez tenter d'observer avec un instrument une ou plusieurs raies lumineuses dans cette formation. Longitude du terminateur : 357° ; âge lunaire : 7,0 j ; illumination : 42 %.

22 13 **Mercure atteint son élongation maximale à l'ouest : 17,9°.**

22 14 **Maximum de l'essaim météoritique des Piscides** (030 Poissons), dont la période d'activité s'étend du 1er au 30 septembre. Longitude héliocentrique prévue pour le maximum (équinoxe 2000.0) : 179°. Vitesse de pénétration atmosphérique : 26 km/s. Taux horaire moyen au zénith : 3. Ce petit essaim possède un radiant proche du point vernal et, comme il est observable au moment de l'équinoxe d'automne, il est possible de le voir aisément des deux hémisphères.

22 19 **Premier Quartier de Lune à 19 h 32 m (Sgr).** Distance : 376 922 km, soit 59,10 rayons terrestres.

22 19 Premier quartier de Mercure.

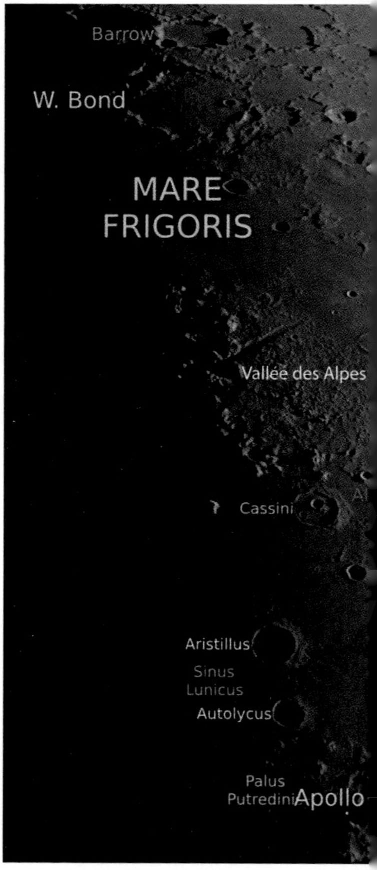

Crédit : NASA's Scientific Visualization Studio

23 00 Samedi (266-99). **1er vendémiaire 232 du calendrier républicain,** qui a été institué le 24 octobre 1793 et débutait le 22 septembre 1792. Il a été remplacé par le calendrier grégorien le 1er janvier 1806.

23 02 Le Soleil se lève sur la région de **Plato** (3-219) et, autour de 2 h 48 m, vous pouvez tenter d'observer avec un instrument une ou plusieurs raies lumineuses dans cette formation. Longitude du terminateur : 10° ; âge lunaire : 8 j ; illumination : 53 %.

23 04 Heure de début et de fin du crépuscule astronomique le jour de l'équinoxe de septembre à 0° de longitude : à 40° de latitude nord (4 h 17 m/19 h 27 m) ; à 45° de latitude nord (4 h 09 m/19 h 35 m) ; à 50° de latitude nord (3 h 57 m/19 h 46 m).

23 06 Une heure après le lever du Soleil, **Sirius** passe au méridien à une trentaine de degrés de hauteur : 22° à Lille et 30° à Perpignan. Si les conditions météorologiques sont bonnes, l'étoile la plus brillante de la sphère céleste est alors facilement repérable aux jumelles dans le ciel bleu.

23 06 **Équinoxe de septembre sur Terre à 6 h 49 m ;** c'est le début de l'automne dans l'hémisphère Nord. Le passage d'une saison à l'autre n'est pas décrété arbitrairement chaque année ; il est toujours lié à un moment clé du mouvement apparent du Soleil. L'équinoxe de septembre intervient lorsque notre étoile passe du nord au sud de l'intersection de l'écliptique et de l'équateur céleste. En 2024, l'équinoxe de septembre se produira le 22 à 12 h 43 m.

23 06 **Le Soleil entre dans le signe astrologique de la Balance (180°)** à 6 h 49 m, mais, dans la réalité, il est entré dans la constellation de la Vierge il y a six jours.

23 18 Mercure est au périhélie à 0,307 ua du Soleil, soit près de 46 millions de kilomètres.

24 00 Dimanche. 267e jour de l'année.

24 03 Le Soleil se lève sur la région de **Copernicus** (3-270) et, autour de 3 h 43 m, vous pouvez tenter d'observer avec un instrument une ou plusieurs raies lumineuses dans cette formation. Longitude du terminateur : 23° ; âge lunaire : 9,1 j ; illumination : 65 %.

Crédit : NASA's Scientific Visualization Studio

39e SEMAINE

25 00 Lundi (268-97). Avec la Pleine Lune vendredi, il est difficile d'éviter l'éclat lunaire cette semaine : profitez-en pour découvrir des étoiles variables ou doubles. Constellation de la Lune chaque jour à 0 h pour 45° de latitude nord et 0° de longitude : L-Cap, M-Cap, M-Aqr, J-Aqr, V-Psc, S-Psc, D-Ari.

25 00 TSMG (voir p. 17) : 0 h 14 m 14 s.

25 00 Période de libration maximale en latitude pour la Lune (b = 6,8°).

25 03 Vénus entre dans la constellation du Lion.

Les phénomènes astronomiques au jour le jour

25 12 À midi, début du jour julien 2 460 213.

25 18 Vénus et Mars sont en opposition héliocentrique.

25 21 **Callisto est en conjonction inférieure** à 21 h 07 m. Elle est observable à proximité apparente du pôle Sud jovien.

26 00 Mardi (269-96). Le Soleil se lève sur la région de **Casatus** (4-373) et, autour de 0 h 42 m, vous pouvez tenter d'observer avec un instrument une ou plusieurs raies lumineuses dans cette formation. Longitude du terminateur : 46° ; âge lunaire : 11 j ; illumination : 84 %.

26 00 Période du maximum d'éclat de l'étoile variable R Peg (2301+10). R Peg est une variable de type Mira (variable à longue période) dont la magnitude oscille entre 6,9 et 13,8 ; sa période est de 378,1 jours.

26 00 Période du maximum d'éclat de l'étoile variable R Vul (2059+23A). R Vul est une variable de type Mira (variable à longue période) dont la magnitude oscille entre 7 et 14,3 ; sa période est de 136,73 jours.

26 02 Formations lunaires proches du terminateur dans la journée : Aristarque, Hérodote et la vallée de Schröter, Schickard.

26 06 Entre 6 h 35 m et 6 h 52 m, la petite planète **173 Ino** (diamètre 141 km ; magnitude 12,6) occulte une étoile de magnitude 10,1 (TYC 109-00288-1 ; ascension droite : 5 h 24 m 37 s ; déclinaison : 5° 37′ 04″) dans la constellation d'Orion. La diminution d'éclat devrait atteindre 2,3 magnitudes et durer près de 11 secondes au maximum sur la bande de centralité du phénomène qui balaye les Antilles.

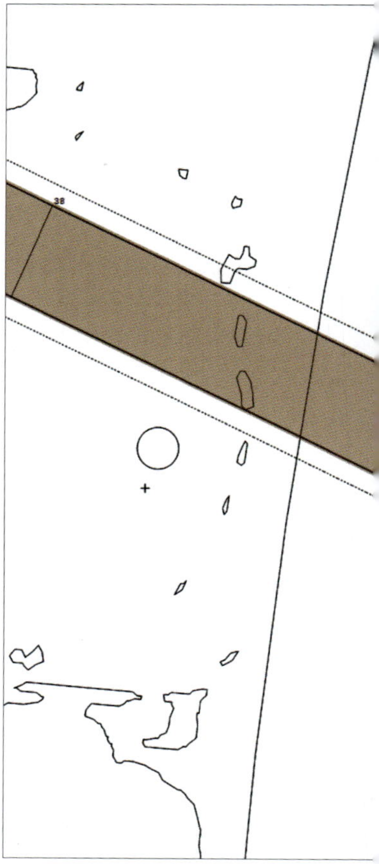

Le 26 septembre, la petite planète 173 Ino occulte une étoile d'Orion pour les observateurs situés aux Antilles.

26 12 La comète **103P Hartley** passe au plus près de la Terre à 150 millions de kilomètres et son éclat pourrait atteindre la magnitude 7. Elle circule dans la constellation du Cocher et elle est donc aisément observable aux instruments en seconde partie de nuit après le coucher de la Lune.

26 12 **Le Soleil** franchit le méridien au zénith au Nyota Observatory (Masai Mara, Kenya).

27 03 Mercredi (270-95). **Conjonction géocentrique en longitude entre la Lune (Aqr) et Saturne** à 3 h 01 m (séparation : 2,4°). Le 26 et le 27 au soir, la Lune gibbeuse croissante passe de l'ouest à l'est de Saturne dans le Verseau. Ce beau couple passe plusieurs heures sur la voûte céleste et l'éclat lunaire n'est en rien gênant pour observer les anneaux de Saturne dans un instrument.

27 12 **Le Soleil** franchit le méridien à 43° de hauteur.

28 00 Jeudi (271-94). La Lune passe au périgée à 0 h 59 m. Distance : 359 911 km, soit 56,43 rayons terrestres.

28 17 Conjonction géocentrique en longitude entre la Lune (Aqr) et Neptune à 17 h 54 m (séparation : 1,3°).

28 18 Occultation de Neptune par la Lune. Zone de visibilité : océan au sud de la Nouvelle-Zélande.

29 00 Vendredi (272-93). Période du maximum d'éclat de l'étoile variable R Crv (1214-18). R Crv est une variable de type Mira (variable à longue période) dont la magnitude oscille entre 6,7 et 14,4 ; sa période est de 317,03 jours.

29 09 **Pleine Lune à 9 h 57 m (Psc).** Distance : 361 552 km, soit 56,69 rayons terrestres. La Pleine Lune des récoltes, *harvest Moon* en anglais, est celle qui se produit au plus près de l'équinoxe d'automne (hémisphère Nord). Le 28 au coucher du Soleil, la Lune pratiquement pleine est visible au ras de l'horizon est, d'où elle s'élance pour une longue traversée de la voûte céleste de plus de douze heures. Elle se couche plein ouest à l'aube, le 29, juste avant le lever du Soleil et nous la retrouvons le soir même à l'est juste après le départ de notre étoile.

29 23 Durant la nuit du 28 au 29, la Pleine Lune franchit le méridien à près de 36° de l'horizon sud à Lille et de 44° à Perpignan.

30 16 Samedi (273-92). La Lune passe au nœud ascendant à 16 h 48 m (longitude moyenne : 24,9°). Distance : 365 905 km, soit 57,4 rayons terrestres.

30 20 Vénus et Jupiter sont en conjonction héliocentrique.

30 22 Les quatre lunes galiléennes – **Io, Europe, Ganymède et Callisto** – sont alignées dans leur ordre naturel à l'ouest du disque jovien. Les quatre principaux satellites de la planète géante du Système solaire ne sont pas à leur élongation maximale, mais la configuration est tout de même spectaculaire. Les orbites des lunes galiléennes sont elliptiques et leur distance au centre de la planète peut varier dans ces limites (en rayons joviens) : de 5,88 à 5,93 pour Io, de 9,30 à 9,49 pour Europe, de 14,94 à 15,04 pour Ganymède et de 26,15 à 26,57 pour Callisto.

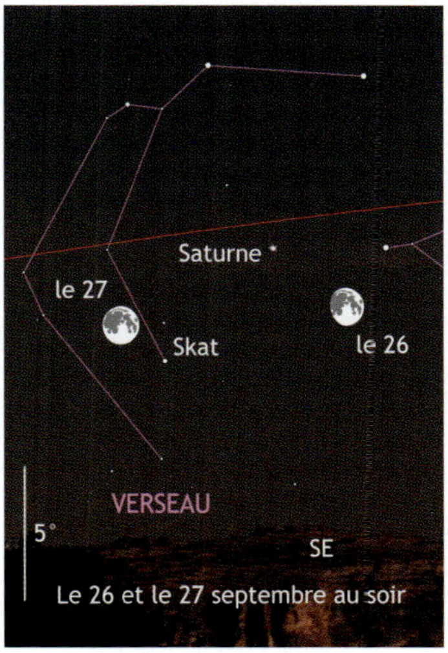

Le 26 et le 27 septembre au soir, la Lune gibbeuse croissante tient compagnie à Saturne dans le Verseau.

Trajectoire de la comète 103P Hartley en septembre.

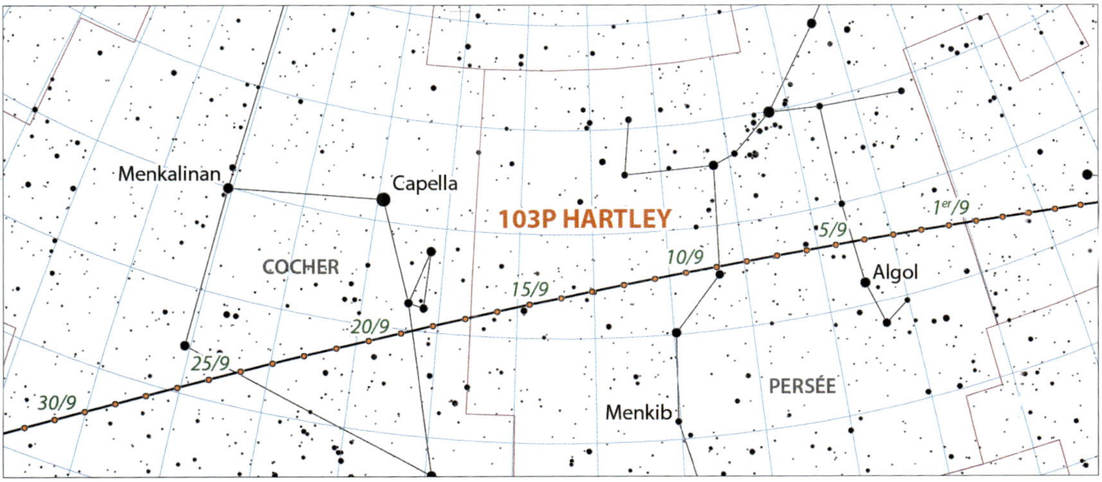

SEPTEMBRE 2023 Le Soleil et les planètes

	JOUR	ASCENSION DROITE	DÉCLINAISON	CONSTELLATION	Ø APPARENT	ÉQUATION DU TEMPS	DISTANCE	DISTANCE LUMIÈRE	LEVER	MÉRIDIEN	HAUTEUR	COUCHER
		h m s	° ′ ″			m s	ua	m s	h m	h m		h m
Soleil	2	10 43 29	+ 8 05 11	Leo	31′ 42″	- 0 03	1,0092	8 24	05 23	12 00	53°	18 36
	6	10 57 56	+ 6 36 58	Leo	31′ 44″	- 1 22	1,0082	8 23	05 27	11 58	51°	18 29
	10	11 12 20	+ 5 06 58	Leo	31′ 45″	- 2 44	1,0072	8 23	05 32	11 57	50°	18 21
	14	11 26 42	+ 3 35 34	Leo	31′ 47″	- 4 08	1,0062	8 22	05 37	11 56	48°	18 13
	18	11 41 02	+ 2 03 07	Vir	31′ 49″	- 5 34	1,0051	8 22	05 42	11 54	47°	18 06
	22	11 55 23	+ 0 29 59	Vir	31′ 52″	- 6 59	1,0040	8 21	05 47	11 53	45°	17 58
	26	12 09 45	- 1 03 26	Vir	31′ 54″	- 8 23	1,0029	8 20	05 51	11 51	44°	17 51
	30	12 24 10	- 2 36 46	Vir	31′ 56″	- 9 45	1,0017	8 20	05 56	11 50	42°	17 43

	JOUR	ASCENSION DROITE	DÉCLINAISON	CONSTELLATION	MAGNITUDE	Ø APPARENT	ÉLONGATION	DISTANCE	FRACTION ÉCLAIRÉE	LEVER	MÉRIDIEN	HAUTEUR	COUCHER
		h m s	° ′ ″					ua		h m	h m		h m
Mercure	2	11 08 13	+ 0 44 46	Leo	3,7	10,7	8,5° E	0,6302	5 %	06 16	12 21	46°	18 27
	6	10 55 20	+ 2 42 16	Leo	4,1	10,6	0,9° E	0,6330	1 %	05 40	11 52	48°	18 06
	10	10 43 32	+ 5 01 17	Sex	3,7	10,1	6,6° O	0,6661	3 %	05 03	11 25	50°	17 49
	14	10 37 18	+ 7 01 24	Leo	2,6	9,2	12,7° O	0,7312	13 %	04 34	11 04	52°	17 36
	18	10 39 34	+ 8 08 53	Leo	1,3	8,2	16,5° O	0,8234	28 %	04 16	10 52	53°	17 28
	22	10 50 39	+ 8 08 12	Leo	0,2	7,2	17,8° O	0,9325	46 %	04 12	10 48	53°	17 24
	26	11 08 52	+ 7 01 16	Leo	- 0,4	6,4	17,1° O	1,0449	64 %	04 20	10 51	52°	17 22
	30	11 31 36	+ 5 01 32	Leo	- 0,9	5,8	15,1° O	1,1488	79 %	04 35	10 59	50°	17 21
Vénus	2	8 50 45	+ 10 07 13	Cnc	- 4,4	49,6	27,0° O	0,3390	12 %	03 22	10 05	55°	16 49
	6	8 51 17	+ 10 37 28	Cnc	- 4,5	46,8	30,9° O	0,3593	16 %	03 05	09 51	56°	16 36
	10	8 54 15	+ 11 01 11	Cnc	- 4,5	44	34,2° O	0,3819	19 %	02 51	09 38	56°	16 26
	14	8 59 24	+ 11 17 20	Cnc	- 4,6	41,4	36,9° O	0,4063	23 %	02 39	09 28	56°	16 16
	18	9 06 29	+ 11 25 17	Cnc	- 4,6	38,9	39,2° O	0,4321	26 %	02 30	09 19	56°	16 09
	22	9 15 12	+ 11 24 38	Cnc	- 4,6	36,6	41,0° O	0,4591	30 %	02 23	09 12	56°	16 02
	26	9 25 20	+ 11 15 13	Leo	- 4,6	34,5	42,5° O	0,4870	33 %	02 18	09 07	56°	15 55
	30	9 36 39	+ 10 56 55	Leo	- 4,5	32,6	43,7° O	0,5156	36 %	02 15	09 02	56°	15 50
Mars	6	12 23 16	- 1 52 15	Vir	2,0	3,7	22,9° E	2,5001	99 %	07 28	13 23	43°	19 18
	14	12 42 19	- 3 59 15	Vir	2,0	3,7	20,3° E	2,5173	99 %	07 24	13 11	41°	18 57
	22	13 01 38	- 6 05 32	Vir	2,0	3,7	17,8° E	2,5308	99 %	07 20	12 58	39°	18 36
	30	13 21 18	- 8 10 08	Vir	1,9	3,7	15,3° E	2,5406	99 %	07 17	12 47	37°	18 16
Jupiter	6	2 54 03	+ 15 13 44	Ari	- 2,7	44,6	117,6° O	4,4181	99 %	20 45	03 54	60°	11 00
	14	2 53 31	+ 15 09 50	Ari	- 2,7	45,6	125,5° O	4,3148	99 %	20 13	03 22	60°	10 27
	22	2 52 07	+ 15 02 21	Ari	- 2,8	46,6	133,7° O	4,2217	100 %	19 41	02 49	60°	09 54
	30	2 49 56	+ 14 51 31	Ari	- 2,8	47,5	142,1° O	4,1411	100 %	19 08	02 16	60°	09 19
Saturne	6	22 22 50	- 12 01 55	Aqr	0,4	18,9	169,9° E	8,7766	100 %	18 06	23 19	33°	04 37
	14	22 20 38	- 12 14 34	Aqr	0,4	18,8	161,6° E	8,8089	100 %	17 34	22 46	33°	04 02
	22	22 18 36	- 12 26 01	Aqr	0,5	18,7	153,3° E	8,8595	100 %	17 01	22 12	33°	03 28
	30	22 16 48	- 12 35 53	Aqr	0,5	18,5	144,9° E	8,9274	100 %	16 28	21 39	32°	02 54
Uranus	6	3 22 57	+ 18 13 35	Ari	5,7	3,6	110,1° O	19,2620	100 %	21 00	04 23	63°	11 42
	18	3 22 24	+ 18 11 26	Ari	5,7	3,7	121,9° O	19,0800	100 %	20 12	03 35	63°	10 54
	30	3 21 23	+ 18 07 37	Ari	5,7	3,7	133,9° O	18,9200	100 %	19 24	02 47	63°	10 06
Neptune	6	23 49 41	- 2 30 16	Psc	7,8	2,3	166,5° O	28,9250	100 %	18 54	00 50	43°	06 42
	18	23 48 30	- 2 38 13	Psc	7,8	2,3	178,5° O	28,9020	100 %	18 06	00 02	42°	05 54
	30	23 47 17	- 2 46 07	Psc	7,8	2,3	169,4° E	28,9210	100 %	17 18	23 09	42°	05 05

Les éphémérides du Soleil, des planètes et de la Lune proposées sur ces deux pages sont calculées à 0 h TU pour une latitude de 45° nord et une longitude de 0°.

La Lune

	JOUR	ASCENSION DROITE	DÉCLINAISON	CONSTELLATION	Ø APPARENT	PARALLAXE HORIZONTALE	FRACTION ÉCLAIRÉE	JOUR	ÉLONGATION	DISTANCE	LEVER	MÉRIDIEN	HAUTEUR	COUCHER
		h m s	° ′ ″							km	h m	h m		h m
V 1	244	23 33 44	- 5 58 58	Aqr	33′ 18″	61′ 06″	99 %	15,6	167° O	358 919	19 h 36	0 h 56	39°	6 h 51
S 2	245	0 26 45	1 02 44	Psc	32′ 59″	60′ 31″	94 %	16,6	153° O	362 331	19 h 57	1 h 47	46°	8 h 12
D 3	246	1 18 42	7 51 26	Psc	32′ 33″	59′ 43″	88 %	17,6	139° O	367 175	20 h 19	2 h 36	53°	9 h 32
L 4	247	2 10 38	14 04 33	Ari	32′ 02″	58′ 47″	79 %	18,6	126° O	372 976	20 h 43	3 h 26	59°	10 h 50
M 5	248	3 03 25	19 23 57	Ari	31′ 31″	57′ 49″	70 %	19,6	113° O	379 213	21 h 12	4 h 17	65°	12 h 06
M 6	249	3 57 27	23 35 25	Tau	31′ 00″	56′ 54″	59 %	20,6	101° O	385 400	21 h 47	5 h 09	69°	13 h 19
J 7	250	4 52 39	26 28 41	Tau	30′ 33″	56′ 04″	49 %	21,6	89° O	391 130	22 h 31	6 h 02	72°	14 h 25
V 8	251	5 48 25	27 57 56	Tau	30′ 10″	55′ 21″	39 %	22,6	77° O	396 105	23 h 23	6 h 56	73°	15 h 23
S 9	252	6 43 45	28 02 21	Gem	29′ 52″	54′ 48″	30 %	23,6	66° O	400 136		7 h 49	73°	16 h 10
D 10	253	7 37 36	26 46 15	Gem	29′ 38″	54′ 23″	21 %	24,6	55° O	403 139	0 h 23	8 h 40	71°	16 h 48
L 11	254	8 29 10	24 18 01	Cnc	29′ 30″	54′ 08″	14 %	25,6	44° O	405 111	1 h 27	9 h 28	68°	17 h 17
M 12	255	9 18 08	20 48 37	Cnc	29′ 25″	53′ 59″	8 %	26,6	33° O	406 114	2 h 33	10 h 14	64°	17 h 41
M 13	256	10 04 36	16 29 53	Leo	29′ 25″	53′ 59″	4 %	27,6	22° O	406 244	3 h 39	10 h 56	59°	18 h 00
J 14	257	10 49 02	11 33 31	Leo	29′ 28″	54′ 04″	1 %	28,6	11° O	405 610	4 h 44	11 h 37	53°	18 h 18
V 15	258	11 32 05	6 10 46	Leo	29′ 33″	54′ 14″	0 %	29,6	1° O	404 316	5 h 48	12 h 17	48°	18 h 34
S 16	259	12 14 36	0 32 31	Vir	29′ 41″	54′ 29″	1 %	0,9	10° E	402 443	6 h 52	12 h 57	42°	18 h 50
D 17	260	12 57 27	- 5 10 20	Vir	29′ 52″	54′ 49″	4 %	1,9	21° E	400 042	7 h 57	13 h 37	36°	19 h 07
L 18	261	13 41 36	- 10 46 13	Vir	30′ 05″	55′ 13″	8 %	2,9	33° E	397 138	9 h 04	14 h 20	30°	19 h 26
M 19	262	14 28 01	- 16 02 10	Lib	30′ 21″	55′ 41″	14 %	3,9	44° E	393 742	10 h 14	15 h 06	25°	19 h 49
M 20	263	15 17 36	- 20 43 09	Lib	30′ 39″	56′ 15″	22 %	4,9	55° E	389 864	11 h 26	15 h 55	21°	20 h 18
J 21	264	16 11 04	- 24 31 41	Sco	31′ 00″	56′ 52″	31 %	5,9	67° E	385 543	12 h 38	16 h 50	18°	20 h 56
V 22	265	17 08 34	- 27 08 28	Oph	31′ 22″	57′ 34″	41 %	6,9	79° E	380 872	13 h 48	17 h 48	16°	21 h 47
S 23	266	18 09 28	- 28 14 47	Sgr	31′ 47″	58′ 19″	52 %	7,9	92° E	376 014	14 h 49	18 h 49	16°	22 h 51
D 24	267	19 12 15	- 27 36 54	Sgr	32′ 11″	59′ 04″	63 %	8,9	105° E	371 224	15 h 40	19 h 51	18°	
L 25	268	20 14 56	- 25 10 42	Cap	32′ 34″	59′ 47″	73 %	9,9	118° E	366 834	16 h 19	20 h 50	22°	0 h 08
M 26	269	21 15 47	- 21 03 47	Cap	32′ 54″	60′ 22″	83 %	10,9	132° E	363 234	16 h 50	21 h 47	28°	1 h 31
M 27	270	22 13 55	- 15 34 04	Aqr	33′ 07″	60′ 46″	91 %	11,9	146° E	360 818	17 h 15	22 h 41	35°	2 h 56
J 28	271	23 09 23	- 9 06 03	Aqr	33′ 12″	60′ 55″	97 %	12,9	160° E	359 913	17 h 37	23 h 32	42°	4 h 20
V 29	272	0 02 54	- 2 07 10	Psc	33′ 08″	60′ 47″	100 %	13,9	174° E	360 713	17 h 58			5 h 42
S 30	273	0 55 27	4 54 54	Psc	32′ 54″	60′ 22″	100 %	14,9	172° O	363 224	18 h 19	0 h 22	49°	7 h 03

La Lune des spécialistes

	Libration		Angle de position	
	l	b	axe	phase
1	3,2°	3,8°	338,0°	82,1°
2	4,9°	2,2°	338,2°	71,5°
3	6,3°	0,6°	339,5°	69,4°
4	7,2°	- 1,1°	342,0°	70,5°
5	7,7°	- 2,6°	345,3°	73,5°
6	7,7°	- 4,0°	349,6°	78,1°
7	7,3°	- 5,1°	354,4°	83,7°
8	6,6°	- 5,9°	359,6°	90,0°
9	5,7°	- 6,5°	4,8°	96,6°
10	4,7°	- 6,7°	9,6°	102,9°
11	3,4°	- 6,7°	13,8°	108,8°
12	2,2°	- 6,3°	17,2°	114,2°
13	0,9°	- 5,7°	19,7°	119,6°
14	- 0,5°	- 4,9°	21,3°	127,4°
15	- 1,7°	- 3,8°	22,0°	191,4°
16	- 3,0°	- 2,6°	22,0°	286,2°
17	- 4,1°	- 1,2°	21,2°	292,0°
18	- 5,1°	0,2°	19,5°	292,4°
19	- 5,9°	1,7°	17,0°	290,7°
20	- 6,5°	3,1°	13,6°	287,3°
21	- 6,8°	4,4°	9,3°	282,4°
22	- 6,7°	5,4°	4,1°	276,3°
23	- 6,4°	6,2°	358,4°	269,2°
24	- 5,6°	6,7°	352,6°	261,7°
25	- 4,4°	6,8°	347,3°	254,3°
26	- 2,9°	6,4°	343,0°	247,7°
27	- 1,2°	5,6°	340,0°	242,0°
28	0,7°	4,4°	338,3°	236,3°
29	2,5°	2,9°	337,9°	221,5°
30	4,1°	1,2°	338,8°	78,4°

Phases et distances

Jour	Heure en TU	Distance en km	Ø apparent
6*	DQ à 22 h 21 m	390 758	30,6′
15	NL à 1 h 40 m	404 204	29,6′
22	PQ à 19 h 32 m	376 922	31,7′
29	PL à 9 h 57 m	361 552	33,0′
12	Apogée à 15 h 43 m	406 291	29,4′
28	Périgée à 0 h 59 m	359 911	33,2′

* le 7 en heure légale en France métropolitaine

Reportez-vous pages 7 à 15 pour trouver des renseignements détaillés sur l'utilisation de ces différentes informations.
Consultez les tableaux de corrections horaires (pages 340 et 341) pour adapter les heures de lever, de passage au méridien et de coucher en fonction de votre lieu d'observation.

OCTOBRE 2023

1re quinzaine vers 22 h TU - 2e quinzaine vers 21 h TU

Pour	Utilisez la carte de
17-18 h	août
19-20 h	septembre
23-0 h	novembre
1-2 h	décembre
3-4 h	janvier
5-6 h	février

Vous pouvez également utiliser cette carte en :
novembre vers 19-20 h
décembre vers 17-18 h
juin vers 5-6 h
juillet vers 3-4 h
août vers 1-2 h
septembre vers 23-0 h
(valable uniquement pour les étoiles)

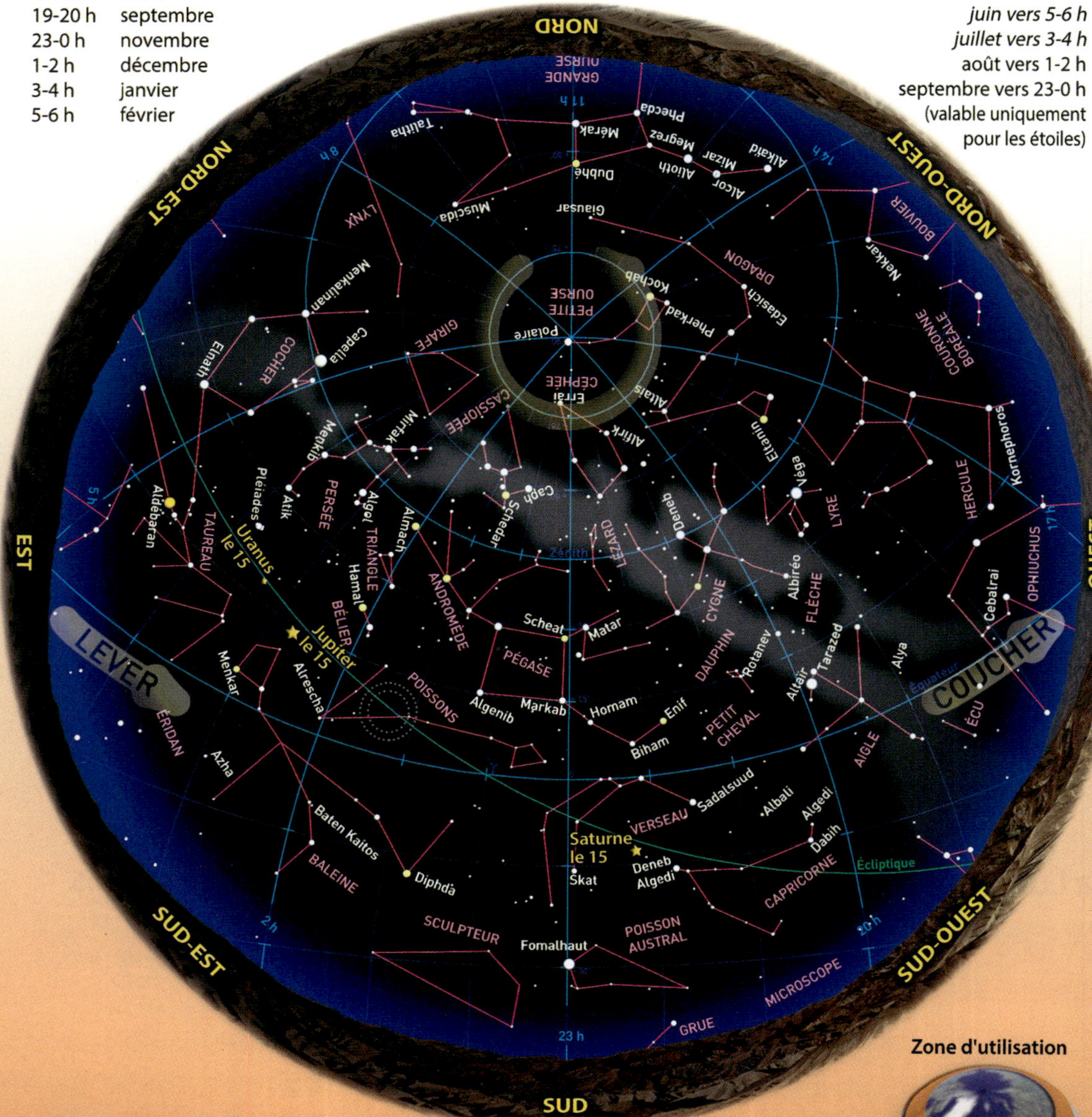

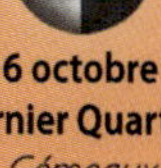

6 octobre
Dernier Quartier
Gémeaux

14 octobre
Nouvelle Lune
Vierge

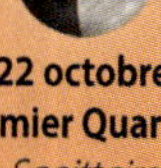

22 octobre
Premier Quartier
Sagittaire

28 octobre
Pleine Lune
Bélier

Magnitudes

-1 0 1 2 3 4 4,5 et +

Zone d'utilisation

38° à 52° nord

À L'ORÉE DE L'AUBE EN OCTOBRE 2023

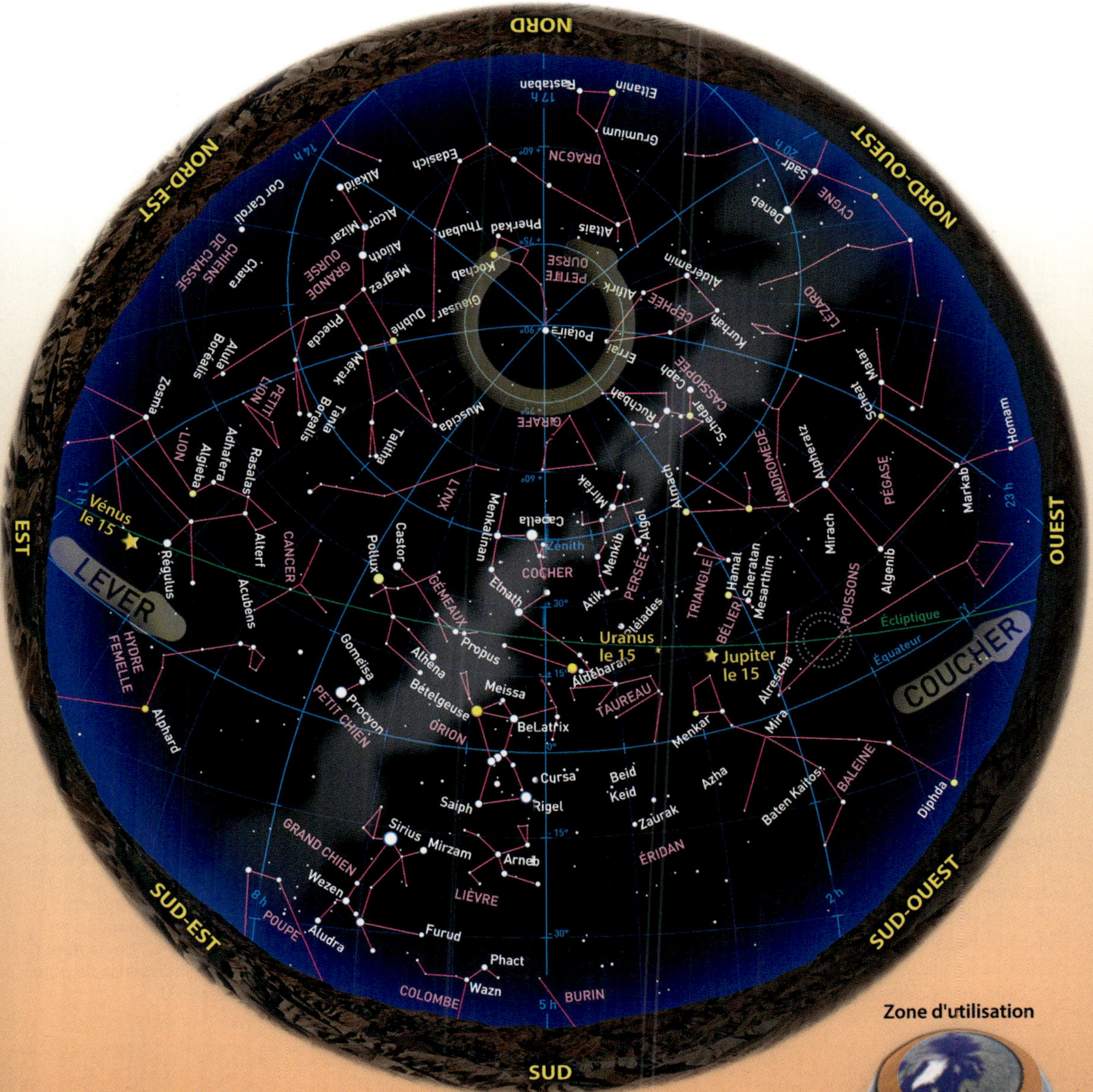

Zone d'utilisation

38° à 52° nord

Vous trouverez des conseils pour l'utilisation de ces cartes en début d'ouvrage.

La Lune et les planètes

Mercure

Nord et tropiques. Elle est encore repérable à l'aube les premiers matins du mois avant de disparaître dans l'éclat du Soleil jusqu'à la fin du mois ; elle est en conjonction supérieure le 20 (voir le schéma de la page 43 pour l'explication de ce terme).

Vénus

Nord. Son élongation maximale à l'ouest du Soleil se produit le 23 octobre à 46,4° et elle est magnifiquement placée dans le ciel en fin de nuit et à l'aube. Elle se lève près de quatre heures avant le Soleil tout au long du mois et traverse le Lion d'ouest en est. Son éclat a un peu baissé depuis le mois d'août, mais il reste intense et sa présence au-dessus de l'horizon est longtemps avant l'aube attire tous les regards nocturnes. Dans un instrument, il est à présent possible d'admirer le premier quartier de cette planète et son diamètre apparent est proche de 25".
Tropiques. Les conditions d'observation sont excellentes.

Mars

Nord et tropiques. Elle est trop proche de la position apparente du Soleil – moins de 6° le 31 – pour être observable. Elle traverse le champ du coronographe LASCO C3 de la sonde *SOHO* du 21 octobre au 17 décembre.

Jupiter

Nord et tropiques. Elle poursuit sa rétrogradation dans le Bélier et se lève moins d'une heure et demie après le coucher du Soleil le 1er et quelques minutes après le 31. Son éclat dépasse - 2,9 à la mi-octobre et son diamètre apparent équatorial est alors de 49". Nous sommes au cœur de la plus belle période de l'année pour l'observer et les très longues nuits automnales nous permettent de le faire à profusion. Pensez à sortir votre instrument au moins une heure à l'avance pour qu'il se mette à la même température que l'air extérieur et n'engendre pas de turbulence qui dégraderait la qualité des images observées ; évitez également les sources de turbulence urbaine comme les cheminées et autres bouches de chaleur. Durant la période d'opposition qui commence, le diamètre apparent des lunes galiléennes va culminer à 1,26" pour Io, 1,08" pour Europe, 1,82" pour Ganymède et 1,67" pour Callisto. Dans les meilleurs instruments d'amateur, lorsqu'ils sont parfaitement réglés et que la turbulence se fige pour quelques instants, ces satellites sont alors visibles comme des petits disques à fort grossissement. Ces dernières années, l'amélioration des caméras et du savoir-faire des astrophotographes les plus aguerris leur a permis de révéler des détails à la surface de ces petits mondes du Système solaire.
Tropiques. Conditions d'observation excellentes.

Saturne

Nord et tropiques. Toujours dans le Verseau, elle est bien placée pour l'observation aux instruments au sud-est de la voûte céleste à la fin du crépuscule astronomique. Elle s'éloigne de la Terre, donc son éclat diminue un peu – magnitude 0,7 le 30 –, et son diamètre apparent est de 17,8" pour le disque et 42" pour les anneaux le 30. L'ombre de la planète sur ses anneaux est à présent bien visible et cela donne encore plus de relief à cet astre exceptionnel. L'inclinaison des anneaux est encore proche de 10° cet automne et la division de Cassini – cette ligne noire qui semble les séparer en deux parties inégales – est toujours bien visible dans les instruments d'amateur les plus petits (50 à 60 mm de diamètre). La portion de l'anneau qui s'étend au-delà de la division de Cassini est appelée « anneau A » et elle est plus étroite et un peu moins brillante que l'autre, appelée « anneau B ». Il y a une autre division sombre sur la portion externe de l'anneau A – division de Gap –, mais elle est très fine et extrêmement délicate à distinguer sans un ciel parfaitement stable et un instrument d'au moins 250 à 300 mm de diamètre bien collimaté.

Mi-octobre, Uranus (Bélier) se lève durant le crépuscule et franchit le méridien à plus de 62° de hauteur en seconde partie de nuit. Elle est visible à l'œil nu (magnitude 5,6) dans un ciel suffisamment sombre, juste sous le milieu de la ligne joignant Jupiter aux Pléiades (carte de repérage p. 52). Neptune (Poissons) est au méridien vers minuit à plus de 42° de hauteur ; un instrument est indispensable pour la repérer (carte p. 53).

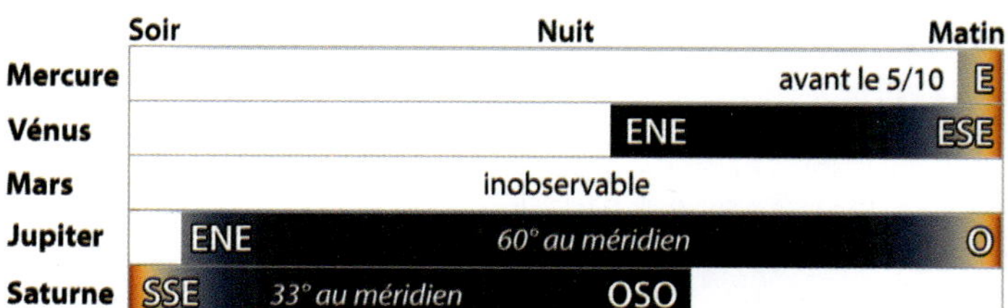

Visibilité des planètes à 45° de latitude nord, en milieu de mois.

Planétaire

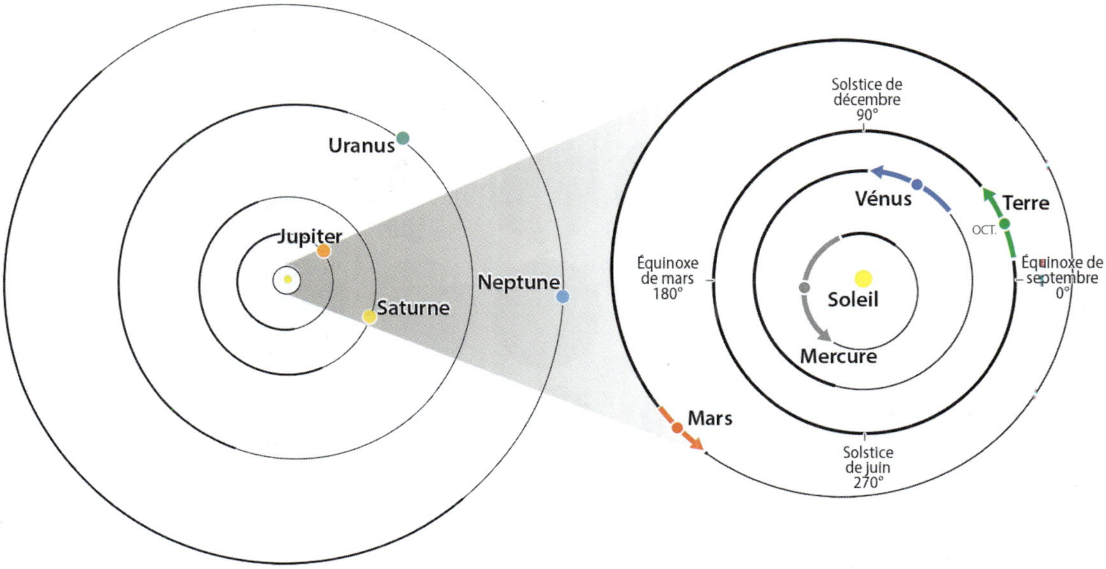

Vous trouverez en pages 67 et 69 des explications complètes sur ces deux schémas.

Le calendrier lunaire

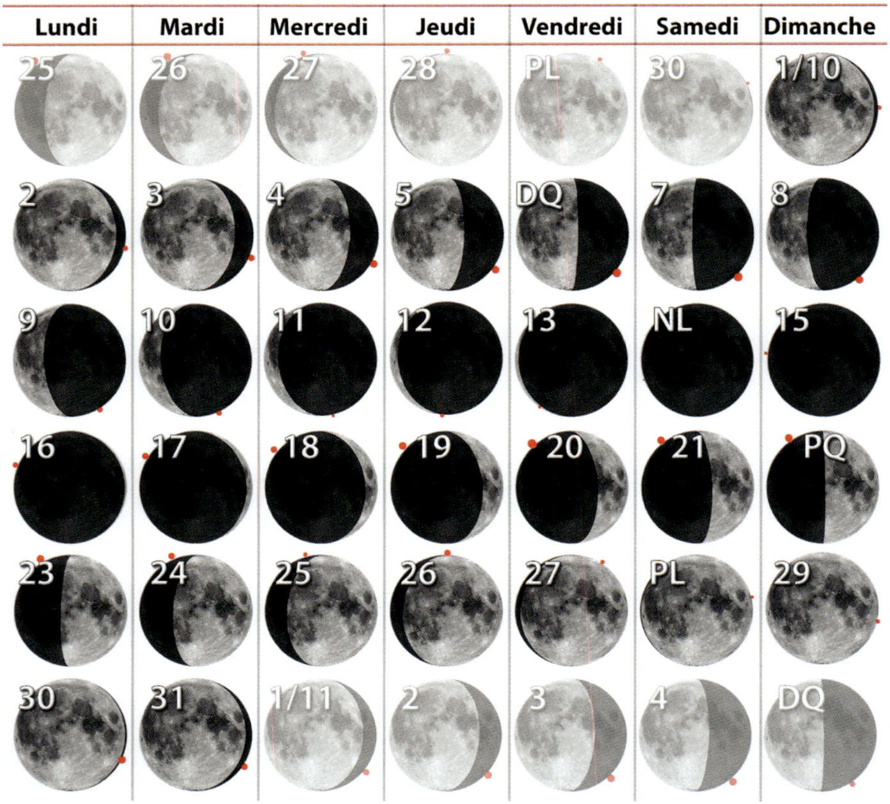

	Longitude du terminateur	
	Soleil levant	Soleil couchant
1er/10		106°
2		118°
3		130°
4		143°
5		155°
6		167°
7		179°
8		191°
9		204°
10		216°
11		228°
12		240°
13		252°
14		265°
15	277°	
16	289°	
17	301°	
18	314°	
19	326°	
20	338°	
21	350°	
22	2°	
23	14°	
24	27°	
25	39°	
26	51°	
27	63°	
28	75°	
29	87°	
30		100°
31		112°

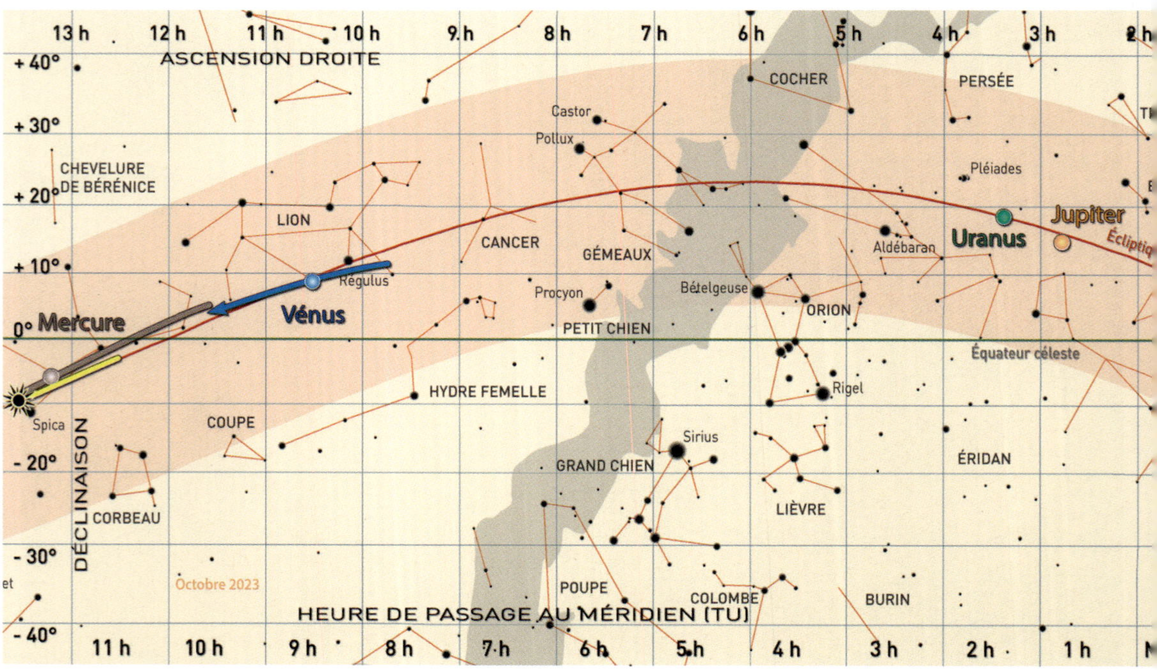

Hauteur mensuelle de la Lune

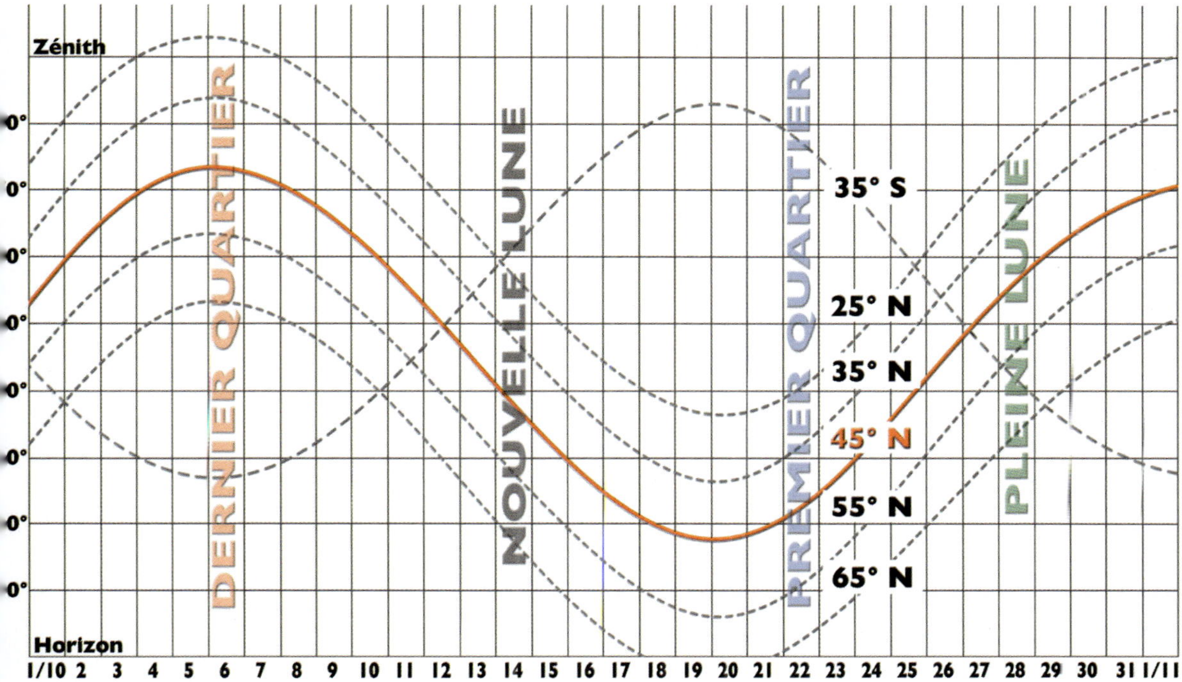

Le 1er octobre à 0 h TU, la Lune est âgée de 15,9 jours.

La Lune atteint sa plus grande déclinaison vers le nord le 6 (28,3°) et sa plus grande déclinaison vers le sud le 20 (- 28,3°).

Vous trouverez en pages 35, 69, 70 et 71 des explications complètes sur ces trois schémas et ce tableau.

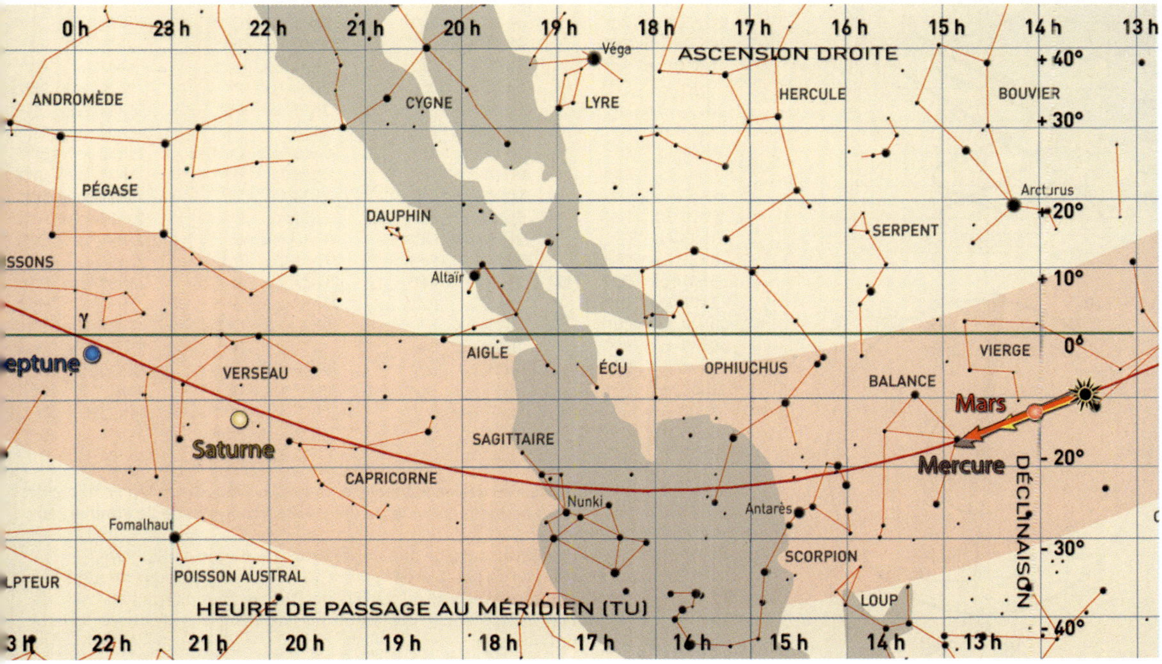

OCTOBRE 2023

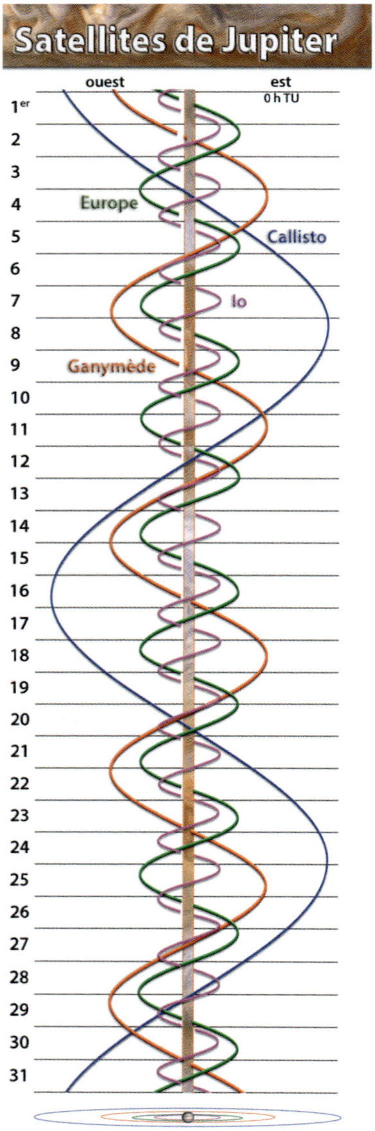

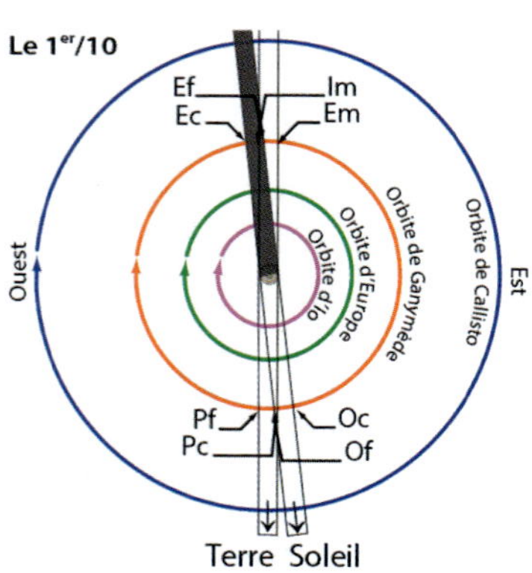

Passages de la tache rouge de Jupiter au méridien central

1er/10 : 2 h 18 ; 12 h 14 ; 22 h 10.
2 : 8 h 05 ; 18 h 01.
3 : 3 h 56 ; 13 h 52 ; 23 h 48.
4 : 9 h 43 ; 19 h 39.
5 : 5 h 34 ; 15 h 30.
6 : 1 h 26 ; 11 h 21 ; 21 h 17.
7 : 7 h 12 ; 17 h 08.
8 : 3 h 04 ; 12 h 59 ; 22 h 55.
9 : 8 h 50 ; 18 h 46.
10 : 4 h 42 ; 14 h 37.
11 : 0 h 33 ; 10 h 28 ; 20 h 24.
12 : 6 h 19 ; 16 h 15.
13 : 2 h 11 ; 12 h 06 ; 22 h 02.
14 : 7 h 57 ; 17 h 53.
15 : 3 h 49 ; 13 h 44 ; 23 h 40.
16 : 9 h 35 ; 19 h 31.
17 : 5 h 26 ; 15 h 22.
18 : 1 h 18 ; 11 h 13 ; 21 h 09.
19 : 7 h 04 ; 17 h 00.
20 : 2 h 55 ; 12 h 51 ; 22 h 47.
21 : 8 h 42 ; 18 h 38.
22 : 4 h 33 ; 14 h 29.
23 : 0 h 25 ; 10 h 20 ; 20 h 16.
24 : 6 h 11 ; 16 h 07.
25 : 2 h 02 ; 11 h 58 ; 21 h 54.
26 : 7 h 49 ; 17 h 45.
27 : 3 h 40 ; 13 h 36 ; 23 h 32.
28 : 9 h 27 ; 19 h 23.
29 : 5 h 18 ; 15 h 14.
30 : 1 h 09 ; 11 h 05 ; 21 h 01.
31 : 6 h 56 ; 16 h 52.

Longitude estimée du centre de la tache rouge en début de mois : 48,25°.

Phénomènes des satellites de Jupiter

	Heure	Sat.	Phé.
1er/10	6h26	Eur.	Ec
	10h20	Eur.	Em
	15h45	Io	Ec
	18h41	Io	Em
2	7h45	Gan.	Ec
	9h31	Gan.	Ef
	11h25	Gan.	Im
	12h10	Gan.	Em
	12h52	Io	Oc
	13h41	Io	Pc
	15h03	Io	Of
	15h49	Io	Pf
3	1h35	Eur.	Oc**
	3h12	Eur.	Pc**
	3h54	Eur.	Of**
	5h23	Eur.	Pf**
	10h13	Io	Ec
	13h08	Io	Em
4	7h21	Io	Oc
	8h07	Io	Pc
	9h31	Io	Of
	10h15	Io	Pf
	19h43	Eur.	Ec**
	23h29	Eur.	Em**
5	4h42	Io	Ec**
	7h34	Io	Em
	21h55	Gan.	Oc**
	23h40	Gan.	Of**
6	1h19	Gan.	Pc**
	1h50	Io	Oc**
	1h58	Gan.	Pf**
	2h34	Io	Pc**
	4h00	Io	Of**
	4h41	Io	Pf**
	14h53	Eur.	Oc
	16h20	Eur.	Pc
	17h12	Eur.	Of
	18h31	Eur.	Pf
	23h11	Io	Ec**
7	2h01	Io	Em**
	20h19	Io	Oc**
	20h59	Io	Pc**
	22h28	Io	Of**
	23h08	Io	Pf**
8	9h02	Eur.	Ec
	12h38	Eur.	Em
	17h39	Io	Ec
	20h27	Io	Em**
9	11h46	Gan.	Ec
	13h31	Gan.	Ef
	14h47	Io	Oc
	14h47	Gan.	Im
	15h26	Io	Pc
	15h33	Gan.	Em
	16h57	Io	Of
	17h34	Io	Pf
10	4h11	Eur.	Oc**
	5h28	Eur.	Pc**
	6h30	Eur.	Of
	7h40	Eur.	Pf
	12h08	Io	Ec
	14h52	Io	Em
11	9h16	Io	Oc
	9h52	Io	Pc
	11h26	Io	Of
	11h59	Io	Pf
	22h20	Eur.	Ec**
12	1h46	Eur.	Em**
	6h36	Io	Ec
	9h18	Io	Em
13	1h56	Gan.	Oc**
	3h40	Gan.	Of**
	3h44	Io	Oc**
	4h18	Io	Pc**
	4h38	Gan.	Pc**
	5h19	Gan.	Pf**
	5h55	Io	Of
	6h26	Io	Pf
	17h29	Eur.	Oc
	18h36	Eur.	Pc
	19h48	Eur.	Of**
	20h47	Eur.	Pf**
14	1h04	Io	Ec**
	3h45	Io	Em**
	22h13	Io	Oc**
	22h44	Io	Pc**
15	0h23	Io	Of**
	0h52	Io	Pf**
	11h39	Eur.	Ec
	14h54	Eur.	Em
	19h33	Io	Ec**
	22h11	Io	Em**
16	15h47	Gan.	Ec
	16h42	Io	Oc
	17h10	Io	Pc
	17h32	Gan.	Ef
	18h05	Gan.	Im
	18h52	Io	Of**
	18h53	Gan.	Em**
	19h18	Io	Pf**
17	6h46	Eur.	Oc
	7h43	Eur.	Pc
	9h06	Eur.	Of
	9h54	Eur.	Pf
	14h02	Io	Ec
	16h37	Io	Em
18	11h10	Io	Oc
	11h36	Io	Pc
	13h20	Io	Of
	13h44	Io	Pf
19	0h57	Eur.	Ec**
	4h02	Eur.	Em**
	8h31	Io	Ec
	11h03	Io	Em
20	5h39	Io	Oc**
	5h57	Gan.	Oc
	6h02	Io	Pc
	7h40	Gan.	Of
	7h49	Io	Of
	7h53	Gan.	Pc
	8h10	Io	Pf
	8h38	Gan.	Pf
	20h04	Eur.	Oc**
	20h50	Eur.	Pc**
	22h24	Eur.	Of**
	23h01	Eur.	Pf**
21	2h59	Io	Ec**
	5h29	Io	Em**
22	0h08	Io	Oc**
	0h28	Io	Pc**
	2h18	Io	Of**
	2h36	Io	Pf**
	14h16	Eur.	Ec
	17h09	Eur.	Em
	21h28	Io	Ec**
	23h55	Io	Em**
23	18h36	Io	Oc**
	18h54	Io	Pc**
	19h49	Gan.	Ec**
	20h47	Io	Of**
	21h02	Io	Pf**
	22h12	Gan.	Em**
24	9h22	Eur.	Oc
	9h57	Eur.	Pc
	11h42	Eur.	Of
	12h08	Eur.	Pf
	15h57	Io	Ec
	18h20	Io	Em**
25	13h05	Io	Oc
	13h20	Io	Pc
	15h16	Io	Of
	15h28	Io	Pf
26	3h34	Eur.	Ec**
	6h16	Eur.	Em
	10h25	Io	Ec
	12h46	Io	Em
27	7h34	Io	Oc
	7h46	Io	Pc
	9h44	Io	Of
	9h54	Io	Pf
	9h58	Gan.	Oc
	11h06	Gan.	Pc
	11h41	Gan.	Of
	11h57	Gan.	Pf
	22h40	Eur.	Oc**
	23h04	Eur.	Pc**
28	0h59	Eur.	Of**
	1h15	Eur.	Pf**
	4h53	Io	Ec**
	7h12	Io	Em
29	2h02	Io	Oc**
	2h11	Io	Pc**
	4h12	Io	Of**
	4h20	Io	Pf**
	16h53	Eur.	Ec
	19h24	Eur.	Em**
	23h22	Io	Ec**
30	1h38	Io	Em**
	20h31	Io	Oc**
	20h37	Io	Pc**
	22h41	Io	Of**
	22h46	Io	Pf**
	23h50	Gan.	Ec**
31	1h33	Gan.	Em**
	1h35	Gan.	Ef**
	11h58	Eur.	Oc
	12h10	Eur.	Pc
	14h17	Eur.	Of
	14h22	Eur.	Pf
	17h51	Io	Ec**
	20h04	Io	Em**

Tous les phénomènes des satellites galiléens sont listés ci-dessus ; vous devez tenir compte des heures de lever et de coucher de Jupiter pour votre site d'observation afin de déterminer ceux que vous pourrez observer.
Pc et Pf = commencement et fin du passage du satellite devant le disque de Jupiter.
Oc et Of = commencement et fin du passage de l'ombre du satellite sur le disque de Jupiter.
Ec et Ef = commencement et fin de l'éclipse du satellite par l'ombre de Jupiter. Im et Em = immersion (disparition) et émersion (réapparition) du satellite derrière le disque jovien.
* Visible à 45° nord et 0° de longitude.

Satellites de Saturne

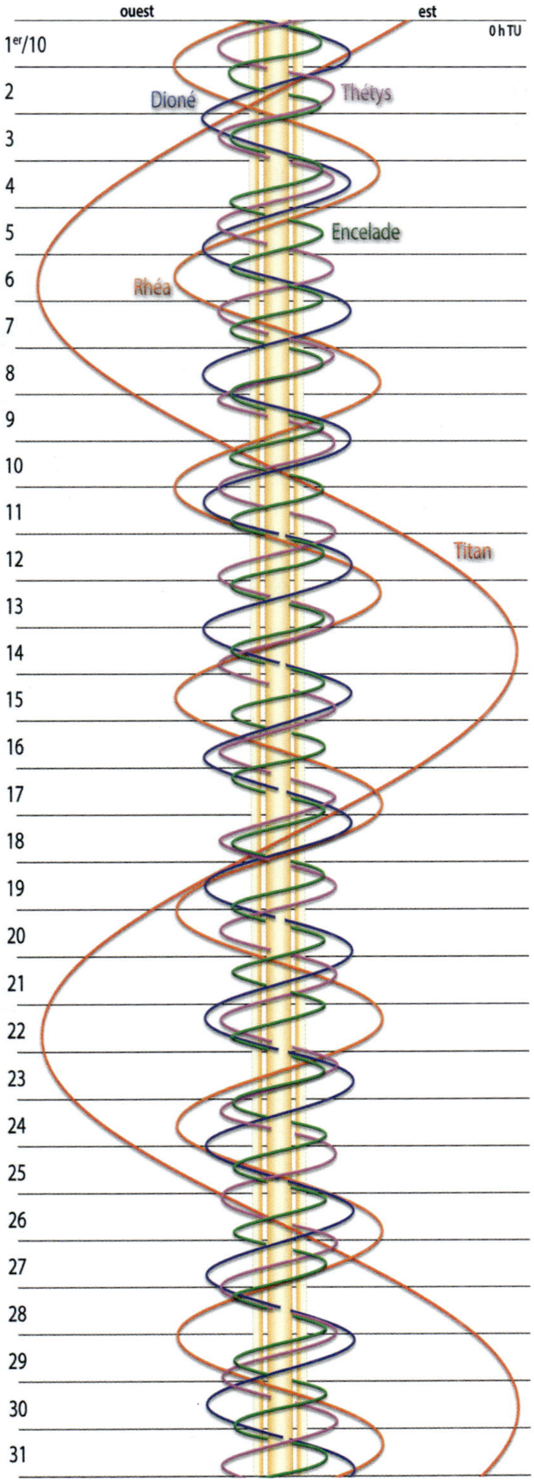

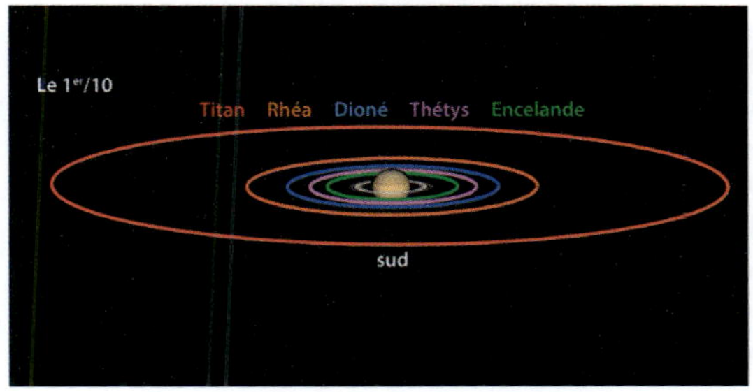

Les courbes ci-contre représentent les trajectoires apparentes des principales lunes de Saturne visibles dans les instruments d'amateur : Encelade est en vert, Téthys en cyan, Dioné en violet, Rhéa en orange et Titan en rouge. La triple bande centrale symbolise le disque et les anneaux de cette planète à la même échelle. La barre horizontale au-dessus de chaque date indique 0 h TU ce jour. Le nord est en haut, l'est à droite et l'ouest à gauche ; si vous ne savez plus comment est orienté le champ de votre instrument, lisez le petit texte d'explication de la page 67. Les satellites de Saturne tournent autour de leur planète dans le sens direct, c'est-à-dire dans le sens inverse des aiguilles d'une montre vu du nord. Ils passent donc entre la planète et nous dans le sens est-ouest et au-delà de la planète dans le sens ouest-est. Selon l'inclinaison du système de Saturne vu depuis la Terre (représentée ci-dessus), certaines des lunes peuvent alors être occultées ou éclipsées par le disque ou les anneaux de la planète. Le petit tableau ci-dessous donne la magnitude de ces lunes, plus Japet, dont l'orbite est trop grande pour être représentée (voir p. 294).

Satellites de Saturne en octobre 2023

	Mimas	Encelade	Téthys	Dioné	Rhéa	Titan	Japet
5	13,0	12,0	10,4	10,5	9,8	8,5	11,2
15	13,1	12,0	10,5	10,6	9,8	8,5	11,3
25	13,1	12,0	10,5	10,6	9,9	8,6	11,3

Dans le tableau suivant, la séparation en secondes d'arc est donnée avec un signe négatif pour les élongations à l'ouest. L'écart apparent entre Titan et Saturne reste important durant les nuits qui encadrent le jour de l'élongation maximale.

Élongations de Titan en octobre 2023

Date	Heure	Séparation en "
6	15 h 46	- 188
14	11 h 29	184
22	13 h 54	- 184
30	9 h 50	180

Diamètre apparent le 15 : 0,78'''

Les phénomènes astronomiques au jour le jour

À NE PAS MANQUER CE MOIS-CI !
Nuit du 1er au 2, Jupiter et la Lune.
À partir du 4, admirez le pilier de la Voie lactée le soir.
Le 10, Vénus et le croissant à l'aube.
Du 13 au 27, lumière zodiacale à l'orée de l'aube.
Nuit du 21 au 22, étoiles filantes des Orionides.
Le 23, élongation ouest maximale pour Vénus.
Le 23 et le 24, la Lune et Saturne.
Le 28, éclipse partielle de Lune et Jupiter.

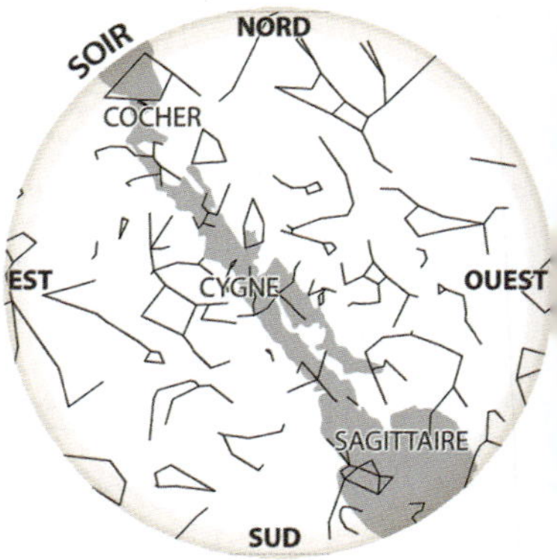

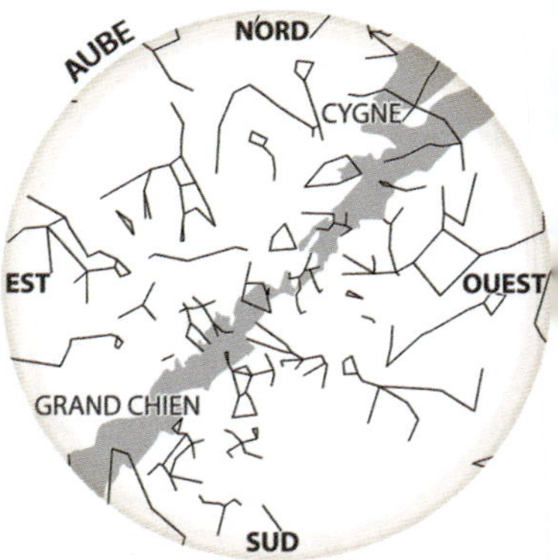

Orientation de la Voie lactée début octobre à la fin du crépuscule astronomique et à l'orée de l'aube.

JJ TU

01 00 Dimanche. 274e jour de l'année ; il reste 91 jours jusqu'au 31 décembre.

01 00 Saturne frôle une étoile de magnitude 9,6 (PPM 240006) vers 0 h 21 m. Ce rapprochement est visible avec un instrument en Europe.

01 00 Début de la 2276e rotation synodique du Soleil.

01 03 Mercure entre dans la constellation de la Vierge.

01 04 Heure de début et de fin du crépuscule astronomique à 45° de latitude nord et 0° de longitude : le 1er (4 h 20 m/19 h 19 m) ; le 15 (4 h 38 m/18 h 53 m). La durée du jour est de 11 heures et 43 minutes le 1er et de 10 heures et 13 minutes le 31 ; le dernier jour du mois, le Soleil se lève 39 minutes plus tard et se couche 51 minutes plus tôt que le premier. La durée du crépuscule astronomique reste proche de 98 minutes tout le mois.

01 10 **Minimum d'éclat de l'étoile variable Algol de Persée** (Bêta Persei) à 10 h ; sa magnitude est proche de 3,3. Les autres minima du mois se produisent le 4 à 7 h, le 7 à 4 h, le 10 à 1 h, le 12 à 21 h, le 15 à 18 h, le 18 à 15 h, le 21 à 12 h, le 24 à 9 h, le 27 à 5 h et le 30 à 2 h. Voir également le 2 septembre 2023.

01 12 À midi, début du jour julien 2 460 219.

01 19 L'étoile **Deneb** domine l'horizon sud-sud-est de 80° à la fin du crépuscule astronomique à 45° de latitude nord.

40e SEMAINE

02 00 Lundi (275-90). Dès le milieu de la semaine, la Lune gibbeuse décroissante libère les premières heures de la nuit et permet à la Voie lactée de s'imposer du nord-est au sud-ouest. Constellation de la Lune chaque jour à 0 h pour 45° de latitude nord et 0° de longitude : L-Ari, M-Tau, M-Tau, J-Tau, V-Gem, S-Gem, D-Cnc.

02 00 TSMG (voir p. 17) : 0 h 41 m 50 s.

02 00 **L'inclinaison apparente des anneaux de Saturne** passe de + 10,1° à + 10,5° au cours du mois.

02 00 Début octobre, à la fin du crépuscule, la Lune gibbeuse décroissante brille vivement et nous empêche de contempler la **Voie lactée** qui s'étire du nord-est au sud-ouest, du Cocher au Sagittaire ; Deneb du Cygne est au zénith et le Triangle d'été surplombe l'horizon sud-ouest. Avec les jours qui passent, nous disposons de plus en plus de temps pour admirer le bandeau galactique. En milieu de nuit, la Voie lactée court de l'est à l'ouest, des Gémeaux à l'Aigle, et le sommet du ciel est encadré par Andromède et Cassiopée. Avant l'aube, le Cocher est au zénith et la portion la moins garnie de l'arc galactique s'étend de la Poupe au sud-est au nord du Cygne au nord-ouest. Lors des longues nuits d'octobre sans Lune, la Voie lactée semble pivoter autour du zénith comme l'aiguille d'une gigantesque boussole cosmique et nous profitons de sa portion estivale jusqu'au Sagittaire en début de nuit et de sa portion hivernale jusqu'au Grand Chien en fin de nuit : les choix de compositions photographiques ne manquent donc pas.

02 01 **Conjonction géocentrique en longitude entre la Lune (Ari) et Jupiter** à 1 h 37 m (séparation : 3,2°). .

02 01 Formations lunaires proches du terminateur dans la journée : Langrenus et Petavius, Endymion, l'albatros (bordure ouest de la mer des Crises).

02 04 **Maximum d'éclat de l'étoile variable Êta Aquilae** (Aigle) à 4 h. Il s'agit d'une étoile de type céphéide dont

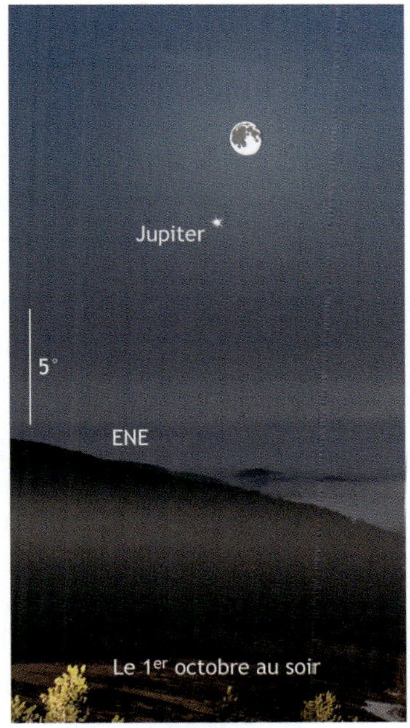

Le 1er octobre au soir, Jupiter et la Lune, une heure et demie après le coucher du Soleil, Jupiter et la Lune gibbeuse décroissante sont visibles à quelques degrés de hauteur au-dessus de l'horizon est-nord-est. Jupiter peut vous servir de point de repère tout au long de la nuit pour apprécier le déplacement apparent rapide de notre satellite naturel vers l'est de l'écliptique.

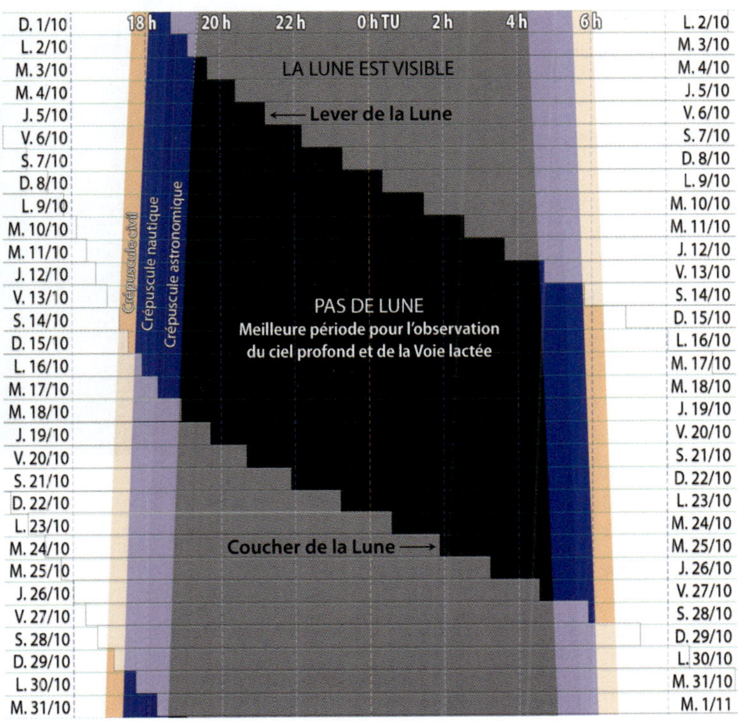

Les phénomènes astronomiques au jour le jour

la magnitude passe de 3,5 à 4,4 au cours d'un cycle de 7,177 jours. Les autres maxima du mois se produisent le 9 à 8 h, le 16 à 13 h, le 23 à 17 h et le 30 à 21 h. Voir également le 8 mars 2024.

02 05 Le Soleil se couche sur la région d'**Endymion** (1-28) et, autour de 5 h 07 m, vous pouvez tenter d'observer avec un instrument une ou plusieurs raies lumineuses dans cette formation. Longitude du terminateur : 121° ; âge lunaire : 17,1 j ; illumination : 90 %.

02 07 **En plein jour.** Une heure après le lever du Soleil, **la Lune gibbeuse décroissante domine Jupiter** d'un peu moins de 4° et ces deux astres sont visibles à une vingtaine de degrés de hauteur au-dessus de l'horizon ouest. Si le ciel matinal n'est pas brumeux, l'éclat jovien devrait être suffisant pour que vous puissiez le repérer à l'œil nu.

02 12 À midi, début du jour julien 2 460 220.

02 15 Conjonction géocentrique en longitude entre la Lune (Ari) et Uranus à 15 h 57 m (séparation : 2,8°).

03 05 Mardi (276-89). **Conjonction géocentrique en longitude entre la Lune (Tau) et les Pléiades** à 5 h 27 m (séparation : 1°). À l'orée de l'aube, la Lune éclatante est à moins de 2° au sud des Pléiades, très loin au-dessus de l'horizon sud-sud-ouest.

03 23 Latitude nord maximale pour Mercure : 7° (longitude héliocentrique : 138,3°).

04 00 Mercredi (277-88). Période de libration maximale en longitude pour la Lune (l = 7,1°).

04 03 **Callisto est en conjonction supérieure** à 3 h 34 m. Elle est observable à proximité du pôle Nord jovien.

04 08 Vénus devrait frôler ou occulter une étoile de magnitude 9,1 (PPM 126816) entre 8 h 15 m et 8 h 31 m. Inobservable en Europe.

04 12 **Le Soleil** franchit le méridien à 41° de hauteur.

05 00 Jeudi (278-87). Formations lunaires proches du terminateur dans la journée : Theophilus, Cyrillus et Catherina, Aristote et Eudoxe, Maurolycus.

05 01 À 1 h 49 m, l'étoile HD 36859 (Tau - magnitude 6,3) est occultée par la Lune ; elle réapparaît à 2 h 55 m. Les deux astres sont alors à 62,1° au-dessus de l'horizon et la fraction éclairée de notre satellite est de 64 %.

05 17 **Minimum d'éclat de l'étoile variable Sheliak** (Bêta de la Lyre) à 17 h. Sa magnitude varie de 3,3 à 4,3 au cours d'un cycle de 12,941 jours. Les autres minima du mois se produisent le 18 à 16 h et le 31 à 14 h. Voir également le 2 août 2023.

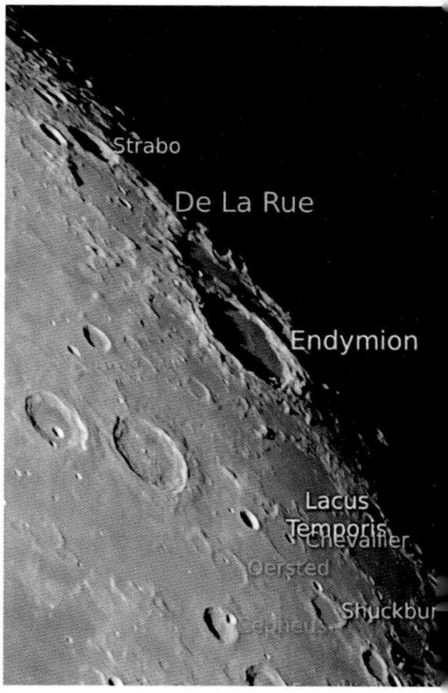

Crédit : NASA's Scientific Visualization Studio

Crédit : NASA's Scientific Visualization Studio

05 22 Les quatre lunes galiléennes sont alignées dans le désordre à l'est du disque jovien : **Ganymède, Io, Europe et Callisto** ; à voir aux jumelles.

05 22 À 22 h 24 m, **la Terre passe exactement à 1 ua du Soleil,** soit 149 597 870,691 km ou 8,316 746 minutes-lumière.

05 23 Le Soleil se couche sur la région de **Curtius** (2-191) et, autour de 23 h 40 m, vous pouvez tenter d'observer avec un instrument une ou plusieurs raies lumineuses dans cette formation. Longitude du terminateur : 167° ; âge lunaire : 20,9 j ; illumination : 56 %.

06 00 Vendredi (279-86). Période du maximum d'éclat de l'étoile variable S CMi (0727+08). S CMi est une variable de type Mira (variable à longue période) dont la magnitude oscille entre 6,6 et 13,2 ; sa période est de 332,94 jours.

06 02 À 2 h 52 m, l'étoile 49 Aur (Aur - magnitude 5,3) est occultée par la Lune ; elle réapparaît à 4 h 10 m. Les deux astres sont alors à 65,3° au-dessus de l'horizon et la fraction éclairée de notre satellite est de 54 %.

06 09 **Maximum possible de l'essaim météoritique des Camélopardalides** (281 OCT). Longitude héliocentrique prévue pour le maximum (équinoxe 2000.0) : 192,558°. De brefs sursauts ont été captés en vidéo en 2005 et 2006 – vitesse de pénétration dans l'atmosphère de 47 km/s –, puis plus rien jusqu'en 2015. En se basant sur ces observations, Esko Lyytinen a calculé une possible activité autour de la longitude 192,529°, soit centrée sur 9 h le 6 en 2023. En outre, en 2016, plusieurs sources ont signalé une activité supérieure de cet essaim autour de 192,58°, soit vers 10 h 15 m le 6 en 2023. En 2018, c'est vers la longitude 192,45° qu'une activité s'est manifestée, soit vers 7 h 05 m le 6 octobre 2023. En 2023, la Lune est au Dernier Quartier lors du maximum.

06 13 **Dernier Quartier de Lune à 13 h 48 m (Gem).** Distance : 398 017 km, soit 62,40 rayons terrestres.

06 15 **Élongation maximale de Titan** à l'ouest de Saturne à 15 h 46 m (188"). Retrouvez les autres élongations de Titan en octobre à la page consacrée aux satellites de Saturne en début de mois.

06 02 **Maximum d'éclat de l'étoile Delta Cephei à 2 h.** Sa magnitude varie de 3,5 à 4,4 au cours d'un cycle de 5,366 jours. Les autres maxima du mois se produisent le 11 à 11 h, le 16 à 20 h, le 22 à 5 h et le 27 à 13 h.

07 00 Samedi (280-85). Période de libration minimale en latitude pour la Lune (b = - 6,8°).

07 05 Mercure et Saturne sont en opposition héliocentrique.

07 10 Conjonction géocentrique en longitude entre la Lune (Gem) et Pollux à 10 h 31 m (séparation : 1,4°).

08 00 Dimanche. 281e jour de l'année.

08 02 Le Soleil se couche sur la région de **Clavius** (4-365) et, autour de 2 h 50 m, vous pouvez tenter d'observer avec

Filtrez la Lune et les planètes

Peu après la Nouvelle Lune, notre satellite devient chaque soir un peu plus lumineux et, dans une lunette ou un télescope, son observation peut devenir pénible. Il faut cependant préciser que, aussi éblouissant qu'il puisse être, l'éclat de notre satellite n'est jamais dangereux. Selon la luminosité de Séléné, le diamètre de l'instrument utilisé et votre propre sensibilité, vous pourrez grandement améliorer votre confort visuel en vissant un filtre neutre ou légèrement coloré dans l'oculaire. Il existe des filtres neutres de différentes densités, mais le plus agréable est de vous procurer un filtre polarisant, qui vous permet d'adapter aisément le niveau de filtration en fonction de la région lunaire que vous scrutez.

Vous pouvez également vous procurer un jeu de filtres colorés, qui permettent d'améliorer la visibilité de certains détails sur la Lune ou sur les planètes les plus brillantes comme Vénus, Mars, Jupiter et, dans une moindre mesure, Saturne. Les filtres colorés astronomiques sont numérotés, comme les filtres Wratten développés par Kodak pour la photographie. Limitez-vous aux filtres de faible densité si vous avez un instrument d'un diamètre inférieur à 150 mm. Dans tous les cas, gardez présent à l'esprit que l'amélioration de la visibilité de certaines structures grâce à un filtre est toujours subtile.

Wratten 8 (jaune pâle) ou 11 (jaune-vert) : réduction de la luminosité lunaire et augmentation du contraste des formations visibles.

Wratten 12 (jaune) : mise en évidence des tempêtes de sable sur Mars.

Wratten 21 (orange) : amélioration du contraste sur Mars ; mise en évidence des bandes dans l'atmosphère de Saturne.

Wratten 23A (rouge clair) : amélioration plus marquée du contraste sur Mars.

Wratten 25 (rouge profond) : amélioration du contraste sur Mars ; mise en évidence de formations nuageuses dans l'atmosphère de Vénus.

Wratten 38 (bleu-vert) : mise en évidence de nuages et de brumes sur Mars.

Wratten 47 (violet) : mise en évidence de formations nuageuses dans l'atmosphère de Vénus.

Wratten 56 (vert) : augmentation du contraste de certaines bandes joviennes et de la grande tache rouge.

Wratten 58 (vert foncé) : mise en évidence de détails autour des calottes polaires martiennes ; augmentation du contraste de certaines bandes joviennes et de la grande tache rouge.

Wratten 80A (bleu) : mise en évidence des nuages d'altitude sur Mars ; accentuation des détails à l'intérieur de certaines bandes de l'atmosphère jovienne.

Les phénomènes astronomiques au jour le jour

un instrument une ou plusieurs raies lumineuses dans cette formation. Longitude du terminateur : 193° ; âge lunaire : 23 j ; illumination : 35 %.

08 02 Pointez un instrument vers le gros croissant lunaire pour admirer le faisceau de lumière qui s'étire d'**Hesiodus** vers **Pitatus** (4-334) au sud de la mer des Nuées.

41e SEMAINE

09 00 Lundi (282-83). La Lune n'est presque plus présente cette semaine et il faut absolument profiter des longues nuits qui nous emportent de l'été à l'hiver sur la voûte céleste. Constellation de la Lune chaque jour à 0 h pour 45° de latitude nord et 0° de longitude : L-Cnc, M-Leo, M-Leo, J-Leo, V-Vir, S-Vir, D-Vir.

09 00 TSMG (voir p. 17) : 1 h 09 m 26 s.

09 05 Conjonction géocentrique en longitude entre Vénus (Leo) et Régulus à 5 h 31 m (séparation : 2,3°).

09 06 **Maximum de l'essaim météoritique des Draconides** (009 DRA) ou Giacobinides, dont la période d'activité s'étend du 6 au 10 octobre. Longitude héliocentrique prévue pour le maximum (équinoxe 2000.0) : 195,4°. Taux horaire moyen au zénith : d'aucune à plusieurs centaines d'étoiles filantes ; en 2002, ce taux a atteint 80 au Japon. Les Draconides sont lentes : leur vitesse de pénétration dans l'atmosphère est de 20 km/s. Le radiant se situe juste à côté de la tête du Dragon ; il est donc circumpolaire en France métropolitaine, mais vous le trouverez plus haut dans le ciel au début et en fin de nuit. Associé à la comète 21P Giacobini-Zinner, qui est passée au périhélie le 10 septembre 2018 (période de 6,54 années ; prochain passage au périhélie le 25 mars 2025) – d'où son double nom ! –, cet essaim, pratiquement inexistant en temps normal, peut faire preuve d'une activité extraordinaire lorsque la comète repasse à proximité du Soleil. De belles tempêtes d'étoiles filantes ont ainsi été observées en 1926 et en 1933. Aucun sursaut n'est annoncé en 2023. En 2023, le maximum se produit en fin de lunaison et les conditions d'observation sont donc excellentes.

09 12 À midi, début du jour julien 2 460 227.

09 12 Du 9 octobre au 2 novembre, Mercure traverse d'ouest en est le champ du coronographe LASCO C3 de la sonde *SOHO*. Elle y croise Mars le 29 octobre.

10 00 Mardi (283-82). Spica de la Vierge traverse d'est en ouest le champ du coronographe LASCO C3 de la sonde *SOHO* jusqu'au 25 octobre.

10 03 La Lune passe à l'apogée à 3 h 42 m.

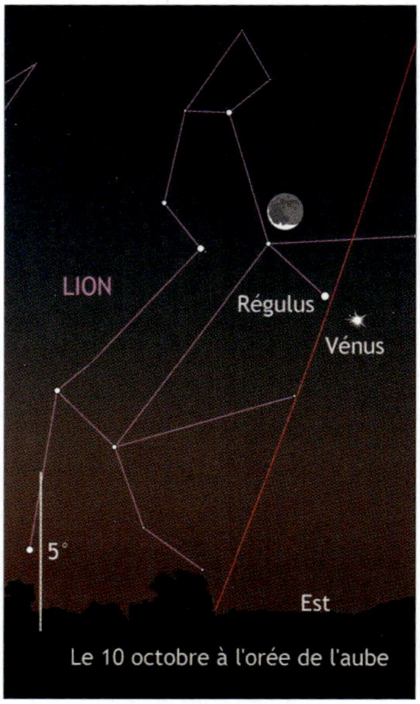

Le 10 octobre à l'orée de l'aube, Vénus et le croissant lunaire encadrent Régulus du Lion loin au-dessus de l'horizon est.

Distance : 405 425 km, soit 63,56 rayons terrestres.

10 04 Formations lunaires proches du terminateur dans la journée : Kepler, Schiller, Gassendi, Doppelmayer, Harpalus, Aristarque, Hérodote et la vallée de Schröter.

10 09 **En plein jour.** Essayez de repérer **Vénus** à l'œil nu trois heures après le lever du Soleil, lorsqu'elle passe au méridien avec le vieux croissant à plus de 50° de hauteur. La Lune domine la planète de 6° et le Soleil se situe à plus de 45° à l'est, son éclat n'est donc pas gênant. Prenez un repère avec un arbre ou un bâtiment pour tenter de repérer Vénus à l'œil nu les jours prochains sans l'aide de Séléné.

10 12 Conjonction géocentrique en longitude entre la Lune (Leo) et Régulus à 12 h 20 m (séparation : 3,9°).

10 14 **Conjonction géocentrique en longitude entre la Lune (Leo) et Vénus** à 14 h 46 m (séparation : 5,9°). À l'orée de l'aube, le Lion se dresse fièrement au-dessus de l'horizon est et l'éclat de Régulus est presque effacé par l'intensité lumineuse de Vénus qui resplendit juste à côté. Quant au croissant lunaire proche, il arbore une superbe lumière cendrée.

Le 10 octobre dans la matinée, utilisez des jumelles pour tenter de repérer Vénus à l'aplomb du croissant lunaire. Si le ciel est limpide, tentez votre chance à l'œil nu !

10 23 En regardant les cartes du ciel mensuelles, vous avez peut-être remarqué un petit cercle en pointillés gris. Il indique la région du ciel située exactement à l'opposé du Soleil par rapport à la Terre, la région antisolaire, le 15 du mois. C'est la direction vers laquelle pointe le cône d'ombre de la Terre et la Pleine Lune se situe donc là lors de ses éclipses. C'est également la région où apparaît le **gegenschein**, une zone très faiblement lumineuse de quelques degrés de large pour une dizaine de degrés de longueur qui provient du reflet et de la diffusion de la lumière solaire par les particules microscopiques présentes dans l'anneau zodiacal (voir le 13 octobre 2023). Le gegenshein est beaucoup moins lumineux que la lumière zodiacale et il faut vraiment un ciel très sombre, bien protégé de la pollution lumineuse, pour parvenir à le distinguer et à le photographier. En suivant le déplacement de la région antisolaire de mois en mois, vous pourrez constater que les meilleures périodes pour tenter d'observer le gegenschein aux latitudes européennes sont l'automne et le printemps lorsqu'il apparaît dans un ciel sombre loin du fond lumineux de la Voie lactée. Bien évidemment, il faut choisir une nuit sans Lune ! Actuellement, le gegenschein est dans les Poissons et il franchit le méridien à plus de 50° de hauteur en milieu de nuit, les conditions d'observation sont donc optimales.

11 00 Mercredi (284-81). **Pluton est stationnaire** en ascension droite à l'est du Sagittaire et termine sa rétrogradation annuelle ; elle circulera vers l'est de l'écliptique jusqu'au 2 mai 2024 (205 jours).

Les phénomènes astronomiques au jour le jour

11 00 Période du maximum d'éclat de l'étoile variable R Aqr (2338-15). R Aqr est une variable de type Mira (variable à longue période) dont la magnitude oscille entre 6,2 et 12,4 ; sa période est de 387 jours.

11 12 **Le Soleil** franchit le méridien à 38° de hauteur.

11 22 **Maximum de l'essaim météoritique des Delta Aurigides** (224 DAU), dont la période d'activité s'étend du 20 septembre au 16 octobre. Longitude héliocentrique prévue pour le maximum de l'essaim (équinoxe 2000.0) : 198°. Vitesse de pénétration atmosphérique : 64 km/s. Taux horaire moyen au zénith : 2.

12 04 Jeudi (285-80). La comète **2P Encke** est dans le même champ de jumelles que le mince croissant de la vieille Lune et sa magnitude devrait être proche de 7 ; une observation à tenter en fin de nuit à l'est.

12 11 **Callisto est en conjonction inférieure** à 11 h 54 m. Elle est observable à proximité apparente du pôle Sud jovien.

12 12 La comète **103P Hartley** (période de 6,5 années) passe au plus près du Soleil (périhélie) à 159 millions de kilomètres. Son éclat pourrait atteindre la magnitude 7. Elle circule actuellement dans les Gémeaux.

13 00 Vendredi (286-79). Il y a 1 à 3 **vendredis 13** par an : 2 en 2023 (janvier et octobre), 2 en 2024 (septembre et décembre), 1 en 2025 (juin) et 3 en 2026 (février, mars et novembre).

13 00 Période du maximum d'éclat de l'étoile variable S UMa (1239+61). S UMa est une variable de type Mira (variable à longue période) dont la magnitude oscille entre 7,1 et 12,7 ; sa période est de 225,87 jours. Elle est d'une belle coloration rouge-orangé.

13 04 De 4 h 38 m à 5 h 19 m, Io et Ganymède passent simultanément devant le disque de Jupiter. Invisible en Europe.

13 04 Durant une douzaine de jours, jusqu'à l'arrivée de la Lune gibbeuse vers le 27 octobre, guettez **la lumière zodiacale au-dessus de l'horizon est avant l'aube**. Elle enveloppe la tête de la Vierge et le Lion puis pointe vers le Cancer ; cet automne, Vénus brille somptueusement au cœur de ce cône de lumière diffuse. Comme pour toutes les observations délicates, je vous conseille de passer au moins une vingtaine de minutes dehors dans l'obscurité avant le début de votre observation pour que votre vision nocturne soit effective et que la silhouette de la « main gauche de l'aube », comme l'appelait le savant et poète persan Omar Khayyâm, se profile sans peine devant les étoiles.

14 00 Samedi (287-78). En milieu de nuit, les quatre lunes galiléennes – **Io, Europe, Ganymède et Callisto** – s'alignent dans leur ordre naturel à l'ouest du disque jovien.

14 03 Le plus vieux croissant de la lunaison peut être observé à l'aube avec un instrument optique en Asie.

14 08 Conjonction géocentrique en longitude entre la Lune (Vir) et Mercure à 8 h 57 m (séparation : 0,6°).

14 09 Occultation de Mercure par la Lune. Zone de visibilité : sud de l'océan Atlantique, sud de l'Afrique, Antarctique.

14 17 **Nouvelle Lune à 17 h 55 m (Vir).** Distance : 397 028 km, soit 62,25 rayons terrestres.

14 17 **Éclipse centrale annulaire de Soleil.** Durée de la phase annulaire au maximum : 5 minutes et 17 secondes en Amérique centrale. Magnitude au maximum : 0,952 ; voir la carte à la page 179.

15 00 Dimanche. 288e jour de l'année.

15 01 La Lune passe au nœud descendant à 1 h 11 m (longitude moyenne : 204,9°). Distance : 396 102 km, soit 62,1 rayons terrestres.

15 09 Mars et Jupiter sont en opposition héliocentrique.

15 14 Le plus jeune croissant de la lunaison peut être observé au crépuscule avec un instrument optique dans l'océan Indien et, notamment, à La Réunion.

15 15 Conjonction géocentrique en longitude entre la Lune (Vir) et Mars à 15 h 35 m (séparation : 0,9°). Inobservable en Europe.

15 15 Occultation de Mars par la Lune. Zone de visibilité : Antarctique, extrême sud de l'Amérique du Sud.

42e SEMAINE

16 00 Lundi (289-76). Il y a encore de très belles nuits noires jusqu'au milieu de la semaine puis la Lune croissante fait son retour en soirée. Constellation de la Lune chaque jour à 0 h pour 45° de latitude nord et 0° de longitude : L-Vir, M-Lib, M-Sco, J-Sco, V-Sgr, S-Sgr, D-Sgr.

16 00 TSMG (voir p. 17) : 1 h 37 m 02 s.

16 12 À midi, début du jour julien 2 460 234.

17 06 Mardi (290-75). Formations lunaires proches du terminateur dans la journée : Endymion, l'albatros (bordure ouest de la mer des Crises).

18 00 Mercredi (291-74). Période de libration minimale en longitude pour la Lune (l = - 5,5°).

18 10 Mars est à l'apogée à 2,550 ua de la Terre, soit près de 381,5 millions de kilomètres.

18 12 **Le Soleil** franchit le méridien à 35° de hauteur.

18 13 **Milieu de la saison d'éclipses** : le Soleil est à la même

Par où commencer ?

Si vous débutez, utilisez les cartes mensuelles circulaires de ce guide afin d'identifier d'abord les principales constellations, la Grande Ourse, Orion ou le Cygne. N'essayez pas de mémoriser l'ensemble du ciel en une seule soirée car, à de rares exceptions près, vous courriez à l'échec. Commencez plutôt par repérer les étoiles les plus brillantes, celles qui apparaissent les premières après le coucher du Soleil. Puis, quand l'obscurité est suffisante, bâtissez les constellations qui leur sont associées. Deux mouvements de notre planète se combinent pour assurer un renouvellement permanent de la toile de fond étoilée que le ciel nous présente. D'une part, la Terre fait un tour sur elle-même en une journée ; par conséquent, si vous regardez le ciel pendant toute une nuit, vous verrez apparaître de nouvelles étoiles à l'est et disparaître celles que vous observiez à l'ouest. D'autre part, la Terre tourne autour du Soleil et change ainsi constamment notre point de vue sur la voûte céleste, ce qui provoque une évolution, jour après jour, de la position des constellations dans le ciel à une heure donnée. Heureusement, les étoiles gardent toujours rigoureusement la même place les unes par rapport aux autres et les figures que vous aurez découvertes à un moment de l'année se seront déplacées quelques semaines plus tard, mais auront conservé exactement le même aspect. Une fois que vous saurez reconnaître immédiatement quelques étoiles et constellations – et alors seulement ! –, commencez à remplir les vides, à tisser sur le ciel une trame de plus en plus serrée. Suivez les cartes, bien sûr, mais n'hésitez pas à partir aussi un peu à l'aventure, en essayant par la suite de retrouver vos itinéraires sur le papier. Si vous procédez de la sorte, le ciel deviendra peu à peu un terrain familier, et vous développerez les petites manies des habitués qui, dès qu'ils lèvent les yeux, cherchent « leur » étoile et se sentent réconfortés de l'apercevoir en toutes circonstances.

Les phénomènes astronomiques au jour le jour

longitude que le nœud descendant de la Lune (204,8°).

18 14 Occultation d'Antarès par la Lune. Zone de visibilité : Europe à l'exception du nord, Afrique et Arabie. Cette occultation se produit en plein jour alors que la Lune et Antarès se situent à l'aplomb de l'horizon sud.

18 14 **Conjonction géocentrique en longitude entre la Lune (Sco) et Antarès** à 14 h 07 m (séparation : 0,8°). Une heure après le coucher du Soleil, tentez de repérer l'éclat de l'étoile principale du Scorpion juste à côté du croissant à 5° de hauteur au-dessus de l'horizon sud-ouest.

19 02 Jeudi (292-73). Formations lunaires proches du terminateur dans la journée : Fracastor, Piccolomini, Posidonius, Theophilus, Cyrillus et Catherina.

20 05 Vendredi (293-72). De 5 h 57 m à 7 h 40 m, Io et Ganymède projettent leur ombre sur Jupiter. Invisible en Europe.

20 05 **Mercure est en conjonction supérieure** à 0,8° du centre du disque solaire.

20 07 De 7 h 53 m à 8 h 10 m, Io et Ganymède passent simultanément devant le disque de Jupiter. Invisible en Europe.

20 18 **Callisto est en conjonction supérieure** à 18 h 03 m. Elle est observable à proximité du pôle Nord jovien.

21 00 Samedi (294-71). **Pluton est en quadrature** à l'est du Soleil.

21 15 Pointez un instrument vers le quartier de Lune avant le coucher du Soleil pour tenter de voir le « **X lunaire** » révélé par le Soleil rasant à l'intersection des cratères La Caille, Blanchinus et Purbach, ainsi que le **V** lumineux qui se déploie dans le cratère Ukert, pratiquement au centre de la Lune. Voir le 25 juin 2023.

21 23 **Maximum de l'essaim météoritique des Orionides** (008 ORI), dont la période d'activité s'étend du 2 octobre au 7 novembre ; longitude héliocentrique prévue pour le maximum (équinoxe 2000.0) : 208°. Vitesse de pénétration atmosphérique : 66 km/s. Les Orionides sont le pendant automnal des Êta Aquarides du printemps (voir le 5 mai 2024). La Terre coupe en effet par deux fois chaque année l'orbite de cet essaim. Les poussières qui donnent naissance aux Orionides ont donc elles aussi été perdues, il y a plusieurs millénaires, par la comète de Halley (période de 76 années ; dernier passage au périhélie en février 1986). Les étoiles filantes sont très rapides, brillantes, et laissent dans près de 45 % des cas des traces perceptibles pendant plusieurs secondes. Moins riches que l'essaim des Êta Aquarides, les Orionides ne donnent généralement qu'une trentaine d'étoiles

La lumière zodiacale

La lumière zodiacale n'est pas un phénomène atmosphérique comme les aurores boréales ou l'airglow ; elle provient de la diffusion de la lumière solaire par des myriades de particules microscopiques qui tournent autour du Soleil dans un gigantesque anneau s'étendant jusqu'à l'orbite de Jupiter. Elle est très peu intense car la densité des poussières dans ce nuage zodiacal est estimée à seulement une dizaine de particules par kilomètre cube ! Ces particules proviendraient pour l'essentiel (85 % à 95 %) des comètes de la famille de Jupiter, c'est-à-dire des comètes dont les orbites ne les entraînent guère au-delà de celle de la planète géante du Système solaire et qui dispersent leurs matériaux à chaque approche du Soleil ou lorsqu'elles se brisent. Le reste des poussières du nuage zodiacal proviendrait des collisions entre astéroïdes dans la ceinture du même nom située entre les orbites de Mars et de Jupiter ; l'analyse récente des données récoltées par la sonde *Juno* lors de son transfert vers la planète Jupiter indiquerait qu'une part des poussières de l'anneau auroral pourrait également être éjectées par la planète Mars lors de ses fameuses tempêtes. L'anneau zodiacal est pratiquement confondu avec le plan de l'écliptique, c'est-à-dire le plan de l'orbite de la Terre. En fait, il a une inclinaison proche de 2° provoquée par les perturbations gravitationnelles des planètes, notamment celles de Jupiter – et son épaisseur est suffisante pour que la Terre circule à l'intérieur. Les particules qu'il contient finissent par tomber sur les planètes internes – Mercure, Vénus, Terre et Mars –, mais elles sont régulièrement renouvelées par les comètes. Notre planète est donc entièrement entourée de particules qui réfléchissent l'éclat solaire, mais les effets de ces réflexions ne sont perceptibles à l'œil nu qu'à proximité de l'écliptique, là où la densité réelle et apparente des poussières est la plus forte, et sur près de 90° environ filantes par heure au lieu d'une cinquantaine ; elles sont cependant mieux placées pour l'observation dans l'hémisphère Nord. En 2023, le quartier lunaire se couche au lever d'Orion et l'observation du maximum devrait se dérouler dans d'excellentes conditions.

22 00 Dimanche. 295e jour de l'année.

22 00 Du 21 octobre au 17 décembre, Mars traverse d'est en ouest le champ du coronographe LASCO C3 de la sonde *SOHO* ; elle y croise Mercure le 29 octobre. Du 16 au 19 novembre, Mars traverse le champ plus petit du coronographe LASCO C2.

22 03 **Premier Quartier de Lune à 3 h 29 m (Sgr).** Distance : 372 375 km, soit 58,38 rayons terrestres.

22 12 La comète **2P Encke** (période de 3,3 années) passe au plus près du Soleil (périhélie) à 51 millions de kilomètres. Son éclat pourrait atteindre la magnitude 7, mais elle est bien trop proche de la position apparente du Soleil pour être observable à l'aube.

22 21 Premier quartier de Vénus.

43e SEMAINE

23 00 Lundi (296-69). La Lune sera pleine samedi avec une petite éclipse partielle à la clé. Constellation de la Lune chaque jour à 0 h pour 45° de latitude nord et 0° de longitude : L-Cap, M-Cap, M-Aqr, J-Aqr, V-Cet, S-Psc, D-Ari.

23 00 TSMG (voir p. 17) : 2 h 04 m 38 s.

23 12 À midi, début du jour julien 2 460 241.

23 16 **Le Soleil entre dans le signe astrologique du Scorpion (210°)** à 16 h 20 m, mais, dans la réalité, il est dans la constellation de la Vierge pour encore une bonne semaine.

23 18 À 18 h 47 m, l'étoile HD 206546 (Cap - magnitude 6,2) est occultée par la Lune ; elle réapparaît à 20 h 02 m. Les deux astres sont alors à 25,4° au-dessus de l'horizon et la fraction éclairée de notre satellite est de 69 %.

23 19 Tentez de saisir le petit point d'Io à l'est de son ombre devant le disque jovien (voir le 22 octobre 2023).

23 23 À 23 h 53 m, l'étoile HD 207760 (Cap - magnitude 6,2) est occultée par la Lune. Les deux astres sont alors à 5,2° au-dessus de l'horizon et la fraction éclairée de notre satellite est de 70 %.

23 23 **Vénus atteint son élongation maximale à l'ouest : 46,4°.**

24 01 Mardi (297-68). Mars entre dans la constellation de la Balance.

24 03 Le Soleil se lève sur la région de **Mercator** (4-333) et, autour de 3 h 19 m, vous pouvez tenter d'observer avec un instrument une ou plusieurs raies lumineuses dans cette formation. Longitude du terminateur : 28° ; âge lunaire : 9,4 j ; illumination : 72 %.

de chaque côté du Soleil, là où l'intensité lumineuse est maximale. La lumière zodiacale étant bien plus intense aux abords du Soleil, c'est dans la période qui suit la fin du crépuscule astronomique le soir ou qui précède son début à l'orée de l'aube que l'on a le plus de chances de la voir ; par définition, le crépuscule astronomique se termine ou commence lorsque le Soleil se situe à 18° sous l'horizon. Encore faut-il qu'à ce moment-là l'écliptique fasse un angle le plus droit possible avec l'horizon pour bien dégager cette lueur subtile des zones de l'atmosphère les plus crasseuses et les plus dégradées par la pollution lumineuse. Sous les tropiques, l'angle de l'écliptique avec l'horizon est pratiquement droit tout au long de l'année : la lumière zodiacale est donc observable dans des conditions optimales chaque nuit claire sans lune. Aux latitudes moyennes de l'Europe, c'est le soir en hiver et avant l'aube durant l'automne que le plan de l'écliptique est le plus redressé par rapport à l'horizon et que l'on a le plus de chance de pouvoir détecter à l'œil nu la forme lancéolée de la lumière zodiacale.

Les phénomènes astronomiques au jour le jour

24 07 Mercure et Jupiter sont en opposition héliocentrique.

24 09 **Conjonction géocentrique en longitude entre la Lune (Aqr) et Saturne** à 9 h 34 m (séparation : 2,5°). La Lune gibbeuse croissante se situe à l'ouest de Saturne le 23 et à l'est le 24. Ces astres sont visibles aisément au-dessus de l'horizon sud à la fin du crépuscule.

24 14 Dès le lever de la Lune, utilisez des jumelles ou une lunette pour admirer l'arc lumineux du **golfe des Iris** au nord du terminateur lunaire.

25 00 Mercredi (298-67). Maximum de l'essaim des Leonis minorides (022 LMI), qui est actif du 19 au 27 octobre. Longitude héliocentrique prévue pour le maximum de l'essaim (équinoxe 2000.0) : 211°. Vitesse atmosphérique de 62 km/s. Taux horaire moyen au zénith : 2. Cet essaim est associé à la comète C/1739 K1 Zanotti.

25 08 Maximum de l'essaim des Zêta Perséides (1131 OZP), découvert en 2021. Longitude héliocentrique prévue pour le maximum de l'essaim (équinoxe 2000.0) : 211,36°. Vitesse atmosphérique de 48 km/s. Lors de la première observation de cet essaim, les étoiles filantes étaient toutes plus brillantes que la magnitude zéro.

25 11 Vénus passe au nœud ascendant de son orbite (longitude héliocentrique : 76,6°).

25 12 **Le Soleil** franchit le méridien à 33° de hauteur.

25 14 Le ***Calendrier astronomique 2024*** est disponible. Outre de superbes images du ciel et de l'espace imprimées sur un très beau papier épais et en grand format (35 x 58 cm), il permet de n'oublier aucun des beaux rendez-vous célestes visibles à l'œil nu au fil de l'année 2024. Découvrez-le chez votre librairie et en ligne (www.amds-edition.com).

25 18 Mercure et Mars sont en conjonction héliocentrique.

26 02 Jeudi (299-66). Conjonction géocentrique en longitude entre la Lune (Aqr) et Neptune à 2 h 22 m (séparation : 1,3°).

26 03 La Lune passe au périgée à 3 h 02 m. Distance : 364 872 km, soit 57,21 rayons terrestres.

26 10 Formation lunaire proche du terminateur dans la journée : Schickard.

26 17 À 45° de latitude nord, l'étoile **Fomalhaut** du Poisson austral se lève au moment du coucher du Soleil – on parle de lever achronique – et, dans un ciel limpide, il est possible de la repérer aux jumelles une trentaine de minutes plus tard vers 135° d'azimut et 3° de hauteur.

26 20 À 20 h 17 m, l'étoile 10 Cet (Cet - magnitude 6,2) est occultée par la Lune ; elle réapparaît à 20 h 44 m. Les deux astres sont alors à 41,6° au-dessus de l'horizon

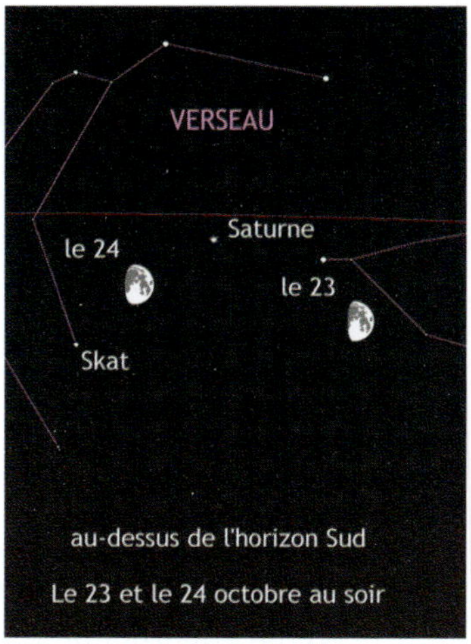

Le 23 et le 24 octobre au soir, la Lune légèrement gibbeuse rencontre Saturne.

Autour de l'opposition de Jupiter, qui se produit cette année le 3 novembre, vous pouvez tenter une observation un peu délicate si vous avez accès à un bon instrument d'au moins 100 mm de diamètre et si les conditions de turbulence sont bonnes. Il s'agit de suivre le changement de position de l'ombre d'Io, qui passe de l'ouest à l'est du satellite au moment de l'opposition. Durant la nuit du 21 au 22 octobre, vous pouvez distinguer le petit disque noir de l'ombre loin à l'ouest du satellite lors de leur passage devant la planète peu après 0 h. Vous aurez une autre chance en Europe le 23 octobre en soirée.

et la fraction éclairée de notre satellite est de 95 %.

27 01 Vendredi (300-65). Mercure est à l'apogée à 1,435 ua de la Terre, soit près de 215 millions de kilomètres.

27 06 Mercure entre dans la constellation de la Balance.

27 09 Mercure passe au nœud descendant de son orbite (longitude héliocentrique : 228,3°).

27 22 Belle paire Io-Ganymède à l'ouest de Jupiter ce soir.

28 03 Samedi (301-64). La Lune passe au nœud ascendant à 3 h 13 m (longitude moyenne : 24,9°). Distance : 367 499 km, soit 57,6 rayons terrestres.

28 07 Début de la 2277[e] rotation synodique du Soleil.

28 20 **Éclipse partielle de la Lune** par l'ombre de la Terre (magnitude : 0,12), visible en Europe. Cette éclipse partielle est visible de l'Europe à la Chine en passant par l'Afrique, Madagascar et La Réunion. Le maximum se produit à 20 h 15 m et le bord sud rongé par l'ombre surplombe l'horizon est-sud-est de plus de 30° en France métropolitaine ; Jupiter brille non loin de notre satellite naturel lors de cette éclipse. La Pleine Lune sort du cône d'ombre terrestre à 20 h 52 m et de la pénombre à 22 h 26 m.

28 20 **Pleine Lune à 20 h 24 m (Ari).** Distance : 369 702 km, soit 57,96 rayons terrestres. En octobre, je préfère évoquer la Pleine Lune du chocolat – c'est le mois de la journée mondiale du cacao et du chocolat ! – plutôt que la Pleine Lune des chasseurs. Elle se lève à l'est-nord-est juste avant le coucher du Soleil le 28 et passe plus de quatorze heures en notre compagnie avant de se coucher à l'ouest-nord-ouest peu après le lever du Soleil ; remarquez l'éclat puissant de Jupiter à son côté toute la nuit. Le 29, la bouille encore bien ronde de Séléné nous sourit à l'est-nord-est moins d'un quart d'heure après le coucher du Soleil ; elle domine l'horizon ouest puis ouest-nord-ouest à l'aube le 30.

28 23 Durant la nuit du 28 au 29, la Pleine Lune franchit le méridien à près de 54° de l'horizon sud à Lille et de 62° à Perpignan.

29 00 Dimanche. 302e jour de l'année.

29 01 **En 2023, l'heure d'été court du dimanche 26 mars au dimanche 29 octobre (à 3 heures du matin il sera 2 heures).**

29 02 **Callisto est en conjonction inférieure** à 2 h 04 m. Elle est observable à proximité apparente du pôle Sud jovien.

29 02 Tentez de saisir le petit point d'Io juste à côté, à l'est, de son ombre devant le disque jovien (voir le 22 octobre 2023).

29 06 **Conjonction géocentrique en longitude entre la Lune (Ari) et Jupiter** à 6 h 37 m (séparation : 2,9°). Le 28, la Pleine Lune et Jupiter sont visibles à l'est-nord-est juste après le coucher du Soleil et passent la nuit à quelques degrés d'écart à peine. Le 29 à l'aube, essayez de voir

Le 28 octobre au soir, Jupiter a rendez-vous avec la Pleine Lune partiellement éclipsée loin au-dessus de l'horizon est.

Les phénomènes astronomiques au jour le jour

l'éclat jovien à l'œil nu à l'ouest-nord-ouest jusqu'au lever du Soleil, voire un peu plus longtemps si les conditions météo sont favorables.

29 14 Conjonction géocentrique en longitude entre Mercure (Lib) et Mars à 14 h 22 m (séparation : 0,3°). Uniquement visible dans le champ du coronographe LASCO C3 de la sonde *SOHO*.

44e SEMAINE

30 00 Lundi (303-62). Jour après jour, la Voie lactée se libère de l'éclat lunaire en début de nuit et le pilier galactique s'impose au-dessus de l'horizon sud-ouest. Constellation de la Lune chaque jour à 0 h pour 45° de latitude nord et 0° de longitude : L-Ari, M-Tau, M-Tau, J-Gem, V-Gem, S-Gem, D-Cnc.

30 00 TSMG (voir p. 17) : 2 h 32 m 14 s.

30 00 Conjonction géocentrique en longitude entre la Lune (Ari) et Uranus à 0 h 36 m (séparation : 2,7°).

30 00 Période du maximum d'éclat de l'étoile variable T UMa (1231+60). T UMa est une variable de type Mira (variable à longue période) dont la magnitude oscille entre 6,6 et 13,5 ; sa période est de 256,6 jours.

30 06 La petite planète **18 Melpomène** passe au périgée à 0,859 ua. Sa magnitude est proche de 8,1.

30 12 À midi, début du jour julien 2 460 248.

30 15 **Conjonction géocentrique en longitude entre la Lune (Tau) et les Pléiades** à 15 h 31 m (séparation : 1°). Pas facile de voir les Pléiades à côté d'une Lune aussi brillante ! Si le ciel est pur ce soir, cachez Séléné derrière le bout de l'index bras tendu pour repérer ce bel amas ouvert.

30 21 Avec un instrument, tentez de distinguer le petit point d'Io pratiquement collé contre son ombre (à l'est) lors de son passage devant le disque jovien (voir le 22 octobre 2023).

31 09 Mardi (304-61). Conjonction géocentrique en longitude entre la Lune (Tau) et Aldébaran à 9 h 06 m (séparation : 9,2°).

31 19 **Le Soleil entre dans la constellation de la Balance (218,1°)** à 19 h.

Le Calendrier astronomique 2024 est disponible chez votre libraire habituel et en ligne. Outre de superbes images du ciel et de l'espace imprimées sur un très beau papier épais et en grand format (35 x 58 cm), il permet de n'oublier aucun des beaux rendez-vous célestes visibles à l'œil nu au fil de l'année 2024.

L'éclipse annulaire de Soleil du 14 octobre 2023

La seconde éclipse centrale de Soleil de 2023 se produit le 14 octobre et elle est annulaire car la Nouvelle Lune est un peu trop loin de la Terre et son diamètre apparent n'est pas suffisant pour occulter intégralement le disque solaire. Elle est visible aux États-Unis, dans tous les pays d'Amérique centrale et de l'ouest de la Colombie à l'est du Brésil. Une éclipse partielle du Soleil est également observable dans toute l'Amérique du Nord et dans une large portion de l'Amérique du Sud, jusqu'au milieu du Chili et de l'Argentine ; une éclipse partielle est ainsi visible aux Antilles (grandeur : 0,50 environ). L'éclipse annulaire commence lorsqu'un anneau de feu se lève vers 16 h 10 m au nord-est de l'océan Pacifique. Quelques minutes après, cet anneau solaire est visible sur la côte nord-ouest des États-Unis, dans l'Oregon : la phase annulaire dure alors près de 4 minutes et 30 secondes et le Soleil se situe à 17° de hauteur. La bande de centralité touche ou traverse ensuite les États suivants : Californie, Idaho, Nevada, Utah, Colorado, Arizona, Nouveau-Mexique et Texas. Notez qu'une portion du Texas de 192 km de côté accolée au nord-ouest de la ville de San Antonio sera également concernée par l'éclipse totale de Soleil qui se produira le 8 avril 2024 (voir p. 307). La bande de centralité coupe le golfe du Mexique et la péninsule du Yucatán avant de traverser ou d'effleurer tous les pays d'Amérique centrale, puis la Colombie et le Brésil. Le maximum de l'éclipse centrale se produit à 17 h 59 m à 70 km au large des côtes du Nicaragua et du Costa Rica ; la phase annulaire dure alors près de 5 minutes et 17 secondes et l'anneau solaire brille à 68° de hauteur. La bande de centralité mesure pratiquement 13 800 km et couvre à peine 0,57 % de la surface terrestre. N'oubliez pas qu'une éclipse annulaire doit impérativement être observée en continu avec des moyens de protection adéquats (voir p. 22).

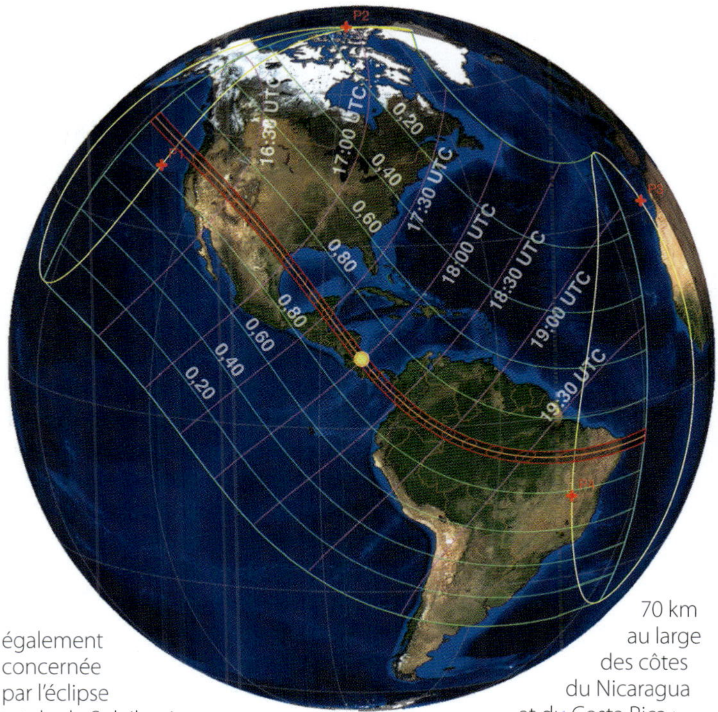

Il s'agit de la 44e éclipse du saros n° 134, qui a commencé le 22 juin 1248 et prendra fin le 6 août 2510. Ce saros contient 71 éclipses : 17 partielles, 30 annulaires, 8 totales et 16 hybrides. La précédente éclipse de ce saros était celle du 3 octobre 2005 (A) et la prochaine se déroulera le 25 octobre 2041 (A).

Source : Fred Espenak avec un Delta T égal à 80,7 secondes.

CHRONOLOGIE EN TU

10 octobre
3 h 42 m La Lune passe à l'apogée à 405 425 km.

14 octobre
15 h 04 m Premier contact de la pénombre de la Lune avec le globe terrestre ; début de l'éclipse partielle (P1).
16 h 10 m Premier contact de l'axe de l'ombre lunaire avec le globe terrestre au nord-est de l'océan Pacifique ; début de l'éclipse centrale (U1).
17 h 55 m Nouvelle Lune dans la Vierge ; la Lune est à 397 028 km. La Lune et le Soleil ont la même longitude sur l'écliptique : le centre de la Lune est exactement au nord du centre du Soleil mesuré perpendiculairement à l'écliptique.
17 h 59 m 21 s Maximum de l'éclipse ; magnitude 0,952, c'est-à-dire que le diamètre apparent du disque lunaire est 0,952 fois plus petit que le diamètre apparent du disque solaire (valeurs topocentriques) ; diamètre apparent du Soleil : 32′04″ ; diamètre apparent de la Lune : 30′32″ ; gamma = 0,3752, c'est-à-dire que l'axe de l'ombre lunaire passe à 0,3752 rayon terrestre au nord du centre de la Terre, soit à 2 393 km du centre. La durée maximale de l'éclipse annulaire est de 5 minutes et 17 secondes au large du Costa Rica par 11° 21,7′ N, 83° 04,3′ O ; le Soleil est à 68° de hauteur (azimut 208°) ; la largeur de la bande de centralité est de 187 km.
19 h 48 m Dernier contact de l'axe de l'ombre lunaire avec le globe terrestre dans l'océan Atlantique à l'est du Brésil ; fin de l'éclipse centrale (U4).
20 h 55 m Dernier contact de la pénombre avec le globe terrestre ; fin de l'éclipse £partielle (P4).

15 octobre
1 h 11 m La Lune passe au nœud descendant.

18 octobre
13 h Milieu de la saison d'éclipses.

Sur le web

Pour plus de renseignements sur cette éclipse, ses horaires, la météorologie des régions concernées, des cartes précises, tapez l'un des mots-clés suivants dans un moteur de recherche : IMCCE ; Fred Espenak ; Jay Anderson ; Xavier Jubier.

OCTOBRE 2023 Le Soleil et les planètes

	JOUR	ASCENSION DROITE	DÉCLINAISON	CONSTELLATION	Ø APPARENT	ÉQUATION DU TEMPS	DISTANCE	DISTANCE LUMIÈRE	LEVER	MÉRIDIEN	HAUTEUR	COUCHER
		h m s	° ′ ″			m s	ua	m s	h m	h m		h m
Soleil	2	12 31 24	- 3 23 18	Vir	31′ 57″	- 10 24	1,0011	8 20	05 59	11 49	41°	17 39
	6	12 45 55	- 4 55 54	Vir	31′ 59″	- 11 39	1,0000	8 19	06 04	11 48	40°	17 32
	10	13 00 33	- 6 27 34	Vir	32′ 01″	- 12 48	0,9989	8 18	06 09	11 47	38°	17 25
	14	13 15 19	- 7 57 52	Vir	32′ 04″	- 13 50	0,9978	8 18	06 14	11 46	37°	17 18
	18	13 30 12	- 9 26 25	Vir	32′ 06″	- 14 43	0,9966	8 17	06 19	11 45	35°	17 11
	22	13 45 16	- 10 52 46	Vir	32′ 08″	- 15 27	0,9955	8 17	06 24	11 45	34°	17 04
	26	14 00 30	- 12 16 29	Vir	32′ 10″	- 16 00	0,9943	8 16	06 30	11 44	33°	16 58
	30	14 15 55	- 13 37 11	Vir	32′ 12″	- 16 21	0,9933	8 16	06 35	11 44	31°	16 52

	JOUR	ASCENSION DROITE	DÉCLINAISON	CONSTELLATION	MAGNITUDE	Ø APPARENT	ÉLONGATION	DISTANCE	FRACTION ÉCLAIRÉE	LEVER	MÉRIDIEN	HAUTEUR	COUCHER
		h m s	° ′ ″					ua		h m	h m		h m
Mercure	2	11 43 56	+ 3 47 27	Vir	- 1,0	5,6	13,7° O	1,1950	84 %	04 45	11 03	49°	17 20
	6	12 09 24	+ 1 01 34	Vir	- 1,2	5,3	10,7° O	1,2738	92 %	05 06	11 13	46°	17 19
	10	12 35 09	- 1 56 39	Vir	- 1,3	5	7,6° O	1,3347	97 %	05 28	11 23	43°	17 17
	14	13 00 40	- 4 57 28	Vir	- 1,3	4,9	4,5° O	1,3792	99 %	05 50	11 33	40°	17 14
	18	13 25 50	- 7 54 45	Vir	- 1,2	4,8	1,6° O	1,4095	100 %	06 11	11 42	37°	17 12
	22	13 50 42	- 10 44 39	Vir	- 1,0	4,7	1,2° E	1,4275	100 %	06 32	11 51	34°	17 09
	26	14 15 23	- 13 24 39	Vir	- 0,9	4,7	3,8° E	1,4350	100 %	06 52	12 00	31°	17 07
	30	14 39 59	- 15 52 57	Lib	- 0,8	4,7	6,2° E	1,4328	99 %	07 12	12 09	29°	17 05
Vénus	2	9 42 41	+ 10 44 27	Leo	- 4,5	31,7	44,2° O	0,5301	37 %	02 14	09 01	56°	15 47
	6	9 55 27	+ 10 12 56	Leo	- 4,5	30,1	45,0° O	0,5595	40 %	02 13	08 58	55°	15 42
	10	10 08 58	+ 9 32 54	Leo	- 4,5	28,5	45,6° O	0,5892	42 %	02 14	08 55	54°	15 37
	14	10 23 06	+ 8 44 45	Leo	- 4,5	27,2	46,0° O	0,6191	45 %	02 15	08 54	54°	15 32
	18	10 37 44	+ 7 48 56	Leo	- 4,4	25,9	46,3° O	0,6492	47 %	02 18	08 53	53°	15 27
	22	10 52 48	+ 6 45 59	Leo	- 4,4	24,8	46,4° O	0,6793	50 %	02 22	08 52	52°	15 22
	26	11 08 13	+ 5 36 28	Leo	- 4,4	23,7	46,4° O	0,7095	52 %	02 26	08 52	51°	15 17
	30	11 23 56	+ 4 20 58	Leo	- 4,3	22,7	46,3° O	0,7397	54 %	02 31	08 52	49°	15 12
Mars	6	13 36 19	- 9 41 53	Vir	1,9	3,7	13,4° E	2,5456	100 %	07 15	12 38	35°	18 01
	14	13 56 43	- 11 41 12	Vir	1,8	3,7	10,9° E	2,5493	100 %	07 12	12 27	33°	17 41
	22	14 17 36	- 13 36 00	Vir	1,7	3,7	8,4° E	2,5495	100 %	07 09	12 16	31°	17 23
	30	14 39 02	- 15 25 04	Lib	1,7	3,7	5,9° E	2,5463	100 %	07 07	12 06	29°	17 05
Jupiter	6	2 47 49	+ 14 41 22	Ari	- 2,8	48,1	148,5° O	4,0901	100 %	18 43	01 50	60°	08 53
	14	2 44 26	+ 14 25 29	Ari	- 2,9	48,8	157,3° O	4,0364	100 %	18 09	01 15	59°	08 17
	22	2 40 35	+ 14 07 30	Ari	- 2,9	49,2	166,2° O	4,0005	100 %	17 35	00 40	59°	07 40
	30	2 36 25	+ 13 48 15	Ari	- 2,9	49,4	175,2° O	3,9836	100 %	17 01	00 04	59°	07 03
Saturne	6	22 15 37	- 12 42 05	Aqr	0,5	18,4	138,7° E	8,9886	100 %	16 04	21 14	32°	02 29
	14	22 14 21	- 12 48 35	Aqr	0,6	18,2	130,5° E	9,0828	100 %	15 32	20 42	32°	01 56
	22	22 13 27	- 12 52 51	Aqr	0,6	18	122,3° E	9,1894	100 %	15 00	20 09	32°	01 23
	30	22 12 56	- 12 54 47	Aqr	0,7	17,8	114,2° E	9,3060	100 %	14 28	19 37	32°	00 51
Uranus	6	3 20 44	+ 18 05 08	Ari	5,7	3,7	140,0° O	18,8510	100 %	19 00	02 23	63°	09 41
	18	3 19 09	+ 17 59 11	Ari	5,6	3,7	152,2° O	18,7380	100 %	18 12	01 34	63°	08 52
	30	3 17 19	+ 17 52 14	Ari	5,6	3,8	164,6° O	18,6640	100 %	17 23	00 45	63°	08 03
Neptune	6	23 46 42	- 2 49 55	Psc	7,8	2,3	163,3° E	28,9470	100 %	16 54	22 45	42°	04 40
	18	23 45 36	- 2 56 55	Psc	7,8	2,3	151,2° E	29,0290	100 %	16 07	21 57	42°	03 51
	30	23 44 39	- 3 02 49	Psc	7,8	2,3	139,0° E	29,1490	100 %	15 19	21 09	42°	03 03

Les éphémérides du Soleil, des planètes et de la Lune proposées sur ces deux pages sont calculées à 0 h TU pour une latitude de 45° nord et une longitude de 0°.

La Lune

	JOUR	ASCENSION DROITE	DÉCLINAISON	CONSTELLATION	Ø APPARENT	PARALLAXE HORIZONTALE	FRACTION ÉCLAIRÉE	JOUR	ÉLONGATION	DISTANCE	LEVER	MÉRID EN	HAUTEUR	COUCHER
		h m s	° ′ ″							km	h m	h m		h m
D 1	274	1 48 06	11 34 10	Ari	32′ 32″	59′ 42″	97 %	15,9	158° O	367 256	18 h 42	1 h 13	56°	8 h 23
L 2	275	2 41 41	17 27 33	Ari	32′ 05″	58′ 52″	91 %	16,9	145° O	372 452	19 h 09	2 h 04	62°	9 h 43
M 3	276	3 36 43	22 15 55	Tau	31′ 35″	57′ 57″	84 %	17,9	132° O	378 348	19 h 42	2 h 57	67°	11 h 00
M 4	277	4 33 07	25 44 53	Tau	31′ 05″	57′ 02″	75 %	18,9	120° O	384 447	20 h 24	3 h 52	71°	12 h 12
J 5	278	5 30 15	27 45 59	Tau	30′ 37″	56′ 11″	65 %	19,9	108° O	390 280	21 h 14	4 h 47	73°	13 h 15
V 6	279	6 27 00	28 17 17	Aur	30′ 13″	55′ 27″	55 %	20,9	96° O	395 456	22 h 12	5 h 42	73°	14 h 07
S 7	280	7 22 11	27 23 10	Gem	29′ 54″	54′ 52″	45 %	21,9	85° O	399 684	23 h 16	6 h 34	72°	14 h 48
D 8	281	8 14 55	25 12 49	Cnc	29′ 40″	54′ 26″	36 %	22,9	73° O	402 785		7 h 24	69°	15 h 20
L 9	282	9 04 47	21 57 55	Cnc	29′ 32″	54′ 11″	27 %	23,9	63° O	404 687	0 h 22	8 h 10	65°	15 h 46
M 10	283	9 51 55	17 50 42	Leo	29′ 28″	54′ 05″	19 %	24,9	52° O	405 413	1 h 28	8 h 54	61°	16 h 06
M 11	284	10 36 49	13 02 49	Leo	29′ 30″	54′ 08″	12 %	25,9	41° O	405 061	2 h 33	9 h 35	55°	16 h 24
J 12	285	11 20 12	7 45 04	Leo	29′ 36″	54′ 18″	7 %	26,9	30° O	403 784	3 h 37	10 h 16	50°	16 h 41
V 13	286	12 02 54	2 07 52	Vir	29′ 44″	54′ 35″	3 %	27,9	19° O	401 767	4 h 42	10 h 55	44°	16 h 57
S 14	287	12 45 50	- 3 38 08	Vir	29′ 56″	54′ 56″	1 %	28,9	8° O	399 199	5 h 47	11 h 36	38°	17 h 13
D 15	288	13 29 57	- 9 21 16	Vir	30′ 09″	55′ 20″	0 %	0,3	3° E	396 254	6 h 54	12 h 18	32°	17 h 32
L 16	289	14 16 13	- 14 48 06	Vir	30′ 24″	55′ 47″	2 %	1,3	14° E	393 073	8 h 04	13 h 03	27°	17 h 54
M 17	290	15 05 30	- 19 42 57	Lib	30′ 39″	56′ 16″	5 %	2,3	26° E	389 758	9 h 16	13 h 52	22°	18 h 21
M 18	291	15 58 27	- 23 47 47	Sco	30′ 56″	56′ 45″	11 %	3,3	38° E	386 368	10 h 30	14 h 46	18°	18 h 56
J 19	292	16 55 12	- 26 43 18	Oph	31′ 12″	57′ 16″	18 %	4,3	50° E	382 939	11 h 41	15 h 43	16°	19 h 42
V 20	293	17 55 08	- 28 11 23	Sgr	31′ 29″	57′ 47″	27 %	5,3	62° E	379 500	12 h 44	16 h 42	16°	20 h 42
S 21	294	18 56 47	- 27 59 13	Sgr	31′ 46″	58′ 18″	37 %	6,3	75° E	376 099	13 h 37	17 h 43	17°	21 h 53
D 22	295	19 58 16	- 26 03 01	Sgr	32′ 03″	58′ 49″	48 %	7,3	87° E	372 830	14 h 18	18 h 41	21°	23 h 12
L 23	296	20 57 57	- 22 29 15	Cap	32′ 19″	59′ 17″	59 %	8,3	100° E	369 845	14 h 51	19 h 37	26°	
M 24	297	21 55 00	- 17 32 53	Cap	32′ 32″	59′ 41″	70 %	9,3	114° E	367 356	15 h 17	20 h 30	32°	0 h 34
M 25	298	22 49 27	- 11 34 02	Aqr	32′ 41″	59′ 58″	80 %	10,3	127° E	365 616	15 h 39	21 h 20	39°	1 h 55
J 26	299	23 41 57	- 4 55 24	Aqr	32′ 45″	60′ 06″	89 %	11,3	141° E	364 882	15 h 59	22 h 10	46°	3 h 15
V 27	300	0 33 32	1 59 18	Cet	32′ 42″	60′ 01″	95 %	12,3	155° E	365 360	16 h 20	22 h 59	53°	4 h 35
S 28	301	1 25 17	8 45 57	Psc	32′ 33″	59′ 43″	99 %	13,3	168° E	367 158	16 h 42	23 h 50	59°	5 h 54
D 29	302	2 18 12	15 00 49	Ari	32′ 16″	59′ 14″	100 %	14,3	178° O	370 241	17 h 07			7 h 14
L 30	303	3 12 57	20 21 32	Ari	31′ 55″	58′ 34″	98 %	15,3	165° O	374 430	17 h 37	0 h 42	65°	8 h 34
M 31	304	4 09 39	24 28 54	Tau	31′ 30″	57′ 48″	94 %	16,3	152° O	379 414	18 h 15	1 h 37	69°	9 h 50

La Lune des spécialistes

	Libration		Angle de position	
	l	b	axe	phase
1	5,4°	- 0,5°	340,8°	69,8°
2	6,4°	- 2,2°	343,8°	70,9°
3	7,0°	- 3,6°	347,8°	74,7°
4	7,1°	- 4,9°	352,6°	79,9°
5	6,9°	- 5,8°	357,9°	86,1°
6	6,3°	- 6,5°	3,2°	92,5°
7	5,4°	- 6,8°	8,3°	98,8°
8	4,3°	- 6,8°	12,7°	104,4°
9	3,1°	- 6,5°	16,3°	109,3°
10	1,8°	- 6,0°	19,0°	113,1°
11	0,5°	- 5,2°	20,9°	115,9°
12	- 0,8°	- 4,1°	21,9°	117,7°
13	- 2,0°	- 2,9°	22,1°	118,4°
14	- 3,1°	- 1,5°	21,4°	117,7°
15	- 4,0°	- 0,1°	20,0°	299,5°
16	- 4,7°	1,4°	17,7°	295,3°
17	- 5,2°	2,8°	14,5°	291,5°
18	- 5,5°	4,2°	10,4°	286,5°
19	- 5,5°	5,3°	5,4°	280,4°
20	- 5,3°	6,1°	359,8°	273,5°
21	- 4,8°	6,7°	354,1°	266,2°
22	- 4,1°	6,8°	348,7°	259,2°
23	- 3,1°	6,6°	344,2°	252,9°
24	- 1,9°	5,9°	340,8°	248,0°
25	- 0,6°	4,9°	338,8°	244,5°
26	0,8°	3,5°	337,9°	242,6°
27	2,2°	1,9°	338,3°	242,6°
28	3,4°	0,2°	339,8°	245,0°
29	4,5°	- 1,5°	342,4°	50,2°
30	5,4°	- 3,1°	346,0°	67,6°
31	5,9°	- 4,4°	350,5°	73,9°

Phases et distances

Jour	Heure en TU	Distance en km	Ø apparent
6	DQ à 13 h 48 m	398 017	30,0′
14	NL à 17 h 55 m	397 028	30,1′
22	PQ à 3 h 29 m	372 375	32,1′
28	PL à 20 h 24 m	369 702	32,3′
10	Apogée à 3 h 42 m	405 425	29,5′
26	Périgée à 3 h 02 m	364 872	32,7′

Reportez-vous pages 7 à 15 pour trouver des renseignements détaillés sur l'utilisation de ces différentes informations.
Consultez les tableaux de corrections horaires (pages 340 et 341) pour adapter les heures de lever, de passage au méridien et de coucher en fonction de votre lieu d'observation.

NOVEMBRE 2023

1re quinzaine vers 22 h TU - 2e quinzaine vers 21 h TU

Pour	Utilisez la carte de
17-18 h	septembre
19-20 h	octobre
23-0 h	décembre
1-2 h	janvier
3-4 h	février
5-6 h	mars

Vous pouvez également utiliser cette carte en :
décembre vers 19-20 h
janvier vers 17-18 h
juillet vers 5-6 h
août vers 3-4 h
septembre vers 1-2 h
octobre vers 23-0 h
(valable uniquement pour les étoiles)

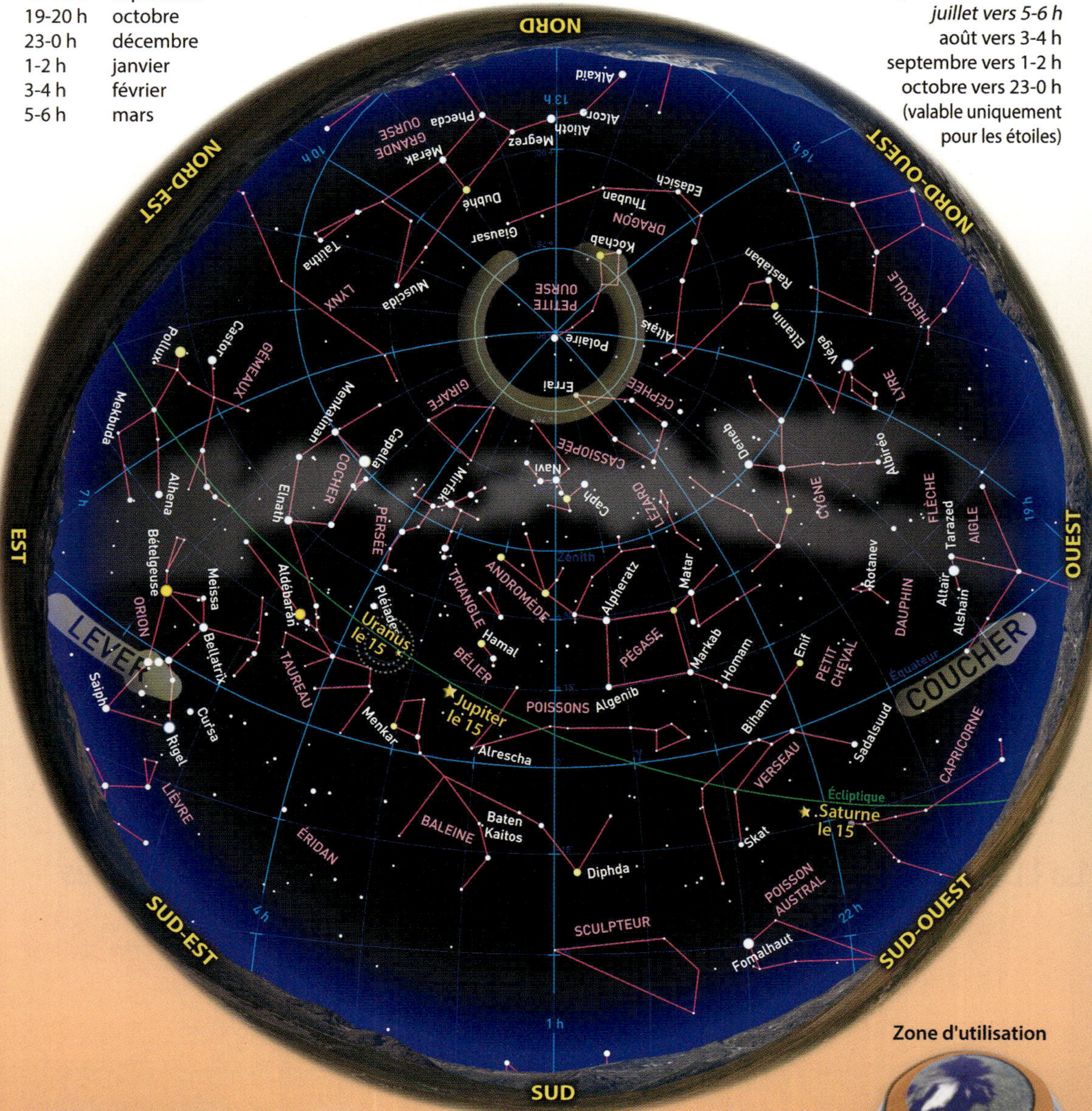

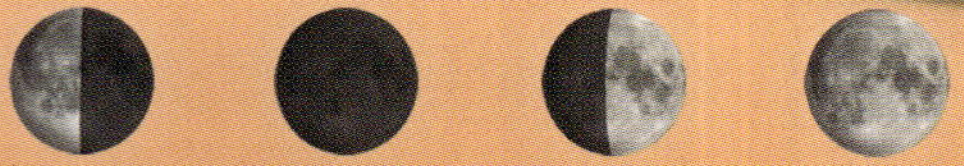

5 novembre	13 novembre	20 novembre	27 novembre
Dernier Quartier	**Nouvelle Lune**	**Premier Quartier**	**Pleine Lune**
Cancer	*Balance*	*Verseau*	*Taureau*

Magnitudes

-1 0 1 2 3 4 4,5 et +

Zone d'utilisation

38° à 52° nord

À L'ORÉE DE L'AUBE EN NOVEMBRE 2023

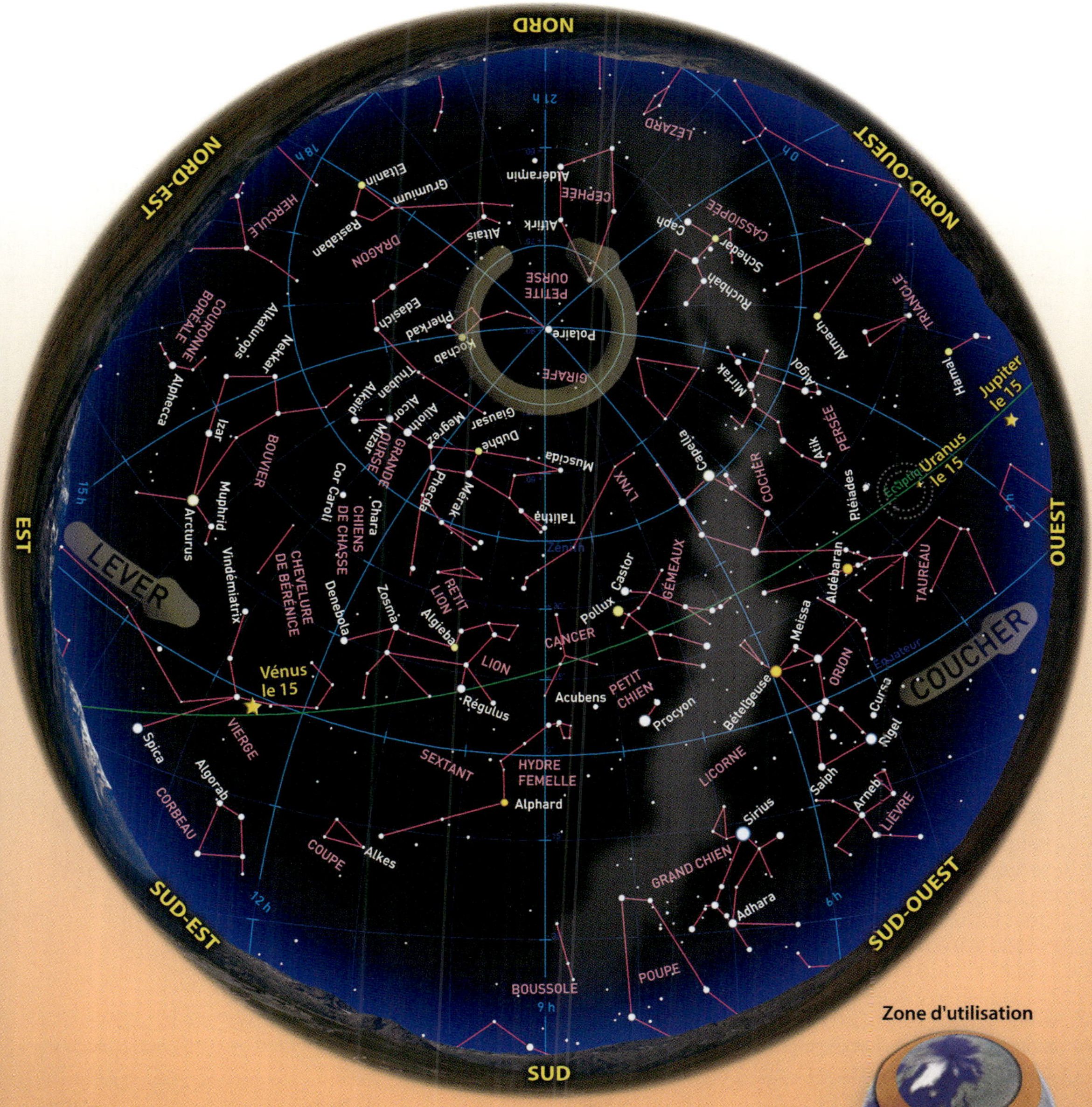

Zone d'utilisation

38° à 52° nord

Vous trouverez des conseils pour l'utilisation de ces cartes en début d'ouvrage.

NOVEMBRE 2023

La Lune et les planètes

Mercure

Nord. Elle est installée dans le ciel crépusculaire du soir durant tout le mois de novembre, mais sa petite élongation, l'inclinaison de l'écliptique et sa position au sud de cette ligne nous empêchent de la repérer facilement. Si vous avez de très bonnes conditions météo après le 25, vous pouvez tenter de la repérer aux jumelles au ras d'un horizon sud-ouest dégagé au début du crépuscule nautique, une quarantaine de minutes après le coucher du Soleil.
Tropiques. Elle apparaît au-dessus de l'horizon ouest-sud-ouest durant le crépuscule, après le 5 sous le tropique du Capricorne et après le 10 sous celui du Cancer, et son repérage est aisé jusqu'à la fin du mois.

Vénus

Nord. Elle continue de se lever près de quatre heures avant le Soleil tout le mois et brille toujours intensément au-dessus de l'horizon est à sud-est en fin de nuit et à l'aube. Son élongation solaire diminue de 46° à 43° et son diamètre apparent passe sous les 20''. Elle circule dans le Lion et la Vierge et, le 30, elle est installée à 4° de Spica. Le rendez-vous marquant du mois est son occultation par le croissant lunaire, qui est visible en Europe le 9 novembre au matin (voir p. 203). Comme le mois dernier, Vénus est resplendissante avant l'aube au sein du cône fantomatique de la lumière zodiacale lors des nuits sans Lune.
Tropiques. Les conditions d'observation sont excellentes.

Mars

Nord et tropiques. Elle est en conjonction supérieure le 18 – le disque solaire l'occulte – et reste inobservable tout le mois.

Jupiter

Nord et tropiques. Elle rétrograde toujours dans le Bélier et passe à l'opposition le 3, mais c'est le 1er que sa distance avec la Terre est minimale à 3,982 ua, soit 596 millions de kilomètres ou 33 minutes-lumière. Cette proximité permet à son diamètre apparent équatorial d'atteindre 49,45'', soit à peine 0,4'' de moins qu'en 2022. Jupiter étant une sphère gazeuse aplatie aux pôles par sa rotation rapide (voir p. 342), son diamètre apparent polaire n'est que de 46,2'' et cet aplatissement est bien visible dans un instrument. Son éclat puissant – magnitude - 2,9 – est observable du crépuscule à l'aube une grande partie du mois. Si vous regardez cette planète pour la première fois dans une lunette ou un télescope, n'oubliez pas qu'il faut la scruter attentivement et longtemps, plusieurs minutes d'affilée, pour voir des détails apparaître dans son atmosphère. Votre cerveau apprend en effet à analyser la lumière captée par vos yeux et il fait peu à peu surgir des bandes nuageuses et des tourbillons là où un simple coup d'œil ne montre qu'un disque blanc éblouissant.

Saturne

Nord. Elle est stationnaire dans le Verseau le 4 puis reprend sa course apparente vers l'est de l'écliptique. Le 1er, elle brille (magnitude 0,7) à près de 25° de hauteur au-dessus de l'horizon sud-sud-est à la fin du crépuscule astronomique et, le 31, elle est alors à près de 30° de hauteur et plus tellement éloignée du méridien, qu'elle franchit en début de soirée à 32° de hauteur. Nous disposons donc encore de plusieurs heures d'observation de qualité aux instruments chaque nuit et nous pouvons admirer les anneaux sous un angle proche de 10° ; leur diamètre apparent est de 39'' (17,1'' pour le disque). Saturne est en quadrature à 90° à l'est du Soleil le 23. L'ombre de la planète sur ses anneaux est encore superbe dans un instrument durant tout le mois.
Tropiques. Les conditions d'observation sont excellentes.

Uranus (Bélier) passe à l'opposition le 13 novembre à 2,6 heures-lumière de la Terre (18,63 ua). Elle se situe alors à plus de 15° de hauteur au-dessus de l'horizon est à la fin du crépuscule et franchit le méridien à plus de 60° de hauteur. Vous pouvez observer son disque de 3,7'' avec un petit instrument ; utilisez la carte de la p. 52 pour essayer de l'identifier à l'œil nu (magnitude 5,6) ou aux jumelles dans un bon site. Neptune passe au méridien à près de 41° de hauteur plus de trois heures et demie après le coucher du Soleil le 15 ; elle rétrograde dans le Verseau le 27.

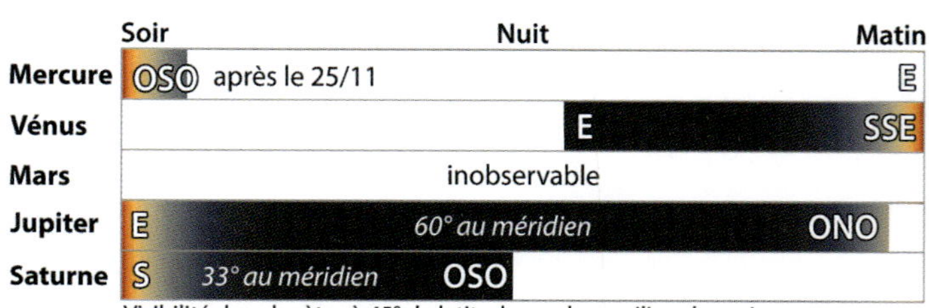

Visibilité des planètes à 45° de latitude nord, en milieu de mois.

Planétaire

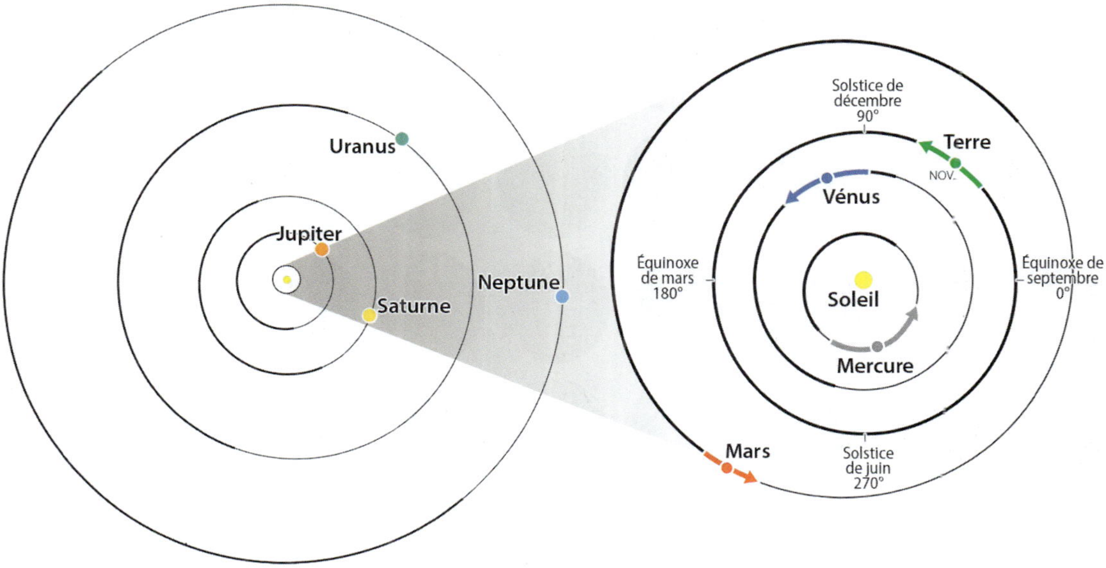

Vous trouverez en pages 67 et 69 des explications complètes sur ces deux schémas.

Le calendrier lunaire

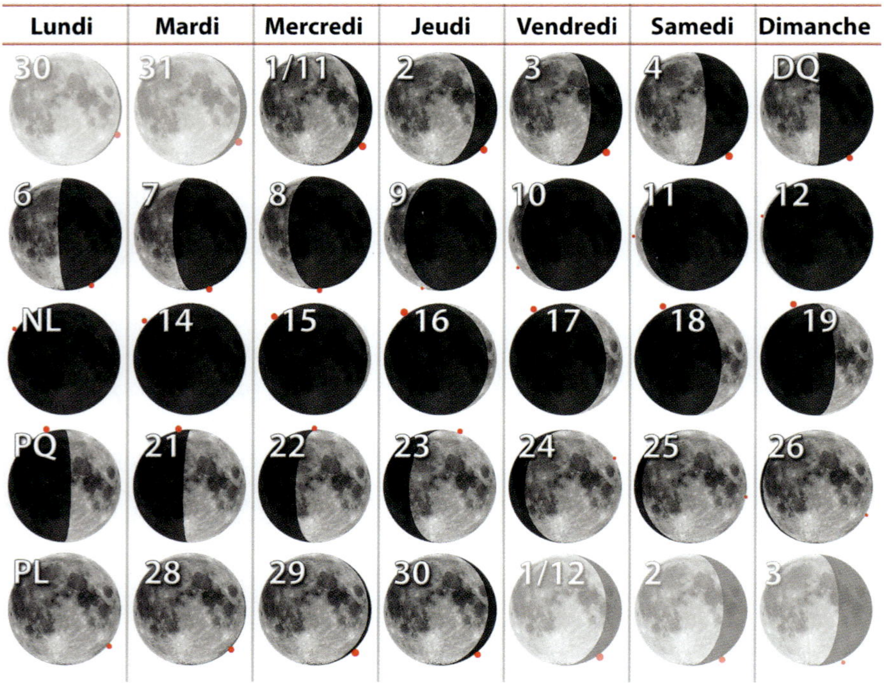

Longitude du terminateur

	Soleil levant	Soleil couchant
1er/11		124°
2		136°
3		148°
4		160°
5		173°
6		185°
7		197°
8		209°
9		221°
10		233°
11		246°
12		258°
13		270°
14	282°	
15	294°	
16	307°	
17	319°	
18	331°	
19	343°	
20	355°	
21	8°	
22	20°	
23	32°	
24	44°	
25	56°	
26	68°	
27	80°	
28		93°
29		105°
30		117°

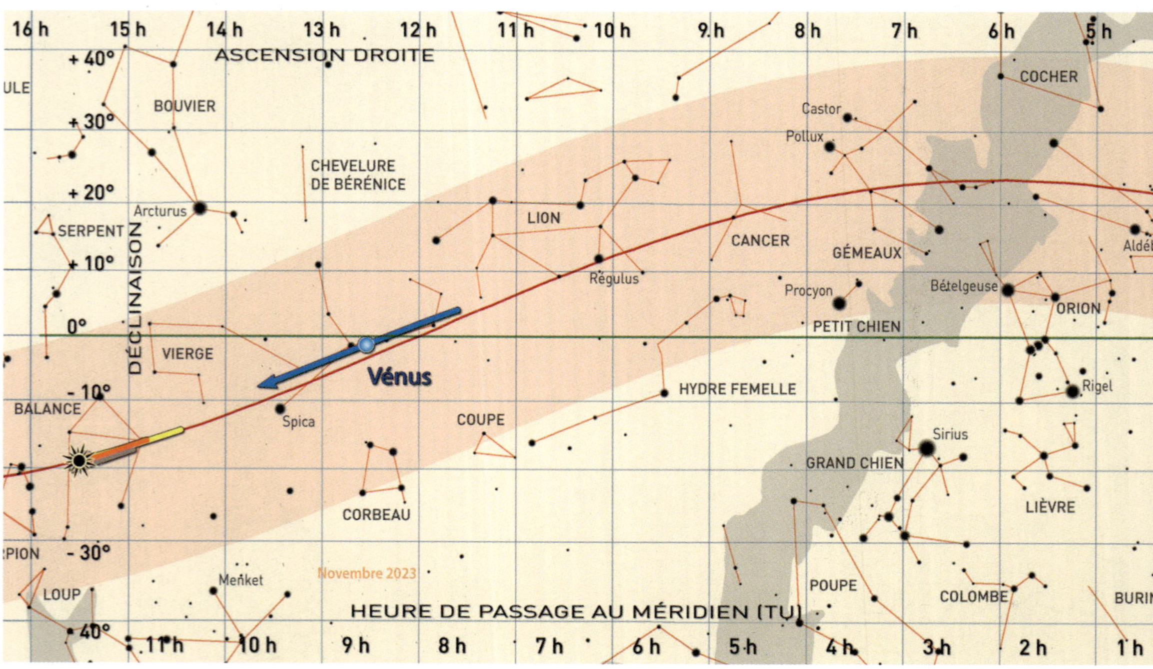

Hauteur mensuelle de la Lune

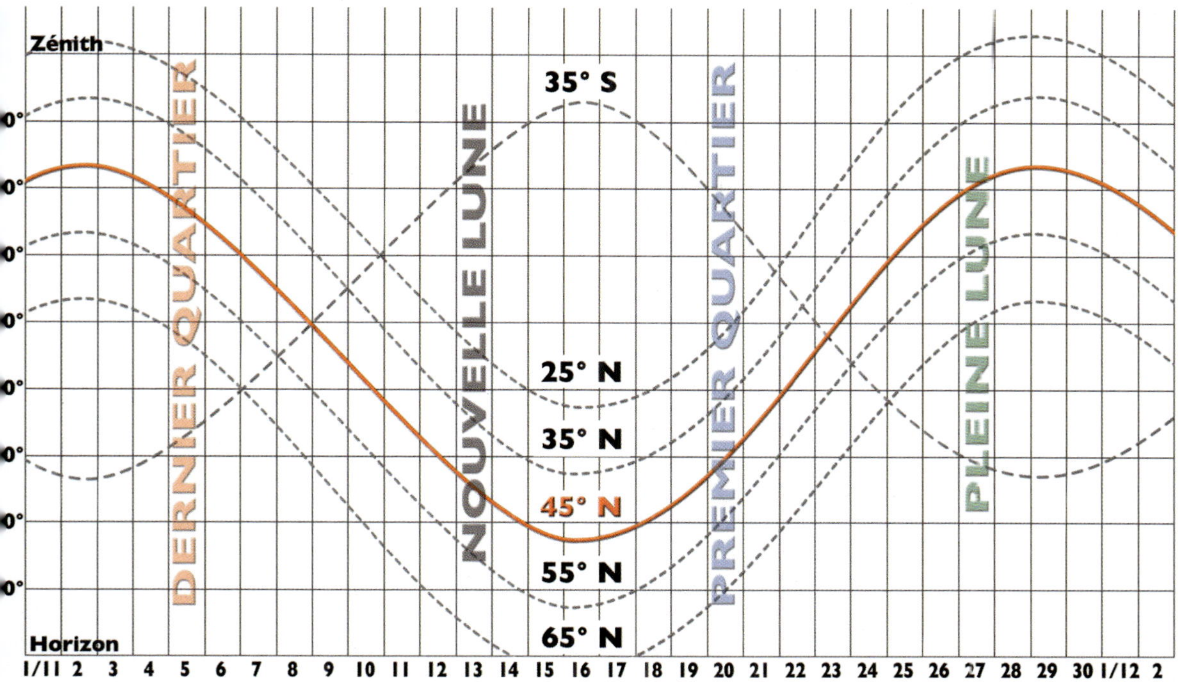

Le 1er novembre à 0 h TU, la Lune est âgée de 17,2 jours.

La Lune atteint sa plus grande déclinaison vers le nord le 2 (28,3°) et le 29 (28,2°), sa plus grande déclinaison vers le sud le 16 (- 28,2°).

Vous trouverez en pages 35, 69, 70 et 71 des explications complètes sur ces trois schémas et ce tableau.

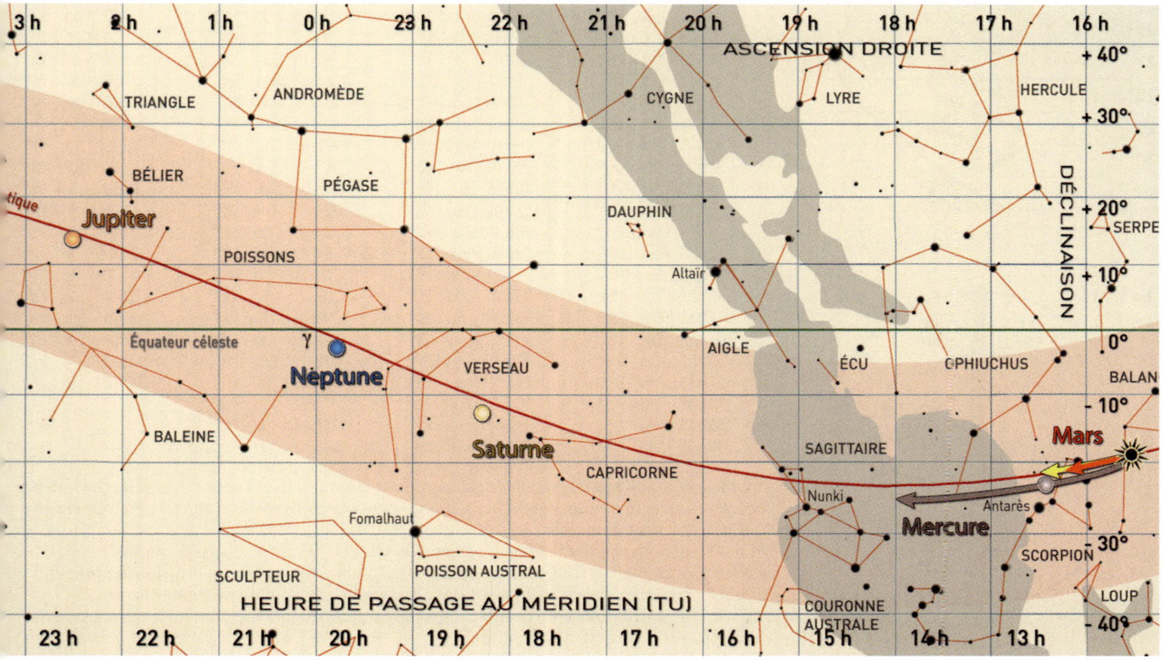

Satellites de Jupiter

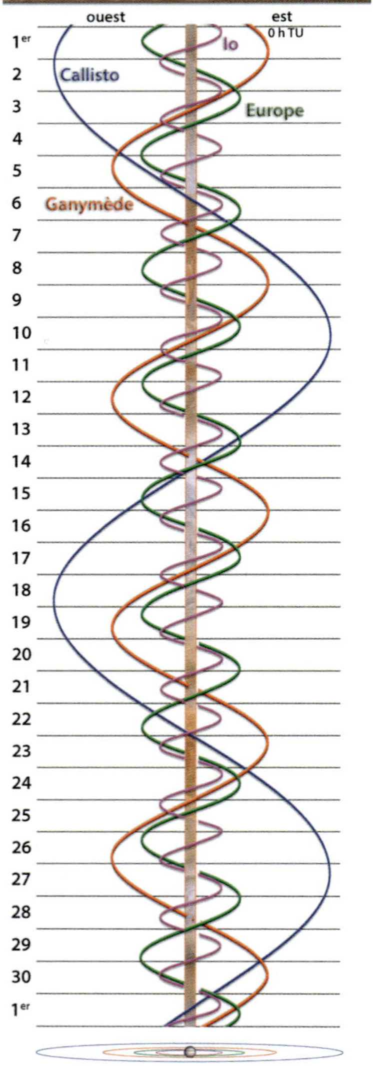

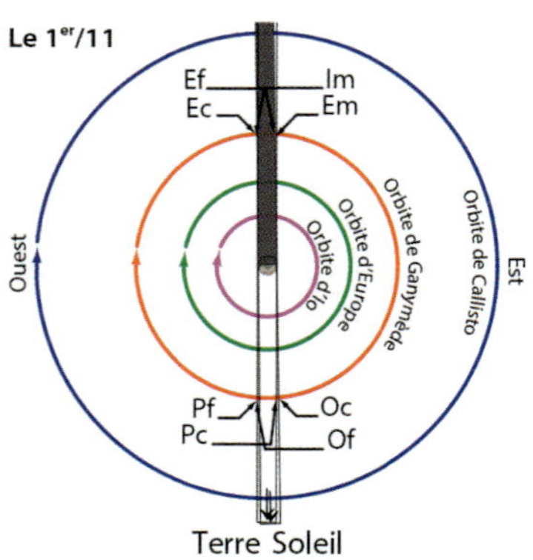

Passages de la tache rouge de Jupiter au méridien central

1er/11 : 2 h 50 ; 12 h 46 ; 22 h 42.
2 : 8 h 37 ; 18 h 33.
3 : 4 h 28 ; 14 h 24.
4 : 0 h 19 ; 10 h 15 ; 20 h 11.
5 : 6 h 06 ; 16 h 02.
6 : 1 h 57 ; 11 h 53 ; 21 h 49.
7 : 7 h 44 ; 17 h 40.
8 : 3 h 35 ; 13 h 31 ; 23 h 27.
9 : 9 h 22 ; 19 h 18.
10 : 5 h 13 ; 15 h 09.
11 : 1 h 04 ; 11 h 00 ; 20 h 56.
12 : 6 h 51 ; 16 h 47.
13 : 2 h 42 ; 12 h 38 ; 22 h 34.
14 : 8 h 29 ; 18 h 25.
15 : 4 h 20 ; 14 h 16.
16 : 0 h 12 ; 10 h 07 ; 20 h 03.
17 : 5 h 59 ; 15 h 54.
18 : 1 h 50 ; 11 h 45 ; 21 h 41.
19 : 7 h 37 ; 17 h 32.
20 : 3 h 28 ; 13 h 23 ; 23 h 19.
21 : 9 h 15 ; 19 h 10.
22 : 5 h 06 ; 15 h 02.
23 : 0 h 57 ; 10 h 53 ; 20 h 48.
24 : 6 h 44 ; 16 h 40.
25 : 2 h 35 ; 12 h 31 ; 22 h 27.
26 : 8 h 22 ; 18 h 18.
27 : 4 h 13 ; 14 h 09.
28 : 0 h 05 ; 10 h 00 ; 19 h 56.
29 : 5 h 52 ; 15 h 47.
30 : 1 h 43 ; 11 h 39 ; 21 h 34.

Longitude estimée du centre de la tache rouge en début de mois : 50°.

Phénomènes des satellites de Jupiter

	Heure	Sat.	Phé.
1er/11	14h59	Io	Oc
	15h03	Io	Pc
	17h10	Io	Of
	17h11	Io	Pf
2	6h12	Eur.	Ec
	8h32	Eur.	Em
	12h20	Io	Ec
	14h29	Io	Em
3	9h28	Io	Oc
	9h29	Io	Pc
	11h37	Io	Pf
	11h39	Io	Of
	13h59	Gan.	Oc
	14h19	Gan.	Pc
	15h15	Gan.	Pf
	15h41	Gan.	Of
4	1h15	Eur.	Oc**
	1h16	Eur.	Pc**
	3h28	Eur.	Pf**
	3h35	Eur.	Of**
	6h47	Io	Im
	8h58	Io	Ef
5	3h55	Io	Pc**
	3h57	Io	Oc**
	6h03	Io	Pf**
	6h08	Io	Of**
	19h25	Eur.	Im**
	21h51	Eur.	Ef**
6	1h13	Io	Im**
	3h26	Io	Ef**
	22h21	Io	Pc**
	22h26	Io	Oc**
7	0h29	Io	Pf**
	0h36	Io	Of**
	3h44	Gan.	Im**
	5h34	Gan.	Ef**
	14h22	Eur.	Pc
	14h33	Eur.	Oc
	16h35	Eur.	Pf
	16h53	Eur.	Of
	19h39	Io	Im**
	21h55	Io	Ef**
8	16h47	Io	Pc
	16h55	Io	Oc
	18h55	Io	Pf**
	19h05	Io	Of**
9	8h32	Eur.	Im
	11h09	Eur.	Ef
	14h05	Io	Im
	16h24	Io	Ef
10	11h13	Io	Pc
	11h24	Io	Oc
	13h21	Io	Pf
	13h34	Io	Of
	17h31	Gan.	Pc**
	18h02	Gan.	Oc**
	18h34	Gan.	Pf**
	19h43	Gan.	Of**
11	3h29	Eur.	Pc**
	3h51	Eur.	Oc**
	5h42	Eur.	Pf
	6h10	Eur.	Of
	8h31	Io	Im
	10h53	Io	Ef
12	5h39	Io	Pc
	5h52	Io	Oc
	7h47	Io	Pf
	8h03	Io	Of
	21h40	Eur.	Im**
13	0h29	Eur.	Ef**
	2h56	Io	Im**
	5h21	Io	Ef**
14	0h05	Io	Pc**
	0h21	Io	Oc**
	2h14	Io	Pf**
	2h32	Io	Of**
	6h56	Gan.	Im
	9h34	Gan.	Ef
	16h35	Eur.	Pc
	17h09	Eur.	Oc**
	18h49	Eur.	Pf**
	19h28	Eur.	Of**
	21h22	Io	Im**
	23h50	Io	Ef**
15	18h31	Io	Pc**
	18h50	Io	Oc**
	20h40	Io	Pf**
	21h00	Io	Of**
16	10h47	Eur.	Im
	13h48	Eur.	Ef
	15h48	Io	Im
	18h18	Io	Ef**
17	12h57	Io	Pc
	13h19	Io	Oc
	15h05	Io	Pf
	15h29	Io	Of
	20h45	Gan.	Pc**
	21h55	Gan.	Pf**
	22h04	Gan.	Oc**
	23h45	Gan.	Of**
18	5h42	Eur.	Pc
	6h27	Eur.	Oc
	7h56	Eur.	Pf
	8h46	Eur.	Of
	10h15	Io	Im
	12h47	Io	Ef
19	7h23	Io	Pc
	7h48	Io	Oc
	9h32	Io	Pf
	9h58	Io	Of
	23h55	Eur.	Im**
20	3h07	Eur.	Ef**
	4h40	Io	Im**
	7h16	Io	Ef
21	1h49	Io	Pc**
	2h16	Io	Oc**
	3h58	Io	Pf**
	4h27	Io	Of**
	10h10	Gan.	Im
	11h27	Gan.	Em
	11h54	Gan.	Ec
	13h35	Gan.	Ef
	18h49	Eur.	Pc**
	19h45	Eur.	Oc**
	21h03	Eur.	Pf**
	22h04	Eur.	Of**
	23h06	Io	Im**
22	1h45	Io	Ef**
	20h15	Io	Pc**
	20h45	Io	Oc**
	22h24	Io	Pf**
	22h56	Io	Of**
23	13h03	Eur.	Im
	16h26	Eur.	Ef
	17h32	Io	Im**
	20h14	Io	Ef**
24	14h42	Io	Pc
	15h15	Io	Oc
	16h51	Io	Pf
	17h24	Io	Of**
25	0h00	Gan.	Pc**
	1h18	Gan.	Pf**
	2h06	Gan.	Oc**
	3h46	Gan.	Of**
	7h57	Eur.	Pc
	9h03	Eur.	Oc
	10h12	Eur.	Pf
	11h22	Eur.	Of
	11h59	Io	Im
	14h42	Io	Ef
26	9h08	Io	Pc
	9h44	Io	Oc
	11h17	Io	Pf
	11h53	Io	Of
27	2h12	Eur.	Im**
	5h45	Eur.	Ef
	6h25	Io	Im
	9h10	Io	Ef
28	3h34	Io	Pc**
	4h12	Io	Oc**
	5h43	Io	Pf
	6h23	Io	Of
	13h27	Gan.	Im
	14h51	Gan.	Em
	15h56	Gan.	Ec
	17h36	Gan.	Ef**
	21h05	Eur.	Pc**
	22h20	Eur.	Oc**
	23h19	Eur.	Pf**
29	0h39	Eur.	Of**
	0h52	Io	Im**
	3h39	Io	Ef**
	22h01	Io	Pc**
	22h41	Io	Oc**
30	0h10	Io	Pf**
	0h52	Io	Of**
	15h21	Eur.	Im
	19h04	Eur.	Ef**
	19h17	Io	Im**
	22h08	Io	Ef**

Tous les phénomènes des satellites galiléens sont listés ci-dessus ; vous devez tenir compte des heures de lever et de coucher de Jupiter pour votre site d'observation afin de déterminer ceux que vous pourrez observer.
Pc et Pf = commencement et fin du passage du satellite devant le disque de Jupiter.
Oc et Of = commencement et fin du passage de l'ombre du satellite sur le disque de Jupiter.
Ec et Ef = commencement et fin de l'éclipse du satellite par l'ombre de Jupiter. Im et Em = immersion (disparition) et émersion (réapparition) du satellite derrière le disque jovien.
* Visible à 45° nord et 0° de longitude.

Satellites de Saturne

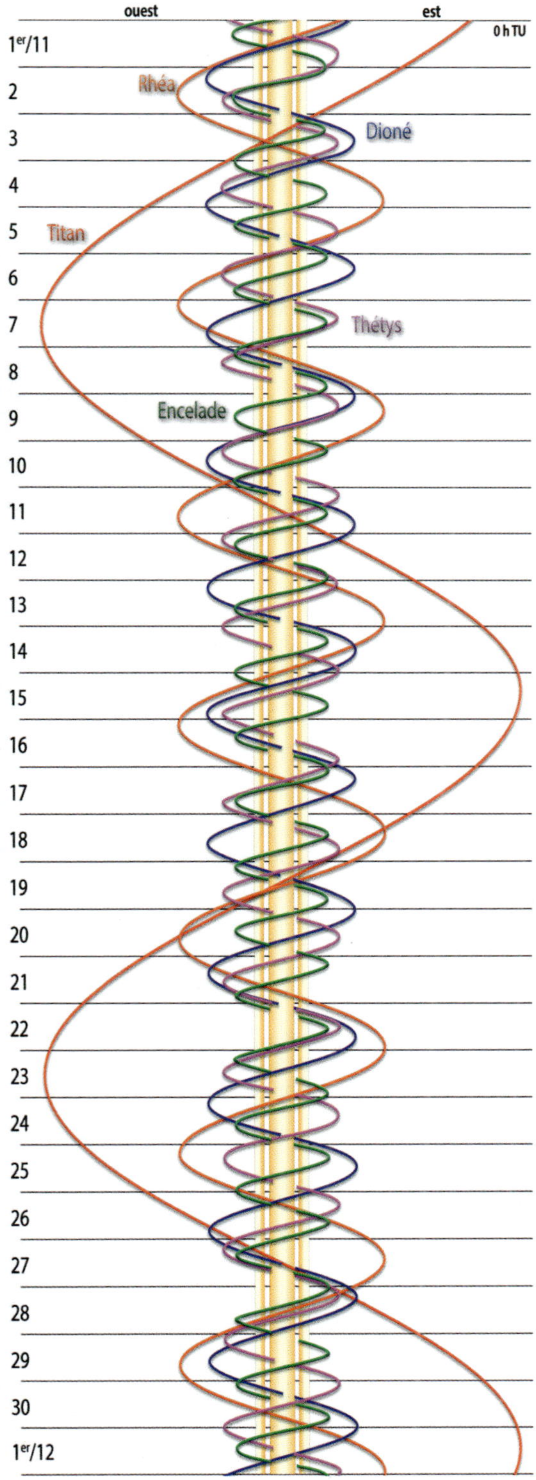

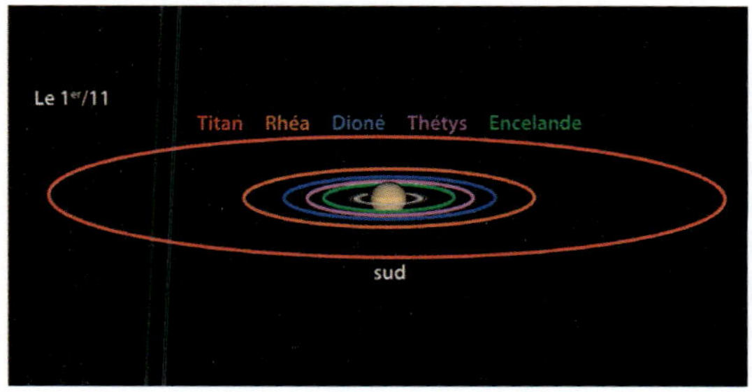

Les courbes ci-contre représentent les trajectoires apparentes des principales lunes de Saturne visibles dans les instruments d'amateur : Encelade est en vert, Téthys en cyan, Dioné en violet, Rhéa en orange et Titan en rouge. La triple bande centrale symbolise le disque et les anneaux de cette planète à la même échelle. La barre horizontale au-dessus de chaque date indique 0 h TU ce jour. Le nord est en haut, l'est à droite et l'ouest à gauche ; si vous ne savez plus comment est orienté le champ de votre instrument, lisez le petit texte d'explication de la page 67. Les satellites de Saturne tournent autour de leur planète dans le sens direct, c'est-à-dire dans le sens inverse des aiguilles d'une montre vu du nord. Ils passent donc entre la planète et nous dans le sens est-ouest et au-delà de la planète dans le sens ouest-est. Selon l'inclinaison du système de Saturne vu depuis la Terre (représentée ci-dessus), certaines des lunes peuvent alors être occultées ou éclipsées par le disque ou les anneaux de la planète. Le petit tableau ci-dessous donne la magnitude de ces lunes, plus Japet, dont l'orbite est trop grande pour être représentée (voir p. 294).

Satellites de Saturne en novembre 2023

	Mimas	Encelade	Téthys	Dioné	Rhéa	Titan	Japet
5	13,1	12,0	10,5	10,6	9,9	8,6	11,3
15	13,1	12,1	10,5	10,6	10	8,6	11,4
25	13,2	12,1	10,6	10,7	10	8,7	11,4

Dans le tableau suivant, la séparation en secondes d'arc est donnée avec un signe négatif pour les élongations à l'ouest. L'écart apparent entre Titan et Saturne reste important durant les nuits qui encadrent le jour de l'élongation maximale.

Élongations de Titan en novembre 2023

Date	Heure	Séparation en ″
7	12 h 28	- 180
15	8h 36	175
23	11 h 28	- 175

Diamètre apparent le 15 : 0,74″

Les phénomènes astronomiques au jour le jour

À NE PAS MANQUER CE MOIS-CI !

À partir du 2, admirez le pilier de la Voie lactée le soir.
Le 3, opposition de Jupiter.
Le 9, Vénus et le croissant à l'aube.
Le 9, la Lune occulte Vénus le matin.
Du 11 au 25, lumière zodiacale à l'orée de l'aube.
Nuit du 17 au 18, étoiles filantes des Léonides.
Le 20, la Lune et Saturne.
Le 24 et le 25, la Lune et Jupiter.

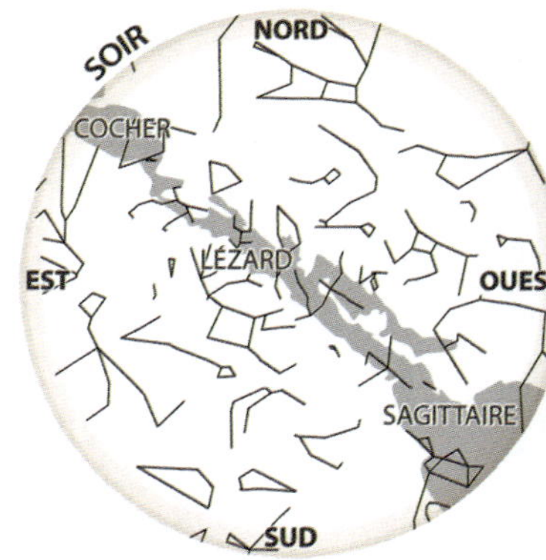

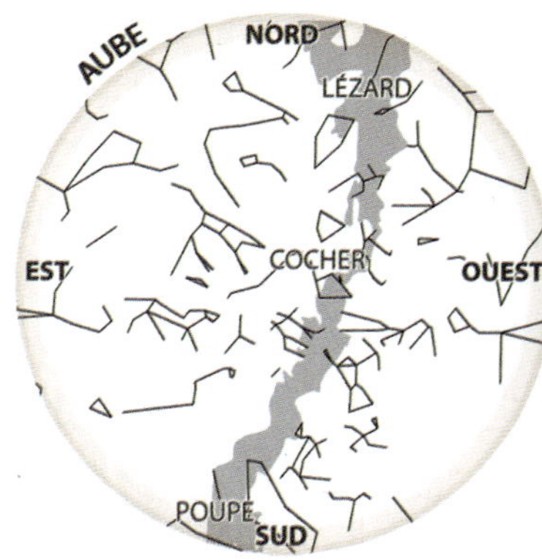

Orientation de la Voie lactée début novembre à la fin du crépuscule astronomique et à l'orée de l'aube.

JJ TU

01 00 Mercredi (305-60). Période de libration maximale en longitude pour la Lune (l = 6°).

01 04 Heure de début et de fin du crépuscule astronomique à 45° de latitude nord et 0° de longitude : le 1er (4 h 59 m/18 h 28 m) ; le 15 (5 h 15 m/18 h 13 m). La durée du jour est de 10 heures et 11 minutes le 1er et de 9 heures et 4 minutes le 30 ; le dernier jour du mois, le Soleil se lève 38 minutes plus tard et se couche 29 minutes plus tôt que le premier. La durée du crépuscule astronomique passe de 99 à 105 minutes sur le mois.

01 07 Formations lunaires proches du terminateur dans la journée : l'albatros (bordure ouest de la mer des Crises), Atlas.

01 12 À midi, début du jour julien 2 460 250.

01 12 **Le Soleil** franchit le méridien à 31° de hauteur.

01 18 L'étoile **Deneb** domine l'horizon sud-sud-ouest de 85° à la fin du crépuscule astronomique à 45° de latitude nord.

01 21 La Terre est au plus près de Jupiter pour l'année 2023 : 3,98237 ua, soit près de 596 millions de kilomètres (33 minutes-lumière). C'est près de 5 millions de kilomètres plus loin que l'an dernier et le diamètre apparent de cette planète est donc un tout petit peu plus petit que lors de sa précédente opposition : 49,4″ au lieu de 49,8″. Les conditions d'observation lors de son passage quotidien au méridien – à près de 60° de hauteur en France métropolitaine – sont encore meilleures qu'en 2022.

01 22 **Maximum d'éclat de l'étoile Delta Cephei** à 22 h. Sa magnitude varie de 3,5 à 4,4 au cours d'un cycle de 5,366 jours. Les autres maxima du mois se produisent le 7 à 7 h, le 12 à 16 h, le 18 à 1 h, le 23 à 9 h et le 28 à 18 h. Voir également le 6 octobre 2023.

01 23 **Minimum d'éclat de l'étoile variable Algol de Persée** (Bêta Persei) à 23 h ; sa magnitude est proche de 3,3. Les autres minima du mois se produisent le 4 à 20 h,

le 7 à 17 h, le 10 à 14 h, le 13 à 10 h, le 16 à 7 h, le 19 à 4 h, le 22 à 1 h, le 24 à 22 h, le 27 à 18 h et le 30 à 15 h. Voir également le 2 septembre 2023.

01 23 **Très belle paire Io-Europe à l'ouest de Jupiter ce soir.**

02 00 Jeudi (306-59). L'inclinaison apparente des anneaux de Saturne passe de + 10,5° à + 10,2° au cours du mois.

02 00 Période du maximum d'éclat de l'étoile variable R Dra (1632+66). R Dra est une variable de type Mira (variable à longue période) dont la magnitude oscille entre 6,7 et 13,2 ; sa période est de 245,6 jours.

02 00 Début novembre, à la fin du crépuscule, la **Voie lactée** se développe du nord-est au sud-ouest, du Cocher au Sagittaire ; le Lézard est au zénith et le Triangle d'été se dresse au-dessus de l'horizon sud-ouest. La présence de la Lune éclatante rend son observation délicate durant la première semaine, même dans les sites protégés des lumières artificielles les plus intenses. Vers minuit, la Voie lactée court du sud-est au nord-ouest, du Grand Chien au Cygne, et le sommet du ciel accueille Persée. Avant l'aube, la tranche galactique visible va de la Poupe au sud au Lézard au nord-nord-ouest et elle fait une grande arche au-dessus de l'horizon ouest, avec le Cocher à plus de 50° de hauteur.

02 16 Vénus entre dans la constellation de la Vierge.

02 22 Ce soir, avec un instrument, suivez **le magnifique ballet des lunes galiléennes** Io, Europe et Ganymède à l'est du disque de Jupiter.

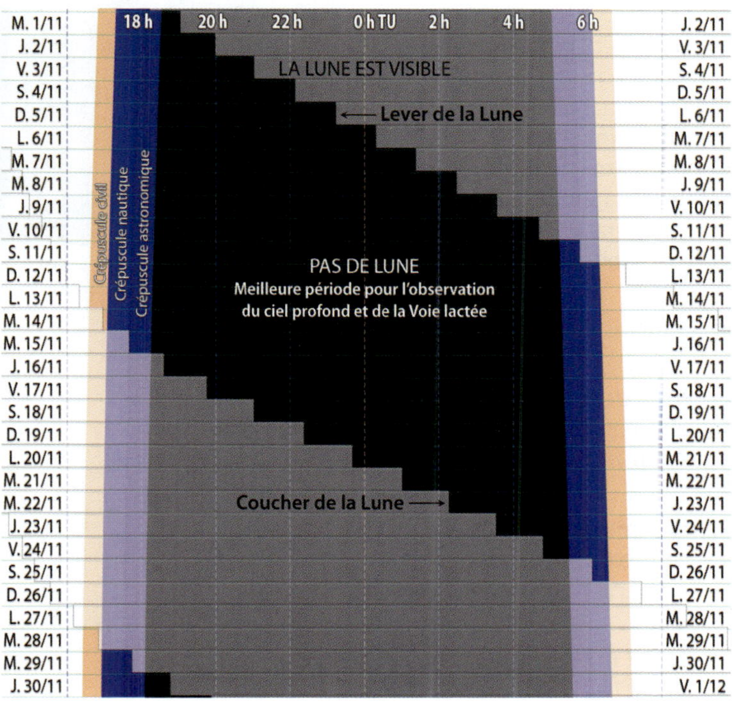

Le pilier de la Voie lactée domine une haie de sorbiers aux couleurs de l'automne.

Les phénomènes astronomiques au jour le jour

03 00 Vendredi (307-58). Formations lunaires proches du terminateur dans la journée : Posidonius, Theophilus, Cyrillus et Catherina.

03 05 **Opposition de Jupiter.** Longitude héliocentrique : 40° 31′. Déclinaison : 13° 38′. Jupiter brille dans le Bélier lors de cette opposition et franchit le méridien à près de 60° de hauteur en France métropolitaine. Prochaine opposition le 7 décembre 2024.

03 12 **L'équation du temps** atteint son second maximum négatif de l'année à - 16 m 28 s.

03 18 Conjonction géocentrique en longitude entre la Lune (Gem) et Pollux à 18 h 38 m (séparation : 1,4°).

04 00 Samedi (308-57). Période de libration minimale en latitude pour la Lune (b = - 6,8°).

04 03 Formations lunaires proches du terminateur dans la journée : Aristote et Eudoxe, Maurolycus.

04 07 **Saturne est stationnaire** en ascension droite dans le Verseau puis termine sa boucle de rétrogradation ; elle circulera vers l'est de l'écliptique durant près de 238 jours (29 juin 2024).

05 21 **Maximum de l'essaim des Taurides sud** (002 STA), qui est actif du 10 septembre au 20 novembre. Longitude héliocentrique prévue pour le maximum de l'essaim (équinoxe 2000.0) : 223°. Vitesse atmosphérique de 27 km/s pour les étoiles filantes de cet essaim, qui est associé à l'orbite de la comète à très courte période 2P Encke (période de 3,3 années ; prochain passage au périhélie le 22 octobre 2023). On estime que la partie sud de l'essaim serait en fait plutôt associée à l'astéroïde 2004 TG10, qui serait lui-même un fragment d'Encke. Taux horaire moyen au zénith : 5. Le radiant se situe à l'ouest des Hyades. En 2023, le maximum se produit en fin de lunaison.

05 00 Dimanche. 309e jour de l'année ; il reste 56 jours jusqu'au 31 décembre.

05 04 Retournez vers Jupiter pour tenter de saisir le petit point d'Io pratiquement collé contre son ombre, mais cette fois-ci à l'ouest, lors de son passage devant le disque jovien (voir le 22 octobre 2023).

05 04 Formations lunaires proches du terminateur dans la journée : Cassini, Triesnecker, centre de la chaîne des Apennins, Ptolémée, Alphonse et Arzachel, Archimède, Moretus.

05 08 **Dernier Quartier de Lune à 8 h 37 m (Cnc).** Distance : 403 019 km, soit 63,19 rayons terrestres.

Jupiter à l'opposition en 2022 au-dessus d'un paysage éclairé par la Lune.

06 00 Lundi (310-55). Les nuits sont longues, l'éclat lunaire se noie rapidement dans les lueurs de l'aube et la semaine est donc idéale pour profiter de la Voie lactée et du ciel profond. Constellation de la Lune chaque jour à 0 h pour 45° de latitude nord et 0° de longitude : L-Leo, M-Leo, M-Leo, J-Vir, V-Vir, S-Vir, D-Vir.

06 00 TSMG (voir p. 17) : 2 h 59 m 50 s.

06 00 Formations lunaires proches du terminateur dans la journée : Maginus, Mur droit, Platon, Tycho, Ératosthène, Clavius.

06 03 Opposition de la petite planète **18 Melpomène**. Prochaine opposition le 24 mars 2025.

06 08 **Callisto est en conjonction supérieure** à 8 h 09 m. Elle est observable à proximité du pôle Nord jovien.

06 12 À midi, début du jour julien 2 460 255.

06 17 Mercure est à l'aphélie à 0,467 ua du Soleil, soit près de 70 millions de kilomètres.

06 17 Vénus devrait frôler ou occulter une étoile de magnitude 9,4 (PPM 158109) entre 17 h 43 m et 17 h 48 m. Inobservable en Europe.

06 19 Conjonction géocentrique en longitude entre la Lune (Leo) et Régulus à 19 h 58 m (séparation : 3,8°).

06 19 **Mars passe au nœud descendant** de son orbite (longitude héliocentrique : 229,5°).

06 21 La Lune passe à l'apogée à 21 h 49 m. Distance : 404 569 km, soit 63,43 rayons terrestres.

06 22 Tentez de saisir le petit point d'Io juste à côté, à l'ouest, de son ombre devant le disque jovien (voir le 22 octobre 2023).

07 01 Mardi (311-54). **Maximum d'éclat de l'étoile variable Êta Aquilae** (Aigle) à 1 h. Il s'agit d'une étoile de type céphéide dont la magnitude passe de 3,5 à 4,4 au cours d'un cycle de 7,177 jours. Les autres maxima du mois se produisent le 14 à 6 h, le 21 à 10 h et le 28 à 14 h. Voir également le 8 mars 2024.

07 05 Formations lunaires proches du terminateur dans la journée : Copernic et la chaîne de montagnes des Carpathes, Longomontanus, Klaproth.

07 12 **Élongation maximale de Titan** à l'ouest de Saturne à 12 h 28 m (180″). Retrouvez les autres élongations de Titan en novembre à la page consacrée aux satellites de Saturne en début de mois.

08 00 Mercredi (312-53). Formations lunaires proches du terminateur dans la journée : golfe des Iris, Kepler, Schiller, Gassendi.

08 03 À 3 h 16 m, l'étoile HD 97605 (Leo - magnitude 5,8) est occultée par la Lune ; elle réapparaît à 4 h 18 m.

Le 6 novembre, l'étoile Polaire passe au méridien à minuit. À 45° de latitude nord, sa hauteur est alors de 45° 38′ 08″, ce qui rappelle qu'elle n'est pas exactement sur le pôle Nord de la sphère céleste, elle en est à plus d'un diamètre apparent lunaire. L'axe de rotation de la Terre n'est pas fixe dans l'espace, il décrit un cône dont l'axe est perpendiculaire au plan de révolution de notre planète autour du Soleil. Ce mouvement de précession est effectué en près de 26 000 ans. Du fait de la précession, les positions successives du pôle Nord céleste décrivent un grand cercle sur la sphère céleste. Actuellement, l'étoile Polaire est l'astre brillant le plus proche du pôle Nord céleste – à 2 300″ de séparation apparente – et celui-ci va se rapprocher de 15″ par an environ jusqu'en 2100, où il ne sera plus qu'à 1 658″. Par la suite, le pôle Nord céleste s'éloignera d'Alpha de la Petite Ourse et, dans quelque 12 000 ans, il sera à proximité de Véga de la Lyre, qui fera une superbe étoile « Polaire ».

NOVEMBRE 2023

Les phénomènes astronomiques au jour le jour

Les deux astres sont alors à 28,2° au-dessus de l'horizon et la fraction éclairée de notre satellite est de 24 %.

08 12 **Le Soleil** franchit le méridien à 28° de hauteur.

09 02 Jeudi (313-52). Formations lunaires proches du terminateur dans la journée : Doppelmayer, Harpalus, Aristarque, Hérodote et la vallée de Schröter.

09 10 **Conjonction géocentrique en longitude entre la Lune (Vir) et Vénus** à 10 h 23 m (séparation : 0,9°). À l'aube, une heure et demie avant le lever du Soleil, ne manquez pas ce magnifique rapprochement entre la planète la plus brillante du ciel et ce beau croissant de Lune augmenté d'une douce lumière cendrée. La scène se passe à plus de 20° de hauteur au-dessus de l'horizon est-sud-est et, Vénus ayant la bonne idée de circuler à présent au nord de l'écliptique, Séléné est sur le point de l'occulter.

09 09 **Occultation de Vénus par la Lune.** Zone de visibilité : Groenland, Islande, régions arctiques, Europe (sauf sud-ouest), Arabie, ouest de l'Asie et nord de l'Afrique. Cette occultation est observable avec un instrument en cours de matinée en France ; voir p. 203.

09 21 En début de nuit, les quatre lunes galiléennes – Io, Europe, Ganymède et Callisto – s'alignent dans leur ordre naturel à l'est du disque jovien.

10 01 Vendredi (314-51). Formation lunaire proche du terminateur dans la journée : Schickard.

10 01 Mercure entre dans la constellation du Scorpion.

11 04 Samedi (315-50). Formation lunaire proche du terminateur dans la journée : Grimaldi.

11 05 Durant une quinzaine de jours, jusqu'à l'arrivée de la Lune gibbeuse vers le 25 novembre, **admirez la lumière zodiacale le matin avant l'aube** au-dessus de l'horizon est-sud-est. Elle traverse actuellement les constellations de la Vierge et du Lion, et Vénus est resplendissante en son sein. Photographiquement, c'est lorsque le Soleil se situe entre 22° et 18° sous l'horizon que la lumière zodiacale apparaît la plus contrastée sur le fond du ciel ; une pose d'une quinzaine de secondes à 4 000 ISO avec un objectif grand-angle bien ouvert permet alors de la révéler sans problème depuis un site suffisamment protégé de la pollution lumineuse. Voir également le 13 octobre 2023.

11 07 **Conjonction géocentrique en longitude entre la Lune (Vir) et Spica** à 7 h 29 m (séparation : 2,1°). Durant l'aube, remarquez l'éclat de Spica juste à côté du croissant lunaire à l'est-sud-est.

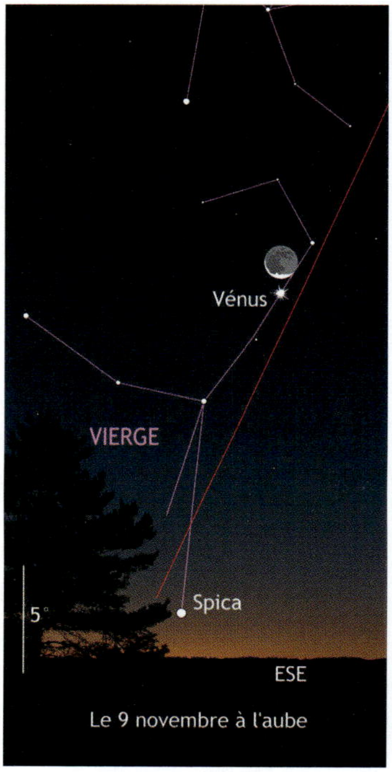

Le 9 novembre à l'aube, une heure et demie avant l'arrivée du Soleil, ne manquez pas cette somptueuse conjonction de Vénus avec le croissant lunaire loin au-dessus de l'horizon est-sud-est.

11 08 La Lune passe au nœud descendant à 8 h 48 m (longitude moyenne : 204,9°). Distance : 394 430 km, soit 61,8 rayons terrestres.

11 12 **Le Soleil** franchit le méridien au zénith à Papeete.

12 00 Dimanche. 316ᵉ jour de l'année.

12 00 Période du maximum d'éclat de l'étoile variable V Boo (1425+39). V Boo est une variable semi-régulière dont la magnitude oscille entre 7 et 12 ; sa période est de 258,01 jours.

12 06 Ce matin à l'aube, guettez un fin croissant lunaire de 1,4 %. À 6 h 20 m, il est âgé de 27 heures avant la Nouvelle Lune ; il se situe à 4° de hauteur et à 116° d'azimut, alors que le Soleil se situe à 6° sous l'horizon.

12 16 À 45° de latitude nord, les Pléiades se lèvent au moment du coucher du Soleil – on parle de lever achronique – et, dans un ciel limpide, il est possible de les repérer aux jumelles une trentaine de minutes plus tard vers 60° d'azimut et 3° de hauteur.

12 19 Le plus vieux croissant de la lunaison peut être observé à l'aube avec un instrument optique en Californie.

12 23 **Maximum de l'essaim des Taurides nord** (017 NTA), qui est actif du 25 septembre au 25 novembre. Longitude héliocentrique prévue pour le maximum de l'essaim (équinoxe 2000.0) : 230°. Taux horaire moyen au zénith : 5. Vitesse atmosphérique de 29 km/s pour ces étoiles filantes associées à l'orbite de la comète à très courte période 2P Encke (période de 3,3 années ; dernier passage au périhélie le 22 octobre 2023). Il y a deux radiants : l'un, les Taurides sud (voir le 6 novembre), dans les Hyades, l'autre, les Taurides nord, dans les Pléiades. La Terre croise l'orbite de cet essaim deux fois par an, donnant ainsi également naissance aux Bêta Taurides en juin, qui sont des étoiles filantes diurnes. D'après l'astronome Fred Whipple, qui a le premier prouvé que l'on pouvait associer ces deux essaims à l'orbite de la comète 2P Encke, les poussières qui les constituent ont été rejetées du noyau de l'astre errant lors de passages vieux de 4 700 ans. Les Taurides sont lentes. Elles laissent rarement une trace persistante, mais quelques-unes peuvent atteindre une magnitude élevée (de 0 à - 5) ; ce fut le cas à plusieurs reprises en 2005 (un bolide de magnitude - 15 a même été signalé !). D'après David Asher, ces bolides proviendraient de plusieurs « courants » contenant des particules plus massives à l'intérieur de l'essaim des Taurides. Une autre étude, réalisée en 1983 sur plus de deux cents étoiles filantes, a, quant à elle, montré que leur coloration se répartissait ainsi : blanc (46,7 %), jaune (44 %), orange (5,3 %), bleu (2,7 %) et vert (1,3 %). En 2023, le maximum se produit en période de Nouvelle Lune et les conditions d'observation sont donc excellentes.

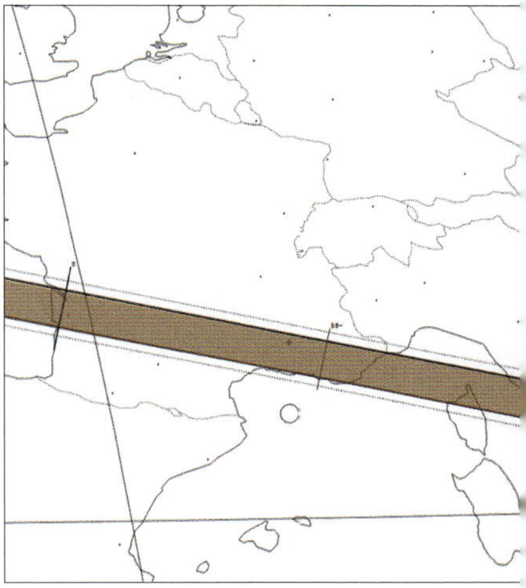

Le 12 novembre, entre 0 h 48 m et 1 h 13 m, la petite planète **598 Octavia** (diamètre 76 km ; magnitude 12,2) occulte une étoile de magnitude 10,9 (UCAC4 467-004812 ; ascension droite : 3 h 30 m 11 s ; déclinaison : 3° 15′ 50″) dans la constellation du Taureau. La diminution d'éclat devrait atteindre 1,5 magnitude et durer près de 9 secondes au maximum sur la bande de centralité du phénomène qui balaye le nord de la Corse et le sud de la France métropolitaine d'est en ouest.

Les phénomènes astronomiques au jour le jour

46e SEMAINE

13 00 **Lundi (317-48). Le début de la semaine est toujours excellent pour l'observation du ciel profond et de la Voie lactée, puis la Lune croissante fait son retour dans le ciel du soir. Constellation de la Lune chaque jour à 0 h pour 45° de latitude nord et 0° de longitude : L-Lib, M-Lib, M-Sco, J-Oph, V-Sgr, S-Sgr, D-Cap.**

13 00 TSMG (voir p. 17) : 3 h 27 m 25 s.

13 09 **Nouvelle Lune à 9 h 27 m (Lib).** Distance : 386 577 km, soit 60,61 rayons terrestres.

13 12 À midi, début du jour julien 2 460 262.

13 12 Plus petite distance entre la Terre et Uranus en 2023 : 18,63147 ua, soit 2,787 milliards de kilomètres ou 2,6 heures-lumière.

13 13 **Minimum d'éclat de l'étoile variable Sheliak** (Bêta de la Lyre) à 13 h. Sa magnitude varie de 3,3 à 4,3 au cours d'un cycle de 12,941 jours. L'autre minimum du mois se produit le 26 à 12 h. Voir également le 2 août 2023.

13 17 **Opposition d'Uranus.** Longitude héliocentrique : 51° 04' ; déclinaison : 17° 43'. Uranus se situe à l'est de la constellation du Bélier, ce qui lui permet de franchir le méridien à plus de 60° de hauteur au-dessus de l'horizon sud. Prochaine opposition le 17 novembre 2024.

13 23 Le plus jeune croissant de la lunaison peut être observé au crépuscule avec un instrument optique au sud-est de l'océan Pacifique.

14 00 Mardi (318-47). Le petit point d'Io est à présent bien éloigné à l'ouest de son ombre lors de son passage devant le disque jovien (voir le 22 octobre 2023).

14 14 Conjonction géocentrique en longitude entre la Lune (Sco) et Mercure à 14 h 04 m (séparation : 1,6°). Visible sous les tropiques.

14 16 **Callisto est en conjonction inférieure** à 16 h 06 m. Elle est observable à proximité apparente du pôle Sud jovien.

14 20 En début de nuit, Io, Europe et Callisto se surplombent à l'ouest du disque jovien.

14 20 Conjonction géocentrique en longitude entre la Lune (Sco) et Antarès à 20 h 32 m (séparation : 0,9°).

14 21 Occultation d'Antarès par la Lune. Zone de visibilité : Amérique du Nord sauf le nord, Amérique centrale, Cuba, Haïti.

15 10 Mercredi (319-46). Formations lunaires proches du terminateur dans la journée : Langrenus et Petavius, Endymion.

Durant la nuit du 13 au 14 novembre, un instrument est indispensable pour retrouver Io et son ombre sur le disque jovien.

Le 14 novembre au soir, Io, Europe et Callisto se surplombent bizarrement à l'ouest de Jupiter.

15 12 Le Soleil franchit le méridien à 27° de hauteur.

15 19 Mercure entre dans la constellation d'Ophiuchus.

16 00 Jeudi (320-45). Période du maximum d'éclat de l'étoile variable X And (0010+46). X And est une variable de type Mira (variable à longue période) dont la magnitude oscille entre 8,5 et 15,2 ; sa période est de 343,4 jours.

16 23 L'amas des **Pléiades** passe au méridien à minuit. Sa hauteur est alors de 69° sud.

17 17 Vendredi (321-44). À 17 h 08 m, l'étoile HD 182180 (Sgr - magnitude 6,0) est occultée par la Lune ; elle réapparaît à 17 h 40 m. Les deux astres sont alors à 12,1° au-dessus de l'horizon et la fraction éclairée de notre satellite est de 21 %.

18 00 Samedi (322-43). Période de libration maximale en latitude pour la Lune (b = 6,7°).

18 02 Le Soleil se lève sur la région de **Posidonius** (1-48) et, autour de 2 h 00 m, vous pouvez tenter d'observer avec un instrument une ou plusieurs raies lumineuses dans cette formation. Longitude du terminateur : 332° ; âge lunaire : 4,7 j ; illumination : 24 %.

18 05 **Mars est en conjonction supérieure** à moins de 7′ du centre du disque solaire, qui occulte cette planète entre le 17 à 10 h et le 19 à 0 h.

18 05 **Maximum de l'essaim des Léonides** (013 LEO) (longitude héliocentrique : 235,27°), dont la période d'activité s'étend du 10 au 23 novembre. Vitesse atmosphérique de 71 km/s. Le taux horaire de l'essaim des Léonides est proche de 15, mais il augmente souvent jusqu'à 100, ce qui en fait l'un des plus intéressants du cycle météoritique. Les Léonides habituelles sont très courtes et rapides ; beaucoup ont un éclat proche de la magnitude zéro. L'essaim des Léonides est associé à la comète périodique 55P Tempel-Tuttle (période de 33,2 années ; prochain passage au périhélie le 20 mai 2031). En 2023, le maximum se produit dans un ciel sans Lune et les conditions d'observation sont donc excellentes.

Le 17 novembre au crépuscule, utilisez des jumelles ou une lunette pour suivre l'occultation d'une étoile du Sagittaire par le jeune croissant lunaire.

18 20 À 20 h 25 m, l'étoile HD 195549 (Cap - magnitude 6,4) est occultée par la Lune. Les deux astres sont alors à 4° au-dessus de l'horizon et la fraction éclairée de notre satellite est de 32 %.

19 00 Dimanche. 323ᵉ jour de l'année.

19 05 Le Soleil se lève sur la région de **Sacrobosco** (2-142) et, autour de 5 h 14 m, vous pouvez tenter d'observer avec un instrument une ou plusieurs raies lumineuses dans cette formation. Longitude du terminateur : 346° ; âge lunaire : 5,8 j ; illumination : 36 %.

19 19 Les quatre lunes galiléennes sont alignées dans le désordre à l'ouest du disque jovien : Europe, Io, Ganymède et Callisto ; à voir aux jumelles.

19 23 Le Soleil se lève sur la région de **Meton** (1-5) et, autour

Les phénomènes astronomiques au jour le jour

de 23 h 36 m, vous pouvez tenter d'observer avec un instrument une ou plusieurs raies lumineuses dans cette formation. Longitude du terminateur : 355° ; âge lunaire : 6,6 j ; illumination : 45 %.

47e SEMAINE

20 00 Lundi (324-41). La Lune de plus en plus éblouissante efface la Voie lactée et les astres les moins lumineux de la voûte céleste cette semaine. Constellation de la Lune chaque jour à 0 h pour 45° de latitude nord et 0° de longitude : L-Cap, M-Aqr, M-Aqr, J-Psc, V-Psc, S-Ari, D-Ari.

20 00 TSMG (voir p. 17) : 3 h 55 m 01 s.

20 10 **Premier Quartier de Lune à 10 h 50 m (Aqr).** Distance : 370 341 km, soit 58,06 rayons terrestres.

20 12 À midi, début du jour julien 2 460 269.

20 15 **Conjonction géocentrique en longitude entre la Lune (Aqr) et Saturne** à 15 h 45 m (séparation : 2,5°). À la fin du crépuscule, ces deux astres sont facilement visibles à une trentaine de degrés de hauteur au-dessus de l'horizon sud. Leur écart apparent est alors proche de 3°.

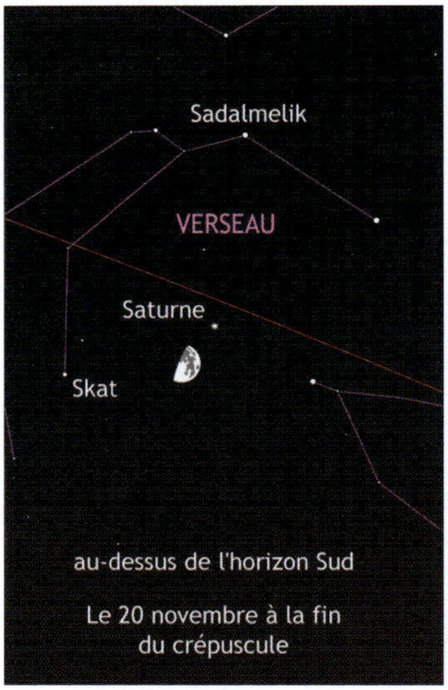

Le 20 novembre à la fin du crépuscule, Saturne a rendez-vous avec le Premier Quartier loin au-dessus de l'horizon sud.

21 00 Mardi (325-40). Formations lunaires proches du terminateur dans la journée : Mur droit, Platon, Ératosthène, Tycho, Clavius.

21 05 Le Soleil se lève sur la région de **Parry** (4-300) et, autour de 5 h 38 m, vous pouvez tenter d'observer avec un instrument une ou plusieurs raies lumineuses dans cette formation. Longitude du terminateur : 10° ; âge lunaire : 7,8 j ; illumination : 59 %.

21 18 À 18 h 33 m, l'étoile 91-psi 1 Aqr (Aqr - magnitude 4,2) est occultée par la Lune ; elle réapparaît à 19 h 43 m. Les deux astres sont alors à 35,9° au-dessus de l'horizon et la fraction éclairée de notre satellite est de 65 %.

21 19 Mercure et Vénus sont en opposition héliocentrique.

21 21 La Lune passe au périgée à 21 h 01 m. Distance : 369 818 km, soit 57,98 rayons terrestres.

22 01 Mercredi (326-39). Formations lunaires proches du terminateur dans la journée : Copernic et la chaîne de montagnes des Carpathes, Longomontanus, Klaproth, golfe des Iris.

22 04 Le Soleil se lève sur la région de **Reinhold** (3-271) et, autour de 4 h 31 m, vous pouvez tenter d'observer avec un instrument une ou plusieurs raies lumineuses dans cette formation. Longitude du terminateur : 22° ; âge lunaire : 8,8 j ; illumination : 70 %.

22 05 **Maximum de l'essaim des Alpha Monocérotides** (246 AMO), qui est actif entre le 15 et le 25 novembre. Vitesse atmosphérique de 65 km/s. Longitude héliocentrique prévue pour le maximum (équinoxe 2000.0) : 239,32°. La première observation signalée des Alpha Monocérotides remonte à 1925. Cet essaim s'est illustré en 1935 et en 1995 par des pics extrêmement brefs – quelques minutes à une demi-heure – mais très impressionnants, avec des taux horaires moyens de 400 à 2 000 étoiles filantes ! Le regain d'activité annoncé en 2019 par Peter Jenniskens et Mikiya Sato s'est bien produit, avec un taux horaire approchant 100 à 239,31°. Aucun sursaut n'est annoncé avant 2043, mais cela reste un essaim à surveiller. En 2023, les conditions d'observation du maximum sont excellentes puisque la Lune gibbeuse croissante se couche en milieu de nuit.

22 08 Conjonction géocentrique en longitude entre la Lune (Aqr) et Neptune à 8 h 45 m (séparation : 1,3°).

22 12 **Le Soleil** franchit le méridien à 25° de hauteur.

22 14 **Le Soleil entre dans le signe astrologique du Sagittaire (240°)** à 14 h 02 m, mais, dans la réalité, il est encore dans la constellation de la Balance pour un peu plus d'une journée.

22 22 **Callisto est en conjonction supérieure** à 22 h 22 m. Elle est observable à proximité du pôle Nord jovien.

23 02 Jeudi (327-38). Le Soleil se lève sur la région du **golfe des Iris** (3) et, autour de 2 h 36 m, vous pouvez tenter d'observer avec un instrument une ou plusieurs raies lumineuses dans cette formation. Longitude du terminateur : 33° ; âge lunaire : 9,7 j ; illumination : 79 %.

23 10 **Saturne est en quadrature** à l'est du Soleil.

23 22 **Le Soleil entre dans la constellation du Scorpion (241,4°)** à 22 h 51 m.

23 23 À 23 h 47 m, l'étoile 73 Psc (Psc - magnitude 6,0) est occultée par la Lune ; elle réapparaît à 0 h 35 m. Les deux astres sont alors à 28,6° au-dessus de l'horizon et la fraction éclairée de notre satellite est de 86 %.

24 00 Vendredi (328-37). Période du maximum d'éclat de l'étoile variable RX Sgr (1908-18). RX Sgr est une variable de type Mira (variable à longue période) dont la magnitude oscille entre 9 et 14,4 ; sa période est de 335,23 jours.

24 01 Les quatre lunes galiléennes se regroupent à l'est du disque jovien ; à voir aux jumelles.

24 02 Formations lunaires proches du terminateur dans la journée : Harpalus, Aristarque, Hérodote et la vallée de Schröter, Schickard.

24 11 La Lune passe au nœud ascendant à 11 h 01 m (longitude moyenne : 24,5°). Distance : 371 973 km, soit 58,3 rayons terrestres.

24 14 Début de la 2278ᵉ rotation synodique du Soleil.

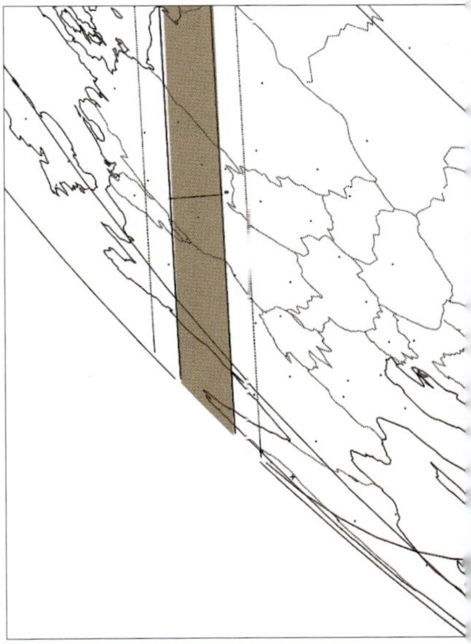

Le 23 novembre, entre 19 h 55 m et 20 h 09 m, la petite planète **1143 Odysseus** (diamètre 121 km ; magnitude 15,3) occulte une étoile de magnitude 10,5 (TYC 1337-01481-1 ; ascension droite : 6 h 33 m 24 s ; déclinaison : 20° 19′ 22″) dans la constellation des Gémeaux. La diminution d'éclat devrait atteindre 4,8 magnitudes et durer près de 12 secondes au maximum sur la bande de centralité du phénomène qui balaye la Belgique et le nord de la France du nord-est à l'ouest.

Les phénomènes astronomiques au jour le jour

24 20 À 20 h 03 m, l'étoile HD 11257 (Ari - magnitude 5,9) est occultée par la Lune ; elle réapparaît à 20 h 36 m. Les deux astres sont alors à 53,9° au-dessus de l'horizon et la fraction éclairée de notre satellite est de 92 %.

25 05 Samedi (329-36). Mars entre dans la constellation du Scorpion.

25 09 **Conjonction géocentrique en longitude entre la Lune (Ari) et Jupiter** à 9 h 43 m (séparation : 2,5°). Le 24 et le 25 à la fin du crépuscule, une heure et demie après le coucher du Soleil, la Lune gibbeuse croissante presque pleine et Jupiter brillent côte à côte à près de 25° de hauteur au-dessus de l'horizon est. Moins d'un mois après son opposition, cette planète est toujours éclatante.

26 00 Dimanche. 330e jour de l'année.

26 00 **Antarès** du Scorpion est visible au sud-est du champ du coronographe LASCO C3 de la sonde *SOHO* ; elle le traverse jusqu'au 9 décembre. Plus étonnant, l'amas globulaire Messier 4 est également apparent juste à côté de cette brillante étoile !

26 12 **Le Soleil** franchit le méridien au zénith à La Réunion.

48e SEMAINE

27 00 Lundi (331-34). Cette semaine, je vous propose un nouveau dicton : Pleine Lune le lundi, Voie lactée le jeudi ! Constellation de la Lune chaque jour à 0 h pour 45° de latitude nord et 0° de longitude : L-Tau, M-Tau, M-Tau, J-Gem, V-Gem, S-Cnc, D-Cnc.

27 00 TSMG (voir p. 17) : 4 h 22 m 37 s.

27 00 Latitude sud maximale pour Mercure : - 7° (longitude héliocentrique : 318,3°).

27 00 Neptune entre dans la constellation du Verseau.

27 01 Conjonction géocentrique en longitude entre la Lune (Tau) et les Pléiades à 1 h 04 m (séparation : 1,1°).

27 09 **Pleine Lune à 9 h 16 m (Tau).** Distance : 380 485 km, soit 59,65 rayons terrestres. Le vin nouveau est déjà tiré pour cette Pleine Lune de novembre qu'on peut également surnommer Pleine Lune du castor. Selon les années, cette Pleine Lune automnale inonde des paysages naturels aux teintes rousses ou bien, déjà, la blancheur immaculée du premier manteau neigeux. Le 26 au coucher du Soleil, la Lune est déjà à plusieurs degrés de hauteur au-dessus de l'horizon est-nord-est et, à la fin du crépuscule, le petit groupe des Pléiades apparaît à son côté ; tout ce beau monde brille au-dessus de l'horizon ouest-nord-ouest le 27 à l'aube. Quelques heures plus tard, choisissez un site

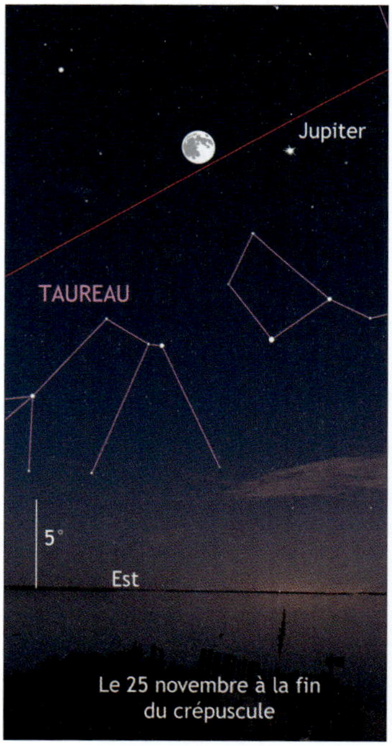

Le 25 novembre à la fin du crépuscule, la Lune pratiquement pleine éclaire la nuit à côté de Jupiter.

bien dégagé vers l'est-nord-est et l'ouest-sud-ouest pour admirer le lever lunaire en même temps que le coucher solaire. La Pleine Lune passe plus de seize heures sur la voûte céleste et elle se couche le 28 au matin, près d'une heure et demie après le lever du Soleil.

27 12 À midi, début du jour julien 2 460 276.

27 23 Durant la nuit du 26 au 27, la Pleine Lune franchit le méridien à près de 62° de l'horizon sud à Lille et de 70° à Perpignan ; elle se situe juste à côté des Pléiades.

28 00 Mardi (332-33). Période de libration maximale en longitude pour la Lune (l = 5°).

28 12 Vénus passe au périhélie à 0,718 ua du Soleil, soit près de 107,5 millions de kilomètres.

28 21 Mercure entre dans la constellation du Sagittaire.

29 05 Mercredi (333-32). À 5 h 23 m, l'étoile 136 Tau (Tau - magnitude 4,6) est occultée par la Lune ; elle réapparaît à 6 h 28 m. Les deux astres sont alors à 28,8° au-dessus de l'horizon et la fraction éclairée de notre satellite est de 96 %.

29 12 **Le Soleil** franchit le méridien à 24° de hauteur.

29 19 Conjonction géocentrique en longitude entre Vénus (Vir) et Spica à 19 h 10 m (séparation : 4,2°).

29 23 L'étoile **Aldébaran** du Taureau passe au méridien à minuit. Sa hauteur est alors de 62° sud.

30 02 Jeudi (334-31). Formations lunaires proches du terminateur dans la journée : Langrenus et Petavius, Endymion, l'albatros (bordure ouest de la mer des Crises).

30 03 Le Soleil se couche sur la région d'**Endymion** (1-28) et, autour de 3 h 57 m, vous pouvez tenter d'observer avec un instrument une ou plusieurs raies lumineuses dans cette formation. Longitude du terminateur : 119° ; âge lunaire : 16,8 j ; illumination : 92 %.

30 10 **Le Soleil entre dans la constellation d'Ophiuchus (248°)** à 10 h 57 m.

30 22 Regardez avec un instrument **le beau triangle formé par Io, Europe et Callisto** juste à l'est de Jupiter.

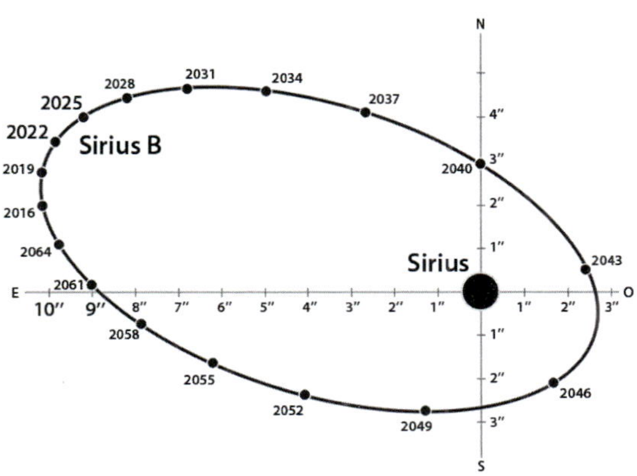

Le 30 novembre au soir, le triangle dessiné par Io, Europe et Callisto est suffisamment grand pour être visible aux jumelles.

Sirius B

Sirius B est la compagne de Sirius, l'étoile la plus brillante de la sphère céleste (magnitude - 1,46), et, en 2023, la séparation apparente entre ces deux étoiles culmine à près de 11". Même lors d'une période aussi favorable, distinguer Sirius B est une observation délicate car la diffusion de l'éclat de Sirius peut s'étendre jusqu'à elle et la gommer. La meilleure technique est de grossir fortement – au moins 300 fois pour agrandir leur écart apparent dans le champ – et de centrer la zone où se situe Sirius B – soit près de 11" à l'est-nord-est de Sirius actuellement – tout en faisant sortir Sirius du champ ou en l'occultant avec un petit cache fixé dans l'oculaire. Pour avoir une image de bonne qualité avec un grossissement aussi puissant, il faut un instrument bien collimaté d'au moins 200 mm de diamètre et une nuit avec peu de turbulence.

Orbites des lunes d'Uranus

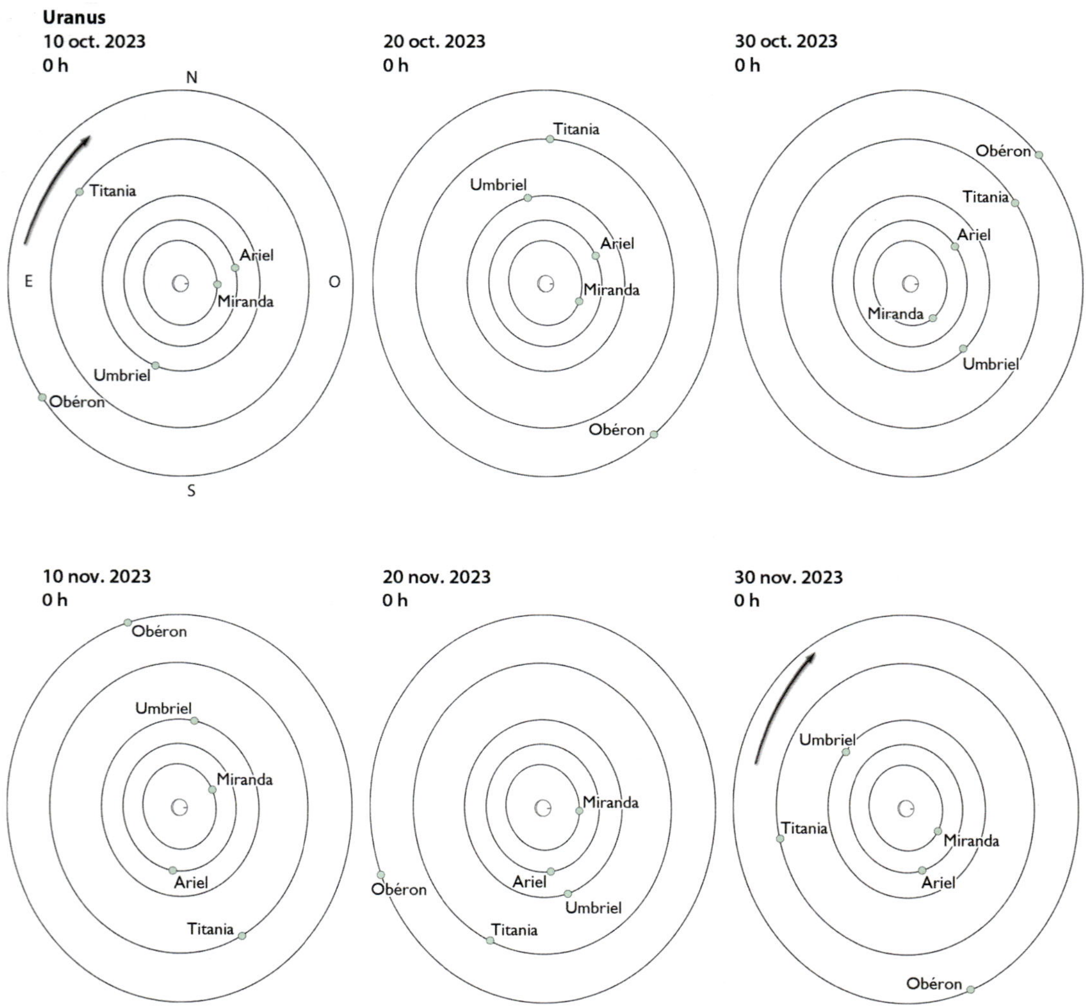

L'observation d'Uranus devient possible dans de bonnes conditions à partir du mois d'août. La meilleure période pour chercher à repérer les principales lunes de cette planète géante gazeuse dans un grand télescope se produira avant et après son opposition du 13 novembre. Uranus possède 27 satellites, dont 4 sont à la portée des grands télescopes d'amateur : Ariel, Umbriel, Titania et Obéron. Leur diamètre est de 1 158 km, 1 169 km, 1 578 km et 1 523 km. Leur magnitude lors de l'opposition est voisine de 13-15 et leurs élongations maximales s'échelonnent de 12″ à 39″ ; le diamètre apparent d'Uranus est voisin de 3,7″. J'ajoute Miranda, qui est beaucoup plus petit (480 km), beaucoup moins brillant (magnitude 15,7), et qui s'éloigne beaucoup moins de sa planète (9″), mais qui est un défi pour les utilisateurs de très grands télescopes de Dobson.

	Période	Magnitude 13/11	Élongation Maxi. en ″
Miranda	1,41 j	15,7	9
Ariel	2,52 j	13,6	12
Umbriel	4,14 j	14,4	18
Titania	8,71 j	13,4	29
Obéron	13,46 j	13,6	39

Occultation de Vénus par la Lune le 9 novembre 2023

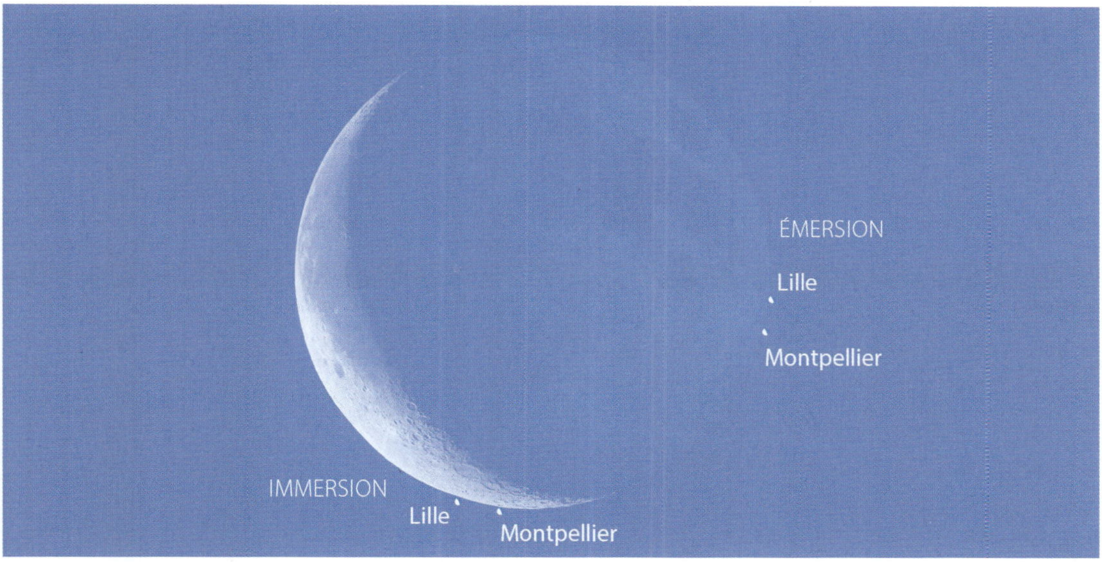

Vénus étant la planète la plus éclatante dans notre ciel, son occultation par la Lune est toujours un superbe phénomène à observer. Il peut s'en produire plusieurs certaines années, mais les occultations de Vénus par Séléné ne sont pas toujours visibles en Europe, et si nous avons pu admirer celle du 19 juin 2020, aucune des six suivantes, dont celle du 24 mars 2023, n'a été observable en France métropolitaine. Le jeudi 9 novembre, Vénus est en conjonction avec la Lune et notre satellite naturel l'occulte dans certaines régions du monde : Groenland, Islande, Arctique, Europe (sauf le sud-ouest), Arabie, ouest de l'Asie et nord de l'Afrique. En France métropolitaine, au Luxembourg, en Belgique et en Suisse, l'occultation est visible en cours de matinée et, quatre jours avant la Nouvelle Lune, le croissant lunaire est encore épais et relativement aisé à repérer à l'œil nu dans un ciel bleu limpide. Il se situe à près de 40° de hauteur au-dessus de l'horizon sud-sud-ouest au début de l'occultation (immersion). Le tableau indique les horaires du phénomène pour certaines villes : choisissez la plus proche de votre site d'observation et prenez quelques minutes de marge. Je vous conseille d'utiliser des jumelles fixées sur un trépied pour observer le rapprochement du croissant lunaire sans bouger ; si vous avez accès à une lunette pour découvrir le quartier vénusien légèrement gibbeux au ras du limbe sélène, le rendez-vous sera encore plus spectaculaire, mais la turbulence peut brouiller l'image de la planète ! La disparition de la planète derrière le disque lunaire prend près de 90 secondes, donc son éclat diminue progressivement, ce n'est pas une extinction soudaine comme on peut l'observer lorsque la Lune occulte les étoiles, tellement lointaines qu'elles apparaissent ponctuelles. La prochaine occultation de Vénus visible en Europe se produira le 19 septembre 2025.

	Immersion	Émersion
Annecy	10 h 04	11 h 09
Bayonne	10 h 14	10 h 52
Bordeaux	10 h 08	10 h 55
Bruxelles	9 h 51	10 h 59
Bayonne	10 h 14	10 h 52
Genève	10 h 04	11 h 08
Guéret	10 h 03	11 h 00
Le Havre	9 h 54	10 h 52
Lille	9 h 52	10 h 56
Luxembourg	9 h 55	11 h 03
Lyon	10 h 05	11 h 07
Marseille	10 h 11	11 h 12
Montpellier	10 h 11	11 h 08
Nantes	10 h 00	10 h 50
Nice	10 h 11	11 h 15
Paris	9 h 55	10 h 58
Perpignan	10 h 14	11 h 07
Quimper	9 h 59	10 h 41
Rochefort	10 h 04	10 h 53
Strasbourg	9 h 58	11 h 08
Toulouse	10 h 11	11 h 02
Tours	9 h 59	10 h 56

NOVEMBRE 2023 Le Soleil et les planètes

	JOUR	ASCENSION DROITE	DÉCLINAISON	CONSTELLATION	Ø APPARENT	ÉQUATION DU TEMPS	DISTANCE	DISTANCE LUMIÈRE	LEVER	MÉRIDIEN	HAUTEUR	COUCHER
		h m s	° ′ ″			m s	ua	m s	h m	h m		h m
Soleil	2	14 27 37	- 14 35 28	Lib	32′ 14″	- 16 28	0,9925	8 15	06 39	11 44	30°	16 47
	6	14 43 24	- 15 49 53	Lib	32′ 16″	- 16 27	0,9915	8 15	06 45	11 44	29°	16 42
	10	14 59 25	- 17 00 08	Lib	32′ 18″	- 16 12	0,9905	8 14	06 50	11 44	28°	16 37
	14	15 15 40	- 18 05 45	Lib	32′ 19″	- 15 44	0,9896	8 14	06 56	11 44	27°	16 33
	18	15 32 08	- 19 06 19	Lib	32′ 21″	- 15 01	0,9887	8 13	07 01	11 45	26°	16 29
	22	15 48 49	- 20 01 24	Lib	32′ 23″	- 14 06	0,9879	8 13	07 06	11 46	25°	16 25
	26	16 05 43	- 20 50 37	Sco	32′ 24″	- 12 57	0,9871	8 13	07 11	11 47	24°	16 23
	30	16 22 48	- 21 33 36	Sco	32′ 26″	- 11 37	0,9864	8 12	07 16	11 49	23°	16 20

	JOUR	ASCENSION DROITE	DÉCLINAISON	CONSTELLATION	MAGNITUDE	Ø APPARENT	ÉLONGATION	DISTANCE	FRACTION ÉCLAIRÉE	LEVER	MÉRIDIEN	HAUTEUR	COUCHER
		h m s	° ′ ″					ua		h m	h m		h m
Mercure	2	14 58 30	- 17 35 37	Lib	- 0,7	4,7	8,0° E	1,4253	98 %	07 26	12 16	27°	17 04
	6	15 23 17	- 19 40 05	Lib	- 0,7	4,8	10,2° E	1,4078	96 %	07 45	12 25	25°	17 03
	10	15 48 15	- 21 29 04	Lib	- 0,6	4,9	12,3° E	1,3817	95 %	08 03	12 34	23°	17 04
	14	16 13 24	- 23 01 12	Sco	- 0,5	5	14,3° E	1,3468	92 %	08 20	12 43	22°	17 06
	18	16 38 37	- 24 14 59	Oph	- 0,5	5,2	16,1° E	1,3029	89 %	08 36	12 53	21°	17 09
	22	17 03 40	- 25 08 57	Oph	- 0,4	5,4	17,9° E	1,2493	86 %	08 50	13 02	20°	17 14
	26	17 28 09	- 25 41 41	Oph	- 0,3	5,7	19,4° E	1,1856	81 %	09 01	13 11	19°	17 20
	30	17 51 19	- 25 52 10	Sgr	- 0,2	6	20,5° E	1,1113	74 %	09 09	13 18	19°	17 26
Vénus	2	11 35 53	+ 3 20 46	Leo	- 4,3	22,1	46,2° O	0,7622	55 %	02 35	08 52	48°	15 08
	6	11 52 03	+ 1 56 19	Vir	- 4,3	21,2	45,9° O	0,7922	57 %	02 41	08 52	47°	15 02
	10	12 08 26	+ 0 27 46	Vir	- 4,3	20,5	45,6° O	0,8220	59 %	02 48	08 53	45°	14 57
	14	12 25 02	- 1 04 06	Vir	- 4,3	19,8	45,2° O	0,8516	61 %	02 55	08 54	44°	14 52
	18	12 41 50	- 2 38 28	Vir	- 4,2	19,1	44,7° O	0,8809	62 %	03 02	08 55	42°	14 47
	22	12 58 51	- 4 14 33	Vir	- 4,2	18,5	44,2° O	0,9100	64 %	03 10	08 56	41°	14 41
	26	13 16 05	- 5 51 32	Vir	- 4,2	17,9	43,7° O	0,9389	66 %	03 18	08 58	39°	14 36
	30	13 33 33	- 7 28 39	Vir	- 4,2	17,4	43,1° O	0,9674	67 %	03 26	08 59	37°	14 31
Mars	6	14 58 16	- 16 54 51	Lib	1,6	3,7	3,7° E	2,5410	100 %	07 06	11 58	28°	16 50
	14	15 20 48	- 18 29 51	Lib	1,5	3,7	1,3° E	2,5321	100 %	07 04	11 49	26°	16 34
	22	15 43 58	- 19 55 28	Lib	1,5	3,7	1,1° O	2,5201	100 %	07 02	11 41	25°	16 18
	30	16 07 44	- 21 10 18	Sco	1,5	3,7	3,5° O	2,5055	100 %	07 01	11 33	24°	16 05
Jupiter	6	2 32 42	+ 13 31 04	Ari	- 2,9	49,4	176,8° E	3,9850	100 %	16 31	23 29	58°	06 31
	14	2 28 31	+ 13 11 54	Ari	- 2,9	49,2	167,7° E	4,0051	100 %	15 57	22 53	58°	05 54
	22	2 24 38	+ 12 54 15	Ari	- 2,9	48,7	158,7° E	4,0448	100 %	15 23	22 18	58°	05 17
	30	2 21 13	+ 12 39 05	Ari	- 2,8	48	149,7° E	4,1027	100 %	14 49	21 43	58°	04 41
Saturne	6	22 12 50	- 12 54 31	Aqr	0,7	17,6	107,2° E	9,4144	100 %	14 00	19 10	32°	00 23
	14	22 13 07	- 12 51 58	Aqr	0,7	17,3	99,3° E	9,5434	100 %	13 29	18 39	32°	23 49
	22	22 13 49	- 12 47 02	Aqr	0,8	17,1	91,4° E	9,6754	100 %	12 58	18 08	32°	23 18
	30	22 14 57	- 12 39 48	Aqr	0,8	16,9	83,6° E	9,8078	100 %	12 27	17 38	32°	22 48
Uranus	6	3 16 11	+ 17 47 52	Ari	5,6	3,8	171,9° O	18,6400	100 %	16 55	00 16	63°	07 34
	18	3 14 09	+ 17 40 08	Ari	5,6	3,8	175,5° E	18,6350	100 %	16 06	23 23	63°	06 44
	30	3 12 11	+ 17 32 33	Ari	5,6	3,8	162,9° E	18,6740	100 %	15 18	22 34	63°	05 54
Neptune	6	23 44 11	- 3 05 37	Psc	7,8	2,3	131,8° E	29,2350	100 %	14 51	20 41	42°	02 35
	18	23 43 35	- 3 09 06	Psc	7,9	2,3	119,6° E	29,4040	100 %	14 04	19 53	42°	01 47
	30	23 43 16	- 3 10 45	Aqr	7,9	2,3	107,4° E	29,5950	100 %	13 16	19 06	42°	00 59

Les éphémérides du Soleil, des planètes et de la Lune proposées sur ces deux pages sont calculées à 0 h TU pour une latitude de 45° nord et une longitude de 0°.

La Lune

	JOUR	ASCENSION DROITE	DÉCLINAISON	CONSTELLATION	Ø APPARENT	PARALLAXE HORIZONTALE	FRACTION ÉCLAIRÉE	JOUR	ÉLONGATION	DISTANCE	LEVER	MÉRIDIEN	HAUTEUR	COUCHER
		h m s	° ′ ″							km	h m	h m		h m
M 1	305	5 07 44	27 09 05	Tau	31′ 03″	56′ 59″	88 %	17,3	140° O	384 796	19 h 02	2 h 33	72°	10 h 59
J 2	306	6 06 02	28 15 47	Aur	30′ 38″	56′ 12″	80 %	18,3	127° O	390 148	19 h 59	3 h 30	73°	11 h 58
V 3	307	7 03 03	27 50 58	Gem	30′ 15″	55′ 30″	72 %	19,3	116° O	395 057	21 h 01	4 h 25	72°	12 h 44
S 4	308	7 57 33	26 03 35	Gem	29′ 56″	54′ 56″	62 %	20,3	104° O	399 170	22 h 08	5 h 16	70°	13 h 20
D 5	309	8 48 56	23 06 28	Cnc	29′ 42″	54′ 31″	53 %	21,3	93° O	402 219	23 h 14	6 h 05	67°	13 h 48
L 6	310	9 37 09	19 13 21	Leo	29′ 34″	54′ 16″	43 %	22,3	82° O	404 038		6 h 49	63°	14 h 11
M 7	311	10 22 43	14 36 55	Leo	29′ 32″	54′ 12″	34 %	23,3	71° O	404 564	0 h 20	7 h 32	58°	14 h 30
M 8	312	11 06 24	9 28 15	Leo	29′ 35″	54′ 18″	26 %	24,3	61° O	403 837	1 h 24	8 h 12	52°	14 h 47
J 9	313	11 49 06	3 57 15	Vir	29′ 44″	54′ 33″	18 %	25,3	50° O	401 988	2 h 28	8 h 52	46°	15 h 03
V 10	314	12 31 49	- 1 46 27	Vir	29′ 56″	54′ 56″	11 %	26,3	39° O	399 222	3 h 33	9 h 32	40°	15 h 19
S 11	315	13 15 34	- 7 32 21	Vir	30′ 11″	55′ 24″	6 %	27,3	28° O	395 796	4 h 40	10 h 14	34°	15 h 37
D 12	316	14 01 25	- 13 07 53	Vir	30′ 29″	55′ 56″	2 %	28,3	16° O	391 993	5 h 49	10 h 58	29°	15 h 57
L 13	317	14 50 19	- 18 17 35	Lib	30′ 47″	56′ 30″	0 %	29,3	5° O	388 088	7 h 01	11 h 46	24°	16 h 23
M 14	318	15 43 03	- 22 42 41	Lib	31′ 05″	57′ 03″	1 %	0,6	7° E	384 325	8 h 16	12 h 39	20°	16 h 55
M 15	319	16 39 51	- 26 02 02	Sco	31′ 22″	57′ 34″	3 %	1,6	20° E	380 889	9 h 30	13 h 36	17°	17 h 39
J 16	320	17 40 10	- 27 55 09	Oph	31′ 37″	58′ 01″	8 %	2,6	32° E	377 898	10 h 38	14 h 36	16°	18 h 35
V 17	321	18 42 26	- 28 07 05	Sgr	31′ 50″	58′ 25″	15 %	3,6	45° E	375 398	11 h 34	15 h 37	17°	19 h 44
S 18	322	19 44 33	- 26 33 04	Sgr	32′ 00″	58′ 44″	23 %	4,6	57° E	373 385	12 h 19	16 h 37	20°	21 h 01
D 19	323	20 44 38	- 23 20 07	Cap	32′ 08″	58′ 58″	33 %	5,6	70° E	371 829	12 h 54	17 h 33	24°	22 h 21
L 20	324	21 41 39	- 18 44 11	Cap	32′ 14″	59′ 09″	44 %	6,6	83° E	370 706	13 h 21	18 h 25	30°	23 h 41
M 21	325	22 35 35	- 13 05 46	Aqr	32′ 18″	59′ 16″	56 %	7,6	96° E	370 022	13 h 44	19 h 15	36°	
M 22	326	23 27 07	- 6 46 19	Aqr	32′ 19″	59′ 18″	67 %	8,6	110° E	369 823	14 h 04	20 h 03	43°	0 h 59
J 23	327	0 17 20	- 0 06 52	Psc	32′ 17″	59′ 14″	77 %	9,6	123° E	370 195	14 h 23	20 h 5	50°	2 h 16
V 24	328	1 07 26	6 31 59	Psc	32′ 11″	59′ 04″	86 %	10,6	136° E	371 242	14 h 44	21 h 39	57°	3 h 33
S 25	329	1 58 32	12 49 39	Ari	32′ 02″	58′ 47″	93 %	11,6	149° E	373 050	15 h 07	22 h 30	63°	4 h 51
D 26	330	2 51 33	18 25 20	Ari	31′ 49″	58′ 22″	98 %	12,6	162° E	375 655	15 h 34	23 h 23	68°	6 h 09
L 27	331	3 46 56	22 58 53	Tau	31′ 32″	57′ 51″	100 %	13,6	175° E	379 013	16 h 08			7 h 26
M 28	332	4 44 28	26 12 57	Tau	31′ 12″	57′ 15″	100 %	14,6	172° O	382 984	16 h 51	0 h 19	71°	8 h 39
M 29	333	5 43 09	27 55 55	Tau	30′ 51″	56′ 37″	97 %	15,6	160° O	387 338	17 h 44	1 h 16	73°	9 h 44
J 30	334	6 41 25	28 04 38	Gem	30′ 30″	55′ 58″	92 %	16,6	148° O	391 778	18 h 45	2 h 12	73°	10 h 36

La Lune des spécialistes

	Libration		Angle de position	
	l	b	axe	phase
1	6,0°	- 5,5°	355,7°	80,5°
2	5,9°	- 6,3°	1,2°	87,4°
3	5,3°	- 6,7°	6,5°	94,2°
4	4,5°	- 6,8°	11,2°	100,3°
5	3,5°	- 6,6°	15,2°	105,5°
6	2,2°	- 6,1°	18,2°	109,7°
7	0,9°	- 5,4°	20,4°	112,7°
8	- 0,4°	- 4,4°	21,6°	114,6°
9	- 1,7°	- 3,3°	22,1°	115,3°
10	- 2,8°	- 1,9°	21,7°	114,6°
11	- 3,7°	- 0,5°	20,6°	112,1°
12	- 4,4°	1,0°	18,6°	106,2°
13	- 4,8°	2,4°	15,6°	80,8°
14	- 4,9°	3,8°	11,7°	306,7°
15	- 4,8°	5,0°	6,8°	289,5°
16	- 4,4°	5,9°	1,3°	279,9°
17	- 3,7°	6,5°	355,4°	271,4°
18	- 3,0°	6,7°	349,9°	263,7°
19	- 2,1°	6,6°	345,1°	256,9°
20	- 1,1°	6,0°	341,6°	251,6°
21	- 0,1°	5,1°	339,2°	247,8°
22	0,9°	3,8°	338,1°	245,6°
23	1,9°	2,3°	338,1°	245,2°
24	2,7°	0,7°	339,2°	246,5°
25	3,5°	- 0,9°	341,3°	250,2°
26	4,2°	- 2,5°	344,5°	257,7°
27	4,7°	- 3,9°	348,6°	285,1°
28	5,0°	- 5,1°	353,6°	57,7°
29	5,0°	- 5,9°	359,0°	76,9°
30	4,8°	- 6,5°	4,5°	86,9°

Phases et distances

Jour	Heure en TU	Distance en km	Ø apparent
5	DQ à 8 h 37 m	403 019	29,6′
13	NL à 9 h 27 m	386 577	30,9′
20	PQ à 10 h 50 m	370 341	32,3′
27	PL à 9 h 16 m	380 485	31,4′
6	Apogée à 21 h 49 m	404 569	29,5′
21	Périgée à 21 h 01 m	369 818	32,3′

Reportez-vous pages 7 à 15 pour trouver des renseignements détaillés sur l'utilisation de ces différentes informations.
Consultez les tableaux de corrections horaires (pages 340 et 341) pour adapter les heures de lever, de passage au méridien et de coucher en fonction de votre lieu d'observation.

DÉCEMBRE 2023

1re quinzaine vers 22 h TU - 2e quinzaine vers 21 h TU

Pour	Utilisez la carte de
17-18 h	octobre
19-20 h	novembre
23-0 h	janvier
1-2 h	février
3-4 h	mars
5-6 h	avril

Vous pouvez également utiliser cette carte en :
janvier vers 19-20 h
février vers 17-18 h
août vers 5-6 h
septembre vers 3-4 h
octobre vers 1-2 h
novembre vers 23-0 h
(valable uniquement pour les étoiles)

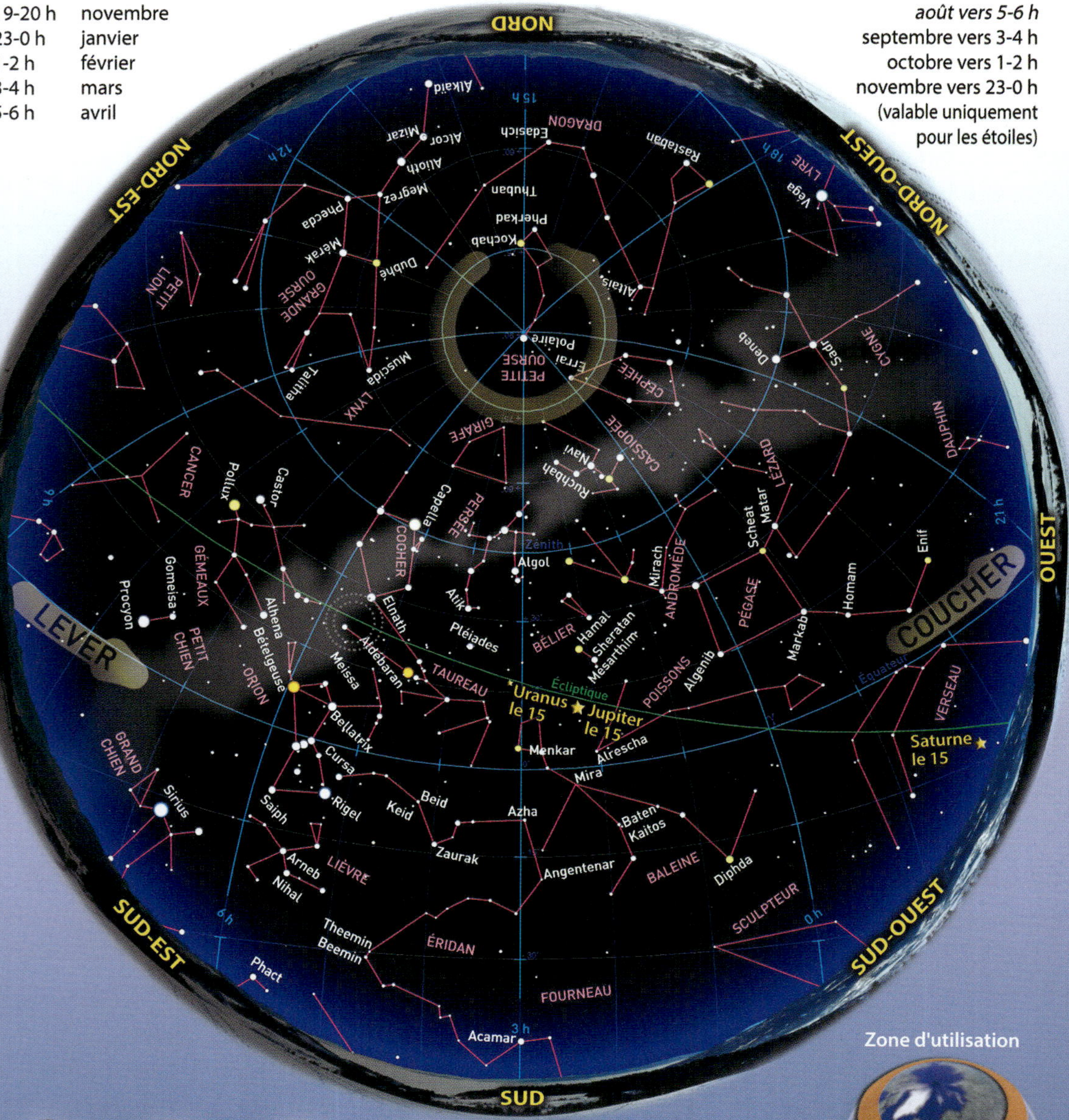

5 décembre	12 décembre	19 décembre	27 décembre
Dernier Quartier	Nouvelle Lune	Premier Quartier	Pleine Lune
Lion	*Ophiuchus*	*Verseau*	*Gémeaux*

Magnitudes
-1 0 1 2 3 4 4,5 et +

Zone d'utilisation

38° à 52° nord

À L'ORÉE DE L'AUBE EN DÉCEMBRE 2023

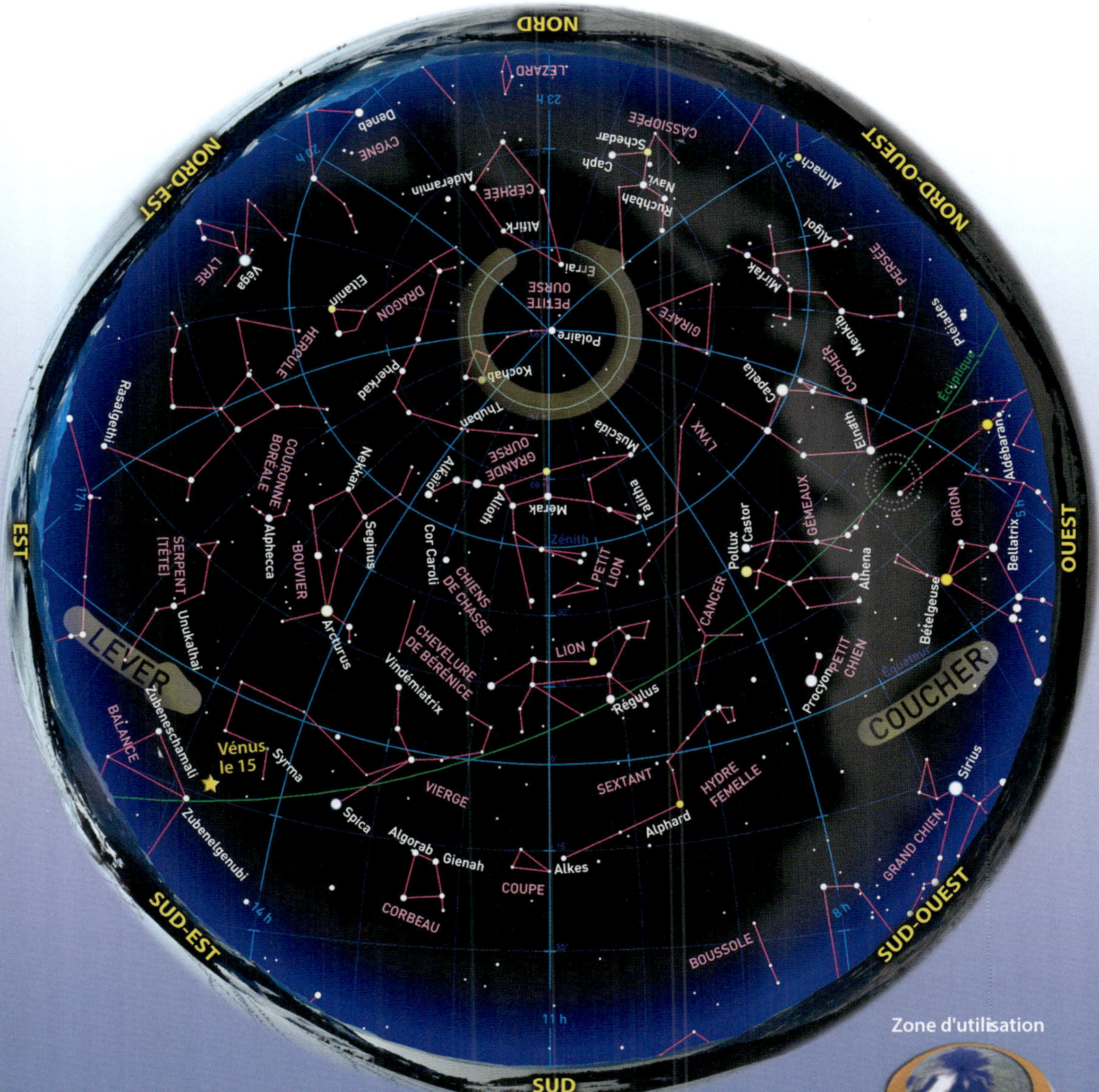

Zone d'utilisation

38° à 52° nord

Vous trouverez des conseils pour l'utilisation de ces cartes en début d'ouvrage.

La Lune et les planètes

Mercure

Nord. Elle atteint son élongation maximale à l'est du Soleil le 4 décembre à 21,3° et passe en conjonction inférieure le 22. L'orientation de sa trajectoire dans le ciel du soir s'améliore légèrement en début de mois, mais il faut un ciel limpide au sud-ouest pour parvenir à la repérer aux jumelles moins d'une heure après le coucher du Soleil jusqu'à sa conjonction éloignée avec le jeune croissant lunaire le 14. Elle fait son retour à l'aube en toute fin d'année et se lève près d'une heure et demie avant le Soleil le 31, mais son éclat est faible (magnitude 0,8) et il faut des jumelles pour la repérer à l'est-sud-est.
Tropiques. L'orientation de l'écliptique est plus favorable qu'en Europe, mais cette planète disparaît tout de même dans les lueurs crépusculaires après le 15 ; elle réapparaît à l'aube après Noël.

Vénus

Nord. Elle se lève un peu moins de quatre heures avant le Soleil le 1er et trois heures avant le 31. Elle est toujours aussi facile à repérer en fin de nuit et à l'aube vers le sud-est puisque c'est l'astre ponctuel le plus brillant du ciel (magnitude - 4,1). Sa hauteur au début du crépuscule astronomique diminue de 10° dans le mois et, si vous pointez un instrument vers elle avec un grossissement d'une cinquantaine de fois, vous verrez que sa phase est à présent gibbeuse croissante, ce qui est bien moins spectaculaire que les minces croissants de l'été dernier.
Tropiques. Les conditions d'observation sont toujours excellentes.

Mars

Nord et tropiques. Trop proche de la position apparente du Soleil, elle reste inobservable tout le mois. Son élongation est de 12° le 31.

Jupiter

Nord. Toujours dans le Bélier, elle rétrograde jusqu'au 31 décembre puis reprend progressivement son mouvement apparent vers l'est de l'écliptique en janvier. Son point éclatant – magnitude - 2,7 le 15 – permet de la repérer à l'œil nu au-dessus de l'horizon est-sud-est puis sud-est durant le crépuscule. Jupiter passe au méridien à plus de 55° de hauteur et elle est donc toujours parfaitement placée pour les observations les plus exigeantes à fort grossissement dans les grands instruments d'amateur. Dans un télescope de 760 mm de diamètre lors des instants où la turbulence se fige, la variété des couleurs visibles dans les bandes et les tourbillons nuageux est fascinante : les teintes sont pastel, mais on distingue sans mal du brun, du vert, du jaune et de l'orange plus ou moins intense. Parfois, vous avez presque l'impression de chevaucher une sonde spatiale à l'approche de cette planète géante gazeuse !
Tropiques. Les conditions d'observation sont excellentes.

Saturne

Nord et tropiques. À l'ouest du Verseau, elle brille à près de 32° de hauteur au-dessus de l'horizon sud à la fin du crépuscule le 1er et à plus de 23° de hauteur au-dessus de l'horizon sud-ouest au même moment le 31. Son élongation solaire passe de 82° à 53° dans le mois et elle se couche plus de six heures après le Soleil le 1er et quatre heures et demie après le 31. La fenêtre d'observation de Saturne est donc en train de se refermer et il est plus que temps de l'observer dans un instrument si vous ne l'avez pas encore fait ces derniers mois. L'ombre du disque est toujours visible sur les anneaux qui se referment progressivement (+ 9,2° d'inclinaison en fin d'année) ; leur diamètre apparent est proche de 36,5″ le 31 (16″ pour le disque).

Mi-décembre, Uranus (Bélier) passe au méridien trois heures et demie après la fin du crépuscule à plus de 62° de hauteur. Sa magnitude est proche de 5,6, elle est donc visible à l'œil nu dans les meilleurs sites (carte de repérage p. 52). La teinte turquoise du disque de cette planète gazeuse est perceptible dans un petit instrument ; vous pouvez très légèrement altérer la mise au point pour mieux percevoir cette coloration. À plus de 40° de hauteur au méridien à la fin du crépuscule, Neptune termine sa rétrogradation le 6, revient dans les Poissons le 11 et passe en quadrature est le 17 (carte p. 53).

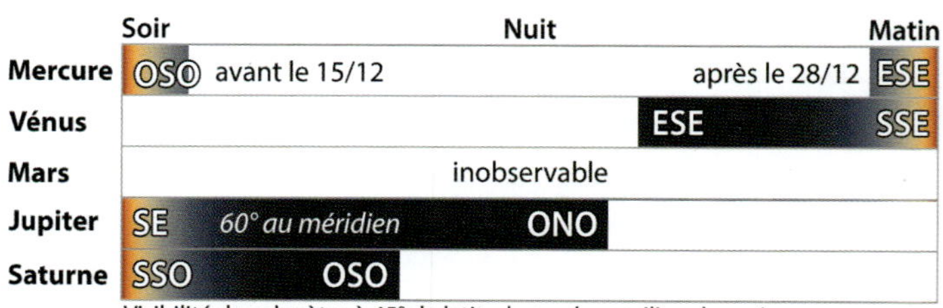

Visibilité des planètes à 45° de latitude nord, en milieu de mois.

Planétaire

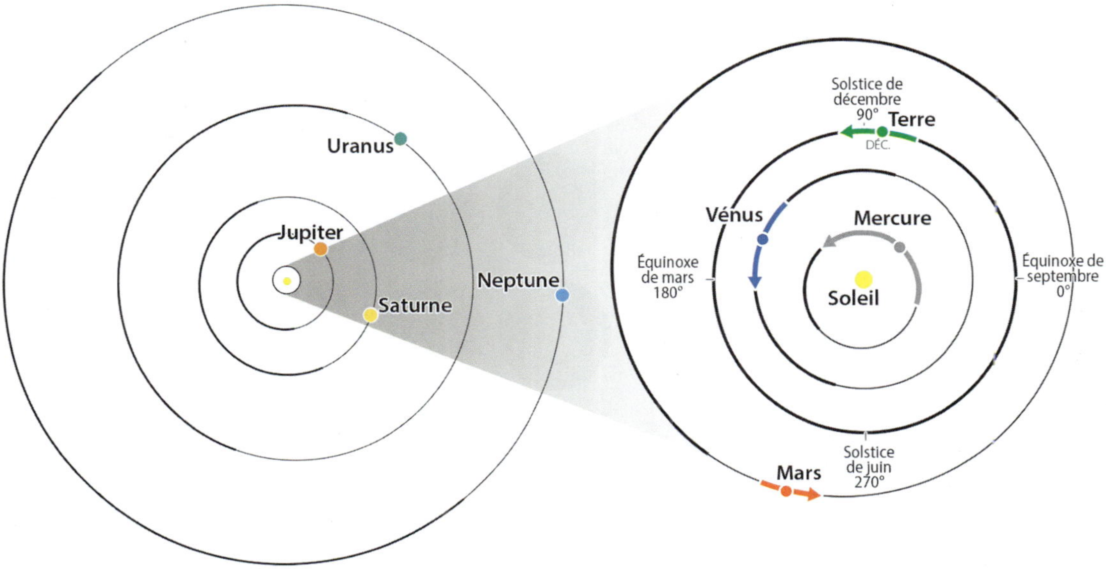

Vous trouverez en pages 67 et 69 des explications complètes sur ces deux schémas.

Le calendrier lunaire

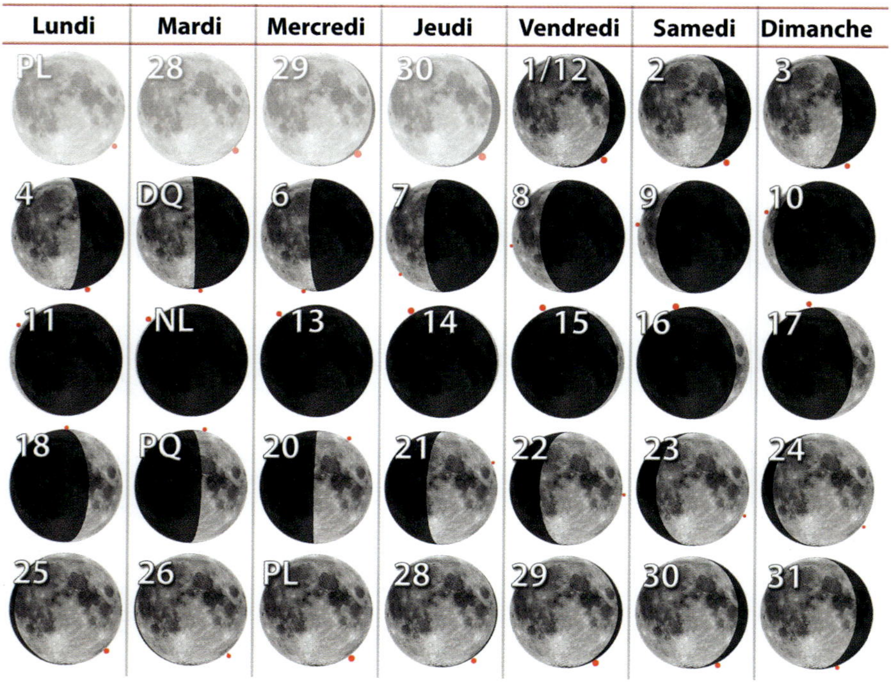

Longitude du terminateur	Soleil levant	Soleil couchant
1er/12		129°
2		141°
3		153°
4		165°
5		178°
6		190°
7		202°
8		214°
9		226°
10		238°
11		251°
12		263°
13	275°	
14	287°	
15	299°	
16	312°	
17	324°	
18	336°	
19	348°	
20	0°	
21	12°	
22	25°	
23	37°	
24	49°	
25	61°	
26	73°	
27	85°	
28		97°
29		109°
30		122°
31		134°

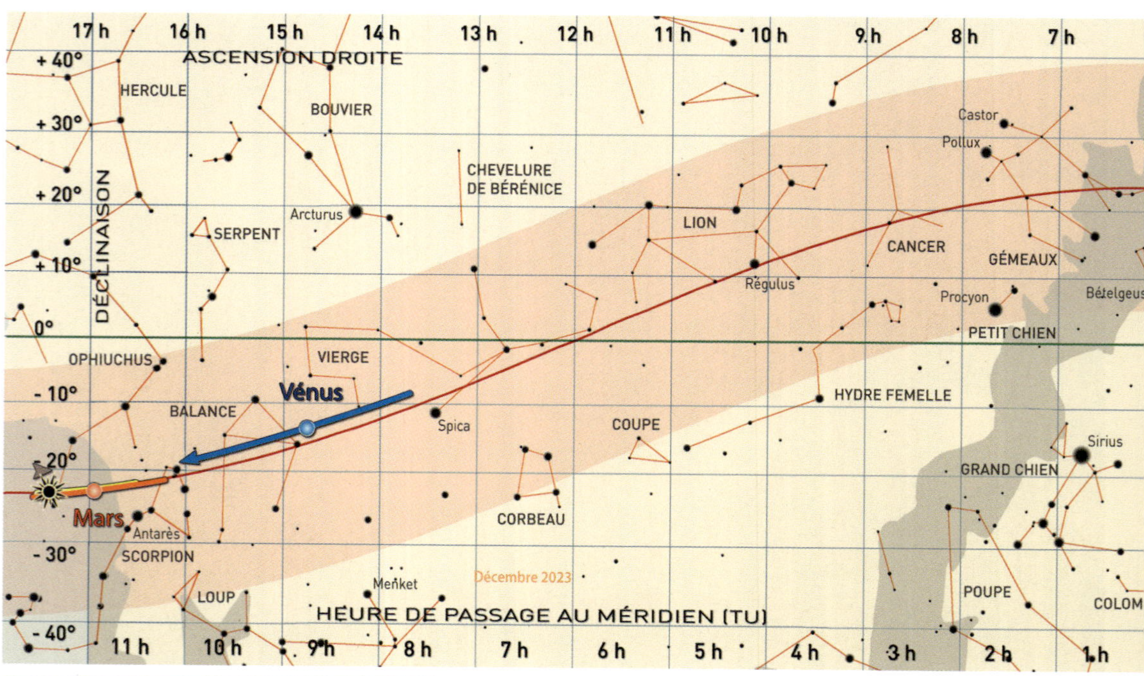

Hauteur mensuelle de la Lune

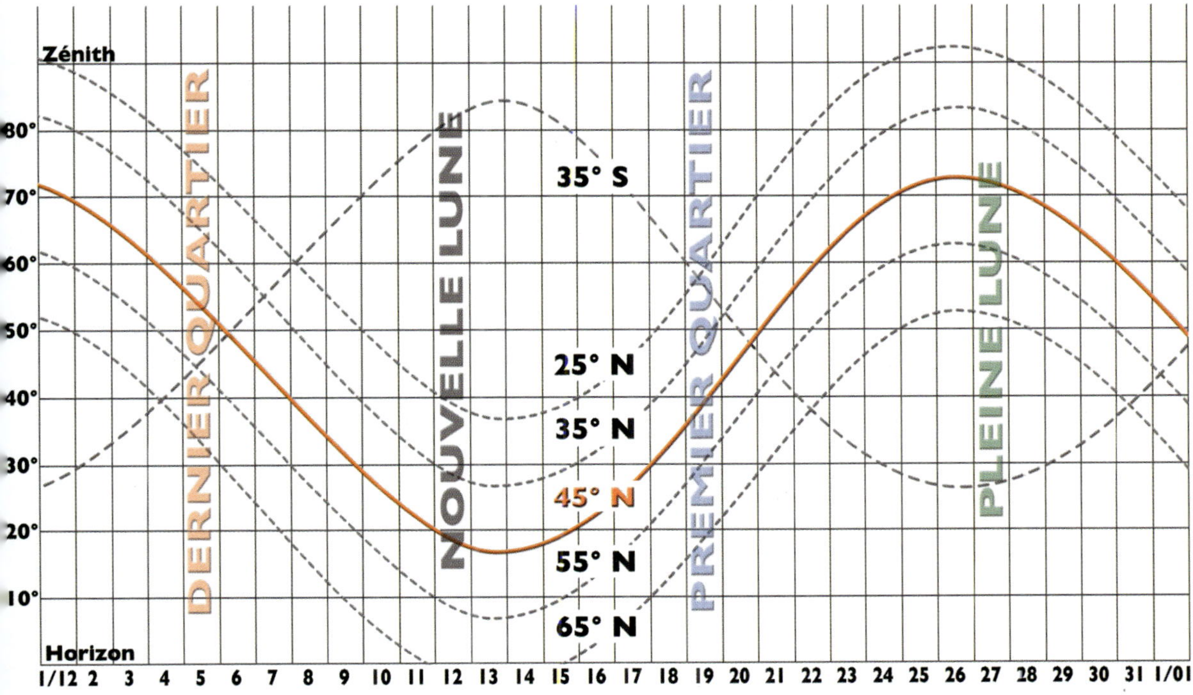

Le 1er décembre à 0 h TU, la Lune est âgée de 17,6 jours.

La Lune atteint sa plus grande déclinaison vers le nord le 27 (28,1°) et sa plus grande déclinaison vers le sud le 14 (- 28,2°).

Vous trouverez en pages 35, 69, 70 et 71 des explications complètes sur ces trois schémas et ce tableau.

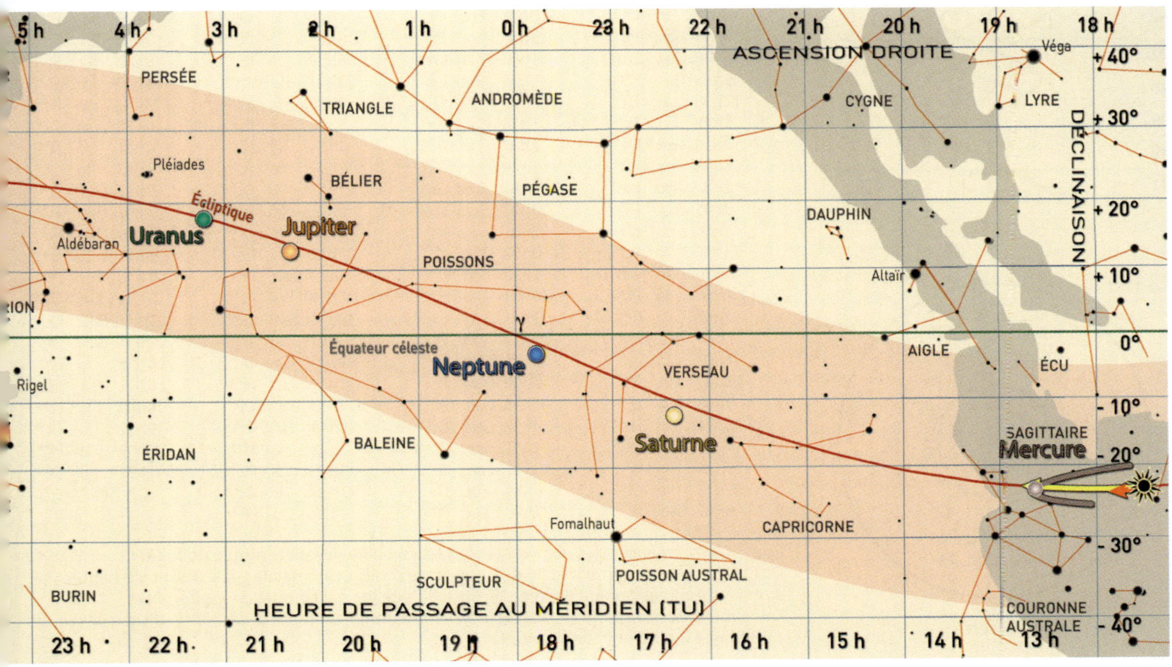

Satellites de Jupiter

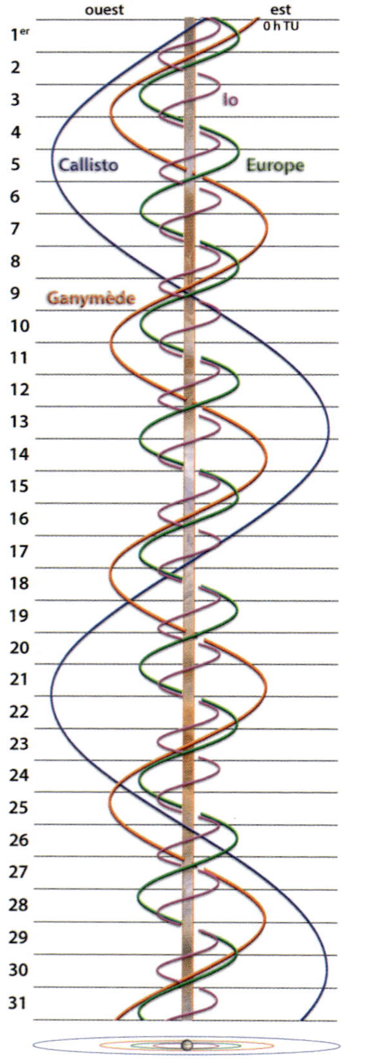

Le 1er/12

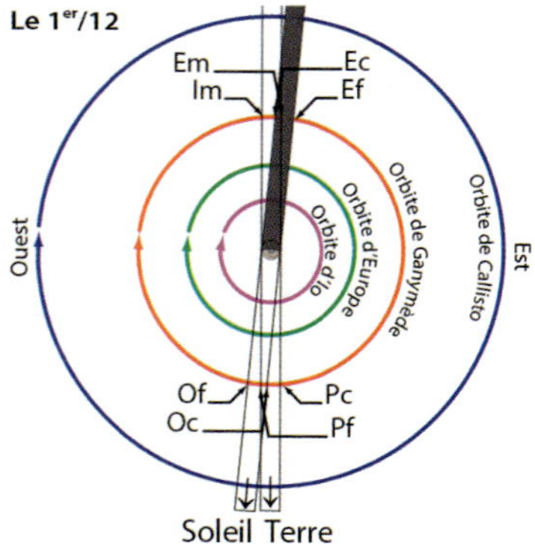

Passages de la tache rouge de Jupiter au méridien central

1er/12 : 7 h 33 ; 17 h 28.
2 : 3 h 24 ; 13 h 20 ; 23 h 15.
3 : 9 h 11 ; 19 h 07.
4 : 5 h 02 ; 14 h 58.
5 : 0 h 54 ; 10 h 49 ; 20 h 45.
6 : 6 h 41 ; 16 h 36.
7 : 2 h 32 ; 12 h 28 ; 22 h 23.
8 : 8 h 19 ; 18 h 15.
9 : 4 h 10 ; 14 h 06.
10 : 0 h 02 ; 9 h 57 ; 19 h 53.
11 : 5 h 49 ; 15 h 44.
12 : 1 h 40 ; 11 h 36 ; 21 h 31.
13 : 7 h 27 ; 17 h 23.
14 : 3 h 18 ; 13 h 14 ; 23 h 10.
15 : 9 h 05 ; 19 h 01.
16 : 4 h 57 ; 14 h 53.
17 : 0 h 48 ; 10 h 44 ; 20 h 40.
18 : 6 h 35 ; 16 h 31.
19 : 2 h 27 ; 12 h 22 ; 22 h 18.
20 : 8 h 14 ; 18 h 09.
21 : 4 h 05 ; 14 h 01 ; 23 h 57.
22 : 9 h 52 ; 19 h 48.
23 : 5 h 44 ; 15 h 39.
24 : 1 h 35 ; 11 h 31 ; 21 h 27.
25 : 7 h 22 ; 17 h 18.
26 : 3 h 14 ; 13 h 09 ; 23 h 05.
27 : 9 h 01 ; 18 h 57.
28 : 4 h 52 ; 14 h 48.
29 : 0 h 44 ; 10 h 40 ; 20 h 35.
30 : 6 h 31 ; 16 h 27.
31 : 2 h 22 ; 12 h 18 ; 22 h 14.

Longitude estimée du centre de la tache rouge en début de mois : 51,75°.

Phénomènes des satellites de Jupiter

	Heure	Sat.	Phé.
1er/12	16h27	Io	Pc
	17h10	Io	Oc**
	18h36	Io	Pf**
	19h20	Io	Of**
2	3h18	Gan.	Pc**
	4h43	Gan.	Pf
	6h08	Gan.	Oc
	7h48	Gan.	Of
	10h13	Eur.	Pc
	11h38	Eur.	Oc
	12h28	Eur.	Pf
	13h44	Io	Im
	13h57	Eur.	Of
	16h37	Io	Ef
3	10h53	Io	Pc
	11h39	Io	Oc
	13h03	Io	Pf
	13h49	Io	Of
4	4h31	Eur.	Im
	8h11	Io	Im
	8h24	Eur.	Ef
	11h06	Io	Ef
5	5h20	Io	Pc
	6h08	Io	Oc
	7h30	Io	Pf
	8h18	Io	Of
	16h48	Gan.	Im
	18h18	Gan.	Em**
	19h58	Gan.	Ec**
	21h38	Gan.	Ef**
	23h22	Eur.	Pc**
6	0h56	Eur.	Oc**
	1h38	Eur.	Pf**
	2h37	Io	Im**
	3h15	Eur.	Of**
	5h34	Io	Ef
	23h47	Io	Pc**
7	0h36	Io	Oc**
	1h56	Io	Pf**
	2h47	Io	Of**
	17h40	Eur.	Im**
	21h03	Io	Im**
	21h43	Eur.	Ef**
8	0h03	Io	Ef**
	18h14	Io	Pc**
	19h06	Io	Oc**
	20h24	Io	Pf**
	21h16	Io	Of**
9	6h41	Gan.	Pc
	8h12	Gan.	Pf
	10h10	Gan.	Oc
	11h49	Gan.	Of
	12h31	Eur.	Pc
	14h14	Eur.	Oc
	14h47	Eur.	Pf
	15h31	Io	Im
	16h33	Eur.	Of
	18h32	Io	Ef**
10	12h41	Io	Pc
	13h35	Io	Oc
	14h50	Io	Pf
	15h45	Io	Of
11	6h52	Eur.	Im
	9h57	Io	Im
	11h03	Eur.	Ef
	13h01	Io	Ef
12	7h07	Io	Pc
	8h04	Io	Oc
	9h17	Io	Pf
	10h14	Io	Of
	20h14	Gan.	Im**
	21h50	Gan.	Em**
	23h59	Gan.	Ec**
13	1h40	Gan.	Ef**
	1h41	Eur.	Pc**
	3h31	Eur.	Oc
	3h58	Eur.	Pf
	4h24	Io	Im
	5h51	Eur.	Of
	7h30	Io	Ef
14	1h35	Io	Pc**
	2h32	Io	Oc**
	3h44	Io	Pf
	4h43	Io	Of
	20h03	Eur.	Im**
	22h51	Io	Im**
15	0h22	Eur.	Ef**
	1h58	Io	Ef**
	20h01	Io	Pc**
	21h01	Io	Oc**
	22h12	Io	Pf**
	23h11	Io	Of**
16	10h09	Gan.	Pc
	11h45	Gan.	Pf
	14h12	Gan.	Oc
	14h51	Eur.	Pc
	15h51	Gan.	Of
	16h49	Eur.	Oc
	17h09	Eur.	Pf**
	17h18	Io	Im**
	19h09	Eur.	Of**
	20h27	Io	Ef**
17	14h29	Io	Pc
	15h31	Io	Oc
	16h38	Io	Pf
	17h41	Io	Of**
18	9h15	Eur.	Im
	11h45	Io	Im
	13h41	Eur.	Ef
	14h56	Io	Ef
19	8h56	Io	Pc
	9h59	Io	Oc
	11h06	Io	Pf
	12h10	Io	Of
	23h45	Gan.	Im**
20	1h26	Gan.	Em**
	4h02	Eur.	Pc
	4h03	Gan.	Ec
	5h41	Gan.	Ef
	6h07	Eur.	Oc
	6h12	Io	Im
	6h20	Eur.	Pf
	8h27	Eur.	Of
	9h25	Io	Ef
21	3h23	Io	Pc
	4h28	Io	Oc
	5h33	Io	Pf
	6h39	Io	Of
	22h27	Eur.	Im**
22	0h39	Io	Im**
	3h00	Eur.	Ef
	3h54	Io	Ef
	21h51	Io	Pc**
	22h57	Io	Oc**
23	0h01	Io	Pf**
	1h07	Io	Of**
	13h42	Gan.	Pc
	15h23	Gan.	Pf
	17h14	Eur.	Pc**
	18h14	Gan.	Oc**
	19h07	Io	Im**
	19h25	Eur.	Oc**
	19h33	Eur.	Pf**
	19h53	Gan.	Of**
	21h44	Eur.	Of**
	22h22	Io	Ef**
24	16h18	Io	Pc
	17h26	Io	Oc**
	18h28	Io	Pf**
	19h36	Io	Of**
25	11h40	Eur.	Im
	13h34	Io	Im
	14h01	Eur.	Em
	16h20	Eur.	Ef
	16h51	Io	Ef
26	10h46	Io	Pc
	11h55	Io	Oc
	12h56	Io	Pf
	14h06	Io	Of
27	3h20	Gan.	Im
	5h06	Gan.	Em
	6h26	Eur.	Pc
	8h01	Io	Im
	8h04	Gan.	Ec
	8h43	Eur.	Oc
	8h45	Eur.	Pf
	9h42	Gan.	Ef
	11h03	Eur.	Of
	11h20	Io	Ef
28	5h14	Io	Pc
	6h24	Io	Oc
	7h24	Io	Pf
	8h34	Io	Of
29	0h54	Eur.	Im**
	2h29	Io	Im
	3h15	Eur.	Em
	3h18	Eur.	Ec
	5h40	Eur.	Ef
	5h49	Io	Ef
	23h41	Io	Pc**
30	0h53	Io	Oc**
	1h51	Io	Pf**
	3h03	Io	Of
	17h22	Gan.	Pc**
	19h07	Gan.	Pf**
	19h39	Eur.	Pc**
	20h57	Io	Im**
	21h58	Eur.	Pf**
	22h01	Eur.	Oc**
	22h17	Gan.	Oc**
	23h55	Gan.	Of**
31	0h18	Io	Ef**
	0h21	Eur.	Of**
	18h09	Io	Pc**
	19h22	Io	Oc**
	20h19	Io	Pf**
	21h32	Io	Of**

Pc et Pf = commencement et fin du passage du satellite devant le disque de Jupiter.
Oc et Of = commencement et fin du passage de l'ombre du satellite sur le disque de Jupiter.
Ec et Ef = commencement et fin de l'éclipse du satellite par l'ombre de Jupiter. Im et Em = immersion (disparition) et émersion (réapparition) du satellite derrière le disque jovien.
* Visible à 45° nord et 0° de longitude.

Satellites de Saturne

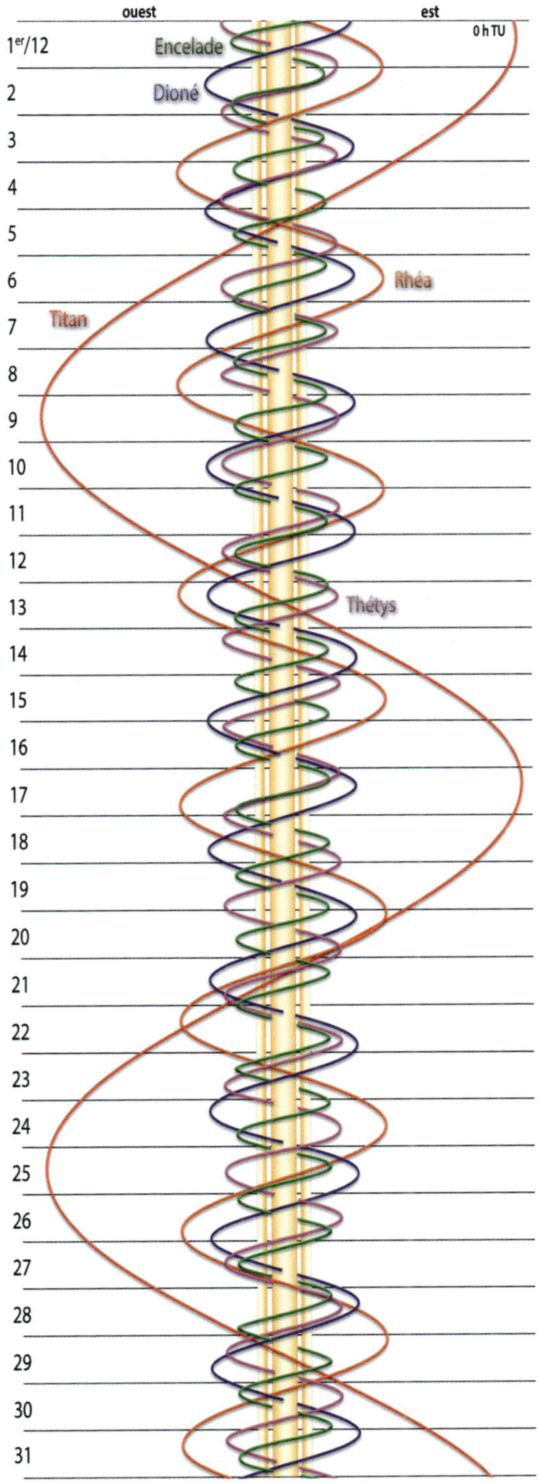

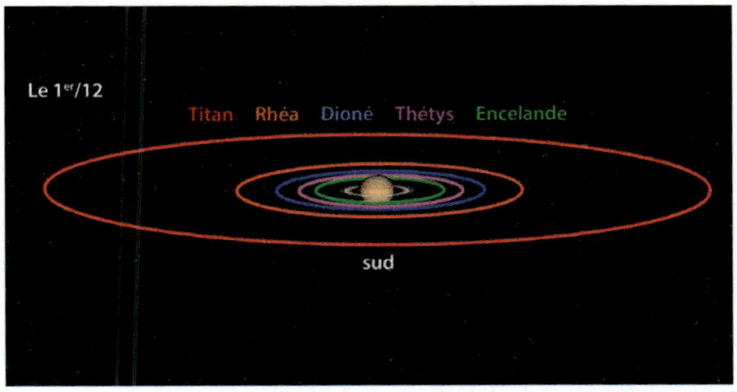

Les courbes ci-contre représentent les trajectoires apparentes des principales lunes de Saturne visibles dans les instruments d'amateur : Encelade est en vert, Téthys en cyan, Dioné en violet, Rhéa en orange et Titan en rouge. La triple bande centrale symbolise le disque et les anneaux de cette planète à la même échelle. La barre horizontale au-dessus de chaque date indique 0 h TU ce jour. Le nord est en haut, l'est à droite et l'ouest à gauche ; si vous ne savez plus comment est orienté le champ de votre instrument, lisez le petit texte d'explication de la page 67. Les satellites de Saturne tournent autour de leur planète dans le sens direct, c'est-à-dire dans le sens inverse des aiguilles d'une montre vu du nord. Ils passent donc entre la planète et nous dans le sens est-ouest et au-delà de la planète dans le sens ouest-est. Selon l'inclinaison du système de Saturne vu depuis la Terre (représentée ci-dessus), certaines des lunes peuvent alors être occultées ou éclipsées par le disque ou les anneaux de la planète. Le petit tableau ci-dessous donne la magnitude de ces lunes, plus Japet, dont l'orbite est trop grande pour être représentée (voir p. 294).

Satellites de Saturne en décembre 2023

	Mimas	Encelade	Téthys	Dioné	Rhéa	Titan	Japet
5	13,2	12,1	10,6	10,7	10	8,7	11,4
15	13,2	12,2	10,7	10,7	10,1	8,7	11,5
25	13,3	12,2	10,7	10,8	10,1	8,8	11,5

Dans le tableau suivant, la séparation en secondes d'arc est donnée avec un signe négatif pour les élongations à l'ouest. L'écart apparent entre Titan et Saturne reste important durant les nuits qui encadrent le jour de l'élongation maximale.

Élongations de Titan en décembre 2023

Date	Heure	Séparation en "
1	7 h 50	170
9	10 h 55	- 170
17	7 h 27	166
25	10 h 44	- 166

Diamètre apparent le 15 : 0,71"

Les phénomènes astronomiques au jour le jour

À NE PAS MANQUER CE MOIS-CI !

Le Triangle d'été surplombe l'ouest.
Du 1er au 15, lumière zodiacale le soir.
Le 9, Vénus et le croissant à l'aube.
Du 11 au 25, lumière zodiacale à l'orée de l'aube.
Nuit du 14 au 15, étoiles filantes des Géminides.
Le 17, Saturne et la Lune le soir.
Le 19, X et V lunaires.
Le 21 et le 22, Jupiter et la Lune.

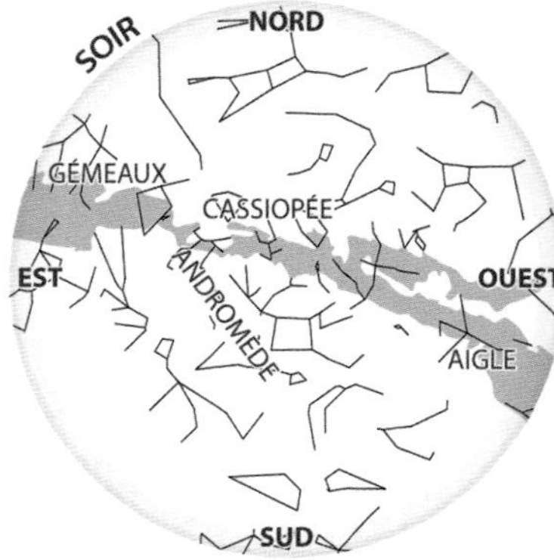

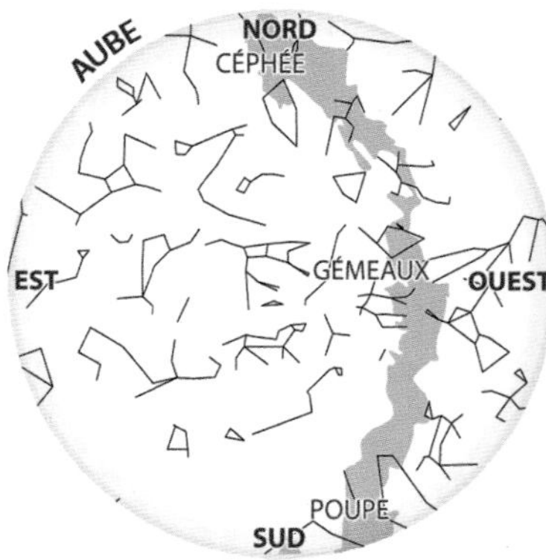

Orientation de la Voie lactée début décembre à la fin du crépuscule astronomique et à l'orée de l'aube.

JJ TU

01 00 Vendredi (335-30). Période de libration minimale en latitude pour la Lune (b = - 6,7°).

01 05 Heure de début et de fin du crépuscule astronomique à 45° de latitude nord et 0° de longitude : le 1er (5 h 32 m/18 h 05 m) ; le 15 (5 h 44 m/18 h 06 m). La durée du jour est de 9 heures et 3 minutes le 1er et de 8 heures et 50 minutes le 31 ; le dernier jour du mois, le Soleil se lève 21 minutes plus tard et se couche 8 minutes plus tard que le premier. La durée du crépuscule astronomique reste proche de 106 minutes tout le mois.

01 06 **Callisto est en conjonction inférieure** à 6 h 31 m. Elle est observable à proximité apparente du pôle Sud jovien.

01 07 **Élongation maximale de Titan** à l'est de Saturne à 7 h 50 m (170"). Retrouvez les autres élongations de Titan en décembre à la page consacrée aux satellites de Saturne en début de mois.

01 12 À midi, début du jour julien 2 460 280.

01 18 L'étoile **Deneb** domine l'horizon ouest-sud-ouest de 65° à la fin du crépuscule astronomique à 45° de latitude nord.

01 18 Voilà une observation visuelle et photographique délicate : jusqu'au 15, à la fin du crépuscule, tentez de révéler la pointe du cône de **la lumière zodiacale** qui sort de la Voie lactée au niveau de l'est du Sagittaire et traverse le Capricorne au-dessus de l'horizon sud-ouest. Altitude, ciel pur et pollution lumineuse minimale sont indispensables ! Remarquez Saturne à la pointe du cône de lumière zodiacale.

01 19 Mercure et Saturne sont en conjonction héliocentrique.

02 00 Samedi (336-29). **L'inclinaison apparente des anneaux de Saturne** passe de + 10,2° à + 9,2° au cours du mois.

02 00 Début décembre, à la fin du crépuscule, la **Voie lactée** est visible de l'est-nord-est à l'ouest-sud-ouest, des Gémeaux au nord d'Ophiuchus avec Andromède et Cassiopée qui approchent du zénith. Quelle belle période pour admirer

et photographier le Triangle d'été en début de nuit ! La Voie lactée est étayée par Altaïr, Deneb et Véga au-dessus de l'horizon l'ouest et, dans un ciel sombre, le fuseau diffus de la lumière zodiacale commence à se détacher sur sa gauche. En milieu de nuit, la Voie lactée court du sud-est au nord-ouest, du Grand Chien au nord du Cygne, et l'arc de Persée dépasse juste le zénith. Avant l'aube, le bandeau galactique survole l'horizon du sud-ouest au nord-est, du nord de la Poupe au nord du Cygne. Les Gémeaux sont à une quarantaine de degrés de hauteur au-dessus de l'horizon ouest. Profitez des derniers croissants pour photographier cette arche galactique hivernale au-dessus de l'horizon ouest délicatement éclairé.

02 19 **Maximum de l'essaim météoritique des Phœnicides** (254 PHO), dont la période d'activité s'étend du 28 novembre au 9 décembre. Surtout visible par les observateurs de l'extrême sud de l'Europe et des tropiques. En 2023, l'éclat de la Lune gibbeuse décroissante est gênant lors du maximum.

03 00 Dimanche. 337e jour de l'année ; il reste 28 jours jusqu'au 31 décembre.

03 04 Formations lunaires proches du terminateur dans la journée : Theophilus, Cyrillus et Catherina, Aristote et Eudoxe.

03 12 **Minimum d'éclat de l'étoile variable Algol de Persée** (Bêta Persei) à 12 h ; sa magnitude est proche de 3,3. Les autres minima du mois se produisent le 6 à 9 h, le 9

Le Triangle d'été surplombe l'horizon ouest durant les soirs d'automne.
© Guillaume Cannat

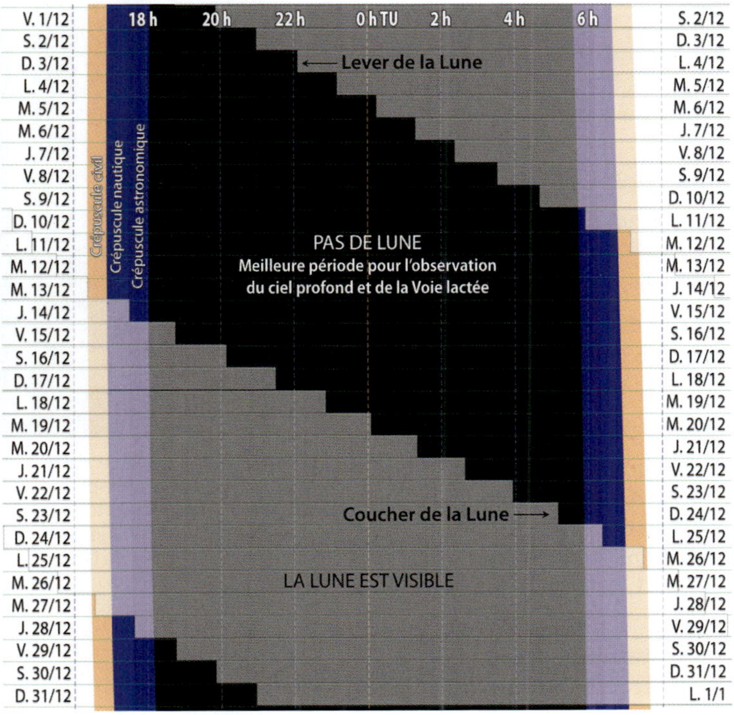

Les phénomènes astronomiques au jour le jour

à 6 h, le 12 à 3 h, le 14 à 23 h, le 17 à 20 h, le 20 à 17 h, le 23 à 14 h, le 26 à 11 h et le 29 à 7 h. Voir également le 2 septembre 2023.

03 12 Juste avant de se coucher, **la Lune gibbeuse décroissante passe dans l'arche de l'Arc de triomphe** vers 12 h. Il faut se placer au niveau du rond-point des Champs-Élysées pour observer ou photographier cette scène.

03 18 Les quatre lunes galiléennes sont alignées dans leur ordre naturel à l'ouest du disque jovien : **Io, Europe, Ganymède et Callisto** ; à voir aux jumelles. Dans la soirée, Io et Europe échangent leurs positions.

49e SEMAINE

04 00 Lundi (338-27). La Lune se lève de plus en plus tard dans la nuit et libère de belles heures de ciel noir pour découvrir Voie lactée, amas d'étoiles, nébuleuses et autres galaxies. Constellation de la Lune chaque jour à 0 h pour 45° de latitude nord et 0° de longitude : L-Leo, M-Leo, M-Leo, J-Vir, V-Vir, S-Vir, D-Lib.

04 00 TSMG (voir p. 17) : 4 h 50 m 13 s.

04 03 **Maximum d'éclat de l'étoile Delta Cephei** à 3 h. Sa magnitude varie de 3,5 à 4,4 au cours d'un cycle de 5,366 jours. Les autres maxima du mois se produisent le 9 à 12 h, le 14 à 21 h, le 20 à 5 h, le 25 à 14 h et le 30 à 23 h. Voir également le 6 octobre 2023.

04 04 **Conjonction géocentrique en longitude entre la Lune (Leo) et Régulus** à 4 h 10 m (séparation : 3,7°). Avant l'aube, ce couple luni-stellaire passe le méridien à près de 60° de hauteur.

04 12 À midi, début du jour julien 2 460 283.

04 14 **Mercure atteint son élongation maximale à l'est : 21,3°.**

04 18 La Lune passe à l'apogée à 18 h 42 m. Distance : 404 346 km, soit 63,40 rayons terrestres.

05 05 Mardi (339-26). **Dernier Quartier de Lune à 5 h 49 m (Leo).** Distance : 404 204 km, soit 63,37 rayons terrestres.

05 12 **Le Soleil** franchit le méridien au zénith à Nouméa.

05 15 Mars entre dans la constellation d'Ophiuchus.

05 18 **Maximum d'éclat de l'étoile variable Êta Aquilae** (Aigle) à 18 h. Il s'agit d'une étoile de type céphéide dont la magnitude passe de 3,5 à 4,4 au cours d'un cycle de 7,177 jours. Les autres maxima du mois se produisent le 12 à 23 h, le 20 à 3 h et le 27 à 7 h. Voir également le 8 mars 2024.

06 00 Mercredi (340-25). **Neptune est stationnaire** en ascension droite dans le Verseau et termine sa

En première partie des nuits de décembre, il est encore temps de se plonger dans le ciel profond pour découvrir les amas et les nébuleuses du Cygne et du Lézard.
© Guillaume Cannat

rétrogradation ; elle circulera vers l'est de l'écliptique jusqu'au 2 juillet 2024 (209 jours).

06 12 **Le Soleil** franchit le méridien à 23° de hauteur.

07 00 Jeudi (341-24). Formations lunaires proches du terminateur dans la journée : Longomontanus, Klaproth, golfe des Iris.

07 16 Du 1er au 14 décembre, **couchers les plus précoces de l'année pour le Soleil** à 40° nord : 16 h 35 m (arrondi à la minute). À 45° nord, c'est du 7 au 13 décembre qu'interviennent les couchers de Soleil les plus précoces, à 16 h 18 m. À 50° nord, c'est du 8 au 16 décembre à 15 h 58 m.

07 17 **Maximum de l'essaim météoritique des Puppides-Vélides** (301 PUP), dont la période d'activité s'étend du 1er au 15 décembre. Longitude héliocentrique prévue pour le maximum de l'essaim (équinoxe 2000.0) : 255°. Vitesse de pénétration atmosphérique : 40 km/s. Taux horaire moyen au zénith : 10. Cet essaim concerne essentiellement les observateurs du sud de l'Europe et ceux qui résident proche de l'équateur.

08 00 Vendredi (342-23). La petite planète **15 Eunomia** passe à moins de 10′ au nord de l'étoile Dabih du Capricorne.

08 00 La Terre passe dans le plan équatorial du Soleil.

08 11 **Conjonction géocentrique en longitude entre Mars (Oph) et Antarès** à 11 h 47 m (séparation : 4,3°). Visible uniquement dans le champ du coronographe LASCO C3 de la sonde *SOHO*.

08 11 Dernier quartier de Mercure.

08 15 La Lune passe au nœud descendant à 15 h 24 m (longitude moyenne : 203,7°). Distance : 395 199 km, soit 62,0 rayons terrestres.

08 16 **Conjonction géocentrique en longitude entre la Lune (Vir) et Spica** à 16 h 21 m (séparation : 2°). Une heure et demie avant le lever du Soleil, le croissant lunaire et sa belle lumière cendrée sont visibles au sud-est, juste au-dessus de Spica.

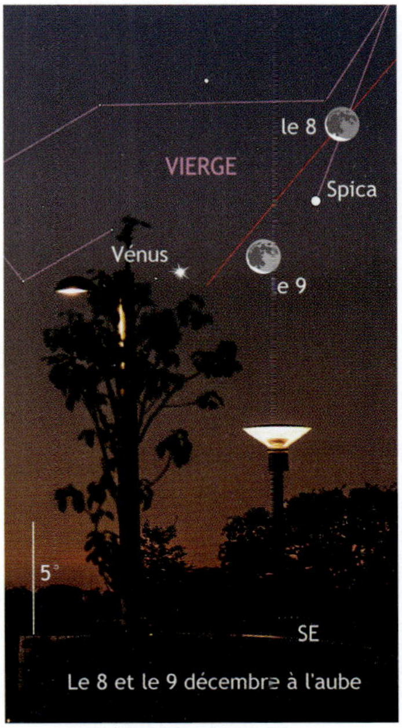

Le 8 et le 9 décembre à l'aube, une heure et demie avant le lever du Soleil, Vénus, Spica et le vieux croissant vous attendent au sud-est.

09 00 Samedi (343-22). Formations lunaires proches du terminateur dans la journée : Aristarque, Hérodote et la vallée de Schröter, Schickard.

09 08 **En plein jour.** Essayez de repérer **Vénus à l'œil nu** lors de son passage au méridien un peu plus d'une heure après le lever du Soleil. Elle se situe à près de 4° sur la gauche du croissant lunaire qui surplombe l'horizon sud d'une trentaine de degrés. L'élongation solaire vénusienne est de 41°.

09 10 **Minimum d'éclat de l'étoile variable Sheliak** (Bêta de la Lyre) à 10 h. Sa magnitude varie de 3,3 à 4,3 au cours d'un cycle de 12,941 jours. L'autre minimum du mois se produit le 21 à 9 h. Voir également le 2 août 2023.

DÉCEMBRE 2023

Les phénomènes astronomiques au jour le jour

09 13 **Callisto est en conjonction supérieure** à 13 h 10 m. Elle est observable à proximité du pôle Nord jovien.

09 14 **Conjonction géocentrique en longitude entre la Lune (Vir) et Vénus** à 14 h 23 m (séparation : 3,3°). Une heure et demie avant le jour, ces astres sont à moins de 5° d'écart apparent et à une vingtaine de degrés de hauteur au-dessus de l'horizon sud-est.

09 16 À 45° de latitude nord, l'étoile Aldébaran du Taureau se lève au moment du coucher du Soleil – on parle de lever achronique – et, dans un ciel limpide, il est possible de la repérer aux jumelles une trentaine de minutes plus tard vers 70° d'azimut et 3° de hauteur.

09 16 **Maximum de l'essaim météoritique des Monocérotides** (019 MON), dont la période d'activité s'étend du 27 novembre au 17 décembre. Longitude héliocentrique prévue pour le maximum de l'essaim (équinoxe 2000.0) : 257°. Vitesse de pénétration atmosphérique : 42 km/s. Taux horaire moyen au zénith : 2. Cet essaim est associé à la comète C/1917 F1 Mellish.

09 16 **Maximum de l'essaim météoritique des Sigma Hydrides** (016 HYD), dont la période d'activité s'étend du 3 au 20 décembre. Longitude héliocentrique prévue pour le maximum (équinoxe 2000.0) : 257°-260°. Vitesse de pénétration atmosphérique : 58 km/s. Taux horaire moyen au zénith : 3 à 8. Très peu lumineuses, ces étoiles filantes n'ont été détectées photographiquement pour la première fois que dans les années 1960. Le radiant se situe au sommet de l'Hydre femelle, 10° à l'est de Procyon du Petit Chien. Cet essaim est associé à la comète C/1943 W1 Van Gent-Peltier-Daimaca. Des observations récentes montrent que le pic pourrait à présent se produire plutôt vers la longitude 262°, soit le 14 décembre vers 2 h, et l'activité de l'essaim se prolongerait jusqu'au 24 décembre. En 2023, la Lune ne devrait pas être gênante pour l'observation de cet essaim.

09 23 L'étoile **Rigel** d'Orion passe au méridien à minuit. Sa hauteur est alors de 37° sud.

10 00 Dimanche. 344e jour de l'année.

10 17 Formation lunaire proche du terminateur dans la journée : Grimaldi.

10 23 L'étoile **Capella** du Cocher passe au méridien à minuit. Sa hauteur est alors de 89° nord. Notez que cette très brillante étoile est circumpolaire depuis une large portion de la France métropolitaine, c'est-à-dire qu'elle ne disparaît à aucun moment sous l'horizon nord vrai.

La lumière zodiacale du soir rejoint celle du matin au niveau du gegenschein dans le ciel d'Hawaii.

50e SEMAINE

11 00 Lundi (345-20). Vous pouvez passer la nuit entière à observer le ciel sans la Lune une grande partie de la semaine, puis le croissant de la jeune Lune pointe son éclat à la fin du crépuscule. Constellation de la Lune chaque jour à 0 h pour 45° de latitude nord et 0° de longitude : L-Lib, M-Sco, M-Oph, J-Sgr, V-Sgr, S-Cap, D-Cap.

11 00 TSMG (voir p. 17) : 5 h 17 m 49 s.

11 00 Vénus entre dans la constellation de la Balance.

11 05 Durant une quinzaine de jours, jusqu'à l'arrivée de la Lune gibbeuse vers Noël, **cherchez la lumière zodiacale, le matin avant l'aube** au-dessus de l'horizon est-sud-est. Elle traverse actuellement les constellations de la Balance et de la Vierge, et Vénus est toujours aussi belle dans son cône diffus. Il est impossible de voir la lumière zodiacale dans le ciel des villes, trop clair, mais elle est encore parfaitement visible à l'œil nu et photographiable dans le Morvan, le Jura, les Alpes, l'Aubrac, les Cévennes, les Pyrénées et dans toutes les régions épargnées par l'envahissement des lumières artificielles. Voir également le 13 octobre 2023.

11 10 Neptune entre dans la constellation des Poissons.

11 12 À midi, début du jour julien 2 460 290.

12 09 Mardi (346-19). Le plus vieux croissant de la lunaison peut être observé à l'aube avec un instrument optique en Bolivie, au Paraguay et au nord de l'Argentine.

12 18 **Durant quelques nuits autour de la Nouvelle Lune, il est possible d'observer la lumière zodiacale le soir après le crépuscule et le matin avant l'aube.** Il faut naturellement choisir un site bien protégé de la pollution lumineuse.

12 23 **Nouvelle Lune à 23 h 32 m (Oph).** Distance : 375 146 km, soit 58,82 rayons terrestres.

13 07 **Mercure est stationnaire** en ascension droite puis elle rétrograde pendant vingt jours.

13 12 **Le Soleil** franchit le méridien à 22° de hauteur.

13 14 Le plus jeune croissant de la lunaison peut être observé au crépuscule avec un instrument optique au sud de l'océan Indien et à La Réunion.

14 00 Jeudi (348-17). Vénus et Saturne sont en opposition héliocentrique.

14 05 Conjonction géocentrique en longitude entre la Lune (Sgr) et Mercure à 5 h 47 m (séparation : 4,4°).

14 16 Ce soir au crépuscule, guettez un fin croissant lunaire de 4 %. À 16 h 50 m, il est âgé de 41 heures ; il se situe à 4° de hauteur et à 222° d'azimut, alors que le Soleil se situe à 5° sous l'horizon.

14 19 **Maximum de l'essaim météoritique des Géminides** (004 GEM), dont la période d'activité s'étend du 7 au

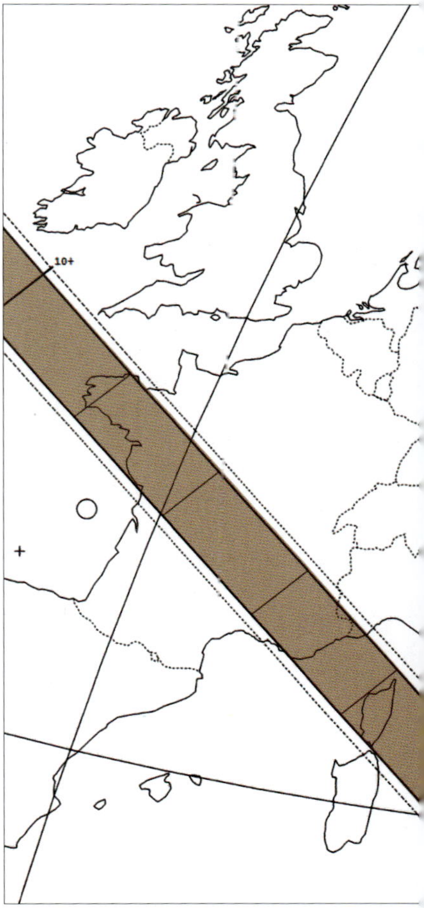

Le 13 décembre, entre 0 h 35 m et 1 h 17 m, la petite planète **128 Nemesis** (diamètre 175 km ; magnitude 12,2) occulte une étoile de magnitude 11,3 (UCAC4 567-043588 ; ascension droite : 8 h 44 m 51 s ; déclinaison : 23° 21′ 44″) dans la constellation du Cancer. La diminution d'éclat devrait atteindre 1,3 magnitude et durer près de 34 secondes au maximum sur la bande de centralité du phénomène qui balaye la Corse puis la France métropolitaine du sud-est au nord-ouest.

Les phénomènes astronomiques au jour le jour

17 décembre. Longitude héliocentrique prévue pour le maximum (équinoxe 2000.0) : 262,2°. Vitesse de pénétration atmosphérique : 35 km/s. Taux horaire moyen au zénith : 120 à 160. Cet essaim est associé à l'astéroïde 3200 Phaéton, qui est peut-être le noyau inactif d'une ancienne comète. Au cours des quinze dernières années, les six plus beaux maxima se sont produits entre 261,5° et 262,4° de longitude héliocentrique. En 2023, ces données placeraient le meilleur moment le 14 entre 2 h 45 m et 23 h 58 m. En 2004, le pic a eu lieu le 13 décembre vers 20 h (262,1°), avec des taux supérieurs à 160, pendant près d'une heure et, en 2007, le pic s'est produit le 14 décembre vers 14 h 50 m (262,12°) avec un pic proche de 160. En 2017, le pic semble s'être produit à la longitude 262° avec un taux supérieur à 150. Ces belles étoiles filantes sont assez lentes et courtes mais, chaque année, il y a en prime quelques bolides très brillants. En 2023, le maximum se produit en tout début de lunaison et les conditions d'observation sont donc excellentes.

15 00 Vendredi (349-16). Formations lunaires proches du terminateur dans la journée : Langrenus et Petavius, Endymion, l'albatros (bordure ouest de la mer des Crises).

15 08 Mercure et Jupiter sont en conjonction héliocentrique.

15 18 Un petit croissant de Lune qui se couche très vite après la fin du crépuscule vous permet d'éclairer le paysage si vous photographiez la Voie lactée au-dessus de l'horizon l'ouest.

16 01 Samedi (350-15). Mercure passe au nœud ascendant de son orbite (longitude héliocentrique : 48,3°).

16 13 **Maximum de l'essaim météoritique des Comae Bérénicides** (020 COM), dont la période d'activité s'étend du 12 au 23 décembre. Longitude héliocentrique prévue pour le maximum de l'essaim (équinoxe 2000.0) : 264°. Vitesse de pénétration atmosphérique : 65 km/s. Taux horaire moyen au zénith : 3. Le radiant se situe au nord de l'étoile Denebola du Lion.

16 18 La Lune passe au périgée à 18 h 53 m. Distance : 367 901 km, soit 57,68 rayons terrestres.

17 00 Dimanche. 351e jour de l'année.

17 03 Neptune est en quadrature à l'est du Soleil.

17 20 Io, Europe et Ganymède s'alignent à l'ouest du disque jovien alors que Callisto flirte avec le pôle Sud.

17 21 **Callisto est en conjonction inférieure** à 21 h 44 m. Elle est observable à proximité apparente du pôle Sud jovien.

17 23 **Conjonction géocentrique en longitude entre la Lune**

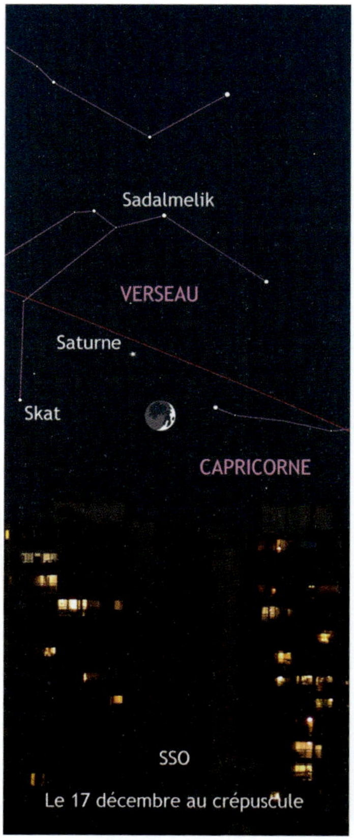

Le 17 décembre au crépuscule, une heure et demie après le coucher du Soleil, un gros croissant lunaire brille sous le petit point de la planète Saturne à plus de 20° de hauteur au-dessus de l'horizon sud-sud-ouest.

(Aqr) et Saturne à 23 h 32 m (séparation : 2,3°). Une heure et demie après le coucher du Soleil, Saturne et le gros croissant lunaire brillent à plus de 20° de hauteur au-dessus de l'horizon sud-sud-ouest.

51ᵉ SEMAINE

18 00 **Lundi (352-13). La Lune croissante est chaque soir plus éclatante et elle se couche de plus en plus tard cette semaine. Constellation de la Lune chaque jour à 0 h pour 45° de latitude nord et 0° de longitude : L-Aqr, M-Aqr, M-Psc, J-Psc, V-Psc, S-Ari, D-Ari.**

18 00 TSMG (voir p. 17) : 5 h 45 m 25 s.

18 12 À midi, début du jour julien 2 460 297.

18 18 **Le Soleil entre dans la constellation du Sagittaire (266,6°)** à 18 h 24 m.

19 00 Mardi (353-12). Du 19 au 26 décembre, Mercure traverse d'est en ouest le champ du coronographe LASCO C3 de la sonde *SOHO*.

19 14 Conjonction géocentrique en longitude entre la Lune (Aqr) et Neptune à 14 h 07 m (séparation : 1,1°).

19 14 Occultation de Neptune par la Lune. Zone de visibilité : océan au sud de l'Australie, Antarctique.

19 18 Pointez un instrument vers le quartier de Lune en début de nuit pour tenter de voir le « **X lunaire** » révélé par le Soleil rasant à l'intersection des cratères La Caille, Blanchinus et Purbach, ainsi que, un peu plus tard en soirée, le **V** lumineux qui se déploie dans le cratère Ukert, pratiquement au centre de la Lune. Voir le 25 juin 2023.

19 18 **Premier Quartier de Lune à 18 h 39 m (Aqr).** Distance : 371 087 km, soit 58,18 rayons terrestres.

19 19 En début de nuit, si vous pointez un instrument vers le cratère **Barrow** au nord du quartier lunaire (n° 4 sur la carte p. 36), vous verrez sans problème le coup de projecteur lancé par le Soleil levant sur le fond de l'arène encore sombre de cette formation de 93 km de diamètre.

19 21 Mercure et Mars sont en opposition héliocentrique.

19 23 L'étoile **Bételgeuse** d'Orion passe au méridien à minuit. Sa hauteur est alors de 52° sud.

19 23 Latitude nord maximale pour Vénus : 3,4° (longitude héliocentrique : 166,6°).

20 06 Mercredi (354-11). Formations lunaires proches du terminateur dans la journée : Ptolémée, Alphonse et Arzachel, Archimède, Moretus, Maginus, Mur droit, Platon, Tycho, Ératosthène.

20 12 **Le Soleil** franchit le méridien à 22° de hauteur.

20 17 Mercure est au périhélie à 0,307 ua du Soleil, soit près de 46 millions de kilomètres.

21 00 Jeudi (355-10). Le Soleil se lève sur la région de **Plato**

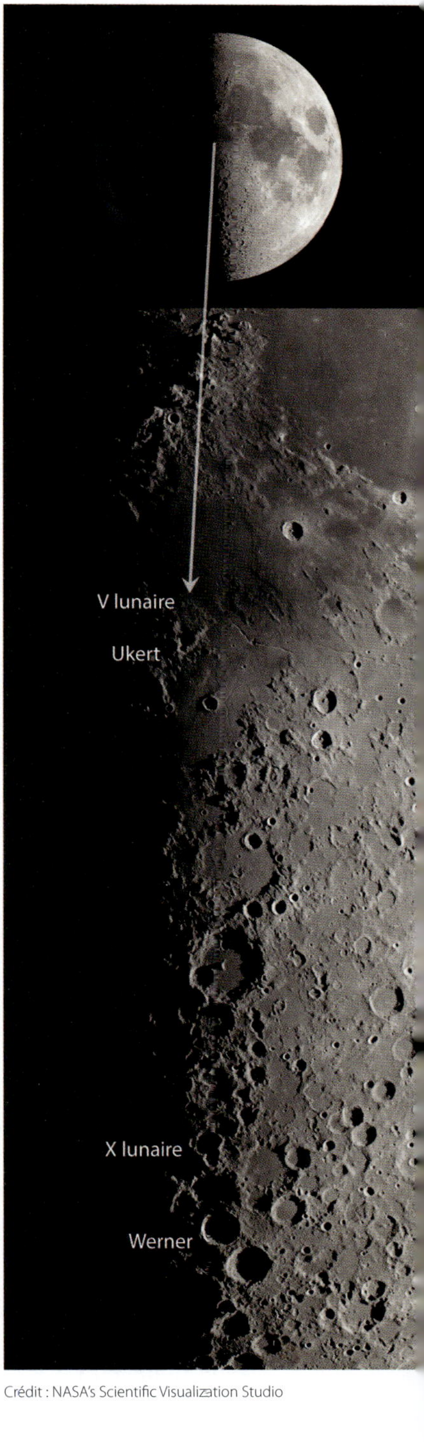

Crédit : NASA's Scientific Visualization Studio

Les phénomènes astronomiques au jour le jour

(3-219) et, autour de 0 h 59 m, vous pouvez tenter d'observer avec un instrument une ou plusieurs raies lumineuses dans cette formation. Longitude du terminateur : 13° ; âge lunaire : 8,1 j ; illumination : 64 %.

21 13 La Lune passe au nœud ascendant à 13 h 53 m (longitude moyenne : 22,6°). Distance : 375 012 km, soit 58,8 rayons terrestres.

21 19 Le Soleil se lève sur la région de **Longomontanus** (4-358) et, autour de 19 h 14 m, vous pouvez tenter d'observer avec un instrument une ou plusieurs raies lumineuses dans cette formation. Longitude du terminateur : 22° ; âge lunaire : 8,8 j ; illumination : 72 %.

21 19 Opposition de la petite planète **4 Vesta**. Prochaine opposition le 2 mai 2025.

21 21 Le Soleil se lève sur la région de **Copernicus** (3-270) et, autour de 21 h 25 m, vous pouvez tenter d'observer avec un instrument une ou plusieurs raies lumineuses dans cette formation. Longitude du terminateur : 23° ; âge lunaire : 8,9 j ; illumination : 73 %.

21 22 Début de la 2279e rotation synodique du Soleil.

22 00 Vendredi (356-9). Formations lunaires proches du terminateur dans la journée : Klaproth, golfe des Iris.

22 03 Déclinaison australe maximale du Soleil pour l'année : - 23° 26′ 18″.

22 03 **Le Soleil entre dans le signe astrologique du Capricorne (270°)** à 3 h 27 m, mais, dans la réalité, il est entré le 18 dans la constellation du Sagittaire.

22 03 **Solstice de décembre sur Terre à 3 h 27 m ;** début de l'hiver dans l'hémisphère Nord. C'est l'époque de l'année où le Soleil atteint sa plus forte déclinaison au sud de l'écliptique et s'élève le moins haut dans le ciel de midi. La durée du jour est la plus courte : à 45° de latitude nord, par exemple, soit à peu près sur une ligne allant de Bordeaux à Chambéry, le Soleil est présent moins de 9 heures dans le ciel. À Paris, le Soleil grimpe à peine à 18° de hauteur au-dessus de l'horizon sud lors du solstice de décembre, alors qu'il dépasse largement les 65° de hauteur au solstice de juin. Cette diminution de la durée d'ensoleillement, ajoutée au fait que les rayons du Soleil nous parviennent sous un angle très fermé par rapport aux régions tropicales ou australes à la même période, provoque les changements saisonniers auxquels nous sommes accoutumés. En 2024, le solstice de décembre se produira le 21 à 9 h 20 m.

22 05 Heure de début et de fin du crépuscule astronomique le jour du solstice de décembre à 0° de longitude : à 40°

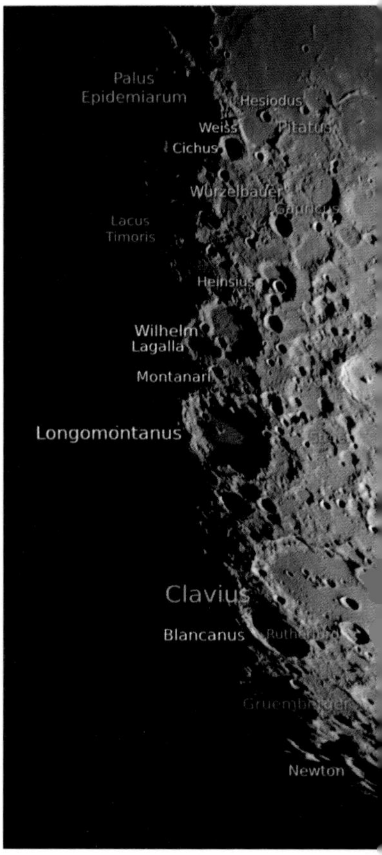

Crédit : NASA's Scientific Visualization Studio

de latitude nord (5 h 41 m/18 h 16 m) ; à 45° de latitude nord (5 h 49 m/18 h 08 m) ; à 50° de latitude nord (5 h 57 m/18 h).

22 10 La petite planète **4 Vesta** passe au périgée à 1,583 ua. Sa magnitude est proche de 6,4.

22 12 **Conjonction géocentrique en longitude entre la Lune (Ari) et Jupiter** à 12 h 53 m (séparation : 2,4°). Le 21 et le 22 à la fin du crépuscule, près de deux heures après le coucher du Soleil, Jupiter et la Lune gibbeuse croissante sont aisément repérables à plus de 45° de hauteur au-dessus de l'horizon sud-est.

22 15 **En plein jour.** Une heure avant le coucher du Soleil, la Lune gibbeuse croissante brille à moins de 3° à l'est de **Jupiter** et vous pouvez tenter de repérer cette planète sans instrument. Ces astres sont à une vingtaine de degrés de hauteur au-dessus de l'horizon est et l'éclat de Jupiter est toujours intense plus d'un mois après son opposition.

22 18 **Mercure est en conjonction inférieure** à 2,1° du centre du disque solaire.

22 19 Aux jumelles, remarquez le splendide arc lumineux du **golfe des Iris** visible au nord du terminateur lunaire.

23 02 Samedi (357-8). Mercure est au périgée à 0,676 ua de la Terre, soit près de 101 millions de kilomètres.

23 03 **Maximum de l'essaim météoritique des Ursides** (015 URS), dont la période d'activité s'étend du 17 au 26 décembre. Longitude héliocentrique prévue pour le maximum de l'essaim (équinoxe 2000.0) : 270,7°. Le radiant est circumpolaire en France métropolitaine puisqu'il se situe à côté de Kochab (Bêta Petite Ourse), il est donc observable toute la nuit. Taux horaire moyen au zénith : 10 à 50. Cet essaim est associé aux débris de la comète périodique 8P Tuttle (période de 13,6 années ; dernier passage au périhélie le 27 août 2021). Peter Jenniskens (NASA) et Esko Lyytinen annonçaient plusieurs rencontres avec d'anciens filaments poussiéreux de l'essaim qui ont effectivement été observées. Peter Jenniskens annonce un possible sursaut de l'activité de cet essaim le 22 décembre 2023 vers 14 h 29 m (270,14°) et, pour Jérémie Vaubaillon, ce sursaut se produirait plutôt vers 17 h (270,24°). En 2023, la Lune gibbeuse croissante se couche au moment du maximum et les conditions d'observation sont donc excellentes.

23 13 Conjonction géocentrique en longitude entre la Lune (Ari) et Uranus à 13 h 33 m (séparation : 2,6°).

24 00 Dimanche. 358e jour de l'année.

24 08 Conjonction géocentrique en longitude entre la Lune (Tau) et les Pléiades à 8 h 39 m (séparation : 1°).

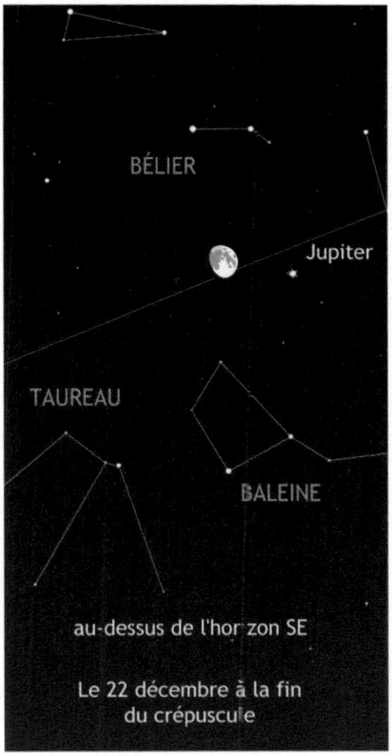

Le 22 décembre à la fin du crépuscule, Jupiter et la Lune gibbeuse croissante sont installées loin au-dessus de l'horizon sud-est.

Les phénomènes astronomiques au jour le jour

52e SEMAINE

25 00 Lundi (359-6). Une semaine de Pleine Lune pour Noël, vous allez devoir patienter un peu avant d'observer des galaxies avec votre nouveau télescope ! Constellation de la Lune chaque jour à 0 h pour 45° de latitude nord et 0° de longitude : L-Tau, M-Tau, M-Gem, J-Gem, V-Cnc, S-Cnc, D-Leo.

25 00 TSMG (voir p. 17) : 6 h 13 m 01 s.

25 00 Période de libration maximale en longitude pour la Lune (l = 4,8°).

25 02 La comète **62P Tsuchinshan** (période de 6,18 années) passe au plus près du Soleil (périhélie) à 189 millions de kilomètres. Son éclat pourrait atteindre la magnitude 8 et elle circule dans le Lion. Elle devrait donc être facile à observer dans un instrument en seconde partie de la nuit.

25 12 À midi, début du jour julien 2 460 304.

25 12 Pour fêter Noël, admirez les nombreux amas ouverts et globulaires du Sagittaire qui fleurissent autour du Soleil dans le champ du coronographe LASCO C3 de la sonde *SOHO*.

25 12 **L'équation du temps est nulle.**

25 15 Formation lunaire proche du terminateur dans la journée : Grimaldi.

25 23 Mercure entre dans la constellation d'Ophiuchus.

26 04 Mardi (360-5). **Callisto est en conjonction supérieure** à 4 h 55 m. Elle est observable à proximité apparente du pôle Nord jovien.

26 19 Au lendemain de Noël, Europe et Callisto à l'est et Io et Ganymède à l'ouest nous offrent une très belle disposition à observer avec un instrument.

27 00 Mercredi (361-4). **Pleine Lune à 0 h 33 m (Gem).** Distance : 391 769 km, soit 61,42 rayons terrestres. Pour moi, c'est la Pleine Lune des droits humains car la Journée mondiale des droits de l'homme est célébrée chaque année le 10 décembre, jour anniversaire de l'adoption par l'Assemblée générale des Nations unies de la Déclaration universelle des droits de l'homme en 1948. Le 26 au soir, la Pleine Lune est magnifique à l'est-nord-est au coucher du Soleil et nous la retrouvons le 27 à l'aube, à l'ouest-nord-ouest, après une longue nuit éblouissante. Le 27 au soir, elle se lève quelques minutes après le départ du Soleil et brille toute la nuit à côté de Castor et Pollux des Gémeaux.

27 12 **Le Soleil** franchit le méridien à 22° de hauteur.

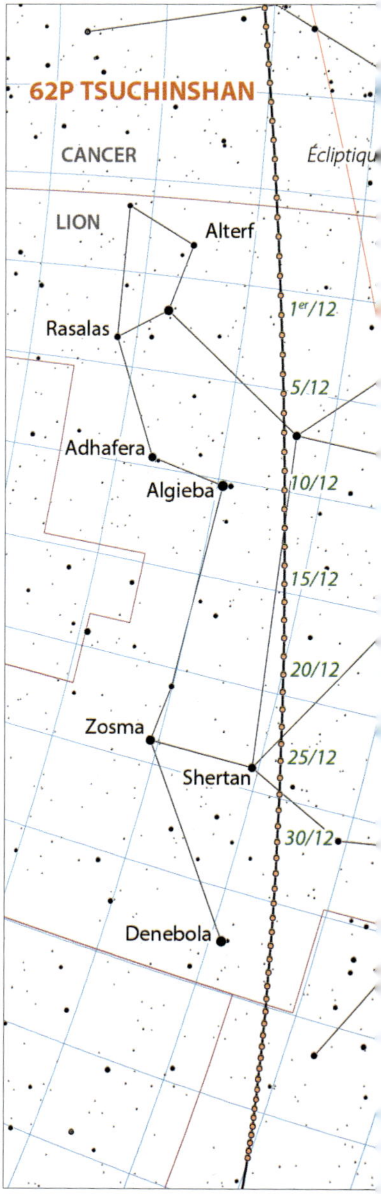

En décembre, la comète périodique 62P Tsuchinshan traverse la constellation du Lion.

27 23 Durant la nuit du 26 au 27, la Pleine Lune franchit le méridien à près de 67° de l'horizon sud à Lille et de 75° à Perpignan.

28 00 Jeudi (362-3). Période de libration minimale en latitude pour la Lune (b = - 6,5°).

28 07 Du 31 décembre au 10 janvier, **levers les plus tardifs de l'année pour le Soleil** à 40° nord : 7 h 22 m (arrondi à la minute). À 45° nord, ces levers tardifs ont lieu du 28 décembre au 8 janvier, à 7 h 38 m. À 50° nord, ils interviennent du 26 décembre au 6 janvier, à 7 h 58 m.

28 11 **Conjonction géocentrique en longitude entre la Lune (Gem) et Pollux** à 11 h 54 m (séparation : 1,7°). Ce soir à la fin du crépuscule, Castor et Pollux sont alignées avec la Lune lors de leur lever à l'est-nord-est.

29 00 Vendredi (363-2). Période du maximum d'éclat de l'étoile variable U Cyg (2016+47). U Cyg est une variable de type Mira (variable à longue période) dont la magnitude oscille entre 5,9 et 12,1 ; sa période est de 463,24 jours.

29 20 En début de nuit, les quatre lunes galiléennes – **Io, Europe, Ganymède et Callisto** – s'alignent dans leur ordre naturel à l'est du disque jovien.

30 11 Samedi (364-1). Formations lunaires proches du terminateur dans la journée : l'albatros (bordure ouest de la mer des Crises), Atlas.

30 15 Saturne frôle une étoile de magnitude 9,6 (PPM 240152) vers 15 h 21 m. Ce rapprochement est invisible en Europe.

30 18 Dans un site offrant un ciel suffisamment noir, vous pouvez chercher la lueur évanescente de **la lumière zodiacale le soir** à partir de la fin du crépuscule astronomique. Vous disposez d'une quinzaine de jours jusqu'au retour de la jeune Lune vers le 13 janvier. Le fuseau de la lumière zodiacale se déploie dans le Capricorne et le Verseau au-dessus de l'horizon sud-ouest et il se redresse soir après soir, dessinant un grand V avec la belle portion de la Voie lactée qui traverse le Triangle d'été au-dessus de l'horizon ouest. Voir également le 13 octobre 2023.

30 22 Latitude nord maximale pour Mercure : 7° (longitude héliocentrique : 138,3°).

31 00 Dimanche. 365e jour de l'année.

31 00 Mars entre dans la constellation du Sagittaire.

31 02 **Jupiter est stationnaire** en ascension droite dans le Bélier et reprend sa course régulière vers l'est de l'écliptique pour près de 283 jours (9 octobre 2024).

31 12 **Conjonction géocentrique en longitude entre la Lune (Leo) et Régulus** à 12 h 13 m (séparation : 3,4°). Ces deux astres sont loin au-dessus de l'horizon sud-ouest à la fin de la nuit.

31 22 Vénus entre dans la constellation du Scorpion.

Un souvenir du passage de la comète C/2022 E3 ZTF à moins de 0,5° d'écart apparent de la planète Mars durant la nuit du 11 au 12 février 2023.

DÉCEMBRE 2023 Le Soleil et les planètes

	JOUR	ASCENSION DROITE	DÉCLINAISON	CONSTELLATION	Ø APPARENT	ÉQUATION DU TEMPS	DISTANCE	DISTANCE LUMIÈRE	LEVER	MÉRIDIEN	HAUTEUR	COUCHER
		h m s	° ′ ″			m s	ua	m s	h m	h m		h m
Soleil	2	16 31 25	- 21 52 40	Oph	32′ 26″	- 10 53	0,9861	8 12	07 19	11 49	23°	16 20
	6	16 48 47	- 22 25 45	Oph	32′ 28″	- 9 17	0,9855	8 12	07 23	11 51	23°	16 19
	10	17 06 17	- 22 51 51	Oph	32′ 29″	- 7 33	0,9850	8 11	07 27	11 53	22°	16 18
	14	17 23 54	- 23 10 45	Oph	32′ 29″	- 5 42	0,9845	8 11	07 30	11 55	22°	16 19
	18	17 41 37	- 23 22 16	Oph	32′ 30″	- 3 47	0,9841	8 11	07 33	11 56	22°	16 20
	22	17 59 22	- 23 26 18	Sgr	32′ 31″	- 1 48	0,9838	8 11	07 35	11 58	22°	16 21
	26	18 17 07	- 23 22 48	Sgr	32′ 31″	+ 0 11	0,9835	8 11	07 37	12 00	22°	16 24
	30	18 34 50	- 23 11 48	Sgr	32′ 32″	+ 2 08	0,9834	8 11	07 38	12 02	22°	16 27

	JOUR	ASCENSION DROITE	DÉCLINAISON	CONSTELLATION	MAGNITUDE	Ø APPARENT	ÉLONGATION	DISTANCE	FRACTION ÉCLAIRÉE	LEVER	MÉRIDIEN	HAUTEUR	COUCHER
		h m s	° ′ ″					ua		h m	h m		h m
Mercure	2	18 02 04	- 25 48 58	Sgr	- 0,2	6,3	20,9° E	1,0702	70 %	09 12	13 20	19°	17 29
	6	18 20 45	- 25 26 09	Sgr	0,0	6,9	21,1° E	0,9809	59 %	09 12	13 23	20°	17 34
	10	18 33 31	- 24 43 40	Sgr	0,5	7,6	20,0° E	0,8854	44 %	09 04	13 19	20°	17 33
	14	18 36 56	- 23 46 06	Sgr	1,4	8,5	16,7° E	0,7920	27 %	08 46	13 05	21°	17 24
	18	18 27 49	- 22 39 18	Sgr	2,8	9,4	10,6° E	0,7163	10 %	08 14	12 38	23°	17 03
	22	18 07 28	- 21 30 13	Sgr	3,8	9,9	1,9° E	0,6782	1 %	07 32	12 01	24°	16 31
	26	17 44 49	- 20 33 26	Oph	3,3	9,8	7,5° O	0,6890	5 %	06 50	11 24	25°	15 58
	30	17 30 08	- 20 08 06	Oph	2,0	9,1	15,0° O	0,7415	19 %	06 18	10 55	25°	15 31
Vénus	2	13 42 23	- 8 16 59	Vir	- 4,2	17,1	42,8° O	0,9815	68 %	03 31	09 00	37°	14 29
	6	14 00 15	- 9 52 42	Vir	- 4,2	16,7	42,1° O	1,0096	70 %	03 39	09 02	35°	14 25
	10	14 18 24	- 11 26 22	Vir	- 4,1	16,2	41,5° O	1,0372	71 %	03 48	09 05	33°	14 21
	14	14 36 51	- 12 57 08	Lib	- 4,1	15,8	40,8° O	1,0644	72 %	03 57	09 07	32°	14 17
	18	14 55 37	- 14 24 05	Lib	- 4,1	15,4	40,1° O	1,0913	74 %	04 07	09 11	30°	14 14
	22	15 14 41	- 15 46 22	Lib	- 4,1	15	39,3° O	1,1177	75 %	04 16	09 14	29°	14 11
	26	15 34 05	- 17 03 08	Lib	- 4,1	14,7	38,6° O	1,1437	76 %	04 26	09 18	28°	14 09
	30	15 53 49	- 18 13 34	Lib	- 4,1	14,4	37,8° O	1,1693	77 %	04 35	09 22	27°	14 08
Mars	6	16 25 58	- 21 58 37	Oph	1,5	3,8	5,3° O	2,4929	100 %	06 59	11 27	23°	15 55
	14	16 50 45	- 22 51 36	Oph	1,6	3,8	7,6° O	2,4740	100 %	06 57	11 21	22°	15 44
	22	17 16 03	- 23 30 27	Oph	1,6	3,8	9,9° O	2,4529	100 %	06 54	11 15	22°	15 35
	30	17 41 44	- 23 54 12	Oph	1,6	3,9	12,2° O	2,4299	100 %	06 50	11 09	21°	15 27
Jupiter	6	2 19 03	+ 12 29 48	Ari	- 2,8	47,4	143,1° E	4,1573	100 %	14 24	21 17	57°	04 15
	14	2 16 48	+ 12 20 41	Ari	- 2,7	46,4	134,4° E	4,2433	100 %	13 51	20 44	57°	03 41
	22	2 15 22	+ 12 15 47	Ari	- 2,7	45,3	125,9° E	4,3426	99 %	13 18	20 11	57°	03 07
	30	2 14 46	+ 12 15 16	Ari	- 2,6	44,2	117,6° E	4,4526	99 %	12 46	19 39	57°	02 35
Saturne	6	22 16 03	- 12 32 56	Aqr	0,8	16,7	77,8° E	9,9059	100 %	12 04	17 15	32°	22 26
	14	22 17 50	- 12 21 57	Aqr	0,9	16,5	70,1° E	10,0330	100 %	11 34	16 46	33°	21 58
	22	22 19 59	- 12 09 00	Aqr	0,9	16,3	62,6° E	10,1550	100 %	11 03	16 16	33°	21 29
	30	22 22 27	- 11 54 17	Aqr	0,9	16,1	55,1° E	10,2680	100 %	10 33	15 47	33°	21 01
Uranus	6	3 11 16	+ 17 28 59	Ari	5,6	3,7	156,6° E	18,7090	100 %	14 54	22 09	62°	05 29
	18	3 09 36	+ 17 22 33	Ari	5,7	3,7	144,0° E	18,8110	100 %	14 05	21 21	62°	04 40
	30	3 08 16	+ 17 17 27	Ari	5,7	3,7	131,4° E	18,9490	100 %	13 17	20 32	62°	03 51
Neptune	6	23 43 13	- 3 10 51	Aqr	7,9	2,3	101,3° E	29,6960	100 %	12 53	18 42	42°	00 36
	18	23 43 21	- 3 09 32	Psc	7,9	2,2	89,1° E	29,9030	100 %	12 05	17 55	42°	23 45
	30	23 43 47	- 3 06 16	Psc	7,9	2,2	77,0° E	30,1090	100 %	11 18	17 08	42°	22 58

Les éphémérides du Soleil, des planètes et de la Lune proposées sur ces deux pages sont calculées à 0 h TU pour une latitude de 45° nord et une longitude de 0°.

La Lune

	JOUR	ASCENSION DROITE	DÉCLINAISON	CONSTELLATION	Ø APPARENT	PARALLAXE HORIZONTALE	FRACTION ÉCLAIRÉE	JOUR	ÉLONGATION	DISTANCE	LEVER	MÉRIDIEN	HAUTEUR	COUCHER
		h m s	° ′ ″							km	h m	h m		h m
V 1	335	7 37 40	26 44 49	Gem	30′ 11″	55′ 23″	86 %	17,6	136° O	395 971	19 h 52	3 h 06	71°	11 h 17
S 2	336	8 30 50	24 08 39	Cnc	29′ 54″	54′ 53″	79 %	18,6	125° O	399 584	20 h 59	3 h 56	68°	11 h 49
D 3	337	9 20 34	20 31 05	Cnc	29′ 42″	54′ 30″	70 %	19,6	114° O	402 322	22 h 05	4 h 43	64°	12 h 13
L 4	338	10 07 12	16 06 40	Leo	29′ 35″	54′ 17″	61 %	20,6	103° O	403 949	23 h 10	5 h 26	60°	12 h 34
M 5	339	10 51 24	11 07 57	Leo	29′ 33″	54′ 14″	52 %	21,6	92° O	404 314		6 h 07	54°	12 h 51
M 6	340	11 34 07	5 45 30	Leo	29′ 37″	54′ 22″	42 %	22,6	81° O	403 363	0 h 14	6 h 47	49°	13 h 07
J 7	341	12 16 23	0 08 32	Vir	29′ 47″	54′ 40″	33 %	23,6	70° O	401 146	1 h 18	7 h 26	43°	13 h 23
V 8	342	12 59 17	- 5 33 47	Vir	30′ 02″	55′ 07″	24 %	24,6	59° O	397 814	2 h 22	8 h 07	37°	13 h 40
S 9	343	13 43 57	- 11 10 58	Vir	30′ 21″	55′ 42″	17 %	25,6	48° O	393 613	3 h 30	8 h 50	31°	13 h 59
D 10	344	14 31 31	- 16 29 43	Lib	30′ 44″	56′ 23″	10 %	26,6	36° O	388 864	4 h 41	9 h 36	26°	14 h 22
L 11	345	15 22 59	- 21 12 46	Lib	31′ 07″	57′ 07″	5 %	27,6	24° O	383 941	5 h 55	10 h 27	21°	14 h 52
M 12	346	16 18 58	- 24 58 46	Sco	31′ 31″	57′ 49″	1 %	28,6	12° O	379 227	7 h 11	11 h 23	18°	15 h 31
M 13	347	17 19 16	- 27 24 23	Oph	31′ 51″	58′ 28″	0 %	0,0	0° E	375 072	8 h 23	12 h 24	16°	16 h 24
J 14	348	18 22 34	- 28 09 21	Sgr	32′ 09″	58′ 59″	2 %	1,0	13° E	371 756	9 h 26	13 h 27	16°	17 h 30
V 15	349	19 26 36	- 27 03 21	Sgr	32′ 21″	59′ 21″	5 %	2,0	26° E	369 445	10 h 16	14 h 29	19°	18 h 47
S 16	350	20 28 55	- 24 10 16	Cap	32′ 27″	59′ 33″	12 %	3,0	39° E	368 188	10 h 55	15 h 27	23°	20 h 09
D 17	351	21 27 56	- 19 46 34	Cap	32′ 29″	59′ 36″	20 %	4,0	53° E	367 921	11 h 25	16 h 22	28°	21 h 30
L 18	352	22 23 17	- 14 15 32	Aqr	32′ 26″	59′ 30″	30 %	5,0	66° E	368 503	11 h 49	17 h 13	34°	22 h 49
M 19	353	23 15 30	- 8 01 37	Aqr	32′ 19″	59′ 18″	41 %	6,0	79° E	369 757	12 h 10	18 h 01	41°	
M 20	354	0 05 38	- 1 27 24	Psc	32′ 10″	59′ 01″	52 %	7,0	92° E	371 515	12 h 29	18 h 48	48°	0 h 06
J 21	355	0 54 59	5 06 55	Psc	31′ 59″	58′ 41″	63 %	8,0	105° E	373 644	12 h 48	19 h 35	55°	1 h 22
V 22	356	1 44 45	11 22 41	Psc	31′ 46″	58′ 18″	73 %	9,0	118° E	376 065	13 h 10	20 h 24	61°	2 h 37
S 23	357	2 36 01	17 01 56	Ari	31′ 33″	57′ 54″	83 %	10,0	130° E	378 743	13 h 35	21 h 15	66°	3 h 53
D 24	358	3 29 30	21 46 55	Ari	31′ 18″	57′ 27″	90 %	11,0	143° E	381 668	14 h 06	22 h 08	70°	5 h 09
L 25	359	4 25 22	25 20 53	Tau	31′ 03″	56′ 59″	95 %	12,0	155° E	384 833	14 h 44	23 h 04	72°	6 h 23
M 26	360	5 23 01	27 30 25	Tau	30′ 47″	56′ 29″	99 %	13,0	168° E	388 201	15 h 33			7 h 30
M 27	361	6 21 08	28 08 22	Aur	30′ 30″	55′ 59″	100 %	14,0	180° E	391 689	16 h 31	0 h 00	73°	8 h 27
J 28	362	7 18 06	27 15 54	Gem	30′ 14″	55′ 29″	99 %	15,0	168° O	395 159	17 h 36	0 h 55	72°	9 h 12
V 29	363	8 12 31	25 02 08	Cnc	29′ 59″	55′ 02″	96 %	16,0	157° O	398 422	18 h 44	1 h 47	70°	9 h 47
S 30	364	9 03 38	21 41 04	Cnc	29′ 47″	54′ 39″	91 %	17,0	146° O	401 253	19 h 51	2 h 36	66°	10 h 15
D 31	365	9 51 28	17 28 08	Leo	29′ 37″	54′ 21″	85 %	18,0	134° O	403 411	20 h 57	3 h 21	61°	10 h 37

La Lune des spécialistes

	Libration		Angle de position	
	l	b	axe	phase
1	4,2°	- 6,7°	9,5°	94,7°
2	3,4°	- 6,6°	13,8°	101,0°
3	2,3°	- 6,2°	17,2°	106,1°
4	1,1°	- 5,5°	19,7°	109,8°
5	- 0,2°	- 4,6°	21,2°	112,4°
6	- 1,6°	- 3,5°	22,0°	113,7°
7	- 2,9°	- 2,3°	21,9°	113,9°
8	- 4,0°	- 0,9°	21,1°	112,8°
9	- 4,9°	0,6°	19,4°	110,2°
10	- 5,4°	2,0°	16,8°	105,7°
11	- 5,6°	3,4°	13,3°	98,2°
12	- 5,4°	4,6°	8,7°	82,7°
13	- 4,8°	5,6°	3,3°	0,4°
14	- 3,9°	6,3°	357,3°	288,7°
15	- 2,8°	6,6°	351,5°	272,4°
16	- 1,5°	6,5°	346,3°	262,6°
17	- 0,3°	6,0°	342,4°	255,6°
18	0,9°	5,1°	339,7°	250,7°
19	2,0°	3,9°	338,3°	247,7°
20	2,9°	2,4°	338,0°	246,5°
21	3,6°	0,9°	338,8°	246,9°
22	4,1°	- 0,7°	340,6°	249,1°
23	4,5°	- 2,2°	343,4°	253,0°
24	4,7°	- 3,6°	347,2°	259,0°
25	4,8°	- 4,8°	351,9°	267,9°
26	4,8°	- 5,7°	357,1°	284,2°
27	4,5°	- 6,3°	2,6°	358,8°
28	4,0°	- 6,5°	7,8°	75,8°
29	3,3°	- 6,5°	12,4°	91,9°
30	2,4°	- 6,1°	16,1°	100,4°
31	1,3°	- 5,5°	18,9°	106,0°

Phases et distances

Jour	Heure en TU	Distance en km	Ø apparent
5	DQ à 5 h 49 m	404 204	29,6′
12*	NL à 23 h 32 m	375 146	31,9′
19	PQ à 18 h 39 m	371 087	32,2′
27	PL à 0 h 33 m	391 769	30,5′
4	Apogée à 18 h 42 m	404 346	29,6′
16	Périgée à 18 h 53 m	367 901	32,5′

* le 13 en heure légale en France métropolitaine

Reportez-vous pages 7 à 15 pour trouver des renseignements détaillés sur l'utilisation de ces différentes informations.
Consultez les tableaux de corrections horaires (pages 340 et 341) pour adapter les heures de lever, de passage au méridien et de coucher en fonction de votre lieu d'observation.

JANVIER 2024

1re quinzaine vers 22 h TU - 2e quinzaine vers 21 h TU

Pour	Utilisez la carte de
17-18 h	novembre
19-20 h	décembre
23-0 h	février
1-2 h	mars
3-4 h	avril
5-6 h	mai

Vous pouvez également utiliser cette carte en :
février vers 19-20 h
mars vers 17-18 h
septembre vers 5-6 h
octobre vers 3-4 h
novembre vers 1-2 h
décembre vers 23-0 h
(valable uniquement pour les étoiles)

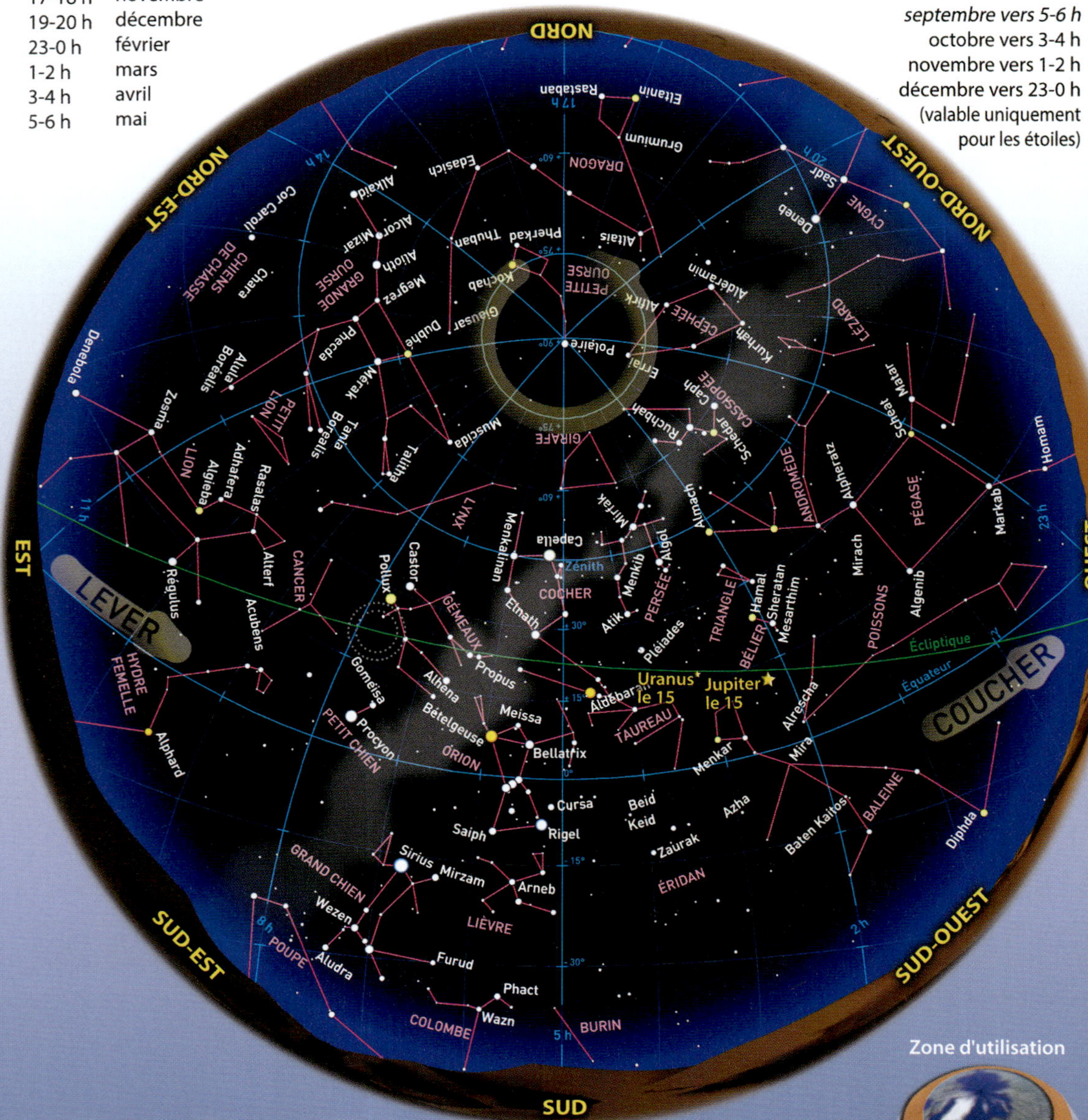

4 janvier	11 janvier	18 janvier	25 janvier
Dernier Quartier	**Nouvelle Lune**	**Premier Quartier**	**Pleine Lune**
Vierge	*Sagittaire*	*Poissons*	*Cancer*

Magnitudes
-1 0 1 2 3 4 4,5 et +

Zone d'utilisation

38° à 52° nord

À L'ORÉE DE L'AUBE EN JANVIER 2024

Zone d'utilisation

38° à 52° nord

Vous trouverez des conseils pour l'utilisation de ces cartes en début d'ouvrage.

La Lune et les planètes

Mercure

Nord. Elle se lève plus d'une heure avant le Soleil durant pratiquement tout le mois de janvier et brille juste au-dessus de l'horizon est-sud-est avec un éclat proche de la magnitude zéro. Les conditions d'observation sont donc plutôt bonnes en ce début d'année si l'atmosphère hivernale reste froide et limpide. Mercure atteint son élongation maximale à l'ouest du Soleil le 12 à 23,5° et devient délicate à repérer après le 25.
Tropiques. Les conditions d'observation sont excellentes à l'aube.

Vénus

Nord. Elle poursuit en ce début d'année la très longue glissade qui va lentement l'amener jusqu'à sa conjonction supérieure avec le Soleil du 4 juin prochain. Les conditions d'observation de Vénus vont rapidement se dégrader avec la diminution de son élongation solaire, son passage au sud de l'écliptique en février et l'inclinaison de cette ligne dans le ciel de l'aube. Le 1er janvier, cette planète apparaît encore à l'est-sud-est près de trois heures avant le lever du Soleil et brille superbement à 10° de hauteur dans le Scorpion au tout début de l'aube. Mais, le 31, elle ne se lève plus qu'une heure et quarante-cinq minutes avant l'astre du jour et navigue dans un ciel qui s'éclaircit. Son élongation solaire passe de 37° à 31° dans le mois.
Tropiques. Les conditions d'observation sont encore très bonnes sous le tropique du Cancer et excellentes sous celui du Capricorne, où l'écliptique est perpendiculaire à l'horizon en fin de nuit et projette l'éclat vénusien très haut dans le ciel.

Mars

Nord. Installée dans le Sagittaire, elle se lève une cinquantaine de minutes avant le Soleil le 1er et à peine une heure avant le 31. Son élongation solaire est pourtant de 20° en fin de mois, mais l'inclinaison de l'écliptique ne favorise pas le retour de ce petit point peu éclatant – magnitude 1,6 – dans le ciel de l'aube.
Tropiques. Elle se lève à l'orée de l'aube fin janvier, il est donc facile de la repérer à l'œil nu durant le crépuscule astronomique.

Jupiter

Nord. Elle brille vivement (magnitude - 2,6) dans le Bélier, à plus de 50° de hauteur au-dessus de l'horizon sud-est le 1er à la fin du crépuscule. Le 31, nous la retrouvons au même moment à 54° de hauteur au-dessus de l'horizon sud-sud-ouest. Vous pouvez donc encore consacrer de nombreuses heures à l'observation de cette planète géante dont le diamètre apparent équatorial est de 42″ en milieu de mois. Le 15 au soir, Jupiter n'a que deux lunes galiléennes pendant près de deux heures et, le 24, elle n'en a qu'une seule pendant quelques minutes, mais l'observation est délicate en Europe ; plus de détails sur ces deux rendez-vous dans les phénomènes au jour le jour. L'éclat jovien est visible en plein jour aux jumelles, mais aussi à l'œil nu dans un ciel bleu limpide, et la Lune peut vous servir d'aide au pointage lors de ses conjonctions avec cette planète ; essayez, par exemple, le 18 janvier après-midi ! Le 27, Jupiter est en quadrature à 90° à l'est du Soleil.
Tropiques. Conditions d'observation excellentes.

Saturne

Nord. Au cœur du Verseau, elle surplombe l'horizon sud-ouest de plus de 23° à la fin du crépuscule astronomique le 1er, mais n'est plus qu'à 4° de hauteur à l'ouest-sud-ouest le 31 au même moment ; son élongation décroît de 52° à 25°. Ce début d'année marque donc la fin de la bonne période d'observation instrumentale de cette planète. Son petit éclat proche de la magnitude 0,9 est encore repérable à l'œil nu puis aux jumelles dans un ciel crépusculaire de plus en plus clair jusqu'à la fin du mois.
Tropiques. Les conditions d'observation sont un peu plus favorables sous le tropique du Cancer.

Uranus (Bélier) achève sa rétrogradation le 27 et reprend sa course directe vers l'est de l'écliptique ; sa prochaine rétrogradation commencera le 1er septembre 2024. Le 15, elle surplombe l'horizon sud-sud-est de 60° à la fin du crépuscule et il est possible de la repérer à l'œil nu dans un site offrant un ciel bien sombre (magnitude 5,7). Mi-janvier, Neptune (Poissons) est à 32° de hauteur au-dessus de l'horizon sud-ouest en début de nuit (carte p. 53).

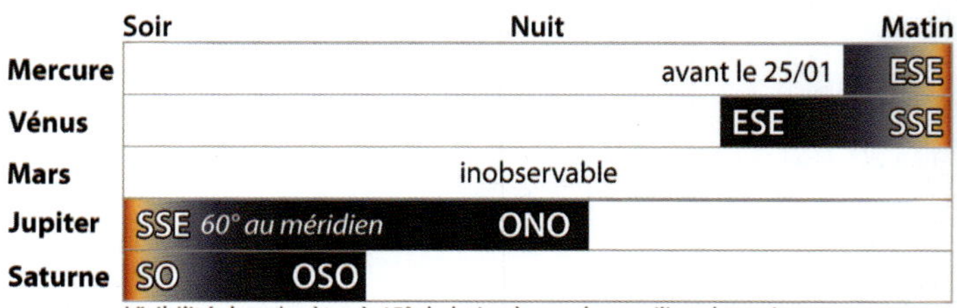

Visibilité des planètes à 45° de latitude nord, en milieu de mois.

Planétaire

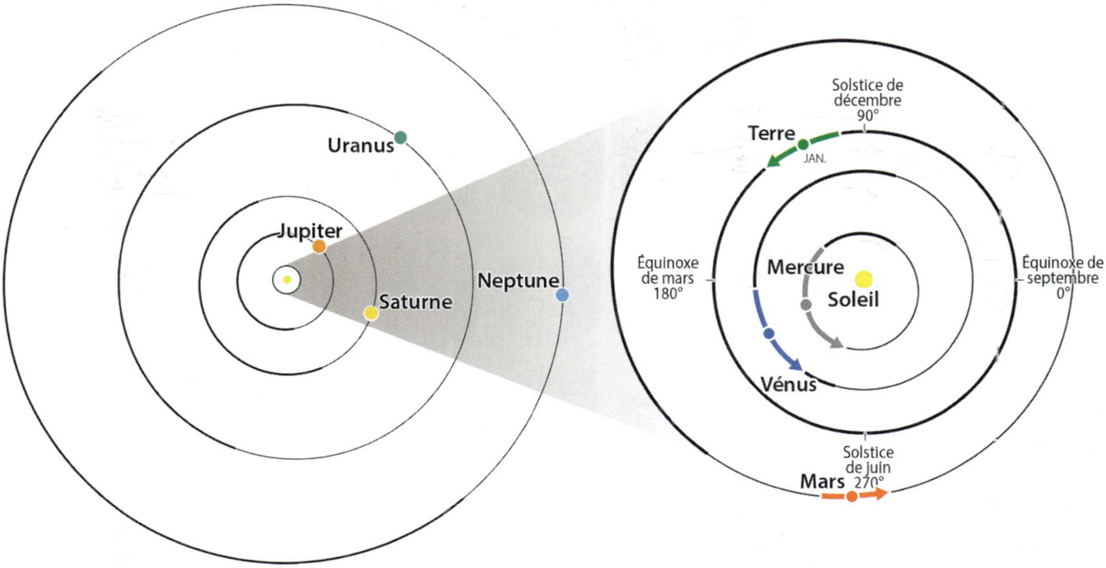

Vous trouverez en pages 67 et 69 des explications complètes sur ces deux schémas.

Le calendrier lunaire

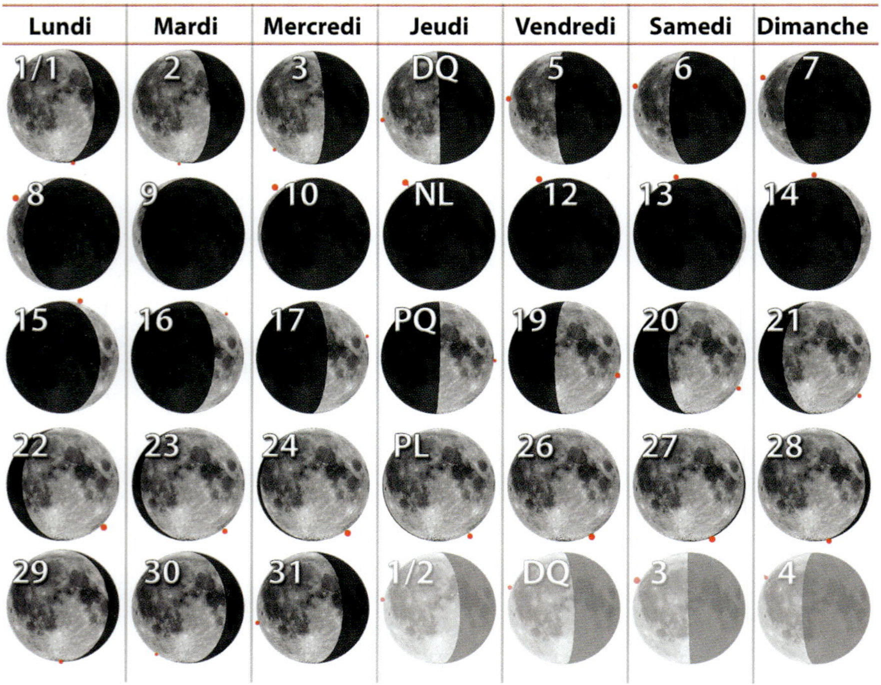

Longitude du terminateur	Soleil levant	Soleil couchant
1er/01		146°
2		158°
3		170°
4		182°
5		194°
6		207°
7		219°
8		231°
9		243°
10		255°
11		268°
12	280°	
13	292°	
14	304°	
15	316°	
16	328°	
17	341°	
18	353°	
19	5°	
20	17°	
21	29°	
22	41°	
23	54°	
24	66°	
25	78°	
26		90°
27		102°
28		114°
29		126°
30		138°
31		151°

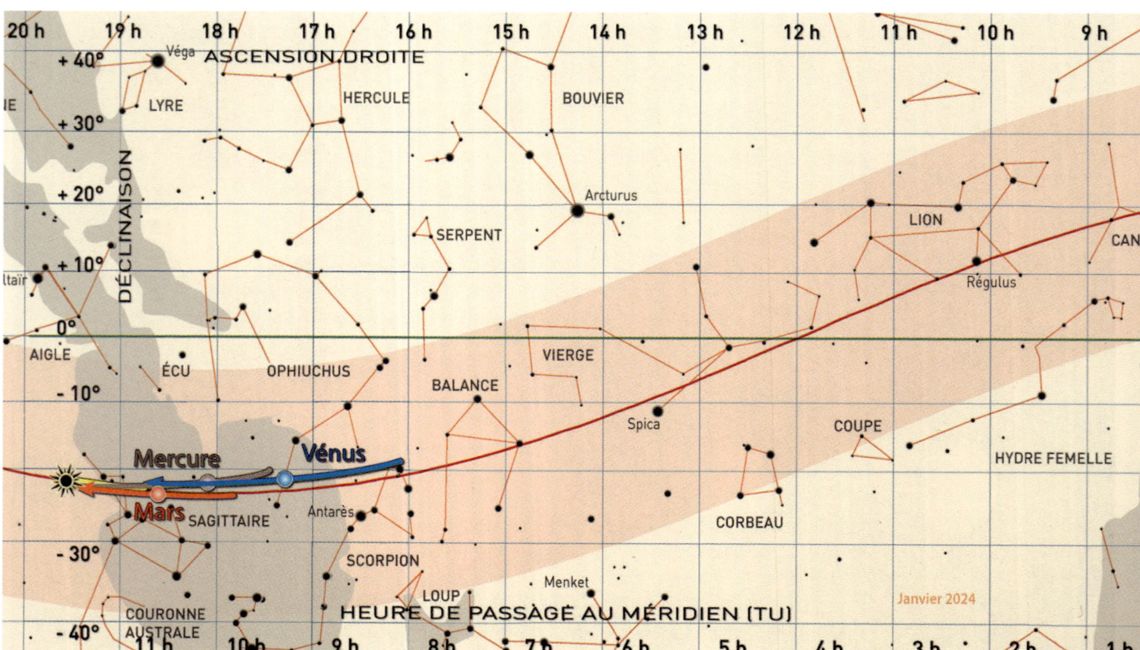

Hauteur mensuelle de la Lune

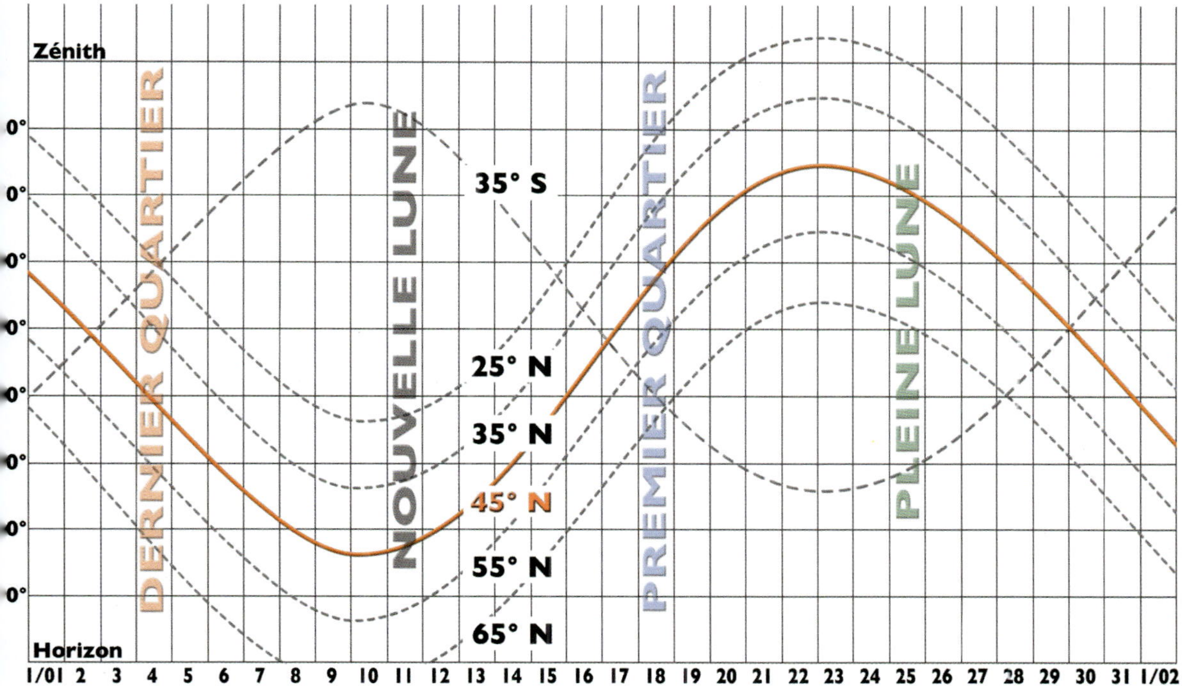

Le 1er janvier à 0 h TU, la Lune est âgée de 19 jours.

La Lune atteint sa plus grande déclinaison vers le nord le 23 (28,2°) et sa plus grande déclinaison vers le sud le 10 (- 28,2°).

Vous trouverez en pages 35, 69, 70 et 71 des explications complètes sur ces trois schémas et ce tableau.

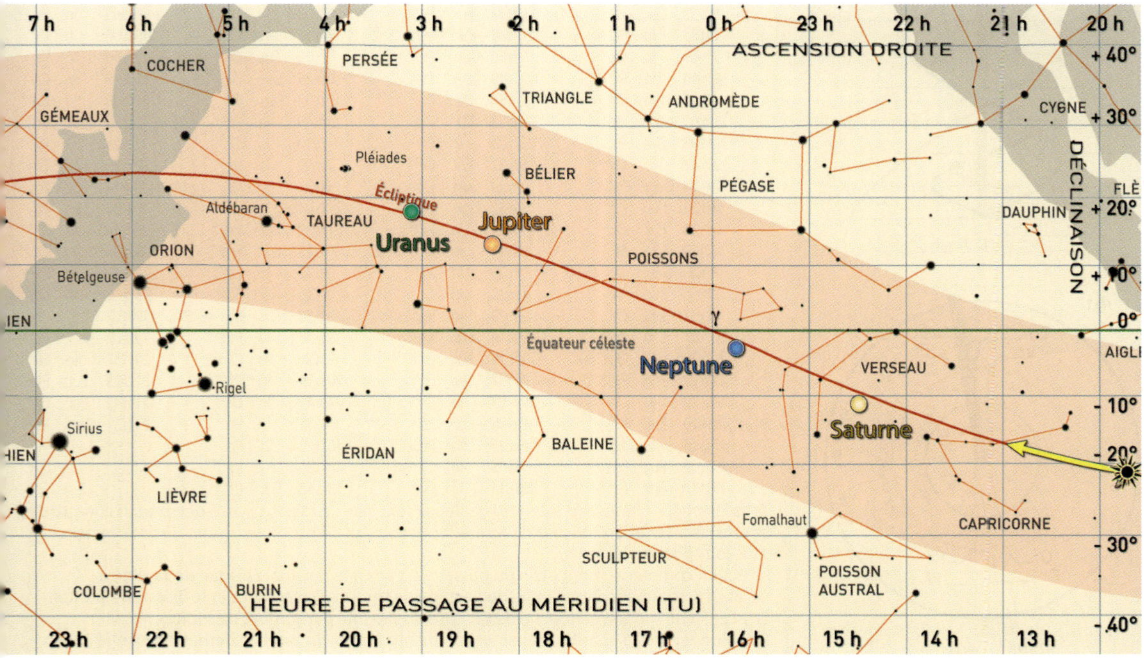

JANVIER 2024

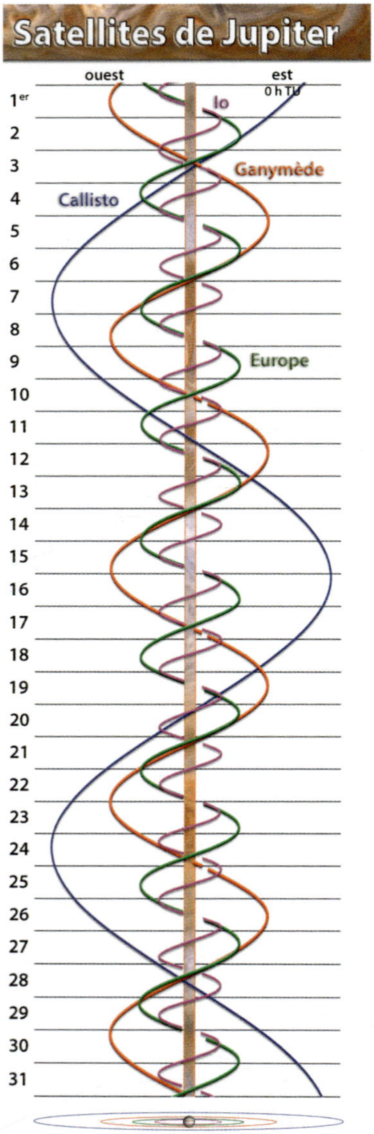

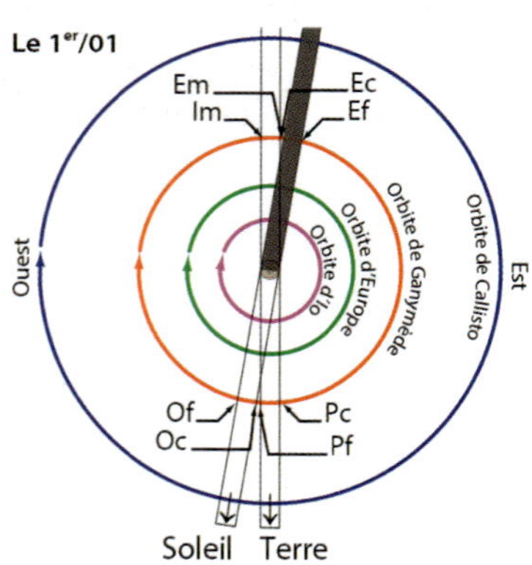

Passages de la tache rouge de Jupiter au méridien central

1er/01 : 8 h 13 ; 18 h 08.
2 : 4 h 04 ; 13 h 59 ; 23 h 55.
3 : 9 h 51 ; 19 h 47.
4 : 5 h 43 ; 15 h 38.
5 : 1 h 34 ; 11 h 30 ; 21 h 26.
6 : 7 h 21 ; 17 h 17.
7 : 3 h 13 ; 13 h 09 ; 23 h 04.
8 : 9 h 00 ; 18 h 56.
9 : 4 h 52 ; 14 h 47.
10 : 0 h 43 ; 10 h 39 ; 20 h 35.
11 : 6 h 30 ; 16 h 26.
12 : 2 h 22 ; 12 h 18 ; 22 h 13.
13 : 8 h 09 ; 18 h 05.
14 : 4 h 01 ; 13 h 57 ; 23 h 52.
15 : 9 h 48 ; 19 h 44.
16 : 5 h 40 ; 15 h 35.
17 : 1 h 31 ; 11 h 27 ; 21 h 23.
18 : 7 h 19 ; 17 h 14.
19 : 3 h 10 ; 13 h 06 ; 23 h 01.
20 : 8 h 57 ; 18 h 53.
21 : 4 h 49 ; 14 h 45.
22 : 0 h 41 ; 10 h 36 ; 20 h 32.
23 : 6 h 28 ; 16 h 24.
24 : 2 h 20 ; 12 h 15 ; 22 h 11.
25 : 8 h 07 ; 18 h 03.
26 : 3 h 58 ; 13 h 54 ; 23 h 50.
27 : 9 h 46 ; 19 h 41.
28 : 5 h 37 ; 15 h 33.
29 : 1 h 29 ; 11 h 25 ; 21 h 20.
30 : 7 h 16 ; 17 h 12.
31 : 3 h 08 ; 13 h 04 ; 22 h 59.

Longitude estimée du centre de la tache rouge en début de mois : 53,5°.

Phénomènes des satellites de Jupiter

	Heure	Sat.	Phé.
1er/01	14h09	Eur.	Im
	15h24	Io	Im
	16h30	Eur.	Em
	16h38	Eur.	Ec
	18h46	Io	Ef**
	18h59	Eur.	Ef**
2	12h37	Io	Pc
	13h51	Io	Oc
	14h47	Io	Pf
	16h02	Io	Of
3	7h00	Gan.	Im
	8h50	Gan.	Em
	8h52	Eur.	Pc
	9h52	Io	Im
	11h12	Eur.	Pf
	11h19	Eur.	Oc
	12h05	Gan.	Ec
	13h15	Io	Ef
	13h38	Eur.	Of
	13h43	Gan.	Ef
4	7h04	Io	Pc
	8h20	Io	Oc
	9h16	Io	Pf
	10h30	Io	Of
5	3h23	Eur.	Im
	4h20	Io	Im
	5h45	Eur.	Em
	5h58	Eur.	Ec
	7h44	Io	Ef
	8h19	Eur.	Ef
6	1h33	Io	Pc**
	2h49	Io	Oc
	3h44	Io	Pf
	4h59	Io	Of
	21h05	Gan.	Pc**
	22h07	Eur.	Pc**
	22h48	Io	Im**
	22h56	Gan.	Pf**
7	0h26	Eur.	Pf**
	0h36	Eur.	Oc**
	2h13	Io	Ef
	2h20	Gan.	Oc
	2h56	Eur.	Of
	3h57	Gan.	Of
	20h01	Io	Pc**
	21h18	Io	Oc**
	22h12	Io	Pf**
	23h29	Io	Of**
8	16h40	Eur.	Im
	17h16	Io	Im**
	19h02	Eur.	Em**
	19h17	Eur.	Ec**
	20h42	Io	Ef**
	21h39	Eur.	Ef**
9	14h29	Io	Pc
	15h47	Io	Oc
	16h40	Io	Pf
	17h58	Io	Of**
10	10h47	Gan.	Im
	11h22	Eur.	Pc
	11h44	Io	Im
	12h40	Gan.	Em
	13h42	Eur.	Pf
	13h55	Eur.	Oc
	15h10	Io	Ef
	16h07	Gan.	Ec
	16h15	Eur.	Of
	17h45	Gan.	Ef**
11	8h58	Io	Pc
	10h16	Io	Oc
	11h08	Io	Pf
	12h26	Io	Of
12	5h56	Eur.	Im
	6h12	Io	Im
	8h19	Eur.	Em
	8h37	Eur.	Ec
	9h39	Io	Ef
	10h58	Eur.	Ef
13	3h26	Io	Pc
	4h46	Io	Oc
	5h37	Io	Pf
	6h56	Io	Of
14	0h37	Eur.	Pc**
	0h41	Io	Im**
	0h56	Gan.	Pc**
	2h49	Gan.	Pf
	2h58	Eur.	Pf
	3h13	Eur.	Oc
	4h08	Io	Ef
	5h32	Eur.	Of
	6h23	Gan.	Oc
	7h59	Gan.	Of
	21h54	Io	Pc**
	23h14	Io	Oc**
15	0h05	Io	Pf**
	1h25	Io	Of
	19h09	Io	Im**
	19h14	Eur.	Im**
	21h36	Eur.	Em**
	21h57	Eur.	Ec**
	22h37	Io	Ef**
16	0h18	Eur.	Ef**
	16h22	Io	Pc
	17h43	Io	Oc**
	18h34	Io	Pf**
	19h53	Io	Of**
17	13h37	Io	Im
	13h53	Eur.	Pc
	14h38	Gan.	Im
	16h14	Eur.	Pf
	16h30	Eur.	Oc
	16h35	Gan.	Em
	17h06	Io	Ef
	18h50	Eur.	Of**
	20h09	Gan.	Ec**
	21h46	Gan.	Ef**
18	10h51	Io	Pc
	12h12	Io	Oc
	13h02	Io	Pf
	14h22	Io	Of
19	8h06	Io	Im
	8h31	Eur.	Im
	10h54	Eur.	Em
	11h16	Eur.	Ec
	11h34	Io	Ef
	13h37	Eur.	Ef
20	5h20	Io	Pc
	6h41	Io	Oc
	7h31	Io	Pf
	8h52	Io	Of
21	2h34	Io	Im
	3h09	Eur.	Pc
	4h50	Gan.	Pc
	5h31	Eur.	Pf
	5h48	Eur.	Oc
	6h03	Io	Ef
	6h46	Gan.	Pf
	8h09	Eur.	Of
	10h25	Gan.	Oc
	12h02	Gan.	Of
	23h49	Io	Pc**
22	1h10	Io	Oc
	1h59	Io	Pf
	3h21	Io	Of
	21h03	Io	Im**
	21h50	Eur.	Im**
23	0h13	Eur.	Em**
	0h32	Io	Ef**
	0h36	Eur.	Ec**
	2h57	Eur.	Ef
	18h18	Io	Pc**
	19h39	Io	Oc**
	20h29	Io	Pf**
	21h49	Io	Of**
24	15h31	Io	Im
	16h26	Eur.	Pc
	18h36	Gan.	Im**
	18h48	Eur.	Pf**
	19h01	Io	Ef**
	19h07	Eur.	Oc**
	20h34	Gan.	Em**
	21h26	Eur.	Of**
25	0h11	Gan.	Ec**
	1h49	Gan.	Ef
	12h46	Io	Pc
	14h09	Io	Oc
	14h58	Io	Pf
	16h18	Io	Of
26	10h00	Io	Im
	11h09	Eur.	Im
	13h30	Io	Ef
	13h32	Eur.	Em
	13h54	Eur.	Ec
	16h15	Eur.	Ef
27	7h15	Io	Pc
	8h37	Io	Oc
	9h26	Io	Pf
	10h48	Io	Of
28	4h29	Io	Im
	5h44	Eur.	Pc
	7h59	Io	Ef
	8h06	Eur.	Pf
	8h24	Eur.	Oc
	8h49	Gan.	Pc
	10h44	Eur.	Of
	10h47	Gan.	Pf
	14h27	Gan.	Oc
	16h04	Gan.	Of
29	1h45	Io	Pc
	3h06	Io	Oc
	3h56	Io	Pf
	5h16	Io	Of
	22h58	Io	Im**
30	0h28	Eur.	Im
	2h28	Io	Ef
	2h52	Eur.	Em
	3h14	Eur.	Ec
	5h35	Eur.	Ef
	20h14	Io	Pc**
	21h35	Io	Oc**
	22h25	Io	Pf**
	23h45	Io	Of**
31	17h27	Io	Im
	19h02	Eur.	Pc**
	20h57	Io	Ef**
	21h25	Eur.	Pf**
	21h42	Eur.	Oc**
	22h37	Gan.	Im**

Tous les phénomènes des satellites galiléens sont listés ci-dessus ; vous devez tenir compte des heures de lever et de coucher de Jupiter pour votre site d'observation afin de déterminer ceux que vous pourrez observer.
Pc et Pf = commencement et fin du passage du satellite devant le disque de Jupiter.
Oc et Of = commencement et fin du passage de l'ombre du satellite sur le disque de Jupiter.
Ec et Ef = commencement et fin de l'éclipse du satellite par l'ombre de Jupiter. Im et Em = immersion (disparition) et émersion (réapparition) du satellite derrière le disque jovien.
* Visible à 45° nord et 0° de longitude.

Satellites de Saturne

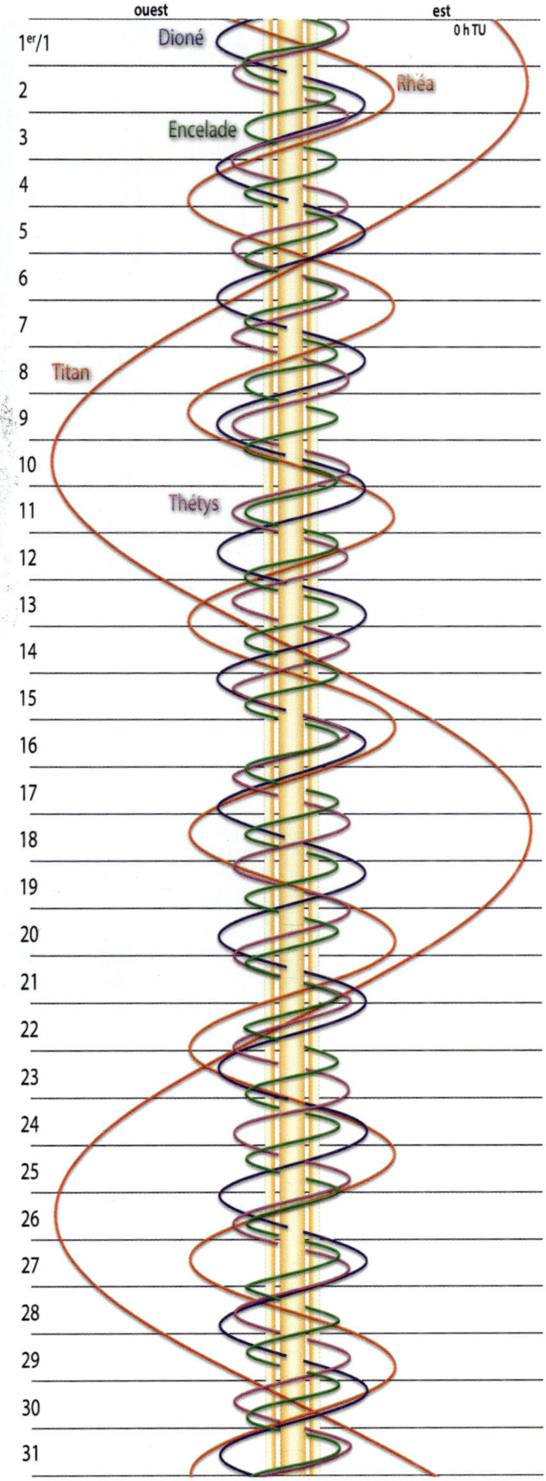

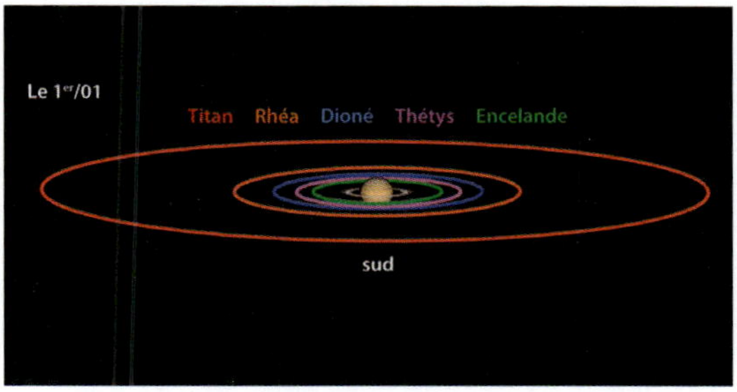

Les courbes ci-contre représentent les trajectoires apparentes des principales lunes de Saturne visibles dans les instruments d'amateur : Encelade est en vert, Téthys en cyan, Dioné en violet, Rhéa en orange et Titan en rouge. La triple bande centrale symbolise le disque et les anneaux de cette planète à la même échelle. La barre horizontale au-dessus de chaque date indique 0 h TU ce jour. Le nord est en haut, l'est à droite et l'ouest à gauche ; si vous ne savez plus comment est orienté le champ de votre instrument, lisez le petit texte d'explication de la page 67. Les satellites de Saturne tournent autour de leur planète dans le sens direct, c'est-à-dire dans le sens inverse des aiguilles d'une montre vu du nord. Ils passent donc entre la planète et nous dans le sens est-ouest et au-delà de la planète dans le sens ouest-est. Selon l'inclinaison du système de Saturne vu depuis la Terre (représentée ci-dessus), certaines des lunes peuvent alors être occultées ou éclipsées par le disque ou les anneaux de la planète. Le petit tableau ci-dessous donne la magnitude de ces lunes, plus Japet, dont l'orbite est trop grande pour être représentée (voir p. 294).

Satellites de Saturne en janvier 2024

	Mimas	Encelade	Téthys	Dioné	Rhéa	Titan	Japet
5	13,3	12,2	10,7	10,8	10,1	8,8	11,5
15	13,3	12,2	10,7	10,8	10,11	8,8	11,5
25	13,4	12,3	10,8	10,9	10,2	8,9	11,6

Dans le tableau suivant, la séparation en secondes d'arc est donnée avec un signe négatif pour les élongations à l'ouest. L'écart apparent entre Titan et Saturne reste important durant les nuits qui encadrent le jour de l'élongation maximale.

Élongations de Titan en janvier 2024

Date	Heure	Séparation en ″
2	7 h 26	162
10	10 h 53	- 163
18	7 h 41	160
26	11 h 16	- 160

Diamètre apparent le 15 : 0,68″

Les phénomènes astronomiques au jour le jour

À NE PAS MANQUER CE MOIS-CI !

Le Triangle d'été chute vers l'ouest-nord-ouest.
Du 1er au 13, lumière zodiacale le soir.
Le 8 et le 9, Vénus, Antarès et le croissant à l'aube.
Du 9 au 22, lumière zodiacale à l'orée de l'aube.
Le 9, Mercure et la Lune à l'aube.
Le 14, Saturne et la Lune le soir.
Le 18, Jupiter et la Lune.
Le 24, une seule lune pour Jupiter.

1re SEMAINE

JJ TU

01 00 Lundi (1-365). Début de la première semaine de l'année. D'après les recommandations de l'Organisation internationale de standardisation (1976) et la norme ISO 8601, la première semaine de l'année est celle qui contient le premier jeudi de janvier. D'après la même norme, le lundi est le premier jour de la semaine.

01 00 Depuis les meilleurs sites, ce début d'année est rehaussé par le fuseau fantomatique de la lumière zodiacale qui se déploie au-dessus de l'horizon sud-ouest à la fin du crépuscule. Constellation de la Lune chaque jour à 0 h pour 45° de latitude nord et 0° de longitude : L-Leo, M-Leo, M-Vir, J-Vir, V-Vir, S-Vir, D-Lib.

01 04 **Minimum d'éclat de l'étoile variable Algol de Persée** (Bêta Persei) à 4 h ; sa magnitude est proche de 3,3. Les autres minima du mois se produisent le 4 à 1 h, le 6 à 22 h, le 9 à 19 h, le 12 à 16 h, le 15 à 12 h, le 18 à 9 h, le 21 à 6 h, le 24 à 3 h, le 27 à 0 h et le 29 à 20 h. Voir également le 2 septembre 2023.

01 05 Heure de début et de fin du crépuscule astronomique à 45° de latitude nord et 0° de longitude : le 1er (5 h 52 m/18 h 15 m) ; le 15 (5 h 51 m/18 h 28 m). La durée du jour est de 8 heures et 51 minutes le 1er et de 9 heures et 44 minutes le 31 ; le dernier jour du mois, le Soleil se lève 16 minutes plus tôt et se couche 37 minutes plus tard que le premier. La durée du crépuscule astronomique passe de 106 à 101 minutes sur le mois.

01 12 TSMG (voir p. 17) : 6 h 40 m 37 s.

01 12 À midi, début du jour julien 2 460 311.

01 15 La Lune passe à l'apogée à 15 h 28 m. Distance : 404 909 km, soit 63,48 rayons terrestres.

01 18 L'étoile **Deneb** domine l'horizon ouest de 45° à la fin du crépuscule astronomique à 45° de latitude nord.

01 23 L'étoile **Sirius** du Grand Chien passe au méridien à minuit. Sa hauteur est alors de 28° sud.

Cherchez la lumière zodiacale le soir à partir de la fin du crépuscule. Vous disposez d'une douzaine de jours jusqu'au retour de la jeune Lune vers le 13 janvier. Le fuseau de la lumière zodiacale se déploie dans le Capricorne et le Verseau au-dessus de l'horizon sud-ouest et il se redresse soir après soir, dessinant un grand V avec la Voie lactée qui s'élève au-dessus de l'horizon ouest. Voir également le 13 octobre 2023. Les planètes Jupiter et Vénus sont visibles au sein de la lumière zodiacale sur cette image prise dans les Cévennes durant l'hiver 2023.

02 00 Mardi (2-364). **L'inclinaison apparente des anneaux de Saturne** passe de + 9,2° à + 7,7° au cours du mois.

02 03 **Mercure est stationnaire** en ascension droite et termine sa rétrogradation ; elle circulera vers l'est de l'écliptique durant 91 jours.

02 07 **Élongation maximale de Titan** à l'est de Saturne à 7 h 26 m (162"). Saturne devient inobservable en Europe en janvier.

02 20 Le Soleil se couche sur la région de **Lilius** (2-178) et, autour de 20 h 55 m, vous pouvez tenter d'observer avec un instrument une ou plusieurs raies lumineuses dans cette formation. Longitude du terminateur : 169° ; âge lunaire : 20,9 j ; illumination : 62 %.

03 00 Mercredi (3-363). À 0 h 40 m, **la Terre est au plus près du Soleil** pour l'année 2024, elle est donc au périhélie. Sa distance est de 0,983 306 994 ua, soit pratiquement 147 100 633 km (l'unité astronomique vaut 149 597 870,691 km). L'instant du passage au périhélie peut se situer entre le 1er janvier vers 22 h (comme en 1989) et le 5 janvier vers 8 h (comme en 2020) ; cette variation est liée à la danse du couple Terre-Lune autour de son barycentre ; les périhélies les plus proches se produisent en période de Dernier Quartier et les plus lointains en période de Premier Quartier. Ces dates extrêmes concernent la période 1980-2020, mais les perturbations de l'orbite de la Terre provoquées par les autres planètes du Système solaire décalent lentement

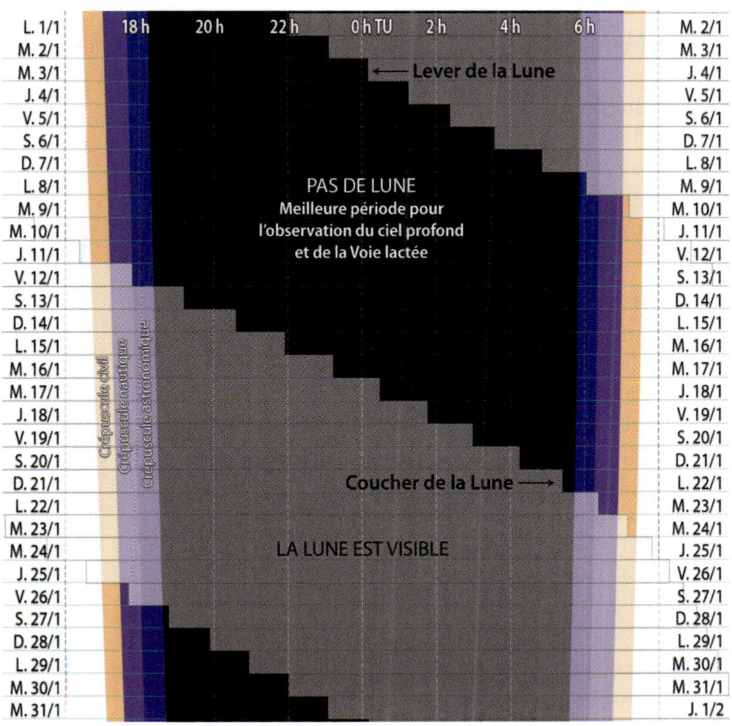

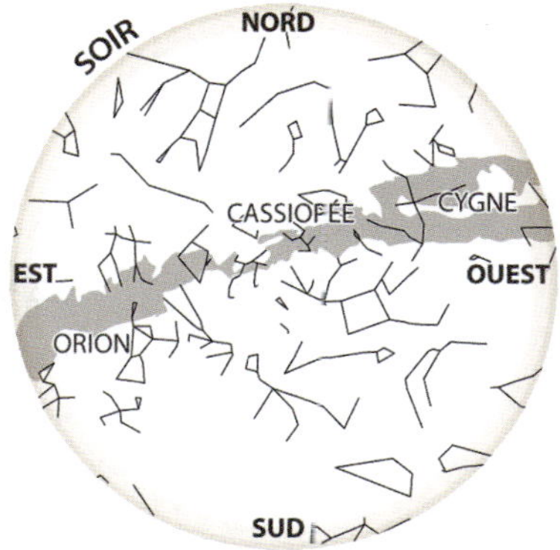

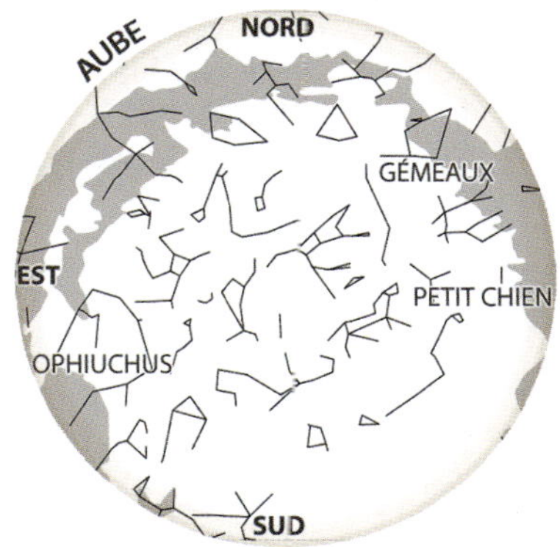

Début janvier, à la fin du crépuscule, la **Voie lactée** est un mince bandeau luminescent qui s'étire de l'est à l'ouest, de la gauche de la constellation d'Orion à l'Aigle. Pratiquement au zénith, le W de Cassiopée et l'arc de Persée sont au cœur de sa portion la plus maigre. L'orientation du ruisseau galactique évolue au fil des heures. En milieu de nuit, la Voie lactée est globalement orientée nord-sud, du Lézard au Grand Chien. Juste avant l'aube, elle se love autour de l'horizon et ses abords ne sont visibles que dans un ciel parfaitement noir, mais la brume hivernale risque de la cacher dans la plupart des sites. Aux latitudes européennes, nous regardons à l'opposé du centre galactique au zénith des nuits hivernales et, comme il y a moins d'étoiles entre le Soleil et l'extérieur de notre galaxie, la Voie lactée fait pâle figure entre Cassiopée et la Licorne. Cependant, si vous choisissez un site correctement protégé de la pollution lumineuse, vous constaterez que cette portion de la Voie lactée est bien visible à l'œil nu et forme une superbe arche sur les photographies panoramiques nocturnes.

Les phénomènes astronomiques au jour le jour

le périhélie. Dans son ouvrage *Mathematical Astronomy Morsels*, Jean Meeus indique que le passage au périhélie se produira entre le 10 et le 13 janvier autour de l'année 2500. La Terre sera à l'aphélie le 5 juillet 2024.

03 06 Formations lunaires proches du terminateur dans la journée : Cassini, Triesnecker, centre de la chaîne des Apennins.

03 07 **Minimum d'éclat de l'étoile variable Sheliak** (Bêta de la Lyre) à 7 h. Sa magnitude varie de 3,3 à 4,3 au cours d'un cycle de 12,941 jours. Les autres minima du mois se produisent le 16 à 6 h et le 29 à 5 h. Voir également le 2 août 2023.

03 11 **Maximum d'éclat de l'étoile variable Êta Aquilae** (Aigle) à 11 h. Il s'agit d'une étoile de type céphéide dont la magnitude passe de 3,5 à 4,4 au cours d'un cycle de 7,177 jours. Les autres maxima du mois se produisent le 10 à 16 h, le 17 à 20 h et le 25 à 0 h. Voir également le 8 mars 2024.

03 12 **Le Soleil** franchit le méridien à 22° de hauteur.

03 13 **Callisto est en conjonction inférieure** à 13 h 58 m. Elle est observable à proximité apparente du pôle Sud jovien.

03 19 Mercure et Saturne sont en opposition héliocentrique.

04 00 Jeudi (4-362). Formations lunaires proches du terminateur dans la journée : Ptolémée, Alphonse et Arzachel, Archimède, Maginus, Mur droit, Moretus, Platon, Ératosthène, Tycho.

04 00 **Pluton quitte la constellation du Sagittaire,** dans laquelle elle circulait depuis 2006 – avec une brève escapade dans le Capricorne du 1er mars au 8 juillet 2023 –, et s'installe dans le Capricorne jusqu'au 15 mars 2039.

04 03 **Dernier Quartier de Lune à 3 h 30 m (Vir).** Distance : 401 015 km, soit 62,87 rayons terrestres.

04 09 **Maximum de l'essaim météoritique des Quadrantides** (010 QUA), l'un des plus importants de l'année puisqu'il peut présenter entre 60 et 200 étoiles filantes par heure. Longitude héliocentrique prévue pour le maximum (équinoxe 2000.0) : 283,16°. Vitesse de pénétration atmosphérique : 41 km/s. Le maximum d'activité est en général très court, de trois à cinq heures ; en 1998, il n'a duré que deux heures à peine. Le radiant se situe entre la tête du Dragon et les étoiles Alcor et Mizar de la Grande Ourse ; il est donc bien placé pour l'observation dès le milieu de soirée. En 2024, le Dernier Quartier se lève durant le maximum et son éclat pourrait être perturbant.

04 16 À 45° de latitude nord, l'étoile **Bételgeuse** d'Orion se lève au moment du coucher du Soleil – on parle de lever

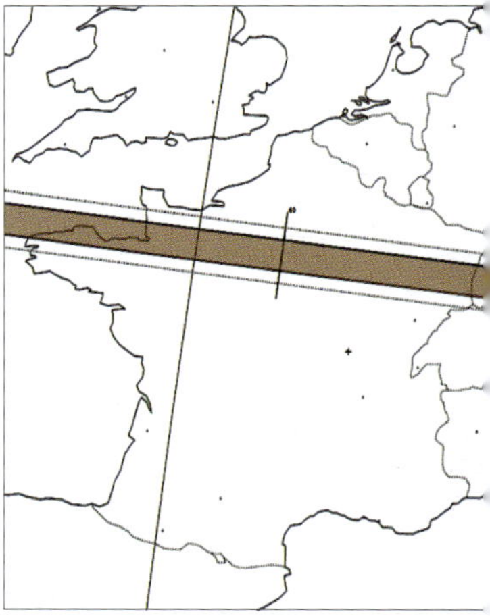

Le 3 janvier, entre 22 h 51 m et 23 h 06 m, la petite planète **738 Alagasta** (diamètre 61 km ; magnitude 14,2) occulte une étoile de magnitude 11 (UCAC4 552-027113 ; ascension droite : 6 h 29 m 37 s ; déclinaison : 20° 23′ 56″) dans la constellation des Gémeaux. La diminution d'éclat devrait atteindre 3,3 magnitudes et durer près de 5 secondes au maximum sur la bande de centralité du phénomène qui balaye l'extrême nord de la Suisse et la France, de l'Alsace à la Bretagne.

achronique – et, dans un ciel limpide, il est possible de la repérer aux jumelles une vingtaine de minutes plus tard vers 82° d'azimut et 3° de hauteur.

04 18 La Lune passe au nœud descendant à 18 h 52 m (longitude moyenne : 201,0°). Distance : 398 774 km, soit 62,5 rayons terrestres.

05 00 Vendredi (5-361). Pointez un instrument vers la Lune pour admirer le faisceau de lumière qui s'étire d'**Hesiodus** vers **Pitatus** (4-334).

05 01 Conjonction géocentrique en longitude entre la Lune (Vir) et Spica à 1 h 14 m (séparation : 1,8°).

05 03 Vénus entre dans la constellation d'Ophiuchus.

05 08 **Maximum d'éclat de l'étoile Delta Cephei** à 8 h. Sa magnitude varie de 3,5 à 4,4 au cours d'un cycle de 5,366 jours. Les autres maxima du mois se produisent le 10 à 17 h, le 16 à 1 h, le 21 à 10 h et le 26 à 19 h. Voir également le 6 octobre 2023.

06 01 Samedi (6-360). Formations lunaires proches du terminateur dans la journée : Klaproth, golfe des Iris, Kepler.

07 00 Dimanche. 7e jour de l'année ; il reste 359 jours jusqu'au 31 décembre.

07 03 Conjonction géocentrique en longitude entre Vénus (Oph) et Antarès à 3 h 16 m (séparation : 6,3°).

07 08 **Premier quartier de Mercure.**

2e SEMAINE

08 00 Lundi (8-358). Très belle semaine pour profiter du ciel hivernal sans la Lune si les conditions météo le permettent. Constellation de la Lune chaque jour à 0 h pour 45° de latitude nord et 0° de longitude : L-Sco, M-Oph, M-Sgr, J-Sgr, V-Sgr, S-Cap, D-Aqr.

08 00 TSMG (voir p. 17) : 7 h 08 m 13 s.

08 00 Période de libration minimale en longitude pour la Lune (l = - 6,8°).

08 12 À midi, début du jour julien 2 460 318.

08 12 **Le Soleil** franchit le méridien au zénith à Nouméa.

08 15 **Conjonction géocentrique en longitude entre la Lune (Sco) et Antarès** à 15 h 12 m (séparation : 0,8°). À l'aube, le croissant lunaire est superbe sur la droite d'Antarès, juste au-dessus de l'horizon sud-est.

08 15 Occultation d'Antarès par la Lune. Zone de visibilité : Amérique du Nord (sauf nord), Amérique centrale, Cuba, Haïti, nord-ouest de l'Amérique du Sud, océan Atlantique.

08 16 À 45° de latitude nord, l'étoile **Rigel** d'Orion se lève au moment du coucher du Soleil – on parle de lever achronique – et, dans un ciel limpide, il est possible de la repérer aux jumelles une vingtaine de minutes plus tard

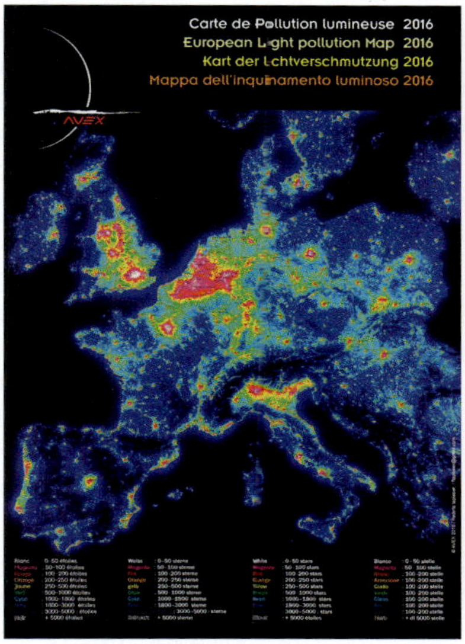

Au cœur de l'hiver, alors que le temps est souvent incertain et les nuits d'observation plutôt rares, vous préparez peut-être déjà vos virées printanières ou estivales sous la voûte céleste. L'un des éléments clés d'une observation réussie est sans aucun doute le choix d'un bon site astronomique, c'est-à-dire un site éloigné des sources de pollution lumineuse. J'ai souvent publié dans mes différents ouvrages la **carte de France de la pollution lumineuse** créée et affinée régulièrement par Frédéric Tapissier ; vous trouverez sa version la plus récente en grand format dans mon *Calendrier astronomique 2024*, mais vous pouvez également la télécharger sur le site www.avex-asso.org et l'intégrer comme une couche d'informations supplémentaires dans le logiciel Google Earth. Elle vous permettra de repérer rapidement les régions d'où la Voie lactée et des milliers d'étoiles sont encore bien visibles à l'œil nu et vous n'aurez plus qu'à trouver un bon gîte pour vous installer loin des agglomérations.

Les phénomènes astronomiques au jour le jour

vers 105° d'azimut et 3° de hauteur.

08 18 **Conjonction géocentrique en longitude entre la Lune (Sco) et Vénus** à 18 h 44 m (séparation : 5,6°).

09 00 Mardi (9-357). Période du maximum d'éclat de l'étoile variable W Lyr (1811+36). W Lyr est une variable de type Mira (variable à longue période) dont la magnitude oscille entre 7,3 et 13 ; sa période est de 197,88 jours.

09 05 Durant une douzaine de jours, jusqu'à l'arrivée de la Lune gibbeuse vers le 22 janvier, **cherchez la lumière zodiacale le matin** avant l'aube au-dessus de l'horizon sud-est. Elle traverse actuellement Ophiuchus et le nord du Scorpion, la Balance et la Vierge ; Vénus brille à sa base dans Ophiuchus. Aux latitudes européennes, l'angle qu'elle fait avec l'horizon se referme jour après jour et sa portion la plus lumineuse se noie dans l'éclat de la Voie lactée entre le Scorpion et Ophiuchus, c'est donc une observation plus délicate que durant les mois derniers. Il faut un ciel bien protégé de la pollution lumineuse pour parvenir à la distinguer ou à la photographier, mais si les conditions météorologiques s'y prêtent, cela vaut le coup de tenter votre chance. Voir également le 13 octobre 2023.

09 18 **Conjonction géocentrique en longitude entre la Lune (Oph) et Mercure** à 18 h 24 m (séparation : 6,6°). Le 9 à l'aube, une heure avant le lever du Soleil, tentez de repérer aux jumelles le petit point de Mercure à une dizaine de degrés sur la gauche du croissant de Séléné ; ces astres sont disposés à quelques degrés de hauteur parallèlement à l'horizon sud-est.

10 08 Mercredi (10-356). Conjonction géocentrique en longitude entre la Lune (Sgr) et Mars à 8 h 45 m (séparation : 4,2°). L'élongation et l'éclat martiens sont encore trop petits pour que cette planète soit repérable moins d'une heure avant le lever du Soleil en Europe.

10 12 **Le Soleil** franchit le méridien à 23° de hauteur.

10 14 Mercure entre dans la constellation du Sagittaire.

10 21 Le plus vieux croissant de la lunaison peut être observé à l'aube avec un instrument optique au sud de l'océan Indien et à l'ouest de l'Australie.

11 11 Jeudi (11-355). **Nouvelle Lune à 11 h 57 m (Sgr).** Distance : 368 886 km, soit 57,84 rayons terrestres.

11 21 **Callisto est en conjonction supérieure** à 21 h 43 m. Elle est observable à proximité du pôle Nord jovien.

12 00 Vendredi (12-354). La petite planète **4 Vesta** passe à 0,5° au sud de la nébuleuse du Crabe (Messier 1) dans le Taureau.

12 02 Le plus jeune croissant de la lunaison peut être observé au crépuscule avec un instrument optique au Chili.

Le 8 et le 9 janvier à l'aube, Mercure, Vénus et le vieux croissant animent l'horizon sud-est.

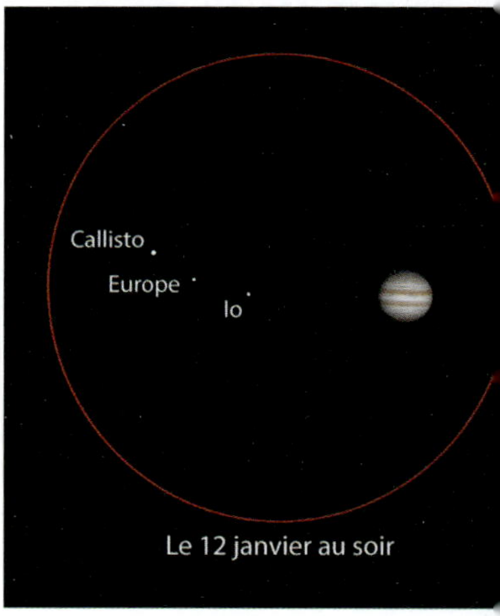

Le 12 janvier au soir, il y a, apparemment, trois lunes galiléennes sur trois plans différents.

12 12 **Équinoxe d'automne dans l'hémisphère Nord martien.**

12 12 **Mercure atteint son élongation maximale à l'ouest : 23,5°.**

12 17 Ce soir au crépuscule, guettez un fin croissant lunaire de 2,3 %. À 17 h 15 m, il est âgé de 29 heures ; il se situe à 3,5° de hauteur et à 231° d'azimut, alors que le Soleil se situe à 6° sous l'horizon.

12 20 **La perspective met le bazar à l'est de Jupiter** ce soir avec Io, Europe, Callisto et Ganymède, qui semblent orbiter autour de la planète sur des plans vraiment différents !

13 10 Samedi (13-353). La Lune passe au périgée à 10 h 35 m. Distance : 362 267 km, soit 56,80 rayons terrestres.

13 18 Si vous êtes photographe, utilisez la clarté du croissant lunaire qui se couche après la fin du crépuscule astronomique pour révéler le paysage sous la Voie lactée, à l'ouest et à l'est.

14 00 Dimanche. 14e jour de l'année.

14 00 De 0 h 56 m à 2 h 49 m, Europe et Ganymède passent simultanément devant le disque de Jupiter. Invisible en Europe.

14 10 **Conjonction géocentrique en longitude entre la Lune (Aqr) et Saturne** à 10 h 50 m (séparation : 1,9°). Une heure et demie après le coucher du Soleil, ces astres sont installés à une vingtaine de degrés de hauteur au-dessus de l'horizon sud-ouest et leur séparation est proche de 4°.

14 12 Premier jour de l'année 2024 dans le calendrier julien ; à midi, début du jour julien 2 460 324.

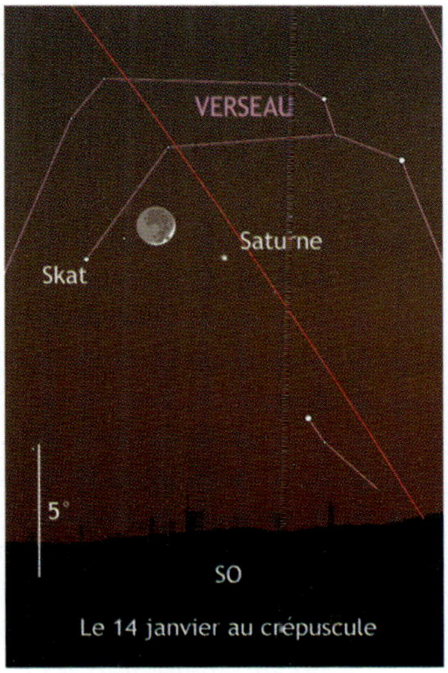

Le 14 janvier au crépuscule, le croissant lunaire qui rencontre régulièrement Saturne est chaque fois un peu plus mince.

3e SEMAINE

15 00 **Lundi (15-351). L'éclat de la Lune croissante puis gibbeuse s'impose de plus en plus tard dans la nuit au fil de la semaine. Constellation de la Lune chaque jour à 0 h pour 45° de latitude nord et 0° de longitude : L-Aqr, M-Aqr, M-Psc, J-Psc, V-Ari, S-Ari, D-Tau.**

15 00 TSMG (voir p. 17) : 7 h 35 m 48 s.

15 12 À midi, début du jour julien 2 460 325.

15 19 Durant une paire d'heures, **Jupiter n'a que deux lunes** : Callisto loin à l'est de son disque et Ganymède loin à l'ouest.

15 21 **Conjonction géocentrique en longitude entre la Lune (Aqr) et Neptune** à 21 h 03 m (séparation : 0,8°). Si vous pointez des jumelles vers le croissant à la fin du crépuscule, Neptune se trouvera dans le champ, à un peu plus de 2° du limbe nocturne, c'est-à-dire vers midi par rapport à Séléné.

15 21 Occultation de Neptune par la Lune. Zone de visibilité : sud-est de l'Amérique du Sud, sud de l'océan Atlantique et Antarctique. Il se produira vingt-huit occultations de planètes par la Lune en 2024.

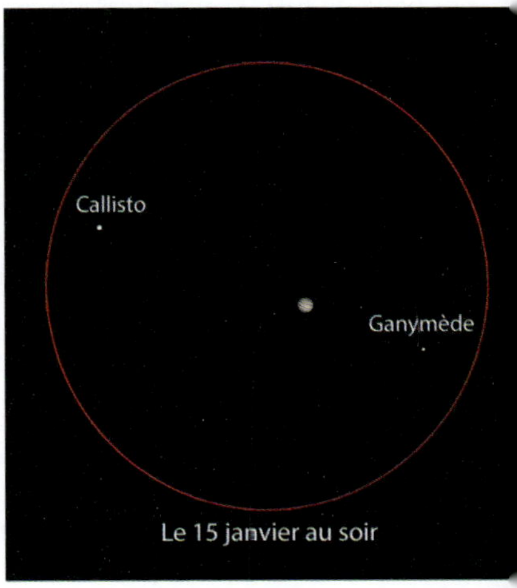

Le 15 janvier au soir, Jupiter n'a plus que deux lunes galiléennes.

Les phénomènes astronomiques au jour le jour

15 23 L'étoile **Procyon** du Petit Chien passe au méridien à minuit. Sa hauteur est alors de 50° sud.

16 04 Mardi (16-350). Formations lunaires proches du terminateur dans la journée : Posidonius, Theophilus, Cyrillus et Catherina.

16 12 **Le Soleil** franchit le méridien au zénith à La Réunion.

16 23 L'étoile **Pollux** des Gémeaux passe au méridien à minuit. Sa hauteur est alors de 73° sud.

17 06 Mercredi (17-349). **Maximum de l'essaim météoritique des Delta Cancrides** (095 DCA), qui est actif du 1er au 24. Longitude héliocentrique prévue pour le maximum (équinoxe 2000.0) : 296,3°. La vitesse moyenne des poussières est de 26 km/s, engendrant des étoiles filantes relativement lentes. Ces dernières années, un maigre pic – inférieur à 10 étoiles filantes par heure – a été observé vers la longitude 291°, ce qui correspondrait cette année au 11 janvier vers 13 h. Cet essaim est associé à la comète C/1931 P1 Ryves.

17 12 **Le Soleil** franchit le méridien à 24° de hauteur.

17 14 La Lune passe au nœud ascendant à 14 h 03 m (longitude moyenne : 19,6°). Distance : 372 345 km, soit 58,4 rayons terrestres.

17 20 Jupiter frôle une étoile de magnitude 9,1 (PPM 118073) vers 20 h 44 m. En Europe, ce rapprochement serré est visible avec un instrument.

18 03 Jeudi (18-348). Le Soleil se lève sur la région d'**Hipparchus** (2-95) et, autour de 3 h 51 m, vous pouvez tenter d'observer avec un instrument une ou plusieurs raies lumineuses dans cette formation. Longitude du terminateur : 355° ; âge lunaire : 6,7 j ; illumination : 50 %.

18 03 **Premier Quartier de Lune à 3 h 53 m (Psc).** Distance : 374 669 km, soit 58,74 rayons terrestres.

18 06 Début de la 2280e rotation synodique du Soleil.

18 15 **En plein jour.** Deux heures avant le coucher du Soleil, le gros quartier lunaire brille à moins de 3° à l'ouest de **Jupiter** et vous pouvez tenter de repérer cette planète sans instrument. Ces astres sont à une trentaine de degrés de hauteur au-dessus de l'horizon est-sud-est et l'éclat de Jupiter est toujours accessible à l'œil nu dans un ciel bleu pur et transparent.

18 19 **Conjonction géocentrique en longitude entre la Lune (Ari) et Jupiter** à 19 h 05 m (séparation : 2,5°). À la fin du crépuscule, ce duo culmine au méridien à près de 60° de hauteur avec un écart apparent de 2°.

18 22 Mercure et Vénus sont en conjonction héliocentrique.

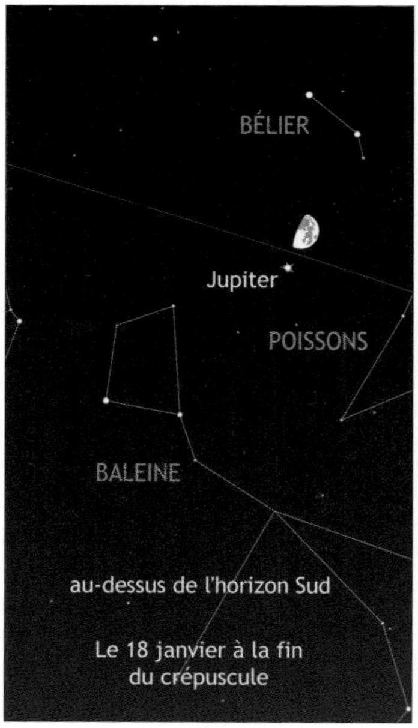

Le 18 janvier à la fin du crépuscule, Jupiter et la Lune légèrement gibbeuse culminent au méridien à près de 60° de hauteur.

19 01 Vendredi (19-347). Formations lunaires proches du terminateur dans la journée : Maginus, Mur droit, Platon, Tycho, Ératosthène, Clavius.

19 18 **Conjonction géocentrique en longitude entre la Lune (Ari) et Uranus** à 18 h 11 m (séparation : 2,8°). Ces deux astres sont dans le même champ de jumelles durant leur traversée de la voûte céleste.

20 00 Samedi (20-346). Période de libration maximale en longitude pour la Lune (l = 5,9°).

20 07 **Callisto est en conjonction inférieure** à 7 h 19 m. Elle est observable à proximité apparente du pôle Sud jovien.

20 12 Vénus entre dans la constellation du Sagittaire.

20 13 Pluton est en conjonction avec le Soleil.

20 13 **Le Soleil entre dans le Capricorne (300°)** à 13 h 43 m.

20 14 **Conjonction géocentrique en longitude entre la Lune (Tau) et les Pléiades** à 14 h 23 m (séparation : 0,8°). La Lune gibbeuse croissante brille juste à côté de ce splendide amas ouvert ce soir à la fin du crépuscule, très loin au-dessus de l'horizon sud-sud-est.

20 14 **Le Soleil entre dans le signe astrologique du Verseau (300°)** à 14 h 07 m, mais, dans la réalité, il vient d'entrer dans la constellation du Capricorne.

20 21 À 21 h 37 m, l'étoile 36 Tau (Tau - magnitude 5,5) est occultée par la Lune ; elle réapparaît à 22 h 56 m. Les deux astres sont alors à 50,3° au-dessus de l'horizon et la fraction éclairée de notre satellite est de 78 %.

21 00 Dimanche. 21e jour de l'année.

21 12 En milieu de journée, si votre ciel est d'un bleu limpide, vous pouvez admirer aux jumelles l'arche lumineuse du **golfe des Iris** au nord du terminateur lunaire.

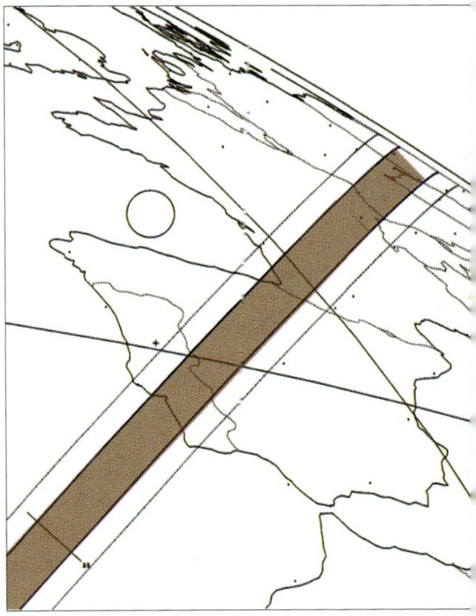

Le 21 janvier, entre 21 h 26 m et 21 h 36 m, la petite planète **148 Gallia** (diamètre 92 km ; magnitude 12,2) occulte une étoile de magnitude 11 (TYC 5284-01054-1 ; ascension droite : 2 h 32 m 14 s ; déclinaison : - 14° 44′ 27″) dans la constellation de la Baleine. La diminution d'éclat devrait atteindre près de 1,5 magnitude et durer près de 4 secondes au maximum sur la bande de centralité du phénomène qui balaye l'extrême nord de la Suisse et la France du nord-est au sud-ouest.

4e SEMAINE

22 00 Lundi (22-344). Cette semaine, la Lune gibbeuse et pleine grimpe très haut sur la voûte céleste et éclaire vivement le paysage : l'effet est saisissant loin des lumières urbaines. Constellation de la Lune chaque jour à 0 h pour 45° de latitude nord et 0° de longitude : L-Tau, M-Gem, M-Gem, J-Gem, V-Cnc, S-Leo, D-Leo.

22 00 TSMG (voir p. 17) : 8 h 03 m 24 s.

22 12 À midi, début du jour julien 2 460 332.

22 18 Belle paire Io-Europe très serrée à l'ouest du disque de Jupiter.

22 18 À 18 h 14 m, l'étoile 136 Tau (Tau - magnitude 4,6) est occultée par la Lune ; elle réapparaît à 19 h 17 m. Les deux astres sont alors à 55,2° au-dessus de l'horizon et la fraction éclairée de notre satellite est de 92 %.

23 00 Mardi (23-343). Pluton est à l'apogée à 35,920 ua de

Les phénomènes astronomiques au jour le jour

la Terre, soit près de 5,37 milliards de kilomètres.

23 01 Mercure et Jupiter sont en opposition héliocentrique.

23 08 Mercure passe au nœud descendant de son orbite (longitude héliocentrique : 228,3°).

24 00 Mercredi (24-342). Période de libration minimale en latitude pour la Lune (b = - 6,5°).

24 06 Formation lunaire proche du terminateur dans la journée : Grimaldi.

24 12 **Le Soleil** franchit le méridien à 26° de hauteur.

24 18 Durant quelques minutes, entre 18 h 37 m et 18 h 48 m, **Jupiter n'a qu'une seule lune**, Callisto, visible très loin à l'ouest. Puis, dans l'ordre, Europe termine son passage devant le disque jovien, l'éclipse d'Io prend fin à l'est et Ganymède réapparaît après son occultation.

Le 24 janvier au soir, durant quelques minutes, Jupiter n'a qu'une seule lune galiléenne !

25 14 Jeudi (25-341). La comète **144P Kushida** (période de 7,5 années) passe au plus près du Soleil (périhélie) à 209 millions de kilomètres. Son éclat pourrait atteindre la magnitude 9 et elle circule dans le Taureau. Elle est donc aisément observable dans un instrument par une nuit sans Lune : laissez passer quelques jours pour que la Pleine Lune s'éloigne un peu plus de sa position apparente.

25 17 **Pleine Lune à 17 h 54 m (Cnc).** Distance : 398 448 km, soit 62,47 rayons terrestres. La Pleine Lune de janvier est celle des carnavals ou des loups. Le 25, la Pleine Lune éclaire l'horizon est-nord-est dès le coucher du Soleil et nous tient compagnie pendant plus de quinze heures. Le 26 à l'aube, elle est splendide loin au-dessus de l'horizon ouest-nord-ouest et, le soir, elle se lève un peu moins d'une heure après la fin du jour.

25 23 Durant la nuit du 25 au 26, la Pleine Lune franchit le méridien à près de 62° de l'horizon sud à Lille et de 70° à Perpignan.

26 17 Vendredi (26-340). À 45° de latitude nord, l'étoile **Procyon** du Petit Chien se lève au moment du coucher du Soleil – on parle de lever achronique – et, dans un ciel limpide, il est possible de la repérer aux jumelles une vingtaine de minutes plus tard vers 85° d'azimut et 3° de hauteur.

26 22 Vénus et Jupiter sont en opposition héliocentrique.

27 00 Samedi (27-339). **Uranus est stationnaire** en ascension droite dans le Bélier et termine sa rétrogradation ; elle circulera vers l'est de l'écliptique durant près de 218 jours (1er septembre 2024).

27 05 **Jupiter est en quadrature** à l'est du Soleil.

27 14 Conjonction géocentrique en longitude entre Mercure

(Sgr) et Mars à 14 h 59 m (séparation : 0,3°).

27 19 Conjonction géocentrique en longitude entre la Lune (Leo) et Régulus à 19 h 32 m (séparation : 3,3°).

28 00 Dimanche. 28e jour de l'année.

28 15 **Callisto est en conjonction supérieure** à 15 h 31 m. Elle est observable à proximité du pôle Nord jovien.

28 18 Durant une quinzaine de jours, jusqu'à l'arrivée du croissant lunaire au crépuscule après le 11 février, de bonnes conditions météorologiques et un site offrant un ciel suffisamment noir vous permettront d'admirer le splendide fuseau de **la lumière zodiacale qui se dresse fièrement au-dessus de l'horizon ouest-sud-ouest à la fin du crépuscule**. Saturne brille à sa base et se couche rapidement, mais Jupiter est éclatante vers son sommet. Cette lueur interplanétaire traverse les constellations du Verseau et des Poissons et pointe vers les Pléiades. Contemplez et photographiez – panoramique avec un objectif grand angle – l'apostrophe de la lumière zodiacale entre les parenthèses de la Voie lactée qui l'encadrent au sud-est et au nord-ouest ; consultez ma lettre n° 158 pour voir une image panoramique d'une telle scène. Voir également le 13 octobre 2023.

5e SEMAINE

29 00 Lundi (29-337). La première partie de la nuit se libère progressivement de l'éclat lunaire et les grandes figures du ciel hivernal resplendissent dans un ciel de qualité. Constellation de la Lune chaque jour à 0 h pour 45° de latitude nord et 0° de longitude : L-Leo, M-Vir, M-Vir, J-Vir, V-Vir, S-Lib, D-Lib.

29 00 TSMG (voir p. 17) : 8 h 30 m 60 s.

29 08 La Lune passe à l'apogée à 8 h 14 m. Distance : 405 777 km, soit 63,62 rayons terrestres.

29 12 À midi, début du jour julien 2 460 339.

30 00 Mardi (30-336). Période du maximum d'éclat de l'étoile variable R CVn (1344+40). R CVn est une variable de type Mira (variable à longue période) dont la magnitude oscille entre 6,5 et 12,9 ; sa période est de 328,53 jours.

30 12 **Le Soleil** franchit le méridien au zénith à Papeete.

30 23 **L'amas de la Crèche** passe au méridien à minuit. Sa hauteur est alors de 65° sud.

31 09 Mercredi (31-335). Formations lunaires proches du terminateur dans la journée : Theophilus, Cyrillus et Catherina, Aristote et Eudoxe.

31 12 **Le Soleil** franchit le méridien à 28° de hauteur.

31 20 La Lune passe au nœud descendant à 20 h 17 m (longitude moyenne : 197,8°). Distance : 402 582 km, soit 63,1 rayons terrestres.

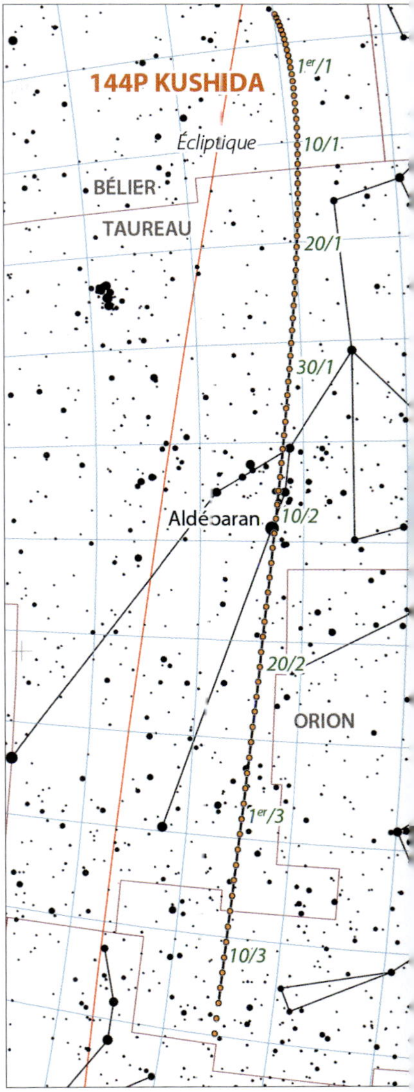

Trajectoire de la comète périodique 144P Kushida de janvier à mars 2024.

JANVIER 2024 Le Soleil et les planètes

	JOUR	ASCENSION DROITE	DÉCLINAISON	CONSTELLATION	Ø APPARENT	ÉQUATION DU TEMPS	DISTANCE	DISTANCE LUMIÈRE	LEVER	MÉRIDIEN	HAUTEUR	COUCHER
		h m s	° ′ ″			m s	ua	m s	h m	h m		h m
Soleil	2	18 48 06	- 22 58 40	Sgr	32′ 32″	+ 3 34	0,9833	8 11	07 38	12 04	22°	16 29
	6	19 05 42	- 22 34 46	Sgr	32′ 32″	+ 5 24	0,9834	8 11	07 38	12 06	23°	16 33
	10	19 23 12	- 22 03 43	Sgr	32′ 32″	+ 7 07	0,9835	8 11	07 37	12 07	23°	16 38
	14	19 40 32	- 21 25 46	Sgr	32′ 31″	+ 8 41	0,9836	8 11	07 35	12 09	24°	16 43
	18	19 57 43	- 20 41 11	Sgr	32′ 31″	+ 10 05	0,9838	8 11	07 33	12 10	24°	16 48
	22	20 14 42	- 19 50 20	Cap	32′ 30″	+ 11 18	0,9841	8 11	07 30	12 11	25°	16 53
	26	20 31 28	- 18 53 36	Cap	32′ 29″	+ 12 19	0,9845	8 11	07 27	12 12	26°	16 59
	30	20 48 02	- 17 51 22	Cap	32′ 29″	+ 13 07	0,9850	8 11	07 23	12 13	27°	17 04

	JOUR	ASCENSION DROITE	DÉCLINAISON	CONSTELLATION	MAGNITUDE	Ø APPARENT	ÉLONGATION	DISTANCE	FRACTION ÉCLAIRÉE	LEVER	MÉRIDIEN	HAUTEUR	COUCHER
		h m s	° ′ ″					ua		h m	h m		h m
Mercure	2	17 26 43	- 20 12 48	Oph	1,2	8,4	18,9° O	0,7971	31 %	06 04	10 40	25°	15 17
	6	17 31 01	- 20 41 47	Oph	0,6	7,6	21,9° O	0,8796	46 %	05 56	10 30	24°	15 04
	10	17 42 45	- 21 22 46	Oph	0,2	7	23,2° O	0,9622	58 %	05 55	10 27	24°	14 58
	14	17 59 27	- 22 03 29	Sgr	0,1	6,5	23,4° O	1,0394	67 %	06 00	10 28	23°	14 56
	18	18 19 26	- 22 35 45	Sgr	0,0	6,1	22,9° O	1,1092	73 %	06 07	10 32	22°	14 58
	22	18 41 38	- 22 54 29	Sgr	- 0,1	5,7	21,9° O	1,1708	79 %	06 15	10 39	22°	15 03
	26	19 05 21	- 22 56 31	Sgr	- 0,2	5,5	20,5° O	1,2244	83 %	06 23	10 47	22°	15 11
	30	19 30 07	- 22 39 49	Sgr	- 0,3	5,3	18,9° O	1,2704	86 %	06 31	10 56	22°	15 22
Vénus	2	16 08 50	- 19 01 45	Sco	- 4,1	14,2	37,2° O	1,1882	78 %	04 42	09 25	26°	14 07
	6	16 29 07	- 19 59 11	Oph	- 4,1	13,9	36,4° O	1,2130	79 %	04 51	09 29	25°	14 07
	10	16 49 41	- 20 48 10	Oph	- 4,0	13,6	35,6° O	1,2373	80 %	05 00	09 34	24°	14 08
	14	17 10 30	- 21 28 03	Oph	- 4,0	13,3	34,8° O	1,2611	81 %	05 08	09 39	24°	14 10
	18	17 31 32	- 21 58 16	Oph	- 4,0	13,1	34,0° O	1,2845	82 %	05 16	09 44	23°	14 13
	22	17 52 43	- 22 18 22	Sgr	- 4,0	12,9	33,1° O	1,3073	83 %	05 23	09 50	23°	14 17
	26	18 14 01	- 22 28 03	Sgr	- 4,0	12,6	32,3° O	1,3297	84 %	05 29	09 55	23°	14 22
	30	18 35 22	- 22 27 06	Sgr	- 4,0	12,4	31,4° O	1,3516	85 %	05 35	10 01	23°	14 28
Mars	6	18 04 29	- 24 02 00	Sgr	1,6	3,9	14,1° O	2,4083	99 %	06 46	11 04	21°	15 22
	14	18 30 41	- 23 55 37	Sgr	1,6	3,9	16,3° O	2,3823	99 %	06 40	10 59	21°	15 17
	22	18 56 58	- 23 32 43	Sgr	1,6	4	18,4° O	2,3548	99 %	06 33	10 53	22°	15 14
	30	19 23 13	- 22 53 25	Sgr	1,6	4	20,5° O	2,3264	99 %	06 24	10 48	22°	15 12
Jupiter	6	2 14 56	+ 12 18 27	Ari	- 2,6	43,2	110,5° E	4,5558	99 %	12 19	19 12	57°	02 08
	14	2 15 56	+ 12 26 09	Ari	- 2,5	42,1	102,6° E	4,6794	99 %	11 48	18 41	57°	01 38
	22	2 17 45	+ 12 37 57	Ari	- 2,5	41	95,0° E	4,8067	99 %	11 17	18 12	58°	01 09
	30	2 20 21	+ 12 53 29	Ari	- 2,4	39,9	87,5° E	4,9355	99 %	10 47	17 43	58°	00 42
Saturne	6	22 24 50	- 11 40 05	Aqr	0,9	16	48,6° E	10,3590	100 %	10 07	15 22	33°	20 37
	14	22 27 48	- 11 22 30	Aqr	0,9	15,8	41,2° E	10,4530	100 %	09 38	14 54	34°	20 10
	22	22 30 59	- 11 03 40	Aqr	0,9	15,7	33,9° E	10,5330	100 %	09 08	14 25	34°	19 43
	30	22 34 20	- 10 43 50	Aqr	0,9	15,6	26,6° E	10,6000	100 %	08 38	13 57	34°	19 16
Uranus	6	3 07 40	+ 17 15 14	Ari	5,7	3,7	124,1° E	19,0440	100 %	12 49	20 04	62°	03 23
	18	3 07 02	+ 17 12 56	Ari	5,7	3,6	111,8° E	19,2250	100 %	12 02	19 16	62°	02 35
	30	3 06 53	+ 17 12 39	Ari	5,7	3,6	99,5° E	19,4220	100 %	11 14	18 29	62°	01 47
Neptune	6	23 44 11	- 3 03 29	Psc	7,9	2,2	70,0° E	30,2250	100 %	10 51	16 41	42°	22 31
	18	23 45 04	- 2 57 21	Psc	7,9	2,2	58,0° E	30,4120	100 %	10 04	15 55	42°	21 45
	30	23 46 12	- 2 49 40	Psc	7,9	2,2	46,1° E	30,5770	100 %	09 18	15 09	42°	21 00

Les éphémérides du Soleil, des planètes et de la Lune proposées sur ces deux pages sont calculées à 0 h TU pour une latitude de 45° nord et une longitude de 0°.

La Lune

	JOUR	ASCENSION DROITE	DÉCLINAISON	CONSTELLATION	Ø APPARENT	PARALLAXE HORIZONTALE	FRACTION ÉCLAIRÉE	JOUR	ÉLONGATION	DISTANCE	LEVER	MÉRIDIEN	HAUTEUR	COUCHER
		h m s	° ′ ″							km	h m	h m		h m
L 1	1	10 36 29	12 37 38	Leo	29′ 32″	54′ 11″	78 %	19,0	123° O	404 668	22 h 01	4 h 03	56°	10 h 55
M 2	2	11 19 30	7 21 42	Leo	29′ 31″	54′ 10″	69 %	20,0	113° O	404 833	23 h 04	4 h 42	51°	11 h 12
M 3	3	12 01 31	1 50 30	Vir	29′ 36″	54′ 18″	60 %	21,0	102° O	403 778		5 h 22	45°	11 h 27
J 4	4	12 43 35	- 3 46 56	Vir	29′ 46″	54′ 37″	51 %	22,0	91° O	401 457	0 h 07	6 h 01	39°	11 h 43
V 5	5	13 26 50	- 9 21 22	Vir	30′ 02″	55′ 06″	41 %	23,0	80° O	397 922	1 h 12	6 h 42	33°	12 h 01
S 6	6	14 12 24	- 14 41 59	Vir	30′ 23″	55′ 45″	32 %	24,0	69° O	393 334	2 h 20	7 h 25	28°	12 h 22
D 7	7	15 01 28	- 19 34 48	Lib	30′ 48″	56′ 31″	23 %	25,0	57° O	387 963	3 h 32	8 h 14	23°	12 h 47
L 8	8	15 54 59	- 23 41 29	Sco	31′ 16″	57′ 23″	15 %	26,0	45° O	382 178	4 h 46	9 h 07	19°	13 h 21
M 9	9	16 53 19	- 26 39 35	Sco	31′ 45″	58′ 15″	8 %	27,0	33° O	376 422	6 h 00	10 h 05	17°	14 h 07
M 10	10	17 55 51	- 28 05 39	Sgr	32′ 12″	59′ 05″	3 %	28,0	20° O	371 171	7 h 08	11 h 08	16°	15 h 08
J 11	11	19 00 43	- 27 41 45	Sgr	32′ 34″	59′ 46″	1 %	29,0	7° O	366 873	8 h 06	12 h 12	17°	16 h 23
V 12	12	20 05 20	- 25 22 50	Sgr	32′ 50″	60′ 16″	1 %	0,5	7° E	363 885	8 h 50	13 h 14	21°	17 h 46
S 13	13	21 07 24	- 21 19 43	Cap	32′ 58″	60′ 30″	3 %	1,5	20° E	362 417	9 h 25	14 h 12	26°	19 h 11
D 14	14	22 05 47	- 15 55 23	Aqr	32′ 58″	60′ 29″	9 %	2,5	34° E	362 500	9 h 51	15 h 06	32°	20 h 34
L 15	15	23 00 31	- 9 37 54	Aqr	32′ 50″	60′ 14″	16 %	3,5	48° E	363 995	10 h 14	15 h 57	39°	21 h 54
M 16	16	23 52 30	- 2 54 44	Psc	32′ 35″	59′ 48″	26 %	4,5	61° E	366 634	10 h 34	16 h 45	46°	23 h 11
M 17	17	0 42 56	3 49 58	Psc	32′ 17″	59′ 15″	36 %	5,5	74° E	370 085	10 h 54	17 h 33	53°	
J 18	18	1 33 04	10 15 35	Psc	31′ 57″	58′ 38″	48 %	6,5	87° E	374 010	11 h 14	18 h 21	59°	0 h 28
V 19	19	2 24 02	16 04 09	Ari	31′ 36″	57′ 59″	59 %	7,5	100° E	378 122	11 h 38	19 h 11	65°	1 h 44
S 20	20	3 16 41	20 59 23	Ari	31′ 16″	57′ 22″	69 %	8,5	112° E	382 205	12 h 07	20 h 03	69°	2 h 59
D 21	21	4 11 23	24 46 32	Tau	30′ 57″	56′ 47″	78 %	9,5	124° E	386 121	12 h 42	20 h 58	72°	4 h 13
L 22	22	5 07 51	27 13 18	Tau	30′ 39″	56′ 15″	86 %	10,5	137° E	389 797	13 h 27	21 h 53	73°	5 h 21
M 23	23	6 05 08	28 11 59	Aur	30′ 23″	55′ 46″	93 %	11,5	148° E	393 203	14 h 21	22 h 48	72°	6 h 21
M 24	24	7 01 50	27 41 35	Gem	30′ 09″	55′ 20″	97 %	12,5	160° E	396 322	15 h 24	23 h 41	71°	7 h 09
J 25	25	7 56 33	25 48 15	Gem	29′ 56″	54′ 56″	99 %	13,5	172° E	399 131	16 h 31			7 h 47
V 26	26	8 48 22	22 43 44	Cnc	29′ 45″	54′ 36″	100 %	14,5	177° O	401 578	17 h 38	0 h 30	67°	8 h 17
S 27	27	9 37 01	18 42 33	Leo	29′ 36″	54′ 20″	98 %	15,5	166° O	403 578	18 h 45	1 h 16	63°	8 h 40
D 28	28	10 22 47	13 59 23	Leo	29′ 30″	54′ 08″	95 %	16,5	155° O	405 009	19 h 50	1 h 59	58°	9 h 00
L 29	29	11 06 19	8 47 32	Leo	29′ 27″	54′ 03″	90 %	17,5	144° O	405 724	20 h 53	2 h 40	53°	9 h 17
M 30	30	11 48 28	3 18 32	Vir	29′ 28″	54′ 04″	84 %	18,5	133° O	405 572	21 h 56	3 h 19	47°	9 h 32
M 31	31	12 30 10	- 2 17 34	Vir	29′ 33″	54′ 13″	77 %	19,5	122° O	404 416	22 h 59	3 h 58	41°	9 h 48

La Lune des spécialistes

	Libration		Angle de position	
	l	b	axe	phase
1	0,0°	- 4,7°	20,8°	109,8°
2	- 1,3°	- 3,6°	21,8°	112,1°
3	- 2,7°	- 2,4°	22,0°	113,1°
4	- 4,0°	- 1,1°	21,5°	112,9°
5	- 5,2°	0,3°	20,2°	111,5°
6	- 6,1°	1,7°	18,0°	108,7°
7	- 6,7°	3,1°	14,9°	104,3°
8	- 6,8°	4,3°	10,8°	98,2°
9	- 6,4°	5,3°	5,7°	89,6°
10	- 5,6°	6,1°	359,9°	76,9°
11	- 4,4°	6,5°	353,8°	46,2°
12	- 2,8°	6,5°	348,2°	296,0°
13	- 1,1°	6,0°	343,7°	266,2°
14	0,6°	5,2°	340,5°	255,9°
15	2,2°	4,0°	338,6°	250,5°
16	3,5°	2,5°	338,0°	247,8°
17	4,5°	1,0°	338,5°	247,3°
18	5,3°	- 0,7°	340,1°	248,4°
19	5,7°	- 2,2°	342,7°	251,3°
20	5,9°	- 3,6°	346,2°	255,7°
21	5,8°	- 4,7°	350,6°	261,5°
22	5,6°	- 5,6°	355,7°	268,8°
23	5,2°	- 6,2°	1,0°	277,5°
24	4,6°	- 6,5°	6,3°	288,7°
25	3,9°	- 6,5°	11,0°	310,1°
26	2,9°	- 6,2°	15,0°	49,9°
27	1,9°	- 5,6°	18,1°	93,8°
28	0,7°	- 4,7°	20,2°	104,5°
29	- 0,7°	- 3,7°	21,5°	109,5°
30	- 2,1°	- 2,5°	22,0°	112,0°
31	- 3,5°	- 1,2°	21,7°	112,9°

Phases et distances

Jour	Heure en TU	Distance en km	Ø apparent
4	DQ à 3 h 30 m	401 015	29,8′
11	NL à 11 h 57 m	368 886	32,4′
18	PQ à 3 h 53 m	374 669	31,9′
25	PL à 17 h 54 m	398 448	30,0′
1	Apogée à 15 h 28 m	404 909	29,5′
13	Périgée à 10 h 35 m	362 267	33,0′
29	Apogée à 8 h 14 m	405 777	29,4′

Reportez-vous pages 7 à 15 pour trouver des renseignements détaillés sur l'utilisation de ces différentes informations.
Consultez les tableaux de corrections horaires (pages 340 et 341) pour adapter les heures de lever, de passage au méridien et de coucher en fonction de votre lieu d'observation.

FÉVRIER 2024

1re quinzaine vers 22 h TU - 2e quinzaine vers 21 h TU

Pour	Utilisez la carte de
17-18 h	décembre
19-20 h	janvier
23-0 h	mars
1-2 h	avril
3-4 h	mai
5-6 h	juin

Vous pouvez également utiliser cette carte en :
mars vers 19-20 h
avril vers 17-18 h
octobre vers 5-6 h
novembre vers 3-4 h
décembre vers 1-2 h
janvier vers 23-0 h
(valable uniquement pour les étoiles)

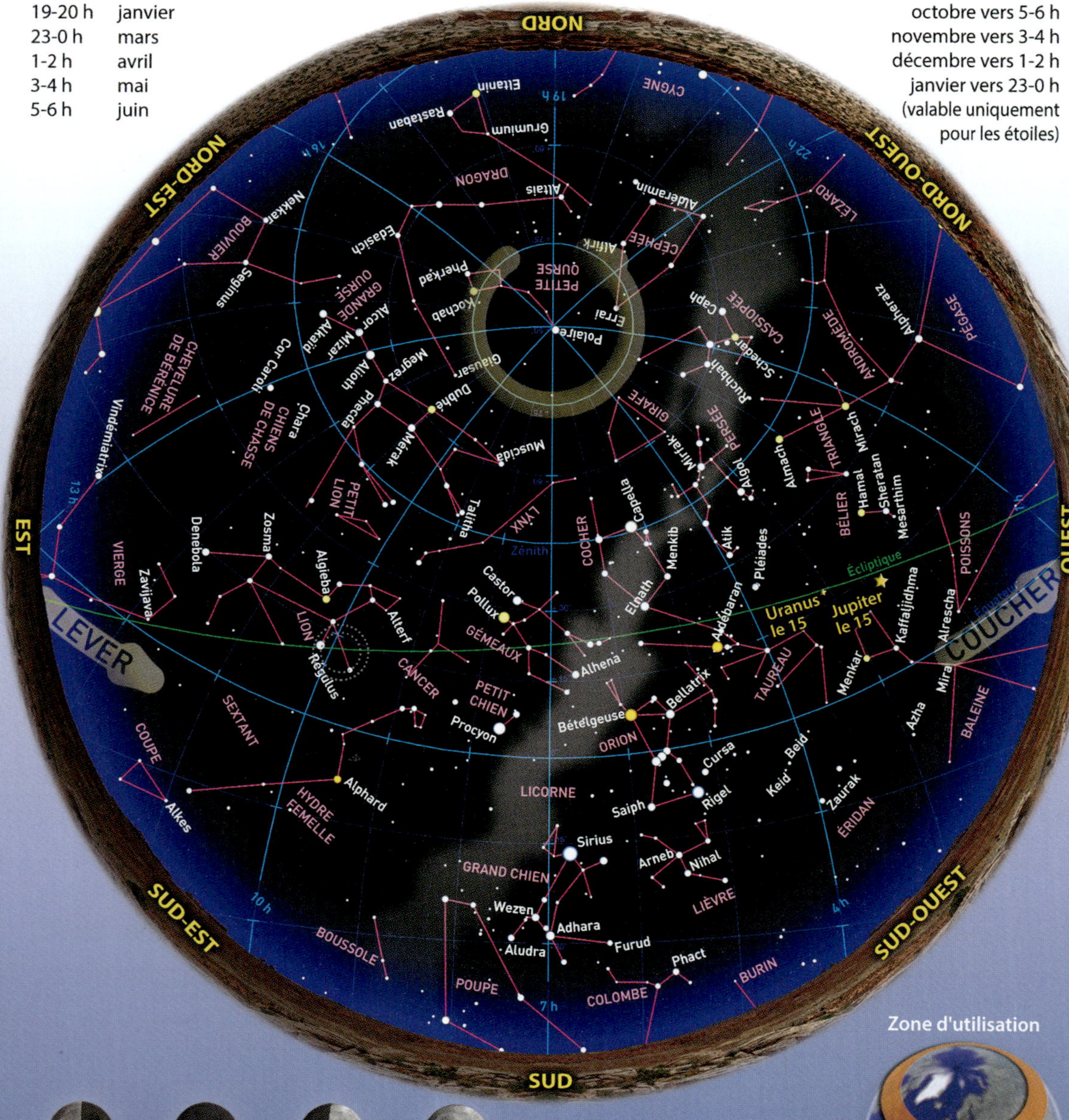

2 février	9 février	16 février	24 février
Dernier Quartier	Nouvelle Lune	Premier Quartier	Pleine Lune (mini 2024)
Balance	*Capricorne*	*Taureau*	*Lion*

Magnitudes
-1 0 1 2 3 4 4,5 et +

Zone d'utilisation

38° à 52° nord

À L'ORÉE DE L'AUBE EN FÉVRIER 2024

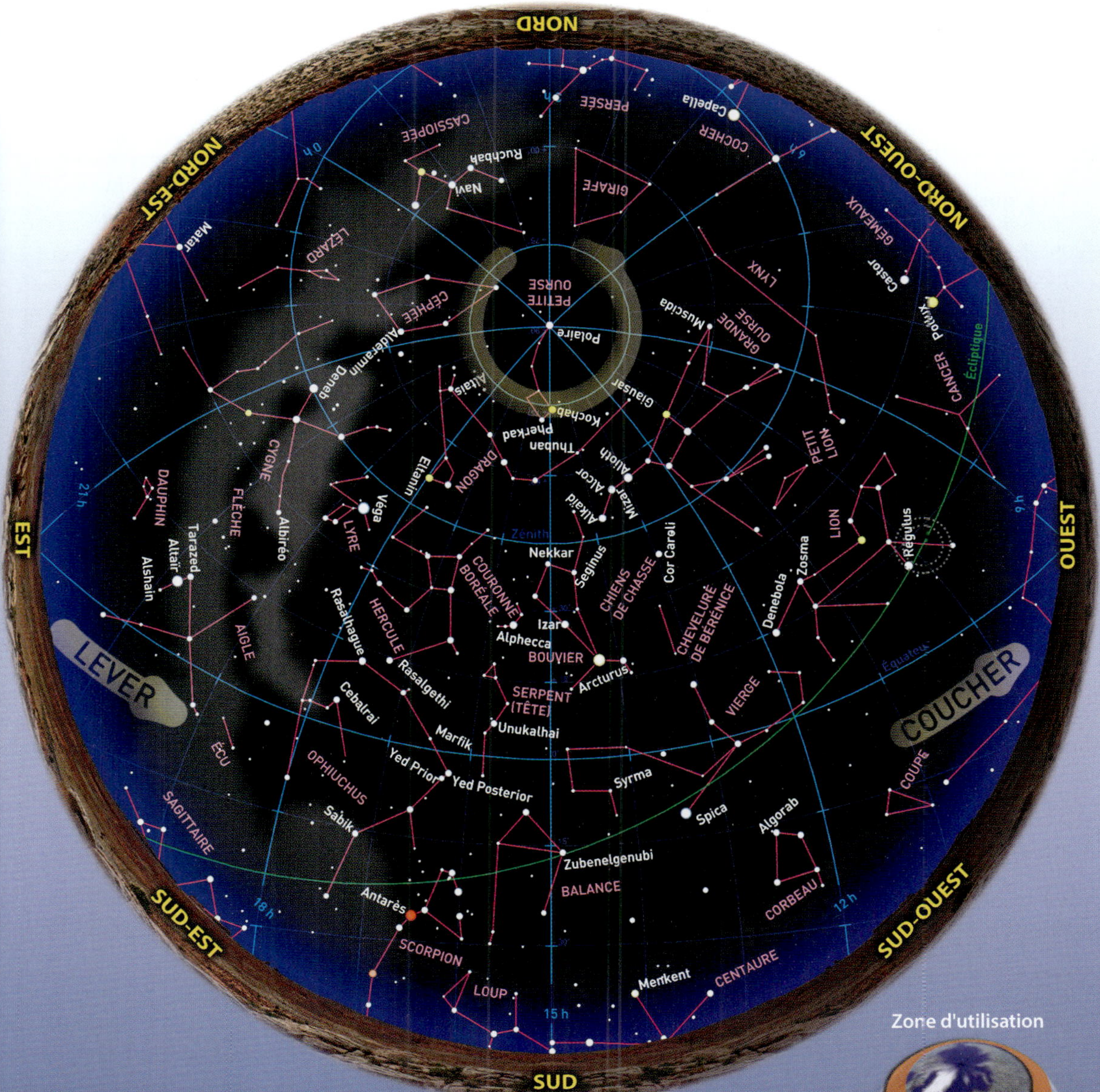

Zone d'utilisation

33° à 52° nord

Vous trouverez des conseils pour l'utilisation de ces cartes en début d'ouvrage.

La Lune et les planètes

Mercure

Nord. Elle ne se lève plus qu'une quarantaine de minutes avant le Soleil début février et l'inclinaison de l'écliptique sur l'horizon sud-est empêche son repérage ;
sa conjonction supérieure avec le Soleil se produit le 28.
Tropiques. Les conditions d'observation à l'aube sont bien meilleures qu'en Europe et il est possible de distinguer Mercure à l'œil nu puis aux jumelles jusqu'au 10 sous le tropique du Cancer et quelques matins de plus sous le tropique du Capricorne.

Vénus

Nord. Son élongation solaire diminue de 31° à 24° en février et elle se lève à présent durant l'aube : une heure et quarante-cinq minutes avant le Soleil le 1er et moins d'une heure avant le 29. Elle passe au nœud descendant de son orbite le 14. Son éclat intense permet de la repérer à l'œil nu juste au-dessus de l'horizon sud-est, mais cela s'avère de plus en plus délicat au fil du mois. Si le ciel n'est pas suffisamment transparent, s'il y a une fine brume hivernale, des jumelles seront indispensables pour la distinguer dans le ciel déjà clair. Mais si un anticyclone maintient un air pur et glacé sur l'Europe et que les couleurs de l'aube vont du rouge brique au plus bel orange, le diamant vénusien sera encore visible à l'œil nu. Vous pouvez même tenter de le pointer avec un instrument juste à son lever lorsque son éclat est filtré et réfracté par l'atmosphère et qu'il se pare de vives irisations. À fort grossissement, on arrive parfois même à voir et à photographier le rayon vert vénusien au ras de l'horizon.
Tropiques. Elle se lève à l'orée de l'aube le 29 sous le tropique du Cancer et elle brille à 6° de hauteur au même moment sous le tropique du Capricorne.

Mars

Nord. Elle quitte le Sagittaire pour le Capricorne le 12 et, le 22, son rendez-vous serré avec Vénus – 0,6° d'écart – est une première occasion de la repérer aux jumelles à l'aube au ras d'un horizon est-sud-est dégagé, une petite heure avant le lever du Soleil, même si son éclat est encore bien faible (magnitude 1,6). Son élongation solaire atteint presque 28° le 29, mais l'inclinaison importante de l'écliptique l'empêche de s'élever rapidement après son lever.
Tropiques. Le 15, Mars est à 3° de hauteur au début de l'aube sous le tropique du Cancer et à 6° sous celui du Capricorne.

Jupiter

Nord. Toujours installée dans le Bélier, elle surplombe l'horizon sud-sud-ouest de plus de 54° le 1er à la fin du crépuscule astronomique. Le 29, elle est à un peu moins de 40° de hauteur au-dessus de l'horizon ouest-sud-ouest au même moment et la lumière zodiacale resplendit autour d'elle depuis les sites suffisamment protégés des excès de l'éclairage artificiel nocturne. Son élongation solaire diminue de 85° à 60° dans le mois et, du coup, le nombre d'heures où son élévation est suffisante pour réaliser des observations de qualité avec un instrument se compte à présent sur les doigts d'une main. Son diamètre apparent équatorial est proche de 36″ pour une magnitude de - 2,2 à la fin du mois.
Tropiques. Les conditions d'observation sont toujours excellentes sous le tropique du Cancer et à peine moins bonnes qu'en Europe sous celui du Capricorne.

Saturne

Nord et tropiques. Toujours dans le Verseau, son petit éclat de magnitude 0,9 se perd dans les lueurs crépusculaires avant le 10 ; les observateurs des tropiques gagnent quelques soirs de plus. Elle est en conjonction supérieure avec le Soleil le 28, à plus de 1,6 milliard de kilomètres de la Terre, et reste inobservable jusqu'à la fin du mois.

Uranus (Bélier) est en quadrature à l'est du Soleil le 8 et elle brille alors à près de 60° de hauteur au-dessus de l'horizon sud-sud-ouest à la fin du crépuscule. Le 29, elle surplombe l'horizon ouest-sud-ouest de 44° au même instant. Son repérage à l'œil nu dans les bons sites est toujours possible par les nuits sans Lune.
Le 15, Neptune (Poissons) n'est plus qu'à 8° de hauteur au-dessus de l'horizon ouest-sud-ouest en début de nuit, c'est donc la fin de sa fenêtre de visibilité.

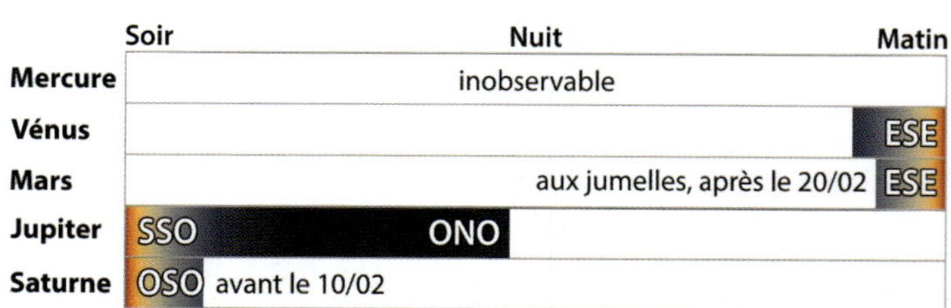

Visibilité des planètes à 45° de latitude nord, en milieu de mois.

Planétaire

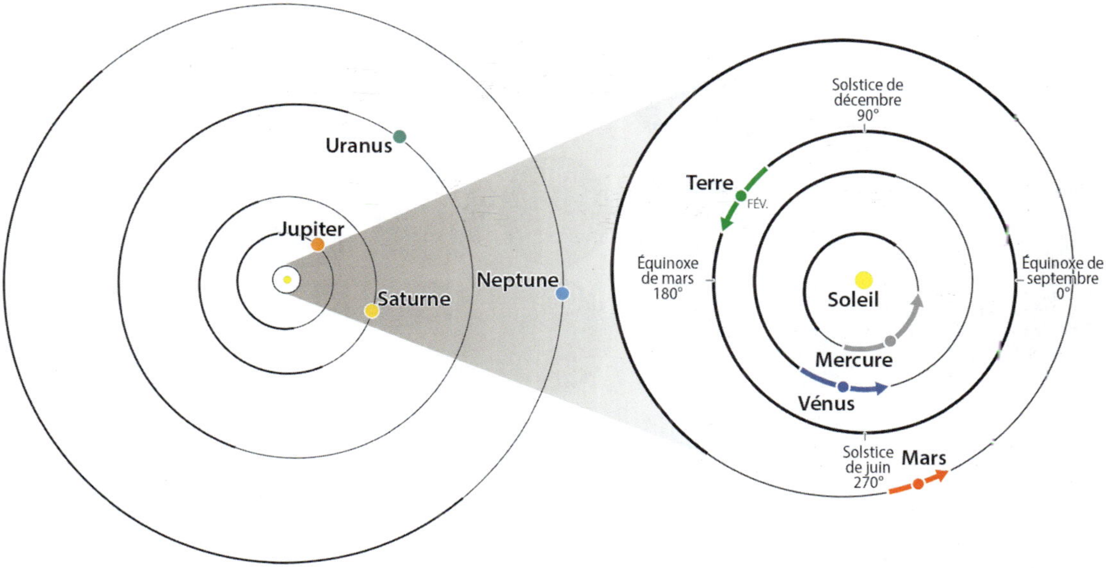

Vous trouverez en pages 67 et 69 des explications complètes sur ces deux schémas.

Le calendrier lunaire

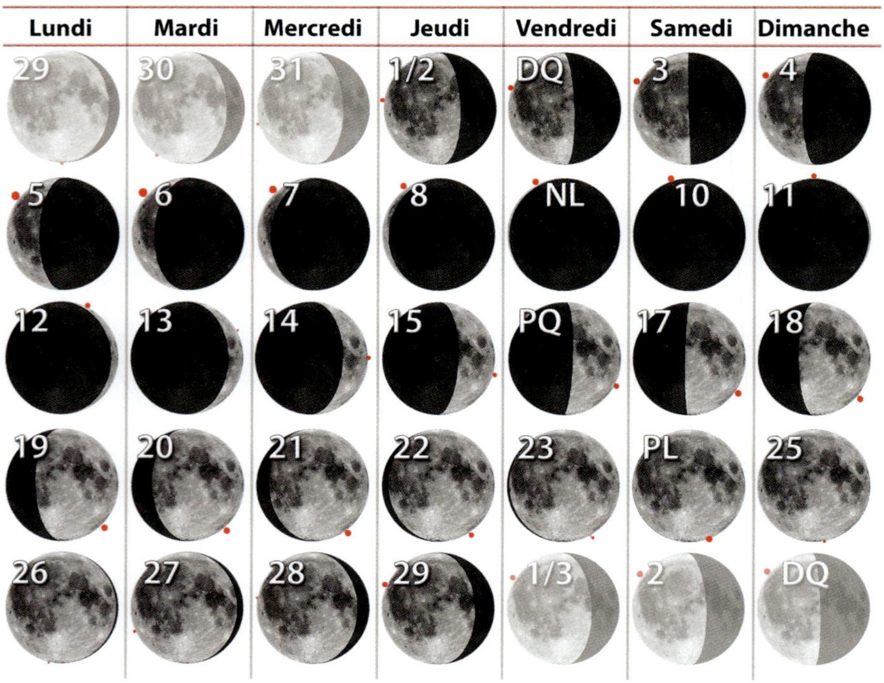

Longitude du terminateur	Soleil levant	Soleil couchant
1er/02		163°
2		175°
3		187°
4		199°
5		211°
6		224°
7		236°
8		248°
9		260°
10	272°	
11	285°	
12	297°	
13	309°	
14	321°	
15	333°	
16	346°	
17	358°	
18	10°	
19	22°	
20	34°	
21	46°	
22	58°	
23	71°	
24	83°	
25		95°
26		107°
27		119°
28		131°
29		143°

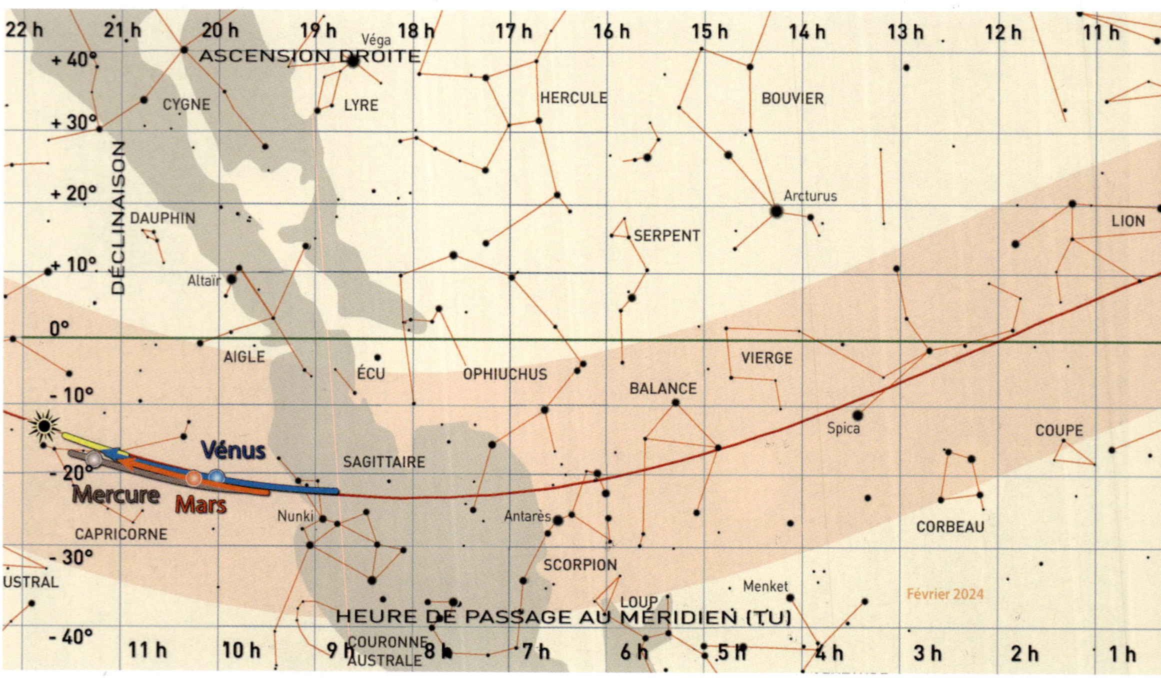

Hauteur mensuelle de la Lune

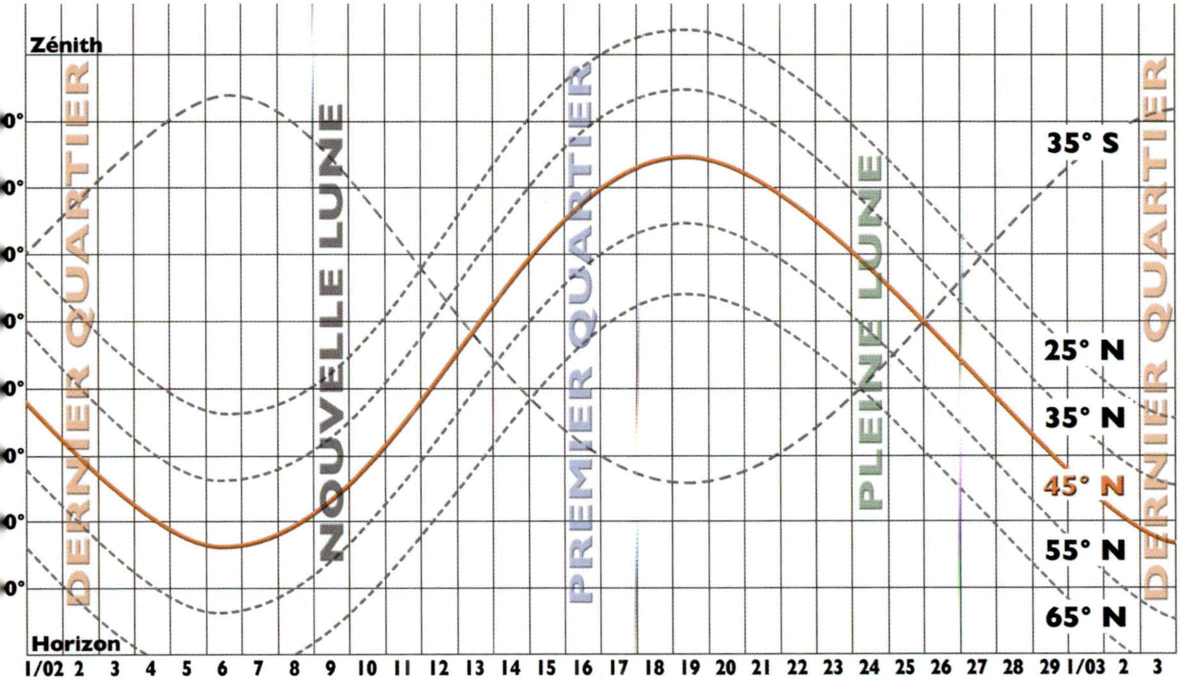

Le 1er février à 0 h TU, la Lune est âgée de 20,5 jours.

La Lune atteint sa plus grande déclinaison vers le nord le 19 (28,4°) et sa plus grande déclinaison vers le sud le 6 (- 28,3°).

Vous trouverez en pages 35, 69, 70 et 71 des explications complètes sur ces trois schémas et ce tableau.

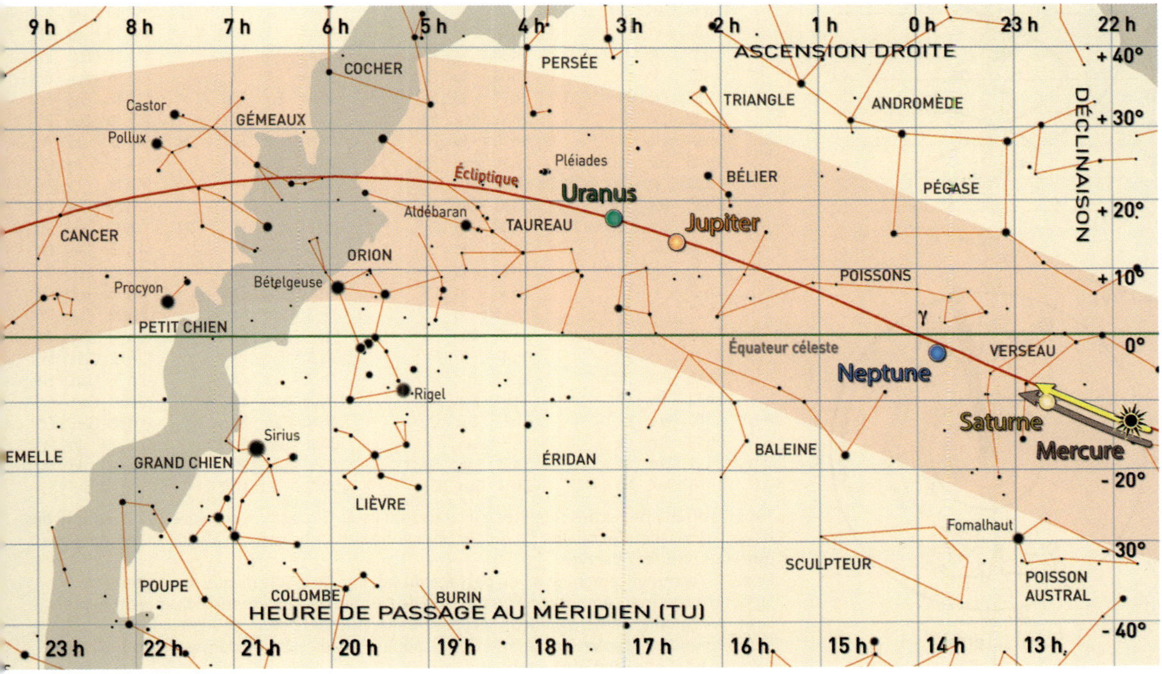

FÉVRIER 2024

Satellites de Jupiter

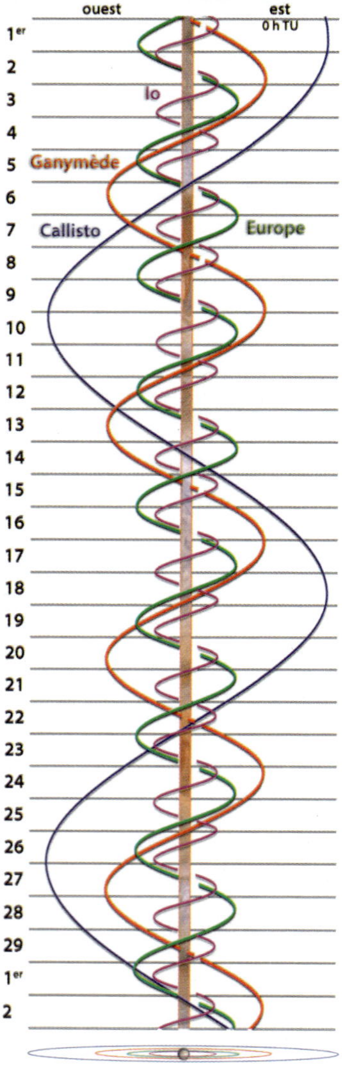

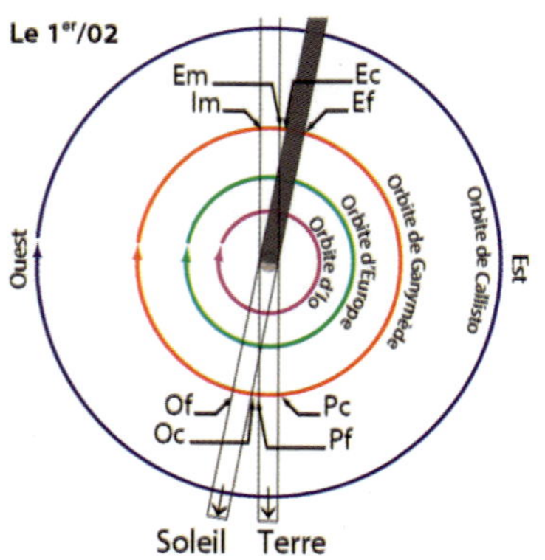

Passages de la tache rouge de Jupiter au méridien central

1er/02 : 8 h 58 ; 18 h 54.
2 : 4 h 50 ; 14 h 46.
3 : 0 h 42 ; 10 h 37 ; 20 h 33.
4 : 6 h 29 ; 16 h 25.
5 : 2 h 21 ; 12 h 16 ; 22 h 12.
6 : 8 h 08 ; 18 h 04.
7 : 3 h 59 ; 13 h 55 ; 23 h 51.
8 : 9 h 47 ; 19 h 43.
9 : 5 h 39 ; 15 h 34.
10 : 1 h 30 ; 11 h 26 ; 21 h 22.
11 : 7 h 18 ; 17 h 13.
12 : 3 h 09 ; 13 h 05 ; 23 h 01.
13 : 8 h 57 ; 18 h 52.
14 : 4 h 48 ; 14 h 44.
15 : 0 h 40 ; 10 h 36 ; 20 h 32.
16 : 6 h 28 ; 16 h 23.
17 : 2 h 19 ; 12 h 15 ; 22 h 11.
18 : 8 h 07 ; 18 h 02.
19 : 3 h 58 ; 13 h 54 ; 23 h 50.
20 : 9 h 46 ; 19 h 41.
21 : 5 h 38 ; 15 h 33.
22 : 1 h 29 ; 11 h 25 ; 21 h 21.
23 : 7 h 17 ; 17 h 12.
24 : 3 h 08 ; 13 h 04 ; 22 h 59.
25 : 8 h 56 ; 18 h 51.
26 : 4 h 48 ; 14 h 43.
27 : 0 h 39 ; 10 h 35 ; 20 h 31.
28 : 6 h 27 ; 16 h 22.
29 : 2 h 18 ; 12 h 14 ; 22 h 10.

Longitude estimée du centre de la tache rouge en début de mois : 55,25°.

Phénomènes des satellites de Jupiter

	Heure	Sat.	Phé.
1er/02	0h03	Eur.	Of**
	0h38	Gan.	Em
	4h13	Gan.	Ec
	5h51	Gan.	Ef
	14h42	Io	Pc
	16h04	Io	Oc
	16h54	Io	Pf
	18h15	Io	Of**
2	11h56	Io	Im
	13h48	Eur.	Im
	15h26	Io	Ef
	16h12	Eur.	Em
	16h33	Eur.	Ec
	18h54	Eur.	Ef**
3	9h12	Io	Pc
	10h33	Io	Oc
	11h23	Io	Pf
	12h44	Io	Of
4	6h25	Io	Im
	8h21	Eur.	Pc
	9h54	Io	Ef
	10h43	Eur.	Pf
	10h59	Eur.	Oc
	12h53	Gan.	Pc
	13h20	Eur.	Of
	14h52	Gan.	Pf
	18h28	Gan.	Oc**
	20h06	Gan.	Of**
5	3h41	Io	Pc
	5h02	Io	Oc
	5h52	Io	Pf
	7h12	Io	Of
6	0h54	Io	Im
	3h08	Eur.	Im
	4h23	Io	Ef
	5h33	Eur.	Em
	5h53	Eur.	Ec
	8h14	Eur.	Ef
	22h10	Io	Pc**
	23h32	Io	Oc**
7	0h22	Io	Pf
	1h41	Io	Of
	19h23	Io	Im**
	21h40	Eur.	Pc**
	22h52	Io	Ef**
8	0h03	Eur.	Pf
	0h18	Eur.	Oc
	2h39	Eur.	Of
	2h43	Gan.	Im
	4h45	Gan.	Em
	8h16	Gan.	Ec
	9h54	Gan.	Ef
	16h40	Io	Pc
	18h00	Io	Oc**
	18h52	Io	Pf**
	20h11	Io	Of**
9	13h53	Io	Im
	16h29	Eur.	Im
	17h21	Io	Ef
	18h54	Eur.	Em**
	19h12	Eur.	Ec**
	21h34	Eur.	Ef**
10	11h09	Io	Pc
	12h29	Io	Oc
	13h21	Io	Pf
	14h40	Io	Of
11	8h22	Io	Im
	10h59	Eur.	Pc
	11h50	Io	Ef
	13h22	Eur.	Pf
	13h36	Eur.	Oc
	15h57	Eur.	Of
	17h01	Gan.	Pc
	19h02	Gan.	Pf**
	22h31	Gan.	Oc**
12	0h08	Gan.	Of
	5h39	Io	Pc
	6h58	Io	Oc
	7h50	Io	Pf
	9h08	Io	Of
13	2h51	Io	Im
	5h51	Eur.	Im
	6h18	Io	Ef
	8h16	Eur.	Em
	8h32	Eur.	Ec
	10h53	Eur.	Ef
14	0h08	Io	Pc
	1h28	Io	Oc
	2h20	Io	Pf
	3h38	Io	Of
	21h21	Io	Im**
15	0h20	Eur.	Pc
	0h47	Io	Ef
	2h43	Eur.	Pf
	2h54	Eur.	Oc
	5h15	Eur.	Of
	6h53	Gan.	Im
	8h55	Gan.	Em
	12h17	Gan.	Ec
	13h55	Gan.	Ef
	18h38	Io	Pc**
	19h56	Io	Oc**
	20h50	Io	Pf**
	22h07	Io	Of**
16	15h50	Io	Im
	19h12	Eur.	Im**
	19h16	Io	Ef**
	21h37	Eur.	Em**
	21h50	Eur.	Ec**
17	0h12	Eur.	Ef
	13h08	Io	Pc
	14h25	Io	Oc
	15h19	Io	Pf
	16h35	Io	Of
18	10h20	Io	Im
	13h40	Eur.	Pc
	13h45	Io	Ef
	16h04	Eur.	Pf
	16h12	Eur.	Oc
	18h33	Eur.	Of**
	21h14	Gan.	Pc**
	23h15	Gan.	Pf
19	2h34	Gan.	Oc
	4h11	Gan.	Of
	7h38	Io	Pc
	8h54	Io	Oc
	9h49	Io	Pf
	11h04	Io	Of
20	4h49	Io	Im
	8h14	Io	Ef
	8h35	Eur.	Im
	10h59	Eur.	Em
	11h10	Eur.	Ec
	13h32	Eur.	Ef
21	2h07	Io	Pc
	3h23	Io	Oc
	4h19	Io	Pf
	5h34	Io	Of
	23h19	Io	Im
22	2h43	Io	Ef
	3h02	Eur.	Pc
	5h25	Eur.	Pf
	5h30	Eur.	Oc
	7h51	Eur.	Of
	11h06	Gan.	Im
	13h10	Gan.	Em
	16h18	Gan.	Ec
	17h56	Gan.	Ef
	20h37	Io	Pc**
	21h52	Io	Oc**
	22h48	Io	Pf**
23	0h03	Io	Of
	17h48	Io	Im
	21h12	Io	Ef**
	21h57	Eur.	Im**
24	0h23	Eur.	Em
	0h28	Eur.	Ec
	2h50	Eur.	Ef
	15h07	Io	Pc
	16h21	Io	Oc
	17h18	Io	Pf
	18h31	Io	Of**
25	12h18	Io	Im
	15h41	Io	Ef
	16h22	Eur.	Pc
	18h46	Eur.	Pf**
	18h49	Eur.	Oc**
	21h09	Eur.	Of**
26	1h30	Gan.	Pc
	3h31	Gan.	Pf
	6h36	Gan.	Oc
	8h13	Gan.	Of
	9h36	Io	Pc
	10h50	Io	Oc
	11h48	Io	Pf
	13h00	Io	Of
27	6h48	Io	Im
	10h10	Io	Ef
	11h21	Eur.	Im
	13h46	Eur.	Em
	13h48	Eur.	Ec
	16h10	Eur.	Ef
28	4h07	Io	Pc
	5h19	Io	Oc
	6h18	Io	Pf
	7h29	Io	Of
29	1h17	Io	Im
	4h38	Io	Ef
	5h45	Eur.	Pc
	8h06	Eur.	Oc
	8h09	Eur.	Pf
	10h28	Eur.	Of
	15h22	Gan.	Im
	17h26	Gan.	Em
	20h20	Gan.	Ec**
	21h58	Gan.	Ef**
	22h37	Io	Pc
	23h48	Io	Oc

Tous les phénomènes des satellites galiléens sont listés ci-dessus ; vous devez tenir compte des heures de lever et de coucher de Jupiter pour votre site d'observation afin de déterminer ceux que vous pourrez observer.
Pc et Pf = commencement et fin du passage du satellite devant le disque de Jupiter.
Oc et Of = commencement et fin du passage de l'ombre du satellite sur le disque de Jupiter.
Ec et Ef = commencement et fin de l'éclipse du satellite par l'ombre de Jupiter. Im et Em = immersion (disparition) et émersion (réapparition) du satellite derrière le disque jovien.
* Visible à 45° nord et 0° de longitude.

FÉVRIER 2024

Les phénomènes astronomiques au jour le jour

À NE PAS MANQUER CE MOIS-CI !

Voie lactée, lumière zodiacale et gegenschein en début de nuit.
Du 5 au 12, la comète 144P Kushida traverse les Hyades.
Le 7, Vénus et le croissant à l'aube.
Le 11, Saturne et la Lune au crépuscule.
La comète C/2021 S3 PANSTARRS dans Ophiuchus.
Le 14 et le 15, Jupiter et la Lune le soir.
Le 16, X et V lunaires.
Le 16, la Lune et les Pléiades.
À partir du 27, lumière zodiacale le soir.

L'amas ouvert de la Crèche est baigné par la lueur fantomatique du gegenschein sur cette image prise à la fin d'une nuit d'hiver sur le mont Lozère, juste au moment du lever de la Lune.
© Guillaume Cannat

JJ TU

01 01 Jeudi (32-334). Le Soleil se couche sur la région de **Calippus** (1-38) et, autour de 1 h 36 m, vous pouvez tenter d'observer avec un instrument une ou plusieurs raies lumineuses dans cette formation. Longitude du terminateur : 164° ; âge lunaire : 20,6 j ; illumination : 68 %.

01 04 **Maximum d'éclat de l'étoile variable Êta Aquilae** (Aigle) à 4 h. Il s'agit d'une étoile de type céphéide dont la magnitude passe de 3,5 à 4,4 au cours d'un cycle de 7,177 jours. Les autres maxima du mois se produisent le 8 à 9 h, le 15 à 13 h, le 22 à 17 h et le 29 à 21 h. Voir également le 8 mars 2024.

01 05 Heure de début et de fin du crépuscule astronomique à 45° de latitude nord et 0° de longitude : le 1er (5 h 40 m/18 h 48 m) ; le 15 (5 h 23 m/19 h 06 m). La durée du jour est de 9 heures et 47 minutes le 1er et de 11 heures et 8 minutes le 29 ; le dernier jour du mois, le Soleil se lève 41 minutes plus tôt et se couche 40 minutes plus tard que le premier. La durée du crépuscule astronomique passe de 101 à 97 minutes sur le mois.

01 08 **Conjonction géocentrique en longitude entre la Lune (Vir) et Spica** à 8 h 59 m (séparation : 1,5°). À l'orée de l'aube, ce couple est installé à une trentaine de degrés de hauteur au-dessus de l'horizon sud-sud-ouest.

01 12 À midi, début du jour julien 2 460 342.

01 17 **Minimum d'éclat de l'étoile variable Algol de Persée** (Bêta Persei) à 17 h ; sa magnitude est proche de 3,3. Les autres minima du mois se produisent le 4 à 14 h, le 7 à 11 h, le 10 à 8 h, le 13 à 5 h, le 16 à 1 h, le 18 à 22 h, le 21 à 19 h, le 24 à 16 h et le 27 à 13 h. Voir également le 2 septembre 2023.

01 18 L'étoile **Deneb** domine l'horizon nord-ouest de 23° à la fin du crépuscule astronomique à 45° de latitude nord.

01 04 **Maximum d'éclat de l'étoile Delta Cephei** à 4 h. Sa magnitude varie de 3,5 à 4,4 au cours d'un cycle de

Les phénomènes astronomiques au jour le jour

5,366 jours. Les autres maxima du mois se produisent le 6 à 13 h, le 11 à 21 h, le 17 à 6 h, le 22 à 15 h et le 28 à 0 h. Voir également le 6 octobre 2023.

02 00 Vendredi (33-333). **L'inclinaison apparente des anneaux de Saturne** passe de 7,7° à 6,1° au cours du mois, mais cette planète se rapproche de la position apparente du Soleil et il devient rapidement très délicat de l'observer avec un instrument dans de bonnes conditions au crépuscule.

02 04 À 4 h 09 m, l'étoile HD 122837 (Vir - magnitude 6,4) est occultée par la Lune ; elle réapparaît à 5 h 28 m. Les deux astres sont alors à 29,8° au-dessus de l'horizon et la fraction éclairée de notre satellite est de 57 %.

02 05 Maximum de l'essaim météoritique diurne des Sagittarides (115 DSC), dont la période d'activité s'étend du 13 janvier au 4 février. Longitude héliocentrique prévue pour le maximum (équinoxe 2000.0) : 312,5°.

02 17 À 45° de latitude nord, l'étoile **Sirius** du Grand Chien se lève au moment du coucher du Soleil – on parle de lever achronique – et, dans un ciel limpide, il est possible de la repérer aux jumelles une vingtaine de minutes plus tard vers 115° d'azimut et 3° de hauteur.

02 17 Mercure est à l'aphélie à 0,467 ua du Soleil, soit près de 70 millions de kilomètres.

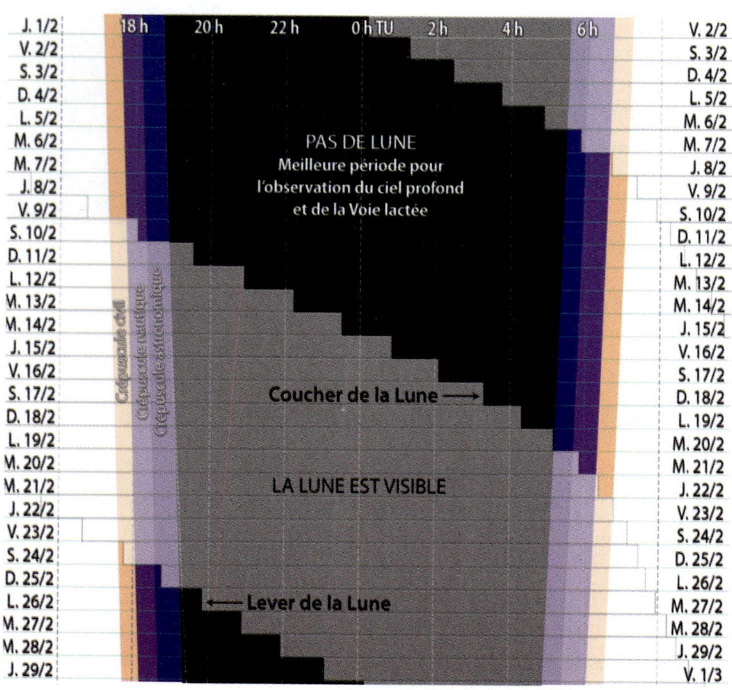

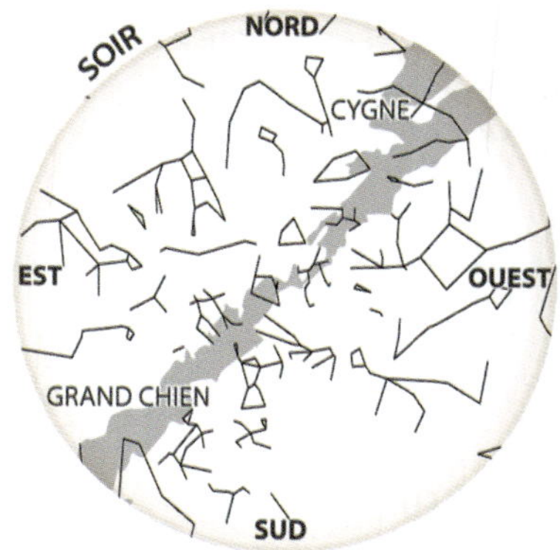

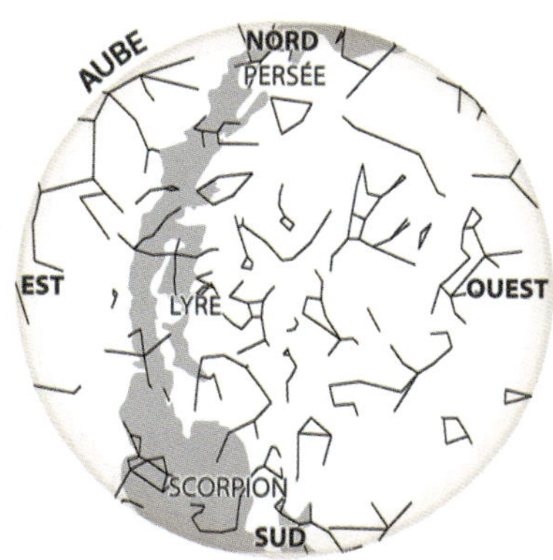

Début février, à la fin du crépuscule, la **Voie lactée** est suspendue au zénith par l'arc de Persée et elle ruisselle vers le Grand Chien au sud-est et vers le Cygne au nord-ouest. Juste avant l'aube, le Triangle d'été fait son retour au-dessus de l'est et la Voie lactée repose sur Cassiopée au nord et sur le Scorpion au sud-sud-est. À partir de la mi-février, les observateurs matinaux peuvent admirer le retour de la Voie lactée estivale avant l'aube, la belle Antarès du Scorpion balisant l'horizon sud-sud-est puis sud de son éclat rougeoyant ; l'arche galactique devient progressivement photographiable au-dessus de l'horizon est. Donc, par une belle nuit sans Lune de la fin février, il est possible d'observer à quelques heures d'intervalle une très belle arche galactique hivernale et une arche galactique estivale encore peu creusée.

02 23 **Dernier Quartier de Lune à 23 h 18 m (Lib).** Distance : 394 437 km, soit 61,84 rayons terrestres. Il s'est écoulé 8 jours, 5 heures et 23 minutes (8,225 jours) entre la Pleine Lune du 25 janvier et ce Dernier Quartier, l'intervalle le plus long entre deux phases sur la période couverte par cette édition. Voir le 10 juillet 2023.

03 00 Samedi (34-332). Formations lunaires proches du terminateur dans la journée : Platon, Ératosthène, Tycho, Clavius.

03 08 **Élongation maximale de Titan** à l'est de Saturne à 8 h 08 m (158″). Saturne devient rapidement inobservable en Europe en février.

03 23 Ces jours-ci, vous pouvez tenter d'observer et de photographier la très faible lueur du **gegenschein** par une nuit sans Lune depuis un site protégé de la pollution lumineuse. Il faut chercher le gegenschein juste à l'est de l'amas de la Crèche (Cancer) ; il franchit le méridien à près de 60° de hauteur en milieu de nuit. Voir également le 10 octobre 2023.

04 00 Dimanche. 35e jour de l'année ; il reste 331 jours jusqu'au 31 décembre.

04 04 Vénus devrait frôler ou occulter une étoile de magnitude 9,9 (PPM 269214) entre 4 h 38 m et 4 h 40 m. Inobservable en Europe.

6e SEMAINE

05 00 Lundi (36-330). Voilà une semaine parfaite pour observer et photographier le ciel d'hiver et la lumière zodiacale ; le mot d'ordre est : « Éloignez-vous des villes ! » Constellation de la Lune chaque jour à 0 h pour 45° de latitude nord et 0° de longitude : L-Sco, M-Oph, M-Sgr, J-Sgr, V-Cap, S-Cap, D-Aqr.

05 00 TSMG (voir p. 17) : 8 h 58 m 36 s.

05 00 Période de libration minimale en longitude pour la Lune (l = - 7,8°).

05 00 Mercure entre dans la constellation du Capricorne.

05 01 **Conjonction géocentrique en longitude entre la Lune (Sco) et Antarès** à 1 h 01 m (séparation : 0,5°). À voir à l'aube au-dessus de l'horizon est-sud-est.

05 01 Occultation d'Antarès par la Lune. Zone de visibilité : sud de l'Asie et Indonésie.

05 12 À midi, début du jour julien 2 460 346.

05 12 Conjonction géocentrique en longitude entre Mercure (Cap) et Pluton à 12 h 56 m (séparation : 1,3°).

05 20 Du 5 au 12 février, la comète **144P Kushida traverse les Hyades**.

06 01 Mardi (37-329). **Callisto est en conjonction inférieure** à 1 h 39 m. Elle est observable à proximité apparente du pôle Sud jovien.

Le 7 février à l'aube, l'arc lunaire et Vénus se tiennent juste au-dessus de l'horizon sud-est.

FÉVRIER 2024

Les phénomènes astronomiques au jour le jour

07 05 Mercredi (38-328). Durant quelques jours, et depuis un très bon site, vous pouvez tenter une observation délicate juste avant l'aube : voir la pointe du cône de lumière zodiacale qui sort de la Voie lactée au nord du Scorpion et qui traverse la Balance.

07 12 **Le Soleil** franchit le méridien à 30° de hauteur.

07 20 **Conjonction géocentrique en longitude entre la Lune (Sgr) et Vénus** à 20 h 12 m (séparation : 5,4°). Ce couple éloigné apparaît au ras de l'horizon sud-est une heure à peine avant le lever du Soleil.

08 00 Jeudi (39-327). Période de libration maximale en latitude pour la Lune (b = 6,6°).

08 07 Conjonction géocentrique en longitude entre la Lune (Sgr) et Mars à 7 h 52 m (séparation : 4,1°). Inobservable en Europe.

08 10 Uranus est en quadrature à l'est du Soleil.

08 19 **Maximum de l'essaim météoritique des Alpha Centaurides** (102 ACE), dont la période d'activité s'étend du 28 janvier au 21 février. Longitude héliocentrique prévue pour le maximum de l'essaim (équinoxe 2000.0) : 319,2°. Vitesse de pénétration atmosphérique : 56 km/s. Taux horaire moyen au zénith : 5, avec des pics très brefs jusqu'à 30 en 1974 et 1980. Cet essaim est l'un des plus beaux visibles dans l'hémisphère austral ; il produit généralement de nombreuses étoiles filantes brillantes et quelques bolides d'un éclat supérieur à celui de Vénus. Dans le sud de l'Europe, il est parfois possible d'admirer quelques étoiles filantes au ras d'un horizon sud parfaitement dégagé et exempt de pollution lumineuse. En 2024, le maximum se produit en période de Nouvelle Lune et les conditions d'observation sont donc excellentes.

09 09 Vendredi (40-326). Le plus vieux croissant de la lunaison peut être observé à l'aube avec un instrument optique au Chili et en Argentine.

09 22 **Nouvelle Lune à 22 h 59 m (Cap).** Distance : 358 746 km, soit 56,25 rayons terrestres.

10 00 **Nouvel An chinois** ; ouverture de l'année du dragon. Le prochain Nouvel An chinois se produira le 29 janvier 2025 (année du serpent).

10 00 Samedi (41-325). Période du maximum d'éclat de l'étoile variable R Vul (2059+23A). R Vul est une variable de type Mira (variable à longue période) dont la magnitude oscille entre 7 et 14,3 ; sa période est de 136,73 jours.

10 13 Le plus jeune croissant de la lunaison peut être observé au crépuscule avec un instrument optique en Indonésie.

Le 11 février au crépuscule, Saturne se couche à peine un peu plus d'une heure après le Soleil, cette conjonction est donc particulièrement délicate à observer ; un ciel limpide et des jumelles seront indispensables pour tenter votre chance, mais, même comme ça, le succès n'est pas garanti ! Excellentes conditions, en revanche, en Polynésie française et en Nouvelle-Calédonie.

10 17 Ce soir au crépuscule, utilisez des jumelles pour repérer un fin croissant lunaire de 1 %. À 17 h 45 m, il est âgé de 19 heures ; il se situe à 2° de hauteur et à 247° d'azimut, alors que le Soleil se situe à 5° sous l'horizon.

10 18 La Lune passe au périgée à 18 h 53 m.
Distance : 358 088 km, soit 56,14 rayons terrestres.

11 00 Dimanche. 42e jour de l'année.

11 01 **Conjonction géocentrique en longitude entre la Lune (Aqr) et Saturne** à 1 h 45 m (séparation : 1,6°).

11 03 **Minimum d'éclat de l'étoile variable Sheliak** (Bêta de la Lyre) à 3 h. Sa magnitude varie de 3,3 à 4,3 au cours d'un cycle de 12,941 jours. L'autre minimum du mois se produit le 24 à 2 h. Voir également le 2 août 2023.

11 16 Mercure et Mars sont en conjonction héliocentrique.

11 19 Si vous êtes photographe, utilisez la clarté du croissant lunaire qui se couche après la fin du crépuscule astronomique pour révéler le paysage sous la Voie lactée, au sud-est et au nord-ouest.

7e SEMAINE

12 00 Lundi (43-323). La Lune croissante éclaire la première partie de la nuit, mais vous pouvez faire le choix de vous lever avant l'aube pour profiter du retour de la Voie lactée estivale au-dessus de l'horizon est. Constellation de la Lune chaque jour à 0 h pour 45° de latitude nord et 0° de longitude : L-Aqr, M-Psc, M-Psc, J-Ari, V-Ari, S-Tau, D-Tau.

12 00 TSMG (voir p. 17) : 9 h 26 m 12 s.

12 06 Formations lunaires proches du terminateur dans la journée : Langrenus et Petavius, Endymion.

12 12 À midi, début du jour julien 2 460 353.

12 12 **L'équation du temps** atteint son premier maximum positif de l'année à + 14 m 11 s.

12 23 Mars entre dans la constellation du Capricorne.

13 00 Mardi (44-322). Le Soleil se lève sur la région de **Cleomedes** (1-65) et, autour de 0 h 07 m, vous pouvez tenter d'observer avec un instrument une ou plusieurs raies lumineuses dans cette formation. Longitude du terminateur : 309° ; âge lunaire : 3,0 j ; illumination : 13 %.

13 17 La Lune passe au nœud ascendant à 17 h 01 m (longitude moyenne : 16,9°). Distance : 365 356 km, soit 57,3 rayons terrestres.

14 00 Mercredi (45-321). **Vénus passe au nœud descendant** de son orbite (longitude héliocentrique : 256,6°).

14 10 **Callisto est en conjonction supérieure** à 10 h 15 m. Elle est observable à proximité du pôle Nord jovien.

14 12 **Le Soleil** franchit le méridien à 32° de hauteur.

14 14 Début de la 2281e rotation synodique du Soleil.

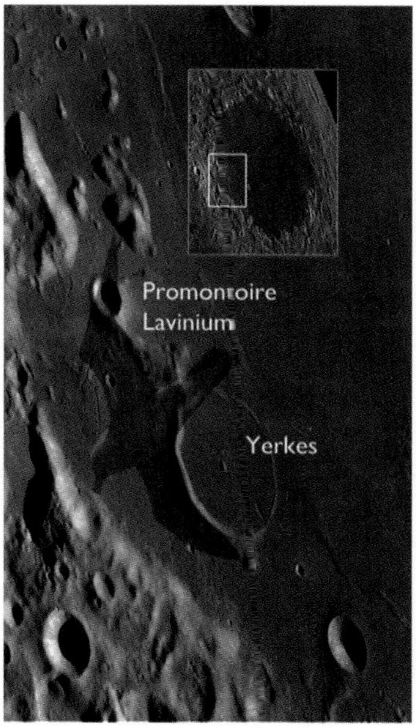

Le 13 février au crépuscule, pointez un instrument vers le croissant lunaire pour admirer l'envol de l'albatros. Sur la bordure ouest de la mer des Crises, l'éclairage horizontal du Soleil levant fait naître un relief bourgeonnant au-dessus duquel plane un albatros aux ailes de géant. Son corps doublement arqué s'appuie sur la paroi ouest du cratère Yerkes et sur le promontoire Lavinium qui s'avance vers un petit cratère posé à quelques encablures au nord de Yerkes. Pendant les premiers jours de la lunaison, l'albatros déploie des ailes noires sur le plancher gris de la mer des Crises, puis il s'efface progressivement alors que le Soleil grimpe dans son ciel, avant de réapparaître en blanc sur la couverture noire de la mer vers le dix-septième jour, lorsque la paroi ouest de Yerkes et son prolongement septentrional réfléchissent directement l'éclat du Soleil couchant. Il s'écoule alors quelques heures magiques durant lesquelles l'albatros est encore illuminé alors que la mer des Crises s'enfonce dans la nuit. Le corps du prince des nuées semble ensuite fondre comme neige au Soleil et il ne reste bientôt qu'un étroit pont de lumière au nord de Yerkes, puis plus rien.
Crédit : NASA's Scientific Visualization Studio

Les phénomènes astronomiques au jour le jour

14 17 La comète **C/2021 S3 PANSTARRS** passe au plus près du Soleil (périhélie) à 197 millions de kilomètres. Son éclat pourrait atteindre la magnitude 7. Elle circule au sud d'Ophiuchus et vous pouvez donc tenter de la pointer en seconde partie de nuit au-dessus de l'horizon sud-est.

14 21 Le Soleil se lève sur la région de **Posidonius** (1-48) et, autour de 21 h 59 m, vous pouvez tenter d'observer avec un instrument une ou plusieurs raies lumineuses dans cette formation. Longitude du terminateur : 332° ; âge lunaire : 5 j ; illumination : 32 %.

14 22 À 22 h 15 m, l'étoile HD 12479 (Ari - magnitude 6) est occultée par la Lune ; elle réapparaît à 22 h 55 m. Les deux astres sont alors à 4,9° au-dessus de l'horizon et la fraction éclairée de notre satellite est de 31 %.

15 00 Jeudi (46-320). Découvrez la couverture du prochain *Guide du Ciel* sur le site www.leguideduciel.net.

15 06 **Conjonction géocentrique en longitude entre la Lune (Ari) et Jupiter** à 6 h 31 m (séparation : 2,9°). Le 14 et le 15 à la fin du crépuscule, ces deux astres sont aisément identifiables à plus de 40° de hauteur au-dessus de l'horizon ouest-sud-ouest ; les deux soirs, leur écart apparent est supérieur à 7°.

15 18 À 18 h 59 m, l'étoile 40 Ari (Ari - magnitude 5,8) réapparaît après son occultation par la Lune. Les deux astres sont alors à 55,2° au-dessus de l'horizon et la fraction éclairée de notre satellite est de 41 %.

16 00 Vendredi (47-319). Conjonction géocentrique en longitude entre la Lune (Ari) et Uranus à 0 h 27 m (séparation : 3°). Le 15 à la fin du crépuscule, ce couple brille dans le même champ de jumelles.

16 03 Formations lunaires proches du terminateur dans la journée : Maurolycus, Cassini, Triesnecker.

16 07 **Maximum de l'essaim météoritique des Alpha Corvides** (1101 FAC), découvert récemment et dont la période d'activité s'étend du 14 au 19 février. Longitude héliocentrique prévue pour le maximum (équinoxe 2000.0) : 326,8°. Vitesse de pénétration atmosphérique : 55 km/s. Ce petit essaim semble associé à une comète à longue période encore inconnue qui est passée à proximité de l'orbite de la Terre lors d'un précédent passage au périhélie.

16 15 **Premier Quartier de Lune à 15 h 01 m (Tau).** Distance : 380 697 km, soit 59,69 rayons terrestres. De février à avril, le Premier Quartier passe le méridien au plus haut de sa course annuelle (voir p. 31).

16 15 Vénus entre dans la constellation du Capricorne.

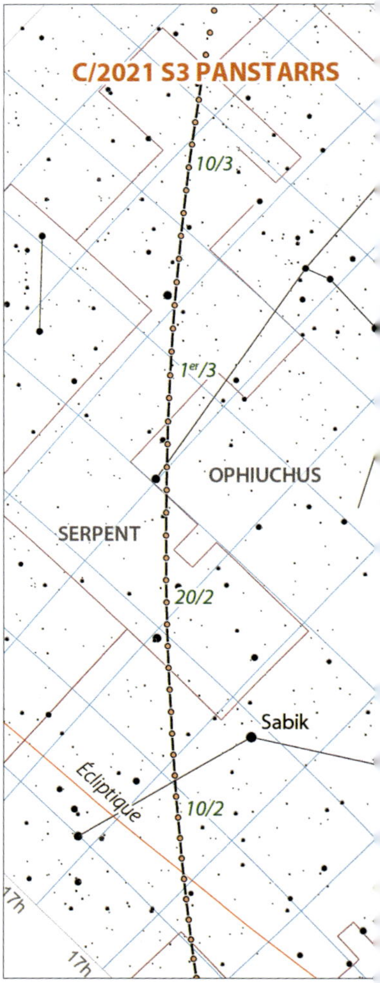

Trajectoire de la comète C/2021 S3 PANSTARRS.

16 20 **Conjonction géocentrique en longitude entre la Lune (Tau) et les Pléiades** à 20 h 04 m (séparation : 0,6°). Le Premier Quartier est vraiment blotti contre les Pléiades et occulte plusieurs étoiles environnantes en cours de soirée ; à suivre dans un instrument.

16 20 À 20 h 51 m, l'étoile HD 23753 (Tau - magnitude 5,4) est occultée par la Lune ; elle réapparaît à 21 h 59 m. Les deux astres sont alors à 38,3° au-dessus de l'horizon et la fraction éclairée de notre satellite est de 53 %.

16 23 Pointez un instrument vers le quartier de Lune avant son coucher pour tenter de voir le « **X lunaire** » révélé par le Soleil rasant à l'intersection des cratères La Caille, Blanchinus et Purbach. Le **V** lumineux qui se déploie dans le cratère Ukert, pratiquement au centre de la Lune, est observable un peu plus tard dans la nuit. Voir le 25 juin 2023.

17 00 Samedi (48-318). Période de libration maximale en longitude pour la Lune (l = 7°).

17 00 **Le Soleil entre dans la constellation du Verseau (327,8°)** à 0 h 17 m.

17 00 Période du maximum d'éclat de l'étoile variable S Boo (1419+54). S Boo est une variable de type Mira (variable à longue période) dont la magnitude oscille entre 7,8 et 13,8 ; sa période est de 270,73 jours.

17 08 Conjonction géocentrique en longitude entre Vénus (Cap) et Pluton à 8 h 46 m (séparation : 2,7°). Observable sous les tropiques.

18 00 Dimanche. 49e jour de l'année.

18 01 Le Soleil se lève sur la région de **Parry** (4-300) et, autour de 1 h 02 m, vous pouvez tenter d'observer avec un instrument une ou plusieurs raies lumineuses dans cette formation. Longitude du terminateur : 10° ; âge lunaire : 8,1 j ; illumination : 65 %.

18 12 Du 18 février au 8 mars, Mercure traverse d'ouest en est le champ du coronographe LASCO C3 de la sonde *SOHO*. Elle y croise Saturne le 28 février.

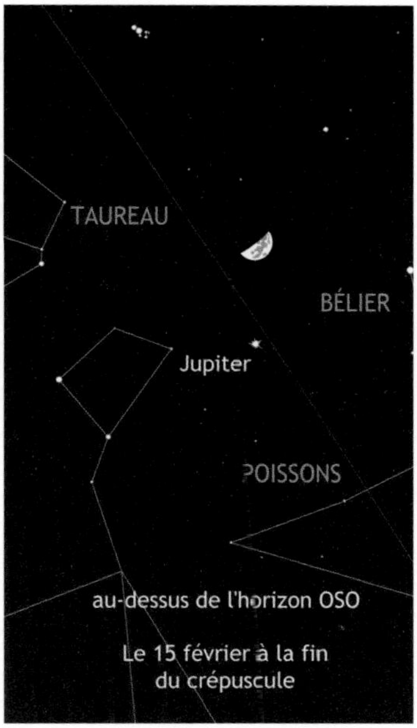

Le 15 février à la fin du crépuscule, Jupiter et le quartier lunaire surplombent l'horizon ouest-sud-ouest de plus de 40°.

8e SEMAINE

19 00 Lundi (50-316). Semaine de Pleine Lune, profitez-en pour observer les occultations d'étoiles par notre satellite ou le ballet incessant des lunes galiléennes. Constellation de la Lune chaque jour à 0 h pour 45° de latitude nord et 0° de longitude : L-Tau, M-Gem, M-Gem, J-Cnc, V-Leo, S-Leo, D-Leo.

19 00 TSMG (voir p. 17) : 9 h 53 m 48 s.

19 00 Formations lunaires proches du terminateur dans la journée : Longomontanus, Klaproth, golfe des Iris.

19 00 Le Soleil se lève sur la région de **Longomontanus** (4-358) et, autour de 0 h 53 m, vous pouvez tenter d'observer avec un instrument une ou plusieurs raies lumineuses

Les phénomènes astronomiques au jour le jour

dans cette formation. Longitude du terminateur : 22° ; âge lunaire : 9,1 j ; illumination : 74 %.

19 02 À 2 h 05 m, l'étoile 136 Tau (Tau - magnitude 4,6) est occultée par la Lune ; elle réapparaît à 2 h 56 m. Les deux astres sont alors à 10,5° au-dessus de l'horizon et la fraction éclairée de notre satellite est de 74 %.

19 02 Le Soleil se lève sur la région de **Copernicus** (3-270) et, autour de 2 h 22 m, vous pouvez tenter d'observer avec un instrument une ou plusieurs raies lumineuses dans cette formation. Longitude du terminateur : 23° ; âge lunaire : 9,1 j ; illumination : 75 %.

19 04 **Le Soleil entre dans le signe astrologique des Poissons (330°)** à 4 h 13 m, mais, dans la réalité, il est entré dans la constellation du Verseau le 17.

19 12 À midi, début du jour julien 2 460 360.

19 18 À 18 h 51 m, l'étoile 49 Aur (Aur - magnitude 5,3) réapparaît après son occultation par la Lune. Les deux astres sont alors à 62,3° au-dessus de l'horizon et la fraction éclairée de notre satellite est de 81 %.

20 00 Mardi (51-315). Aux jumelles, remarquez le splendide arc lumineux du **golfe des Iris** visible au nord du terminateur lunaire.

20 00 Période de libration minimale en latitude pour la Lune (b = - 6,6°).

20 00 Période du maximum d'éclat de l'étoile variable X Mon (0652-08). X Mon est une variable semi-régulière dont la magnitude oscille entre 6,8 et 10,2 ; sa période est de 155,8 jours.

20 04 Si vous êtes photographe, utilisez la clarté de la Lune qui se couche au nord-ouest pour éclairer le paysage à l'est sous le Triangle d'été.

20 12 Du 20 février au 9 mars, Saturne traverse d'est en ouest le champ du coronographe LASCO C3 de la sonde *SOHO*. Elle y croise Mercure le 28 février.

20 20 Mercure est à l'apogée à 1,390 ua de la Terre, soit près de 208 millions de kilomètres.

21 00 Mercredi (52-314). Conjonction géocentrique en longitude entre la Lune (Gem) et Pollux à 0 h 59 m (séparation : 1,6°). Cette étoile est difficile à voir à l'œil nu juste à côté d'une Lune gibbeuse croissante éblouissante.

21 12 **Le Soleil** franchit le méridien à 34° de hauteur.

21 15 Mercure entre dans la constellation du Verseau.

21 19 Belle symétrie autour de Jupiter ce soir avec Callisto et Europe à l'est du disque et Io et Ganymède à l'ouest.

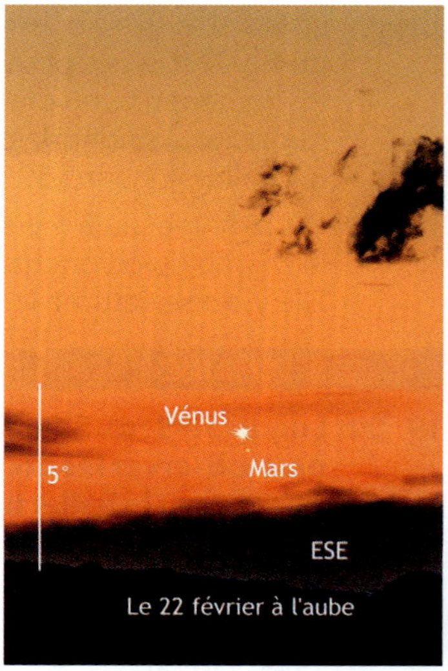

Le 22 février à l'aube, moins d'une heure avant le lever du Soleil, des jumelles sont indispensables pour tenter de voir le petit point de Mars à côté de Vénus au ras de l'horizon est-sud-est très lumineux.

22 04 Jeudi (53-313). Le Soleil se lève sur la région de **Lacroix** (4-329) et, autour de 4 h 37 m, vous pouvez tenter d'observer avec un instrument une ou plusieurs raies lumineuses dans cette formation. Longitude du terminateur : 61° ; âge lunaire : 12,2 j ; illumination : 95 %.

22 07 **Conjonction géocentrique en longitude entre Vénus (Cap) et Mars** à 7 h 15 m (séparation : 0,6°). À l'aube, moins d'une heure avant le lever du Soleil, vous verrez Vénus sans problème à l'œil nu si le ciel est limpide, mais il vous faudra au minimum des jumelles pour distinguer l'éclat hésitant de Mars au ras de l'horizon est-sud-est.

22 19 **Ganymède, Io et Callisto** tracent une ligne inclinée à l'est de Jupiter ce soir ; à voir dans un instrument.

22 20 **Callisto est en conjonction inférieure** à 20 h 50 m. Elle est observable à proximité apparente du pôle Sud jovien.

22 23 L'étoile **Régulus** du Lion passe au méridien à minuit. Sa hauteur est alors de 57° sud.

22 23 Latitude sud maximale pour Mercure : - 7° (longitude héliocentrique : 318,3°).

Le 22 février au soir, Ganymède, Io et Callisto jouent avec la perspective à l'est du disque jovien.

23 23 Vendredi (54-312). Passage au méridien à minuit de la constellation du **Petit Lion**.

24 01 Samedi (55-311). **Conjonction géocentrique en longitude entre la Lune (Leo) et Régulus** à 1 h 58 m (séparation : 3,2°). Ces deux astres passent la nuit du 23 au 24 côte à côte sur la voûte céleste.

24 12 **Pleine Lune à 12 h 30 m (Leo).** Distance : 405 917 km, soit 63,64 rayons terrestres. Il s'agit de la plus petite Pleine Lune de 2024, avec un diamètre apparent de 29,4′ seulement, mais comme elle grimpe encore très haut sur la voûte céleste, elle éclaire à profusion la nuit hivernale et une petite virée nocturne s'impose pour les amoureux de la nature ! Si cela vous intéresse, pensez à prendre quelques images avec un téléobjectif puissant pour les comparer avec celles que vous avez prises au mois d'août dernier, lorsque la Pleine Lune arborait un diamètre apparent de 33,4′. Le 23 au coucher du Soleil, la Lune pratiquement pleine surplombe l'horizon est-nord-est d'une dizaine de degrés. Installée non loin de Régulus du Lion, elle parcourt la voûte céleste durant plus de treize heures et nous la retrouvons, le 24 à l'aube, au-dessus de l'horizon ouest-nord-ouest. Le 24 au soir, la Pleine Lune se lève au coucher du Soleil, toujours dans le Lion. Le 25 à l'aube, Séléné est visible à l'ouest du ciel.

24 13 La petite planète **3 Junon** passe au périgée à 1,677 ua ; sa magnitude atteint 8,7.

24 23 Durant la nuit du 24 au 25, la Pleine Lune franchit le méridien à près de 48° de l'horizon sud à Lille et à près de 56° à Perpignan.

25 00 Dimanche. 56e jour de l'année.

Les phénomènes astronomiques au jour le jour

25 14 La Lune passe à l'apogée à 14 h 59 m. Distance : 406 312 km, soit 63,70 rayons terrestres.

9e SEMAINE

26 00 Lundi (57-309). L'arche de la Voie lactée hivernale prend forme chaque soir un peu mieux dans le ciel du soir ; elle semble protéger l'éclat de Jupiter et de la lumière zodiacale. Constellation de la Lune chaque jour à 0 h pour 45° de latitude nord et 0° de longitude : L-Leo, M-Vir, M-Vir, J-Vir, V-Lib, S-Lib, D-Sco.

26 00 TSMG (voir p. 17) : 10 h 21 m 24 s.

26 00 Période du maximum d'éclat de l'étoile variable R And (0018+38). R And est une variable de type Mira (variable à longue période) dont la magnitude oscille entre 5,8 et 15,2 ; sa période est de 409,2 jours.

26 12 À midi, début du jour julien 2 460 367.

26 23 Le Soleil se couche sur la région d'**Endymion** (1-28) et, autour de 23 h 38 m, vous pouvez tenter d'observer avec un instrument une ou plusieurs raies lumineuses dans cette formation. Longitude du terminateur : 119° ; âge lunaire : 17 j ; illumination : 95 %.

27 04 Mardi (58-308). Formations lunaires proches du terminateur dans la journée : Endymion, l'albatros (bordure ouest de la mer des Crises).

27 19 Durant une petite quinzaine de jours, jusqu'au retour de la jeune Lune le 11 mars, **tentez de voir la lumière zodiacale en Europe le soir** à la fin du crépuscule. Elle s'élève majestueusement au-dessus de l'horizon ouest dans les constellations des Poissons et du Bélier et pointe vers le Taureau ; Jupiter est magnifique au sommet de cette lueur extraterrestre lancéolée. Depuis les meilleurs sites, vous verrez le pinceau de la lumière zodiacale se fondre dans la Voie lactée au niveau des Pléiades. Si, le mois dernier, la Voie lactée hivernale dessinait des parenthèses autour de la lumière zodiacale, elle commence à présent à se voûter avant de former une magnifique arche qui enchâsse le fuseau zodiacal ; allez regarder sur ma chaîne YouTube les vidéos de la lumière zodiacale que je réalise régulièrement.

27 19 **Un petit défi photographique** qui nécessite un très bon ciel : ce soir et durant quelques jours, pourquoi ne pas tenter de photographier la lumière zodiacale et le gegenschein à la fin du crépuscule astronomique. La lumière zodiacale se dresse à l'ouest et pointe vers Jupiter, alors que le gegenschein luit faiblement de l'autre côté de la Voie lactée, au-dessus de l'horizon est, non loin de Régulus du Lion.

La Voie lactée estivale revient dans le ciel de l'aube à la fin des nuits les plus froides de l'hiver.

© Guillaume Cannat

27 22 La Lune passe au nœud descendant à 22 h 53 m (longitude moyenne : 196,0°). Distance : 404 358 km, soit 63,4 rayons terrestres.

28 05 Mercredi (59-307). Formation lunaire proche du terminateur dans la journée : Atlas.

28 08 **Mercure est en conjonction supérieure** à 1,8° du centre du disque solaire.

28 11 Mercure et Saturne sont en conjonction héliocentrique.

28 12 **Le Soleil** franchit le méridien à 37° de hauteur.

28 15 Conjonction géocentrique en longitude entre la Lune (Vir) et Spica à 15 h 28 m (séparation : 1,3°).

28 15 Conjonction géocentrique en longitude entre Mercure (Aqr) et Saturne à 15 h 07 m (séparation : 0,2°). Visible uniquement dans le champ du coronographe LASCO C3 de la sonde *SOHO*.

28 18 Saturne est au plus loin de la Terre à 10,711 ua, soit près de 1,602 milliard de kilomètres.

28 21 **Saturne est en conjonction supérieure** et passe à 1,6° du centre du disque solaire.

29 00 Jeudi (60-306). **L'année 2024 est bissextile** et compte donc un jour de plus. Le 29 février, ajouté dans notre calendrier grégorien tous les quatre ans, contribue à l'aligner par rapport à l'année tropique. On appelle année tropique la durée qui s'écoule entre deux équinoxes identiques, soit 365 jours 5 heures et pratiquement 49 minutes, ou 365,24219 jours. Quatre années de notre calendrier grégorien couvrent une période de 1 461 jours (3 x 365 + 366), alors que quatre années tropiques donnent 1 460,9688 (365,24219 x 4), soit une différence de 0,0312 jour ou 45 minutes environ. Après quatre années de notre calendrier grégorien, les équinoxes et les solstices se produisent donc 45 minutes plus tôt environ. Cela peut sembler dérisoire, mais, au bout de 400 ans, la différence atteint déjà 3,12 jours. Pour corriger cela, le calendrier grégorien prévoie que seules les années séculaires exactement divisibles par 400 (1600, 2000, 2400…) sont bissextiles, les autres (1700, 1800, 1900, 2100, 2200, 2300…) restent des années normales de 365 jours. En procédant ainsi, le décalage n'est plus que de 0,12 jour sur une période de quatre siècles ; cela signifie que les équinoxes et les solstices se produisent près de 3 heures plus tôt, ce qui finira par poser des problèmes sur une très longue période – mais les astronomes auront tout le loisir de trouver une solution en temps utile.

29 05 Formations lunaires proches du terminateur dans la journée : Fracastor, Piccolomini, Posidonius, Theophilus, Cyrillus et Catherina.

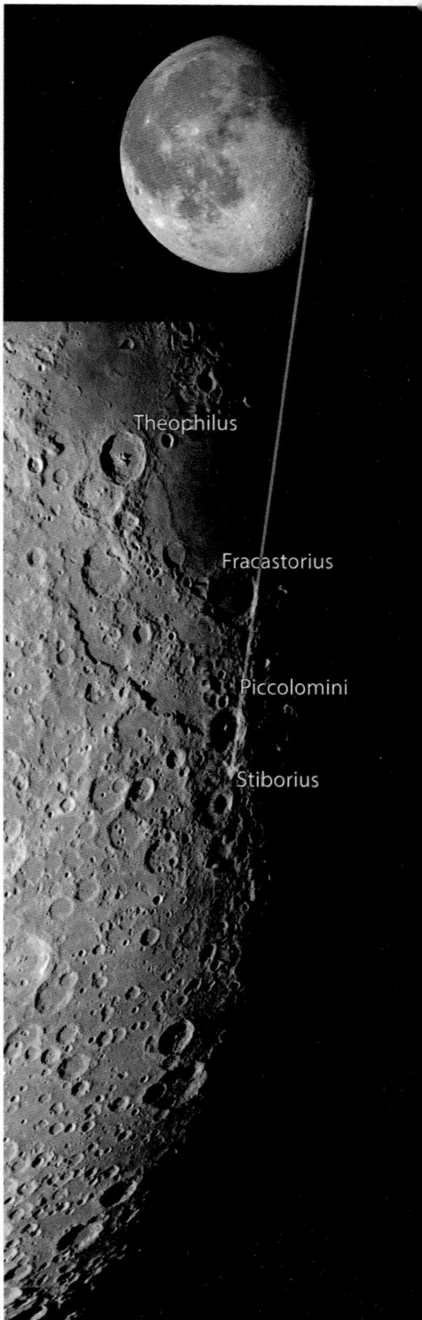

Crédit : NASA's Scientific Visualization Studio

Le Soleil et les planètes

	JOUR	ASCENSION DROITE	DÉCLINAISON	CONSTELLATION	Ø APPARENT	ÉQUATION DU TEMPS	DISTANCE	DISTANCE LUMIÈRE	LEVER	MÉRIDIEN	HAUTEUR	COUCHER
		h m s	° ′ ″			m s	ua	m s	h m	h m		h m
Soleil	2	21 00 19	- 17 01 18	Cap	32′ 28″	+ 13 35	0,9854	8 12	07 19	12 14	28°	17 08
	6	21 16 30	- 15 50 22	Cap	32′ 26″	+ 14 00	0,9860	8 12	07 14	12 14	29°	17 14
	10	21 32 29	- 14 35 04	Cap	32′ 25″	+ 14 12	0,9867	8 12	07 09	12 14	31°	17 20
	14	21 48 15	- 13 15 51	Cap	32′ 24″	+ 14 12	0,9874	8 13	07 03	12 14	32°	17 26
	18	22 03 49	- 11 53 11	Aqr	32′ 22″	+ 13 59	0,9882	8 13	06 57	12 14	33°	17 31
	22	22 19 12	- 10 27 32	Aqr	32′ 21″	+ 13 36	0,9890	8 14	06 51	12 14	35°	17 37
	26	22 34 24	- 8 59 19	Aqr	32′ 19″	+ 13 02	0,9899	8 14	06 44	12 13	36°	17 42

	JOUR	ASCENSION DROITE	DÉCLINAISON	CONSTELLATION	MAGNITUDE	Ø APPARENT	ÉLONGATION	DISTANCE	FRACTION ÉCLAIRÉE	LEVER	MÉRIDIEN	HAUTEUR	COUCHER
		h m s	° ′ ″					ua		h m	h m		h m
Mercure	2	19 49 13	- 22 14 12	Sgr	- 0,3	5,2	17,5° O	1,2999	89 %	06 36	11 04	23°	15 32
	6	20 15 10	- 21 21 48	Cap	- 0,4	5	15,5° O	1,3330	91 %	06 41	11 14	24°	15 47
	10	20 41 33	- 20 08 01	Cap	- 0,6	4,9	13,2° O	1,3589	93 %	06 46	11 25	25°	16 04
	14	21 08 15	- 18 32 24	Cap	- 0,7	4,9	10,8° O	1,3774	95 %	06 49	11 36	27°	16 23
	18	21 35 12	- 16 34 42	Cap	- 0,9	4,8	8,1° O	1,3880	97 %	06 51	11 47	29°	16 43
	22	22 02 23	- 14 14 53	Aqr	- 1,1	4,8	5,2° O	1,3900	99 %	06 52	11 58	31°	17 05
	26	22 29 48	- 11 33 12	Aqr	- 1,3	4,9	2,0° O	1,3817	100 %	06 52	12 10	34°	17 29
Vénus	2	18 51 23	- 22 19 21	Sgr	- 4,0	12,3	30,7° O	1,3677	86 %	05 38	10 05	23°	14 32
	6	19 12 41	- 21 59 40	Sgr	- 4,0	12,1	29,9° O	1,3887	87 %	05 42	10 11	23°	14 40
	10	19 33 53	- 21 29 26	Sgr	- 4,0	11,9	29,0° O	1,4092	88 %	05 45	10 16	24°	14 48
	14	19 54 55	- 20 48 58	Sgr	- 4,0	11,8	28,1° O	1,4291	88 %	05 47	10 21	24°	14 57
	18	20 15 44	- 19 58 38	Cap	- 4,0	11,6	27,2° O	1,4485	89 %	05 48	10 26	25°	15 06
	22	20 36 19	- 18 58 57	Cap	- 4,0	11,5	26,3° O	1,4675	90 %	05 48	10 31	26°	15 15
	26	20 56 38	- 17 50 30	Cap	- 3,9	11,3	25,3° O	1,4859	91 %	05 47	10 36	27°	15 25
Mars	6	19 46 05	- 22 05 51	Sgr	1,6	4,1	22,2° O	2,3008	98 %	06 15	10 43	23°	15 11
	14	20 11 59	- 20 57 04	Cap	1,6	4,1	24,2° O	2,2709	98 %	06 04	10 38	24°	15 12
	22	20 37 34	- 19 33 50	Cap	1,6	4,2	26,1° O	2,2405	98 %	05 51	10 32	26°	15 12
	26	20 50 14	- 18 47 09	Cap	1,6	4,2	27,0° O	2,2252	97 %	05 44	10 29	26°	15 13
Jupiter	6	2 23 13	+ 13 09 50	Ari	- 2,4	39	81,2° E	5,0477	99 %	10 22	17 18	58°	00 18
	14	2 27 07	+ 13 31 18	Ari	- 2,3	38,1	74,1° E	5,1737	99 %	09 52	16 51	59°	23 49
	22	2 31 38	+ 13 55 16	Ari	- 2,3	37,2	67,2° E	5,2954	99 %	09 24	16 24	59°	23 24
	26	2 34 06	+ 14 08 03	Ari	- 2,2	36,8	63,8° E	5,3542	99 %	09 10	16 10	59°	23 12
Saturne	6	22 37 23	- 10 25 47	Aqr	0,9	15,5	20,3° E	10,6460	100 %	08 13	13 33	35°	18 53
	14	22 40 58	- 10 04 34	Aqr	0,9	15,5	13,2° E	10,6840	100 %	07 43	13 05	35°	18 27
	22	22 44 37	- 9 42 58	Aqr	0,9	15,5	6,1° E	10,7060	100 %	07 14	12 37	35°	18 00
	26	22 46 27	- 9 32 05	Aqr	0,9	15,4	2,6° E	10,7100	100 %	06 59	12 23	36°	17 47
Uranus	6	3 07 02	+ 17 13 26	Ari	5,7	3,6	92,5° E	19,5410	100 %	10 47	18 02	62°	01 20
	18	3 07 42	+ 17 16 24	Ari	5,8	3,5	80,5° E	19,7450	100 %	10 00	17 15	62°	00 34
	26	3 08 24	+ 17 19 28	Ari	5,8	3,5	72,6° E	19,8780	100 %	09 29	16 44	62°	00 03
Neptune	6	23 46 57	- 2 44 35	Psc	7,9	2,2	39,2° E	30,6600	100 %	08 51	14 42	42°	20 33
	18	23 48 24	- 2 35 01	Psc	8,0	2,2	27,5° E	30,7750	100 %	08 04	13 56	42°	19 48
	26	23 49 26	- 2 28 13	Psc	8,0	2,2	19,7° E	30,8320	100 %	07 34	13 26	43°	19 18

Les éphémérides du Soleil, des planètes et de la Lune proposées sur ces deux pages sont calculées à 0 h TU pour une latitude de 45° nord et une longitude de 0°.

La Lune

	JOUR	ASCENSION DROITE	DÉCLINAISON	CONSTELLATION	Ø APPARENT	PARALLAXE HORIZONTALE	FRACTION ÉCLAIRÉE	JOUR	ÉLONGATION	DISTANCE	LEVER	MÉRIDIEN	HAUTEUR	COUCHER
		h m s	° ′ ″							km	h m	h m		h m
J 1	32	13 12 28	- 7 51 18	Vir	29′ 43″	54′ 31″	68 %	20,5	111° O	402 158		4 h 37	35°	10 h 04
V 2	33	13 56 27	- 13 12 46	Vir	29′ 58″	54′ 59″	59 %	21,5	100° O	398 765	0 h 05	5 h 19	30°	10 h 23
S 3	34	14 43 12	- 18 10 11	Lib	30′ 18″	55′ 37″	49 %	22,5	89° O	394 293	1 h 13	6 h 04	25°	10 h 46
D 4	35	15 33 45	- 22 28 46	Lib	30′ 44″	56′ 23″	39 %	23,5	77° O	388 900	2 h 25	6 h 53	21°	11 h 15
L 5	36	16 28 48	- 25 49 50	Sco	31′ 13″	57′ 16″	29 %	24,5	65° O	382 863	3 h 37	7 h 48	17°	11 h 54
M 6	37	17 28 24	- 27 51 53	Oph	31′ 44″	58′ 14″	20 %	25,5	53° O	376 570	4 h 48	8 h 47	16°	12 h 46
M 7	38	18 31 30	- 28 14 24	Sgr	32′ 15″	59′ 11″	12 %	26,5	40° O	370 499	5 h 50	9 h 50	16°	13 h 53
J 8	39	19 36 02	- 26 44 19	Sgr	32′ 43″	60′ 03″	6 %	27,5	27° O	365 175	6 h 40	10 h 53	19°	15 h 12
V 9	40	20 39 38	- 23 22 02	Cap	33′ 05″	60′ 43″	2 %	28,5	14° O	361 103	7 h 19	11 h 54	23°	16 h 38
S 10	41	21 40 31	- 18 22 41	Cap	33′ 19″	61′ 08″	0 %	0,0	0° E	358 681	7 h 50	12 h 51	29°	18 h 05
D 11	42	22 38 05	- 12 11 54	Aqr	33′ 22″	61′ 14″	2 %	1,0	14° E	358 131	8 h 15	13 h 45	36°	19 h 29
L 12	43	23 32 43	- 5 19 43	Aqr	33′ 15″	61′ 00″	6 %	2,0	28° E	359 455	8 h 36	14 h 36	43°	20 h 51
M 13	44	0 25 25	1 44 26	Psc	32′ 58″	60′ 30″	13 %	3,0	42° E	362 437	8 h 57	15 h 26	51°	22 h 11
M 14	45	1 17 20	8 34 20	Psc	32′ 35″	59′ 48″	22 %	4,0	56° E	366 704	9 h 18	16 h 16	57°	23 h 30
J 15	46	2 09 35	14 47 44	Ari	32′ 08″	58′ 59″	32 %	5,0	69° E	371 800	9 h 41	17 h 07	63°	
V 16	47	3 03 02	20 06 04	Ari	31′ 40″	58′ 07″	43 %	6,0	81° E	377 268	10 h 08	17 h 59	68°	0 h 49
S 17	48	3 58 07	24 14 04	Tau	31′ 13″	57′ 18″	53 %	7,0	94° E	382 710	10 h 42	18 h 54	71°	2 h 04
D 18	49	4 54 40	27 00 10	Tau	30′ 49″	56′ 32″	64 %	8,0	106° E	387 821	11 h 24	19 h 49	73°	3 h 15
L 19	50	5 51 53	28 17 35	Tau	30′ 27″	55′ 53″	73 %	9,0	118° E	392 400	12 h 15	20 h 44	73°	4 h 17
M 20	51	6 48 31	28 05 35	Gem	30′ 09″	55′ 20″	82 %	10,0	129° E	396 338	13 h 15	21 h 37	71°	5 h 09
M 21	52	7 43 20	26 29 45	Gem	29′ 54″	54′ 52″	89 %	11,0	141° E	399 597	14 h 21	22 h 27	69°	5 h 49
J 22	53	8 35 27	23 40 42	Cnc	29′ 43″	54′ 31″	94 %	12,0	152° E	402 186	15 h 28	23 h 14	65°	6 h 21
V 23	54	9 24 31	19 51 50	Leo	29′ 34″	54′ 15″	98 %	13,0	163° E	404 135	16 h 35	23 h 57	60°	6 h 45
S 24	55	10 10 44	15 17 07	Leo	29′ 28″	54′ 05″	100 %	14,0	175° E	405 466	17 h 40			7 h 06
D 25	56	10 54 40	10 09 50	Leo	29′ 25″	53′ 59″	100 %	15,0	175° O	406 184	18 h 44	0 h 38	55°	7 h 23
L 26	57	11 37 04	4 42 01	Leo	29′ 25″	53′ 58″	98 %	16,0	164° O	406 264	19 h 47	1 h 18	49°	7 h 39
M 27	58	12 18 48	- 0 55 27	Vir	29′ 27″	54′ 03″	94 %	17,0	153° O	405 652	20 h 50	1 h 57	43°	7 h 54
M 28	59	13 00 47	- 6 32 15	Vir	29′ 33″	54′ 14″	89 %	18,0	142° O	404 275	21 h 55	2 h 36	37°	8 h 10
J 29	60	13 44 00	- 11 57 59	Vir	29′ 43″	54′ 32″	83 %	19,0	131° O	402 057	23 h 02	3 h 16	32°	8 h 28

La Lune des spécialistes

	Libration		Angle de position	
	l	b	axe	phase
1	- 4,8°	0,2°	20,7°	112,4°
2	- 6,0°	1,6°	18,8°	110,5°
3	- 7,0°	2,9°	16,1°	107,3°
4	- 7,6°	4,1°	12,5°	102,7°
5	- 7,8°	5,2°	7,9°	96,6°
6	- 7,5°	6,0°	2,5°	89,2°
7	- 6,7°	6,5°	356,5°	80,4°
8	- 5,4°	6,6°	350,7°	70,0°
9	- 3,7°	6,3°	345,6°	54,4°
10	- 1,7°	5,5°	341,7°	336,1°
11	0,3°	4,4°	339,2°	262,4°
12	2,2°	2,9°	338,1°	251,6°
13	3,9°	1,3°	338,2°	248,2°
14	5,3°	- 0,4°	339,5°	247,9°
15	6,2°	- 2,1°	341,9°	249,8°
16	6,8°	- 3,5°	345,2°	253,3°
17	7,0°	- 4,7°	349,5°	258,3°
18	6,9°	- 5,7°	354,4°	264,4°
19	6,5°	- 6,3°	359,7°	271,3°
20	5,8°	- 6,6°	5,0°	278,5°
21	5,0°	- 6,6°	9,9°	285,6°
22	4,0°	- 6,3°	14,1°	292,8°
23	2,9°	- 5,8°	17,3°	301,2°
24	1,7°	- 4,9°	19,7°	321,9°
25	0,4°	- 3,9°	21,2°	87,8°
26	- 1,0°	- 2,7°	21,9°	108,0°
27	- 2,4°	- 1,4°	21,9°	112,3°
28	- 3,8°	0,0°	21,0°	113,2°
29	- 5,1°	1,4°	19,4°	112,3°

Phases et distances

Jour	Heure en TU	Distance en km	Ø apparent
2*	DQ à 23 h 18 m	394 437	30,3′
9	NL à 22 h 59 m	358 746	33,3′
16	PQ à 15 h 01 m	380 697	31,4′
24	PL à 12 h 30 m	405 917	29,4′
10	Périgée à 18 h 53 m	358 088	33,4′
25	Apogée à 14 h 59 m	406 312	29,4′

* le 3 en heure légale en France métropolitaine

Reportez-vous pages 7 à 15 pour trouver des renseignements détaillés sur l'utilisation de ces différentes informations.
Consultez les tableaux de corrections horaires (pages 340 et 341) pour adapter les heures de lever, de passage au méridien et de coucher en fonction de votre lieu d'observation.

MARS 2024

1re quinzaine vers 22 h TU - 2e quinzaine vers 21 h TU

Pour	Utilisez la carte de
17-18 h	*janvier*
19-20 h	février
23-0 h	avril
1-2 h	mai
3-4 h	juin
5-6 h	*juillet*

Vous pouvez également utiliser cette carte en :
avril vers 19-20 h
mai vers 17-18 h
novembre vers 5-6 h
décembre vers 3-4 h
janvier vers 1-2 h
février vers 23-0 h
(valable uniquement pour les étoiles)

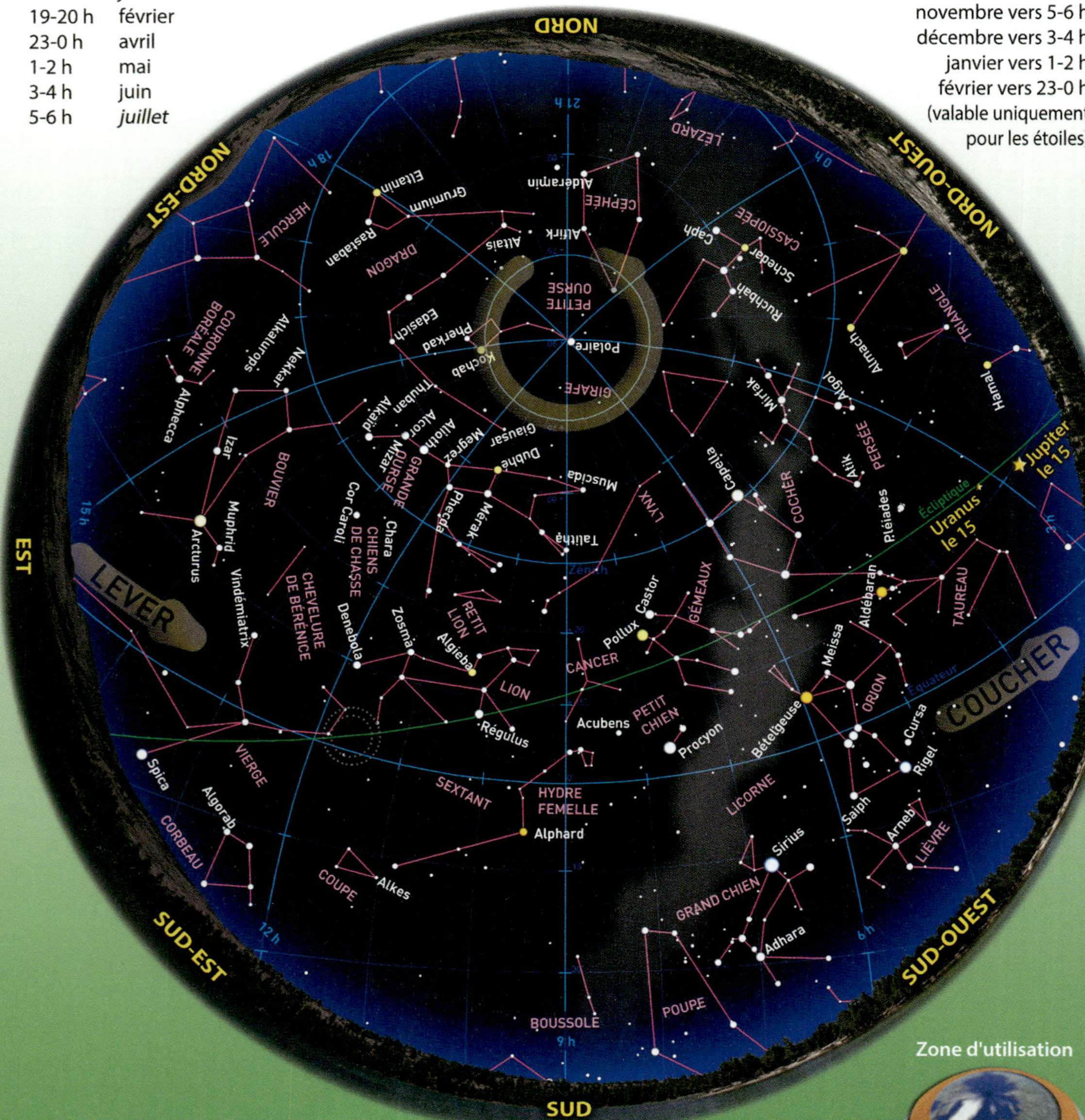

3 mars Dernier Quartier *Scorpion*

10 mars Nouvelle Lune *Verseau*

17 mars Premier Quartier *Taureau*

25 mars Pleine Lune *Vierge*

Magnitudes

-1 0 1 2 3 4 4,5 et +

Zone d'utilisation

38° à 52° nord

À L'ORÉE DE L'AUBE EN MARS 2024

Zone d'utilisation

38° à 52° nord

Vous trouverez des conseils pour l'utilisation de ces cartes en début d'ouvrage.

La Lune et les planètes

Mercure

Nord. Elle revient dans le ciel du soir et son élongation solaire croît rapidement si bien que son repérage aux jumelles et à l'œil nu devient envisageable après le 10 mars. Elle se couche alors près d'une heure après le Soleil et sa magnitude est fortement négative ; c'est le début de sa plus belle période de visibilité en soirée pour 2024. Elle atteint son élongation maximale à l'est le 24 à 18,7° et, l'orientation de l'écliptique étant favorable, elle se couche plus d'une heure et demie après le Soleil et brille vivement à plus de 4° de hauteur au-dessus de l'horizon ouest-nord-ouest à la fin du crépuscule nautique.
Tropiques. Les conditions d'observation sont encore meilleures qu'en Europe sous le tropique du Cancer, mais elles sont moins bonnes dans l'hémisphère Sud.

Vénus

Nord. Même si elle est toujours présente dans le ciel de l'aube, il devient de plus en plus délicat de la repérer à l'œil nu car elle ne se lève qu'une cinquantaine de minutes avant le Soleil le 1er et moins d'une demi-heure avant le 31. Son élongation solaire passe de 24° à 17° et l'inclinaison de l'écliptique la plaque sur l'horizon est. Son éclat (magnitude - 3,9) permet aux observateurs avertis de la retrouver aux jumelles et à l'œil nu dans un ciel dégagé et limpide, mais si vous habitez en ville ou dans un site très légèrement encaissé, Vénus quitte la liste des planètes observables pour de longs mois.
Tropiques. Elle est encore facile à repérer à l'œil nu à l'aube au-dessus de l'horizon est.

Mars

Nord. Elle quitte le Capricorne pour le Verseau le 19 et se lève à peine plus d'une heure avant le Soleil durant tout le mois. Son éclat encore très faible – magnitude 1,6 – ne facilite toujours pas son repérage dans le ciel déjà clair. Son élongation augmente pourtant régulièrement pour atteindre 34° le 31, mais l'inclinaison marquée de l'écliptique bride son élévation.
Tropiques. Elle est facile à repérer en fin de nuit au-dessus de l'horizon est-sud-est.

Jupiter

Nord. Dans le Bélier, elle brille à plus de 35° de hauteur au-dessus de l'horizon ouest-sud-ouest à la fin du crépuscule astronomique le 1er et à une douzaine de degrés de hauteur au-dessus de l'horizon ouest le 31. Nous arrivons à la fin de sa belle période d'observation et il faut profiter des dernières nuits de l'hiver pour admirer le disque jovien aux instruments. Son diamètre apparent équatorial est de 35″ mi-mars pour une magnitude de - 2,1. Le ballet des lunes galiléennes est encore observable car la turbulence est bien moins gênante pour apprécier la position de ces petits éclats autour de Jupiter. Les nuits sans Lune, cette planète brille toujours au sein du fuseau de la lumière zodiacale à l'ouest-nord-ouest.
Tropiques. Les conditions d'observation sont toujours excellentes sous le tropique du Cancer et à peine moins bonnes qu'en Europe sous celui du Capricorne.

Saturne

Nord. Toujours dans le Verseau, elle s'éloigne de la position apparente du Soleil à l'aube, mais l'inclinaison de l'écliptique ne favorise pas son retour. Le 31 mars, elle ne se lève que quarante-cinq minutes avant le Soleil et brille à moins de 3° de hauteur au début du crépuscule civil. Son éclat de magnitude 0,9 ne peut donc pas encore être repéré à l'œil nu dans un ciel déjà très clair ; peut-être aux jumelles ou photographiquement dans un ciel limpide de moyenne montagne.
Tropiques. Les conditions sont plus favorables sous le tropique du Cancer et elles sont optimales sous celui du Capricorne car l'écliptique est perpendiculaire à l'horizon est à l'aube.

En début de mois, Uranus (Bélier) se situe encore à près de 44° de hauteur au-dessus de l'horizon ouest-sud-ouest à la fin du crépuscule et, le 31, elle n'est plus qu'à une quinzaine de degrés de l'horizon ouest-nord-ouest au même moment. Nous arrivons donc à la fin de sa période de visibilité en soirée, d'autant plus que, lors des nuits sans éclairage lunaire, la lumière zodiacale gomme tout son lustre. En conjonction avec le Soleil le 17, Neptune (Poissons) est inobservable ce mois-ci.

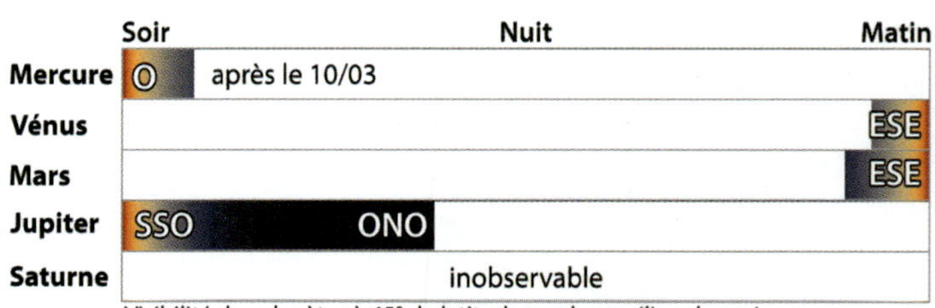

Visibilité des planètes à 45° de latitude nord, en milieu de mois.

Planétaire

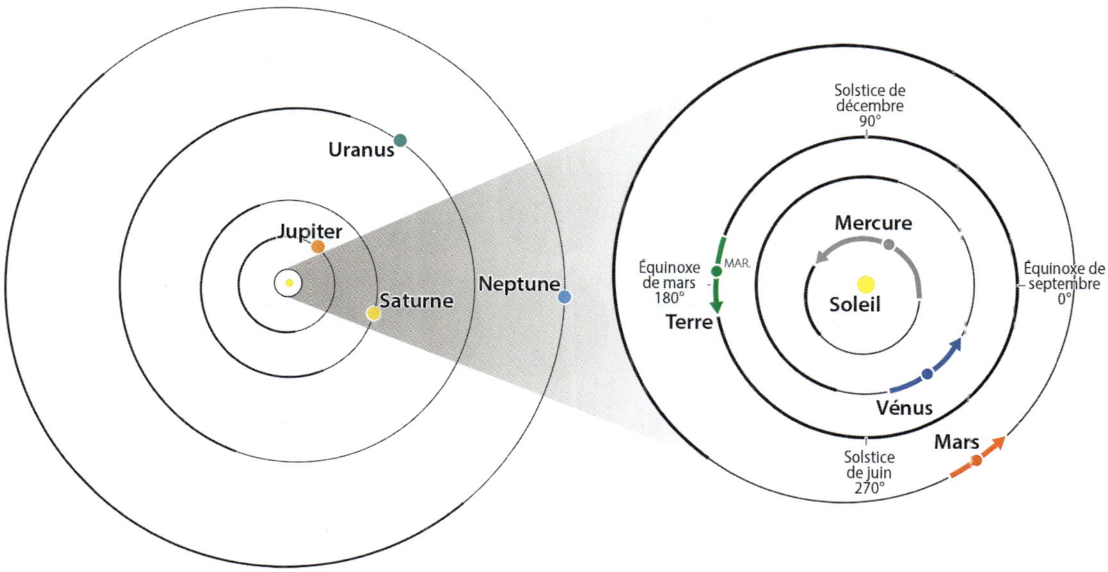

Vous trouverez en pages 67 et 69 des explications complètes sur ces deux schémas.

Le calendrier lunaire

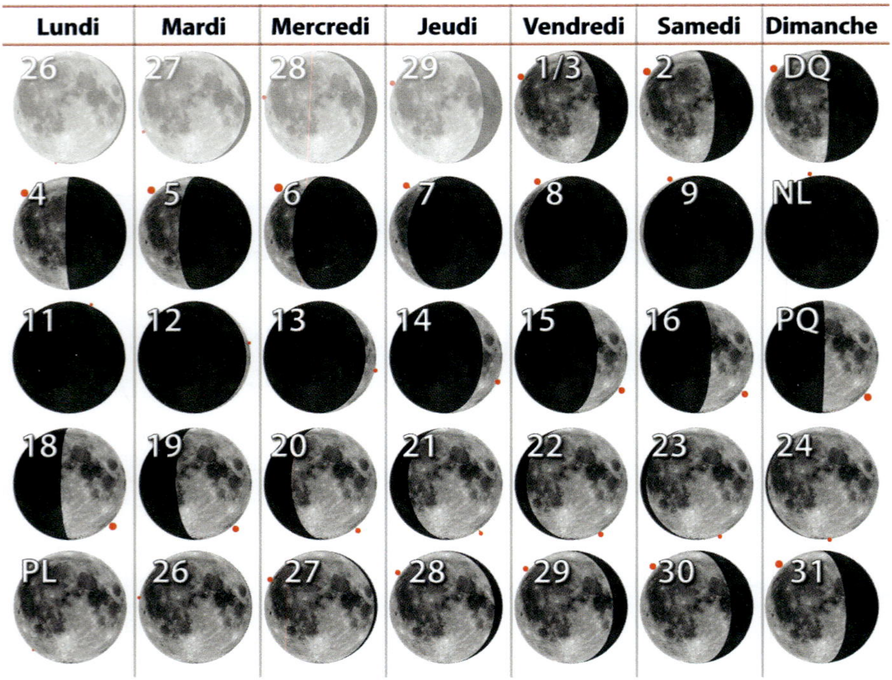

	Longitude du terminateur Soleil levant	Longitude du terminateur Soleil couchant
1er/03		156°
2		168°
3		180°
4		192°
5		204°
6		216°
7		229°
8		241°
9		253°
10		265°
11	278°	
12	290°	
13	302°	
14	314°	
15	326°	
16	339°	
17	351°	
18	3°	
19	15°	
20	27°	
21	39°	
22	52°	
23	64°	
24	76°	
25	88°	
26		100°
27		112°
28		125°
29		137°
30		149°
31		161°

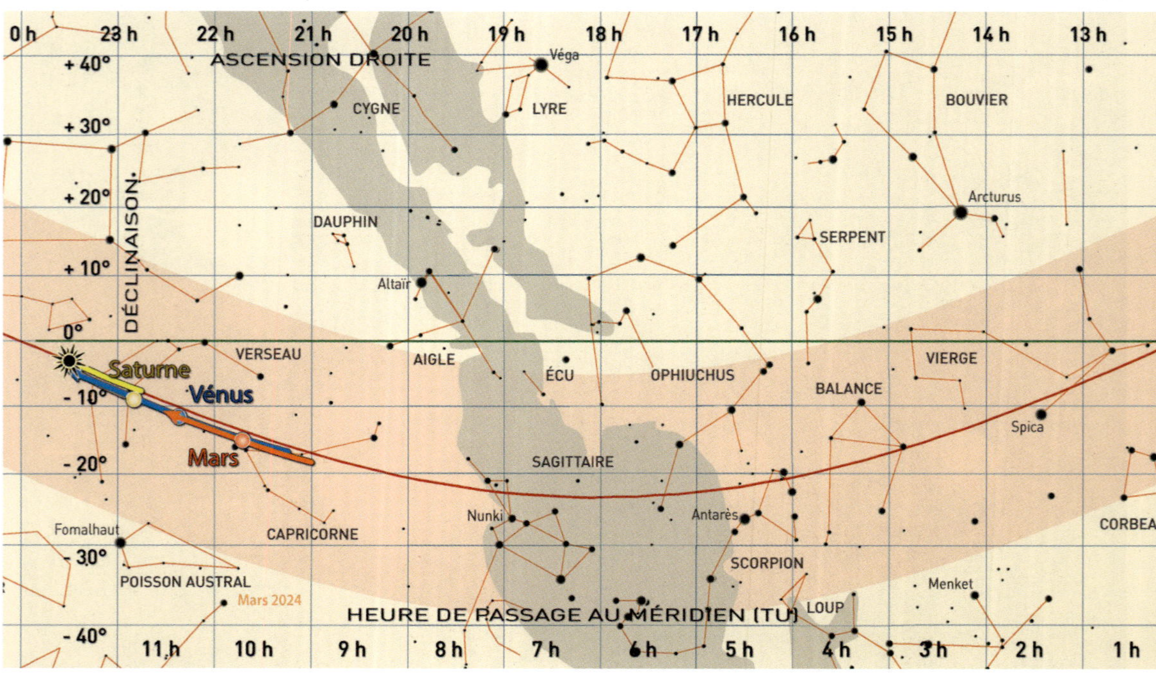

Hauteur mensuelle de la Lune

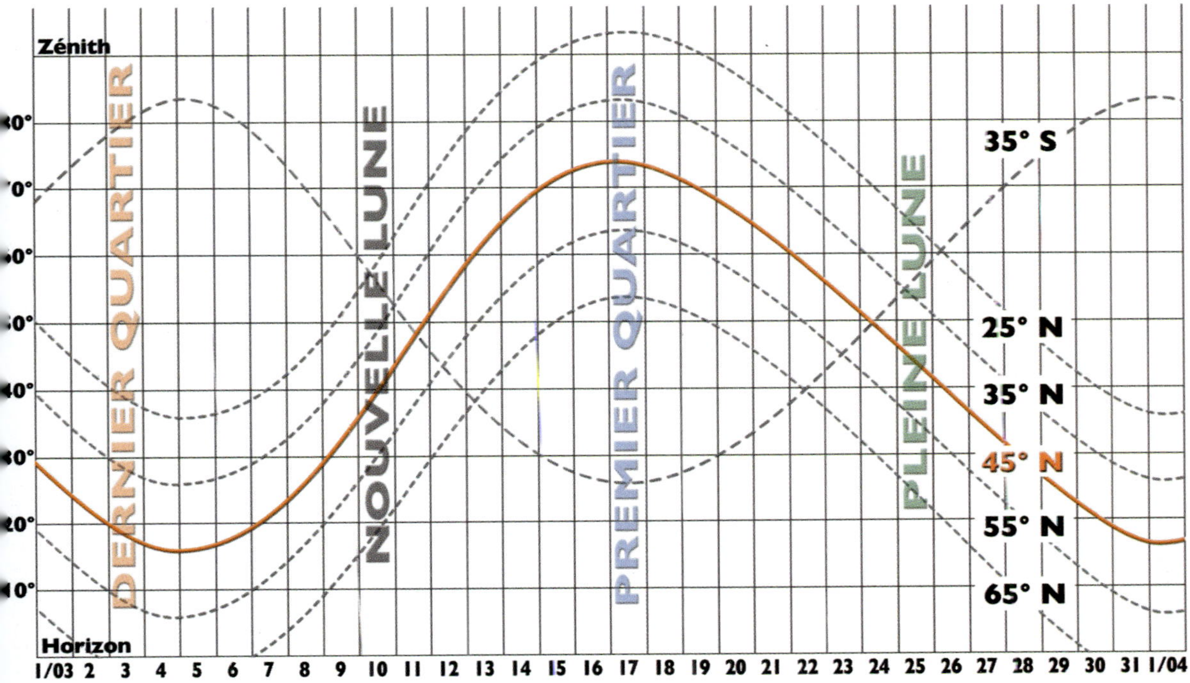

Le 1er mars à 0 h TU, la Lune est âgée de 20 jours.

La Lune atteint sa plus grande déclinaison vers le nord le 17 (28,5°) et sa plus grande déclinaison vers le sud le 5 (- 28,5°).

Vous trouverez en pages 35, 69, 70 et 71 des explications complètes sur ces trois schémas et ce tableau.

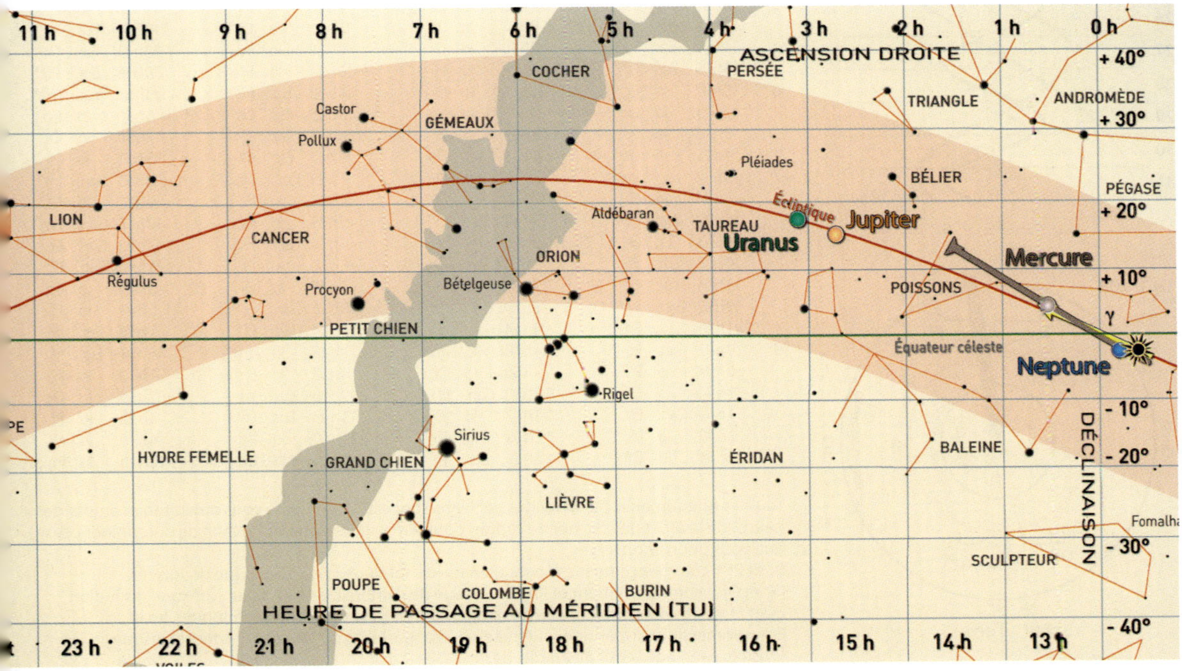

MARS 2024

Satellites de Jupiter

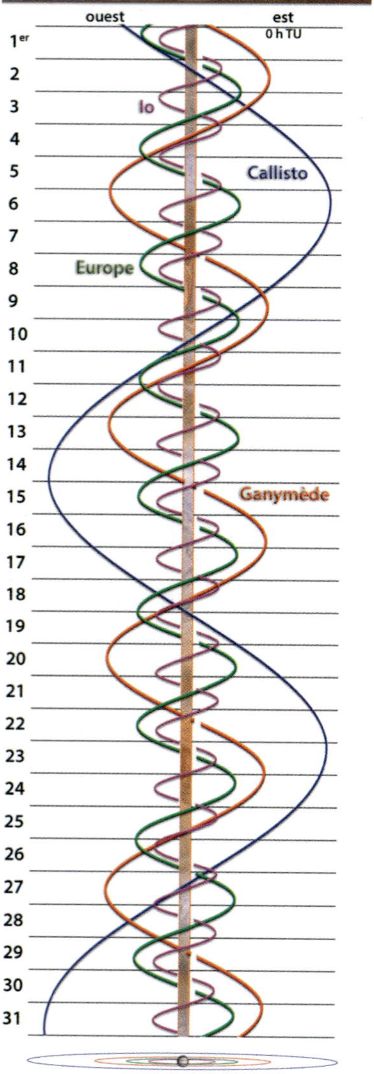

Le 1er/03

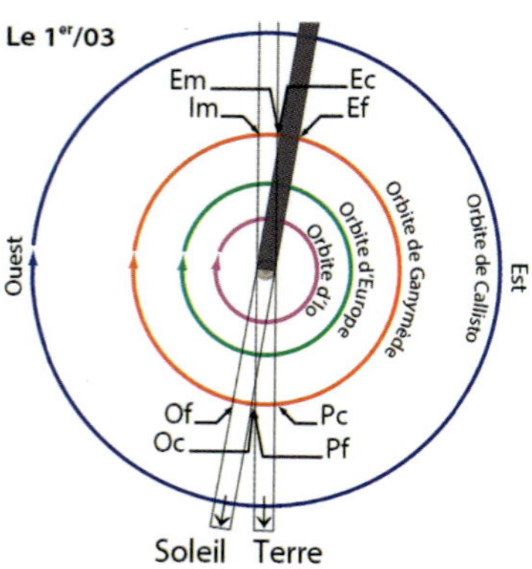

Passages de la tache rouge de Jupiter au méridien central

1er/03 : 8 h 09 ; 18 h 04.
2 : 4 h 00 ; 13 h 56 ; 23 h 52.
3 : 9 h 48 ; 19 h 44.
4 : 5 h 40 ; 15 h 35.
5 : 1 h 31 ; 11 h 27 ; 21 h 23.
6 : 7 h 19 ; 17 h 14.
7 : 3 h 11 ; 13 h 06 ; 23 h 02.
8 : 8 h 58 ; 18 h 54.
9 : 4 h 50 ; 14 h 45.
10 : 0 h 42 ; 10 h 37 ; 20 h 33.
11 : 6 h 29 ; 16 h 25.
12 : 2 h 21 ; 12 h 16 ; 22 h 12.
13 : 8 h 08 ; 18 h 04.
14 : 3 h 59 ; 13 h 56 ; 23 h 51.
15 : 9 h 47 ; 19 h 43.
16 : 5 h 39 ; 15 h 35.
17 : 1 h 31 ; 11 h 27 ; 21 h 22.
18 : 7 h 18 ; 17 h 14.
19 : 3 h 10 ; 13 h 06 ; 23 h 01.
20 : 8 h 58 ; 18 h 53.
21 : 4 h 49 ; 14 h 45.
22 : 0 h 41 ; 10 h 37 ; 20 h 32.
23 : 6 h 29 ; 16 h 24.
24 : 2 h 20 ; 12 h 16 ; 22 h 12.
25 : 8 h 08 ; 18 h 03.
26 : 3 h 59 ; 13 h 55 ; 23 h 51.
27 : 9 h 47 ; 19 h 43.
28 : 5 h 39 ; 15 h 34.
29 : 1 h 31 ; 11 h 26 ; 21 h 22.
30 : 7 h 18 ; 17 h 14.
31 : 3 h 10 ; 13 h 05 ; 23 h 01.

Longitude estimée du centre de la tache rouge en début de mois : 57°.

Phénomènes des satellites de Jupiter

	Heure	Sat.	Phé.
1er/02	0 h 48	Io	Pf
	1 h 58	Io	Of
	19 h 48	Io	Im**
	23 h 07	Io	Ef
2	0 h 44	Eur.	Im
	5 h 29	Eur.	Ef
	17 h 06	Io	Pc
	18 h 17	Io	Oc
	19 h 18	Io	Pf**
	20 h 27	Io	Of**
3	14 h 17	Io	Im
	17 h 36	Io	Ef
	19 h 07	Eur.	Pc**
	21 h 24	Eur.	Oc**
	21 h 31	Eur.	Pf**
	23 h 46	Eur.	Of
4	5 h 48	Gan.	Pc
	7 h 51	Gan.	Pf
	10 h 38	Gan.	Oc
	11 h 37	Io	Pc
	12 h 16	Gan.	Of
	12 h 46	Io	Oc
	13 h 48	Io	Pf
	14 h 56	Io	Of
5	8 h 47	Io	Im
	12 h 05	Io	Ef
	14 h 07	Eur.	Im
	18 h 49	Eur.	Ef**
6	6 h 07	Io	Pc
	7 h 15	Io	Oc
	8 h 18	Io	Pf
	9 h 25	Io	Of
7	3 h 17	Io	Im
	6 h 34	Io	Ef
	8 h 29	Eur.	Pc
	10 h 43	Eur.	Oc
	10 h 53	Eur.	Pf
	13 h 04	Eur.	Of
	19 h 42	Gan.	Im**
	21 h 45	Gan.	Em**
8	0 h 22	Gan.	Ec
	0 h 37	Io	Pc
	1 h 44	Io	Oc
	1 h 59	Gan.	Ef
	2 h 48	Io	Pf
	3 h 54	Io	Of
	21 h 47	Io	Im**
9	1 h 02	Io	Ef
	3 h 31	Eur.	Im
	8 h 07	Eur.	Ef
	19 h 07	Io	Pc**
	20 h 13	Io	Oc**
	21 h 18	Io	Pf**
	22 h 23	Io	Of
10	16 h 17	Io	Im
	19 h 31	Io	Ef**
	21 h 52	Eur.	Pc**
11	0 h 00	Eur.	Oc
	0 h 16	Eur.	Pf
	2 h 22	Eur.	Of
	10 h 10	Gan.	Pc
	12 h 11	Gan.	Pf
	13 h 37	Io	Pc
	14 h 40	Gan.	Oc
	14 h 42	Io	Oc
	15 h 49	Io	Pf
	16 h 17	Gan.	Of
	16 h 52	Io	Of
12	10 h 47	Io	Im
	13 h 59	Io	Ef
	16 h 55	Eur.	Im
	21 h 26	Eur.	Ef**
13	8 h 07	Io	Pc
	9 h 10	Io	Oc
	10 h 19	Io	Pf
	11 h 21	Io	Of
14	5 h 17	Io	Im
	8 h 29	Io	Ef
	11 h 15	Eur.	Pc
	13 h 19	Eur.	Oc
	13 h 40	Eur.	Pf
	15 h 40	Eur.	Of
15	0 h 05	Gan.	Im
	2 h 08	Gan.	Em
	2 h 37	Io	Pc
	3 h 39	Io	Oc
	4 h 24	Gan.	Ec
	4 h 49	Io	Pf
	5 h 50	Io	Of
	6 h 02	Gan.	Ef
	23 h 47	Io	Im
16	2 h 58	Io	Ef
	6 h 19	Eur.	Im
	10 h 46	Eur.	Ef
	21 h 08	Io	Pc**
	22 h 08	Io	Oc
	23 h 19	Io	Pf
17	0 h 18	Io	Of
	18 h 18	Io	Im
	21 h 26	Io	Ef**
18	0 h 39	Eur.	Pc
	2 h 37	Eur.	Oc
	3 h 03	Eur.	Pf
	4 h 58	Eur.	Of
	14 h 32	Gan.	Pc
	15 h 38	Io	Pc
	16 h 34	Gan.	Pf
	16 h 37	Io	Oc
	17 h 50	Io	Pf
	18 h 41	Gan.	Oc**
	18 h 47	Io	Of**
	20 h 19	Gan.	Of**
19	12 h 48	Io	Im
	15 h 55	Io	Ef
	19 h 44	Eur.	Im**
20	0 h 05	Eur.	Ef
	10 h 08	Io	Pc
	11 h 06	Io	Oc
	12 h 20	Io	Pf
	13 h 16	Io	Of
21	7 h 18	Io	Im
	10 h 24	Io	Ef
	14 h 02	Eur.	Pc
	15 h 55	Eur.	Oc
	16 h 27	Eur.	Pf
	18 h 17	Eur.	Of
22	4 h 29	Gan.	Im
	4 h 38	Io	Pc
	5 h 35	Io	Oc
	6 h 32	Gan.	Em
	6 h 50	Io	Pf
	7 h 45	Io	Of
	8 h 26	Gan.	Ec
	10 h 04	Gan.	Ef
23	1 h 48	Io	Im
	4 h 53	Io	Ef
	9 h 08	Eur.	Im
	13 h 23	Eur.	Ef
	23 h 09	Io	Pc
24	0 h 04	Io	Oc
	1 h 20	Io	Pf
	2 h 14	Io	Of
	20 h 19	Io	Im**
	23 h 22	Io	Ef
25	3 h 26	Eur.	Pc
	5 h 14	Eur.	Oc
	5 h 51	Eur.	Pf
	7 h 35	Eur.	Of
	17 h 40	Io	Pc
	18 h 33	Io	Oc
	18 h 57	Gan.	Pc**
	19 h 51	Io	Pf**
	20 h 43	Io	Of**
	20 h 59	Gan.	Pf**
	22 h 43	Gan.	Oc
26	0 h 21	Gan.	Of
	14 h 49	Io	Im
	17 h 51	Io	Ef
	22 h 33	Eur.	Im
27	2 h 42	Eur.	Ef
	12 h 10	Io	Pc
	13 h 02	Io	Oc
	14 h 21	Io	Pf
	15 h 12	Io	Of
28	9 h 19	Io	Im
	12 h 20	Io	Ef
	16 h 50	Eur.	Pc
	18 h 31	Eur.	Oc
	19 h 15	Eur.	Pf**
	20 h 53	Eur.	Of**
29	6 h 40	Io	Pc
	7 h 30	Io	Oc
	8 h 51	Io	Pf
	8 h 55	Gan.	Im
	9 h 41	Io	Of
	10 h 58	Gan.	Em
	12 h 28	Gan.	Ec
	14 h 06	Gan.	Ef
30	3 h 49	Io	Im
	6 h 49	Io	Ef
	11 h 58	Eur.	Im
	16 h 01	Eur.	Ef
31	1 h 10	Io	Pc
	1 h 59	Io	Oc
	3 h 22	Io	Pf
	4 h 10	Io	Of
	22 h 20	Io	Im

Tous les phénomènes des satellites galiléens sont listés ci-dessus ; vous devez tenir compte des heures de lever et de coucher de Jupiter pour votre site d'observation afin de déterminer ceux que vous pourrez observer.
Pc et Pf = commencement et fin du passage du satellite devant le disque de Jupiter.
Oc et Of = commencement et fin du passage de l'ombre du satellite sur le disque de Jupiter.
Ec et Ef = commencement et fin de l'éclipse du satellite par l'ombre de Jupiter. Im et Em = immersion (disparition) et émersion (réapparition) du satellite derrière le disque jovien.
* Visible à 45° nord et 0° de longitude.

Les phénomènes astronomiques au jour le jour

À NE PAS MANQUER CE MOIS-CI !

Arche galactique le soir et avant l'aube.
Le 8, Vénus et le croissant à l'aube.
Le 9, marathon de Messier.
Le 11, Mercure et le croissant au crépuscule.
Le 13, Jupiter et la Lune le soir.
Le 17, X et V lunaires de jour.
Le 18, deux ombres sur Jupiter.
Le 20 et le 23, lunes galiléennes.
À partir du 27, lumière zodiacale le soir.

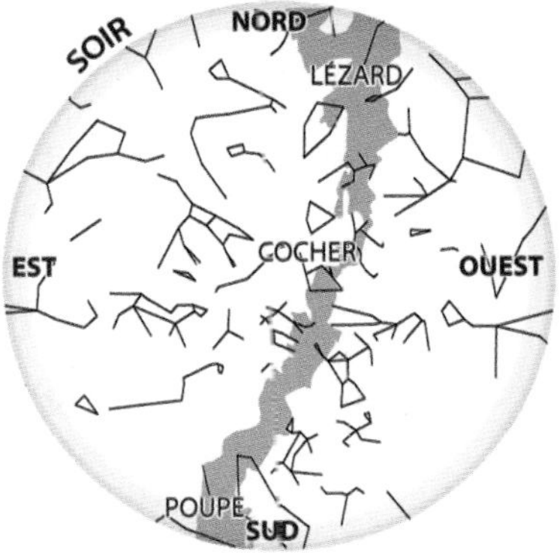

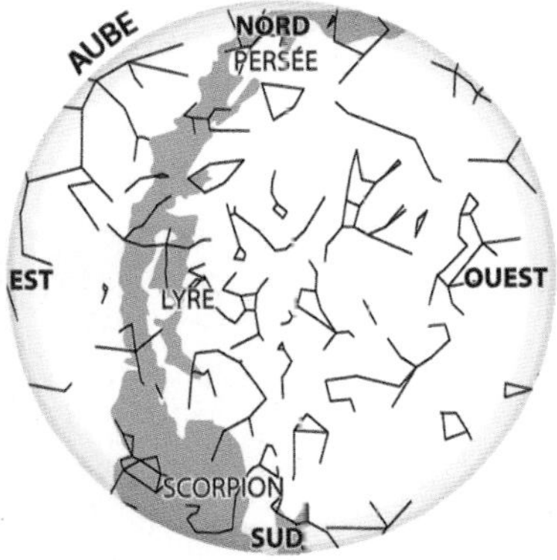

Orientation de la Voie lactée début mars à la fin du crépuscule astronomique et à l'orée de l'aube.

JJ TU

01 05 Vendredi (61-305). Heure de début et de fin du crépuscule astronomique à 45° de latitude nord et 0° de longitude : le 1er (5 h/19 h 25 m) ; le 15 (4 h 34 m/19 h 45 m). La durée du jour est de 11 heures et 11 minutes le 1er et de 12 heures et 45 minutes le 31 ; le dernier jour du mois, le Soleil se lève 55 minutes plus tôt et se couche 39 minutes plus tard que le premier. La durée du crépuscule astronomique passe de 97 à 102 minutes sur le mois.

01 09 **Minimum d'éclat de l'étoile variable Algol de Persée** (Bêta Persei) à 9 h ; sa magnitude est proche de 3,3. Les autres minima du mois se produisent le 4 à 6 h, le 7 à 3 h, le 10 à 0 h, le 12 à 21 h, le 15 à 18 h, le 18 à 14 h, le 21 à 11 h, le 24 à 8 h, le 27 à 5 h et le 30 à 2 h. Voir également le 2 septembre 2023.

01 12 Vendredi. À midi, début du jour julien 2 460 371.

01 14 Formations lunaires proches du terminateur dans la journée : Aristote et Eudoxe, Maurolycus.

01 19 L'étoile **Deneb** domine l'horizon nord-nord-ouest de 7° à la fin du crépuscule astronomique à 45° de latitude nord.

02 00 Samedi (62-304). **L'inclinaison apparente des anneaux de Saturne** passe de 6,1° à 4,5° au cours du mois, mais cette planète est trop proche de la position apparente du Soleil pour être observable.

02 00 Période du maximum d'éclat de l'étoile variable R UMa (1037+69). R UMa est une variable de type Mira (variable à longue période) dont la magnitude oscille entre 6,5 et 13,7 ; sa période est de 301,62 jours.

02 00 Début mars, à la fin du crépuscule, la **Voie lactée** s'étire du sud-sud-est au nord-nord-ouest, de la Poupe au Lézard ; à l'ouest du zénith, le Cocher est au cœur de sa portion la plus étroite. Vers minuit, la Voie lactée va du sud-sud-ouest au nord et elle surplombe l'horizon occidental avec les Gémeaux au-dessus de l'horizon ouest. Avant l'aube, le Triangle d'été dessiné par Véga,

Les phénomènes astronomiques au jour le jour

Deneb et Altaïr se tient au-dessus de l'est et la Voie lactée repose sur Persée au nord et sur le Sagittaire et le Scorpion au sud-sud-est. Le mois de mars marque vraiment le début de la saison des arches galactiques avant l'aube pour les amateurs de beaux panoramas célestes. Centrées sur Deneb, qui se hisse au-dessus de l'horizon est, elles sont de plus en plus voûtées. Selon l'année, cela peut être l'occasion de photographier la région du centre galactique, du Sagittaire au Scorpion, au-dessus de paysages enneigés.

02 05 **Callisto est en conjonction supérieure** à 5 h 42 m. Elle est observable à proximité apparente du pôle Nord jovien.

02 19 **Le mois de mars est toujours une bonne période pour l'observation des aurores polaires** car il se produit toujours beaucoup plus d'orages magnétiques à l'approche des équinoxes. Les observations d'aurores réalisées depuis près de soixante-quinze ans montrent sans ambiguïté que les mois de mars et d'avril ainsi que les mois de septembre et d'octobre connaissent en moyenne près de deux fois plus de perturbations magnétiques que les autres mois de l'année. Notre étoile faisant preuve d'une activité bien supérieure aux prévisions initiales

Le site spaceweather.com est le meilleur endroit pour obtenir les dernières informations sur la météorologie de l'espace et de la haute atmosphère : taches, vent et éruptions solaires, orages magnétiques, aurores polaires, nuages noctiluques, etc.

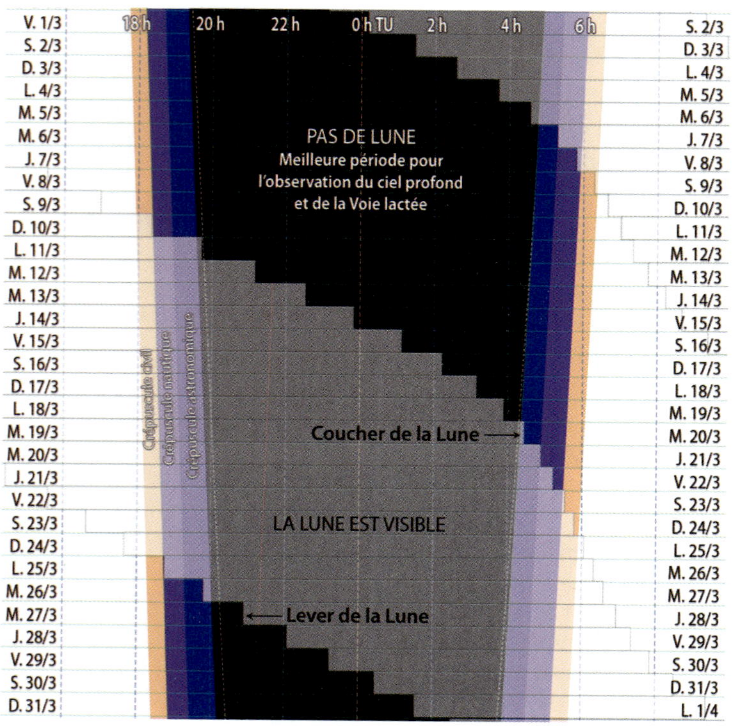

depuis le début de son nouveau cycle (voir p. 18), les aurores s'enchaînent à un rythme soutenu et il n'y a guère que le mauvais temps pour vous empêcher de les voir si vous vous trouvez aux bonnes latitudes. Les aurores polaires concernent avant tout les régions situées entre 65° et 75° de latitude, ce qui inclut, pour l'hémisphère Nord, l'Alaska, le Canada, le Groenland, l'Islande, la Norvège, la Suède, la Finlande et la Russie. Cependant, des épisodes auroraux particulièrement intenses ont déjà été observés à des latitudes plus petites, notamment, en mars 2023, avec des aurores boréales observables en France métropolitaine ou au Nouveau-Mexique (jusqu'à 32° N).

03 00 Dimanche. 63e jour de l'année.

03 03 Le Soleil se couche sur la région d'**Archimedes** (3-243) et, autour de 3 h 19 m, vous pouvez tenter d'observer avec un instrument une ou plusieurs raies lumineuses dans cette formation. Longitude du terminateur : 182° ; âge lunaire : 22,2 j ; illumination : 55 %.

03 08 **Conjonction géocentrique en longitude entre la Lune (Sco) et Antarès** à 8 h 59 m (séparation : 0,3°). Le gros quartier lunaire tient compagnie à Antarès du Scorpion à l'est-sud-est durant l'aube.

03 09 Occultation d'Antarès par la Lune. Zone de visibilité : sud-est de l'Amérique du Nord, Mexique, Amérique centrale, Cuba, Haïti, Amérique du Sud, océan Atlantique et ouest de l'Afrique.

03 15 **Dernier Quartier de Lune à 15 h 23 m (Sco).** Distance : 386 522 km, soit 60,60 rayons terrestres. De février à avril, le Dernier Quartier passe le méridien au plus bas de sa course annuelle (voir p. 31).

03 18 Opposition de la petite planète **3 Junon**. Prochaine opposition le 14 mai 2025.

10e SEMAINE

04 00 Lundi (64-302). Le quartier lunaire glisse vers l'aube, libérant la nuit noire, la période est donc idéale pour de longues observations du ciel hivernal. Constellation de la Lune chaque jour à 0 h pour 45° de latitude nord et 0° de longitude : L-Oph, M-Sgr, M-Sgr, J-Cap, V-Cap, S-Aqr, D-Aqr.

04 00 TSMG (voir p. 17) : 10 h 48 m 59 s.

04 03 Pointez un instrument vers le gros croissant lunaire pour admirer le faisceau de lumière qui s'étire d'**Hesiodus** vers **Pitatus** (4-334) au sud de la mer des Nuées.

04 05 Le Soleil se couche sur la région de **Clavius** (4-365) et, autour de 5 h 02 m, vous pouvez tenter d'observer avec un instrument une ou plusieurs raies lumineuses dans cette formation. Longitude du terminateur : 195° ; âge lunaire : 23,3 j ; illumination : 44 %.

04 09 **Maximum d'éclat de l'étoile Delta Cephei** à 9 h. Sa magnitude varie de 3,5 à 4,4 au cours d'un cycle

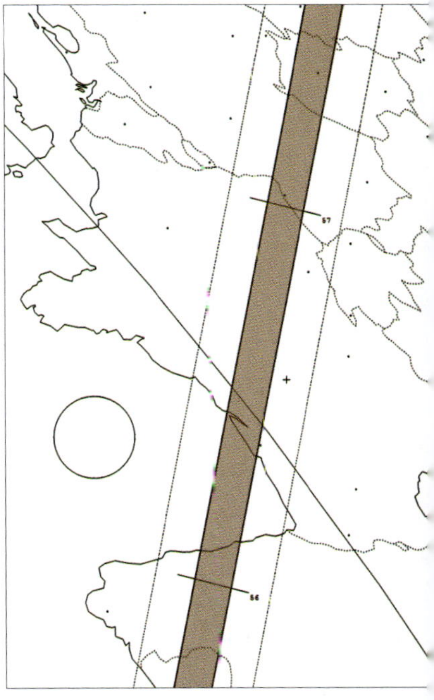

Le 4 mars, entre 22 h 41 m et 22 h 58 m, la petite planète **15440 Eioneus** (diamètre 66 km ; magnitude 17,3) occulte une étoile de magnitude 11,2 (TYC 725-00421-1 ; ascension droite : 6 h 04 m 40 s ; déclinaison : 12° 40′ 34″) dans la constellation d'Orion. La diminution d'éclat devrait atteindre 6,2 magnitudes et durer près de 6 secondes au maximum sur la bande de centralité du phénomène qui balaye la France métropolitaine du sud-ouest au nord-est.

de 5,366 jours. Les autres maxima du mois se produisent le 9 à 17 h, le 15 à 2 h, le 20 à 11 h, le 25 à 20 h et le 31 à 5 h. Voir également le 6 octobre 2023.

04 12 À midi, début du jour julien 2 460 374.

04 23 Durant quelques nuits, tentez d'observer et de photographier la très faible lueur du **gegenschein** par une nuit sans Lune depuis un site protégé de la pollution lumineuse. Il faut chercher le gegenschein entre les pattes du Lion et il franchit le méridien à près de 50° de hauteur en milieu de nuit. Voir également le 10 octobre 2023.

05 02 Mardi (65-301). Formations lunaires proches du terminateur dans la journée : Klaproth, golfe des Iris.

06 00 Mercredi (66-300). Formations lunaires proches du terminateur dans la journée : Kepler, Gassendi, Schiller, Doppelmayer, Harpalus, Aristarque, Hérodote et la vallée de Schröter.

06 00 Période de libration maximale en latitude pour la Lune (b = 6,8°).

06 00 **Le pôle Sud du Soleil est à son maximum d'inclinaison** vers la Terre : 7,25°.

06 12 **Le Soleil** franchit le méridien à 40° de hauteur.

07 00 Jeudi (67-299). La petite planète **4 Vesta** passe à 1,5° au nord de la nébuleuse du Crabe (Messier 1) dans le Taureau.

07 00 Période du maximum d'éclat de l'étoile variable SS Her (1628+07A). SS Her est une variable de type Mira (variable à longue période) dont la magnitude oscille entre 8,5 et 13,5 ; sa période est de 114,2 jours.

07 05 Mercure entre dans la constellation des Poissons.

08 00 Vendredi (68-298). Période du maximum d'éclat de l'étoile variable R Boo (1432+27). R Boo est une variable de type Mira (variable à longue période) dont la magnitude oscille entre 6,2 et 13,1 ; sa période est de 223,4 jours.

08 01 **Maximum d'éclat de l'étoile variable Êta Aquilae** (Aigle) à 1 h. Il s'agit d'une étoile de type céphéide dont la magnitude passe de 3,5 à 4,4 au cours d'un cycle de 7,177 jours. Les autres maxima du mois se produisent le 15 à 6 h, le 22 à 10 h et le 29 à 14 h. Êta Aquilae se situe pratiquement 8° au sud d'Altaïr, au ras de l'équateur céleste.

08 06 Conjonction géocentrique en longitude entre la Lune (Cap) et Mars à 6 h 51 m (séparation : 3,3°). L'éclat martien est trop faible pour que cette planète soit observable à l'œil nu moins d'une heure avant le lever du Soleil en Europe.

08 18 **Conjonction géocentrique en longitude entre la Lune (Cap) et Vénus** à 18 h 56 m (séparation : 3°).

Le 8 mars, l'élongation de Vénus est encore proche de 22°, mais la forte inclinaison de l'écliptique à l'aube plaque cette planète au ras de l'horizon est-sud-est moins de quarante-cinq minutes avant le lever du Soleil. L'observation de cette conjonction lointaine avec le croissant lunaire – leur écart est alors de 8° – est donc délicate aux latitudes européennes

09 00 Samedi (69-297). **Minimum d'éclat de l'étoile variable Sheliak** (Bêta de la Lyre) à 0 h. Sa magnitude varie de 3,3 à 4,3 au cours d'un cycle de 12,941 jours. L'autre minimum du mois se produit le 21 à 23 h. Voir également le 2 août 2023.

09 12 Du 9 au 26 mars, Neptune traverse d'est en ouest le champ du coronographe LASCO C3 de la sonde *SOHO*.

09 19 Le plus vieux croissant de la lunaison peut être observé à l'aube avec un instrument optique en Nouvelle-Calédonie et en Nouvelle-Zélande.

09 20 Vénus entre dans la constellation du Verseau.

10 00 Dimanche. 70e jour de l'année.

10 07 La Lune passe au périgée à 7 h 04 m. Distance : 356 895 km, soit 55,96 rayons terrestres. Il s'agit du périgée le plus proche en 2024.

10 09 **Nouvelle Lune à 9 h 00 m (Aqr).** Distance : 356 901 km.

10 16 **Callisto est en conjonction inférieure** à 16 h 40 m. Elle est observable à proximité apparente du pôle Sud jovien.

10 22 Le plus jeune croissant de la lunaison peut être observé au crépuscule avec un instrument optique à Cuba, à l'extrême nord-ouest de l'Amérique du Sud et en Amérique centrale.

11e SEMAINE

11 00 Lundi (71-295). La Lune revient dans le ciel du soir et sa clarté croissante gomme la lumière zodiacale qui était visible depuis les sites suffisamment protégés des lumières artificielles. Constellation de la Lune chaque jour à 0 h pour 45° de latitude nord et 0° de longitude : L-Psc, M-Psc, M-Psc, J-Ari, V-Tau, S-Tau, D-Tau.

11 12 À midi, début du jour julien 2 460 381.

11 00 TSMG (voir p. 17) : 11 h 16 m 36 s.

11 00 **Premier jour théorique du mois de Ramadan** de l'an 1445 de l'hégire (voir le 19 juillet 2023). Comme les autres jours du calendrier musulman, il débute la veille au coucher du Soleil et, comme les autres mois de ce calendrier, le premier jour du mois de Ramadan est déterminé par l'observation du très fin croissant de la jeune Lune et peut varier en fonction de la date d'observation de celui-ci. Pour connaître la date officielle du début du mois de Ramadan, il convient de se renseigner auprès des instances religieuses musulmanes. Le 11 mars au soir, le jeune croissant lunaire est aisément visible à l'œil nu moins d'une heure après le coucher du Soleil depuis une très large portion de la planète. Le dernier jour théorique du mois de Ramadan sera le 9 avril prochain. En 2025, le mois de Ramadan durera théoriquement du 1er au 30 mars.

11 03 **Conjonction géocentrique en longitude entre la Lune (Psc) et Mercure** à 3 h 15 m (séparation : 0,9°).

Le 9, les conditions d'observation sont excellentes en cette fin de semaine pour tenter le **marathon de Messier**, un parcours visuel qui consiste à pointer avec un instrument le plus grand nombre d'objets du catalogue de Charles Messier entre le coucher et le lever du Soleil. Galaxies, amas ouverts et globulaires, nébuleuses, nébuleuses planétaires et restes d'une supernova, il y en a pour tous les goûts dans la liste concoctée au XVIIIe siècle par l'astronome et chasseur de comètes français. Bien sûr, il s'élèvera toujours des voix pour dire que ce n'est pas cela, observer le ciel, que ce n'est pas en courant d'un objet au suivant que l'on apprécie chacun. Pourtant, l'intérêt d'un tel marathon est de se forcer à repérer tous les objets, ce que les observateurs font rarement, remettant toujours à une nuit plus transparente l'observation de nombreux objets et ne les observant finalement jamais. Et puis, tout le monde sait bien qu'il convient de temps à autre de se fixer des objectifs pour progresser dans sa découverte du ciel et une petite compétition amicale au sein des observateurs d'un même club est toujours la bienvenue ! Pendant une quinzaine de jours autour de l'équinoxe de printemps, les observateurs de l'hémisphère boréal, notamment ceux installés entre 25° et 40° de latitude nord, ont la possibilité de tous les observer en quelques heures lorsque la Lune ne vient pas illuminer trop violemment la nuit ; les observateurs plus septentrionaux sont privés d'un ou deux objets en fonction de la date de leur tentative. Pour plus de détails sur ce marathon, consultez l'article qui lui est consacré dans le *Guide du Ciel 2012-2013* (p. 280-283).

© Guillaume Cannat

Les phénomènes astronomiques au jour le jour

11 03 Occultation de Mercure par la Lune. Zone de visibilité : sud-ouest de l'océan Pacifique, Nouvelle-Zélande et Antarctique.

12 01 Mardi (72-294). La Lune passe au nœud ascendant à 1 h 17 m (longitude moyenne : 15,7°). Distance : 359 920 km, soit 56,4 rayons terrestres.

12 01 **Le Soleil entre dans la constellation des Poissons (352°)** à 1 h 48 m.

12 07 La comète **C/2022 L2 ATLAS** passe au plus près du Soleil (périhélie) à 403 millions de kilomètres. Son éclat pourrait atteindre la magnitude 11. Elle brille dans le Centaure, juste à côté de Menkent, et concerne donc les observateurs du sud de l'Europe et des tropiques.

12 18 Vénus et Mars sont en conjonction héliocentrique.

12 19 Si vous êtes photographe, utilisez la clarté du croissant lunaire qui se couche après la fin du crépuscule astronomique pour révéler le paysage sous la Voie lactée, au sud-sud-est et au nord-nord-ouest.

12 22 Début de la 2282e rotation synodique du Soleil.

13 00 Mercredi (73-293). Mercure passe au nœud ascendant de son orbite (longitude héliocentrique : 48,3°).

13 12 **Le Soleil** franchit le méridien à 42° de hauteur.

13 15 Mercure et Jupiter sont en conjonction héliocentrique.

13 22 Juste avant de se coucher, **le jeune croissant lunaire (17 %) passe dans l'arche de l'Arc de triomphe** vers 22 h 16 m. Il faut se placer au niveau du rond-point des Champs-Élysées pour observer ou photographier cette scène.

13 23 **Conjonction géocentrique en longitude entre la Lune (Ari) et Jupiter** à 23 h 13 m (séparation : 3,3°).

14 03 Jeudi (74-292). Formation lunaire proche du terminateur dans la journée : Atlas.

14 10 Conjonction géocentrique en longitude entre la Lune (Ari) et Uranus à 10 h (séparation : 3,3°).

14 21 Le Soleil se lève sur la région de **Hall** (1-48) et, autour de 21 h 56 m, vous pouvez tenter d'observer avec un instrument une ou plusieurs raies lumineuses dans cette formation. Longitude du terminateur : 325° ; âge lunaire : 4,5 j ; illumination : 27 %.

15 03 Vendredi (75-291). **Conjonction géocentrique en longitude entre la Lune (Tau) et les Pléiades** à 3 h 39 m (séparation : 0,4°). Le croissant lunaire est à l'ouest des Pléiades le 14 au soir et à l'est le 15.

15 19 À 19 h 33 m, l'étoile 59 Tau (Tau - magnitude 5,4) réapparaît après son occultation par la Lune. Les deux

Le 11 mars au crépuscule, vous pouvez tenter de repérer Mercure aux jumelles quarante-cinq minutes après le coucher du Soleil, mais il faut un horizon ouest parfaitement dégagé et une atmosphère limpide. Le croissant lunaire surplombe Mercure d'un peu moins de 8°.

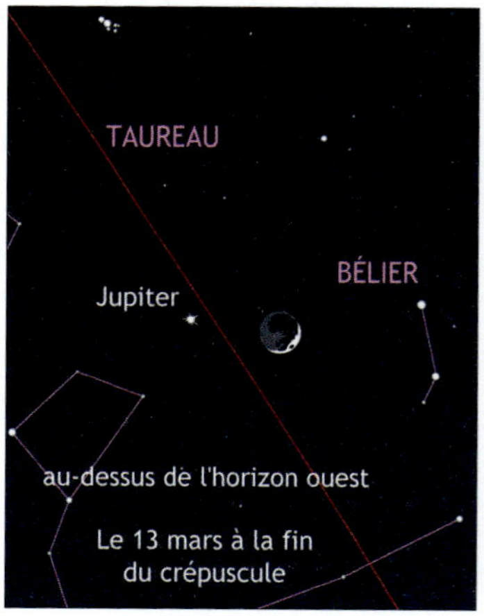

Le 13 mars à la fin du crépuscule, Jupiter et le croissant lunaire sont côte à côte. C'est un très beau rapprochement à observer durant le crépuscule, loin au-dessus de l'horizon ouest. La lumière cendrée éclaire magnifiquement la portion nocturne du globe lunaire, ce qui donne un relief saisissant à notre satellite naturel.

astres sont alors à 52° au-dessus de l'horizon et la fraction éclairée de notre satellite est de 36 %.

16 00 Samedi (76-290). Période de libration maximale en longitude pour la Lune (l = 7,3°).

16 12 **Le Soleil franchit le méridien au zénith au Nyota Observatory** (Masai Mara, Kenya).

17 00 Dimanche. 77ᵉ jour de l'année.

17 01 À 1 h 06 m, l'étoile HD 36859 (Tau - magnitude 6,3) est occultée par la Lune. Les deux astres sont alors à 8° au-dessus de l'horizon et la fraction éclairée de notre satellite est de 48 %.

17 04 **Premier Quartier de Lune à 4 h 11 m (Tau).** Distance : 388 178 km, soit 60,86 rayons terrestres.

17 11 **Neptune est en conjonction avec le Soleil** et passe à 1,2° du centre du disque solaire.

17 13 Si le ciel hivernal est d'un beau bleu limpide, pointez un instrument vers le quartier de Lune en milieu de journée pour tenter de voir le « **X lunaire** » révélé par le Soleil rasant à l'intersection des cratères La Caille, Blanchinus et Purbach. Le **V** lumineux qui se déploie dans le cratère Ukert est visible dans l'après-midi. Voir le 25 juin 2023.

17 16 Mercure est au périhélie à 0,307 ua du Soleil, soit près de 46 millions de kilomètres.

12ᵉ SEMAINE

18 00 Lundi (78-288). La Lune gibbeuse croissante grimpe très haut sur la voûte céleste cette semaine et son éclat est éblouissant. Constellation de la Lune chaque jour à 0 h pour 45° de latitude nord et 0° de longitude : L-Aur, M-Gem, M-Cnc, J-Cnc, V-Leo, S-Leo, D-Leo.

18 00 TSMG (voir p. 17) : 11 h 44 m 11 s.

18 00 Le Soleil se lève sur la région de **Pallas** (3-275) et, autour de 0 h 31 m, vous pouvez tenter d'observer avec un instrument une ou plusieurs raies lumineuses dans cette formation. Longitude du terminateur : 3° ; âge lunaire : 7,6 j ; illumination : 59 %.

18 08 Neptune est à l'apogée à 30,897 ua, soit près de 4,622 milliards de kilomètres.

18 12 À midi, début du jour julien 2 460 388.

18 15 De 15 h 38 m à 16 h 34 m, Ganymède et Io passent simultanément devant le disque de Jupiter. Invisible en Europe.

18 18 **De 18 h 41 m à 18 h 47 m, Io et Ganymède projettent leur ombre sur Jupiter. Visible en Europe.**

19 00 Mardi (79-287). Période de libration minimale en latitude pour la Lune (b = - 6,8°).

19 01 **Callisto est en conjonction supérieure** à 1 h 45 m. Elle est observable à proximité apparente du pôle Nord jovien.

Le 18 mars au crépuscule, ne manquez pas un rare double passage d'ombres sur le disque jovien. Un instrument avec un grossissement d'une centaine de fois au minimum est nécessaire.

MARS 2024

Les phénomènes astronomiques au jour le jour

19 05 Le Soleil se lève sur la région d'**Hesiodus** (4-334*) et, autour de 5 h 17 m, vous pouvez tenter d'observer avec un instrument une ou plusieurs raies lumineuses dans cette formation. Longitude du terminateur : 18° ; âge lunaire : 8,8 j ; illumination : 70 %.

19 15 Mars entre dans la constellation du Verseau.

19 22 Vénus passe à l'aphélie à 0,728 ua du Soleil, soit près de 109 millions de kilomètres.

20 00 Mercredi (80-286). À 0 h 12 m, l'étoile 19 Cnc (Cnc - magnitude 5,9) est occultée par la Lune ; elle réapparaît à 1 h 15 m. Les deux astres sont alors à 29,8° au-dessus de l'horizon et la fraction éclairée de notre satellite est de 77 %.

20 03 Si vous êtes photographe, utilisez la clarté de la Lune gibbeuse croissante qui se couche à l'ouest-nord-ouest pour éclairer le paysage à l'est sous l'arche de la Voie lactée estivale.

20 03 **Équinoxe de mars sur Terre à 3 h 06 m ;** début du printemps dans l'hémisphère Nord. En 2025, l'équinoxe de mars se produira le 20 à 9 h 01 m. Au XXe siècle, l'équinoxe de mars s'est toujours produit le 20 ou le 21 (en temps universel). Depuis 2008, il se produit le 20 et cela restera la règle jusqu'en 2044, où il commencera à se produire aussi le 19 régulièrement.

20 03 **Le Soleil entre dans le signe astrologique du Bélier (0°)** à 3 h 06 m, mais, dans la réalité, il est dans la constellation des Poissons jusqu'au 18 avril.

20 04 **Heure de début et de fin du crépuscule astronomique le jour de l'équinoxe de mars** à 0° de longitude : à 40° de latitude nord (4 h 32 m/19 h 43 m) ; à 45° de latitude nord (4 h 24 m/19 h 52 m) ; à 50° de latitude nord (4 h 12 m/20 h 04 m).

20 12 **Le Soleil** franchit le méridien à 45° de hauteur.

20 15 En cours d'après-midi, des jumelles vous permettront d'observer le splendide arc lumineux du **golfe des Iris** au nord du terminateur lunaire.

20 20 Avec **Callisto et Europe à l'est de Jupiter et Io et Ganymède à l'ouest**, le plan équatorial jovien se matérialise en pointillés.

21 02 Jeudi (81-285). Formations lunaires proches du terminateur dans la journée : Gassendi, Schiller, Doppelmayer, Harpalus, Aristarque, Hérodote et la vallée de Schröter.

21 23 Conjonction géocentrique en longitude entre Vénus (Aqr) et Saturne à 23 h 10 m (séparation : 0,3°). Visible sous les tropiques.

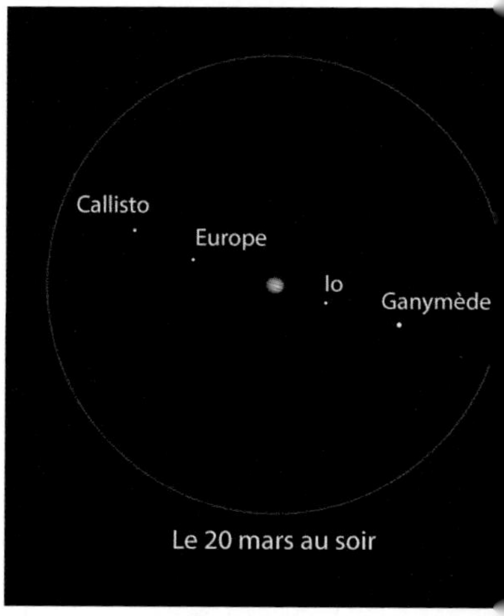

Le 20 mars au soir, des jumelles suffisent pour admirer le bel alignement des lunes galiléennes à l'est et à l'ouest du disque jovien.

22 01 Vendredi (82-284). Le Soleil se lève sur la région de **Schiller** (4-357) et, autour de 1 h 25 m, vous pouvez tenter d'observer avec un instrument une ou plusieurs raies lumineuses dans cette formation. Longitude du terminateur : 52° ; âge lunaire : 11,7 j ; illumination : 91 %.

23 00 Samedi (83-283). Période du maximum d'éclat de l'étoile variable V Cas (2307+59). V Cas est une variable de type Mira (variable à longue période) dont la magnitude oscille entre 6,9 et 13,4 ; sa période est de 228,83 jours.

23 03 Dernier quartier de Mercure.

23 15 La Lune passe à l'apogée à 15 h 45 m. Distance : 406 294 km, soit 63,70 rayons terrestres.

23 20 En début de nuit, les quatre lunes galiléennes – **Io, Europe, Ganymède et Callisto** – s'alignent dans leur ordre naturel à l'est du disque jovien. En Europe, Jupiter est de plus en plus proche de l'horizon à la fin du crépuscule astronomique et il va rapidement devenir difficile d'admirer les belles dispositions des lunes galiléennes.

24 00 Dimanche. 84e jour de l'année.

24 11 **Maximum des Virginides.** L'activité de cet essaim météoritique, qui possède de nombreux radiants successifs, couvre la période allant du 25 janvier au 15 avril. Longitude héliocentrique prévue pour le maximum (équinoxe 2000.0) : 4°. Il s'agit vraisemblablement d'un très vieil essaim qui s'est scindé en plusieurs zones plus ou moins riches en poussières. Si le nombre des Virginides n'est jamais très important, ces étoiles filantes sont en revanche fréquemment très brillantes – jusqu'à la magnitude - 4 – et laissent parfois derrière elles des traînées perceptibles pendant plusieurs secondes, voire plusieurs minutes aux jumelles. Elles sont assez lentes (vitesse de 30 km/s).

24 22 Mercure atteint son élongation maximale à l'est : 18,7°.

13e SEMAINE

25 00 Lundi (85-281). La Pleine Lune ouvre la semaine, puis ce lampadaire naturel se lève de plus en plus tard et la Voie lactée comme la lumière zodiacale font leur retour dans le ciel du soir. Constellation de la Lune chaque jour à 0 h pour 45° de latitude nord et 0° de longitude : L-Vir, M-Vir, M-Vir, J-Vir, V-Lib, S-Sco, D-Oph.

25 00 TSMG (voir p. 17) : 12 h 11 m 47 s.

25 07 **Pleine Lune à 7 h 00 m (Vir).** Distance : 405 394 km, soit 63,56 rayons terrestres. Pleine Lune de l'eau, élément indispensable à la vie dont nous célébrons la journée mondiale chaque année le 22 mars. Le 24, la Lune se lève juste avant le coucher du Soleil à l'est. Elle reste une douzaine d'heures dans le ciel et se couche plein ouest le 25, au lever du Soleil. Le 25, il faut attendre une vingtaine de minutes après le départ du Soleil pour voir la boule

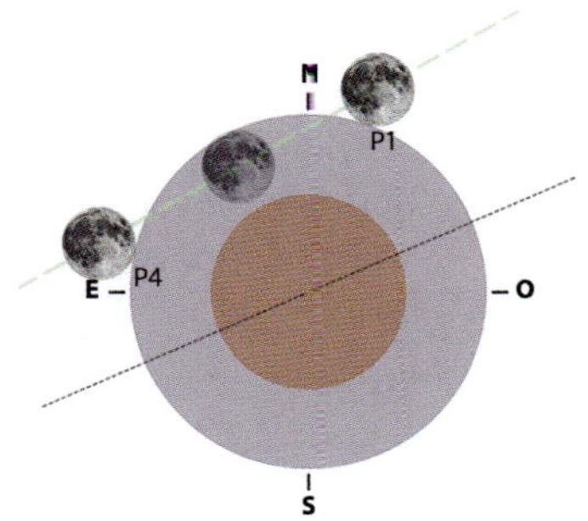

Le 25 mars à l'aube, la Pleine Lune est partiellement éclipsée lors de son coucher. L'entrée dans la pénombre se produit à l'aube au coucher de la Pleine Lune en Europe. Le faible assombrissement de la face lunaire est théoriquement observable, mais, en pratique, cette diminution d'éclat devrait être « camouflée » par l'augmentation rapide de la clarté du ciel et par l'absorption atmosphérique de plus en plus forte à l'approche de l'horizon. Prochaine éclipse de Lune le 18 septembre 2024 : il s'agira d'une toute petite éclipse partielle par l'ombre (magnitude 0,08), qui sera visible en Europe.

Les phénomènes astronomiques au jour le jour

lunaire arriver à l'est. Le 26 à l'aube, elle circule juste au-dessus de l'horizon ouest-sud-ouest.

25 12 À midi, début du jour julien 2 460 395.

25 18 De 18 h 57 m à 19 h 51 m, **Io et Ganymède passent simultanément devant le disque de Jupiter.** Visible en Europe.

25 23 Durant la nuit du 24 au 25, la Pleine Lune franchit le méridien à près de 40° de l'horizon sud à Lille et de 48° à Perpignan.

26 04 Mardi (86-280). La Lune passe au nœud descendant à 4 h 07 m (longitude moyenne : 195,6°). Distance : 404 219 km, soit 63,4 rayons terrestres.

26 04 Mercure et Mars sont en opposition héliocentrique.

26 21 Conjonction géocentrique en longitude entre la Lune (Vir) et Spica à 21 h 25 m (séparation : 1,3°).

27 03 Mercredi (87-279). Le Soleil se couche sur la région de **Lamé** (2-133) et, autour de 3 h 15 m, vous pouvez tenter d'observer avec un instrument une ou plusieurs raies lumineuses dans cette formation. Longitude du terminateur : 114° ; âge lunaire : 16,8 j ; illumination : 97 %.

27 12 **Le Soleil** franchit le méridien à 48° de hauteur.

27 13 **Callisto est en conjonction inférieure** à 13 h 02 m. Elle est observable à proximité apparente du pôle Sud jovien.

27 19 Surmontée par l'arche galactique hivernale, **la lumière zodiacale se dresse magnifiquement au-dessus de l'horizon ouest-nord-ouest** à la fin du crépuscule jusqu'au retour de la jeune Lune vers le 10 avril. Son cône diffus s'enfonce dans la Voie lactée au niveau du Taureau et Jupiter brille en son sein. Aux latitudes européennes, c'est une très belle période pour photographier la lumière zodiacale et l'arche galactique au-dessus d'un beau premier plan et, ce soir, vous pouvez utiliser l'éclat de la Lune gibbeuse décroissante à son lever pour éclairer le paysage sous l'arche.

27 22 Latitude nord maximale pour Mercure : 7° (longitude héliocentrique : 138,3°).

28 01 Jeudi (88-278). Le Soleil se couche sur la **mer des Crises** (1) et, autour de 1 h 23 m, vous pouvez tenter d'observer avec un instrument une ou plusieurs raies lumineuses dans cette formation. Longitude du terminateur : 125° ; âge lunaire : 17,7 j ; illumination : 93 %.

29 15 Vendredi (89-277). Mercure et Vénus sont en opposition héliocentrique.

30 02 Samedi (90-276). Formations lunaires proches du terminateur dans la journée : Posidonius, Theophilus,

Le 25 mars au soir, il faut un instrument et un bon grossissement pour voir l'éclat des lunes galiléennes Io et Ganymède devant le disque de Jupiter.

Cyrillus et Catherina.

30 15 **Conjonction géocentrique en longitude entre la Lune (Sco) et Antarès** à 15 h 07 m (séparation : 0,3°). Une heure et demie avant le lever du Soleil, ces deux astres brillent côte à côte au méridien.

30 18 À 45° de latitude nord, l'étoile **Arcturus** du Bouvier se lève au moment du coucher du Soleil – on parle de lever achronique – et, dans un ciel limpide, il est possible de la repérer aux jumelles une vingtaine de minutes plus tard vers 65° d'azimut et 3° de hauteur.

31 00 **Dimanche de Pâques.** Éléments du comput ecclésiastique grégorien pour 2024 : cycle solaire = 17 ; indiction romaine = 2 ; nombre d'or = 11 ; lettre dominicale = GF ; épacte = 19. En 2025, le dimanche de Pâques sera le 20 avril. Alors que notre calendrier nous habitue au retour de certains jours fériés à une date fixe, celle de Pâques, elle, change chaque année, car elle dépend de la date de la première Pleine Lune du printemps. Le jour de Pâques est, aujourd'hui encore, déterminé selon une décision qui fut arrêtée lors du concile de Nicée en 325 : « Pâques est le dimanche qui suit le quatorzième jour de la Lune qui atteint cet âge au 21 mars ou immédiatement après. » Le calcul de cette date s'appuie sur un calendrier lunaire perpétuel, appelé « comput ecclésiastique ». Le dimanche de Pâques peut s'inscrire entre le 22 mars et le 25 avril.

31 00 Dimanche. 91e jour de l'année.

31 01 **Passage à l'heure d'été** dans les pays de la Communauté européenne (voir le texte du 29 octobre 2023). L'heure d'été court du dernier dimanche de mars (à 2 heures du matin il est 3 heures) au dernier dimanche d'octobre (à 3 heures du matin il est 2 heures), c'est-à-dire, en 2024, du dimanche 31 mars au dimanche 27 octobre.

31 23 Le Soleil se couche sur la région de **Fernelius** (2-151) et, autour de 23 h 36 m, vous pouvez tenter d'observer avec un instrument une ou plusieurs raies lumineuses dans cette formation. Longitude du terminateur : 173° ; âge lunaire : 21,6 j ; illumination : 62 %.

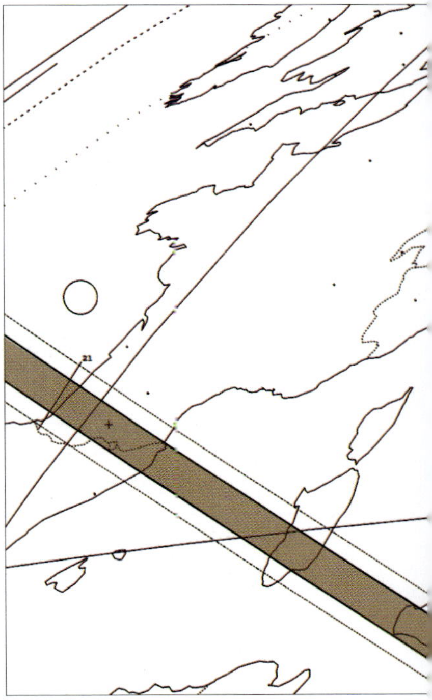

Le 31 mars au soir, entre 21 h 08 m et 21 h 22 m, la petite planète **1023 Thomana** (diamètre 59 km ; magnitude 14,9) occulte une étoile de magnitude 10,3 (TYC 4964-00837-1 ; ascension droite : 13 h 12 m 32 s ; déclinaison : - 6° 51′ 04″) dans la constellation de la Vierge. La diminution d'éclat devrait atteindre 4,7 magnitudes et durer près de 4 secondes au maximum sur la bande de centralité du phénomène qui balaye l'extrême sud-ouest de la France métropolitaine.

Le Soleil et les planètes

	JOUR	ASCENSION DROITE	DÉCLINAISON	CONSTELLATION	Ø APPARENT	ÉQUATION DU TEMPS	DISTANCE	DISTANCE LUMIÈRE	LEVER	MÉRIDIEN	HAUTEUR	COUCHER
		h m s	° ′ ″			m s	ua	m s	h m	h m		h m
Soleil	2	22 53 12	- 7 06 05	Aqr	32′ 16″	+ 12 07	0,9911	8 15	06 35	12 12	38°	17 49
	6	23 08 06	- 5 33 36	Aqr	32′ 14″	+ 11 14	0,9921	8 15	06 28	12 11	40°	17 55
	10	23 22 53	- 3 59 54	Aqr	32′ 12″	+ 10 15	0,9932	8 16	06 21	12 10	41°	18 00
	14	23 37 36	- 2 25 23	Psc	32′ 10″	+ 9 10	0,9942	8 16	06 14	12 09	43°	18 05
	18	23 52 14	- 0 50 31	Psc	32′ 08″	+ 8 02	0,9953	8 17	06 06	12 08	44°	18 10
	22	0 06 49	+ 0 44 19	Psc	32′ 06″	+ 6 51	0,9964	8 17	05 59	12 07	46°	18 15
	26	0 21 23	+ 2 18 44	Psc	32′ 04″	+ 5 38	0,9975	8 18	05 51	12 06	48°	18 21
	30	0 35 56	+ 3 52 23	Psc	32′ 02″	+ 4 26	0,9987	8 18	05 44	12 04	49°	18 26

	JOUR	ASCENSION DROITE	DÉCLINAISON	CONSTELLATION	MAGNITUDE	Ø APPARENT	ÉLONGATION	DISTANCE	FRACTION ÉCLAIRÉE	LEVER	MÉRIDIEN	HAUTEUR	COUCHER
		h m s	° ′ ″					ua		h m	h m		h m
Mercure	2	23 04 22	- 7 41 48	Aqr	- 1,5	5	2,3° E	1,3540	100 %	06 51	12 25	38°	18 00
	6	23 32 09	- 4 16 15	Aqr	- 1,6	5,1	6,0° E	1,3145	98 %	06 49	12 37	41°	18 26
	10	23 59 41	- 0 38 13	Psc	- 1,5	5,3	9,8° E	1,2566	93 %	06 46	12 49	45°	18 53
	14	0 26 14	+ 3 02 37	Psc	- 1,2	5,7	13,3° E	1,1789	84 %	06 42	12 59	49°	19 18
	18	0 50 33	+ 6 31 53	Psc	- 0,7	6,2	16,3° E	1,0834	71 %	06 36	13 07	52°	19 40
	22	1 11 02	+ 9 32 41	Psc	- 0,1	6,9	18,1° E	0,9767	55 %	06 28	13 11	55°	19 56
	26	1 26 03	+ 11 49 36	Psc	0,7	7,7	18,5° E	0,8689	38 %	06 18	13 10	57°	20 03
	30	1 34 29	+ 13 11 22	Psc	1,7	8,7	16,9° E	0,7698	24 %	06 04	13 01	58°	19 59
Vénus	2	21 21 38	- 16 13 31	Cap	- 3,9	11,2	24,2° O	1,5081	92 %	05 45	10 41	29°	15 38
	6	21 41 20	- 14 47 39	Cap	- 3,9	11	23,2° O	1,5253	92 %	05 42	10 45	30°	15 48
	10	22 00 44	- 13 15 13	Aqr	- 3,9	10,9	22,3° O	1,5419	93 %	05 39	10 48	32°	15 59
	14	22 19 53	- 11 36 58	Aqr	- 3,9	10,8	21,3° O	1,5580	93 %	05 35	10 52	34°	16 09
	18	22 38 47	- 9 53 41	Aqr	- 3,9	10,7	20,3° O	1,5734	94 %	05 31	10 55	35°	16 19
	22	22 57 28	- 8 06 08	Aqr	- 3,9	10,6	19,4° O	1,5883	95 %	05 27	10 58	37°	16 30
	26	23 15 57	- 6 15 05	Aqr	- 3,9	10,5	18,4° O	1,6025	95 %	05 22	11 01	39°	16 40
	30	23 34 18	- 4 21 15	Aqr	- 3,9	10,4	17,4° O	1,6162	96 %	05 17	11 03	41°	16 50
Mars	6	21 18 22	- 16 50 49	Cap	1,6	4,3	29,1° O	2,1906	97 %	05 28	10 21	28°	15 15
	14	21 42 56	- 14 55 36	Cap	1,6	4,3	30,9° O	2,1597	97 %	05 12	10 14	30°	15 16
	22	22 07 06	- 12 50 58	Aqr	1,6	4,4	32,6° O	2,1288	96 %	04 56	10 07	32°	15 18
	30	22 30 53	- 10 38 29	Aqr	1,5	4,5	34,3° O	2,0981	96 %	04 39	09 59	34°	15 19
Jupiter	6	2 40 08	+ 14 38 23	Ari	- 2,2	35,9	56,3° E	5,4803	99 %	08 38	15 41	60°	22 44
	14	2 45 58	+ 15 06 48	Ari	- 2,1	35,3	49,8° E	5,5841	99 %	08 10	15 16	60°	22 21
	22	2 52 13	+ 15 36 08	Ari	- 2,1	34,7	43,4° E	5,6786	100 %	07 43	14 50	61°	21 58
	30	2 58 49	+ 16 05 59	Ari	- 2,1	34,2	37,1° E	5,7632	100 %	07 16	14 25	61°	21 35
Saturne	6	22 50 35	- 9 07 34	Aqr	1,0	15,5	5,4° O	10,7060	100 %	06 26	11 52	36°	17 18
	14	22 54 14	- 8 45 58	Aqr	1,0	15,5	12,4° O	10,6850	100 %	05 57	11 24	36°	16 51
	22	22 57 49	- 8 24 48	Aqr	1,0	15,5	19,4° O	10,6490	100 %	05 28	10 56	37°	16 25
	30	23 01 17	- 8 04 16	Aqr	1,1	15,6	26,4° O	10,5960	100 %	04 58	10 28	37°	15 58
Uranus	6	3 09 27	+ 17 23 51	Ari	5,8	3,5	63,8° E	20,0200	100 %	08 55	16 10	62°	23 25
	18	3 11 12	+ 17 31 06	Ari	5,8	3,5	52,3° E	20,1940	100 %	08 09	15 25	63°	22 41
	30	3 13 19	+ 17 39 41	Ari	5,8	3,4	40,9° E	20,3430	100 %	07 23	14 40	63°	21 56
Neptune	6	23 50 39	- 2 20 17	Psc	8,0	2,2	11,0° E	30,8750	100 %	06 59	12 52	43°	18 45
	18	23 52 19	- 2 09 31	Psc	8,0	2,2	0,5° O	30,8970	100 %	06 13	12 06	43°	18 00
	30	23 53 59	- 1 58 50	Psc	8,0	2,2	11,9° O	30,8780	100 %	05 26	11 21	43°	17 15

Les éphémérides du Soleil, des planètes et de la Lune proposées sur ces deux pages sont calculées à 0 h TU pour une latitude de 45° nord et une longitude de 0°.

La Lune

	JOUR	ASCENSION DROITE	DÉCLINAISON	CONSTELLATION	Ø APPARENT	PARALLAXE HORIZONTALE	FRACTION ÉCLAIRÉE	JOUR	ÉLONGATION	DISTANCE	LEVER	MÉRIDIEN	HAUTEUR	COUCHER
		h m s	° ′ ″							km	h m	h m		h m
V 1	61	14 29 26	- 17 01 18	Lib	29′ 57″	54′ 58″	75 %	20,0	120° O	398 940		3 h 59	26°	8 h 48
S 2	62	15 17 59	- 21 28 52	Lib	30′ 15″	55′ 31″	66 %	21,0	108° O	394 912	0 h 11	4 h 46	22°	9 h 14
D 3	63	16 10 24	- 25 04 51	Sco	30′ 38″	56′ 13″	56 %	22,0	97° O	390 032	1 h 22	5 h 37	18°	9 h 47
L 4	64	17 06 56	- 27 31 06	Oph	31′ 05″	57′ 02″	46 %	23,0	85° O	384 452	2 h 31	6 h 33	16°	10 h 32
M 5	65	18 07 02	- 28 29 09	Sgr	31′ 35″	57′ 57″	35 %	24,0	73° O	378 434	3 h 35	7 h 32	16°	11 h 30
M 6	66	19 09 18	- 27 44 28	Sgr	32′ 05″	58′ 53″	25 %	25,0	60° O	372 352	4 h 29	8 h 33	17°	12 h 42
J 7	67	20 11 49	- 25 11 20	Cap	32′ 35″	59′ 48″	16 %	26,0	47° O	366 672	5 h 13	9 h 34	20°	14 h 04
V 8	68	21 12 48	- 20 55 54	Cap	33′ 01″	60′ 35″	9 %	27,0	33° O	361 908	5 h 46	10 h 32	26°	15 h 29
S 9	69	22 11 18	- 15 15 29	Aqr	33′ 20″	61′ 09″	3 %	28,0	20° O	358 551	6 h 13	11 h 28	32°	16 h 55
D 10	70	23 07 20	- 8 35 13	Aqr	33′ 28″	61′ 25″	0 %	29,0	6° O	356 982	6 h 36	12 h 21	39°	18 h 20
L 11	71	0 01 33	- 1 24 10	Psc	33′ 26″	61′ 21″	1 %	0,6	9° E	357 394	6 h 58	13 h 12	47°	19 h 43
M 12	72	0 54 59	5 48 07	Psc	33′ 13″	60′ 57″	4 %	1,6	22° E	359 744	7 h 18	14 h 04	54°	21 h 05
M 13	73	1 48 42	12 33 49	Ari	32′ 51″	60′ 17″	10 %	2,6	36° E	363 766	7 h 41	14 h 56	61°	22 h 27
J 14	74	2 43 35	18 28 33	Ari	32′ 23″	59′ 25″	18 %	3,6	50° E	369 028	8 h 07	15 h 50	66°	23 h 48
V 15	75	3 40 05	23 12 19	Tau	31′ 52″	58′ 28″	27 %	4,6	63° E	375 017	8 h 39	16 h 45	70°	
S 16	76	4 38 00	26 30 29	Tau	31′ 21″	57′ 31″	37 %	5,6	75° E	381 219	9 h 19	17 h 42	73°	1 h 03
D 17	77	5 36 32	28 15 04	Tau	30′ 52″	56′ 38″	48 %	6,6	87° E	387 189	10 h 08	18 h 38	73°	2 h 11
L 18	78	6 34 22	28 25 27	Aur	30′ 26″	55′ 51″	58 %	7,6	99° E	392 581	11 h 07	19 h 33	72°	3 h 07
M 19	79	7 30 10	27 08 03	Gem	30′ 05″	55′ 13″	68 %	8,6	111° E	397 164	12 h 11	20 h 24	70°	3 h 51
M 20	80	8 23 04	24 34 18	Cnc	29′ 49″	54′ 42″	77 %	9,6	122° E	400 815	13 h 19	21 h 12	66°	4 h 25
J 21	81	9 12 45	20 58 01	Cnc	29′ 37″	54′ 21″	84 %	10,6	133° E	403 499	14 h 25	21 h 56	62°	4 h 51
V 22	82	9 59 26	16 33 06	Leo	29′ 29″	54′ 07″	91 %	11,6	144° E	405 248	15 h 31	22 h 38	56°	5 h 12
S 23	83	10 43 41	11 32 32	Leo	29′ 25″	53′ 59″	95 %	12,6	155° E	406 136	16 h 36	23 h 17	51°	5 h 30
D 24	84	11 26 18	6 08 01	Leo	29′ 25″	53′ 58″	99 %	13,6	166° E	406 253	17 h 39	23 h 56	45°	5 h 46
L 25	85	12 08 08	0 30 22	Vir	29′ 27″	54′ 03″	100 %	14,6	177° E	405 681	18 h 42			6 h 02
M 26	86	12 50 05	- 5 09 53	Vir	29′ 32″	54′ 13″	100 %	15,6	172° O	404 484	19 h 47	0 h 35	39°	6 h 17
M 27	87	13 33 05	- 10 41 53	Vir	29′ 40″	54′ 27″	97 %	16,6	161° O	402 698	20 h 53	1 h 16	33°	6 h 34
J 28	88	14 18 01	- 15 53 48	Vir	29′ 51″	54′ 46″	93 %	17,6	150° O	400 330	22 h 01	1 h 58	28°	6 h 54
V 29	89	15 05 46	- 20 32 10	Lib	30′ 04″	55′ 11″	87 %	18,6	138° O	397 369	23 h 12	2 h 43	23°	7 h 17
S 30	90	15 56 56	- 24 21 43	Sco	30′ 21″	55′ 41″	80 %	19,6	127° O	393 805		3 h 33	19°	7 h 48
D 31	91	16 51 46	- 27 05 41	Sco	30′ 40″	56′ 16″	71 %	20,6	115° O	389 651	0 h 21	4 h 26	17°	8 h 27

La Lune des spécialistes

	Libration		Angle de position	
	l	b	axe	phase
1	- 6,2°	2,8°	17,0°	109,8°
2	- 7,2°	4,0°	13,7°	106,0°
3	- 7,8°	5,1°	9,5°	100,9°
4	- 8,0°	6,0°	4,5°	94,5°
5	- 7,8°	6,5°	358,9°	87,3°
6	- 7,2°	6,8°	353,1°	79,6°
7	- 6,1°	6,6°	347,8°	72,1°
8	- 4,5°	6,0°	343,4°	64,9°
9	- 2,6°	5,0°	340,3°	57,2°
10	- 0,6°	3,6°	338,5°	36,8°
11	1,4°	1,9°	338,0°	259,9°
12	3,3°	0,1°	338,8°	248,9°
13	4,9°	- 1,6°	340,8°	248,3°
14	6,2°	- 3,2°	343,9°	250,7°
15	7,0°	- 4,6°	348,0°	255,0°
16	7,3°	- 5,6°	352,9°	260,7°
17	7,3°	- 6,3°	358,2°	267,2°
18	6,9°	- 6,7°	3,7°	273,9°
19	6,2°	- 6,8°	8,7°	280,3°
20	5,3°	- 6,5°	13,1°	286,1°
21	4,2°	- 6,0°	16,6°	291,0°
22	2,9°	- 5,2°	19,2°	294,9°
23	1,6°	- 4,2°	20,9°	297,8°
24	0,2°	- 3,0°	21,8°	300,1°
25	- 1,2°	- 1,7°	21,9°	306,6°
26	- 2,5°	- 0,3°	21,3°	115,8°
27	- 3,8°	1,2°	19,9°	115,8°
28	- 4,9°	2,6°	17,7°	113,6°
29	- 5,9°	3,8°	14,6°	109,9°
30	- 6,7°	5,0°	10,7°	105,0°
31	- 7,2°	5,9°	5,9°	98,9°

Phases et distances

Jour	Heure en TU	Distance en km	Ø apparent
3	DQ à 15 h 23 m	386 522	30,9′
10	NL à 9 h 00 m	356 901	33,5′
17	PQ à 4 h 11 m	388 178	30,8′
25	PL à 7 h 00 m	405 394	29,5′
10	Périgée à 7 h 04 m	356 895	33,5′
23	Apogée à 15 h 45 m	406 294	29,4′

Reportez-vous pages 7 à 15 pour trouver des renseignements détaillés sur l'utilisation de ces différentes informations.
Consultez les tableaux de corrections horaires (pages 340 et 341) pour adapter les heures de lever, de passage au méridien et de coucher en fonction de votre lieu d'observation.

AVRIL 2024

1re quinzaine vers 22 h TU - 2e quinzaine vers 21 h TU

Pour	Utilisez la carte de
17-18 h	*février*
19-20 h	mars
23-0 h	mai
1-2 h	juin
3-4 h	juillet
5-6 h	*août*

Vous pouvez également utiliser cette carte en :
mai vers 19-20 h
juin vers 17-18 h
décembre vers 5-6 h
janvier vers 3-4 h
février vers 1-2 h
mars vers 23-0 h
(valable uniquement pour les étoiles)

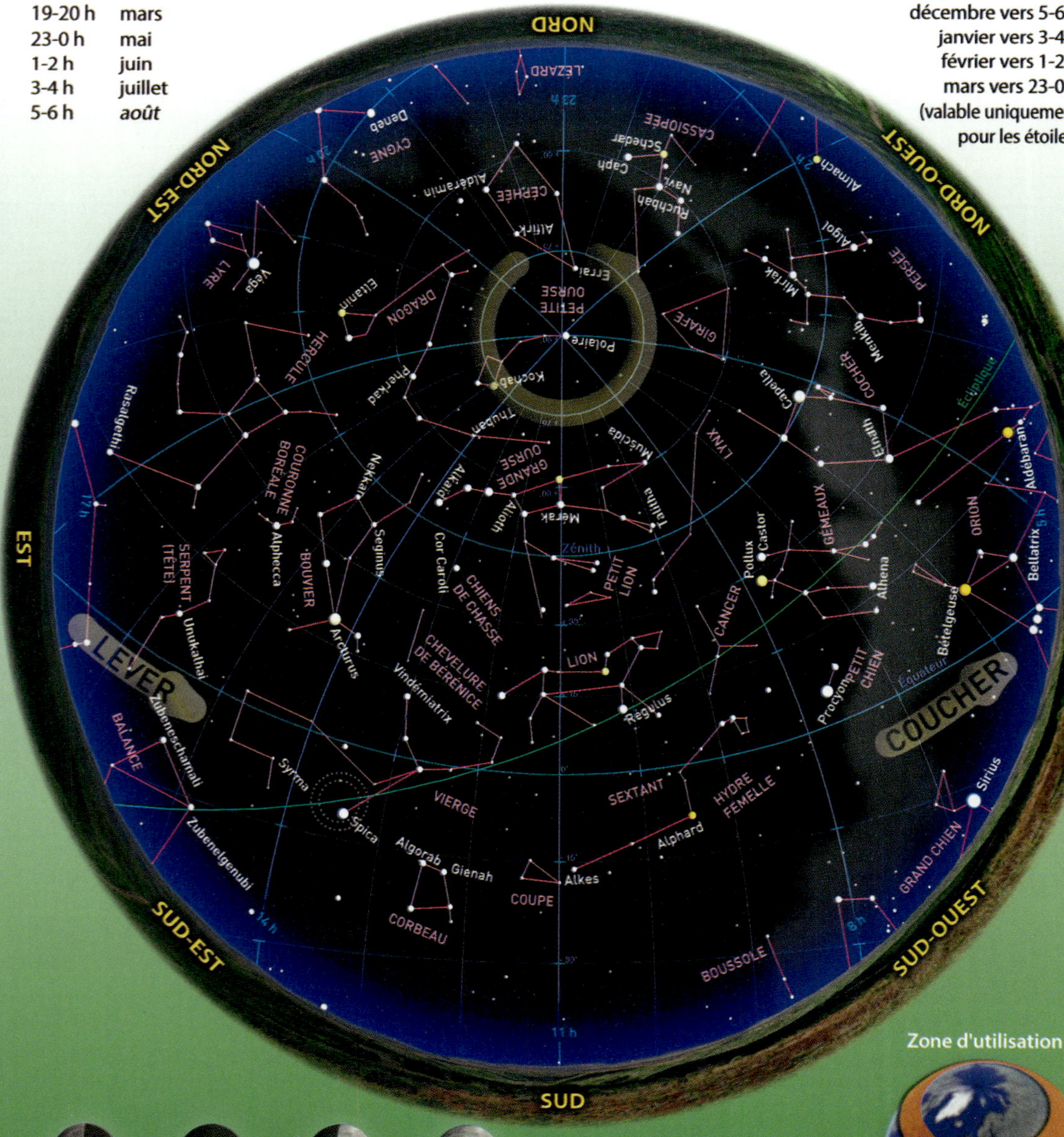

2 avril
Dernier Quartier
Sagittaire

8 avril
Nouvelle Lune
Poissons

15 avril
Premier Quartier
Gémeaux

23 avril
Pleine Lune
Vierge

Magnitudes

-1 0 1 2 3 4 4,5 et +

Zone d'utilisation

38° à 52° nord

À L'ORÉE DE L'AUBE EN AVRIL 2024

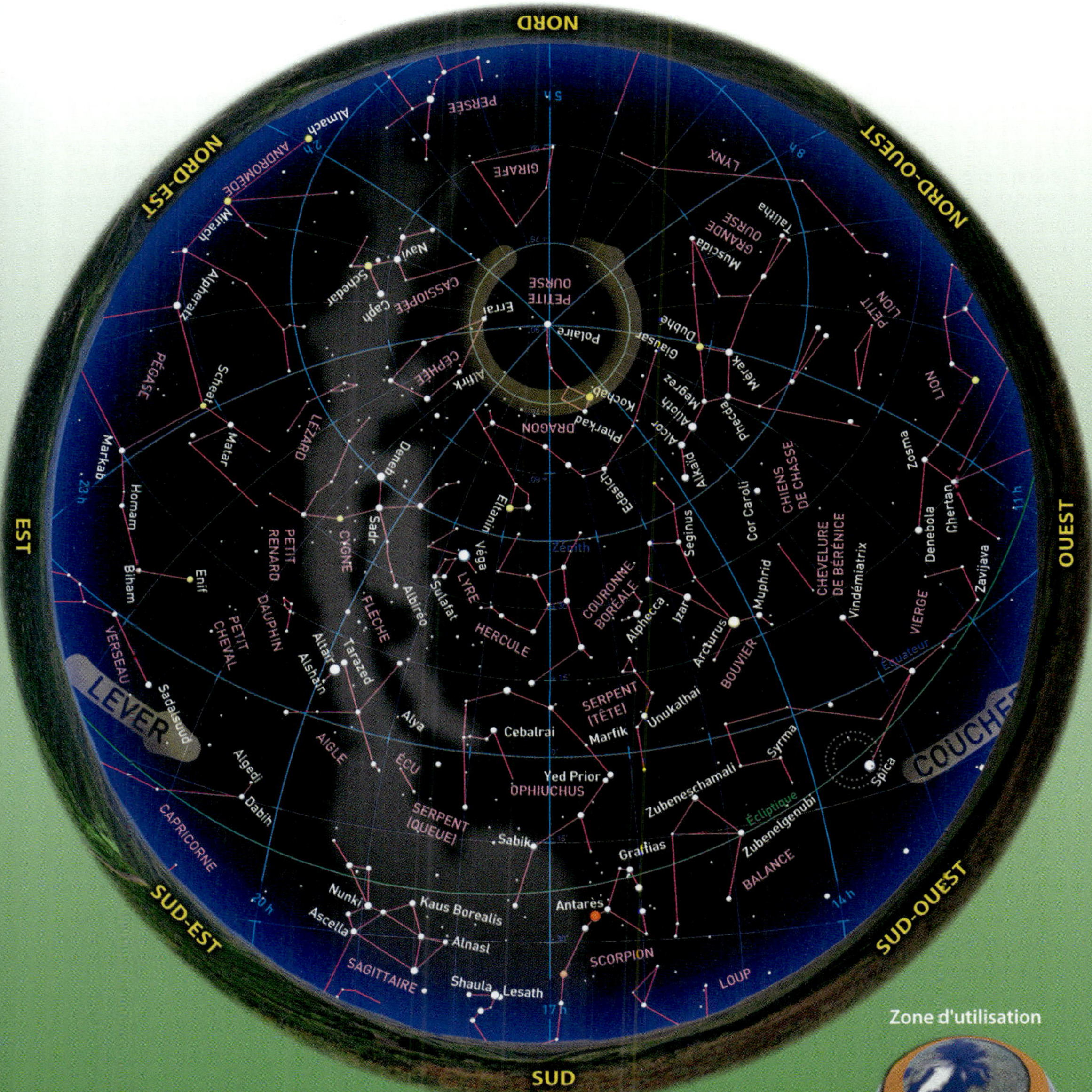

Zone d'utilisation

38° à 52° nord

Vous trouverez des conseils pour l'utilisation de ces cartes en début d'ouvrage.

La Lune et les planètes

Mercure

Nord. Elle se couche encore plus d'une heure après le Soleil le 5, mais sa très belle période de visibilité s'achève dès les premiers soirs d'avril car sa magnitude est en chute libre. Elle est en conjonction inférieure le 11 et bascule dans le ciel de l'aube, où son repérage est pratiquement impossible jusqu'à la fin du mois à cause de la forte inclinaison de l'écliptique et de sa trajectoire au sud de cette ligne après le 20.
Tropiques. Elle disparaît rapidement du ciel crépusculaire, mais son retour à l'aube après le 15 est bien plus favorable qu'en Europe puisqu'il marque le début de sa plus belle période de visibilité matinale en 2024.

Vénus

Nord. Son élongation solaire régresse de 17° à 9° dans le mois et elle ne se lève plus qu'un quart d'heure avant le Soleil le 30 avril, elle est donc inobservable pour la plupart des observateurs. Avec une météo parfaite et depuis un site offrant un horizon est-nord-est dégagé, vous pouvez cependant tenter de la repérer aux jumelles et à l'œil nu juste après son lever dans le ciel très clair du crépuscule civil : cela vous fera un bon entraînement pour apprendre à la trouver matin et soir lors de sa prochaine conjonction inférieure favorable aux latitudes européennes, fin mars 2025.
Tropiques. Elle reste facile à repérer sans instrument durant l'aube grâce à l'orientation bien plus favorable de l'écliptique.

Mars

Nord. Dans le Verseau jusqu'au 24, elle s'avance ensuite dans les Poissons. Son élongation continue de croître lentement pour atteindre 40° à la fin du mois et elle commence enfin à se lever un peu plus tôt et donc à s'éloigner progressivement de la zone la plus lumineuse de l'aube. Tentez d'observer aux jumelles ses conjonctions avec le croissant lunaire le 6 et avec Saturne le 11, une heure avant l'arrivée du Soleil au ras de l'horizon est-sud-est.
Tropiques. Elle est facile à repérer à l'orée de l'aube à plus de 10° de hauteur au-dessus de l'horizon est-sud-est sous le tropique du Cancer et à plus de 20° sous celui du Capricorne.

Jupiter

Nord et tropiques. Elle glisse vers l'est du Bélier et se rapproche de la position apparente d'Uranus, avec laquelle elle est en conjonction à 0,5° d'écart le 20 ; à voir aux jumelles juste au-dessus de l'horizon ouest-nord-ouest une heure et demie après le départ du Soleil. Le 1er, elle se couche trois heures après le Soleil à l'ouest-nord-ouest et, le 30, elle plonge sous l'horizon une heure seulement après lui. Son éclat (magnitude - 2) est donc de plus en plus délicat à repérer à l'œil nu sur un fond de lueurs crépusculaires de plus en plus intenses : le 30, elle brille à près de 4° de hauteur à la fin du crépuscule civil en France métropolitaine et à La Réunion et à un peu plus de 6° de hauteur aux Antilles. Le 28, elle quitte le Bélier pour le Taureau, où elle effectuera sa prochaine rétrogradation et passera à l'opposition (7 décembre 2024).

Saturne

Nord. Dans le Verseau, elle se lève cinquante minutes avant le Soleil le 1er et près de deux heures avant le 30. Son élongation progresse de 28° à 54° dans le mois et sa conjonction serrée avec Mars le 10 (écart apparent de 0,4°) est l'occasion de tenter de la repérer aux jumelles au ras d'un horizon est-sud-est parfaitement dégagé et limpide. Il faut cependant patienter encore une ou deux semaines avant de parvenir à trouver ce petit éclat vacillant (magnitude 1,1) dans les lueurs de l'aube à l'œil nu ; il brille à quelques degrés de hauteur au-dessus de l'horizon est-sud-est au début du crépuscule nautique après le 25. Saturne est encore trop basse pour que nous puissions réaliser des observations instrumentales de qualité.
Tropiques. Les conditions d'observation aux instruments sont déjà excellentes après le 10.

Le 10, durant le crépuscule, Uranus (Bélier) est dans le même champ de jumelles que Jupiter et le croissant lunaire et c'est sans doute la dernière occasion de la repérer en soirée. Le 15, l'élongation solaire de Neptune (Poissons) est inférieure à 30° et l'inclinaison de l'écliptique à l'aube empêche son repérage en Europe.

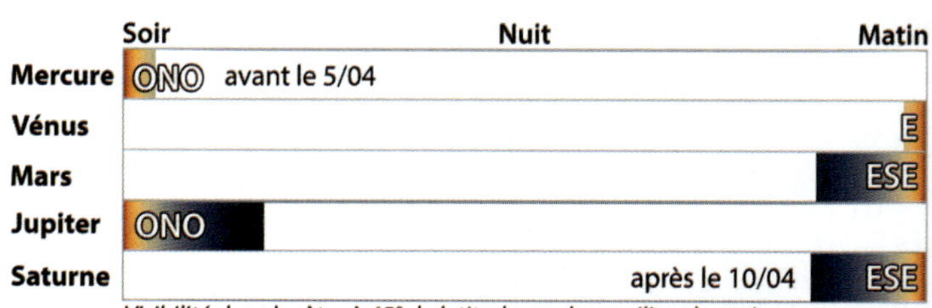

Visibilité des planètes à 45° de latitude nord, en milieu de mois.

Planétaire

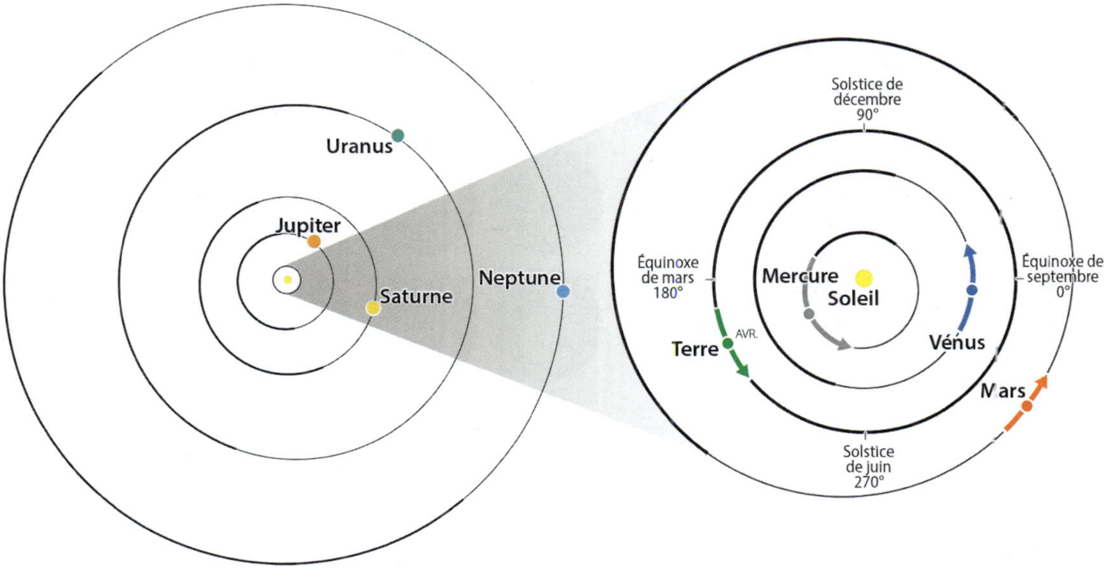

Vous trouverez en pages 67 et 69 des explications complètes sur ces deux schémas.

AVRIL 2024

Le calendrier lunaire

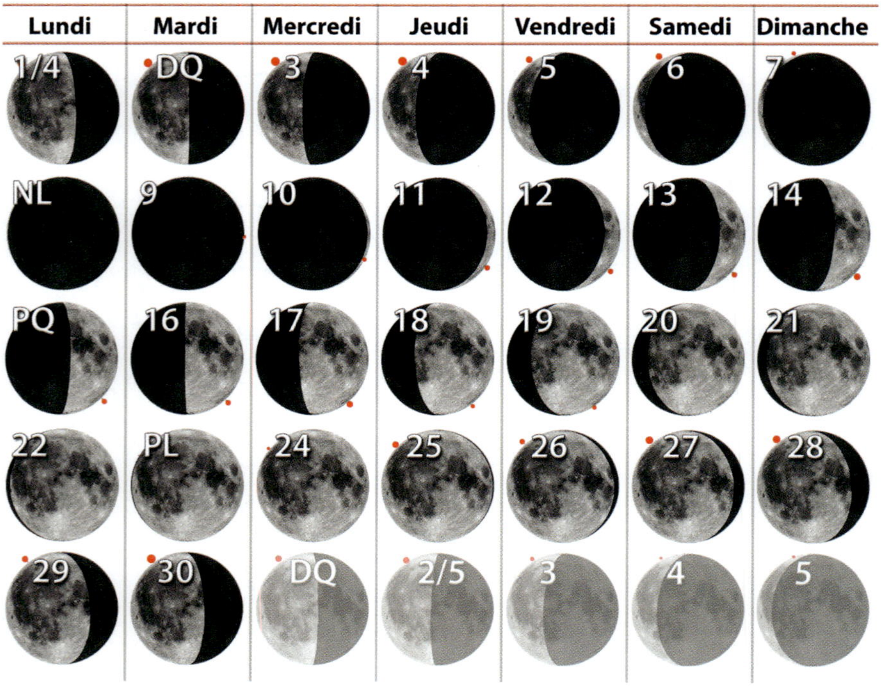

Longitude du terminateur

	Soleil levant	Soleil couchant
1er/04		173°
2		185°
3		198°
4		210°
5		222°
6		234°
7		246°
8		259°
9	271°	
10	283°	
11	295°	
12	308°	
13	320°	
14	332°	
15	344°	
16	356°	
17	9°	
18	21°	
19	33°	
20	45°	
21	57°	
22	70°	
23	82°	
24		94°
25		106°
26		118°
27		130°
28		143°
29		155°
30		167°

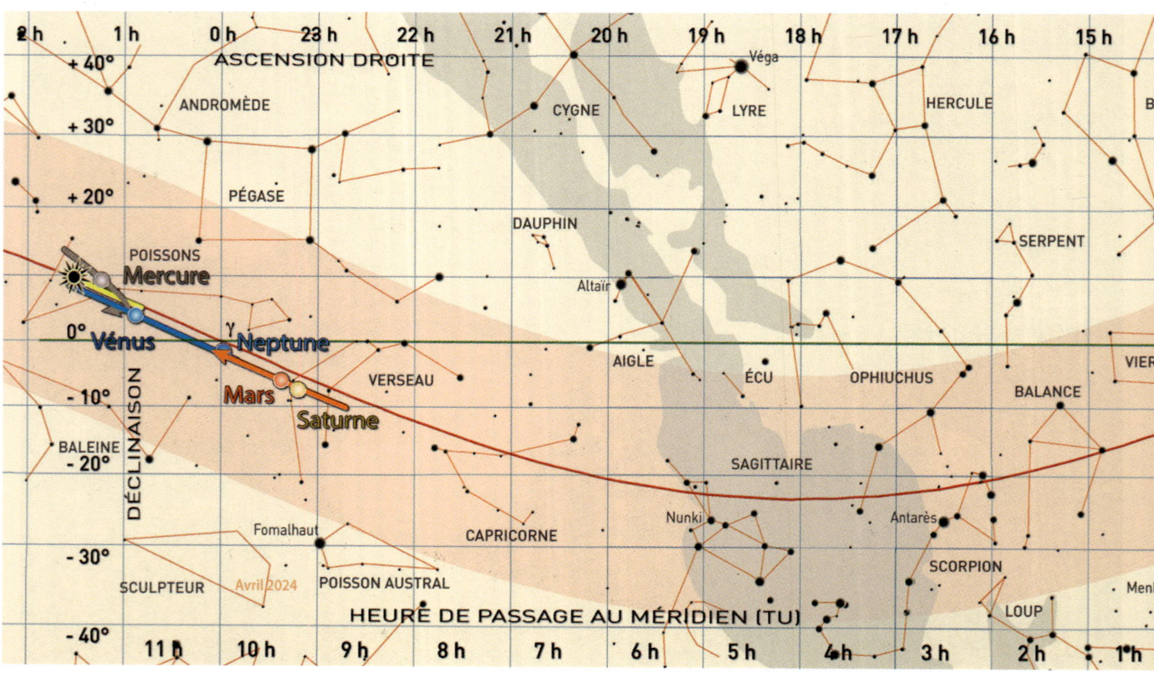

Hauteur mensuelle de la Lune

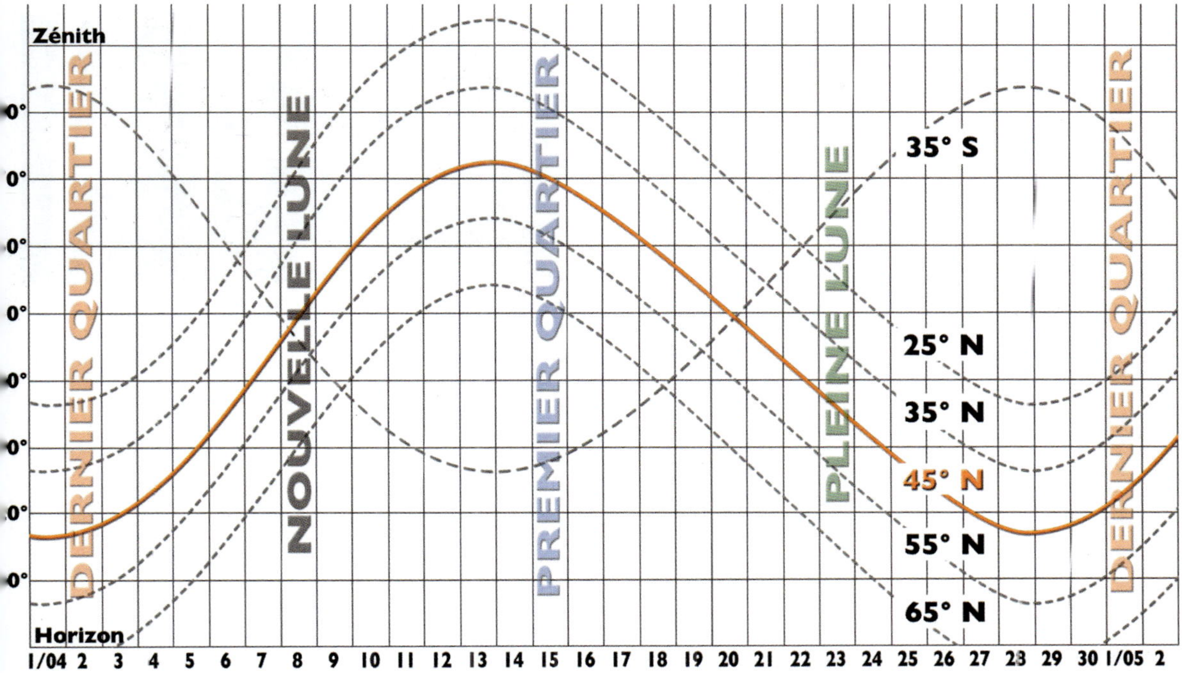

Le 1er avril à 0 h TU, la Lune est âgée de 21,6 jours.

La Lune atteint sa plus grande déclinaison vers le nord le 14 (28,6°) et sa plus grande déclinaison vers le sud le 1er (- 28,6°) et le 28 (- 28,5°).

Vous trouverez en pages 35, 69, 70 et 71 des explications complètes sur ces trois schémas et ce tableau.

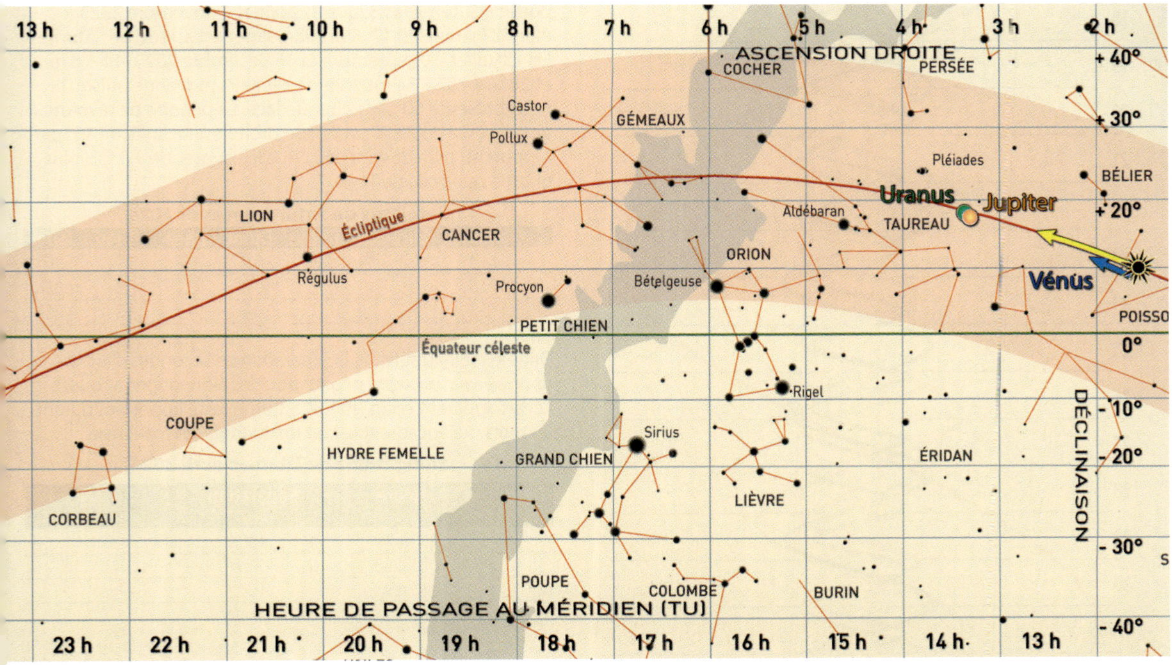

Satellites de Saturne

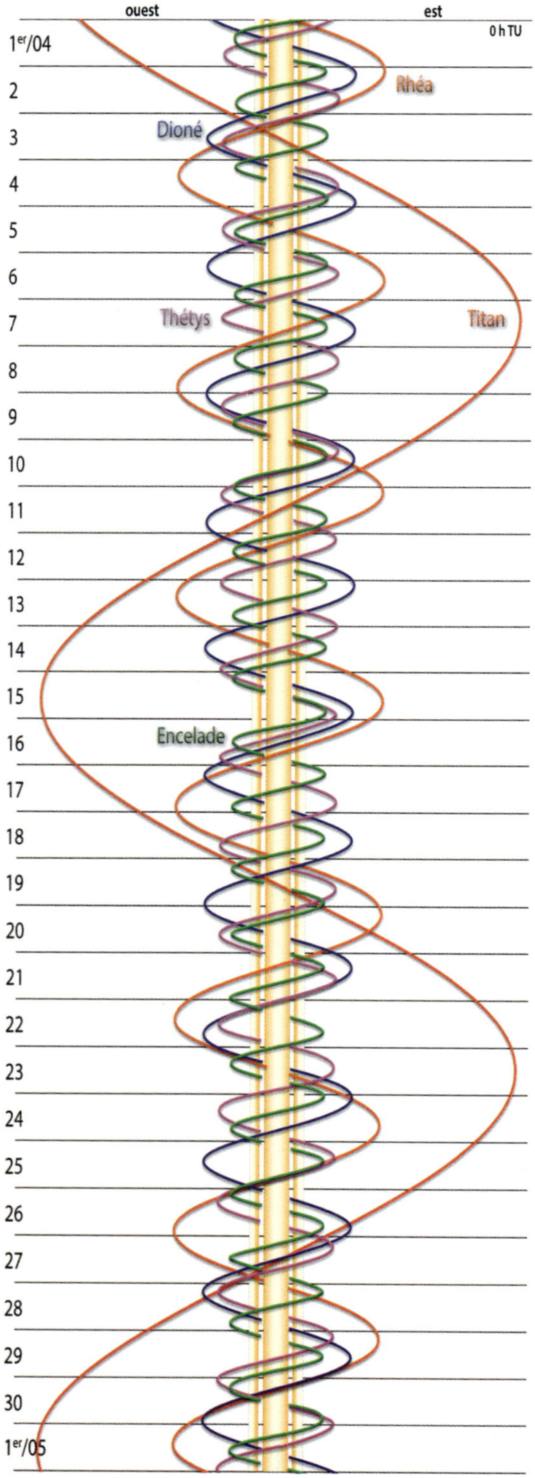

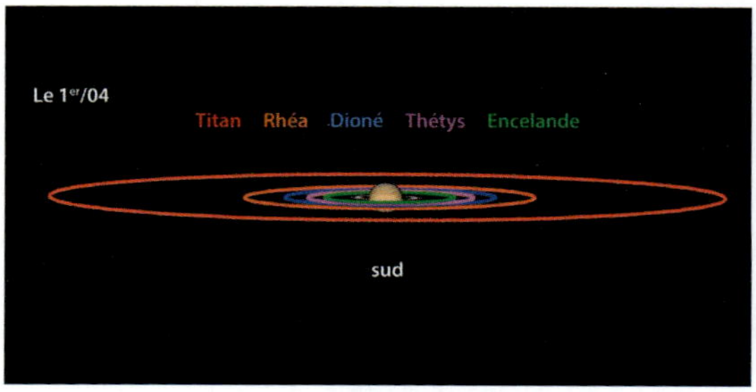

Les courbes ci-contre représentent les trajectoires apparentes des principales lunes de Saturne visibles dans les instruments d'amateurs : Encelade est en vert, Téthys en cyan, Dioné en violet, Rhéa en orange et Titan en rouge. La triple bande centrale symbolise le disque et les anneaux de cette planète à la même échelle. La barre horizontale au-dessus de chaque date indique 0 h TU ce jour. Le nord est en haut, l'est à droite et l'ouest à gauche ; si vous ne savez plus comment est orienté le champ de votre instrument, lisez le petit texte d'explication de la page 67. Le petit tableau ci-dessous donne la magnitude de ces lunes, plus Japet, dont l'orbite est trop grande pour être représentée ; cette lune peut s'éloigner à près de 10′ de Saturne. Japet a en outre la particularité de posséder un hémisphère très brillant et l'autre extrêmement sombre, et de présenter toujours la même face à Saturne, si bien que sa magnitude varie en fonction de sa position : elle atteint 10,2 lorsque Japet est à l'ouest de Saturne et que la partie la plus brillante nous regarde (albédo 0,5), et 11,7 quand elle se situe à l'est et que la portion aussi noire que du charbon prédomine (albédo 0,05). Pendant la période couverte par cette édition, vous pouvez observer Japet au nord de Saturne les 3 juin, 21 août et 7 novembre 2023 et les 27 janvier et 17 avril 2024. Japet est au sud de Saturne les 13 juillet, 30 septembre et 18 décembre 2023 et les 8 mars et 28 mai 2024. Sa magnitude est alors moyenne puisqu'il nous présente 50 % de chaque face. La période de révolution de Japet est de 79,33 jours, son orbite est inclinée de 15° par rapport au plan des anneaux et elle est près de 2,9 fois plus grande que celle de Titan.

Satellites de Saturne en avril 2024

	Mimas	Encelade	Téthys	Dioné	Rhéa	Titan	Japet
5	13,4	12,3	10,8	10,9	10,2	8,9	11,6
15	13,3	12,3	10,7	10,8	10,1	8,8	11,5
25	13,3	12,2	10,7	10,8	10,1	8,8	11,5

Dans le tableau suivant, la séparation en secondes d'arc est donnée avec un signe négatif pour les élongations à l'ouest. L'écart apparent entre Titan et Saturne reste important durant les nuits qui encadrent le jour de l'élongation maximale.

Élongations de Titan en avril 2024

Date	Heure	Séparation en ″
7	10 h 19	160
15	13 h 53	- 161
23	10 h 35	163

Diamètre apparent le 15 : 0,68″

Les phénomènes astronomiques au jour le jour

À NE PAS MANQUER CE MOIS-CI !

Arche galactique le soir et avant l'aube.
Le 7, Vénus et le croissant à l'aube.
Le 8, éclipse totale de Soleil.
Le 10, Jupiter et la Lune le soir.
Le 13, Jupiter et la comète 12P Pons-Brooks à 3°.
Après le 29, écharpe de la Voie lactée.

Une belle lumière lunaire révèle ce paysage étoilé printanier dans le parc national des Cévennes.

14e SEMAINE

JJ	TU	
01	00	**Lundi (92-274). La nuit est débarrassée d'un bout à l'autre de l'éclat lunaire dès mercredi et l'arche de la Voie lactée est visible le soir, à l'ouest, dans sa version hivernale et avant l'aube, à l'est, dans sa version estivale. Constellation de la Lune chaque jour à 0 h pour 45° de latitude nord et 0° de longitude : L-Sgr, M-Sgr, M-Sgr, J-Cap, V-Cap, S-Aqr, D-Aqr.**
01	00	TSMG (voir p. 17) : 12 h 39 m 23 s.
01	00	Période de libration minimale en longitude pour la Lune (l = - 7,4°).
01	03	Heure de début et de fin du crépuscule astronomique à 45° de latitude nord et 0° de longitude : le 1er (3 h 58 m/20 h 10 m) ; le 15 (3 h 27 m/20 h 34 m). La durée du jour est de 12 heures et 48 minutes le 1er et de 14 heures et 15 minutes le 30 ; le dernier jour du mois, le Soleil se lève 50 minutes plus tôt et se couche 37 minutes plus tard que le premier. La durée du crépuscule astronomique passe de 102 à 118 minutes sur le mois.
01	08	Mercure et Saturne sont en opposition héliocentrique.
01	10	Vénus entre dans la constellation des Poissons.
01	12	À midi, début du jour julien 2 460 402.
01	20	L'étoile **Deneb** domine l'horizon nord de 1° à la fin du crépuscule astronomique à 45° de latitude nord.
01	22	**Mercure est stationnaire** en ascension droite puis elle rétrograde pendant 23 jours.
01	23	**Minimum d'éclat de l'étoile variable Algol de Persée** (Bêta Persei) à 23 h ; sa magnitude est proche de 3,3. Les autres minima du mois se produisent le 4 à 19 h, le 7 à 16 h, le 10 à 13 h, le 13 à 10 h, le 16 à 7 h, le 19 à 3 h, le 22 à 0 h, le 24 à 21 h, le 27 à 18 h et le 30 à 15 h. Voir également le 2 septembre 2023.
02	00	Mardi (93-273). Période de libration maximale en latitude pour la Lune (b = 6,8°).

AVRIL 2024

Les phénomènes astronomiques au jour le jour

02 00 **L'inclinaison apparente des anneaux de Saturne** passe de + 4,5° à + 3,1° au cours du mois, mais cette planète est encore trop proche de la position apparente du Soleil pour être observable dans de bonnes conditions à l'aube en Europe.

02 00 Début avril, à la fin du crépuscule, la **Voie lactée** s'étire du sud-sud-ouest au nord, de la Poupe à Céphée ; à l'ouest du zénith, les Gémeaux et le Cocher surplombent l'horizon d'une cinquantaine de degrés. Vers minuit, la Voie lactée surligne l'horizon du sud-ouest au nord-est, avec Cassiopée juste au-dessus de l'horizon nord, et elle n'est visible que dans les très bons sites. Avant l'aube, le Triangle d'été est déjà loin au-dessus de l'est et la Voie lactée repose sur Persée au nord et sur le Scorpion au sud. L'arche galactique hivernale s'affaisse sur l'ouest en début de nuit, mais, avant l'aube, la plus belle portion de la Voie lactée estivale, du Cygne au Scorpion, s'arque au-dessus de l'horizon est à sud.

02 03 **Dernier Quartier de Lune à 3 h 15 m (Sgr).** Distance : 379 184 km, soit 59,45 rayons terrestres.

02 23 Passage au méridien à minuit de la constellation de la **Chevelure de Bérénice**.

03 02 Mercredi (94-272). Formations lunaires proches du terminateur dans la journée : Copernic et la chaîne de

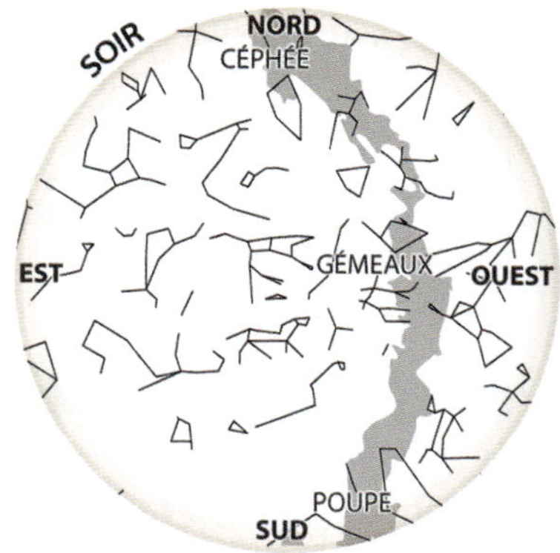

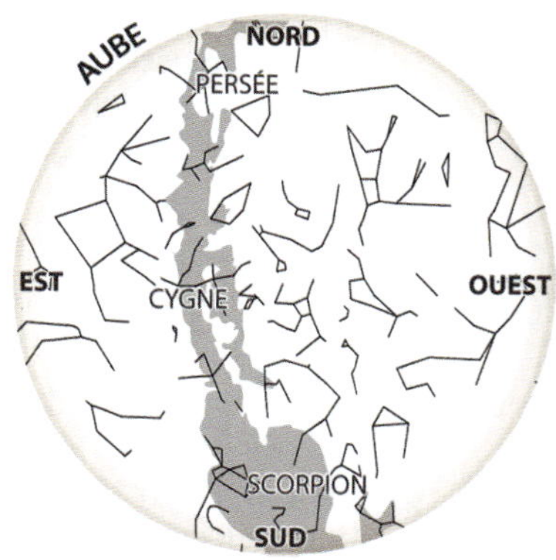

Orientation de la Voie lactée début avril à la fin du crépuscule astronomique et à l'orée de l'aube.

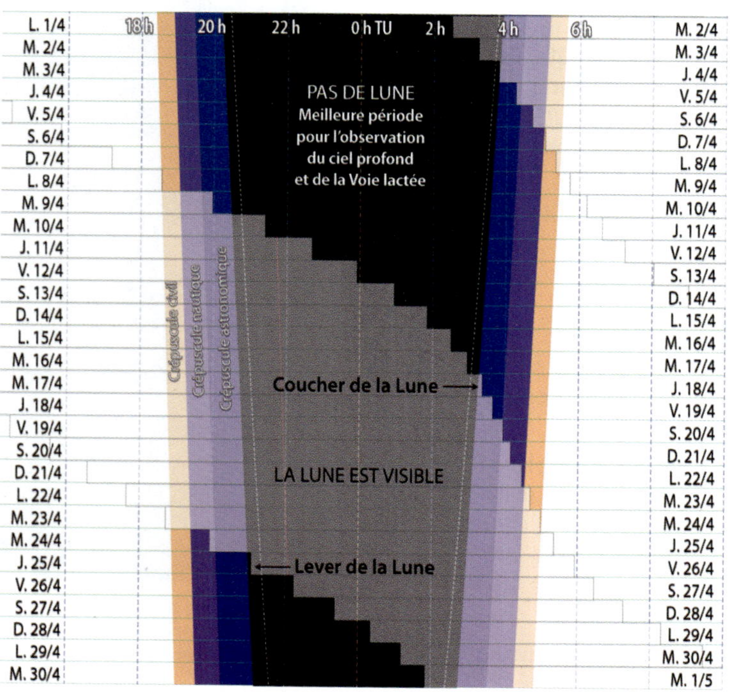

montagnes des Carpathes, Longomontanus, Klaproth, golfe des Iris.

03 12 **Le Soleil** franchit le méridien à 51° de hauteur.

03 13 Conjonction géocentrique en longitude entre Vénus (Psc) et Neptune à 13 h 11 m (séparation : 0,3°). Observable avec un instrument sous les tropiques.

03 13 **À 13 h 38 m, la Terre passe exactement à 1 ua du Soleil,** soit 149 597 870,691 km ou 8,316 746 minutes-lumière.

03 21 **Minimum d'éclat de l'étoile variable Sheliak** (Bêta de la Lyre) à 21 h. Sa magnitude varie de 3,3 à 4,3 au cours d'un cycle de 12,941 jours. Les autres minima du mois se produisent le 16 à 20 h et le 29 à 18 h. Voir également le 2 août 2023.

04 14 Jeudi (95-271). Formations lunaires proches du terminateur dans la journée : Kepler, Gassendi, Schiller, Doppelmayer.

04 22 **Milieu de la saison d'éclipses :** le Soleil est à la même longitude que le nœud ascendant de la Lune (15,6°).

04 23 Durant quelques nuits, tentez d'observer et de photographier la très faible lueur du **gegenschein** par une nuit sans Lune depuis un site protégé de la pollution lumineuse. Il faut chercher le gegenschein légèrement à l'ouest de Spica de la Vierge, à près de 40° de hauteur au méridien en milieu de nuit. Voir également le 10 octobre 2023.

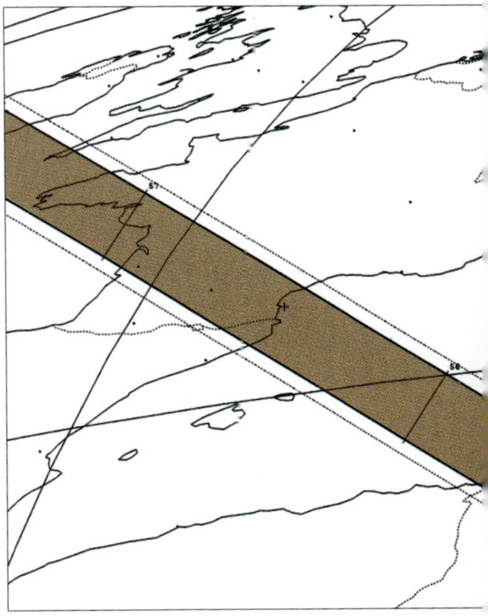

Durant la nuit du 5 au 6 avril, la petite planète 712 Boliviana occulte une étoile de la Balance.

05 00 Vendredi (96-270). Formations lunaires proches du terminateur dans la journée : Harpalus, Aristarque, Hérodote et la vallée de Schröter.

05 13 **Maximum d'éclat de l'étoile Delta Cephei** à 13 h. Sa magnitude varie de 3,5 à 4,4 au cours d'un cycle de 5,366 jours. Les autres maxima du mois se produisent le 10 à 22 h, le 16 à 7 h, le 21 à 16 h et le 27 à 0 h. Voir également le 6 octobre 2023.

05 18 **Maximum d'éclat de l'étoile variable Êta Aquilae** (Aigle) à 18 h. Il s'agit d'une étoile de type céphéide dont la magnitude passe de 3,5 à 4,4 au cours d'un cycle de 7,177 jours. Les autres maxima du mois se produisent le 12 à 23 h, le 20 à 3 h et le 27 à 7 h. Voir également le 8 mars 2024.

06 00 Samedi (97-269). Entre 0 h 37 m et 0 h 58 m, la petite planète **712 Boliviana** (diamètre 118 km ; magnitude 13,5) occulte une étoile de magnitude 8,1 (HIP 76216 ; ascension droite : 15 h 34 m 10 s ; déclinaison : - 21° 18′ 40″) dans la constellation de la Balance. La diminution d'éclat devrait atteindre 5,4 magnitudes et durer près de 14 secondes au maximum sur la bande de centralité du phénomène qui balaye la France métropolitaine de l'Occitanie à la Bretagne.

06 00 Période du maximum d'éclat de l'étoile variable U Vir (1246+06). U Vir est une variable de type Mira (variable

Les phénomènes astronomiques au jour le jour

à longue période) dont la magnitude oscille entre 7,4 et 13,5 ; sa période est de 205,5 jours.

06 05 Conjonction géocentrique en longitude entre la Lune (Aqr) et Mars à 5 h 08 m (séparation : 1,8°). Observable sous les tropiques.

06 10 Conjonction géocentrique en longitude entre la Lune (Aqr) et Saturne à 10 h 10 m (séparation : 1,1°). Observable sous les tropiques.

06 10 Occultation de Saturne par la Lune. Zone de visibilité : sud de l'océan Indien, Antarctique. Première d'une série de 12 occultations de Saturne par la Lune, qui se terminera le 1er février 2025.

07 00 Dimanche. 98e jour de l'année ; il reste 268 jours jusqu'au 31 décembre.

07 00 Du 7 au 16 avril, Mercure traverse d'est en ouest le champ du coronographe LASCO C3 de la sonde *SOHO*.

07 00 La petite planète **4 Vesta** passe à 0,5° au nord de l'amas ouvert Messier 35 dans les Gémeaux.

07 02 Vénus et Saturne sont en conjonction héliocentrique.

07 05 Ce matin à l'aube, guettez un fin croissant lunaire de 3,6 %. À 5 h 10 m, il est âgé de 37 heures avant la Nouvelle Lune ; il se situe à 1,5° de hauteur et à 97° d'azimut, alors que le Soleil se situe à 4° sous l'horizon.

07 08 Conjonction géocentrique en longitude entre la Lune (Psc) et Neptune à 8 h 27 m (séparation : 0,4°).

07 09 Occultation de Neptune par la Lune. Zone de visibilité : sud de l'océan Atlantique, sud de l'Afrique, Madagascar et océan Indien.

07 16 **Conjonction géocentrique en longitude entre la Lune (Psc) et Vénus** à 16 h 22 m (séparation : 0,3°). Magnifique rendez-vous sous les tropiques, mais particulièrement délicat à observer en Europe moins de vingt minutes avant le lever du Soleil au ras de l'horizon est.

07 16 Occultation de Vénus par la Lune. Zone de visibilité : est de l'océan Pacifique, sud-est de l'Amérique du Nord, Amérique centrale, Cuba, Haïti, océan Atlantique et Islande.

07 17 La Lune passe au périgée à 17 h 51 m. Distance : 358 850 km, soit 56,26 rayons terrestres.

15e SEMAINE

08 00 Lundi (99-267). La Lune en croissant revient dans le ciel du soir en milieu de semaine, mais la seconde partie de la nuit est encore à l'abri de son éclat. Constellation de la Lune chaque jour à 0 h pour 45°

Consultez ma page YouTube pour découvrir mes vidéos du ciel.

de latitude nord et 0° de longitude : L-Cet, M-Psc, M-Ari, J-Ari, V-Tau, S-Tau, D-Gem.

08 00 TSMG (voir p. 17) : 13 h 06 m 59 s.

08 04 Le plus vieux croissant de la lunaison peut être observé à l'aube avec un instrument optique au sud-est de l'Afrique et à Madagascar.

08 12 À midi, début du jour julien 2 460 409.

08 12 La Lune passe au nœud ascendant à 12 h 18 m (longitude moyenne : 15,6°). Distance : 359 393 km, soit 56,3 rayons terrestres.

08 18 **Nouvelle Lune à 18 h 21 m (Psc).** Distance : 359 808 km.

08 18 **Éclipse centrale totale de Soleil.** Durée de la totalité au maximum : 4 minutes et 28 secondes. Magnitude au maximum : 1,057. Prochaine éclipse centrale de Soleil (annulaire d'une durée de 7 minutes et 25 secondes au maximum) le 2 octobre 2024 ; voir la carte à la page 307.

09 00 Mardi (100-266). **Dernier jour théorique du mois de Ramadan** de l'an 1445 de l'hégire, qui a théoriquement débuté le 11 mars ; pour connaître la date officielle du début du mois de Ramadan, il convient de se renseigner auprès des instances religieuses musulmanes. Le 9 avril au soir, le jeune croissant lunaire est aisément visible à l'œil nu moins d'une heure après le coucher du Soleil dans un ciel limpide depuis une large portion de l'Amérique, de l'Afrique, de l'Europe et du Moyen-Orient. En 2025, le mois de Ramadan durera théoriquement du 1er au 30 mars.

09 05 Début de la 2283e rotation synodique du Soleil.

09 08 Le plus jeune croissant de la lunaison peut être observé au crépuscule avec un instrument optique au Japon.

09 19 Ce soir au crépuscule, guettez un fin croissant lunaire de 1,6 %. À 19 h 10 m, il est âgé de 25 heures ; il se situe à 6° de hauteur et à 284° d'azimut, alors que le Soleil se situe à 6° sous l'horizon.

09 20 Jusqu'au 17 avril, la comète **12P Pons-Brooks et Jupiter** sont dans le même champ de jumelles, à moins de 6° d'écart.

09 20 La petite planète **433 Éros** traverse l'amas ouvert des Pléiades entre le 9 et le 11 avril ; à photographier le soir à la fin du crépuscule nautique au-dessus de l'horizon ouest-nord-ouest.

10 12 Mercredi (101-265). **Le Soleil** franchit le méridien à 53° de hauteur.

10 17 Vénus entre dans la constellation de la Baleine.

10 19 **Conjonction géocentrique en longitude entre la Lune (Ari) et Jupiter** à 19 h 20 m (séparation : 3,8°)..

10 20 **Conjonction géocentrique en longitude entre Mars (Aqr) et Saturne** à 20 h 36 m (séparation : 0,4°).

10 21 Latitude sud maximale pour Vénus : - 3,4° (longitude héliocentrique : 346,6°).

Le 10 avril, Jupiter et la Lune sont en conjonction. Au crépuscule, une heure après le départ du Soleil, ces deux astres sont splendides à près de 3° de séparation apparente et à une douzaine de degrés au-dessus de l'horizon ouest-nord-ouest. La lumière cendrée rehausse délicatement la face nocturne de notre satellite naturel.

Les phénomènes astronomiques au jour le jour

10 22 **Conjonction géocentrique en longitude entre la Lune (Ari) et Uranus** à 22 h 18 m (séparation : 3,4°). Le 10 au soir, une heure et demie après le coucher du Soleil, Uranus, Jupiter et la Lune sont visibles dans le même champ de jumelles juste au-dessus de l'horizon ouest-nord-ouest.

11 09 Jeudi (102-264). Formations lunaires proches du terminateur dans la journée : Langrenus et Petavius, Endymion.

11 13 **Conjonction géocentrique en longitude entre la Lune (Tau) et les Pléiades** à 13 h 21 m (séparation : 0,4°). Le 11 à la fin du crépuscule, une heure et demie après le coucher du Soleil, tournez un instrument vers le croissant lunaire pour admirer les Pléiades dans le même champ ; il faut au moins 3° de champ pour admirer l'ensemble de l'amas ouvert et le globe lunaire avec son fin croissant d'argent et sa douce lumière cendrée.

11 21 À 21 h 07 m, l'étoile 36 Tau (Tau - magnitude 5,5) est occultée par la Lune ; elle réapparaît à 21 h 38 m. Les deux astres sont alors à 8,1° au-dessus de l'horizon et la fraction éclairée de notre satellite est de 13 %.

11 23 Mercure est en conjonction inférieure à 2,2° du centre du disque solaire.

12 01 Vendredi (103-263). Le Soleil se lève sur la région de **Cleomedes** (1-65) et, autour de 1 h 38 m, vous pouvez tenter d'observer avec un instrument une ou plusieurs raies lumineuses dans cette formation. Longitude du terminateur : 308° ; âge lunaire : 3,3 j ; illumination : 15 %.

12 01 Latitude sud maximale pour Mars : - 1,8° (longitude héliocentrique : 319,4°).

13 17 Samedi (104-262). Vénus entre dans la constellation des Poissons.

13 20 La comète **12P Pons-Brooks** se situe à 3° sous Jupiter dans le ciel crépusculaire à l'ouest-nord-ouest. Selon l'intensité de son éclat, une observation sera peut-être envisageable aux jumelles ou photographiquement.

13 22 Le Soleil se lève sur la région de **Posidonius** (1-48) et, autour de 22 h 48 m, vous pouvez tenter d'observer avec un instrument une ou plusieurs raies lumineuses dans cette formation. Longitude du terminateur : 331° ; âge lunaire : 5,2 j ; illumination : 32 %.

13 23 L'étoile **Spica** de la Vierge passe au méridien à minuit. Sa hauteur est alors de 34° sud.

14 00 Dimanche. 105e jour de l'année.

14 00 Période de libration maximale en longitude pour la Lune (l = 7°).

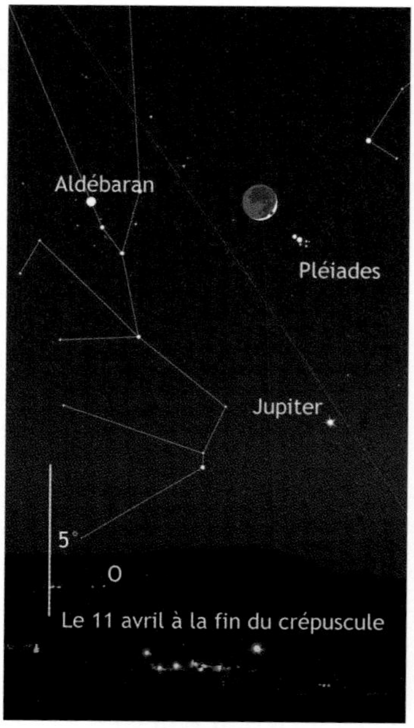

Le 11 avril à la fin du crépuscule, une heure et demie après le coucher du Soleil, le croissant lunaire brille à côté des Pléiades, loin au-dessus de l'horizon ouest.

14 18 À 45° de latitude nord, l'étoile **Spica** de la Vierge se lève au moment du coucher du Soleil – on parle de lever achronique – et, dans un ciel limpide, il est possible de la repérer aux jumelles une trentaine de minutes plus tard vers 95° d'azimut et 3° de hauteur.

16e SEMAINE

15 00 Lundi (106-260). La seconde moitié de la nuit est préservée de l'éclat lunaire jusqu'à jeudi, puis la Lune gibbeuse croissante arrive et gomme l'arche galactique qui embellit l'horizon est. Constellation de la Lune chaque jour à 0 h pour 45° de latitude nord et 0° de longitude : L-Gem, M-Cnc, M-Cnc, J-Leo, V-Leo, S-Leo, D-Vir.

15 00 TSMG (voir p. 17) : 13 h 34 m 35 s.

15 00 À 0 h 38 m, l'étoile 47 Gem (Gem - magnitude 5,8) est occultée par la Lune. Les deux astres sont alors à 9,1° au-dessus de l'horizon et la fraction éclairée de notre satellite est de 42 %.

15 00 Période de libration minimale en latitude pour la Lune (b = - 6,8°).

15 07 Mercure est au périgée à 0,576 ua de la Terre, soit près de 86 millions de kilomètres.

15 12 À midi, début du jour julien 2 460 416.

15 12 **L'équation du temps est nulle.**

15 13 **Conjonction géocentrique en longitude entre la Lune (Gem) et Pollux** à 13 h 55 m (séparation : 1,5°). Remarquez le très bel alignement du Premier Quartier avec Castor et Pollux à plus de 50° de hauteur au-dessus de l'horizon ouest-sud-ouest à la fin du crépuscule.

15 19 **Premier Quartier de Lune à 19 h 13 m (Gem).** Distance : 395 631 km, soit 62,03 rayons terrestres.

15 21 À 21 h 55 m, l'étoile 2 Cnc (Cnc - magnitude 5,9) est occultée par la Lune ; elle réapparaît à 22 h 49 m. Les deux astres sont alors à 34,1° au-dessus de l'horizon et la fraction éclairée de notre satellite est de 51 %.

15 21 Le Soleil se lève sur la région d'**Hipparchus** (2-95) et, autour de 21 h 06 m, vous pouvez tenter d'observer avec un instrument une ou plusieurs raies lumineuses dans cette formation. Longitude du terminateur : 355° ; âge lunaire : 7,1 j ; illumination : 51 %.

16 01 Mardi (107-259). Formations lunaires proches du terminateur dans la journée : Triesnecker, centre de la chaîne des Apennins, Ptolémée, Alphonse et Arzachel, Archimède, Maginus, Moretus, Mur droit.

16 04 Le Soleil se lève sur la région de **Parrot** (2-109) et, autour de 4 h 41 m, vous pouvez tenter d'observer avec un instrument une ou plusieurs raies lumineuses dans cette formation. Longitude du terminateur : 359° ; âge lunaire : 7,4 j ; illumination : 54 %.

Le 13 avril au crépuscule, l'évolution de l'éclat de la comète 12P Pons-Brooks permettra peut-être de la repérer ou de la photographier à 3° sous Jupiter.

Les phénomènes astronomiques au jour le jour

17 03 Mercredi (108-258). Formations lunaires proches du terminateur dans la journée : Platon, Tycho, Ératosthène, Clavius.

17 04 Le Soleil se lève sur la région de **Plato** (3-219) et, autour de 4 h 06 m, vous pouvez tenter d'observer avec un instrument une ou plusieurs raies lumineuses dans cette formation. Longitude du terminateur : 11° ; âge lunaire : 8,4 j ; illumination : 63 %.

17 12 Le Soleil franchit le méridien à 56° de hauteur.

17 18 Pointez un instrument vers la Lune gibbeuse croissante pour repérer le mince faisceau de lumière qui s'étend de **Pitatus** vers son voisin **Hesiodus**.

17 19 Le Soleil se lève sur la région de **Bonpland** (4-299) et, autour de 19 h 08 m, vous pouvez tenter d'observer avec un instrument une ou plusieurs raies lumineuses dans cette formation. Longitude du terminateur : 18° ; âge lunaire : 9 j ; illumination : 69 %.

18 00 Jeudi (109-257). Formations lunaires proches du terminateur dans la journée : Copernic et la chaîne de montagnes des Carpathes, Longomontanus, Klaproth, golfe des Iris.

18 02 Si vous êtes photographe, utilisez la clarté de la Lune qui se couche à l'ouest-nord-ouest pour éclairer le paysage à l'est sous l'arche galactique.

18 04 Le Soleil se lève sur la région de **Copernicus** (3-270) et, autour de 4 h 11 m, vous pouvez tenter d'observer avec un instrument une ou plusieurs raies lumineuses dans cette formation. Longitude du terminateur : 23° ; âge lunaire : 9,4 j ; illumination : 72 %.

18 13 **Le Soleil entre dans la constellation du Bélier (29°)** à 13 h 48 m.

18 14 Conjonction géocentrique en longitude entre la Lune (Leo) et Régulus à 14 h 31 m (séparation : 3,3°).

18 21 Le Soleil se lève sur la région du **golfe des Iris** (3) et, autour de 21 h 47 m, vous pouvez tenter d'observer avec un instrument une ou plusieurs raies lumineuses dans cette formation. Longitude du terminateur : 32° ; âge lunaire : 10,1 j ; illumination : 78 %.

19 08 Vendredi (110-256). Conjonction géocentrique en longitude entre Mercure (Psc) et Vénus à 8 h 59 m (séparation : 1,7°).

19 13 **Le Soleil entre dans le signe astrologique du Taureau (30°)** à 13 h 54 m, mais, dans la réalité, il est entré hier dans la constellation du Bélier.

19 23 Le Soleil se lève sur la région de **Casatus** (4-373)

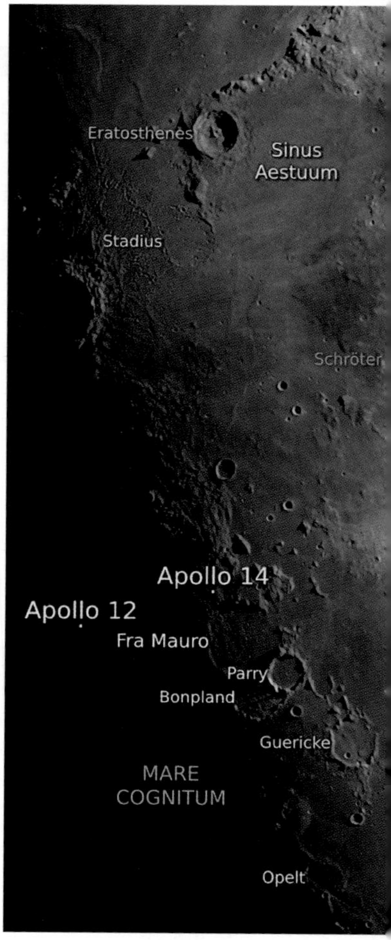

Crédit : NASA's Scientific Visualization Studio

et, autour de 23 h 37 m, vous pouvez tenter d'observer avec un instrument une ou plusieurs raies lumineuses dans cette formation. Longitude du terminateur : 45° ; âge lunaire : 11,2 j ; illumination : 86 %.

20 02 Samedi (111-255). La Lune passe à l'apogée à 2 h 10 m. Distance : 405 623 km, soit 63,60 rayons terrestres.

20 05 Maximum de l'essaim météoritique diurne des Piscides (144 APS), dont la période d'activité s'étend du 8 au 29 avril. Cet essaim ne peut être observé que par des techniques radio ou par radar. Longitude héliocentrique prévue pour le maximum de l'essaim (équinoxe 2000.0) : 30,3°.

20 07 Mercure passe au nœud descendant de son orbite (longitude héliocentrique : 228,3°).

21 00 Dimanche. 112e jour de l'année.

21 00 La comète **12P Pons-Brooks** (période de 71,3 années) passe au plus près du Soleil (périhélie) à 117 millions de kilomètres. Son éclat pourrait atteindre la magnitude 5, mais elle se couche à la fin du crépuscule nautique, un peu plus d'une heure après le Soleil en Europe, et son observation est très délicate à l'ouest du Taureau.

21 00 **Pluton est en quadrature** à l'ouest du Soleil.

21 03 À 3 h 18 m, l'étoile HD 104055 (Vir - magnitude 6,2) est occultée par la Lune. Les deux astres sont alors à 8,1° au-dessus de l'horizon et la fraction éclairée de notre satellite est de 93 %.

21 05 Le Soleil se lève sur la région de **Babbage** (3-213) et, autour de 5 h 27 m, vous pouvez tenter d'observer avec un instrument une ou plusieurs raies lumineuses dans cette formation. Longitude du terminateur : 60° ; âge lunaire : 12,5 j ; illumination : 93 %.

21 23 Saturne frôle une étoile de magnitude 8 (PPM 207212) vers 23 h 15 m. Ce rapprochement est invisible en Europe.

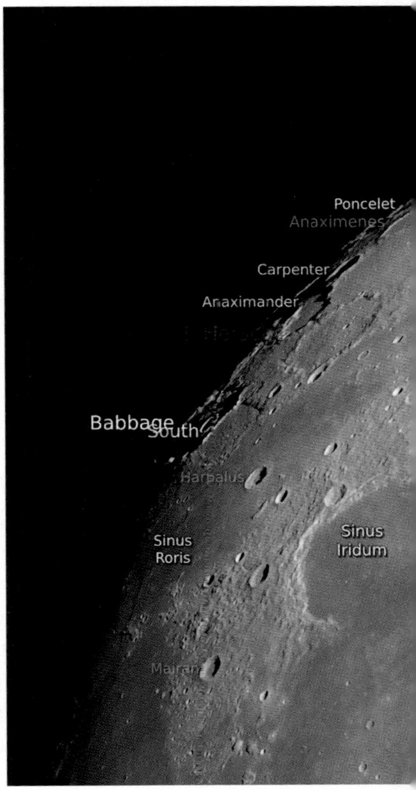

Crédit : NASA's Scientific Visua ization Studio

17e SEMAINE

22 00 Lundi (113-253). Il faut attendre la fin de la semaine pour retrouver du ciel noir en première partie de nuit et passer un moment en compagnie des galaxies de la Vierge, par exemple ! Constellation de la Lune chaque jour à 0 h pour 45° de latitude nord et 0° de longitude : L-Vir, M-Vir, M-Vir, J-Lib, V-Lib, S-Sco, D-Oph.

22 00 TSMG (voir p. 17) : 14 h 02 m 11 s.

22 07 **Maximum de l'essaim météoritique des Lyrides** (006 LYR) – période d'activité du 14 au 30 avril. Rapides – environ 50 km/s au moment de leur entrée dans la haute atmosphère –, les Lyrides laissent fréquemment des traînées éclatantes visibles pendant plusieurs secondes. Leur radiant est proche de l'étoile Véga de la Lyre. Longitude héliocentrique prévue pour le maximum

(équinoxe 2000.0) : 32,32°, mais, d'une année à l'autre, le maximum se produit entre 32° et 32,45° ; pour 2024, cela correspond à une période comprise entre 23 h le 21 avril et 10 h le 22 avril. En 2024, le maximum se produit en période de Pleine Lune.

22 10 La Lune passe au nœud descendant à 10 h 44 m (longitude moyenne : 195,6°). Distance : 403 270 km, soit 63,2 rayons terrestres.

22 12 À midi, début du jour julien 2 460 423.

22 19 Opposition de la petite planète **6 Hébé**. Prochaine opposition le 26 août 2025.

22 20 Mercure et Jupiter sont en opposition héliocentrique.

23 00 Mardi (114-252). Durant la nuit du 23 au 24, la Pleine Lune franchit le méridien à près de 24° de l'horizon sud à Lille et de 32° à Perpignan.

23 03 **Conjonction géocentrique en longitude entre la Lune (Vir) et Spica** à 3 h 47 m (séparation : 1,3°). À l'orée de l'aube, ces deux astres sont serrés l'un contre l'autre à une douzaine de degrés de hauteur au-dessus de l'horizon ouest-sud-ouest.

23 12 Maximum de l'essaim météoritique des Pi Puppides (137 PPU), dont la période d'activité s'étend du 15 au 28 avril. Longitude héliocentrique prévue pour le maximum de l'essaim (équinoxe 2000.0) : 33,5°. Vitesse de pénétration atmosphérique : 18 km/s.

23 18 À 45° de latitude nord, l'étoile **Véga** de la Lyre se lève au moment du coucher du Soleil – on parle de lever achronique – et, dans un ciel limpide, il est possible de la repérer aux jumelles une vingtaine de minutes plus tard vers 30° d'azimut et 3° de hauteur.

23 23 **Pleine Lune à 23 h 49 m (Vir).** Distance : 399 781 km, soit 62,68 rayons terrestres. Le 7 avril 2011, l'Assemblée générale des Nations unies a déclaré que le 12 avril serait dorénavant la Journée internationale du vol spatial habité en l'honneur du premier vol spatial habité (12 avril 1961, Youri Gagarine), je propose donc de parler en avril de la Pleine Lune de l'Espace. La Pleine Lune apparaît au ras de l'horizon est-sud-est au coucher du Soleil le 23. Elle brille dans la Vierge à une dizaine de degrés à l'est de Spica durant la nuit et se couche à l'ouest-sud-ouest le 24, juste avant l'apparition du Soleil de l'autre côté du ciel. Le 24 au soir, la Lune encore pratiquement pleine se hisse au-dessus de l'horizon est-sud-est une heure après le coucher du Soleil. Le 25 au matin, la bille lunaire disparaît à l'ouest-sud-ouest une petite demi-heure après le lever du Soleil.

Le 23 avril à l'aube, une heure avant le lever du Soleil, Spica est visible à moins de 0,5° du limbe de Séléné, au-dessus de l'horizon ouest-sud-ouest.

24 00 Mercredi (115-251). Période du maximum d'éclat de l'étoile variable S Vir (1327-06). S Vir est une variable de type Mira (variable à longue période) dont la magnitude oscille entre 6,3 et 13,2 ; sa période est de 375,1 jours.

24 02 Mars entre dans la constellation des Poissons.

24 12 **Le Soleil** franchit le méridien à 58° de hauteur.

25 00 Jeudi (116-250). Période du maximum d'éclat de l'étoile variable R Tri (0231+33). R Tri est une variable de type Mira (variable à longue période) dont la magnitude oscille entre 5,4 et 12,6 ; sa période est de 266,9 jours.

25 12 **Mercure est stationnaire** en ascension droite et termine sa rétrogradation ; elle circulera vers l'est de l'écliptique durant 101 jours.

25 15 La petite planète **6 Hébé** passe au périgée à 1,932 ua. Sa magnitude est proche de 9,9.

25 23 L'étoile **Arcturus** du Bouvier passe au méridien à minuit. Sa hauteur est alors de 64° sud.

26 05 Vendredi (117-249). Le Soleil se couche sur la région d'**Endymion** (1-28) et, autour de 5 h 43 m, vous pouvez tenter d'observer avec un instrument une ou plusieurs raies lumineuses dans cette formation. Longitude du terminateur : 121° ; âge lunaire : 17,5 j ; illumination : 95 %.

26 19 Depuis un très bon site, durant une dizaine de jours, tentez de voir et de photographier **la portion supérieure du cône de lumière zodiacale** le soir alors qu'elle émerge de la Voie lactée au niveau des Gémeaux et pointe vers le Cancer. Je vous conseille de prendre de l'altitude et de guetter un ciel limpide pour tenter votre chance. Aux latitudes européennes, nous retrouverons la lumière zodiacale à l'aube à la fin de l'été.

26 20 **Conjonction géocentrique en longitude entre la Lune (Sco) et Antarès** à 20 h 44 m (séparation : 0,3°). Le 27 à l'aube, une heure et demie avant le lever du Soleil, Antarès scintille vivement sur la droite de la Lune gibbeuse décroissante ; ces deux astres sont à une quinzaine de degrés de hauteur au-dessus de l'horizon sud-sud-ouest.

26 21 Occultation d'Antarès par la Lune. Zone de visibilité : nord-est de l'Afrique, Arabie, sud de l'Inde, océan Indien, Indonésie et nord-est de l'Australie.

27 00 Samedi (118-248). La petite planète **7 Iris** passe à 2° au sud de l'amas globulaire Messier 72 dans le Verseau.

27 23 Le Soleil se couche sur la région de **Maskelyne** (1-86) et, autour de 23 h 18 m, vous pouvez tenter d'observer avec un instrument une ou plusieurs raies lumineuses dans cette formation. Longitude du terminateur : 142° ; âge lunaire : 19,2 j ; illumination : 85 %.

28 00 Dimanche. 119e jour de l'année.

Le 27 avril à l'orée de l'aube, près de deux heures avant l'arrivée du Soleil, repérez au sud-sud-ouest l'éclat rougeoyant d'Antarès du Scorpion à quelques degrés de la Lune gibbeuse.

Les phénomènes astronomiques au jour le jour

28 00 Période de libration minimale en longitude pour la Lune (l = - 6,2°).

28 12 **Le Soleil** franchit le méridien au zénith à la Martinique.

28 13 Jupiter entre dans la constellation du Taureau.

28 22 Le Soleil se couche sur la région de **Catharina** (2-125) et, autour de 22 h 19 m, vous pouvez tenter d'observer avec un instrument une ou plusieurs raies lumineuses dans cette formation. Longitude du terminateur : 154° ; âge lunaire : 20,2 j ; illumination : 77 %.

18e SEMAINE

29 00 Lundi (120-246). Si vous avez la possibilité d'observer le ciel depuis un site bien protégé de la pollution lumineuse et offrant une vue à 360°, remarquez comment la Voie lactée s'enroule comme une écharpe autour de l'horizon en cours de nuit. Constellation de la Lune chaque jour à 0 h pour 45° de latitude nord et 0° de longitude : L-Sgr, M-Sgr, M-Cap, J-Cap, V-Aqr, S-Aqr, D-Psc.

29 00 TSMG (voir p. 17) : 14 h 29 m 47 s.

29 04 Conjonction géocentrique en longitude entre Mars (Psc) et Neptune à 4 h 32 m (séparation : 0°).

29 12 À midi, début du jour julien 2 460 430.

29 20 Le Soleil se couche sur la région de **Calippus** (1-38) et, autour de 20 h 42 m, vous pouvez tenter d'observer avec un instrument une ou plusieurs raies lumineuses dans cette formation. Longitude du terminateur : 165° ; âge lunaire : 21,1 j ; illumination : 68 %.

30 00 Mardi (121-245). Période de libration maximale en latitude pour la Lune (b = 6,8°).

30 02 Le Soleil se couche sur la région de **Lade** (1-80) et, autour de 2 h 28 m, vous pouvez tenter d'observer avec un instrument une ou plusieurs raies lumineuses dans cette formation. Longitude du terminateur : 168° ; âge lunaire : 21,3 j ; illumination : 65 %.

30 06 Vénus entre dans la constellation du Bélier.

30 16 Mercure est à l'aphélie à 0,467 ua du Soleil, soit près de 70 millions de kilomètres.

Crédit : NASA's Scientific Visualization Studio

L'éclipse totale de Soleil du 8 avril 2024

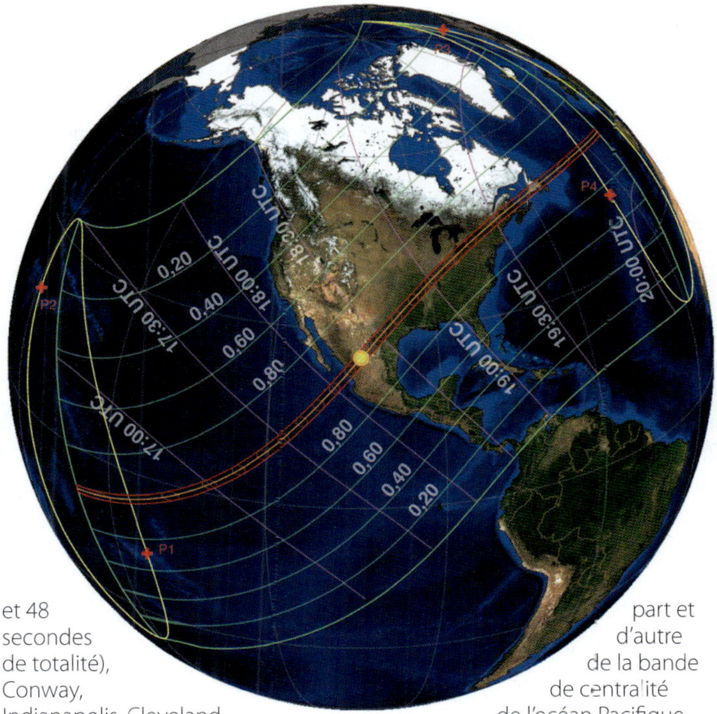

La première des deux éclipses centrales de 2024 se produit le 8 avril et elle est totale. L'éclipse commence au lever du Soleil dans l'océan Pacifique à près de 1 500 km au nord-ouest de la Polynésie française, où le phénomène n'est pas observable. L'ombre de la Lune balaye plus de 6 500 km d'océan avant de toucher la côte ouest du Mexique au niveau de la ville de Mazatlán, où la totalité commence peu après 18 h 07 m et dure plus de 4 minutes et 26 secondes. Vénus, à 15° à l'ouest du Soleil, et Jupiter, à près de 30° à l'est, seront bien visibles à l'œil nu durant la totalité. Le maximum se produit au cœur du Mexique à 18 h 17 m, puis l'ombre poursuit sa route vers la frontière des États-Unis qu'elle franchit à 18 h 27 m au niveau de la tristement célèbre ville de Piedras Negras, où une totalité de 4 minutes et 24 secondes est observable. Juste après son entrée au Texas, l'ombre coupe la bande de centralité de l'éclipse annulaire du 14 octobre 2023 au nord-ouest de San Antonio (voir p. 179), dont les habitants peuvent ainsi observer leur seconde éclipse centrale en à peine six mois ! L'ombre poursuit sa route vers le Canada, plongeant dans le noir les villes de Waco, Dallas (3 minutes et 48 secondes de totalité), Conway, Indianapolis, Cleveland, Montréal (1 minute et 30 secondes), Sherbrooke (3 minutes et 23 secondes) et frôlant Toronto. Le pinceau d'obscurité lunaire survole enfin l'océan Atlantique, où l'éclipse totale prend fin à 19 h 55 m, près de 1 000 km à l'ouest des côtes espagnoles. Une éclipse partielle est visible de part et d'autre de la bande de centralité de l'océan Pacifique à l'océan Atlantique, dans toute l'Amérique du Nord (sauf l'Alaska), au Groenland et en Islande. Le Soleil se couche à peine rongé par la Lune en Irlande, en Écosse, en Espagne, à l'extrême nord du Portugal et dans les îles occidentales des Canaries. La longueur totale de la bande de centralité est de 14 790 km.

Il s'agit de la 30e éclipse du saros n° 139, qui a commencé le 17 mai 1501 et prendra fin le 3 juillet 2763. Ce saros contient 71 éclipses : 16 partielles, 43 totales et 12 hybrides. La précédente éclipse de ce saros était celle du 29 mars 2006 (T) et la prochaine se déroulera le 20 avril 2042 (T).

Source : Fred Espenak avec un Delta T égal à 81,2 secondes.

CHRONOLOGIE EN TU

4 avril

22 h Milieu de la saison d'éclipses.

7 avril

17 h 51 m La Lune passe au périgée à 358 850 km.

8 avril

12 h 18 m La Lune passe au nœud ascendant.

15 h 42 m Premier contact de la pénombre de la Lune avec le globe terrestre ; début de l'éclipse partielle (P1).

16 h 38 m Premier contact de l'axe de l'ombre lunaire avec le globe terrestre au centre de l'océan Pacifique ; début de l'éclipse centrale (U1).

18 h 17 m 13 s Maximum de l'éclipse ; magnitude 1,0565, c'est-à-dire que le diamètre apparent du disque lunaire est 1,0565 fois plus grand que le diamètre apparent du disque solaire (valeurs topocentriques) ; diamètre apparent du Soleil : 31′56″ ; diamètre apparent de la Lune : 33′45″ ; gamma = 0,3432, c'est-à-dire que l'axe de l'ombre lunaire passe à 0,3432 rayon terrestre au nord du centre de la Terre, soit à 2 189 km du centre. La durée maximale de l'éclipse totale est de 4 minutes et 28 secondes au Mexique par 25° 17,5′N, 104° 07,2′O ; le Soleil est à 69° de hauteur (azimut 149°) ; la largeur de la bande de centralité est de 197 km.

18 h 21 m Nouvelle Lune dans les Poissons ; la Lune est à 359 808 km. La Lune et le Soleil ont la même longitude sur l'écliptique : le centre de la Lune est exactement au nord du centre du Soleil mesuré perpendiculairement à l'écliptique.

19 h 55 m Dernier contact de l'axe de l'ombre lunaire avec le globe terrestre dans l'océan Atlantique ; fin de l'éclipse centrale (U4).

20 h 52 m Dernier contact de la pénombre avec le globe terrestre ; fin de l'éclipse partielle (P4).

Sur le web

Pour plus de renseignements sur cette éclipse, ses horaires, la météorologie des régions concernées, des cartes précises, tapez l'un des mots-clés suivants dans un moteur de recherche : IMCCE ; Fred Espenak ; Jay Anderson ; Xavier Jubier.

Le Soleil et les planètes

	JOUR	ASCENSION DROITE	DÉCLINAISON	CONSTELLATION	Ø APPARENT	ÉQUATION DU TEMPS	DISTANCE	DISTANCE LUMIÈRE	LEVER	MÉRIDIEN	HAUTEUR	COUCHER
		h m s	° ′ ″			m s	ua	m s	h m	h m		h m
Soleil	2	0 46 52	+ 5 01 55	Psc	32′ 00″	+ 3 33	0,9996	8 19	05 38	12 03	50°	18 29
	6	1 01 29	+ 6 33 21	Psc	31′ 58″	+ 2 23	1,0007	8 19	05 31	12 02	52°	18 35
	10	1 16 10	+ 8 03 02	Psc	31′ 56″	+ 1 18	1,0019	8 20	05 24	12 01	53°	18 40
	14	1 30 55	+ 9 30 32	Psc	31′ 54″	+ 0 16	1,0030	8 20	05 16	12 00	55°	18 45
	18	1 45 45	+ 10 55 28	Psc	31′ 51″	- 0 40	1,0041	8 21	05 10	11 59	56°	18 50
	22	2 00 41	+ 12 17 30	Ari	31′ 49″	- 1 30	1,0052	8 22	05 03	11 58	57°	18 55
	26	2 15 44	+ 13 36 17	Ari	31′ 47″	- 2 12	1,0062	8 22	04 56	11 58	59°	19 00
	30	2 30 55	+ 14 51 30	Ari	31′ 45″	- 2 47	1,0073	8 23	04 50	11 57	60°	19 05

	JOUR	ASCENSION DROITE	DÉCLINAISON	CONSTELLATION	MAGNITUDE	Ø APPARENT	ÉLONGATION	DISTANCE	FRACTION ÉCLAIRÉE	LEVER	MÉRIDIEN	HAUTEUR	COUCHER
		h m s	° ′ ″					ua		h m	h m		h m
Mercure	2	1 36 12	+ 13 32 24	Psc	2,5	9,5	14,5° E	0,7059	14 %	05 53	12 51	59°	19 49
	6	1 32 52	+ 13 05 48	Psc	3,5	10,5	9,6° E	0,6391	5 %	05 36	12 31	58°	19 26
	10	1 24 49	+ 11 44 16	Psc	4,1	11,3	3,4° E	0,5960	1 %	05 18	12 07	57°	18 55
	14	1 14 59	+ 9 47 57	Psc	4,2	11,6	3,5° O	0,5772	1 %	05 00	11 41	55°	18 21
	18	1 06 29	+ 7 45 42	Psc	3,8	11,6	10,2° O	0,5807	4 %	04 45	11 17	53°	17 49
	22	1 01 32	+ 6 04 02	Psc	3,2	11,2	15,9° O	0,6026	10 %	04 31	10 57	51°	17 23
	26	1 01 07	+ 4 58 44	Psc	2,6	10,5	20,3° O	0,6388	17 %	04 19	10 42	50°	17 03
	30	1 05 15	+ 4 34 36	Psc	2,0	9,8	23,4° O	0,6853	24 %	04 10	10 31	50°	16 52
Vénus	2	23 47 59	- 2 54 31	Psc	- 3,9	10,3	16,7° O	1,6260	96 %	05 13	11 05	42°	16 58
	6	0 06 09	- 0 57 39	Psc	- 3,9	10,3	15,7° O	1,6386	96 %	05 07	11 07	44°	17 08
	10	0 24 18	+ 0 59 55	Psc	- 3,9	10,2	14,6° O	1,6504	97 %	05 02	11 10	46°	17 18
	14	0 42 26	+ 2 57 24	Psc	- 3,9	10,1	13,6° O	1,6616	97 %	04 56	11 12	48°	17 29
	18	1 00 37	+ 4 54 03	Psc	- 3,9	10,1	12,6° O	1,6720	98 %	04 51	11 15	50°	17 39
	22	1 18 54	+ 6 49 07	Psc	- 3,9	10	11,6° O	1,6817	98 %	04 46	11 17	52°	17 49
	26	1 37 18	+ 8 41 52	Psc	- 3,9	9,9	10,5° O	1,6907	98 %	04 41	11 20	54°	18 00
	30	1 55 52	+ 10 31 32	Psc	- 3,9	9,9	9,5° O	1,6990	99 %	04 36	11 23	56°	18 10
Mars	6	22 51 24	- 8 37 23	Aqr	1,5	4,5	35,8° O	2,0713	95 %	04 24	09 52	37°	15 21
	14	23 14 34	- 6 14 37	Aqr	1,5	4,6	37,4° O	2,0409	95 %	04 05	09 44	39°	15 22
	22	23 37 28	- 3 48 49	Aqr	1,5	4,7	39,0° O	2,0105	95 %	03 47	09 35	41°	15 23
	30	0 00 11	- 1 21 34	Psc	1,4	4,7	40,6° O	1,9804	94 %	03 28	09 26	44°	15 24
Jupiter	6	3 04 51	+ 16 32 17	Ari	- 2,1	33,8	31,8° E	5,8284	100 %	06 52	14 04	62°	21 16
	14	3 11 58	+ 17 02 13	Ari	- 2,0	33,4	25,7° E	5,8922	100 %	06 26	13 40	62°	20 54
	22	3 19 19	+ 17 31 43	Ari	- 2,0	33,1	19,7° E	5,9441	100 %	05 59	13 15	63°	20 32
	30	3 26 50	+ 18 00 31	Tau	- 2,0	32,9	13,7° E	5,9838	100 %	05 33	12 52	63°	20 10
Saturne	6	23 04 13	- 7 46 59	Aqr	1,1	15,7	32,5° O	10,5390	100 %	04 33	10 04	37°	15 35
	14	23 07 26	- 7 28 15	Aqr	1,1	15,8	39,5° O	10,4600	100 %	04 03	09 35	38°	15 08
	22	23 10 26	- 7 10 49	Aqr	1,1	16	46,5° O	10,3690	100 %	03 33	09 07	38°	14 40
	30	23 13 13	- 6 54 51	Aqr	1,1	16,1	53,6° O	10,2670	100 %	03 04	08 38	38°	14 13
Uranus	6	3 14 42	+ 17 45 10	Ari	5,8	3,4	34,4° E	20,4160	100 %	06 56	14 13	63°	21 31
	18	3 17 15	+ 17 55 11	Ari	5,8	3,4	23,2° E	20,5150	100 %	06 11	13 29	63°	20 47
	30	3 19 58	+ 18 05 41	Ari	5,8	3,4	12,2° E	20,5780	100 %	05 26	12 44	63°	20 03
Neptune	6	23 54 56	- 1 52 47	Psc	8,0	2,2	18,6° O	30,8480	100 %	04 59	10 54	43°	16 49
	18	23 56 30	- 1 42 58	Psc	8,0	2,2	29,9° O	30,7670	100 %	04 13	10 08	43°	16 04
	30	23 57 55	- 1 34 05	Psc	7,9	2,2	41,2° O	30,6500	100 %	03 27	09 23	43°	15 19

Les éphémérides du Soleil, des planètes et de la Lune proposées sur ces deux pages sont calculées à 0 h TU pour une latitude de 45° nord et une longitude de 0°.

La Lune

	JOUR	ASCENSION DROITE	DÉCLINAISON	CONSTELLATION	Ø APPARENT	PARALLAXE HORIZONTALE	FRACTION ÉCLAIRÉE	JOUR	ÉLONGATION	DISTANCE	LEVER	MÉRIDIEN	HAUTEUR	COUCHER
		h m s	° ′ ″							km	h m	h m		h m
L 1	92	17 49 52	- 28 27 35	Sgr	31′ 02″	56′ 58″	62 %	21,6	103° O	384 968	1 h 26	5 h 23	16°	9 h 19
M 2	93	18 50 02	- 28 14 16	Sgr	31′ 27″	57′ 43″	51 %	22,6	91° O	379 891	2 h 23	6 h 22	16°	10 h 24
M 3	94	19 50 41	- 26 19 31	Sgr	31′ 54″	58′ 32″	40 %	23,6	79° O	374 647	3 h 08	7 h 21	19°	11 h 40
J 4	95	20 50 13	- 22 46 10	Cap	32′ 20″	59′ 20″	30 %	24,6	66° O	369 559	3 h 44	8 h 18	23°	13 h 01
V 5	96	21 47 45	- 17 45 55	Cap	32′ 44″	60′ 04″	20 %	25,6	52° O	365 027	4 h 13	9 h 13	29°	14 h 24
S 6	97	22 43 09	- 11 37 21	Aqr	33′ 03″	60′ 40″	11 %	26,6	39° O	361 488	4 h 37	10 h 05	35°	15 h 47
D 7	98	23 36 58	- 4 43 41	Aqr	33′ 15″	61′ 01″	5 %	27,6	25° O	359 348	4 h 58	10 h 56	43°	17 h 10
L 8	99	0 30 10	2 28 50	Cet	33′ 18″	61′ 06″	1 %	28,6	11° O	358 910	5 h 19	11 h 48	50°	18 h 33
M 9	100	1 23 50	9 32 27	Psc	33′ 10″	60′ 52″	0 %	0,2	3° E	360 297	5 h 40	12 h 40	58°	19 h 56
M 10	101	2 18 56	15 59 27	Ari	32′ 53″	60′ 20″	2 %	1,2	17° E	363 425	6 h 05	13 h 34	64°	21 h 20
J 11	102	3 16 05	21 24 12	Ari	32′ 28″	59′ 35″	7 %	2,2	30° E	368 007	6 h 35	14 h 30	69°	22 h 41
V 12	103	4 15 14	25 25 40	Tau	31′ 59″	58′ 41″	14 %	3,2	43° E	373 611	7 h 12	15 h 29	72°	23 h 55
S 13	104	5 15 32	27 50 13	Tau	31′ 28″	57′ 45″	22 %	4,2	56° E	379 733	7 h 58	16 h 27	73°	
D 14	105	6 15 29	28 33 43	Aur	30′ 58″	56′ 50″	32 %	5,2	68° E	385 873	8 h 55	17 h 24	73°	0 h 58
L 15	106	7 13 27	27 41 38	Gem	30′ 31″	55′ 59″	42 %	6,2	80° E	391 592	9 h 59	18 h 18	71°	1 h 48
M 16	107	8 08 14	25 26 30	Cnc	30′ 08″	55′ 18″	52 %	7,2	92° E	396 544	11 h 07	19 h 08	67°	2 h 26
M 17	108	8 59 22	22 03 55	Cnc	29′ 50″	54′ 45″	61 %	8,2	103° E	400 499	12 h 15	19 h 53	63°	2 h 55
J 18	109	9 47 04	17 49 26	Leo	29′ 38″	54′ 22″	71 %	9,2	114° E	403 332	13 h 21	20 h 36	58°	3 h 18
V 19	110	10 31 57	12 56 50	Leo	29′ 30″	54′ 08″	79 %	10,2	125° E	405 021	14 h 26	21 h 16	53°	3 h 37
S 20	111	11 14 53	7 37 52	Leo	29′ 28″	54′ 04″	86 %	11,2	136° E	405 619	15 h 29	21 h 55	47°	3 h 53
D 21	112	11 56 49	2 02 58	Vir	29′ 29″	54′ 07″	92 %	12,2	147° E	405 242	16 h 33	22 h 34	41°	4 h 09
L 22	113	12 38 42	- 3 37 57	Vir	29′ 34″	54′ 16″	96 %	13,2	158° E	404 035	17 h 37	23 h 14	35°	4 h 24
M 23	114	13 21 30	- 9 14 27	Vir	29′ 43″	54′ 31″	99 %	14,2	169° E	402 159	18 h 43	23 h 56	30°	4 h 41
M 24	115	14 06 10	- 14 34 48	Vir	29′ 53″	54′ 51″	100 %	15,2	180° O	399 761	19 h 51			4 h 59
J 25	116	14 53 33	- 19 25 20	Lib	30′ 06″	55′ 14″	99 %	16,2	168° O	396 965	21 h 02	0 h 41	25°	5 h 22
V 26	117	15 44 19	- 23 30 11	Lib	30′ 20″	55′ 40″	96 %	17,2	157° O	393 863	22 h 12	1 h 29	20°	5 h 50
S 27	118	16 38 42	- 26 32 03	Sco	30′ 36″	56′ 09″	91 %	18,2	145° O	390 512	23 h 20	2 h 22	17°	6 h 27
D 28	119	17 36 16	- 28 14 05	Oph	30′ 53″	56′ 40″	84 %	19,2	133° O	386 948		3 h 18	16°	7 h 15
L 29	120	18 35 50	- 28 23 16	Sgr	31′ 11″	57′ 13″	76 %	20,2	121° O	383 206	0 h 19	4 h 16	16°	8 h 16
M 30	121	19 35 46	- 26 53 46	Sgr	31′ 30″	57′ 48″	66 %	21,2	108° O	379 338	1 h 07	5 h 14	18°	9 h 27

La Lune des spécialistes

	Libration		Angle de position	
	l	b	axe	phase
1	- 7,4°	6,5°	0,5°	92,1°
2	- 7,3°	6,8°	354,9°	84,8°
3	- 6,7°	6,8°	349,6°	77,8°
4	- 5,8°	6,3°	344,9°	71,6°
5	- 4,6°	5,4°	341,4°	66,6°
6	- 3,0°	4,2°	339,1°	62,9°
7	- 1,3°	2,7°	338,1°	60,7°
8	0,6°	0,9°	338,3°	59,4°
9	2,4°	- 0,9°	339,7°	249,5°
10	4,0°	- 2,6°	342,3°	246,7°
11	5,4°	- 4,1°	346,1°	250,6°
12	6,3°	- 5,3°	350,8°	256,1°
13	6,9°	- 6,2°	356,3°	262,6°
14	7,0°	- 6,7°	1,9°	269,5°
15	6,7°	- 6,8°	7,2°	276,1°
16	6,1°	- 6,6°	11,9°	282,1°
17	5,1°	- 6,2°	15,7°	287,1°
18	4,0°	- 5,4°	18,5°	290,9°
19	2,7°	- 4,4°	20,5°	293,5°
20	1,3°	- 3,3°	21,6°	294,9°
21	- 0,1°	- 2,0°	22,0°	294,8°
22	- 1,5°	- 0,6°	21,6°	292,6°
23	- 2,7°	0,8°	20,4°	285,0°
24	- 3,8°	2,2°	18,4°	191,9°
25	- 4,7°	3,5°	15,5°	123,1°
26	- 5,5°	4,7°	11,7°	112,9°
27	- 5,9°	5,7°	7,1°	105,1°
28	- 6,2°	6,4°	1,8°	97,4°
29	- 6,2°	6,7°	356,3°	89,7°
30	- 5,9°	6,8°	350,9°	82,4°

Phases et distances

Jour	Heure en TU	Distance en km	Ø apparent
2	DQ à 3 h 15 m	379 184	31,5′
8	NL à 18 h 21 m	359 808	33,2′
15	PQ à 19 h 13 m	395 631	30,2′
23*	PL à 23 h 49 m	399 781	29,9′
7	Périgée à 17 h 51 m	358 850	33,3′
20	Apogée à 2 h 10 m	405 623	29,5′

* le 24 en heure légale en France métropolitaine

Reportez-vous pages 7 à 15 pour trouver des renseignements détaillés sur l'utilisation de ces différentes informations.
Consultez les tableaux de corrections horaires (pages 340 et 341) pour adapter les heures de lever, de passage au méridien et de coucher en fonction de votre lieu d'observation.

MAI 2024

1re quinzaine vers 22 h TU - 2e quinzaine vers 21 h TU

Pour	Utilisez la carte de
17-18 h	*mars*
19-20 h	*avril*
23-0 h	juin
1-2 h	juillet
3-4 h	*août*
5-6 h	*septembre*

Vous pouvez également utiliser cette carte en :
juin vers 19-20 h
juillet vers 17-18 h
janvier vers 5-6 h
février vers 3-4 h
mars vers 1-2 h
avril vers 23-0 h
(valable uniquement pour les étoiles)

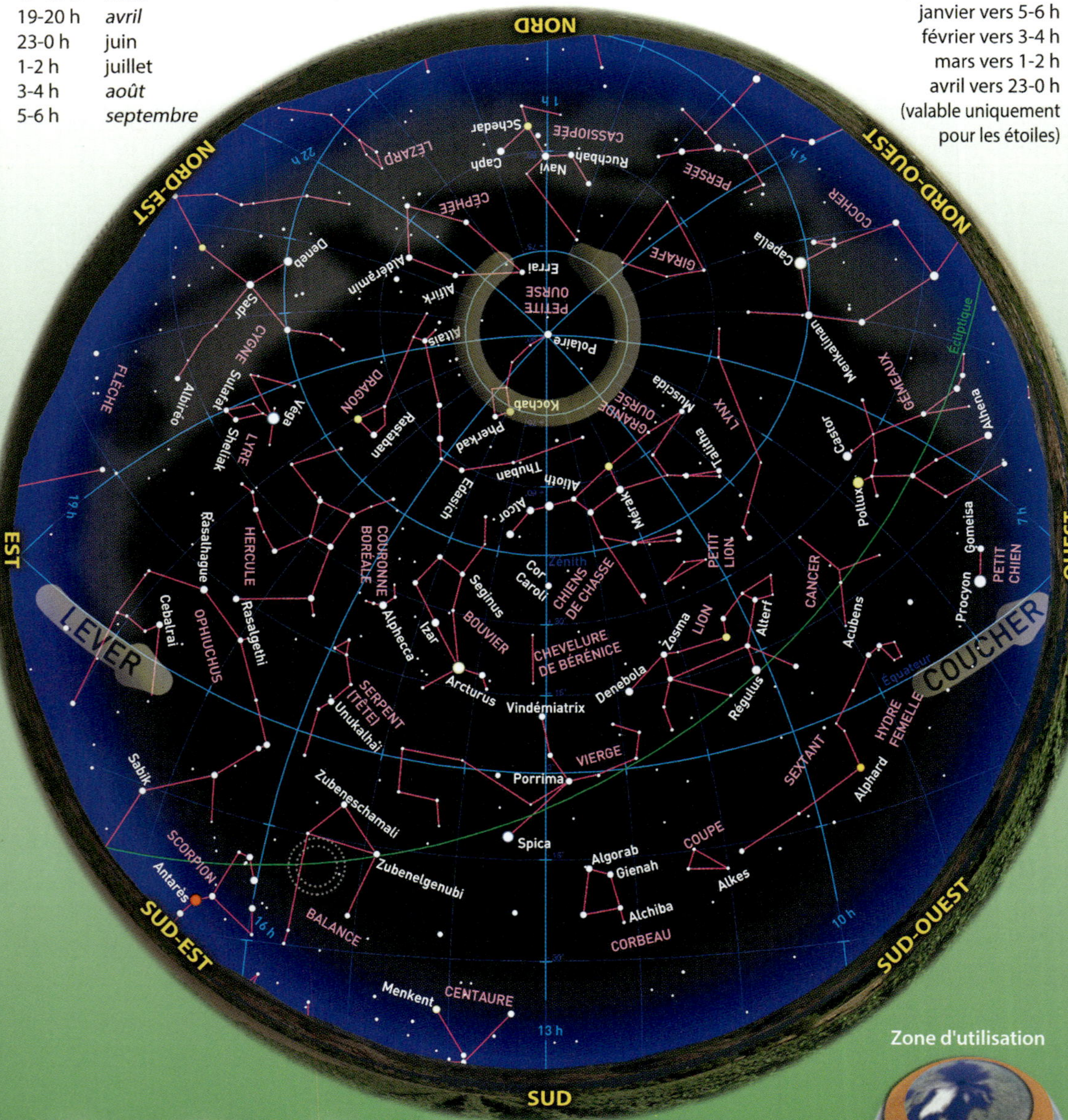

1er mai
Dernier Quartier
Capricorne

8 mai
Nouvelle Lune
Bélier

15 mai
Premier Quartier
Lion

23 mai
Pleine Lune
Scorpion

30 mai
Dernier Quartier
Verseau

Magnitudes
-1 0 1 2 3 4 4,5 et +

Zone d'utilisation

38° à 52° nord

À L'ORÉE DE L'AUBE EN MAI 2024

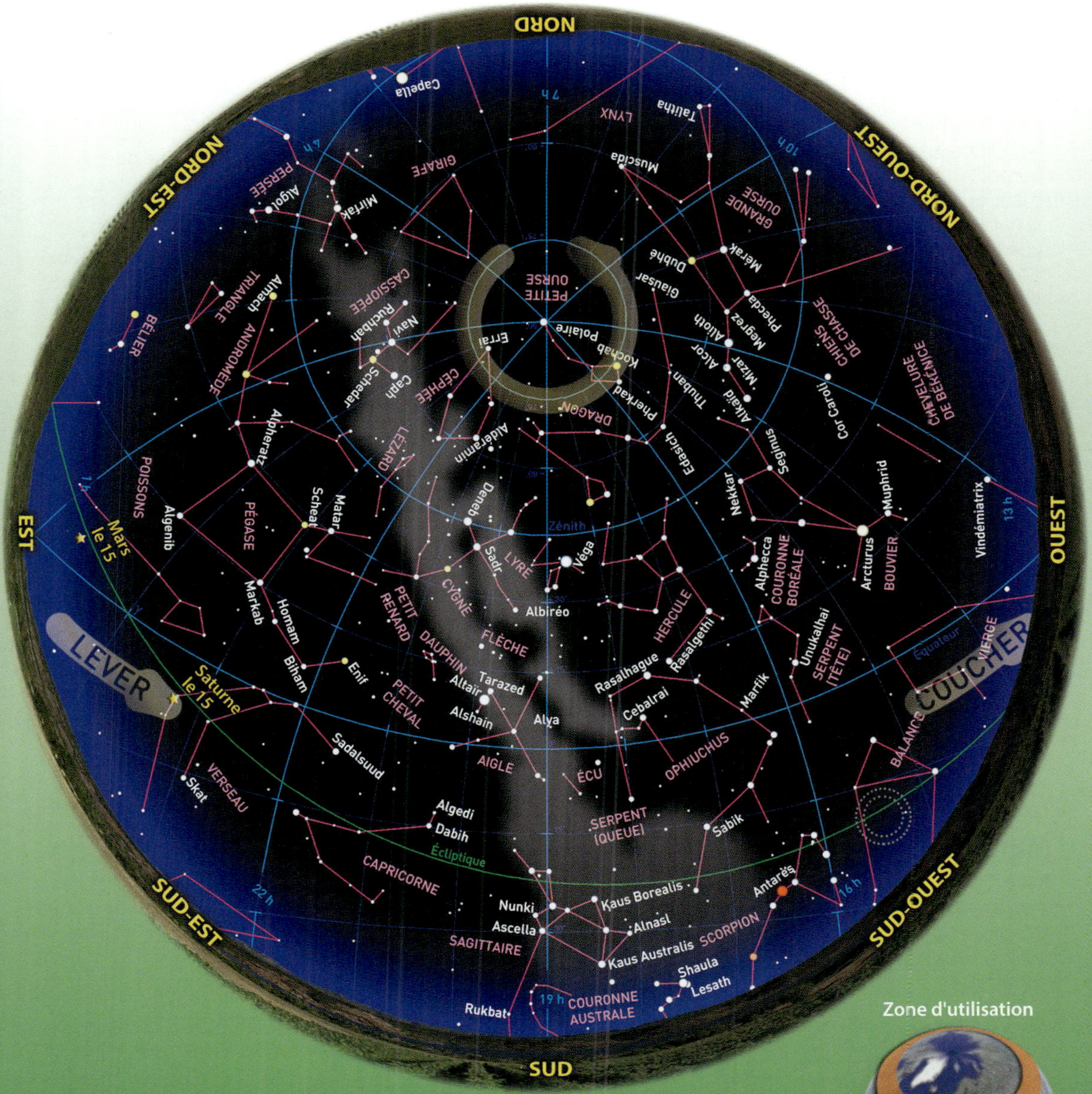

Zone d'utilisation

38° à 52° nord

Vous trouverez des conseils pour l'utilisation de ces cartes en début d'ouvrage.

La Lune et les planètes

Mercure

Nord. Elle atteint son élongation maximale à l'ouest du Soleil le 9 à 26,4°, mais cela n'est pas suffisant pour que nous puissions la repérer à l'aube car l'inclinaison de l'écliptique la plaque contre l'horizon est-nord-est et elle ne se lève que quarante-cinq minutes avant le Soleil. En conjonction supérieure le 14 juin, elle revient dans le ciel du soir et s'aligne avec Castor et Pollux quelques jours après le solstice d'été.
Tropiques. Sa très belle période de visibilité matinale se termine début juin après sa conjonction très serrée avec Jupiter.

Vénus

Nord. Inobservable puisqu'elle ne se lève que quelques minutes avant le Soleil en mai. Elle traverse le champ du coronographe LASCO C3 de la sonde *SOHO* entre le 5 mai et le 5 juillet. Vénus sera en conjonction supérieure le 4 juin et elle reviendra très lentement dans le ciel du soir durant l'été.
Tropiques. Elle est encore repérable durant le crépuscule civil au début du mois.

Mars

Nord. Dans les Poissons durant tout le mois avec une brève incursion du 9 au 13 dans la Baleine. Elle se lève une heure et vingt minutes avant le Soleil le 1er et deux heures avant le 31. Son élongation solaire passe de 41° à 47° dans le mois et sa magnitude atteint 1,3 fin mai. Il est encore trop tôt pour réaliser des observations de qualité avec un instrument, mais son repérage à l'œil nu est à présent plus facile à l'aube. Elle est au périhélie le 8, soit près de neuf mois avant son opposition du 16 janvier 2025. Cela nous indique qu'elle sera alors pratiquement au plus loin de notre étoile et de la Terre et que son diamètre apparent ne sera guère imposant : seulement 14,6″, à comparer aux 24,2″ de l'opposition de juillet 2018.
Tropiques. Elle est facile à repérer en fin de nuit à plus de 15° de hauteur au-dessus de l'horizon est sous le tropique du Cancer et à près de 25° de l'horizon est-nord-est sous celui du Capricorne.

Jupiter

Nord et tropiques. Son éclat de diamant tombe dans le chaudron crépusculaire et disparaît avant le 10. Elle est en conjonction supérieure le 18 et retourne dans le ciel de l'aube, dans lequel elle redevient visible à l'œil nu début juin sous les tropiques, mais pas avant la mi-juin en Europe à cause de l'inclinaison défavorable de l'écliptique. Sa conjonction serrée (0,2°) avec Vénus le 23 mai n'est visible que dans le champ du coronographe LASCO C3 de la sonde *SOHO*.

Saturne

Nord. Dans le Verseau, elle se lève deux heures avant le Soleil le 1er, trois heures et quart avant le 31. L'inclinaison de l'écliptique dans le ciel de l'aube maintient Saturne à proximité de l'horizon est-sud-est alors que son élongation est déjà significative : 54° le 1er et 81° le 31. Saturne commence à se lever avant le début de l'aube à partir de la mi-mai. Même si la turbulence est toujours forte aussi bas dans le ciel, vous pouvez renouer avec l'observation des anneaux, mais la fermeture de notre angle de vision est impressionnante puisque leur inclinaison n'est plus que de 2,5°. Consultez le schéma de l'inclinaison des anneaux de Saturne de 2005 à 2045 de la p. 50, ainsi que le graphique de l'aspect de l'inclinaison de Saturne en 2023-2024 de la p. 51.
Dans les petits instruments et à faible grossissement, les anneaux se résument presque à une ligne qui dépasse à gauche et à droite du disque de cette lointaine planète gazeuse. Saturne est en quadrature à l'ouest du Soleil le 9 juin et elle commence à rétrograder le 29 ; elle sera à l'opposition le 8 septembre 2024.
Tropiques. Conditions d'observation excellentes.

En conjonction avec le Soleil le 13 mai, Uranus – dans le Bélier jusqu'au 23, puis dans le Taureau – demeure inobservable jusqu'à la mi-juillet en Europe. Neptune (Poissons) s'éloigne de la position apparente du Soleil, mais l'inclinaison de l'écliptique la maintient très bas sur l'horizon est-sud-est à l'orée de l'aube jusqu'à l'été ; elle est en quadrature le 20 juin et entame sa rétrogradation annuelle le 2 juillet.

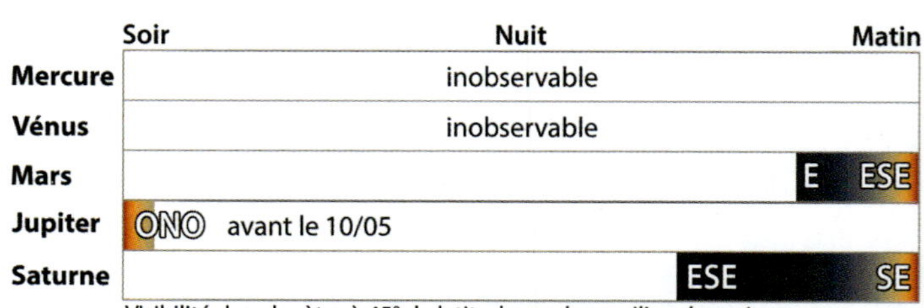

Visibilité des planètes à 45° de latitude nord, en milieu de mois.

Planétaire

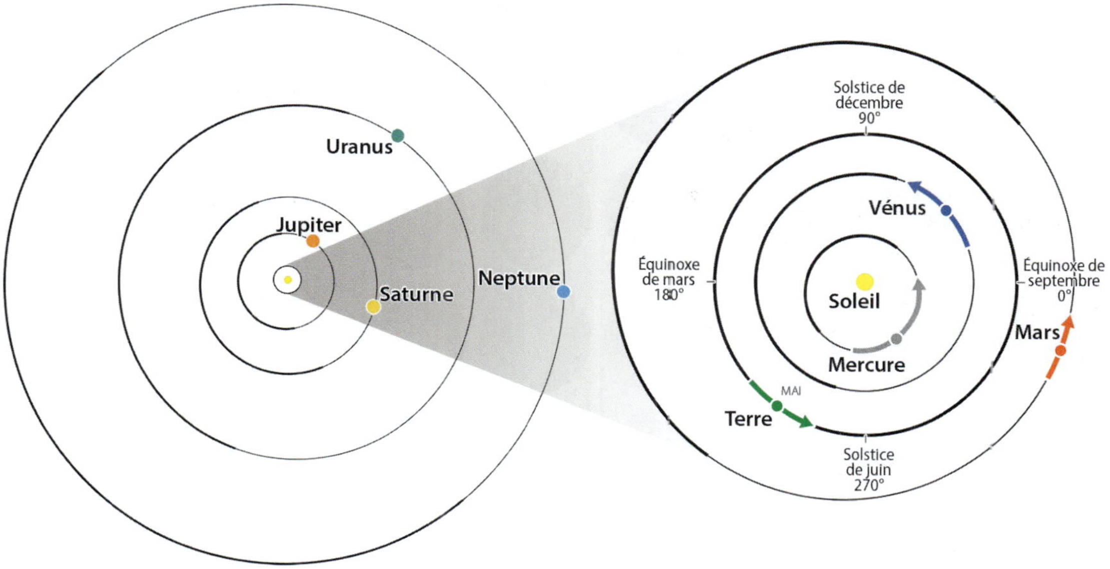

Vous trouverez en pages 67 et 69 des explications complètes sur ces deux schémas.

Le calendrier lunaire

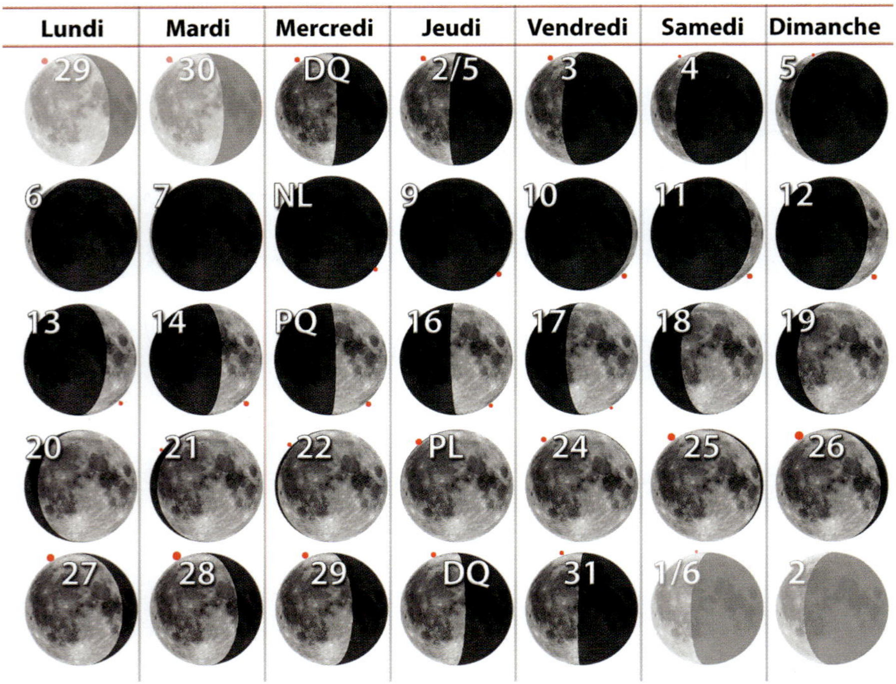

Longitude du terminateur	Soleil levant	Soleil couchant
1er/05		179°
2		191°
3		204°
4		216°
5		228°
6		240°
7		253°
8		265°
9	277°	
10	289°	
11	301°	
12	314°	
13	326°	
14	338°	
15	350°	
16	3°	
17	15°	
18	27°	
19	39°	
20	51°	
21	64°	
22	76°	
23	88°	
24		100°
25		112°
26		125°
27		137°
28		149°
29		161°
30		173°
31		186°

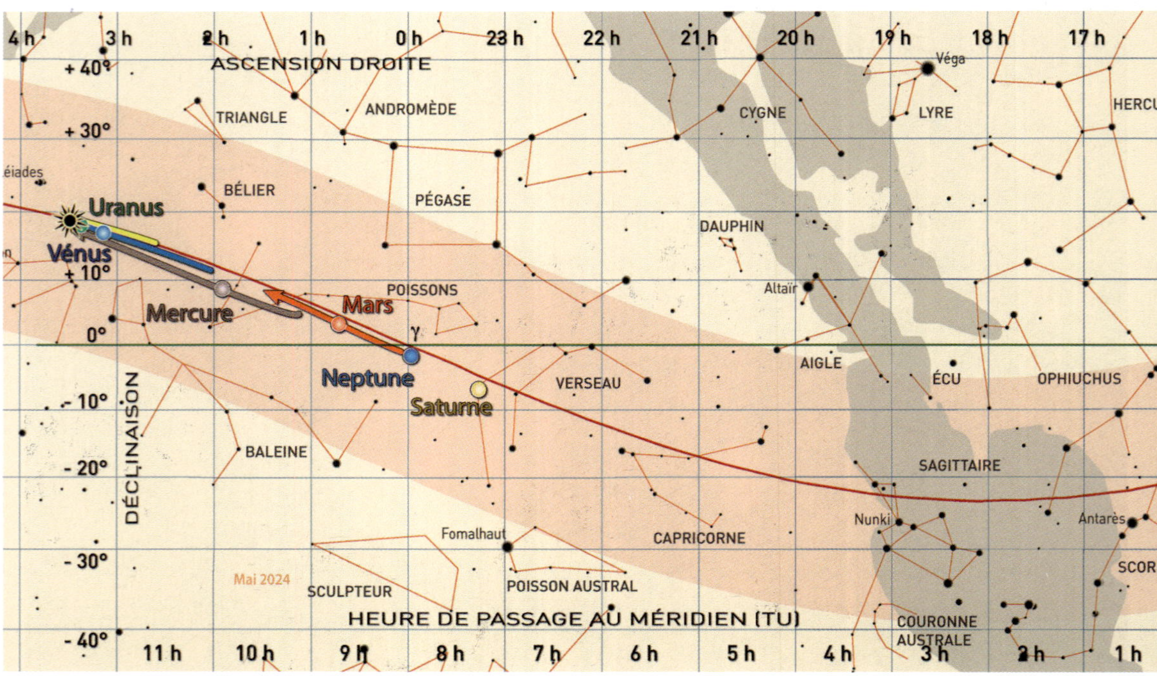

Hauteur mensuelle de la Lune

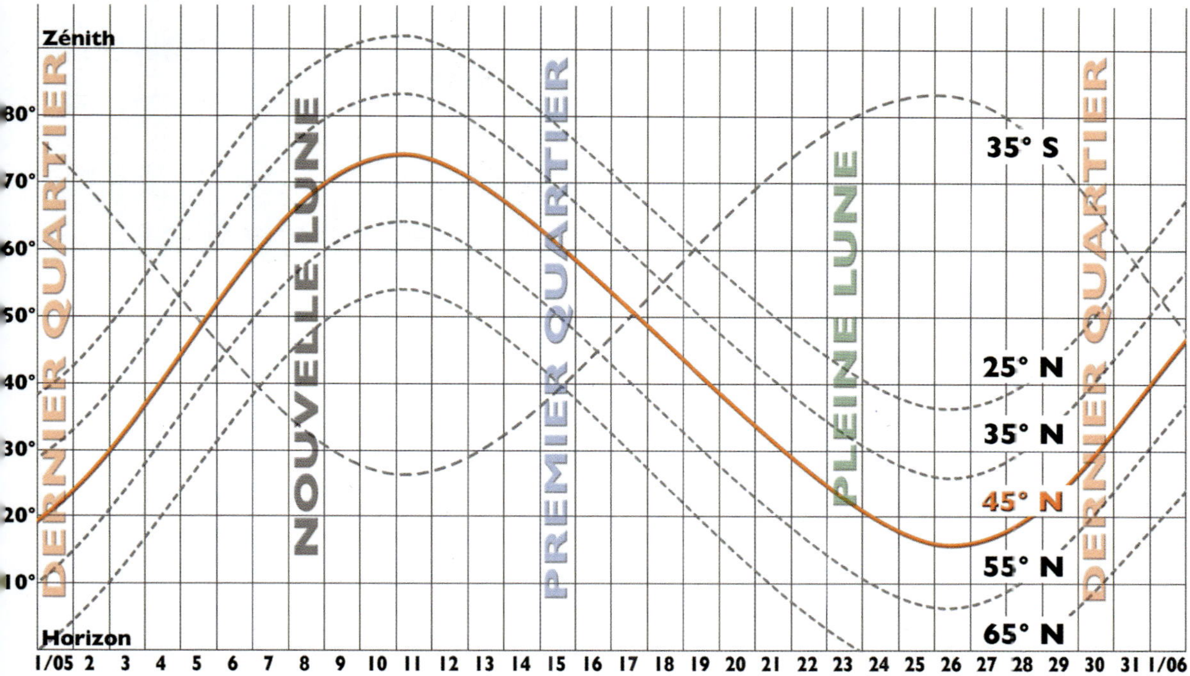

Le 1er mai à 0 h TU, la Lune est âgée de 22,2 jours.

La Lune atteint sa plus grande déclinaison vers le nord le 11 (28,5°) et sa plus grande déclinaison vers le sud le 25 (- 28,4°).

Vous trouverez en pages 35, 69, 70 et 71 des explications complètes sur ces trois schémas et ce tableau.

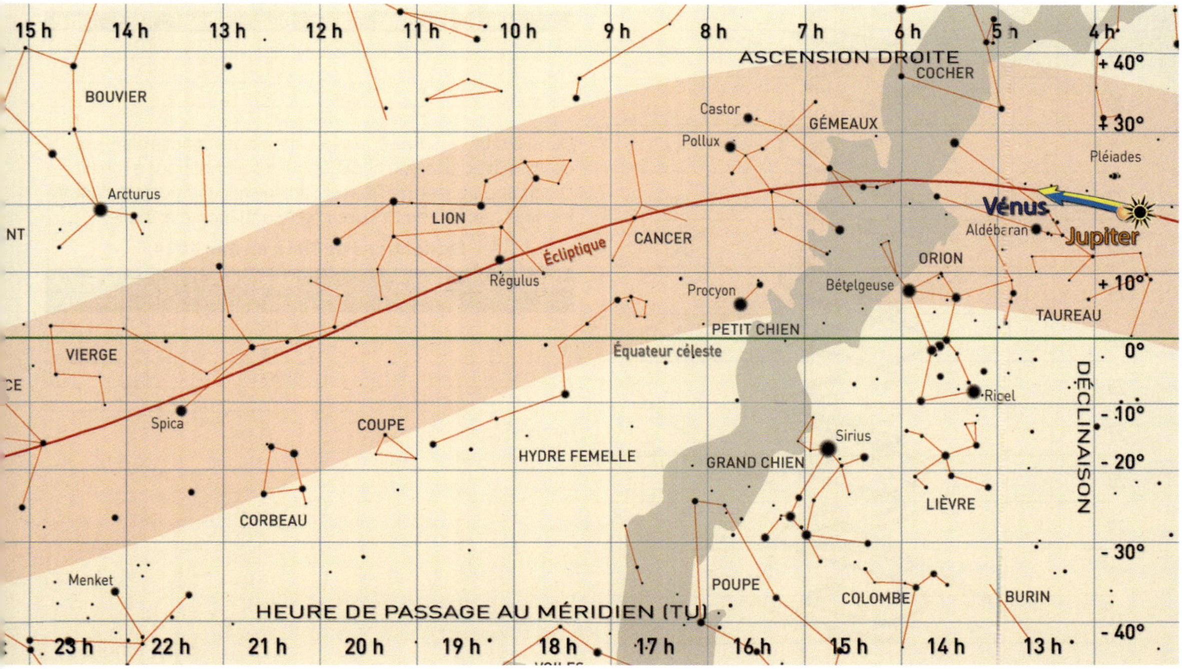

Satellites de Saturne

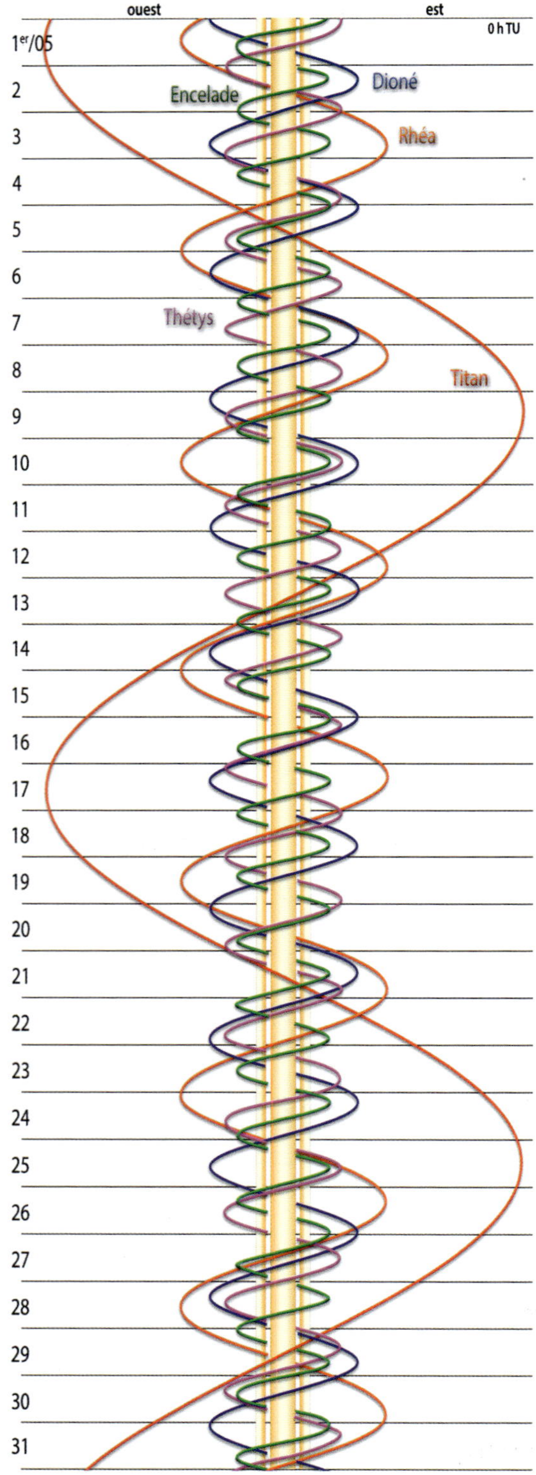

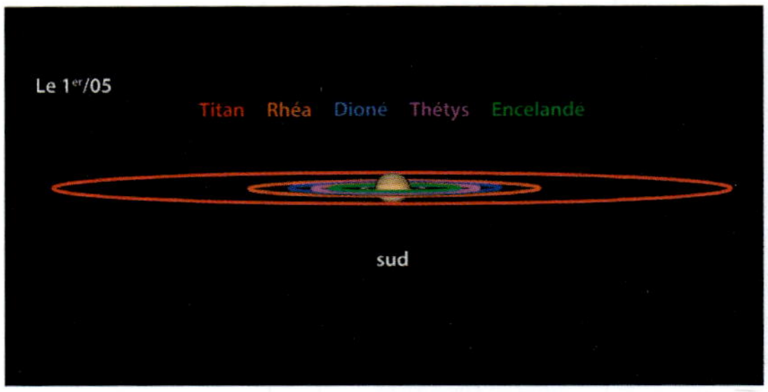

Les courbes ci-contre représentent les trajectoires apparentes des principales lunes de Saturne visibles dans les instruments d'amateur : Encelade est en vert, Téthys en cyan, Dioné en violet, Rhéa en orange et Titan en rouge. La triple bande centrale symbolise le disque et les anneaux de cette planète à la même échelle. La barre horizontale au-dessus de chaque date indique 0 h TU ce jour. Le nord est en haut, l'est à droite et l'ouest à gauche ; si vous ne savez plus comment est orienté le champ de votre instrument, lisez le petit texte d'explication de la page 67. Les satellites de Saturne tournent autour de leur planète dans le sens direct, c'est-à-dire dans le sens inverse des aiguilles d'une montre vu du nord. Ils passent donc entre la planète et nous dans le sens est-ouest et au-delà de la planète dans le sens ouest-est. Selon l'inclinaison du système de Saturne vu depuis la Terre (représentée ci-dessus), certaines des lunes peuvent alors être occultées ou éclipsées par le disque ou les anneaux de la planète. Le petit tableau ci-dessous donne la magnitude de ces lunes, plus Japet, dont l'orbite est trop grande pour être représentée (voir p. 294).

Satellites de Saturne en mai 2024

	Mimas	Encelade	Téthys	Dioné	Rhéa	Titan	Japet
5	13,3	12,2	10,7	10,8	10,1	8,8	11,5
15	13,3	12,1	10,7	10,7	10,1	8,7	11,4
25	13,2	12,1	10,6	10,7	10	8,7	11,4

Dans le tableau suivant, la séparation en secondes d'arc est donnée avec un signe négatif pour les élongations à l'ouest. L'écart apparent entre Titan et Saturne reste important durant les nuits qui encadrent le jour de l'élongation maximale.

Élongations de Titan en mai 2024

Date	Heure	Séparation en ″
1	14 h 03	- 164
9	10 h 37	166
17	13 h 55	- 168
25	10 h 21	171

Diamètre apparent le 15 : 0,71‴

Les phénomènes astronomiques au jour le jour

À NE PAS MANQUER CE MOIS-CI !

Très bel arche galactique à l'est avant l'aube.
Le 2, les ombres de Clavius.
Le 4, Saturne et la Lune.
Le 5, Mars et la Lune.
Le 6, Mercure et la Lune.
Le 15, X et V lunaires l'après-midi.
Nuit du 23 au 24, Pleine Lune et Antarès.
Le 31, Saturne et la Lune.
La comète C/2023 A3 Tsuchinshan-ATLAS.

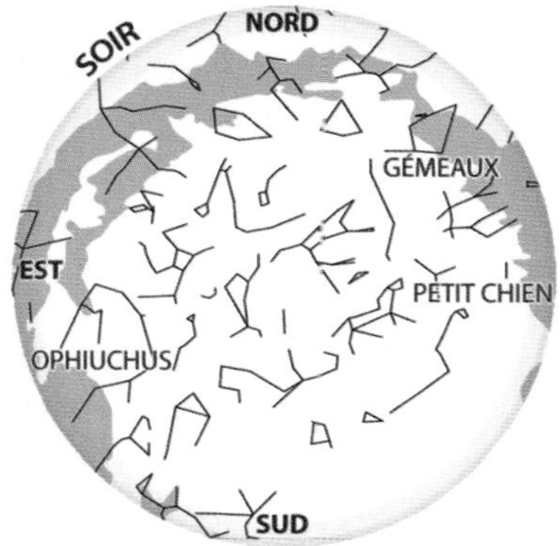

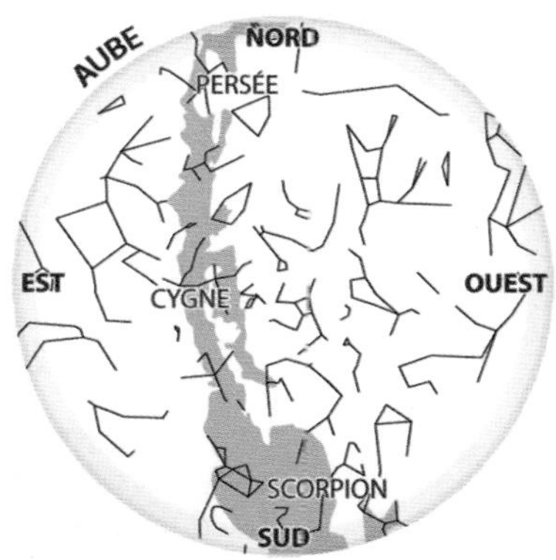

Début mai, à la fin du crépuscule, la Voie lactée n'est visible que dans un ciel très noir car elle longe l'horizon du sud-ouest à l'est, du Petit Chien à Ophiuchus ; au nord-est, la Lyre et le Cygne commencent à peine leur ascension de la voûte nocturne. Vers le milieu de la nuit, notre galaxie s'allonge du nord au sud, de l'arc de Persée au Scorpion, voire jusqu'à la tête du Loup et le haut du Centaure dans les meilleurs sites du sud de la France métropolitaine. Avant l'aube, le Cygne est à une cinquantaine de degrés de hauteur au-dessus de l'horizon est, Persée est toujours en train d'apparaître au nord-nord-est et le Scorpion trône au méridien.

JJ	TU	
01	02	Mercredi (122-244). Heure de début et de fin du crépuscule astronomique à 45° de latitude nord et 0° de longitude : le 1er (2 h 51 m/21 h 04 m) ; le 15 (2 h 22 m/21 h 33 m). La durée du jour est de 14 heures et 17 minutes le 1er et de 15 heures et 22 minutes le 31 ; le dernier jour du mois, le Soleil se lève 32 minutes plus tôt et se couche 33 minutes plus tard que le premier. La durée du crépuscule astronomique passe de 118 à 144 minutes sur le mois.
01	04	Le Soleil se couche sur la région de **Ptolemaeus** (4-303) et, autour de 4 h 12 m, vous pouvez tenter d'observer avec un instrument une ou plusieurs raies lumineuses dans cette formation. Longitude du terminateur : 181° ; âge lunaire : 22,4 j ; illumination : 54 %.
01	11	**Dernier Quartier de Lune à 11 h 27 m (Cap).** Distance : 373 620 km, soit 58,58 rayons terrestres.
01	12	À midi, début du jour julien 2 460 432.
01	12	**Le Soleil** franchit le méridien à 60° de hauteur.
01	14	**Élongation maximale de Titan** à l'ouest de Saturne à 14 h 03 m (164″). Retrouvez les autres élongations de Titan en mai à la page consacrée aux satellites de Saturne en début de mois.
01	21	L'étoile **Deneb** domine l'horizon nord-nord-est de 8° à la fin du crépuscule astronomique à 45° de latitude nord.
02	00	Jeudi (123-243). La petite planète **7 Iris** passe à 1,3° au sud de l'amas ouvert Messier 73 dans le Verseau.
02	00	**Pluton est stationnaire** en ascension droite à l'ouest du Capricorne et commence sa rétrogradation annuelle, qui prendra fin dans 162 jours (12 octobre 2024).
02	00	**L'inclinaison apparente des anneaux de Saturne** passe de + 3,1° à + 2,2° au cours du mois. Cette planète s'écarte de la position apparente du Soleil et elle redevient une cible intéressante dans les instruments des amateurs en mai.

MAI 2024

Les phénomènes astronomiques au jour le jour

02 01 Le Soleil se couche sur la région de **Clavius** (4-365) et, autour de 1 h 30 m, vous pouvez tenter d'observer avec un instrument une ou plusieurs raies lumineuses dans cette formation. Longitude du terminateur : 192° ; âge lunaire : 23,3 j ; illumination : 44 %.

02 19 Saturne frôle une étoile de magnitude 9,1 (PPM 207274) vers 19 h 38 m. Ce rapprochement est invisible en Europe.

02 09 **Maximum d'éclat de l'étoile Delta Cephei** à 9 h. Sa magnitude varie de 3,5 à 4,4 au cours d'un cycle de 5,366 jours. Les autres maxima du mois se produisent le 7 à 18 h, le 13 à 3 h, le 18 à 12 h, le 23 à 20 h et le 29 à 5 h. Voir également le 6 octobre 2023.

03 00 Vendredi (124-242). Formations lunaires proches du terminateur dans la journée : Klaproth, golfe des Iris.

03 12 **Le Soleil** franchit le méridien au zénith à la Guadeloupe.

03 21 Occultation de Saturne par la Lune. Zone de visibilité : Nouvelle-Zélande, sud-ouest de l'océan Pacifique et Antarctique.

03 23 **Conjonction géocentrique en longitude entre la Lune (Aqr) et Saturne** à 23 h 04 m (séparation : 0,8°). .

04 00 Samedi (125-241). Du 4 au 22 mai, **Uranus traverse d'est en ouest le champ du coronographe LASCO C3** de la

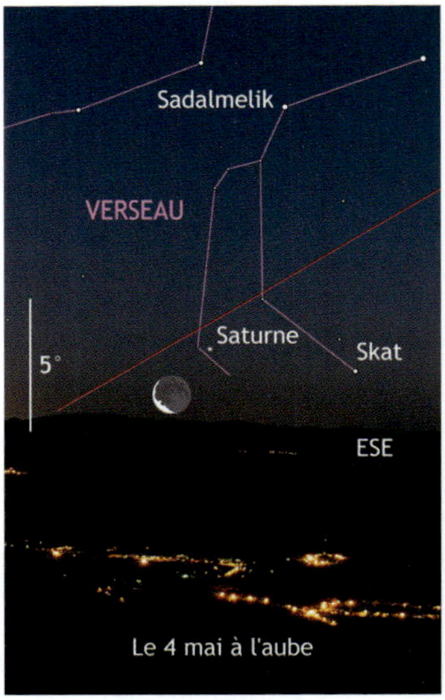

Le 4 mai à l'aube, une heure et demie avant le lever du Soleil, Saturne et le croissant de la vieille Lune se hissent au-dessus de l'horizon est-sud-est ; leur séparation est proche de 3°.

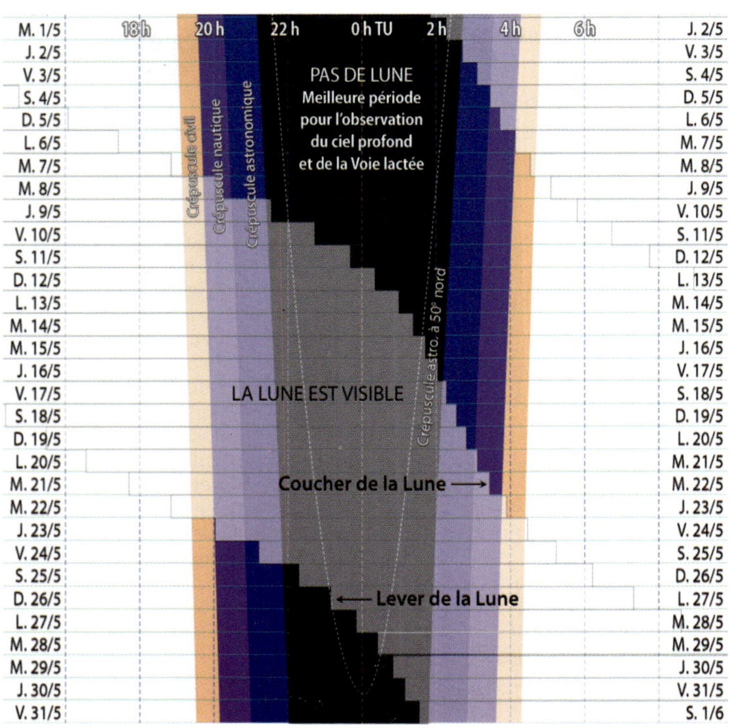

sonde *SOHO*. Elle y croise Vénus le 18 mai. Le 13 mai, elle est visible dans le champ plus restreint du coronographe LASCO C2.

04 11 **Maximum d'éclat de l'étoile variable Êta Aquilae** (Aigle) à 11 h. Il s'agit d'une étoile de type céphéide dont la magnitude passe de 3,5 à 4,4 au cours d'un cycle de 7,177 jours. Les autres maxima du mois se produisent le 11 à 16 h, le 18 à 20 h et le 26 à 0 h. Voir également le 8 mars 2024.

04 19 Conjonction géocentrique en longitude entre la Lune (Psc) et Neptune à 19 h 06 m (séparation : 0,2°).

04 19 Occultation de Neptune par la Lune. Zone de visibilité : sud-est de l'Australie, Nouvelle-Zélande, océan Pacifique, Mexique, Amérique centrale.

05 00 Dimanche. 126ᵉ jour de l'année ; il reste 240 jours jusqu'au 31 décembre.

05 00 Pâque orthodoxe (22 avril 2024 dans le calendrier julien).

05 00 Du 5 mai au 5 juillet, **Vénus traverse d'ouest en est le champ du coronographe LASCO C3** de la sonde *SOHO*. Elle y croise Uranus le 18 mai, Jupiter le 23 mai et Mercure le 17 juin. Du 3 au 6 juin, elle est visible dans le champ plus restreint du coronographe LASCO C2.

05 02 **Conjonction géocentrique en longitude entre la Lune (Psc) et Mars** à 2 h 17 m (séparation : 0,2°).

05 02 Occultation de Mars par la Lune. Zone de visibilité : Madagascar, océan Indien, sud-est de l'Asie, Japon et Indonésie.

05 20 **Maximum de l'essaim des Êta Aquarides** (031 ETA), actif du 19 avril au 28 mai. Longitude héliocentrique prévue pour le maximum (équinoxe 2000.0) : 45,5°. Vitesse de pénétration : 66 km/s. Il intéresse essentiellement les observateurs de l'hémisphère Sud, le Verseau se situant très bas sur l'horizon sud-est en fin de nuit dans l'hémisphère boréal. En 2024, le maximum se produit en fin de lunaison et l'éclat de notre satellite naturel n'est pas gênant.

05 21 La Lune passe au nœud ascendant à 21 h 53 m (longitude moyenne : 15,4°). Distance : 363 163 km

05 22 La Lune passe au périgée à 22 h 04 m. Distance : 363 163 km, soit 56,94 rayons terrestres.

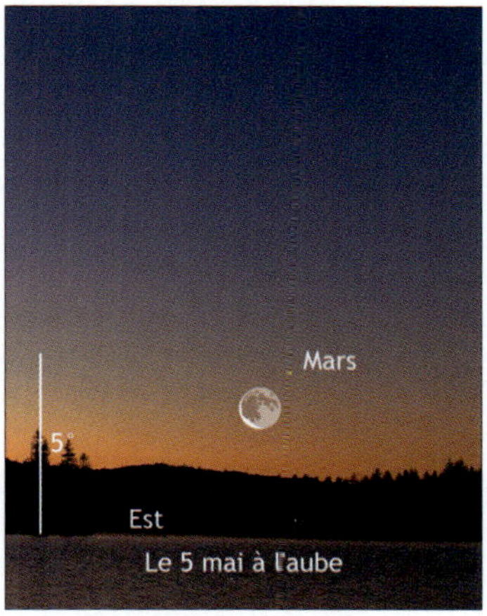

Le 5 mai à l'aube, l'éclat de Mars est comparable à celui de Saturne, mais elle se lève plus tard dans un ciel plus clair et cette conjonction est donc plus délicate à observer au ras de l'horizon est, une heure avant l'arrivée du Soleil. Le fin croissant lunaire est à près de 1° sur la gauche de Mars.

19ᵉ SEMAINE

06 00 Lundi (127-239). Le petit croissant ne revenant en soirée que le week-end prochain, profitez des belles nuits noires pour admirer le lever majestueux de l'arche galactique estivale au-dessus de l'horizon est après minuit. Constellation de la Lune chaque jour à 0 h pour 45° de latitude nord et 0° de longitude : L-Psc, M-Ari, M-Ari, J-Tau, V-Tau, S-Tau, D-Gem.

06 00 TSMG (voir p. 17) : 14 h 57 m 23 s.

MAI 2024

Les phénomènes astronomiques au jour le jour

06 05 **Conjonction géocentrique en longitude entre la Lune (Psc) et Mercure** à 5 h 57 m (séparation : 3,4°).

06 11 Début de la 2284e rotation synodique du Soleil.

06 12 À midi, début du jour julien 2 460 437.

06 22 La petite planète **2 Pallas** passe au périgée à 2,153 ua. Sa magnitude est proche de 9.

06 23 L'étoile **Polaire** passe au méridien à minuit. À 45° de latitude nord, sa hauteur est alors de 44° 21′ 59″, ce qui rappelle qu'elle n'est pas exactement sur le pôle Nord de la sphère céleste.

07 03 Mardi (128-238). Saturne frôle une étoile de magnitude 9,3 (PPM 207212) vers 3 h 07 m. Ce rapprochement est visible à l'aube au lever de Saturne en Europe, donc avec de très mauvaises conditions de turbulence.

07 04 Ce matin à l'aube, guettez un fin croissant lunaire de 1,4 %. À 4 h 15 m, il est âgé de 23 heures avant la Nouvelle Lune ; il se situe à 1,5° de hauteur et à 72° d'azimut, alors que le Soleil se situe à 5° sous l'horizon. Près de 40 heures séparent ce vieux croissant du très jeune croissant que vous pourrez tenter de repérer demain soir avec un instrument.

07 12 Du 7 au 30 mai, **Jupiter traverse d'est en ouest le champ du coronographe LASCO C3** de la sonde *SOHO*. Elle y croise Vénus le 23 mai.

07 13 Le plus vieux croissant de la lunaison peut être observé à l'aube avec un instrument optique au sud-est du Mexique.

07 14 **Conjonction géocentrique en longitude entre la Lune (Ari) et Vénus** à 14 h 05 m (séparation : 3,2°). Vénus ne se lève qu'un quart d'heure avant le Soleil et l'observation de ce duo est donc extrêmement délicate. L'éclat puissant de cette planète permet cependant d'essayer avec des jumelles.

08 03 Mercredi (129-237). **Nouvelle Lune à 3 h 22 m (Ari).** Distance : 364 243 km, soit 57,11 rayons terrestres.

08 10 **Mars passe au périhélie** à 1,382 ua du Soleil, soit près de 207 millions de kilomètres.

08 12 **Le Soleil** franchit le méridien à 62° de hauteur.

08 16 **Conjonction géocentrique en longitude entre la Lune (Tau) et Jupiter** à 16 h 30 m (séparation : 4,1°). Jupiter ne se couche qu'une petite demi-heure après le Soleil et son repérage aux jumelles à 4° de l'arc lunaire est donc un sacré défi !

08 19 Ce soir au crépuscule, un instrument est indispensable pour tenter d'observer un très fin croissant lunaire de

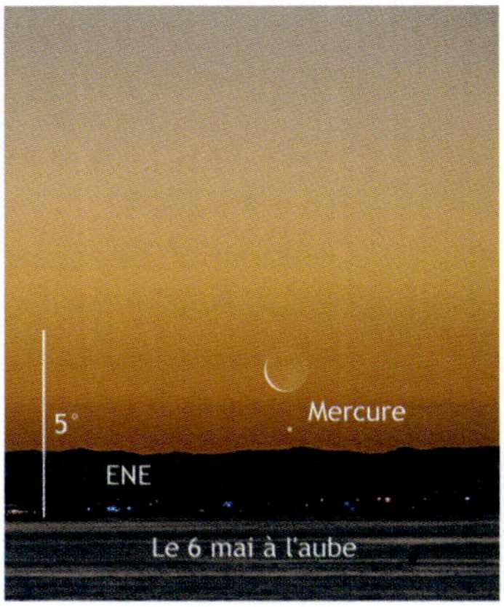

Le 6 mai à l'aube, après Saturne et Mars, c'est au tour de Mercure de recevoir la visite de la Lune, mais elle ne se lève qu'une quarantaine de minutes avant le Soleil en Europe et sa magnitude n'est pas intense. Des jumelles sont indispensables pour tenter de la repérer juste en dessous de l'arc lunaire à l'est-nord-est à la fin du crépuscule nautique.

0,8 %. À 19 h 40 m, il est âgé de 16,5 heures ; il se situe à 3,5° de hauteur et à 299° d'azimut, alors que le Soleil se situe à 5° sous l'horizon.

09 04 Jeudi (130-236). Maximum de l'essaim météoritique diurne des Epsilon Ariétides (154 DEA), dont la période d'activité s'étend du 24 avril au 27 mai (découvert en 1961). Longitude héliocentrique prévue pour le maximum (équinoxe 2000.0) : 48,7°.

09 17 Mars entre dans la constellation de la Baleine.

09 19 Comme chaque année à cette époque et vers début août, **le Soleil passe au centre de l'arche de l'Arc de triomphe** vers 19 h 02 m TU, juste avant son coucher, vu du rond-point des Champs-Élysées. La veille, il passe plus bas dans l'arche et, le lendemain, plus haut. Vous pouvez utiliser l'application The Photographer's Ephemeris – version gratuite en ligne ou payante pour smartphones et tablettes – pour trouver les alignements du coucher et du lever du Soleil ou de la Lune avec des formations ou des bâtiments particuliers. Elle est très graphique et facile à comprendre même si vous ne maîtrisez pas bien l'anglais.

09 21 **Mercure atteint son élongation maximale à l'ouest : 26,4°.**

10 11 Vendredi (131-235). Maximum possible d'un petit essaim météoritique observé depuis quelques années seulement, les Êta Lyrides (145 ELY), dont la période d'activité s'étendrait du 3 au 14 mai. Les Êta Lyrides seraient associées à la comète C/1983 H1 IRAS-Araki-Alcock, qui est passée à proximité du Soleil en mai 1983. Longitude héliocentrique prévue pour le maximum (équinoxe 2000.0) : entre 49° et 50°. Vitesse de pénétration atmosphérique : 43 km/s. Taux horaire moyen au zénith : 3.

11 00 Samedi (132-234). Formations lunaires proches du terminateur dans la journée : Endymion, l'albatros (bordure ouest de la mer des Crises).

12 00 Dimanche. 133e jour de l'année.

12 00 Période de libration maximale en longitude (l = 6,2°) et en latitude pour la Lune (b = - 6,7°).

12 12 **Le Soleil** franchit le méridien au zénith à Haïti.

12 17 **Minimum d'éclat de l'étoile variable Sheliak** (Bêta de la Lyre) à 17 h. Sa magnitude varie de 3,3 à 4,3 au cours d'un cycle de 12,941 jours. L'autre minimum du mois se produit le 25 à 16 h. Voir également le 2 août 2023.

12 22 Conjonction géocentrique en longitude entre la Lune (Gem) et Pollux à 22 h 22 m (séparation : 1,6°).

20e SEMAINE

13 00 Lundi (134-232). L'éclat de la Lune gibbeuse croissante illumine la voûte céleste un peu plus

Le 7 mai à l'aube, des jumelles sont indispensables pour tenter de repérer l'arc lunaire et le diamant vénusien au ras d'un horizon est-nord-est parfaitement limpide et dégagé quelques minutes avant le lever du Soleil.

Les phénomènes astronomiques au jour le jour

longtemps chaque nuit. Constellation de la Lune chaque jour à 0 h pour 45° de latitude nord et 0° de longitude : L-Gem, M-Cnc, M-Leo, J-Leo, V-Leo, S-Vir, D-Vir.

13 00 TSMG (voir p. 17) : 15 h 24 m 58 s.

13 09 **Uranus est en conjonction supérieure ;** elle passe à 15,6′ du centre du disque solaire, c'est-à-dire qu'elle frôle le limbe de notre étoile sans être occultée. Uranus sera occultée par le Soleil à chacune de ses conjonctions supérieures de 2025 à 2033.

13 12 À midi, début du jour julien 2 460 444.

13 14 Uranus est au plus loin de la Terre à 20,602 ua, soit près de 3,082 milliards de kilomètres.

13 16 Mars entre dans la constellation des Poissons.

14 00 Mardi (135-231). **Les Pléiades font leur entrée à l'est du champ du coronographe LASCO C3** de la sonde *SOHO* ; elles y sont exposées jusqu'au 28 mai.

14 01 **Le Soleil entre dans la constellation du Taureau (53,7°)** à 1 h 13 m.

14 23 Premier quartier de Mercure.

15 00 Mercredi (136-230). En milieu de nuit, pointez un instrument vers le cratère **Barrow** au nord du quartier lunaire pour observer le coup de projecteur lancé par le Soleil levant sur le fond de l'arène encore sombre de cette belle formation.

15 11 **Premier Quartier de Lune à 11 h 48 m (Leo).** Distance : 401 392 km, soit 62,93 rayons terrestres.

15 12 Le Soleil franchit le méridien à 64° de hauteur.

15 16 Cet après-midi, pointez un instrument vers le quartier de Lune pour tenter de voir le « **X lunaire** » révélé par le Soleil rasant à l'intersection des cratères La Caille, Blanchinus et Purbach. Le **V** lumineux qui se déploie dans le cratère Ukert, pratiquement au centre de la Lune, devrait également être visible avant la fin de la journée. Voir le 25 juin 2023.

15 21 **Conjonction géocentrique en longitude entre la Lune (Leo) et Régulus** à 21 h 53 m (séparation : 3,2°). À la fin du crépuscule, le gros quartier lunaire est à près de 2° au nord de Régulus, très loin au-dessus de l'horizon sud-ouest.

16 00 Jeudi (137-229). Le Soleil se lève sur la région de **Pallas** (3-275) et, autour de 0 h 51 m, vous pouvez tenter d'observer avec un instrument une ou plusieurs raies lumineuses dans cette formation. Longitude du terminateur : 3° ; âge lunaire : 7,9 j ; illumination : 55 %.

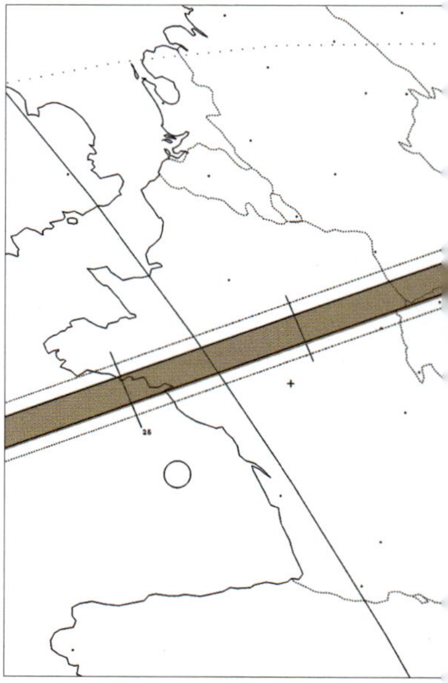

Le 13 mai, entre 0 h 20 m et 1 h 02 m, la petite planète **166 Rhodope** (diamètre 53 km ; magnitude 15,3) occulte une étoile de magnitude 11,1 (TYC 879-00468-1 ; ascension droite : 12 h 18 m 28 s ; déclinaison : 13° 14′ 35″) dans la constellation de la Chevelure de Bérénice. La diminution d'éclat devrait atteindre 4,3 magnitudes et durer près de 11 secondes au maximum sur la bande de centralité du phénomène qui balaye le nord de la Suisse et la France métropolitaine d'est en ouest.

17 00 Vendredi (138-228). Période du maximum d'éclat de l'étoile variable RU Vir (1242+04). RU Vir est une variable de type Mira (variable à longue période) dont la magnitude oscille entre 8,1 et 14,2 ; sa période est de 434 jours.

17 13 Mars et Saturne sont en conjonction héliocentrique.

17 18 La Lune passe à l'apogée à 18 h 59 m. Distance : 404 640 km, soit 63,44 rayons terrestres.

17 20 Le Soleil se lève sur la région de **Longomontanus** (4-358) et, autour de 20 h 12 m, vous pouvez tenter d'observer avec un instrument une ou plusieurs raies lumineuses dans cette formation. Longitude du terminateur : 25° ; âge lunaire : 9,7 j ; illumination : 72 %.

18 01 Samedi (139-227). Si vous êtes photographe, utilisez la clarté de la Lune qui se couche à l'ouest pour éclairer le paysage à l'est sous la magnifique arche galactique qui se déploie du nord au sud.

18 03 Mercure entre dans la constellation de la Baleine.

18 04 Le Soleil se lève sur la région de **Mercator** (4-333) et, autour de 4 h 00 m, vous pouvez tenter d'observer avec un instrument une ou plusieurs raies lumineuses dans cette formation. Longitude du terminateur : 29° ; âge lunaire : 10 j ; illumination : 74 %.

18 11 Conjonction géocentrique en longitude entre Vénus (Ari) et Uranus à 11 h 40 m (séparation : 0,5°).

18 14 Vénus entre dans la constellation du Taureau.

18 22 **Jupiter est en conjonction supérieure** et passe à 0,7° du centre du disque solaire.

19 00 Dimanche. 140e jour de l'année.

19 15 Opposition de la petite planète **2 Pallas**. Prochaine opposition le 7 août 2025.

19 16 La Lune passe au nœud descendant à 16 h 35 m (longitude moyenne : 194,9°). Distance : 402 659 km, soit 63,1 rayons terrestres.

19 19 Le Soleil se lève sur la région de **Mersenius** (4-310) et, autour de 19 h 56 m, vous pouvez tenter d'observer avec un instrument une ou plusieurs raies lumineuses dans cette formation. Longitude du terminateur : 49° ; âge lunaire : 11,7 j ; illumination : 87 %.

19 21 Mercure entre dans la constellation du Bélier.

19 23 Passage au méridien à minuit de la constellation de la **Couronne boréale**.

21e SEMAINE

20 00 Lundi (141-225). Semaine de Pleine Lune : elle ne s'élève guère au-dessus de l'horizon sud mais son éclat est largement suffisant pour gommer la Voie lactée et nombre d'étoiles. Constellation de la Lune chaque jour à 0 h pour 45° de latitude nord et 0°

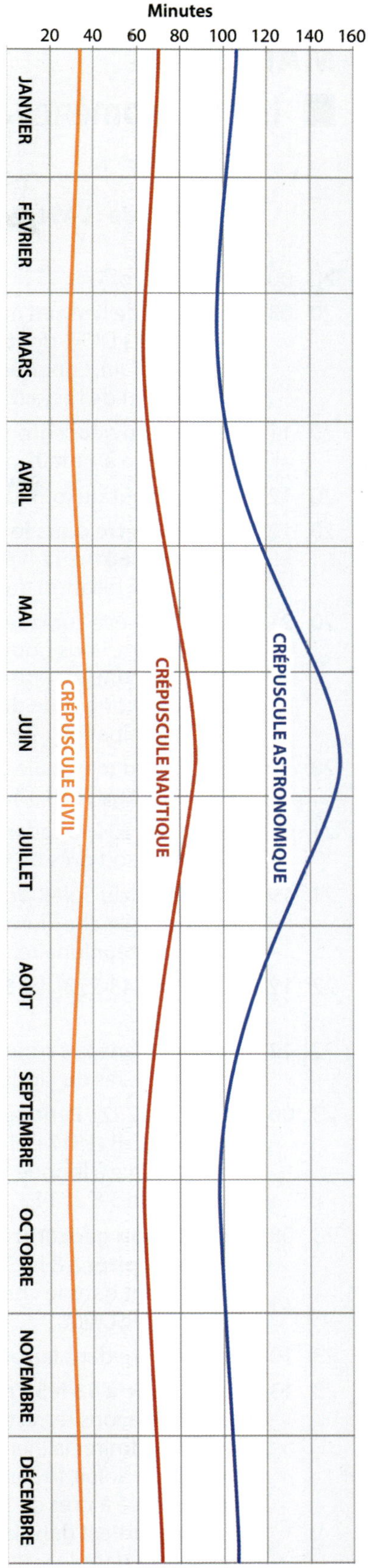

Les phénomènes astronomiques au jour le jour

de longitude : L-Vir, M-Vir, M-Lib, J-Lib, V-Sco, S-Oph, D-Sgr.

20 00 TSMG (voir p. 17) : 15 h 52 m 34 s.

20 03 Maximum de l'essaim météoritique diurne des Omicron Cétides (293 DCE), dont la période d'activité s'étend du 5 mai au 2 juin. Longitude héliocentrique prévue pour le maximum de l'essaim (équinoxe 2000.0) : 59,3°.

20 11 Conjonction géocentrique en longitude entre la Lune (Vir) et Spica à 11 h 03 m (séparation : 1,2°).

20 12 À midi, début du jour julien 2 460 451.

20 12 **Le Soleil entre dans le signe astrologique des Gémeaux (60°)** à 12 h 59 m, mais, dans la réalité, il est dans la constellation du Taureau pour un mois encore.

20 21 Le Soleil se lève sur la région de **Lacroix** (4-329) et, autour de 21 h 48 m, vous pouvez tenter d'observer avec un instrument une ou plusieurs raies lumineuses dans cette formation. Longitude du terminateur : 62° ; âge lunaire : 12,8 j ; illumination : 93 %.

20 22 Latitude sud maximale pour Mercure : - 7° (longitude héliocentrique : 318,3°).

21 02 Mardi (142-224). Jupiter est au plus loin de la Terre à 6,028 ua, soit près de 902 millions de kilomètres.

21 19 Au coucher du Soleil, vous pouvez admirer avec un instrument l'arche illuminée du **golfe des Iris** au nord du terminateur lunaire.

22 12 Mercredi (143-223). **Le Soleil** franchit le méridien à 66° de hauteur.

22 22 La petite planète 3 Junon passe à près de 1° au sud du trio de galaxies du Lion formé par Messier 95, 96 et 105.

23 00 Jeudi (144-222). Période du maximum d'éclat de l'étoile variable S CrB (1517+31). S CrB est une variable de type Mira (variable à longue période) dont la magnitude oscille entre 5,8 et 14,1 ; sa période est de 360,26 jours.

23 08 **Conjonction géocentrique en longitude entre Vénus (Tau) et Jupiter** à 8 h 29 m (séparation : 0,2°). Visible uniquement dans le champ du coronographe LASCO C3 de la sonde *SOHO*.

23 10 Uranus entre dans la constellation du Taureau.

23 13 **Pleine Lune à 13 h 53 m (Sco).** Distance : 390 647 km, soit 61,25 rayons terrestres. Au cœur du printemps, nous pouvons admirer la Pleine Lune des fleurs. Le 22 au coucher du Soleil, la Lune pratiquement pleine est déjà installée à près de 5° de hauteur au-dessus de l'horizon sud-est dans la Balance ; elle circule près de huit heures dans le ciel avant de plonger sous l'horizon

La tache rouge de Jupiter

Lorsque la planète Jupiter est observable aux latitudes européennes, vous pouvez trouver au début du mois les heures des passages de **la grande tache rouge** au méridien central, c'est-à-dire sous le méridien passant au centre du disque jovien visible depuis la Terre. Ces heures sont calculées pour le milieu de cette formation nuageuse visible dans les instruments des amateurs et qui est actuellement d'une coloration plus saumonée que rougeâtre, ce qui rend son repérage avec les petits instruments plus délicate qu'il y a quelques décennies, et cela d'autant plus que son extension en longitude semble diminuer régulièrement. Je rappelle que la grande tache rouge est un système anticyclonique centré sur la latitude jovienne 20° sud et que son étendue en longitude est passée de près de 40 000 km à la fin du XIXe siècle à 15 000 km actuellement. Des mesures récentes liées à la mission *Juno* confirment cependant que ce changement n'est qu'apparent et qu'en profondeur l'énergie du système anticyclonique est toujours aussi importante, voire en augmentation ; la grande tache rouge ne devrait donc pas disparaître du jour au lendemain. La longitude du centre de la grande tache rouge ayant tendance à croître rapidement ces dernières années, je me fonde sur une estimation de cette augmentation mensuelle pour calculer les horaires indiqués ; en moyenne, cette longitude augmente de 1,75° par mois. Il est possible que, au cours de l'année, la dérive soit plus ou moins rapide, voire qu'elle s'arrête durant plusieurs mois. Cela influe naturellement sur la précision de mes prévisions, mais, fort heureusement, la principale caractéristique de la grande tache rouge de Jupiter est justement qu'elle est grande ! Si bien que, même si la dérive constatée ne correspond pas parfaitement à la dérive estimée, le décalage du passage au méridien central ne dépasse pas quelques minutes et la tache rouge est parfaitement sud-ouest durant l'aube le 23. Ce jour-là, elle se lève une demi-heure après le départ du Soleil et son éclat accompagne celui d'Antarès du Scorpion tout au long de la nuit. Le 24, la Lune encore joliment ronde se couche au sud-ouest en même temps que le Soleil se lève à l'est-nord-est.

23 19 **Sirius** se couche en même temps que le Soleil – on parle de coucher cosmique.

23 23 Durant la nuit du 23 au 24, la Pleine Lune franchit le méridien à près de 12° de l'horizon sud à Lille et de 20° à Perpignan.

24 00 Vendredi (145-221). **Conjonction géocentrique en longitude entre Vénus (Tau) et les Pléiades** à 0 h 48 m (séparation : 4,6°). Visible uniquement dans le champ du coronographe LASCO C3 de la sonde *SOHO*.

24 03 **Conjonction géocentrique en longitude entre la Lune (Sco) et Antarès** à 3 h 16 m (séparation : 0,4°). Durant la nuit du 23 au 24, l'éclat rougeoyant d'Antarès est visible juste à côté de la Pleine Lune.

24 03 Occultation d'Antarès par la Lune. Zone de visibilité : sud-est de l'Amérique du Nord, Mexique, Amérique centrale, Cuba, Haïti, Amérique du Sud, océan Atlantique et ouest de l'Afrique.

25 00 Samedi (146-220). Aldébaran et les étoiles de l'amas ouvert des Hyades apparaissent au sud-est du champ du coronographe LASCO C3 de la sonde *SOHO*. Durant une paire de jours, elles y côtoient les Pléiades. Aldébaran quitte le champ le 6 juin.

25 00 Période de libration minimale en longitude pour la Lune (l = - 5,3°).

25 02 L'éclat de l'étoile variable Mira de la Baleine (Omicron Ceti) atteint son maximum. Le Soleil se situant à proximité de la constellation de la Baleine actuellement, il est impossible d'observer Mira. Le prochain maximum aura lieu l'année prochaine environ un mois plus tôt, soit en avril 2025, et sera également inobservable.

25 19 Le Soleil se couche sur la région d'**Endymion** (1-28) et, autour de 19 h 05 m, vous pouvez tenter d'observer avec un instrument une ou plusieurs raies lumineuses dans cette formation. Longitude du terminateur : 122° ; âge lunaire : 17,7 j ; illumination : 94 %.

25 22 Vénus et Jupiter sont en conjonction héliocentrique.

26 00 Dimanche. 147e jour de l'année.

26 00 Période du maximum d'éclat de l'étoile variable S UMa (1239+61). S UMa est une variable de type Mira (variable à longue période) dont la magnitude oscille entre 7,1 et 12,7 ; sa période est de 225,87 jours. Elle est d'une belle coloration rouge-orangé.

26 21 **Conjonction géocentrique en longitude entre Jupiter (Tau) et les Pléiades** à 21 h 46 m (séparation : 4,8°).

observable. J'indique à chaque fois, la longitude estimée que j'ai utilisée pour réaliser le calcul ; un décalage d'un degré par rapport à la réalité induit un décalage horaire d'un peu moins de deux minutes. Un très bon site pour avoir les dernières indications de la valeur de la longitude de la grande tache rouge est celui d'Hans-Jörg Mettig : jupos.privat.t-online.de/rGrs.htm. Dans tous les cas, il faut garder en mémoire que la tache rouge est bien visible durant une fenêtre de près de quatre heures, centrée sur l'heure de passage au méridien ; cela donne du temps pour la repérer et l'observer ou la photographier avec un instrument.

Le 24 mai à l'aube, Antarès accompagne la Pleine Lune vers l'horizon sud-ouest.

Les phénomènes astronomiques au jour le jour

Visible uniquement dans le champ du coronographe LASCO C3 de la sonde *SOHO*.

22e SEMAINE

27 00 Lundi (148-218). Le crépuscule est de plus en plus long, mais la Voie lactée se lève avant la Lune décroissante et les soirées sont agréables. Constellation de la Lune chaque jour à 0 h pour 45° de latitude nord et 0° de longitude : L-Sgr, M-Cap, M-Cap, J-Aqr, V-Aqr, S-Psc, D-Psc.

27 00 TSMG (voir p. 17) : 16 h 20 m 10 s.

27 00 Période du maximum d'éclat de l'étoile variable T Ari (0242+17). T Ari est une variable semi-régulière dont la magnitude oscille entre 7,3 et 10,5 ; sa période est de 314 jours.

27 02 Mercure et Saturne sont en conjonction héliocentrique.

27 12 À midi, début du jour julien 2 460 458.

28 00 Mardi (149-217). **Conjonction géocentrique en longitude entre la Lune (Cap) et Pluton** à 0 h 09 m (séparation : 1,8°). Le 28 à l'orée de l'aube, deux heures et demie avant le lever du Soleil, la Lune gibbeuse décroissante vous indique l'endroit où circule Pluton actuellement, à l'ouest du Capricorne. La planète naine, invisible à l'œil nu et aux jumelles, est à 2,5° au nord du limbe lunaire septentrional.

28 16 Mercure et Mars sont en conjonction héliocentrique.

28 20 Le Soleil se couche sur la région d'**Aristoteles** (1-24) et, autour de 20 h 17 m, vous pouvez tenter d'observer avec un instrument une ou plusieurs raies lumineuses dans cette formation. Longitude du terminateur : 159° ; âge lunaire : 20,7 j ; illumination : 71 %.

29 01 Mercredi (150-216). À 1 h 43 m, l'étoile 33 Cap (Cap - magnitude 5,4) est occultée par la Lune ; elle réapparaît à 2 h 50 m. Les deux astres sont alors à 18,3° au-dessus de l'horizon et la fraction éclairée de notre satellite est de 68 %.

29 12 **Le Soleil** franchit le méridien à 67° de hauteur.

29 23 L'étoile **Antarès** du Scorpion passe au méridien à minuit. Sa hauteur est alors de 19° sud.

30 00 Jeudi (151-215). Période du maximum d'éclat de l'étoile variable W Her (1631+37). W Her est une variable de type Mira (variable à longue période) dont la magnitude oscille entre 7,6 et 14,4 ; sa période est de 280,03 jours.

30 17 **Dernier Quartier de Lune à 17 h 13 m (Aqr).** Distance : 370 419 km, soit 58,08 rayons terrestres.

30 17 **Maximum de l'essaim météoritique des Tau**

Est-ce que la comète C/2023 A3 Tsuchinshan-ATLAS nous enchantera autant l'automne prochain que la grandiose comète C/2020 F3 NEOWISE en juillet 2020 ? Réponse dans quelques mois !

Herculides (061 TAH), qui peut être actif de fin mai à début juin. Longitude héliocentrique prévue pour le maximum (équinoxe 2000.0) : révisée à 69,45° en 2022 par l'IMO. Vitesse de pénétration atmosphérique : 16 km/s. Taux horaire moyen au zénith : variable. Cet essaim est associé à la comète 73P Schwassmann-Wachmann 3 (période de 5,3 années ; prochain passage au périhélie le 23 décembre 2027). En 2024, le maximum se produit après le Dernier Quartier et la Lune se lève donc très tard dans la nuit.

30 19 Mercure entre dans la constellation du Taureau.

31 00 Vendredi (152-214). Formations lunaires proches du terminateur dans la journée : Mur droit, Platon, Tycho, Ératosthène, Clavius.

31 05 Conjonction géocentrique en longitude entre Mercure (Tau) et Uranus à 5 h 53 m (séparation : 1,3°).

31 08 **Conjonction géocentrique en longitude entre la Lune (Aqr) et Saturne** à 8 h 24 m (séparation : 0,3°).

31 08 Occultation de Saturne par la Lune. Zone de visibilité : sud de l'Amérique du Sud, océan Atlantique et Afrique.

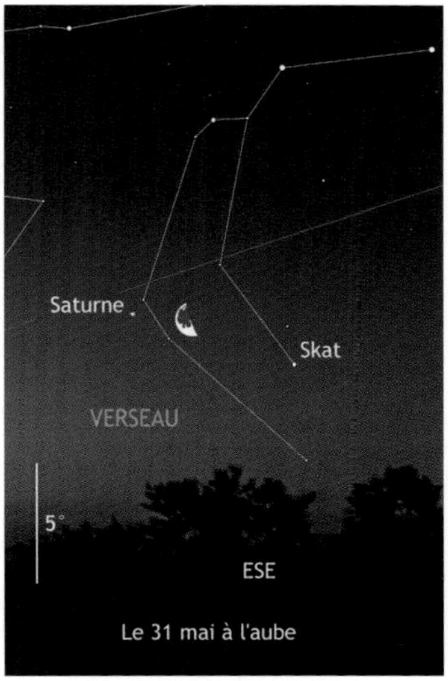

Le 31 mai à l'aube, deux heures avant le lever du Soleil, Saturne et le Dernier Quartier nous attendent à l'est-sud-est.

La comète C/2023 A3 Tsuchinshan-ATLAS

Découverte début 2023, la comète C/2023 A3 Tsuchinshan-ATLAS devrait passer le 27 septembre 2024 au plus près du Soleil (périhélie) à 58 millions de kilomètres et, le 12 octobre suivant, à 71 millions de kilomètres de la Terre. Son éclat pourrait atteindre, voire dépasser, la magnitude 0 au périhélie, mais, comme toujours lorsqu'il s'agit d'une comète nouvellement découverte très loin du Soleil, il y a une grande incertitude sur son évolution à l'heure à laquelle je rédige ces lignes. Selon son ancienneté et la dimension de son noyau, cette comète pourra ou non survivre à son approche du Soleil et nous offrir un superbe spectacle cet automne ou bien un flop, comme ce fut le cas pour la tellement prometteuse comète C/2012 S1 ISON, qui s'est désintégrée à proximité du Soleil en décembre 2013 !
C/2023 A3 Tsuchinshan-ATLAS circule fin mai 2024 dans la tête de la Vierge, juste à côté d'une région densément peuplée de galaxies, et son éclat devrait être proche de la magnitude 10. Il sera de plus en plus délicat de la repérer au fil du mois de juin, puis elle disparaîtra du ciel d'Europe jusqu'à la fin de l'été. À l'approche de son périhélie, elle se hissera à l'est-sud-est dans le ciel de l'aube, mais son élongation solaire et l'inclinaison de son orbite rendront son repérage délicat, sauf si sa magnitude augmente fortement. Le 27 septembre, jour de son périhélie, elle se lèvera un peu plus d'une heure avant le Soleil et son élongation sera proche de 23°. Elle plongera ensuite rapidement vers l'éclat solaire et il faudra probablement attendre jusqu'au 10 octobre pour la retrouver dans le ciel du soir durant le crépuscule nautique.
Si tout se déroule au mieux, elle pourrait alors devenir une très belle comète aux latitudes européennes car elle grimpera vite vers les constellations du Serpent (tête), d'Ophiuchus, du Serpent (queue) et de l'Aigle. Elle devrait, de plus, passer début octobre pratiquement entre le Soleil et la Terre, ce qui nous permettrait de voir son panache de gaz et de poussières éclairé pratiquement par derrière, comme cela avait été le cas pour la somptueuse comète C/2006 P1 McNaugth. La présence de la Lune gibbeuse et pleine atténuera le spectacle – si spectacle il y a ! – jusqu'au 20 octobre, puis la comète voguera dans la nuit noire. Beaucoup de belles promesses donc, mais n'oubliez pas que les comètes n'en font toujours qu'à leur tête !

Les phénomènes astronomiques au jour le jour

À NE PAS MANQUER CE MOIS-CI !

Guettez les nuages noctiluques.
Admirez l'arche galactique avant l'aube.
Le 2, Mars et la Lune.
Le 5, Mercure, Jupiter et la Lune.
Le 16, Spica et la Lune.
Le 27 et le 28, Saturne et la Lune.

Cette version réduite des phénomènes du mois de juin vous permettra de faire la jonction plus aisément avec l'édition suivante du *Guide du Ciel*, généralement disponible dès la fin du mois de mai en librairie.

JJ	TU	
01	01	Samedi (153-213). Heure de début et de fin du crépuscule astronomique à 45° de latitude nord et 0° de longitude : le 1er (1 h 52 m/22 h 05 m) ; le 15 (1 h 40 m/22 h 21 m). La durée du jour est de 15 heures et 24 minutes le 1er et de 15 heures et 34 minutes le 30 ; le dernier jour du mois, le Soleil se lève à la même heure et se couche 11 minutes plus tard que le premier. La durée du crépuscule astronomique passe de 145 à 150 minutes sur le mois.
01	12	À midi, début du jour julien 2 460 463.
01	22	L'étoile **Deneb** domine l'horizon nord-est de 30° à la fin du crépuscule astronomique à 45° de latitude nord.
02	00	Dimanche. 154e jour de l'année. L'inclinaison apparente des anneaux de Saturne passe de + 2,2° à + 2° au cours du mois.
02	03	La Lune passe au nœud ascendant à 3 h 07 m (longitude moyenne : 14,0°). Distance : 368 114 km.
02	04	**Maximum d'éclat de l'étoile variable Êta Aquilae** (Aigle) à 4 h. Il s'agit d'une étoile de type céphéide dont la magnitude passe de 3,5 à 4,4 au cours d'un cycle de 7,177 jours. Les autres maxima du mois se produisent le 9 à 8 h, le 16 à 13 h, le 23 à 17 h et le 30 à 21 h. Voir également le 8 mars 2024.
02	07	La Lune passe au périgée à 7 h 16 m. Distance : 368 102 km, soit 57,71 rayons terrestres.
02	13	**Élongation maximale de Titan** à l'ouest de Saturne à 13 h 28 m (172″). Retrouvez les autres élongations de Titan en juin à la page consacrée aux satellites de Saturne en début de mois.
02	17	Début de la 2285e rotation synodique du Soleil.
02	22	**Conjonction géocentrique en longitude entre la Lune (Psc) et Mars** à 22 h 03 m (séparation : 2,2°). Ces deux

Le 3 juin à l'aube, une heure et demie avant le lever du Soleil, l'éclat martien encore très timide peine à s'imposer à côté du croissant lunaire dans les Poissons.

astres se lèvent à l'est-nord-est au début de l'aube, près de deux heures avant le Soleil.

02 22 **Nous entrons dans la bonne période pour guetter l'apparition des nuages noctiluques** à la fin du crépuscule et à l'orée de l'aube (voir le 2 juin 2023).

23e SEMAINE

03 00 Lundi (155-211). Les nuits sont courtes, mais la Lune s'absente et la Voie lactée se déploie dans toute sa splendeur. Constellation de la Lune chaque jour à 0 h pour 45° de latitude nord et 0° de longitude : L-Psc, M-Ari, M-Ari, J-Tau, V-Tau, S-Gem, D-Gem.

03 00 TSMG (voir p. 17) : 16 h 47 m 46 s.

03 12 À midi, début du jour julien 2 460 465.

03 14 **Maximum d'éclat de l'étoile Delta Cephei** à 14 h. Sa magnitude varie de 3,5 à 4,4 au cours d'un cycle de 5,366 jours. Les autres maxima du mois se produisent le 8 à 23 h, le 14 à 8 h, le 19 à 16 h, le 25 à 1 h et le 30 à 10 h. Voir également le 6 octobre 2023.

04 15 Mardi (156-210). **Vénus est en conjonction supérieure.** Elle passe à près de 3,6′ du centre du disque solaire et est occultée.

05 02 Mercredi (157-209). Vénus est au plus loin de la Terre à 1,735 ua de la Terre, soit près de 259 millions de kilomètres.

05 12 **Conjonction géocentrique en longitude entre la Lune (Tau) et Jupiter** à 12 h 49 m (séparation : 4,5°).

05 12 **Le Soleil** franchit le méridien à 68° de hauteur.

05 16 **Conjonction géocentrique en longitude entre la Lune (Tau) et Mercure** à 16 h 46 m (séparation : 4,5°).

05 22 Le plus jeune croissant de la lunaison peut être observé au crépuscule avec un instrument optique à l'ouest des États-Unis.

06 00 Jeudi (158-208). La Terre passe dans le plan équatorial du Soleil.

06 03 Vénus passe au nœud ascendant de son orbite (longitude héliocentrique : 76,6°).

06 12 **Nouvelle Lune à 12 h 38 m (Tau).** Distance : 376 370 km.

07 02 Vendredi (159-207). Le plus vieux croissant de la lunaison peut être observé à l'aube avec un instrument optique en Asie.

07 04 **Maximum des Ariétides de juin** (171 ARI), l'un des essaims météoritiques diurnes les plus actifs – en moyenne 60 enregistrements par heure ; la période d'activité révisée s'étendrait du 14 mai au 24 juin.

07 05 **Solstice d'hiver pour l'hémisphère Nord de Mars.**

07 14 **Minimum d'éclat de l'étoile variable Sheliak** (Bêta de la Lyre) à 14 h. Sa magnitude varie de 3,3 à 4,3 au cours

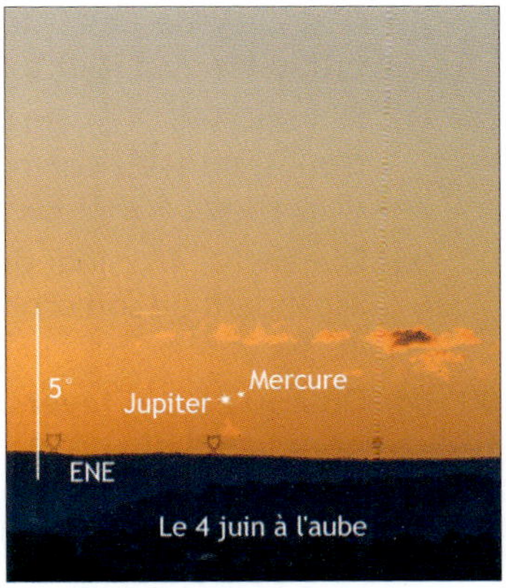

Le 4 juin à l'aube, Jupiter ne se lève qu'une quarantaine de minutes avant le Soleil, il faut donc un ciel limpide pour tenter de la repérer aux jumelles au ras de l'horizon est-nord-est à l'aplomb du fin croissant lunaire. Mercure est à près de 1° sous Jupiter et son éclat est deux fois moins intense, son repérage est donc incertain.

Les phénomènes astronomiques au jour le jour

d'un cycle de 12,941 jours. L'autre minimum du mois se produit le 20 à 13 h. Voir également le 2 août 2023.

08 00 Samedi (160-206). Du 8 au 21 juin, Mercure traverse d'ouest en est le champ du coronographe LASCO C3 de la sonde *SOHO*. Elle y croise Vénus le 17 juin.

09 00 Dimanche. 161e jour de l'année. Mercure passe au nœud ascendant de son orbite (longitude héliocentrique : 48,3°).

09 04 Du 7 au 21 juin, **levers les plus matinaux de l'année pour le Soleil** à 40° nord : 4 h 31 m (arrondi à la minute). À 45° nord, les levers les plus matinaux ont lieu du 9 au 21 juin à 4 h 13 m. À 50° nord, ils se produisent entre le 13 et le 19 à 3 h 50 m.

09 09 **Saturne est en quadrature** à l'ouest du Soleil.

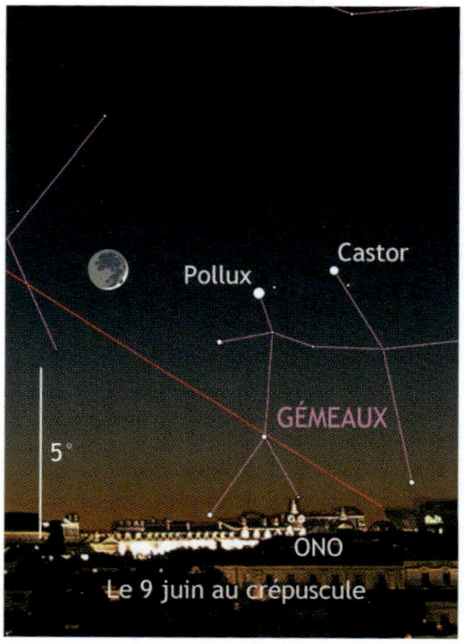

Le 9 juin au crépuscule, deux heures après le coucher du Soleil, retrouvez le croissant lunaire à l'ouest-nord-ouest, loin sur la gauche de Castor et Pollux.

24e SEMAINE

10 00 Lundi (162-204). La Lune est gibbeuse croissante en fin de semaine, mais il reste un peu de nuit sombre avant l'aube pour admirer la Voie lactée. Constellation de la Lune chaque jour à 0 h pour 45° de latitude nord et 0° de longitude : L-Cnc, M-Cnc, M-Leo, J-Leo, V-Leo, S-Vir, D-Vir.

10 00 TSMG (voir p. 17) : 17 h 15 m 22 s.

10 01 Mars entre dans la constellation du Bélier.

10 12 À midi, début du jour julien 2 460 472.

12 12 Mercredi (164-202). **L'équation du temps est nulle.**

13 16 Jeudi (165-201). Mercure est au périhélie à 0,307 ua du Soleil, soit près de 46 millions de kilomètres.

14 05 Vendredi (166-200). **Premier Quartier de Lune à 5 h 18 m (Vir).** Distance : 404 000 km.

14 13 La Lune passe à l'apogée à 13 h 35 m. Distance : 404 077 km, soit 63,35 rayons terrestres.

14 16 **Mercure est en conjonction supérieure** à 0,9° du centre du disque solaire.

15 20 Samedi (167-199). La Lune passe au nœud descendant à 20 h 17 m (longitude moyenne : 192,9°). Distance : 403 044 km, soit 63,2 rayons terrestres.

16 00 Dimanche. 168e jour de l'année.

16 19 **Conjonction géocentrique en longitude entre la Lune (Vir) et Spica** à 19 h 03 m (séparation : 1,1°).

16 19 Occultation de Spica par la Lune. Zone de visibilité : est de l'Europe, nord-ouest de l'Asie. Première d'une série de 20 occultations de Spica par la Lune, qui prendra fin le 17 novembre 2025.

Le 16 juin au crépuscule, le couple formé par Spica et la Lune gibbeuse croissante est visible à plus de 25° de hauteur au-dessus de l'horizon sud-ouest.

25ᵉ SEMAINE

17 00 Lundi (169-197). Semaine de solstice d'été et de Pleine Lune : la meilleure chose à faire est de vous promener toute la nuit sous la voûte céleste lumineuse ! Constellation de la Lune chaque jour à 0 h pour 45° de latitude nord et 0° de longitude : L-Vir, M-Vir, M-Lib, J-Sco, V-Oph, S-Sgr, D-Sgr.

17 00 TSMG (voir p. 17) : 17 h 42 m 58 s.

17 12 À midi, début du jour julien 2 460 479.

17 14 Mercure entre dans la constellation des Gémeaux.

17 15 Vénus entre dans la constellation des Gémeaux.

19 12 Mercredi (171-195). **Le Soleil** franchit le méridien à 68° de hauteur.

20 01 Jeudi (172-194). Heure de début et de fin du crépuscule astronomique le jour du solstice de juin à 0° de longitude : à 40° de latitude nord (2 h 28 m/21 h 36 m) ; à 45° de latitude nord (1 h 40 m/22 h 24 m, durée : 154 minutes) ; à plus de 48,5° de latitude nord, le crépuscule astronomique du soir fusionne avec celui du matin et il ne fait donc nuit noire à aucun moment durant une période d'autant plus longue de part et d'autre du solstice que votre latitude septentrionale est importante.

20 16 **Neptune est en quadrature** à l'ouest du Soleil.

20 20 Déclinaison boréale maximale du Soleil pour l'année : + 23° 26′ 18″.

20 20 **Le Soleil entre dans le signe astrologique du Cancer (90°)** à 20 h 51 m, mais, dans la réalité, il est encore dans la constellation du Taureau pour quelques heures.

20 20 **Solstice de juin sur Terre à 20 h 51 m.** Le Soleil atteint son point le plus au nord par rapport à l'équateur terrestre ; dans l'hémisphère boréal, c'est le début de l'été. En 2025, le solstice de juin se produira le 21 à 2 h 42 m.

21 08 Vendredi (173-193). **Le Soleil entre dans la constellation des Gémeaux (90,5°)** à 8 h 43 m.

22 00 Samedi (174-192). Durant la nuit du 21 au 22, la Pleine Lune franchit le méridien à près de 10° de l'horizon sud à Lille et à près de 18° à Perpignan.

22 01 **Pleine Lune à 1 h 08 m (Sgr).** Distance : 380 041 km, soit 59,58 rayons terrestres. La Pleine Lune des astéroïdes (voir le 4 juin 2023) est visible au ras de l'horizon sud-est peu après le coucher du Soleil le 21 et elle se couche au sud-ouest durant l'aube le 22.

22 19 Du 22 juin au 2 juillet, **couchers les plus tardifs de l'année pour le Soleil** à 40° nord : 19 h 33 m (arrondi à la minute). À 45° nord, les couchers les plus tardifs se produisent entre le 22 et le 30 juin à 19 h 51 m. À 50° nord, ils ont lieu du 19 juin au 30 juin à 20 h 13 m.

23 21 Dimanche. 175ᵉ jour de l'année. Latitude nord maximale pour Mercure : 7° (longitude héliocentrique : 138,3°).

Le 27 juin à l'aube, deux heures avant l'arrivée du Soleil, Saturne rencontre la Lune gibbeuse décroissante dans le Verseau, loin au-dessus de l'horizon sud-est.

Les phénomènes astronomiques au jour le jour

26e SEMAINE

24 00 Lundi (176-190). Nous récupérons un peu de nuit sans l'éclat lunaire à partir de jeudi et la Voie lactée plane de plus en plus haut dans le ciel à la fin du crépuscule. Constellation de la Lune chaque jour à 0 h pour 45° de latitude nord et 0° de longitude : L-Sgr, M-Cap, M-Aqr, J-Aqr, V-Aqr, S-Cet, D-Psc.

24 00 TSMG (voir p. 17) : 18 h 10 m 34 s.

24 12 À midi, début du jour julien 2 460 486.

26 12 Mercredi (178-188). **Le Soleil** franchit le méridien à 68° de hauteur.

27 04 Jeudi (179-187). **Maximum de l'essaim météorique des Bootides de juin** (170 JBO), qui peut être actif du 22 juin au 2 juillet. Longitude héliocentrique prévue pour le maximum (équinoxe 2000.0) : 95,7°. Voir le 27 juin 2023 pour plus d'informations sur cet essaim. En 2024, le maximum se produit en Lune gibbeuse décroissante.

27 11 La Lune passe au périgée à 11 h 30 m. Distance : 369 286 km, soit 57,90 rayons terrestres.

27 14 **Conjonction géocentrique en longitude entre la Lune (Aqr) et Saturne** à 14 h 57 m (séparation : 0,1°).

27 15 Occultation de Saturne par la Lune. Zone de visibilité : est de l'Australie, Nouvelle-Zélande, océan Pacifique, Amérique du Nord.

28 05 Vendredi (180-186). Conjonction géocentrique en longitude entre la Lune (Psc) et Neptune à 8 h 45 m (séparation : 0,3°).

28 09 Occultation de Neptune par la Lune. Zone de visibilité : Amérique du Sud, Haïti, océan Atlantique, ouest de l'Europe, nord-ouest de l'Afrique.

28 21 **Dernier Quartier de Lune à 21 h 53 m (Cet).** Distance : 369 872 km, soit 57,99 rayons terrestres.

29 04 Samedi (181-185). La Lune passe au nœud ascendant à 4 h 25 m (longitude moyenne : 11,5°). Distance : 370 107 km, soit 58,0 rayons terrestres.

29 19 **Saturne est stationnaire** en ascension droite dans le Verseau puis commence sa boucle de rétrogradation annuelle, qui prendra fin le 15 novembre prochain (139 jours).

30 11 Dimanche. 182e jour de l'année. La comète **13P Olbers** (période de 69,27 années) passe au plus près du Soleil (périhélie) à 176 millions de kilomètres. Son éclat pourrait atteindre la magnitude 8. Elle circule dans le Lynx et se couche en milieu de nuit.

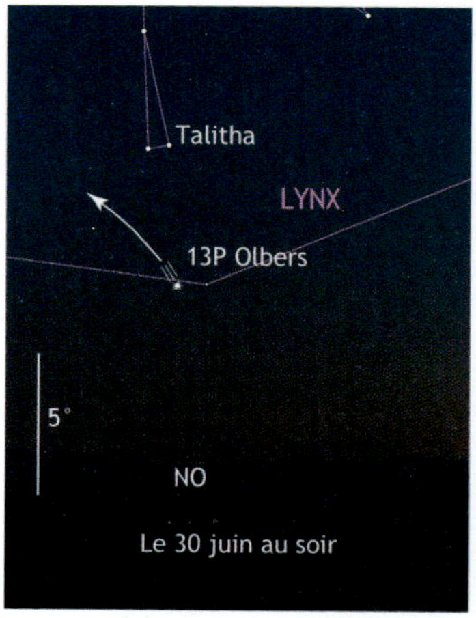

Le 30 juin au soir, plus de deux heures après le coucher du Soleil, la comète 13P Olbers sera peut-être observable avec un instrument dans le Lynx, à près de 8° sous l'étoile Talitha de la Grande Ourse.

Les prochaines éclipses de Lune

Ces schémas montrent les régions du globe qui seront concernées par les prochaines éclipses partielles ou totales de la Lune par l'ombre de la Terre. Les éclipses de Lune uniquement par la pénombre ne sont pas représentées.
Les courbes vertes marquent les limites géographiques de visibilité de l'entrée et de la sortie du disque lunaire dans la zone de pénombre qui entoure l'ombre terrestre ; les courbes jaunes marquent les limites de son entrée et de sa sortie dans l'ombre ; les courbes rouges marquent les limites de visibilité de la phase de totalité.
Si vous vous trouvez à l'ouest (à gauche) d'une de ces courbes dans la partie « éclipse au lever de la Lune », l'instant qu'elle concerne se produit juste avant le lever de la Lune et vous ne pouvez pas l'observer ; si vous vous situez à l'est, en revanche, l'instant se produit juste après le lever de notre satellite et vous l'observez au ras de l'horizon. Le petit disque jaune indique le point géographique où la Pleine Lune se trouve au zénith au maximum de l'éclipse.

Sur le web

Ces schémas ont été créés avec le logiciel Lunar Eclipse Maestro de Xavier Jubier, disponible gratuitement sur son site.
Vous trouverez des informations complémentaires sur les éclipses de Lune passées et à venir sur ces sites :
eclipse.gsfc.nasa.gov ;
astro.ukho.gov.uk/eclipse/ ;
www.imcce.fr ; xjubier.free.fr.

18 septembre 2024 : éclipse partielle de Lune

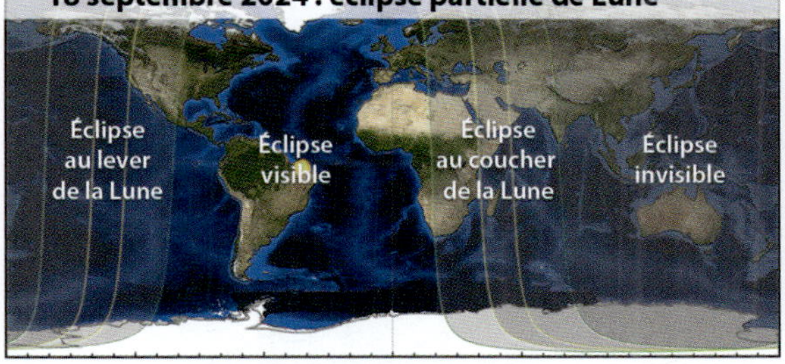

14 mars 2025 : éclipse totale de Lune

7 septembre 2025 : éclipse totale de Lune

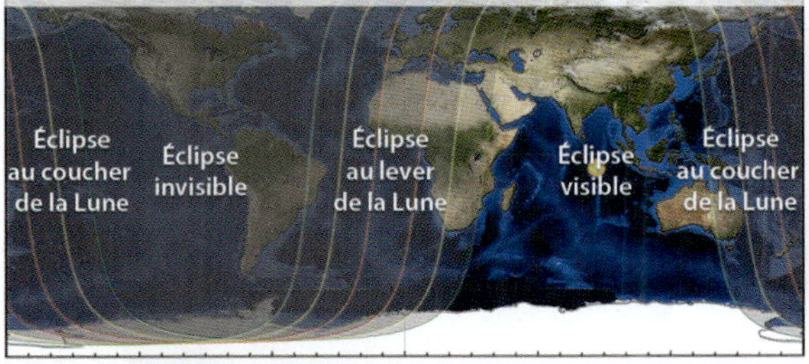

3 mars 2026 : éclipse totale de Lune

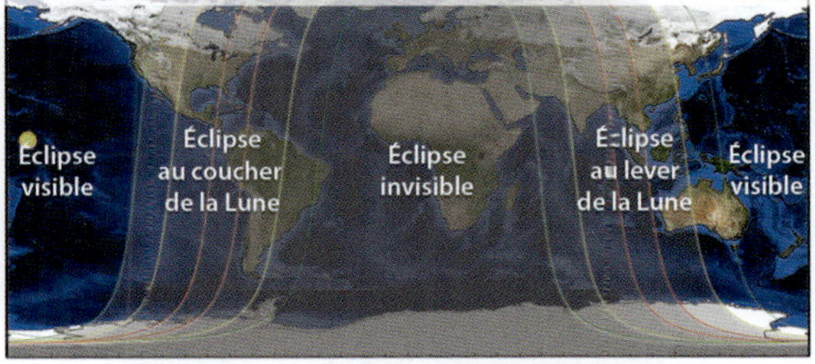

28 août 2026 : éclipse partielle de Lune

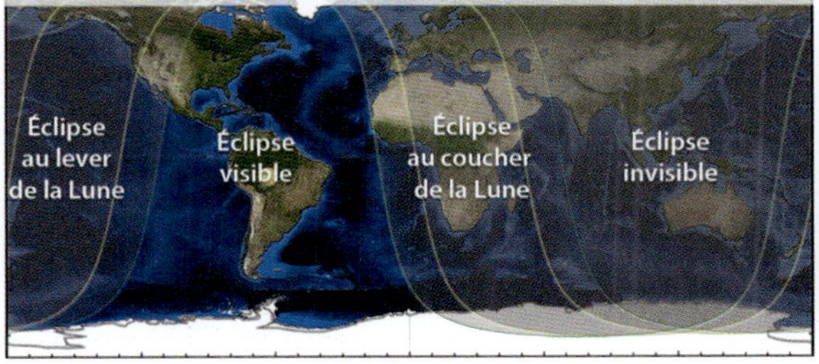

12 janvier 2028 : éclipse partielle de Lune

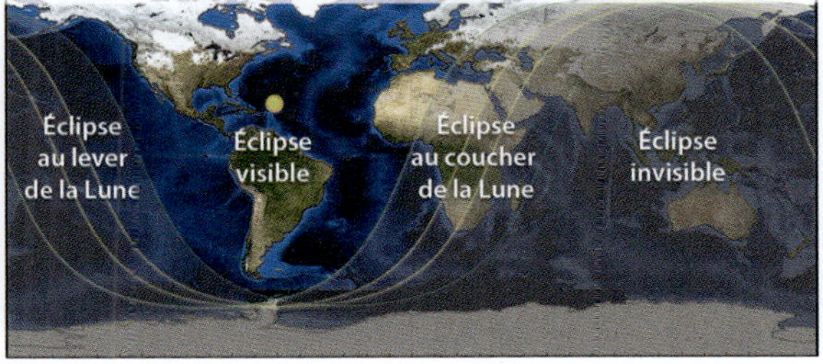

Les prochaines éclipses de Soleil

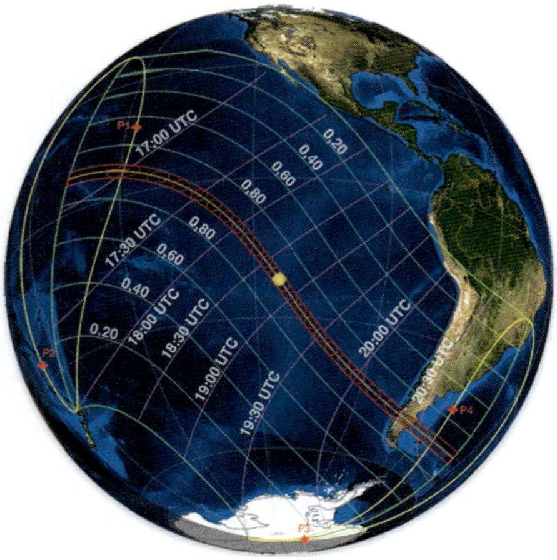

2 octobre 2024
Éclipse annulaire de Soleil
Magnitude au maximum : 0,933
Durée de la phase annulaire : **7 minutes et 25 secondes.**
Zone de visibilité de l'éclipse partielle : océan Pacifique et sud de l'Amérique du Sud.
Zone de visibilité de l'éclipse annulaire : sud du Chili et de l'Argentine.

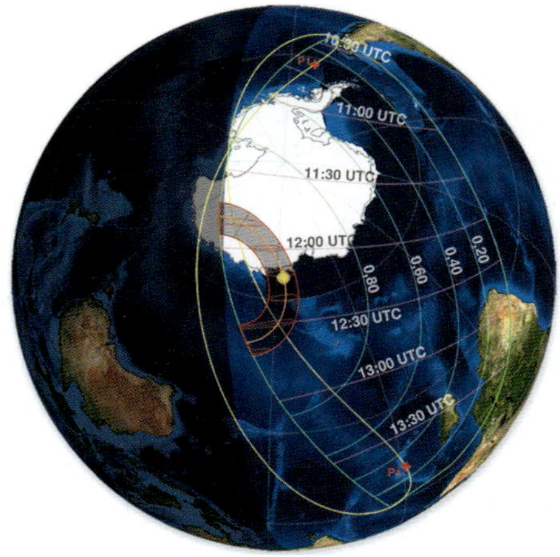

17 février 2026
Éclipse annulaire de Soleil
Magnitude au maximum : 0,963
Durée de la phase annulaire : **2 minutes et 20 secondes.**
Zone de visibilité de l'éclipse partielle : sud du Chili et de l'Argentine, sud de l'Afrique, Madagascar, La Réunion, Maurice, Antarctique.
Zone de visibilité de l'éclipse annulaire : Antarctique.

12 août 2026
Éclipse totale de Soleil
Magnitude au maximum : 1,039
Durée de la phase de totalité : **2 minutes et 18 secondes.**
Zone de visibilité de l'éclipse partielle : Alaska, nord de l'Amérique du Nord, Canada, océan Atlantique, ouest de l'Afrique et Europe – de 91 % à Strasbourg à 99 % à Bayonne et dans les Pyrénées !
Zone de visibilité de l'éclipse totale : Sibérie, régions arctiques, Groenland, Islande, Portugal, Espagne.

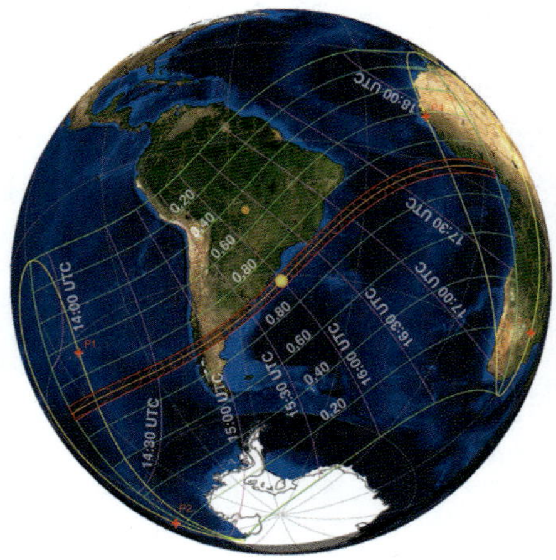

6 février 2027
Éclipse annulaire de Soleil
Magnitude au maximum : 0,928
Durée de la phase annulaire : **7 minutes et 51 secondes.**
Zone de visibilité de l'éclipse partielle : sud de l'océan Pacifique, Amérique du Sud, Antarctique, sud de l'océan Atlantique, ouest et sud de l'Afrique.
Zone de visibilité de l'éclipse annulaire : Chili, Argentine, Uruguay, océan Atlantique, Côte d'Ivoire, Ghana, Togo, Bénin, Nigeria.

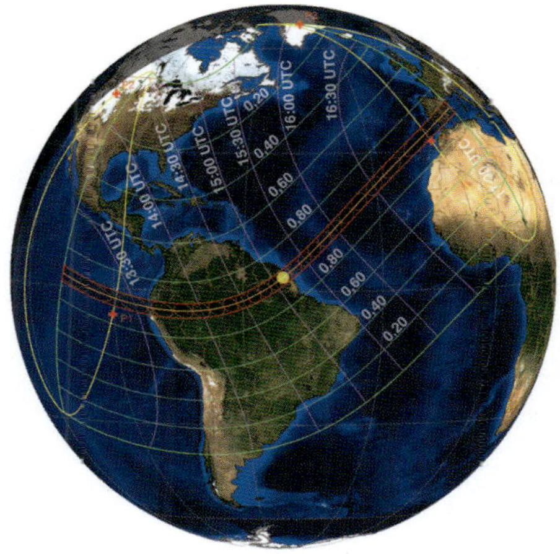

2 août 2027
Éclipse totale de Soleil
Magnitude au maximum : 1,079
Durée de la phase de totalité : **6 minutes et 23 secondes.**
Zone de visibilité de l'éclipse partielle : nord-est du Canada, Saint-Pierre-et-Miquelon, nord de l'Afrique, Europe, Moyen-Orient, Inde, ouest et sud de l'Asie, océan Indien.
Zone de visibilité de l'éclipse totale : Maroc, Espagne, Algérie, Tunisie, Libye, Égypte, Arabie Saoudite, Yémen, Somalie.

26 janvier 2028
Éclipse annulaire de Soleil
Magnitude au maximum : 0,921
Durée de la phase annulaire : **10 minutes et 27 secondes**.
Zone de visibilité de l'éclipse partielle : est de l'Amérique du Nord, Amérique centrale, Amérique du Sud, ouest de l'Europe – 87 % au pic du Midi au coucher du Soleil – et nord-ouest de l'Afrique.
Zone de visibilité de l'éclipse annulaire : Galápagos, Équateur, Pérou, Colombie, Brésil, Surinam, Guyane, Madère, Portugal, Maroc, Espagne, Ibiza.

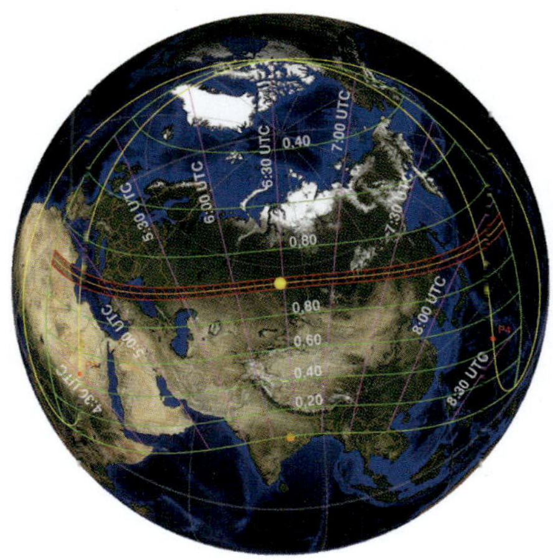

22 juillet 2028
Éclipse totale de Soleil
Magnitude au maximum : 1,056
Durée de la phase de totalité : **5 minutes et 10 secondes.**
Zone de visibilité de l'éclipse partielle : est de l'océan Indien, sud-est de l'Inde, Sri Lanka, sud de l'Asie, Papouasie-Nouvelle-Guinée, Australie, Nouvelle-Calédonie, Fidji, Tonga, Nouvelle-Zélande.
Zone de visibilité de l'éclipse totale : Australie et Nouvelle-Zélande.

1er juin 2030
Éclipse annulaire de Soleil
Magnitude au maximum : 0,944
Durée de la phase annulaire : **5 minutes et 21 secondes.**
Zone de visibilité de l'éclipse partielle : Europe (près de 60 % à Brest et Lille et de 80 % à Bonifacio), nord de l'Afrique, Moyen-Orient, Asie, Russie, Islande, Groenland, régions arctiques et Alaska.
Zone de visibilité de l'éclipse annulaire : Algérie, Tunisie, Libye, Grèce, Turquie, Russie, Kazakhstan, nord de la Chine et du Japon.

Sur le web
Ces schémas ont été créés avec le logiciel Solar Eclipse Maestro de Xavier Jubier ; xjubier.free.fr.

Le Soleil et les planètes

	JOUR	ASCENSION DROITE	DÉCLINAISON	CONSTELLATION	Ø APPARENT	ÉQUATION DU TEMPS	DISTANCE	DISTANCE LUMIÈRE	LEVER	MÉRIDIEN	HAUTEUR	COUCHER
		h m s	° ′ ″			m s	ua	m s	h m	h m		h m
Soleil	2	2 38 34	+ 15 27 41	Ari	31′ 44″	- 3 01	1,0078	8 23	04 47	11 57	61°	19 07
	6	2 53 59	+ 16 36 55	Ari	31′ 42″	- 3 22	1,0088	8 23	04 42	11 57	62°	19 12
	10	3 09 33	+ 17 41 45	Ari	31′ 41″	- 3 35	1,0098	8 24	04 37	11 56	63°	19 17
	14	3 25 16	+ 18 41 49	Ari	31′ 39″	- 3 39	1,0107	8 24	04 32	11 56	64°	19 22
	18	3 41 07	+ 19 36 48	Tau	31′ 37″	- 3 33	1,0115	8 25	04 27	11 56	65°	19 26
	22	3 57 08	+ 20 26 26	Tau	31′ 36″	- 3 19	1,0123	8 25	04 24	11 57	66°	19 30
	26	4 13 16	+ 21 10 28	Tau	31′ 35″	- 2 56	1,0130	8 25	04 20	11 57	66°	19 34
	30	4 29 32	+ 21 48 41	Tau	31′ 33″	- 2 26	1,0137	8 26	04 18	11 58	67°	19 38

	JOUR	ASCENSION DROITE	DÉCLINAISON	CONSTELLATION	MAGNITUDE	Ø APPARENT	ÉLONGATION	DISTANCE	FRACTION ÉCLAIRÉE	LEVER	MÉRIDIEN	HAUTEUR	COUCHER
		h m s	° ′ ″					ua		h m	h m		h m
Mercure	2	1 08 53	+ 4 37 30	Psc	1,8	9,4	24,4° O	0,7114	28 %	04 05	10 26	50°	16 48
	6	1 18 55	+ 5 10 25	Psc	1,4	8,7	25,8° O	0,7683	35 %	03 57	10 21	50°	16 46
	10	1 32 13	+ 6 14 55	Psc	1,1	8,1	26,2° O	0,8297	42 %	03 50	10 19	51°	16 48
	14	1 48 23	+ 7 45 39	Psc	0,8	7,5	25,8° O	0,8946	48 %	03 45	10 20	53°	16 56
	18	2 07 12	+ 9 37 39	Psc	0,5	7	24,6° O	0,9620	55 %	03 40	10 23	55°	17 07
	22	2 28 35	+ 11 46 10	Ari	0,2	6,5	22,8° O	1,0310	62 %	03 37	10 29	57°	17 23
	26	2 52 39	+ 14 06 23	Ari	- 0,1	6,1	20,3° O	1,0999	70 %	03 35	10 38	59°	17 42
	30	3 19 36	+ 16 32 40	Ari	- 0,5	5,8	17,2° O	1,1666	78 %	03 35	10 49	62°	18 05
Vénus	2	2 05 14	+ 11 24 58	Ari	- 3,9	9,9	9,0° O	1,7028	99 %	04 33	11 24	57°	18 16
	6	2 24 07	+ 13 08 35	Ari	- 3,9	9,8	7,9° O	1,7098	99 %	04 29	11 27	58°	18 26
	10	2 43 16	+ 14 47 09	Ari	- 3,9	9,8	6,9° O	1,7160	99 %	04 25	11 31	60°	18 37
	14	3 02 41	+ 16 19 55	Ari	- 3,9	9,8	5,8° O	1,7214	100 %	04 22	11 34	62°	18 48
	18	3 22 23	+ 17 46 04	Ari	- 3,9	9,7	4,8° O	1,7259	100 %	04 19	11 38	63°	18 58
	22	3 42 22	+ 19 04 52	Tau	- 3,9	9,7	3,7° O	1,7295	100 %	04 17	11 42	64°	19 09
	26	4 02 40	+ 20 15 34	Tau	- 3,9	9,7	2,6° O	1,7323	100 %	04 16	11 47	65°	19 19
	30	4 23 14	+ 21 17 30	Tau	- 3,9	9,7	1,5° O	1,7342	100 %	04 16	11 52	66°	19 29
Mars	6	0 17 07	+ 0 28 53	Psc	1,4	4,8	41,8° O	1,9578	94 %	03 14	09 19	46°	15 25
	14	0 39 38	+ 2 54 51	Psc	1,4	4,9	43,4° O	1,9276	93 %	02 56	09 10	48°	15 26
	22	1 02 05	+ 5 17 54	Psc	1,4	4,9	45,1° O	1,8973	93 %	02 37	09 01	50°	15 26
	30	1 24 33	+ 7 36 41	Psc	1,3	5	46,7° O	1,8668	92 %	02 18	08 52	53°	15 27
Jupiter	6	3 32 34	+ 18 21 32	Tau	- 2,0	32,8	9,3° E	6,0053	100 %	05 13	12 34	63°	19 54
	14	3 40 17	+ 18 48 36	Tau	- 2,0	32,7	3,5° E	6,0230	100 %	04 47	12 10	64°	19 32
	22	3 48 04	+ 19 14 21	Tau	- 2,0	32,7	2,3° O	6,0278	100 %	04 22	11 46	64°	19 11
	30	3 55 51	+ 19 38 40	Tau	- 2,0	32,7	8,1° O	6,0201	100 %	03 56	11 22	65°	18 49
Saturne	6	23 15 09	- 6 43 58	Aqr	1,1	16,2	58,9° O	10,1840	100 %	02 41	08 17	38°	13 52
	14	23 17 28	- 6 31 04	Aqr	1,1	16,4	66,0° O	10,0660	100 %	02 11	07 47	39°	13 24
	22	23 19 29	- 6 20 12	Aqr	1,1	16,6	73,2° O	9,9411	100 %	01 41	07 18	39°	12 55
	30	23 21 10	- 6 11 28	Aqr	1,1	16,9	80,4° O	9,8115	100 %	01 11	06 48	39°	12 26
Uranus	6	3 21 22	+ 18 11 01	Ari	5,8	3,4	6,7° E	20,5950	100 %	05 03	12 22	63°	19 41
	18	3 24 12	+ 18 21 39	Ari	5,8	3,4	4,2° O	20,6000	100 %	04 18	11 38	63°	18 58
	30	3 27 01	+ 18 31 58	Tau	5,8	3,4	15,0° O	20,5660	100 %	03 33	10 53	64°	18 14
Neptune	6	23 58 34	- 1 30 05	Psc	7,9	2,2	46,9° O	30,5810	100 %	03 04	09 00	44°	14 56
	18	23 59 43	- 1 23 08	Psc	7,9	2,2	58,2° O	30,4210	100 %	02 17	08 14	44°	14 10
	30	0 00 38	- 1 17 44	Psc	7,9	2,2	69,5° O	30,2400	100 %	01 30	07 27	44°	13 25

Les éphémérides du Soleil, des planètes et de la Lune proposées sur ces deux pages sont calculées à 0 h TU pour une latitude de 45° nord et une longitude de 0°.

La Lune

	JOUR	ASCENSION DROITE	DÉCLINAISON	CONSTELLATION	Ø APPARENT	PARALLAXE HORIZONTALE	FRACTION ÉCLAIRÉE	JOUR	ÉLONGATION	DISTANCE	LEVER	MÉRIDIEN	HAUTEUR	COUCHER
		h m s	° ′ ″							km	h m	h m		h m
M 1	122	20 34 28	- 23 48 37	Cap	31′ 50″	58′ 24″	55 %	22,2	95° O	375 444	1 h 45	6 h 11	21°	10 h 45
J 2	123	21 30 59	- 19 18 46	Cap	32′ 09″	58′ 59″	44 %	23,2	83° O	371 683	2 h 15	7 h 04	26°	12 h 05
V 3	124	22 25 13	- 13 40 30	Aqr	32′ 27″	59′ 32″	33 %	24,2	70° O	368 286	2 h 39	7 h 56	33°	13 h 25
S 4	125	23 17 41	- 7 13 15	Aqr	32′ 41″	59′ 59″	22 %	25,2	56° O	365 537	3 h 01	8 h 46	40°	14 h 45
D 5	126	0 09 22	- 0 18 27	Psc	32′ 51″	60′ 17″	13 %	26,2	43° O	363 739	3 h 21	9 h 35	47°	16 h 05
L 6	127	1 01 25	6 40 35	Psc	32′ 54″	60′ 23″	6 %	27,2	29° O	363 168	3 h 41	10 h 25	54°	17 h 26
M 7	128	1 54 58	13 18 50	Ari	32′ 50″	60′ 14″	2 %	28,2	16° O	364 008	4 h 04	11 h 18	61°	18 h 49
M 8	129	2 50 54	19 10 17	Ari	32′ 37″	59′ 52″	0 %	29,2	2° O	366 305	4 h 31	12 h 13	66°	20 h 12
J 9	130	3 49 32	23 50 09	Tau	32′ 18″	59′ 16″	1 %	0,9	11° E	369 941	5 h 04	13 h 11	70°	21 h 31
V 10	131	4 50 20	26 58 18	Tau	31′ 54″	58′ 32″	5 %	1,9	24° E	374 645	5 h 47	14 h 11	73°	22 h 41
S 11	132	5 51 49	28 23 28	Tau	31′ 27″	57′ 42″	10 %	2,9	37° E	380 032	6 h 40	15 h 11	73°	23 h 38
D 12	133	6 52 03	28 05 53	Gem	30′ 59″	56′ 51″	18 %	3,9	49° E	385 661	7 h 43	16 h 07	72°	
L 13	134	7 49 19	26 16 09	Gem	30′ 33″	56′ 04″	26 %	4,9	61° E	391 091	8 h 51	17 h 00	69°	0 h 22
M 14	135	8 42 43	23 10 54	Cnc	30′ 11″	55′ 23″	35 %	5,9	73° E	395 927	10 h 01	17 h 48	65°	0 h 56
M 15	136	9 32 11	19 08 01	Leo	29′ 53″	54′ 50″	45 %	6,9	84° E	399 860	11 h 09	18 h 32	60°	1 h 21
J 16	137	10 18 17	14 23 28	Leo	29′ 40″	54′ 27″	55 %	7,9	95° E	402 674	12 h 14	19 h 13	55°	1 h 42
V 17	138	11 01 54	9 10 26	Leo	29′ 33″	54′ 14″	64 %	8,9	106° E	404 262	13 h 18	19 h 53	49°	1 h 59
S 18	139	11 44 05	3 39 42	Vir	29′ 32″	54′ 12″	73 %	9,9	117° E	404 614	14 h 21	20 h 32	43°	2 h 15
D 19	140	12 25 52	- 1 59 13	Vir	29′ 35″	54′ 18″	81 %	10,9	128° E	403 811	15 h 25	21 h 11	37°	2 h 30
L 20	141	13 08 17	- 7 36 53	Vir	29′ 43″	54′ 33″	88 %	11,9	139° E	402 005	16 h 30	21 h 52	32°	2 h 46
M 21	142	13 52 24	- 13 02 39	Vir	29′ 55″	54′ 54″	93 %	12,9	150° E	399 401	17 h 38	22 h 36	26°	3 h 04
M 22	143	14 39 11	- 18 03 41	Lib	30′ 09″	55′ 20″	97 %	13,9	162° E	396 232	18 h 48	23 h 24	22°	3 h 25
J 23	144	15 29 25	- 22 24 17	Lib	30′ 26″	55′ 50″	100 %	14,9	173° E	392 734	20 h 00			3 h 52
V 24	145	16 23 30	- 25 46 20	Sco	30′ 42″	56′ 21″	100 %	15,9	175° O	389 123	21 h 10	0 h 16	18°	4 h 26
S 25	146	17 21 09	- 27 51 09	Oph	30′ 59″	56′ 52″	98 %	16,9	163° O	385 573	22 h 13	1 h 12	16°	5 h 11
D 26	147	18 21 12	- 28 23 20	Sgr	31′ 16″	57′ 22″	93 %	17,9	150° O	382 211	23 h 05	2 h 10	16°	6 h 08
L 27	148	19 21 51	- 27 15 10	Sgr	31′ 31″	57′ 50″	87 %	18,9	138° O	379 113	23 h 46	3 h 09	17°	7 h 18
M 28	149	20 21 15	- 24 29 08	Cap	31′ 45″	58′ 16″	79 %	19,9	125° O	376 314		4 h 06	20°	8 h 34
M 29	150	21 18 11	- 20 16 57	Cap	31′ 58″	58′ 39″	69 %	20,9	112° O	373 836	0 h 18	5 h 01	25°	9 h 53
J 30	151	22 12 20	- 14 56 02	Aqr	32′ 09″	58′ 59″	58 %	21,9	99° O	371 705	0 h 44	5 h 52	31°	11 h 12
V 31	152	23 04 11	- 8 46 06	Aqr	32′ 18″	59′ 16″	47 %	22,9	86° O	369 976	1 h 06	6 h 41	37°	12 h 30

La Lune des spécialistes

	Libration		Angle de position	
	l	b	axe	phase
1	- 5,4°	6,4°	346,1°	75,9°
2	- 4,6°	5,7°	342,4°	70,6°
3	- 3,6°	4,6°	339,8°	66,9°
4	- 2,4°	3,2°	338,3°	64,7°
5	- 1,0°	1,6°	338,1°	64,4°
6	0,4°	- 0,2°	339,0°	66,2°
7	1,9°	- 1,9°	341,1°	71,7°
8	3,3°	- 3,5°	344,3°	113,3°
9	4,5°	- 4,8°	348,7°	243,6°
10	5,4°	- 5,8°	353,9°	255,1°
11	6,0°	- 6,4°	359,6°	263,5°
12	6,2°	- 6,7°	5,2°	271,2°
13	5,9°	- 6,6°	10,3°	278,0°
14	5,3°	- 6,2°	14,5°	283,6°
15	4,4°	- 5,5°	17,7°	288,0°
16	3,3°	- 4,6°	20,0°	291,2°
17	1,9°	- 3,5°	21,3°	293,2°
18	0,6°	- 2,3°	21,9°	293,9°
19	- 0,8°	- 0,9°	21,8°	293,3°
20	- 2,1°	0,5°	20,8°	291,[illegible]°
21	- 3,2°	1,9°	19,1°	286,7°
22	- 4,2°	3,2°	16,5°	278,1°
23	- 4,8°	4,4°	12,9°	252,1°
24	- 5,2°	5,4°	8,5°	143,1°
25	- 5,3°	6,2°	3,3°	111,1°
26	- 5,2°	6,6°	357,7°	98,0°
27	- 4,8°	6,7°	352,1°	88,3°
28	- 4,2°	6,3°	347,2°	80,4°
29	- 3,6°	5,7°	343,2°	74,2°
30	- 2,8°	4,7°	340,3°	69,7°
31	- 1,9°	3,4°	338,6°	66,9°

Phases et distances

Jour	Heure en TU	Distance en km	Ø apparent
1	DQ à 11 h 27 m	373 520	32,0′
8	NL à 3 h 22 m	364 243	32,8′
15	PQ à 11 h 48 m	401 392	29,8′
23	PL à 13 h 53 m	390 647	30,6′
30	DQ à 17 h 13 m	370 419	32,3′
5	Périgée à 22 h 04 m	363 163	32,9′
17	Apogée à 18 h 59 m	404 640	29,5′

Reportez-vous pages 7 à 15 pour trouver des renseignements détaillés sur l'utilisation de ces différentes informations.
Consultez les tableaux de corrections horaires (pages 340 et 341) pour adapter les heures de lever, de passage au méridien et de coucher en fonction de votre lieu d'observation.

Les constellations

Depuis la plus haute Antiquité, les hommes ont regroupé les étoiles les plus brillantes du ciel dans des figures appelées constellations, qu'ils se sont transmises de génération en génération et de civilisation en civilisation. Nous savons aujourd'hui que, dans l'immense majorité des cas, les étoiles d'une même constellation n'ont aucun lien physique ni même aucune origine commune et que leur réunion dans une figure est totalement arbitraire, ce n'est qu'une conséquence de leur proximité apparente dans le ciel de la Terre. La première liste raisonnée et systématique de constellations fut établie par Claude Ptolémée dans son ouvrage *L'Almageste* au milieu du IIe siècle après JC. Elle comptait 48 figures, héritées pour une bonne part des Égyptiens et des Mésopotamiens. La division du très vaste navire Argo en trois parties – la Poupe, la Carène et les Voiles – porta le nombre des constellations dites « antiques » à 50. Les constellations dites « modernes » sont en grande majorité des regroupements inventés entre le XVe et le XVIIIe siècle par les navigateurs qui découvrirent l'hémisphère austral. La Chevelure de Bérénice était manifestement déjà connue du temps de Ptolémée mais, pour une raison inconnue, il ne l'intégra pas dans sa liste. D'autres figures ont des origines diverses – l'Oiseau du Paradis viendrait d'Inde, son premier nom était Avis Indica –, et leurs formes et dénominations furent parfois adaptées par les navigateurs.

Enfin, quelques-unes portent aujourd'hui un nom simplifié par l'usage : l'Écu de Sobieski devient l'Écu ; l'Atelier du Sculpteur devient le Sculpteur ; le Chevalet du Peintre devient le Peintre.

Afin que les observateurs du monde entier puissent se référer au même ensemble de constellations, l'Union astronomique internationale adopta en 1930 une liste de leurs noms et un tracé définitif de leurs limites qui respectait au plus près celui des cartes accumulées au fil des siècles. Il fallut faire des choix et, au final, la sphère céleste fut découpée en 88 constellations.

Nom français	Nom latin	Abrév.	Situation	Visibilité	Origine	Superficie	S	F	L
Aigle	Aquila	Aql	E	Août	antique	652,47	22	1	3
Andromède	Andromeda	And	N	Nov.	antique	722,28	19	2	1
Atelier du Sculpteur	Sculptor	Scl	S	Nov.	Lacaille	474,76	36	3	81
Autel	Ara	Ara	CS	(Juil.)	antique	237,06	63	4	4
Balance	Libra	Lib	SE	Juin	antique	538,05	29	5	31
Baleine	Cetus	Cet	E	Oct.-Nov.	antique	1 231,41	4	6	16
Bélier	Aries	Ari	NE	Déc.	antique	441,40	39	7	5
Boussole	Pyxis	Pyx	S	Mars	Lacaille	220,83	65	8	79
Bouvier	Bootes	Boo	N	Juin	antique	906,83	13	9	7
Burin	Caelum	Cae	S	Jan.	Lacaille	124,87	81	10	53
Caméléon	Chamaeleon	Cha	CS	(Avr.)	Bayer	131,59	79	11	56
Cancer	Cancer	Cnc	NE	Mars	antique	505,87	31	12	8
Capricorne	Capricornus	Cap	SE	Sept.	antique	413,95	40	13	11
Carène	Carina	Car	CS	(Fév.-Mars)	antique	494,18	34	14	12
Cassiopée	Cassiopeia	Cas	CN	Nov.	antique	598,41	25	15	13
Centaure	Centaurus	Cen	S, CS	Mai	antique	1 060,42	9	16	14
Céphée	Cepheus	Cep	CN	Sept.-Oct.	antique	587,79	27	17	15
Chevalet du Peintre	Pictor	Pic	CS	Jan.	Lacaille	246,74	59	18	78
Chevelure de Bérénice	Coma Berenices	Com	N	Mai	antique	386,48	42	19	59
Chiens de chasse	Canes Venatici	CVn	N	Mai	Hevelius	465,19	38	20	55
Cocher	Auriga	Aur	N	Jan.	antique	657,44	21	21	6
Colombe	Columba	Col	S	Jan.	?	270,18	54	22	58
Compas	Circinus	Cir	CS	(Juin)	Lacaille	93,35	85	23	57
Corbeau	Corvus	Crv	S	Mai	antique	183,80	70	24	19
Coupe	Crater	Crt	S	Avr.	antique	282,40	53	25	20
Couronne australe	Corona Australis	CrA	S	Août	antique	127,70	80	26	17
Couronne boréale	Corona Borealis	CrB	N	Juin	antique	178,71	73	27	18
Croix du Sud	Crux	Cru	CS	(Mai)	Bayer ?	68,45	88	28	60
Cygne	Cygnus	Cyg	N	Sept.	antique	803,98	16	29	21
Dauphin	Delphinus	Del	N	Sept.	antique	188,55	69	30	22
Dorade	Dorado	Dor	CS	(Jan.)	Bayer	179,17	72	31	61
Dragon	Draco	Dra	CN	Avr. à Août	antique	1 082,95	8	32	23
Écu de Sobieski	Scutum	Sct	SE	Août	Hevelius	109,11	84	33	82
Équerre	Norma	Nor	S, CS	Juil.	Lacaille ?	165,29	74	34	74
Éridan	Eridanus	Eri	S, CS	Déc.	antique	1 137,92	6	35	25
Flèche	Sagitta	Sge	N	Août	antique	79,93	86	36	41
Fourneau	Fornax Chimica	For	S	Déc.	Lacaille	397,50	41	37	62
Gémeaux	Gemini	Gem	NE	Fév.	antique	513,76	30	38	26
Girafe	Camelopardalis	Cam	CN	Jan.	Plancius	756,83	18	39	54

Nom français	Nom latin	Abrév.	Situation	Visibilité	Origine	Superficie	S	F	L
Grand Chien	Canis Major	CMa	S	Fév.	antique	380,12	43	40	9
Grande Ourse	Ursa Major	UMa	CN	Avr.-Mai	antique	1 279,66	3	41	47
Grue	Grus	Gru	S	Oct.	Bayer	365,51	45	42	63
Hercule	Hercules	Her	N	Juil.	antique	1 225,15	5	43	27
Horloge	Horologium	Hor	S, CS	Déc.-Jan.	?	248,89	58	44	64
Hydre femelle	Hydra	Hya	E, S	Mars à Mai	antique	1 302,84	1	45	28
Hydre mâle	Hydrus	Hyi	CS	(Déc.)	Bayer	243,04	61	46	65
Indien	Indus	Ind	CS	(Sept.)	Bayer	294,01	49	47	66
Lézard	Lacerta	Lac	N	Oct.	Hevelius	200,69	68	48	67
Licorne	Monoceros	Mon	E	Fév.	Plancius ?	481,57	35	49	72
Lièvre	Lepus	Lep	S	Jan.	antique	290,29	51	50	30
Lion	Leo	Leo	NE	Avr.	antique	946,96	12	51	29
Loup	Lupus	Lup	S	Juin	antique	333,68	46	52	32
Lynx	Lynx	Lyn	CN, N	Fév.-Mars	Hevelius	545,39	28	53	69
Lyre	Lyra	Lyr	N	Août	antique	286,48	52	54	33
Machine pneumatique	Antlia	Ant	S	Avr.	Lacaille	238,90	62	55	51
Microscope	Microscopium	Mic	S	Sept.	Lacaille	209,51	66	56	71
Mouche	Musca	Mus	CS	(Mai)	Lacaille ?	138,36	77	57	73
Octant	Octans	Oct	CS	(Août-Sept.)	Lacaille	291,05	50	58	75
Oiseau du Paradis	Apus	Aps	CS	(Juil.)	Bayer	206,33	67	59	52
Ophiuchus	Ophiuchus	Oph	E	Juil.	antique	948,34	11	60	34
Orion	Orion	Ori	E	Jan.	antique	594,12	26	61	35
Paon	Pavo	Pav	CS	(Août)	Bayer	377,67	44	62	76
Pégase	Pegasus	Peg	N	Oct.	antique	1 120,79	7	63	36
Persée	Perseus	Per	N	Déc.	antique	615,00	24	64	37
Petit Cheval	Equuleus	Equ	N	Sept.	antique	71,64	87	65	24
Petit Chien	Canis Minor	CMi	E	Fév.	antique	183,37	71	66	10
Petit Lion	Leo Minor	LMi	N	Avr.	Hevelius	231,96	64	67	68
Petit Renard	Vulpecula	Vul	N	Août	Hevelius	268,17	55	68	88
Petite Ourse	Ursa Minor	UMi	CN	Juin-Juil.	antique	255,86	56	69	48
Phénix	Phoenix	Phe	S	Nov.	Bayer	469,32	37	70	77
Poisson austral	Piscis Austrinus	PsA	S	Oct.	antique	245,38	60	71	39
Poisson volant	Volans	Vol	CS	(Fév.)	Bayer	141,35	76	72	87
Poissons	Pisces	Psc	E	Nov.	antique	889,42	14	73	38
Poupe	Puppis	Pup	S	Fév.	antique	673,43	20	74	40
Réticule	Reticulum	Ret	CS	(Déc.)	Lacaille ?	113,94	82	75	80
Sagittaire	Sagittarius	Sgr	SE	Août	antique	867,43	15	76	42
Scorpion	Scorpius	Sco	SE	Juil.	antique	496,78	33	77	43
Serpent	Serpens	Ser	E	Juin et Août	antique	636,93	23	78	44
Sextant	Sextans	Sex	E	Avr.	Hevelius	313,52	47	79	83
Table	Mensa	Men	CS	(Jan.)	Lacaille	153,48	75	80	70
Taureau	Taurus	Tau	NE	Jan.	antique	797,25	17	81	45
Télescope	Telescopium	Tel	CS	Août	Lacaille	251,51	57	82	84
Toucan	Tucana	Tuc	CS	(Oct.)	Bayer	294,56	48	83	86
Triangle	Triangulum	Tri	N	Nov.-Déc.	antique	131,85	78	84	46
Triangle austral	Triangulum Australe	TrA	CS	(Juil.)	Bayer ?	109,98	83	85	85
Verseau	Aquarius	Aqr	SE	Oct.	antique	979,85	10	86	2
Vierge	Virgo	Vir	E	Mai	antique	1 294,43	2	87	50
Voiles	Vela	Vel	S, CS	Mars	antique	499,65	32	88	49

Situation : il s'agit de la situation sur la sphère céleste : CN = circumpolaire Nord (pour la latitude 40-45° nord) ; N = hémisphère Nord ; NE = côté nord de l'écliptique ; E = équateur ; SE = côté sud de l'écliptique ; S = hémisphère Sud ; CS = circumpolaire Sud (pour la latitude 40° sud).

Visibilité : période ou mois (selon la taille de la constellation) où la constellation se trouve au méridien entre 21 h et 22 h TU.
Les parenthèses indiquent que la constellation est trop au sud pour être observée à plus de 40° nord.

Origine : antique (listée par Ptolémée) ; Petrus Plancius (1552-1622) ; Johann Bayer (1572-1623) ; Johannes Hevelius ou Hoevelke (1611-1687) ; Nicolas Louis de Lacaille (1713-1762). C'est en 1603 que Bayer publia son atlas *Uranometria*, dans lequel douze constellations circumpolaires sud sont dessinées. Il n'avait jamais été lui-même dans l'hémisphère austral, mais avait représenté les figures d'après les descriptions qui lui en avaient été faites. C'est ainsi que nombre des constellations de Bayer sont vraisemblablement dues au navigateur allemand Pieter Theodor (début du XVIe siècle). Après l'atlas de Bayer, les inventeurs cherchèrent surtout à remplir les vides laissés entre les constellations. C'est le cas de Johannes Hevelius et, plus tard, de Nicolas de Lacaille, celui-ci projetant sur le ciel les merveilleuses machines de son époque.

Superficie : en degrés carrés. La surface totale de la sphère céleste est de 41 252,98 degrés carrés.

S, F, L : ces colonnes donnent le classement en superficie (de la plus grande à la plus petite) et l'ordre alphabétique en français et en latin.

Corrections horaires pour le Soleil en fonction de votre latitude

	40°	42°	44°	46°	48°	50°	52°	
	(correction arrondie en minutes)							
17 déc.	- 17	- 11	- 4	2	10	19	29	24 déc.
25 déc.	- 17	- 11	- 4	3	11	20	30	16 déc.
2 janv.	- 16	- 10	- 3	4	12	21	30	8 déc.
10 janv.	- 15	- 9	- 3	4	11	19	28	30 nov.
18 janv.	- 14	- 9	- 3	3	10	18	26	22 nov.
26 janv.	- 13	- 8	- 3	3	9	15	22	14 nov.
3 févr.	- 11	- 7	- 2	3	8	13	20	6 nov.
11 févr.	- 8	- 5	- 1	3	7	12	17	29 oct.
19 févr.	- 7	- 4	- 1	2	6	9	13	21 oct.
27 févr.	- 5	- 3	- 1	2	4	7	9	13 oct.
7 mars	- 3	- 2	0	1	2	4	6	5 oct.
15 mars	0	0	0	1	1	2	3	27 sept.
23 mars	2	1	1	0	0	0	- 1	19 sept.
31 mars	4	3	1	0	- 1	- 3	- 4	11 sept.
8 avr.	6	4	2	0	- 2	- 5	- 8	3 sept.
16 avr.	8	5	2	- 1	- 4	- 8	- 12	26 août
24 avr.	9	6	2	- 2	- 6	- 11	- 16	18 août
2 mai	12	7	3	- 2	- 7	- 12	- 19	10 août
10 mai	13	9	3	- 2	- 8	- 15	- 22	2 août
18 mai	15	9	3	- 3	- 10	- 17	- 25	25 juil.
26 mai	16	10	3	- 4	- 11	- 19	- 29	17 juil.
3 juin	17	10	3	- 4	- 12	- 21	- 31	9 juil.
11 juin	18	11	4	- 4	- 13	- 22	- 33	1 juil.
19 juin	18	11	4	- 4	- 13	- 23	- 34	23 juin

Ce tableau vous donne la correction à apporter en fonction de votre latitude par rapport au lever et au coucher du Soleil à 45° nord.

Si vous vous trouvez sur une latitude intermédiaire, vous pouvez interpoler votre correction approchée à partir de celles des deux latitudes les plus proches.

Vous devez en outre tenir compte de votre différence en longitude (voir tableau suivant).

La démarche à suivre pour trouver l'heure de lever, de passage au méridien et de coucher du Soleil pour votre lieu d'observation est la suivante :

Heure de lever du Soleil personnelle =
(heure à 45° N) + (correction en longitude)
+ (correction en latitude)

Heure de passage au méridien personnelle =
(heure à 45° N) + (correction en longitude)

Heure de coucher du Soleil personnelle =
(heure à 45° N) + (correction longitude)
- (correction latitude)

La précision des horaires obtenus par cette méthode varie de 1 à 2 minutes selon votre latitude et la date.

Exemple
Le 4 juin 2020, le Soleil se lève à 4 h 15 m, passe au méridien à 11 h 58 m et se couche à 19 h 42 m à 45° nord et 0° de longitude. Si vous habitez à Quimper, vous devez chercher dans le tableau « Corrections horaires en fonction de votre longitude » la valeur correspondant à la longitude de Quimper, puis dans le tableau « Corrections horaires pour le Soleil en fonction de votre latitude » la valeur correspondant à la latitude de cette ville.

Correction en longitude de Quimper :
environ 16 m

Correction en latitude de Quimper :
environ - 12 m

Heure de lever du Soleil à Quimper =
(4 h 15 m) + (16 m) + (- 12 m) = 4 h 19 m
Heure de passage au méridien du Soleil à Quimper =
(11 h 58 m) + (16 m) = 12 h 14 m

Heure de coucher du Soleil à Quimper =
(19 h 42 m) + (16 m) - (- 12 m) = 20 h 10 m

Corrections horaires en fonction de votre longitude

	Latitude ° ′	Longitude ° ′	Correction m s
AGEN	44 11	- 0 39	- 2 32
AIX-EN-PROVENCE	43 32	- 5 26	- 21 48
AJACCIO	41 56	- 8 43	- 34 52
ALBI	43 56	- 2 09	- 8 32
ALENÇON	48 25	- 0 05	- 0 21
AMIENS	49 53	- 2 18	- 9 12
ANGERS	47 29	0 32	2 08
ANGOULÊME	45 50	0 10	0 40
ANNECY	45 54	- 6 07	- 24 28
ARLES	43 41	- 4 38	- 18 31
ARRAS	50 17	- 2 46	- 11 06
AURILLAC	44 56	- 2 26	- 9 45
AUXERRE	47 49	- 3 35	- 14 20
AVIGNON	43 56	- 4 48	- 19 12
BASTIA	42 41	- 9 27	- 37 44
BAYONNE	43 30	1 28	5 52
BELFORT	47 38	- 6 52	- 27 29
BESANÇON	47 14	- 6 02	- 24 08
BÉZIERS	43 21	- 3 13	- 12 52
BIARRITZ	43 29	1 33	6 12
BORDEAUX	44 50	0 34	2 16
BOULOGNE	50 43	- 1 37	- 6 30
BOURGES	47 05	- 2 23	- 9 32
BREST	48 24	4 30	18 00
BRIVE-LA-GAILLARDE	45 09	- 1 33	- 6 08
CAEN	49 11	0 22	1 28
CALAIS	50 57	- 1 52	- 7 28
CAMBRAI	50 10	- 3 14	- 12 56
CARCASSONNE	43 13	- 2 21	- 9 24
CHALON-SUR-SAÔNE	46 47	- 4 51	- 19 24
CANNES	43 33	- 7 00	- 28 00
CHAMBÉRY	45 33	- 5 55	- 23 40
CHARTRES	48 27	- 1 30	- 5 58
CHERBOURG	49 38	1 37	6 28
CLERMONT-FERRAND	45 47	- 3 05	- 12 20
COLMAR	48 05	- 7 21	- 29 25
DIEPPE	49 55	- 1 05	- 4 20
DIGNE	44 05	- 6 14	- 24 56
DIJON	47 19	- 5 01	- 20 08
DUNKERQUE	51 02	- 2 22	- 9 32
ÉPINAL	48 11	- 6 28	- 25 52
GAP	44 33	- 6 05	- 24 20
GRENOBLE	45 11	- 5 43	- 22 52
HAVRE (LE)	49 30	- 0 06	- 0 24
LAVAL	48 04	0 45	3 02
LENS	50 26	- 2 50	- 11 20
LILLE	50 38	- 3 04	- 12 20
LIMOGES	45 49	- 1 14	- 5 00
LORIENT	47 45	3 21	13 25
LYON	45 46	- 4 50	- 19 20
MÂCON	46 18	- 4 50	- 19 21
MANS (LE)	48 01	0 12	0 48
MARSEILLE	43 18	- 5 22	- 21 28

	Latitude ° ′	Longitude ° ′	Correction m s
METZ	49 07	- 6 11	- 24 44
MONACO	43 43	- 7 26	- 29 40
MONTAUBAN	44 01	- 1 20	- 5 20
MONTBÉLIARD	47 31	- 6 48	- 27 12
MONTÉLIMAR	44 33	- 4 45	- 19 00
MONTLUÇON	46 20	- 2 36	- 10 24
MONTPELLIER	43 36	- 3 52	- 15 32
MULHOUSE	47 45	- 7 21	- 29 24
NANCY	48 42	- 6 12	- 24 48
NANTES	47 14	1 35	5 20
NARBONNE	43 11	- 3 00	- 12 01
NEVERS	47 00	- 3 09	- 12 38
NICE	43 42	- 7 16	- 29 04
NÎMES	43 50	- 4 21	- 17 24
ORLÉANS	47 54	- 1 54	- 7 36
PARIS	48 52	- 2 20	- 9 20
PAU	43 18	0 22	1 28
PÉRIGUEUX	45 12	- 0 44	- 2 55
PERPIGNAN	42 42	- 2 54	- 1 36
POITIERS	46 35	0 20	1 20
QUIMPER	48 00	4 06	16 24
REIMS	49 15	- 4 02	- 16 08
RENNES	48 05	1 41	6 40
ROANNE	46 02	- 4 05	- 16 18
ROCHELLE (LA)	46 10	1 09	4 40
RODEZ	44 21	- 2 34	- 10 16
ROUEN	49 26	- 1 05	- 4 20
SAINT-BRIEUC	48 31	2 45	11 00
SAINT-DIZIER	48 38	- 4 58	- 19 50
SAINT-ÉTIENNE	45 26	- 4 23	- 17 32
SAINT-NAZAIRE	47 17	2 12	8 48
SAINT-QUENTIN	49 51	- 3 17	- 13 10
SEDAN	49 42	- 4 57	- 19 49
SENS	48 18	- 3 18	- 13 12
STRASBOURG	48 35	- 7 45	- 31 60
TARBES	43 14	0 05	0 20
TOULON	43 07	- 5 56	- 23 40
TOULOUSE	43 37	- 1 27	- 5 48
TOURS	47 23	- 0 41	- 3 01
TROYES	48 18	- 4 05	- 16 12
VALENCE	44 56	- 4 54	- 19 36
VALENCIENNES	50 22	- 3 32	- 19 08
VANNES	47 40	2 44	10 58

BÂLE	47 33	- 7 36	- 30 32
BERNE	46 57	- 7 26	- 29 44
GENÈVE	46 13	- 6 09	- 24 36
LAUSANNE	46 32	- 6 39	- 26 20
ZURICH	47 23	- 8 32	- 34 12

CLERVAUX	50 04	- 6 03	- 24 08
LUXEMBOURG	49 36	- 6 09	- 24 36

	Latitude ° ′	Longitude ° ′	Correction m s
ANVERS	51 13	- 4 25	- 17 40
BASTOGNE	50 00	- 5 43	- 22 53
BRUGES	51 13	- 3 14	- 12 56
BRUXELLES	50 50	- 4 21	- 17 24
CHARLEROI	50 25	- 4 27	- 17 44
CHIMAY	50 04	- 4 21	- 17 26
DINANT	50 16	- 4 55	- 19 38
ENGHIEN	50 42	- 4 02	- 16 09
FURNES	51 04	- 2 40	- 10 39
GAND	51 02	- 3 42	- 14 56
HASSELT	50 55	- 5 22	- 21 20
LIÈGE	50 40	- 5 35	- 22 03
NAMUR	50 28	- 4 52	- 19 20
OSTENDE	51 14	- 2 55	- 11 41
SPA	50 30	- 5 51	- 23 28
TOURNAI	50 36	- 3 23	- 13 33
VIRTON	49 34	- 5 31	- 22 08

Trouvez la ville la plus proche de chez vous ou calculez votre correction exacte en comptant 4 minutes pour chaque degré de longitude (signe « - » vers l'est et « + » vers l'ouest).

Exemple

La longitude de l'observatoire astronomique des Pises, dans le Gard, est de 3° 30′ est, soit un décalage de : - [(3 x 4) + (0,5 x 4)] = - 14 minutes.

Votre correction en longitude vous permet de connaître avec précision (moins de 1 minute d'erreur) l'heure de passage au méridien de la Lune, du Soleil et des planètes de la manière suivante :

Heure de passage au méridien pour votre site = (heure du passage au méridien à 45° N et 0° de longitude) + (correction en longitude)

Exemple

L'heure de passage au méridien de la Lune le 30 juin 2003 à 45°N et 0° de longitude est 12 h 43 m. Elle franchira donc 14 m plus tôt, soit à 12 h 29 m, le méridien de l'observatoire des Pises.

Données fondamentales sur les planètes et les planètes naines du Système solaire

	Distance moyenne au Soleil ua	Distance moyenne au Soleil millions de km	Excentricité	Inclinaison de l'orbite sur l'écliptique °	Longitude du nœud ascendant °	Longitude du périhélie °	Période de révolution sidérale Terre = 1	Période de révolution sidérale jours	Période de révolution synodique	Satellites
Mercure	Mercure	0,389734	58,3	0,206	7,004	48,3027	77,4937	0,24	87,990	115,90
Vénus	0,723326	108,2	0,007	3,394	76,6198	131,5430	0,62	224,706	583,90	
Terre	0,999997	149,6	0,017	0,003	174,5000	103,1670	1,00	365,256		1
Mars	1,523580	227,9	0,093	1,848	49,4902	336,2418	1,88	687,011	779,90	2
Cérès	2,766000	413,8	0,078	10,587	80,2680	153,8640	4,60	1 681,275	466,67	
Jupiter	5,202965	778,4	0,048	1,304	100,5162	13,9646	11,86	4 333,000	398,90	92
Saturne	9,572505	1 432,0	0,053	2,486	113,5956	89,7210	29,45	10 756,106	378,13	83
Uranus	19,22982	2 876,7	0,045	0,771	74,0877	170,1689	84,02	30 688,438	369,70	27
Neptune	30,22784	4 522,0	0,013	1,769	131,7402	21,8890	164,79	60 192,349	367,50	14
Pluton	39,63900	5 929,9	0,246	17,115	110,3020	224,5210	248,50	90 766,206	366,73	5
Haumea	43,1820	6 459,9	0,195	28,214	122,1630	238,7780	283,77	103 648,798		2
Makemake	45,4300	6 796,2	0,161	28,984	79,6200	294,8340	306,21	111 845,151		
Eris	68,0540	10 180,7	0,432	43,820	36,0460	187,0510	561,60	205 127,973	365,9	1

Ces éléments ont été calculés par l'Union astronomique internationale pour le 25 février 2023.

	Diamètre équatorial km	Aplatissement	Masse Terre = 1	Densité Eau = 1	Gravité Terre = 1	Vitesse de libération km/s	Période de rotation jour	Inclinaison °	Albédo
Soleil	1 392 530		332 946,0	1,41	27,90	617,5	25-35		
Mercure	4 879	0	0,0553	5,43	0,38	4,2	58,6462	0,0	0,11
Vénus	12 104	0	0,8150	5,24	0,90	10,4	243,0190	2,6	0,65
Terre	12 756	1/298	1,0000	5,52	1,00	11,2	0,9973	23,4	0,37
Lune	3 476	0	0,0123	3,35	0,17	2,4	27,3217	6,7	0,12
Mars	6 792	1/170	0,1074	3,93	0,38	5,0	1,0260	25,2	0,15
Cérès	952	1/14,7	0,00016	2,08	0,03	0,51	0,3781		0,07
Jupiter	142 980	1/15,4	317,833	1,33	2,53	59,5	0,4135	3,1	0,52
Saturne	120 540	1/10,2	95,163	0,69	1,06	35,5	0,4440	26,7	0,47
Uranus	51 120	1/43,6	14,536	1,27	0,90	21,3	0,7183	82,2	0,51
Neptune	49 530	1/58,5	17,149	1,64	1,14	23,5	0,6712	28,3	0,41
Pluton	2 377		0,0022	1,82	0,07	1,3	6,3872	60,4	0,30
Haumea	2 100 x 1 680 x 1 074		0,0007	2,02	0,04	0,81	0,1631	?	0,66 +/- 0,1
Makemake	1 420 +/- 30	0,01	0,0005	2	0,05	0,91	7,7710	?	0,81 +/- 0,1
Eris	2 400	?	0,0028	2,52	0,08	1,4	1,0800	44	0,86 +/- 0,07

* Diamètre des planètes gazeuses à la pression de 1 atmosphère, soit 101,325 kPa.

** La rotation de Jupiter est indiquée pour la région équatoriale, la plus rapide.

Ce tableau indique la densité moyenne, la gravité et la vitesse de libération au pôle, ainsi que l'inclinaison par rapport au plan de l'orbite de chaque planète.

Texte de la résolution 5A adoptée lors de la 26e assemblée générale de l'Union astronomique internationale, à Prague (République tchèque), le 28 août 2006

Une planète est un corps céleste qui :

- est en orbite autour du Soleil ;
- a une masse suffisante pour que sa gravité l'emporte sur les forces de cohésion du corps solide et le maintienne en équilibre hydrostatique, sous une forme pratiquement sphérique ;
- a éliminé tout corps susceptible de se déplacer sur une orbite proche.

Une planète naine est un corps céleste qui :

- est en orbite autour du Soleil ;
- a une masse suffisante pour que sa gravité l'emporte sur les forces de cohésion du corps solide et le maintienne en équilibre hydrostatique, sous une forme pratiquement sphérique ;
- n'a pas éliminé tout corps susceptible de se déplacer sur une orbite proche ;
- n'est pas un satellite.

Tous les autres objets en orbite autour du Soleil – comètes, astéroïdes, etc. – sont appelés des « petits corps du Système solaire ».

Données sur les satellites naturels observables dans les instruments d'amateur

	Diamètre équatorial km	Excentricité	Distance moyenne à la planète 10^3 km	Densité Eau = 1	Magnitude moyenne	Albédo	Période de rotation jour	Inclinaison de l'orbite °	Découverte
Satellite de la Terre									
Lune	3 476	0,0549	384,4	3,35	-12,7	0,12	27,322	5,16	
Satellites de Mars									
Phobos	22	0,0151	9,38	1,9	11,4	0,07	0,319	1,08	A. Hall, 1877
Deimos	12	0,0002	23,46	1,5	12,5	0,07	1,262	1,79	A. Hall, 1877
Satellites de Jupiter									
Amalthée	167	0,0031	181,2	0,85	14,1	0,09	0,498	0,39	E. Barnard, 1892
Io	3 643	0,0041	422,0	3,53	5,1	0,63	1,769	0,04	Galilée, 1610
Europe	3 124	0,0094	671,1	3,01	5,3	0,68	3,551	0,47	Galilée, 1610
Ganymède	5 262	0,0011	1 070,0	1,94	4,6	0,44	7,155	0,17	Galilée, 1610
Callisto	4 821	0,0074	1 883,0	1,93	5,7	0,19	16,689	0,31	Galilée, 1610
Himalia	170	0,1620	11 443,0	2,6	14,2	0,04	250,1	27,5	C. Perrine, 1904
Satellites de Saturne									
Mimas	396	0,0191	185,5	1,15	12,8	0,6	0,942	1,56	W. Herschel, 1789
Encelade	504	0,0049	238,2	1,61	11,8	1,0	1,370	0,03	W. Herschel, 1789
Téthys	1 066	0,0000	295,0	0,97	10,3	0,8	1,888	1,10	J. Cassini, 1684
Dionée	1 123	0,0022	377,7	1,48	10,4	0,6	2,737	0,01	J. Cassini, 1684
Rhéa	1 529	0,0003	527,4	1,23	9,7	0,6	4,518	0,35	J. Cassini, 1672
Titan	5 149	0,0291	1 221,8	1,88	8,4	0,2	15,945	0,30	C. Huygens, 1655
Hypérion	270	0,1035	1 481,1	0,54	14,4	0,3	21,277	0,64	Bond et Lassell, 1848
Japet	1 471	0,0283	3 561,9	1,08	10,2-11,6	0,05-0,5	79,330	18,50	J. Cassini, 1671
Satellites d'Uranus									
Ariel	1 158	0,0012	191,0	1,59	13,7	0,39	2,520	0,04	W. Lassell, 1851
Umbriel	1 169	0,0040	266,0	1,46	14,5	0,21	4,144	0,13	W. Lassell, 1851
Titania	1 578	0,0014	436,3	1,66	13,5	0,27	8,706	0,08	W. Herschel, 1787
Obéron	1 523	0,0016	583,5	1,56	13,7	0,23	13,463	0,07	W. Herschel, 1787
Satellite de Neptune									
Triton	2 706	0,0000	354,8	2,06	13,5	0,72	5,877	156,30	W. Lassell, 1846

La magnitude est indiquée pour la distance moyenne de la planète à l'opposition.

L'inclinaison est relative à l'équateur de la planète pour les satellites distants de moins de 100 fois le rayon de la planète, sinon elle est indiquée par rapport au plan de l'orbite de la planète, comme pour Himalia.

Le diamètre de Titan que l'on voit dans un télescope est, en fait, celui de son atmosphère, qui approche 5 550 km.

Sur la magnitude et l'albédo très variables de Japet, lisez le texte en page 293.

Longitude du terminateur au lever et au coucher du Soleil pour chaque formation numérotée sur la carte de la Lune

1 Peary (327°-147°)
2 Main et Challis (350°-170°)
3 Scoresby (346°-166°)
4 Barrow (352°-172°)
5 Meton (341°-161°)
6 Baillaud (323°-143°)
7 W. Bond (356°-176°)
8 Nelson (335°-155°)
9 Arnold (324°-144°)
10 Thales (310°-130°)
11 Strabo (306°-126°)
12 de la Rue (307°-127°)
13 Archytas (355°-175°)
14 Protagoras (353°-173°)
15 C. Mayer (343°-163°)
16 Sheepshanks (343°-163°)
17 Kane (334°-154°)
18 Democrite (325°-145°)
19 Gärtner (325°-145°)
20 Archytas, Rima (357°-177°)
21 Alpes, Montes (1°-181°)
22 Alpes, Vallis (356°-176°)
23 Egede (349°-169°)
24 Aristoteles (343°-163°)
25 Galle (338°-158°)
26 Baily (330°-150°)
27 Keldysh (316°-136°)
28 Endymion (304°-124°)
29 Blanc, Mons (360°-180°)
30 Cassini (355°-175°)
31 Eudoxus (344°-164°)
32 Bürg (332°-152°)
33 Hercules (321°-141°)
34 Atlas (316°-136°)
35 Mercurius (294°-114°)
36 Aristillus (359°-179°)
37 Theaetetus (354°-174°)
38 Calippus (349°-169°)
39 Plana (332°-152°)
40 Mason (330°-150°)
41 Grove (327°-147°)
42 Cepheus (314°-134°)
43 Franklin (312°-132°)
44 Messala (300°-120°)
45 Gauss (281°-101°)
46 Autolycus (359°-179°)
47 Daniell (329°-149°)
48 Posidonius (330°-150°)
49 Chacornac (328°-148°)
50 Maury (320°-140°)
51 Berzelius (309°-129°)
52 Geminus (303°-123°)
53 Berosus (290°-110°)
54 Hahn (286°-106°)
55 Hadley, Mons (356°-176°)
56 Sulpicius Gallus (348°-168°)
57 Bessel (342°-162°)
58 Menelaus (344°-164°)
59 Plinius (336°-156°)
60 Dawes (334°-154°)
61 le Monnier (329°-149°)
62 Römer (324°-144°)
63 Newcomb (316°-136°)
64 Burckhardt (304°-124°)
65 Cleomedes (305°-125°)
66 Eimmart (295°-115°)
67 Conon (358°-178°)
68 Doloris, Lacus (351°-171°)
69 Manilius (351°-171°)
70 Ross (338°-158°)
71 Maraldi (325°-145°)
72 Macrobius (314°-134°)
73 Tisserand (312°-132°)
74 Peirce (307°-127°)
75 Alhazen (288°-108°)
76 Ukert (359°-179°)
77 Hyginus (354°-174°)
78 Triesnecker (356°-176°)
79 Tempel (348°-168°)
80 Godin (350°-170°)
81 Whewell et Cayley (346°-166°)
82 Julius Caesar (345°-165°)
83 Arago (339°-159°)
84 Ritter (341°-161°)
85 Sabine (340°-160°)
86 Maskelyne (330°-150°)
87 Cauchy (321°-141°)
88 Lick (307°-127°)
89 Condorcet (290°-110°)
90 Taruntius (314°-134°)
91 Firmicus (297°-117°)
92 Apollonius (299°-119°)
93 Rhaeticus (355°-175°)
94 Secchi (317°-137°)
95 Hipparchus (355°-175°)
96 Horrocks (354°-174°)
97 Halley et Hind (354°-174°)
98 Lindsay (347°-167°)
99 Taylor (343°-163°)
100 Delambre (343°-163°)
101 Hypatia (337°-157°)
102 Torricelli (332°-152°)
103 Isidorus (327°-147°)
104 Capella (325°-145°)
105 Messier (312°-132°)
106 Lindbergh (307°-127°)
107 Bilharz et Atwood (304°-124°)
108 Kästner (281°-101°)
109 Albategnius (356°-176°)
110 Andel (348°-168°)
111 Abulfeda (346°-166°)
112 Kant (340°-160°)
113 Theophilus (334°-154°)
114 Cyrillus (336°-156°)
115 Mädler (330°-150°)
116 Gaudibert (322°-142°)
117 Gutenberg (319°-139°)
118 Goclenius (315°-135°)
119 Langrenus (299°-119°)
120 Kapteyn (289°-109°)
121 Argelander (354°-174°)
122 Airy (354°-174°)
123 Almanon (345°-165°)
124 Geber (346°-166°)
125 Catharina (336°-156°)
126 Beaumont (331°-151°)
127 Fracastorius (327°-147°)
128 Bohnenberger (320°-140°)
129 Santbech (316°-136°)
130 Colombo (314°-134°)
131 Cook (311°-131°)
132 Vendelinus (298°-118°)
133 Lamé (296°-116°)
134 Holden (298°-118°)
135 Hecataeus (280°-100°)
136 La Caille (359°-179°)
137 Blanchinus (358°-178°)
138 Werner (357°-177°)
139 Playfair (352°-172°)
140 Apianus (352°-172°)
141 Abenezra et Azophi (348°-168°)
142 Sacrobosco (343°-163°)
143 Pons (339°-159°)
144 Piccolomini (328°-148°)
145 Borda (313°-133°)
146 Snellius (304°-124°)
147 Wrottesley (303°-123°)
148 Petavius (300°-120°)
149 Allacensis (355°-175°)
150 Walter (359°-179°)
151 Fernelius (355°-175°)
152 Gemma Frisius (347°-167°)
153 Maurolycus (346°-166°)
154 Zagut (338°-158°)
155 Rabbi Levi (336°-156°)
156 Lindenau (335°-155°)
157 Riccius (334°-154°)
158 Stiborius (328°-148°)
159 Neander (320°-140°)
160 Rheita (313°-133°)
161 Reichenbach (312°-132°)
162 Stevinus (306°-126°)
163 Furnerius (300°-120°)
164 Adams (292°-112°)
165 Stöfler (354°-174°)
166 Licetus (353°-173°)
167 Clairaut (346°-166°)
168 Barocius (343°-163°)
169 Nicolai (334°-154°)
170 Spallanzani (334°-154°)
171 Lockyer (323°-143°)
172 Janssen (319°-139°)
173 Fabricius (318°-138°)
174 Metius (317°-137°)
175 Young (309°-129°)
176 Fraunhofer (301°-121°)
177 Cuvier (350°-170°)
178 Lilius (354°-174°)
179 Jacobi (349°-169°)
180 Baco (341°-161°)
181 Asclepi (335°-155°)
182 Pitiscus (329°-149°)
183 Hommel (327°-147°)
184 Vlacq (321°-141°)
185 Rosenberger (317°-137°)
186 Biela (309°-129°)
187 Steinheil (314°-134°)
188 Watt (311°-131°)
189 Lyot (276°-96°)
190 Zach (355°-175°)
191 Curtius (356°-176°)
192 Pentland (349°-169°)
193 Simpelius (345°-165°)
194 Manzinus (333°-153°)
195 Mutus (330°-150°)
196 Boguslawsky (317°-137°)
197 Boussingault (305°-125°)
198 Nearch (321°-141°)
199 Hagecius (313°-133°)
200 Pontécoulant (294°-114°)
201 Malapert (347°-167°)
202 Goldschmidt (3°-183°)
203 Anaxagoras (10°-190°)
204 Epigenes (5°-185°)

205 Birmingham (11°-191°)
206 Philolaus (32°-212°)
207 Anaximenes (45°-225°)
208 Carpenter (51°-231°)
209 Pythagoras (63°-243°)
210 Anaximander (51°-231°)
211 J. Herschel (33°-213°)
212 Fontenelle (19°-199°)
213 Babbage (57°-237°)
214 Markov (63°-243°)
215 Harpalus (43°-223°)
216 Foucault (40°-220°)
217 Bouguer (36°-216°)
218 la Condamine (28°-208°)
219 Plato (9°-189°)
220 Plato, Rimae (3°-183°)
221 Harding (72°-252°)
222 Bunsen (85°-265°)
223 Rümker, Mons (58°-238°)
224 Sharp (40°-220°)
225 Mairan (43°-223°)
226 Heraclides, Pro (34°-214°)
227 Laplace, Pro (26°-206°)
228 Bianchini (34°-214°)
229 Helicon et le Verrier (23°-203°)
230 Recti, Montes (20°-200°)
231 Teneriffe, Montes (13°-193°)
232 Pico, Mons (9°-189°)
233 Piton, Mons (1°-181°)
234 Spitzbergen, Mons (5°-185°)
235 Lichtenberg (68°-248°)
236 Nielsen (52°-232°)
237 Gruithuisen (40°-220°)
238 Delisle (35°-215°)
239 C. Herschel (31°-211°)
240 La Hire, Mons (26°-206°)
241 Lambert (21°-201°)
242 Timocharis (13°-193°)
243 Archimedes (4°-184°)
244 Putredinis, Palus (360°-180°)
245 Briggs (69°-249°)
246 Eddington (72°-252°)
247 Seleucus (67°-247°)
248 Schiaparelli (59°-239°)
249 Herodotus (50°-230°)
250 Aristarchus (47°-227°)
251 Schröteri, Vallis (52°-232°)
252 Vinogradov, Mons (33°-213°)
253 Euler (29°-209°)
254 Pytheas (21°-201°)
255 Wallace (9°-189°)
256 Apenninus, Montes (360°-180°)
257 Krafft (73°-253°)
258 Cardanus (72°-252°)
259 Marius (51°-231°)
260 Tobias Mayer (29°-209°)
261 Draper (22°-202°)
262 Carpatus, Montes (24°-204°)
263 Eratosthenes (11°-191°)
264 Olbers (76°-256°)
265 Cavalerius (67°-247°)
266 Reiner Gamma (59°-239°)
267 Kepler (38°-218°)
268 Encke (37°-217°)
269 Hortensius (28°-208°)
270 Copernicus (20°-200°)
271 Reinhold (23°-203°)
272 Stadius (14°-194°)
273 Gambart (15°-195°)
274 Schröter (7°-187°)
275 Pallas (2°-182°)
276 Hevelius (67°-247°)
277 Lansberg (27°-207°)
278 Riccioli (74°-254°)
279 Grimaldi (69°-249°)
280 Damoiseau (61°-241°)
281 Flamsteed (44°-224°)
282 Euclides (30°-210°)
283 Riphaeus, Montes (28°-208°)
284 Fra Mauro (17°-197°)
285 Mösting (6°-186°)
286 Lalande (9°-189°)
287 Herschel (2°-182°)
288 Rocca (73°-253°)
289 Sirsalis (60°-240°)
290 Crüger (67°-247°)
291 Cordillera, Montes (79°-259°)
292 de Vico (60°-240°)
293 Hansteen (52°-232°)
294 Billy (50°-230°)
295 Letronne (42°-222°)
296 Gassendi (40°-220°)
297 Herigonius (34°-214°)
298 Darney (24°-204°)
299 Bonpland (17°-197°)
300 Parry (16°-196°)
301 Guericke (14°-194°)
302 Davy (8°-188°)
303 Ptolemaeus (2°-182°)
304 Alphonsus (3°-183°)
305 Lassell (8°-188°)
306 Alpetragius (5°-185°)
307 Arzachel (2°-182°)
308 Byrgius (65°-245°)
309 Henry Frères (59°-239°)
310 Mersenius (49°-229°)
311 Cavendish (54°-234°)
312 Agatharchides (31°-211°)
313 Loewy (33°-213°)
314 Hippalus (30°-210°)
315 Lubiniezky (24°-204°)
316 Bullialdus (22°-202°)
317 König (25°-205°)
318 Kies (23°-203°)
319 Opelt (18°-198°)
320 Wolf (17°-197°)
321 Nicollet (13°-193°)
322 Recta, Rupes (8°-188°)
323 Thebit (4°-184°)
324 Purbach (2°-182°)
325 Vieta (56°-235°)
326 Fourier (53°-233°)
327 Lagrange (72°-252°)
328 Piazzi (68°-248°)
329 Lacroix (59°-239°)
330 Doppelmayer (41°-221°)
331 Vitello (38°-218°)
332 Campanus (28°-208°)
333 Mercator (26°-206°)
334 Pitatus (14°-194°)
335 Regiomontanus (1°-181°)
336 Lehmann (56°-236°)
337 Drebbel (49°-229°)
338 Schickard (55°-235°)
339 Ramsden (32°-212°)
340 Capuanus (27°-207°)
341 Timoris, Lacus (28°-208°)
342 Hainzel (34°-214°)
343 Cichus (21°-201°)
344 Wurzelbauer (16°-196°)
345 Gauricus (13°-193°)
346 Hell (8°-188°)
347 Heinsius (18°-198°)
348 Ball (8°-188°)
349 Lexell (4°-184°)
350 Orontius (4°-184°)
351 Tycho (11°-191°)
352 Saussure (4°-184°)
353 Street (11°-191°)
354 Wilhelm (21°-201°)
355 Wargentin (60°-240°)
356 Phocylides (57°-237°)
357 Schiller (40°-220°)
358 Longomontanus (22°-202°)
359 Maginus (6°-186°)
360 Segner (48°-228°)
361 Zucchius (50°-230°)
362 Rost (34°-214°)
363 Scheiner (28°-208°)
364 Porter (10°-190°)
365 Clavius (14°-194°)
366 Bettinus (45°-225°)
367 Bailly (69°-249°)
368 Kircher (45°-225°)
369 Blancanus (22°-202°)
370 Klaproth (26°-206°)
371 le Gentil (77°-257°)
372 Drygalski (87°-267°)
373 Casatus (31°-211°)
374 Moretus (6°-186°)
375 Cabeus (36°-216°)

Missions *Apollo*

Apollo 11 (337°-157°)
Apollo 12 (23°-203°)
Apollo 14 (17°-197°)
Apollo 15 (356°-176°)
Apollo 16 (345°-165°)
Apollo 17 (329°-149°)

Les cartes de la Lune sont disponibles pages 36 à 39 de cet ouvrage.

Différence d'éclat en fonction d'une différence de magnitude

Différence de magnitude	Différence d'éclat (multiplier par)
0,1	1,10
0,2	1,20
0,3	1,32
0,4	1,45
0,5	1,58
0,6	1,74
0,7	1,91
0,8	2,09
0,9	2,29
1	2,51
1,1	2,75
1,2	3,02
1,3	3,31
1,4	3,63
1,5	3,98
1,6	4,37
1,7	4,79
1,8	5,25
1,9	5,75
2	6,31
2,1	6,92
2,2	7,59
2,3	8,32
2,4	9,12
2,5	10,00
2,6	10,97
2,7	12,02
2,8	13,18
2,9	14,46
3	15,85
3,1	17,38
3,2	19,06
3,3	20,90
3,4	22,91
3,5	25,12
3,6	27,55
3,7	30,20
3,8	33,12
3,9	36,31
4	39,82
4,1	43,66
4,2	47,87
4,3	52,49
4,4	57,56
4,5	63,11
5	100,02
5,5	158,53
6	251,26
6,5	398,22
7	631,16
7,5	1 000
8	1 585
8,5	2 513
9	3 983
9,5	6 312
10	10 005
10,5	15 856
11	25 131
11,5	39 831
12	63 130
12,5	100 057
13	158 582
13,5	251 342
14	398 359
14,5	631 371
15	1 000 678
15,5	1 586 004
16	2 513 704
16,5	3 984 043
17	6 314 425
17,5	10 007 915

Vous pouvez multiplier les coefficients pour obtenir les différences qui ne seraient pas indiquées dans ce tableau.

Exemple

Si deux astres ont une différence de magnitude de 5,1, multipliez le coefficient de 5,0 par celui de 0,1 pour obtenir le résultat : 100 x 1,1 = 110.

Conversion des inches en centimètres

Ø en inches	Ø en cm
2	5,1
3	7,6
4	10,2
5	12,7
6	15,2
7	17,8
8	20,3
9	22,9
10	25,4
11	27,9
12	30,5
13	33,0
14	35,6
15	38,1
16	40,6
17	43,2
18	45,7
19	48,3
20	50,8
21	53,3
22	55,9
23	58,4
24	61,0
25	63,5
26	66,0
27	68,6
28	71,1
29	73,7
30	76,2
31	78,7
32	81,3
33	83,8
34	86,4
35	88,9
40	101,6
50	127,0
60	152,4
70	177,8
80	203,2
90	228,6
100	254,0
150	381,0
200	508,0
250	635,0
300	762,0
350	889,0
400	1016,0

Conversion des centimètres en inches

Ø en cm	Ø en inches
5	2,0
6	2,4
7	2,8
8	3,1
9	3,5
10	3,9
11	4,3
12	4,7
13	5,1
14	5,5
15	5,9
16	6,3
17	6,7
18	7,1
19	7,5
20	7,9
21	8,3
22	8,7
23	9,1
24	9,4
25	9,8
26	10,2
27	10,6
28	11,0
29	11,4
30	11,8
Ø en cm	Ø en inches
31	12,2
32	12,6
33	13,0
34	13,4
35	13,8
40	15,7
50	19,7
60	23,6
70	27,6
80	31,5
90	35,4
100	39,4
150	59,1
200	78,7
250	98,4
300	118,1
350	137,8
400	157,5
450	177,2
500	196,9
600	236,2
800	315,0
1000	393,7

Alphabet grec

lettre	capitale	minuscule
Alpha	Α	α
Bêta	Β	β
Gamma	Γ	γ
Delta	Δ	δ
Epsilon	Ε	ε
Dzéta	Ζ	ζ
Êta	Η	η
Thêta	Θ	θ
Iota	Ι	ι
Kappa	Κ	κ
Lambda	Λ	λ
Mu	Μ	μ
Nu	Ν	ν
Xi	Ξ	ξ
Omicron	Ο	ο
Pi	Π	π
Rhô	Ρ	ρ
Sigma	Σ	σ
Tau	Τ	τ
Upsilon	Υ	υ
Phi	Φ	φ
Khi	Χ	χ
Psi	Ψ	ψ
Oméga	Ω	ω

Corrigenda

Malgré notre vigilance, quelques erreurs ou coquilles se sont glissées dans l'édition 2022-2023 de ce guide. Merci de bien vouloir accepter nos excuses pour ces imperfections.

Page 29 : dans le schéma, l'heure du solstice de décembre en 2023 est 3 h 27 m et non 2 h 27 m.

Page 59 : les colonnes du tableau sont décalées d'une rangée vers la droite à partir de la date du périhélie.

Page 200 : dans le tableau, la date devrait être 9/11 et non 31/10.

Page 294 : les dates des passages de Japet au nord et au sud de Saturne ont été inversées et la dernière devrait être le 3 juin 2023 et non le 8 juin 2023.

Page 316 : le tableau des élongations de Titan en mai 2023 est resté par erreur celui de mai 2022.

Vous pouvez consulter les errata des éditions précédentes à l'adresse suivante : www.leguideduciel.net/guide/erratum.htm.

Vous pouvez également nous les demander par courrier :

amds édition
21, chemin des Oliviers
34730 Prades-le-Lez

Lexique

Absorption atmosphérique : fraction de la lumière émise par une source extérieure à l'atmosphère absorbée par cette dernière. L'absorption est d'autant plus forte que l'épaisseur d'atmosphère traversée est importante, elle est donc plus forte à l'abord de l'horizon.

Adaptation nocturne : période durant laquelle la vision diurne, qui privilégie les cellules rétiniennes appelées « cônes », laisse la place à la vision nocturne, qui privilégie les cellules rétiniennes baptisées « bâtonnets ». Les cônes sont sensibles aux couleurs, au contraire des bâtonnets, qui ont cependant l'avantage d'être extrêmement sensibles aux très faibles luminosités.

Albédo : fraction de la lumière incidente réfléchie par un corps ; la Lune, qui est assez sombre, ne réfléchit que 12 % de la lumière qu'elle reçoit, son albédo est donc de 0,12. La Terre est bien plus brillante, avec un albédo de 0,37, et Vénus atteint 0,65.

Almucantar : cercle parallèle à l'horizon qui relie les points de même hauteur.

Amas d'étoiles : concentration de quelques dizaines d'étoiles dispersées, pour les amas ouverts, à quelques centaines de milliers d'étoiles réunies dans un volume plus ou moins sphérique pour les amas globulaires.

Amas globulaire : concentration de plusieurs dizaines à plusieurs centaines de millions d'étoiles liées par la gravitation et formant une microgalaxie sphérique.

Amas ouvert : ensemble d'étoiles nées dans la même nébuleuse mais non liées par la gravitation et conduites à se disperser avec le temps.

Anneaux de Saturne : ils sont constitués de myriades de blocs de glace d'eau de toutes dimensions – de quelques microns à quelques mètres – qui orbitent comme autant de satellites autour de la planète.

Année-lumière : distance parcourue par la lumière dans le vide à raison de 299 792,458 km/s ; une année-lumière vaut 9 460 536 millions de kilomètres.

Annulaire : se dit d'une éclipse totale de Soleil lorsque le diamètre apparent de la Lune ne couvre pas complètement le disque de notre étoile et laisse visible un anneau lumineux.

Anticrépusculaire (arche) : ombre de la Terre sur son atmosphère, visible au-dessus de l'horizon ouest une vingtaine de minutes avant le lever du Soleil et au-dessus de l'horizon est après son coucher.

Apex : point situé sur la voûte céleste entre les constellations de la Lyre et d'Hercule qui indique la direction du déplacement du Soleil et de l'ensemble du Système solaire dans la Galaxie à près de 20 km/s.

Aphélie : point de l'orbite d'un corps autour du Soleil situé au plus loin de celui-ci.

APN : appareil photographique numérique.

Apogée : point de l'orbite d'un corps autour de la Terre situé au plus loin de celle-ci.

Apparition : période durant laquelle une planète est observable. Mercure, par exemple, fait une apparition dans le ciel du soir entre sa conjonction supérieure et sa conjonction inférieure suivante. Les apparitions peuvent être favorables ou non selon l'inclinaison de l'écliptique durant la période où elles se produisent.

Appulse : rapprochement apparent le plus serré entre deux astres. Les occultations rasantes indiquées dans le *Guide du Ciel* sont des appulses d'étoiles avec le limbe lunaire.

Ascension droite : c'est l'une des deux coordonnées, avec la déclinaison, qui permettent de repérer un astre sur la sphère céleste. L'ascension droite est comptée vers l'est en heures, minutes et secondes à partir du point vernal.

Astérisme : regroupement d'étoiles n'appartenant pas à la même constellation. Le Triangle de l'été, qui réunit Véga de la Lyre, Deneb du Cygne et Altaïr de l'Aigle, est un astérisme.

Astéroïde : petit corps du Système solaire de forme irrégulière, appelé aussi petite planète. La plupart des astéroïdes sont répartis dans une région annulaire située entre les orbites de Mars et de Jupiter et nommée la ceinture d'astéroïdes.

Astre : tous les objets naturels visibles dans le ciel et situés au-delà de l'atmosphère terrestre sont des astres.

Astrologie : croyance qui considère que la position des astres a une influence sur la destinée des êtres vivants.

Astronomie : du grec *aster*, étoile, et *nomos*, loi ; science qui s'occupe de la nature et des mouvements des astres ; l'astrophysique étudie plus particulièrement les propriétés physiques des astres.

Astrophysicien : scientifique spécialisé dans la recherche sur la nature physique des astres.

Aube : période crépusculaire qui s'étend avant le lever du Soleil.

Aurore polaire : phénomène lumineux, visible principalement dans les régions polaires boréales et australes, provoqué par l'arrivée de particules du vent solaire chargées électriquement dans le champ magnétique d'une planète. Sur Terre, des aurores boréales peuvent être observées en France lorsque l'activité solaire est maximale.

Axe : ligne droite passant par le centre d'un corps et autour de laquelle celui-ci est en rotation. Dans une monture équatoriale, l'axe polaire est celui qui doit être parallèle à l'axe de rotation de la Terre.

Azimut : distance angulaire autour de l'horizon ; dans cet ouvrage, l'azimut des astres est compté vers l'est à partir du nord : l'est est à 90°, le sud à 180°, l'ouest à 270° et le nord à 0°/360°.

Binaire à éclipse : se dit d'un système stellaire double dont l'une des étoiles passe régulièrement devant l'autre, provoquant une variation cyclique de son éclat.

Bolide : étoile filante dont l'éclat est supérieur à celui de la planète Vénus.

Centre galactique : centre de rotation de la Voie lactée, situé dans la constellation du Sagittaire (17 h 45 m 40 s ; - 29° 00' 28") ; un trou noir supermassif de près de 4 millions de masses solaires occupe le centre galactique, à quelque 26 000 années-lumière du Système solaire.

Céphéide : étoile dont l'éclat varie selon une période liée à sa luminosité intrinsèque ; les céphéides sont utilisées pour déterminer la distance des amas globulaires et des galaxies au sein desquels on parvient à les détecter.

Champ magnétique : le Soleil, la Terre, Jupiter et nombre d'astres se comportent comme des aimants, avec un pôle magnétique Nord et un pôle magnétique Sud ; ces deux pôles sont reliés par un champ magnétique.

Circumpolaire : se dit d'un astre qui ne disparaît pas sous l'horizon d'un lieu donné ; en France métropolitaine, les étoiles du W de Cassiopée et celles de la Casserole ou du Chariot de la Grande Ourse sont circumpolaires.

Classe spectrale : les étoiles sont réparties en différentes classes spectrales selon la nature de leur spectre ; les principales classes portent les lettres O (étoiles très chaudes, couleur blanc-bleu), B (chaudes, blanc-bleu), A (blanc), F (blanc-jaune), G (jaune), K (orange), M (rouge) – Oh Be A Fine Girl Kiss Me !

Comète : petit corps du Système solaire principalement constitué de glace d'eau et de poussières. Lorsqu'une comète s'approche du Soleil, une partie de sa glace se vaporise et donne naissance à une traînée en forme d'éventail.

Conjonction : rapprochement de deux astres sur la voûte céleste.

Conjonction inférieure : un corps du Système solaire est en conjonction inférieure lorsqu'il passe entre la Terre et le Soleil. Seules les planètes Mercure et Vénus, ainsi que certaines comètes et petites planètes, peuvent passer en conjonction inférieure.

Conjonction supérieure : un corps du Système solaire est en conjonction supérieure en cas d'alignement entre la Terre, le Soleil et cet astre.

Constellation : regroupement arbitraire d'étoiles se trouvant dans la même région de la voûte céleste pour dessiner une figure. Dans l'immense majorité des cas, les étoiles d'une même constellation ne sont pas du tout à la même distance de nous et n'ont donc aucun lien physique. Il existe 88 constellations officielles.

Crépuscule : période séparant le coucher du Soleil de la nuit noire. On en distingue habituellement trois : le crépuscule civil, qui s'étend du coucher du Soleil à l'instant où le centre du disque atteint 6° sous l'horizon ; le nautique, qui couvre le temps où le centre du disque solaire va jusqu'à 12° sous l'horizon ; le crépuscule astronomique, enfin, qui englobe le moment où le centre du disque va jusqu'à 18° sous l'horizon.

Culminer : se dit d'un astre qui passe au plus haut de sa trajectoire au-dessus de l'horizon sud dans l'hémisphère Nord et de l'horizon nord dans l'hémisphère Sud.

Déclinaison : distance angulaire qui sépare un astre de l'équateur céleste ; donnée en degrés, minutes et secondes d'arc de 0° à 90° vers le nord et de 0° à - 90° vers le sud.

Dernier Quartier : moment où la Lune se situe à 90° à l'ouest du Soleil et se présente sous l'aspect d'une demi-Lune inversée par rapport au Premier Quartier ou d'un D à l'envers (dans l'hémisphère Nord).

Diagramme HR : le diagramme Hertzsprung-Russell met en relation l'éclat et la couleur des étoiles.

Double optique (étoile) : se dit de deux étoiles très proches l'une de l'autre sur la sphère céleste, mais situées à des distances différentes du Système solaire et non liées gravitationnellement.

Éclipse : une éclipse de Soleil se produit lorsque la Nouvelle Lune passe devant l'astre du jour ; une éclipse de Lune se produit lorsque la Pleine Lune passe dans l'ombre de la Terre.

Écliptique : représentation sur la voûte céleste du plan de révolution de la Terre autour du Soleil.

Élongation : distance angulaire apparente entre un astre et le centre du disque solaire.

Équateur : ligne que relient les points situés à égale distance des pôles Nord et Sud d'un corps en rotation sur lui-même.

Équateur céleste : projection sur la sphère céleste de l'équateur terrestre.

Équateur galactique : plan de rotation de notre Galaxie, qui peut être représenté sur le ciel par une ligne passant approximativement au centre de la Voie lactée ; le pôle Nord galactique se situe dans la Chevelure de Bérénice et son pôle Sud dans le Sculpteur.

Équation du temps : différence entre le temps solaire vrai – l'instant où le Soleil coupe le méridien – et le temps solaire moyen – l'instant théorique où un Soleil se déplaçant à vitesse constante couperait le méridien – ; l'équation du temps varie tout au long de l'année et elle résulte essentiellement de la variation de la vitesse de la Terre sur son orbite et de l'obliquité de son axe de rotation.

Équinoxe : l'un des deux moments de l'année – en mars et en septembre – où le Soleil franchit l'équateur céleste. Aux équinoxes, l'orientation de la Terre par rapport au Soleil engendre une égalité de la durée du jour et de la nuit sur toute la planète.

ESA : sigle anglais de l'Agence spatiale européenne.

Étoile du Berger : la planète Vénus, qui est l'astre d'aspect ponctuel le plus brillant du ciel ; on peut même voir Vénus en plein jour.

Exoplanète : planète en orbite autour d'une autre étoile que le Soleil.

Externe : se dit d'une planète plus éloignée du Soleil que la Terre : Mars, Jupiter, Saturne, Uranus et Neptune sont les planètes externes du Système solaire.

Galaxie : regroupement de plusieurs centaines de milliards d'étoiles et d'immenses nuages de gaz interstellaires. La Voie lactée est notre galaxie vue par la tranche.

Géante bleue (étoile) : astre plus de 10 fois plus massif que le Soleil et très chaud, qui suit un cycle d'évolution extrêmement rapide – quelques millions à quelques dizaines de millions d'années seulement, contre près de 10 milliards d'années pour le Soleil –, se transforme en supergéante rouge, devient instable et explose en supernova.

Géante rouge (étoile) : l'un des derniers stades d'évolution des étoiles, caractérisé par un gonflement et un refroidissement des couches externes, qui émettent une lumière de plus en plus rouge.

Géocentrique : par rapport au centre de la Terre.

Gibbeuse : se dit de la Lune entre le Premier Quartier et le Dernier Quartier. La Lune est gibbeuse croissante entre le Premier Quartier et la Pleine Lune et gibbeuse décroissante entre la Pleine Lune et le Dernier Quartier.

Gravitation : tous les corps s'attirent en fonction de leur masse et de leur distance ; naturellement, les plus massifs ont une force d'attraction plus grande.

Greenwich : point, au sud-est de Londres, par lequel passe le méridien 0°.

Hauteur : distance angulaire entre l'horizon et un astre. La hauteur du zénith est de 90°.

Héliocentrique : par rapport au centre du Soleil.

Horizon vrai : cercle reliant les points situés à 0° de hauteur ; les heures de lever et de coucher sont données par rapport à l'horizon vrai, qui correspond rarement à l'horizon personnel, ce qui peut entraîner un décalage de plusieurs secondes à plusieurs minutes.

Inclinaison : angle fait par l'orbite d'un corps avec le plan de l'écliptique ; si cet angle est supérieur à 90°, on dit que l'orbite est rétrograde.

Inférieure : se dit d'une planète plus proche du Soleil que la Terre : Mercure et Vénus sont les deux planètes inférieures du Système solaire.

Interne : se dit d'une planète plus proche du Soleil que la Terre : Mercure et Vénus sont les deux planètes internes du système solaire.

Jeune Lune : expression désignant habituellement notre satellite au tout début de la lunaison.

Limbe : circonférence d'un corps céleste.

Lumière cendrée : reflet de la lumière solaire sur la Terre qui illumine faiblement la portion nocturne du globe lunaire ; la lumière cendrée n'est visible qu'au début et à la fin de la lunaison.

Lumière zodiacale : faible lueur diffuse visible dans un ciel noir en l'absence de la Lune et à certaines périodes de l'année ; la lumière zodiacale est le reflet de la lumière du Soleil sur les poussières microscopiques qui circulent entre les planètes dans le plan de l'écliptique.

Lunaison : ensemble des phases lunaires entre deux Nouvelles Lunes ; la lunaison complète dure 29,5 jours environ.

Lune : satellite naturel de la Terre ; les satellites naturels des autres planètes sont aussi appelés des lunes.

Magnitude : échelle de mesure de l'éclat d'un astre ; une différence d'une magnitude correspond à une différence d'éclat de 2,5 fois.

Magnitude absolue : pour une étoile, il s'agit de la magnitude apparente qu'elle aurait à une distance de 10 parsecs (32,616 années-lumière) ; pour une planète ou une comète, il s'agit de la magnitude apparente qu'elle aurait à une distance d'une unité astronomique (150 millions de kilomètres environ) lorsque sa fraction éclairée est maximale ; pour une étoile filante, il s'agit de la luminosité apparente qu'elle aurait au zénith à 100 kilomètres d'altitude.

Magnitude d'une éclipse : fraction du diamètre de la Lune ou du Soleil éclipsé au maximum ; cette valeur peut être supérieure à 1.

Marées : sur Terre, elles sont provoquées par la différence d'attraction de la Lune et du Soleil entre le côté faisant face à ces astres et le côté opposé ; l'attraction du Soleil est 180 fois plus forte que celle de la Lune, mais la grande proximité de celle-ci lui permet d'avoir une différence d'attraction 2,2 fois plus importante.

Méridien : ligne qui, en un lieu donné, réunit le Nord au Sud en passant par le zénith.

Météorite : particule solide en orbite autour du Soleil provenant généralement d'un noyau de comète ; lorsque la Terre percute une météorite, celle-ci se vaporise dans la haute atmosphère et engendre un phénomène lumineux pouvant être visible depuis le sol et appelé étoile filante.

Mouvement propre : outre leur déplacement apparent sur la voûte céleste, provoqué par la rotation et la révolution de la Terre, les étoiles sont animées d'un mouvement propre qui les fait se déplacer les unes par rapport aux autres ; dans l'immense majorité des cas, ce mouvement propre est infinitésimal.

Multiples (étoiles) : ensemble stellaire constitué d'au moins trois étoiles liées par la gravitation et en orbite autour du barycentre de leur système.

Naine blanche (étoile) : noyau extrêmement chaud d'une étoile de type solaire qui s'est débarrassée de ses couches externes en créant une nébuleuse planétaire.

Naine brune (étoile) : corps plus massif qu'une planète géante, mais dont la masse n'est cependant pas suffisante pour que des réactions de fusion thermonucléaire de l'hydrogène puissent démarrer en son sein.

Naine rouge (étoile) : très petite étoile dont la masse est comprise entre 0,08 et 0,8 fois celle du Soleil.

NASA : sigle anglais de l'Agence spatiale américaine.

Nébuleuse : dans une galaxie, il y a des étoiles et d'immenses nuages de gaz – principalement de l'hydrogène – et de poussières, les nébuleuses, à partir desquels se forment de nouvelles générations stellaires.

Nébuleuse planétaire : reste d'une étoile de type solaire dont les couches externes ont été expulsées sous forme de coquilles de gaz en expansion ou de grands panaches, généralement symétriques ; au cœur de la nébuleuse planétaire se trouve le noyau brûlant de l'étoile, une naine blanche.

Neutrons (étoile à) : astre résiduel de l'explosion d'une étoile dont la matière extrêmement dense est constituée essentiellement de neutrons.

Nœud : sur la sphère céleste, il s'agit du point d'intersection entre l'orbite d'un corps et l'écliptique ; lorsque l'astre franchit l'intersection du sud vers le nord, il passe au nœud ascendant, et au nœud descendant dans le cas contraire.

Nouvelle Lune : moment où la Lune est en conjonction inférieure avec notre étoile et n'est pas visible, sauf lorsqu'elle provoque une éclipse de Soleil.

Obliquité : inclinaison entre l'axe de rotation d'un corps et la droite perpendiculaire au plan de son orbite ; l'obliquité de la Terre est de 23,44°, mais elle varie selon une très longue période (elle diminue actuellement de 0,013° environ par siècle).

Occultation : se dit lorsqu'un astre est caché par un autre ; une étoile ou une planète par la Lune, par exemple.

Occultation rasante : se dit lorsqu'un astre transite au ras du limbe lunaire et qu'il peut apparaître et disparaître plusieurs fois au gré de ses passages derrière les irrégularités du pourtour de notre satellite.

Opposition : se dit d'un astre se situant à l'opposé du Soleil par rapport à la Terre ; cela signifie qu'il y a un alignement Soleil-Terre-astre et que ce dernier se lève lorsque le Soleil se couche et qu'il se couche lorsque le Soleil se lève ; il s'agit donc de la meilleure période pour observer ce corps tout au long de la nuit.

Orbite : la trajectoire d'une planète autour d'une étoile, ou d'un satellite naturel ou artificiel autour d'une planète, est son orbite.

Parallaxe : déplacement apparent d'un objet quand on l'observe depuis différentes positions, ce qui donne un moyen de mesurer sa distance ; en astronomie, la parallaxe d'une étoile est équivalente à la moitié de son déplacement apparent sur la sphère céleste mesuré à six mois de distance.

Parsec : abréviation pour parallaxe-seconde ; distance à laquelle une étoile aurait une parallaxe annuelle d'une seconde d'arc exactement ; 1 parsec vaut 3,261 631 années-lumière.

Pénombre : zone qui entoure l'ombre d'un corps éclairé par une source lumineuse.

Périgée : point de l'orbite d'un corps autour de la Terre situé au plus près de celle-ci.

Périhélie : point de l'orbite d'un corps autour du Soleil situé au plus près de celui-ci.

Périodique : se dit d'une comète qui revient périodiquement à proximité du Soleil.

Phases : ce sont les différents aspects – croissant, Premier Quartier, etc. – de la Lune ou des planètes Mercure et Vénus en fonction de leur position par rapport au Soleil et à la Terre.

Planète : corps céleste massif et pratiquement sphérique en orbite autour du Soleil. Les huit planètes du système solaire sont, par ordre d'éloignement au Soleil : Mercure, Vénus, la Terre, Mars, Jupiter, Saturne, Uranus et Neptune.

Pléiades (les) : petit amas ouvert constitué de plusieurs centaines d'étoiles nées dans la même nébuleuse, visible à l'œil nu dans la constellation du Taureau.

Pleine Lune : moment où la Lune se situe à 180° du Soleil et se présente sous l'aspect d'un disque complet.

Pôle : point d'intersection de l'axe de rotation d'un corps avec sa surface.

Pollution lumineuse : ensemble des dégradations nocturnes provoquées par un éclairage public et privé, anarchique et souvent excessif. L'impact négatif de la pollution lumineuse se fait également sentir sur la faune et la flore et pourrait ne pas être négligeable sur les rythmes biologiques humains.

Précession : mouvement d'oscillation de l'axe de rotation de la Terre.

Premier Quartier : moment où la Lune se situe à 90° à l'est du Soleil et se présente sous l'aspect d'une demi-Lune ou d'un D (dans l'hémisphère Nord).

Quadrature : position d'un corps se situant à 90° à l'est ou à l'ouest du Soleil vu du centre de la Terre.

Radiant : point de la sphère céleste autour duquel semblent rayonner les trajectoires des étoiles filantes d'un même essaim, qui sont en fait parallèles les unes aux autres.

Rayons gamma : le rayonnement électromagnétique s'étend des infrarouges aux rayons gamma en passant par la lumière visible, les ultraviolets et les rayons X.

Rémanent de supernova : restes de la matière d'une étoile ayant explosé en supernova ; ces résidus de gaz et de poussières se dispersent à très grande vitesse.

Rétrogradation : mouvement apparent d'est en ouest sur la sphère céleste, c'est-à-dire à l'inverse du mouvement normal d'ouest en est engendré par la rotation de la Terre.

Révolution : d'une planète autour du Soleil ou d'un satellite autour d'une planète.

Rotation : d'un corps sur lui-même.

Satellite : corps en orbite autour d'une planète ; on parle de satellite naturel ou artificiel.

Seeing : indice de la qualité optique du ciel d'un site d'observation.

Séléné : personnification de la Lune, sœur du dieu Hélios dans la mythologie grecque.

SOHO : sigle de la mission spatiale américano-européenne qui observe le Soleil 24 heures sur 24.

Solstice : l'un des deux moments de l'année – en juin et en décembre – où le Soleil passe respectivement le plus au nord et le plus au sud de l'équateur céleste.

Sonde : engin inhabité envoyé dans le Système solaire pour réaliser des observations d'une ou d'une série de cibles (Soleil, planètes, comètes, etc.).

Station spatiale internationale : ensemble de modules d'habitation et de recherche scientifique placés progressivement en orbite par les États-Unis avec la collaboration de pays du monde entier.

Stationnaire : se dit d'une planète lorsque son mouvement apparent vers l'est de la sphère céleste s'annule et qu'elle entame sa rétrogradation vers l'ouest ; même chose à la fin de sa rétrogradation, lorsqu'elle reprend son mouvement vers l'est.

Supergéante : désigne une étoile dont l'enveloppe externe gonfle démesurément.

Supérieure : se dit d'une planète plus éloignée du Soleil que la Terre : Mars, Jupiter, Saturne, Uranus et Neptune sont les planètes supérieures du système solaire.

Supernova : dans certaines conditions, le cœur des étoiles les plus massives peut s'effondrer sur lui-même et donner naissance à une étoile à neutrons, voire à un trou noir. Par contrecoup, les couches externes sont violemment éjectées dans toutes les directions.

Synodique (rotation) : période au bout de laquelle un astre revient à la même place dans le ciel vu depuis la Terre.

Système planétaire : ensemble des corps en orbite autour d'une étoile ; le système solaire est l'ensemble des planètes, comètes, astéroïdes, etc., tournant autour du Soleil. On connaît aujourd'hui (février 2009) plus de 260 systèmes planétaires, certains avec plusieurs planètes cataloguées.

Taux horaire au zénith (ZHR) : nombre d'étoiles filantes d'un même essaim visibles en moyenne en une heure si l'on considère que le radiant est idéalement placé au zénith du point d'observation en pleine nuit, sans Lune ni pollution lumineuse.

Telluriques : se dit des planètes de type terrestre, de petite dimension, avec une croûte solide et d'une densité élevée ; dans le Système solaire, les planètes telluriques sont Mercure, Vénus, la Terre et Mars, mais plusieurs lunes des planètes géantes sont également telluriques.

Temps universel : temps de référence pour les phénomènes astronomiques équivalent à l'heure du méridien de Greenwich.

Terminateur : ligne séparant le jour et la nuit sur la Lune ou sur un corps du système solaire.

Topocentrique : par rapport à un point donné à la surface de la Terre ou d'un autre corps.

Transit : passage d'un corps devant un autre dans le système solaire ; Mercure et Vénus peuvent transiter devant le disque solaire.

Trou noir : résultat possible de l'implosion du cœur d'une étoile massive dont la matière est écrasée sur elle-même et dont la densité devient telle que rien, pas même la lumière, ne possède une vitesse suffisante pour s'en échapper.

Turbulence : micromouvements de l'atmosphère qui font trembloter les astres ; plus on grossit l'image d'un astre avec un instrument, plus la turbulence devient gênante.

Unité astronomique : distance moyenne entre la Terre et le Soleil : 1 unité astronomique (ua) vaut à peine moins de 150 millions de kilomètres.

Variable (étoile) : étoile dont la luminosité varie pour des causes internes – pulsations, éruptions – ou externes – éclipse par un autre corps.

Vernal (point) : point d'intersection de l'équateur céleste et de l'écliptique situé dans la constellation des Poissons ; le Soleil passe au point vernal, du sud vers le nord, lors de l'équinoxe de printemps.

Vieille Lune : expression désignant habituellement notre satellite à la fin de la lunaison.

Vision décalée : technique consistant à regarder légèrement à côté d'un objet céleste peu lumineux pour mieux le voir ; on projette ainsi son image sur la périphérie de la rétine, où sont concentrées les cellules les plus sensibles aux très faibles luminosités, les bâtonnets.

VLT : sigle du *Very Large Telescope*, un ensemble de quatre télescopes équipés chacun d'un miroir de 8,20 m de diamètre, construit et installé par un groupe de pays européens sur le Cerro Paranal, dans la cordillère des Andes chilienne.

Voie lactée : bande lumineuse irrégulière visible dans un ciel bien noir, formée par l'accumulation des étoiles de notre Galaxie vues en enfilade.

Zénith : point situé au sommet de la voûte céleste, soit à 90° de hauteur au-dessus de l'horizon.

Zodiaque : ensemble des constellations qui bordent l'écliptique et dans lesquelles peuvent se déplacer le Soleil et les planètes.

Sources et remerciements

Les sources des informations publiées dans ce guide sont citées dans les différents chapitres.
En voici néanmoins un récapitulatif accompagné de la liste des principaux logiciels et ouvrages de référence utilisés pour la rédaction du *Guide du Ciel 2023-2024*.

ALPO ; Patrick Chevalley ; Fred Espenak ; Éric Frappa ; Fabrice Grassler ; Institut de mécanique céleste et de calcul des éphémérides ; Peter Jenniskens ; Xavier Jubier ; Kazuo Kinoshita ; Gary Kronk ; Christian Legrand ; Alastair McBeath ; Guy Ottewell ; Solar Influences Data Center ; Jean Vallières ; Seiichi Yoshida ; AAVSO.

Livres et documents de référence

Atlas of Solar Eclipses, Michael Zeiler, Michael E. Bakich (Great American Eclipse)
Astronomical Calendar, Guy Ottewell
Astronomical Tables of the Sun, Moon and Planets, Jean Meeus (Willmann-Bell)
Astronomie générale, André Danjon (Albert Blanchard)
Éléments d'astronomie de position, Maurice Danloux-Dumesnils (Albert Blanchard)
Éphémérides astronomiques, IMCCE (EDP Sciences)
JPL/SSD Horizons
Mathematical Astronomy, Jean Meeus (Willmann-Bell)
Observer's Handbook, The Royal Astronomical Society of Canada
Sky & Telescope
The Astronomical Almanac, US Naval Observatory
Meteor Showers and their Parent Comets, Peter Jenniskens (Cambridge University Press)

Logiciels

Accurate Times (Mohammad Odeh) ; Atlas virtuel de la Lune (Patrick Chevalley et Christian Legrand) ; CŒLIX APEX (Jean Vallières) ; Solar Eclipse Maestro et Lunar Eclipse Maestro (Xavier Jubier) ; MICA 2 (USNO) ; TheSky (Software Bisque) ; JPL HORIZONS.

Remerciements

Une pensée amicale à Francine et Michel, qui participent à la création de cet ouvrage depuis sa première édition, et à Sandra, qui a rejoint le groupe il y a déjà pas mal d'années.

Avec toute mon affection à Marie-Hélène et à nos enfants éparpillés sous les étoiles.

Légende de la couverture :

Illuminée par le lever de la Lune, la haie de sorbiers des oiseleurs menant à l'observatoire astronomique des Pises (Réserve internationale de ciel étoilé du parc national des Cévennes) dévoile sa verdeur à peine caressée par l'automne et bardée de grappes de fruits d'un rouge vif réjouissant. Au-dessus de ce paravent coloré, Deneb du Cygne brille silencieusement dans la Voie lactée à côté de la nébuleuse de l'Amérique du Nord (NGC 7000).
Quatrième de couverture : partiellement voilée par des nuages que son éclat colore, une belle Lune d'automne éveille l'écrin du lac des Pises. Les Pléiades, Aldébaran et les Hyades tiennent compagnie à Mars quelques semaines avant l'opposition de cette planète.

question@leguideduciel.net
www.leguideduciel.net

ISBN : 979-10-90238-39-8
Dépôt légal : juin 2023
Imprimé en Italie par D'auria Printing en avril 2023

PEFC
PEFC/18-31-954
Certifié PEFC
Ce produit est issu de forêts gérées durablement et de sources contrôlées
www.pefc-france.org